85F.

DICTIONNAIRE
DES AUTEURS
ET DES THÈMES DE LA
PHILOSOPHIE

Sylvain Auroux
Ancien élève de l'E.N.S. (Saint-Cloud)
Docteur en philosophie
Agrégé de l'Université

Yvonne Weil
Agrégée de l'Université

Édition revue et augmentée

Photo de couverture : *Méditerranée, 1954*, Nicolas de Staël, 1954, Genève, coll. privée.
© ADAGP 1991.

La loi du 11 mars 1957 n'autorisant, aux termes des alinéas 2 et 3 de l'article 41, d'une part que les « copies ou reproductions strictement réservées à l'usage privé du copiste et non destinées à une utilisation collective », et, d'autre part, que les analyses et les courtes citations dans un but d'exemple et d'illustration, « toute représentation ou reproduction intégrale, ou partielle, faite sans le consentement de l'auteur ou de ses ayants droit ou ayants cause, est illicite ». (Alinéa 1er de l'article 40.)
Cette représentation ou reproduction, par quelque procédé que ce soit, sans autorisation de l'auteur ou du Centre français du Copyright (6 *bis*, rue Gabriel-Laumain, 75010 Paris), constituerait donc une contrefaçon sanctionnée par les articles 425 et suivants du Code pénal.

ISBN 2-01-015970-5

© HACHETTE 1991
Tous les droits de traduction,
de reproduction et d'adaptation
réservés pour tous pays.

AVANT-PROPOS

> « Philosophe, *amateur de la sagesse*, c'est-à-dire *de la vérité*. Tous les philosophes ont eu ce double caractère... »
>
> VOLTAIRE, ***Dictionnaire philosophique,***
> article « *philosophie* ».

Nos sociétés comportent en tout domaine de multiples sources d'information, dont le système d'enseignement ne représente qu'une partie. La philosophie n'est pas quelque chose de fixe dont on pourrait exposer une fois pour toutes les notions essentielles dans l'ordre linéaire d'un traité ; dans la mesure où elle est vivante et susceptible de nombreux points de vue, ses notions sont entre elles la source et le but de multiples renvois, dont la circularité constitue l'unité jamais achevée de cette discipline.

Pour ces raisons, un dictionnaire alphabétique paraît une forme littéraire remarquable, les noms des auteurs et des thèmes constituant les unités minima des messages « philosophiques » que reçoit l'homme contemporain ; leur position en entrées du dictionnaire permet d'aider au décodage d'un message quelconque dans un temps minimum ; un système de renvois entre les entrées aide non seulement à déchiffrer l'implicite que recèle tout message, mais, en montrant justement la multiplicité des rapports entre les notions, exclut qu'on s'arrête à un point de vue partiel. La lecture d'un dictionnaire,

Avant-propos

parce qu'il est constitué circulairement, n'est jamais achevée, elle dévoile peu à peu la multiplicité quasi arbitraire des parcours possibles, et se trouve ainsi ouverte aux déplacements qui s'effectuent sans cesse dans la production de la philosophie.

Le but de ce dictionnaire n'est pas seulement d'apporter une information sur la philosophie adaptée à un programme scolaire, ou d'exposer le point de vue particulier qu'ont sur cette discipline les auteurs. Il est essentiellement d'aider un lecteur qu'on suppose au contact avec des sources d'informations aussi variées que l'enseignement, les lectures individuelles, les *massmedia*, à déchiffrer correctement les messages qu'il reçoit et à les dominer pour autant qu'ils concernent la philosophie.

Notre but implique que le profil de nos lecteurs ne soit pas déterminé *a priori* par référence aux professionnels de la philosophie, aux élèves des classes terminales des lycées, aux étudiants des universités, ou aux intérêts de tel ou tel groupe étroitement défini. Il en résulte une difficulté essentielle : comment choisir les entrées du dictionnaire et le degré d'approfondissement des développements, puisque nous nous adressons à un public hétérogène quant à la formation ? Les entrées ont été choisies sur de nombreux critères : programmes scolaires, parutions philosophiques récentes, centres d'intérêt des philosophes professionnels, fréquence des références dans les messages provenant des *massmedia*, préoccupations des différentes couches de notre public supposé. Pour le degré d'approfondissement, nous avons voulu qu'il fût maximal sans pour autant rendre l'ouvrage inaccessible à un public de formation minimale.

Les tirages successifs de l'ouvrage, depuis sa première parution (1975), ont justifié notre point de vue. L'heure étant venue de procéder à une mise à jour complète de l'ensemble, il ne nous a pas semblé opportun d'en changer. Bien au contraire, nous avons choisi d'accentuer ce qui nous paraissait l'originalité principale de ce petit dictionnaire : d'un côté, une orientation résolument contemporaine qui tienne compte des philosophes vivants et des problèmes actuels auxquels se confronte la philosophie moderne ; de l'autre, l'ambition de réaliser un véritable manuel alphabétique qui permette autant l'initiation à la discipline que la possibilité de trouver des références utiles à tout

Avant-propos

public cultivé. Un manuel, c'est quelque chose que l'on feuillette et à quoi l'on revient lorsqu'une information de base fait défaut. Il y a quelque chose de profondément dommageable dans le fait que la pédagogie scolaire ait pratiquement remplacé les manuels de philosophie par des recueils de textes à peu près incompréhensibles parce qu'y manquent l'effort et le travail d'une conception globale. Il se pourrait que la seule forme moderne de manuel philosophique intellectuellement acceptable, ce soit justement quelque chose comme un dictionnaire, parce que la forme en est multidimensionnelle.

Outre les mises à jour indispensables, qui ont nécessité la refonte de certains textes, nous avons complété l'ouvrage par une cinquantaine d'entrées nouvelles, et ajouté des bibliographies à la fin des articles. Ces bibliographies sont sommaires, reposant, chaque fois que cela était possible, sur des publications en français. Les ouvrages répertoriés ne sont pas nécessairement d'un niveau élémentaire ; dans notre esprit, ces bibliographies ont pour but de permettre au lecteur de dépasser la simple initiation à la philosophie que souhaite être ce manuel alphabétique.

S.A.-Y.W.
Juin 1991

Les mots ou noms suivis d'un astérisque font l'objet d'un article du présent volume. Si certains mots du texte posent problème, on se reportera au *Vocabulaire des études philosophiques*, rédigé par les mêmes auteurs (collection *Faire le point/Méthode*, Hachette).

À la suite de chaque article, le lecteur trouvera un encadré bibliographique : les références exactes des titres mentionnés ont été, autant que possible, précisées et actualisées.

À la fin de l'ouvrage, le lecteur trouvera trois index, destinés à faciliter sa lecture et ses recherches :
— un *index rerum*, regroupant thèmes et notions ;
— un *index nominum*, répertoriant les noms propres ;
— un *index titulorum*, contenant tous les titres d'œuvres citées dans les articles.

Les auteurs tiennent à remercier leur collègue Anne-Laure Le Guern pour sa relecture aussi minutieuse que pertinente.

ABÉLARD (Pierre)

Né en 1079 à Pallet d'une famille de petite noblesse, Abélard reçut une éducation soignée et laissa la carrière des armes et ses prérogatives d'aîné pour aller suivre l'enseignement des maîtres les plus réputés de son temps. C'est le début d'une vie agitée (cf. ***Historia calamitatum, Histoire de mes tribulations)***, dont on ne retient généralement que l'épisode de son mariage avec Héloïse et la correspondance qu'ils échangèrent après leur séparation.

L'un de ses premiers maîtres a été le nominaliste Roscelin. Pour ce dernier, les universaux ne sont que des mots. Si le terme *humanité* n'est qu'un mot pour désigner une collection d'êtres humains, si n'existent que des êtres individués, en Dieu seules les trois personnes sont réelles, et le mystère de la trinité s'effondre. Roscelin, accusé de « trithéisme », est condamné par le concile de Soissons en 1092. Entre 1119 et 1120, Abélard rédige le ***De Unitate et trinitate divina*** (***De l'unité et de la trinité divines***) destiné à réfuter Roscelin, mais qui, surtout, soutient qu'on peut traiter *du fondement même de notre foi en utilisant des similitudes de la raison humaine*. Le philosophe est ainsi l'un des premiers à appliquer la ***dialectique*** (les techniques d'analyse du raisonnement) et la critique textuelle à des matières théologiques. Concernant les universaux, il soutient qu'ils ne sont pas réels, mais sont comme des schémas présents à l'esprit qui les utilise, fondés sur les ressemblances entre les choses (position

Abstrait

que l'on peut qualifier de *conceptualiste*[1]), et que marque l'imposition d'un nom. Le concile de Soissons (1121) le condamne à jeter son ouvrage aux flammes. Il poursuit la rédaction de ses travaux théologiques : en 1123, la **Theologia Christiana,** suivie du **Sic et non** (**Pour et contre,** recueil des témoignages contradictoires des pères de l'Église), et un traité consacré à la morale (**Scito te ipsum**). Il est attaqué par les disciples de saint Bernard et le concile de Sens déclare hérétiques les propositions avancées dans l'**Introduction à la Théologie.** Pierre le vénérable l'accueille à Cluny, et il meurt le 21 avril 1142, en laissant inachevé le **Dialogum inter philosophum, Judaeum et Christianum.**

> E. Gilson, **Héloïse et Abélard**, Paris, PUF, 3ᵉ éd. 1964 ; J. Jolivet, **Arts du langage et théologie chez Abélard,** Paris, 1969, réed. Vrin, 1982 ; G. Paré, A. Brunet & P. Tremblay, **La Renaissance du xiiᵉ siècle. Les écoles et l'enseignement**, Paris, 1933.

Abstrait

Les indigènes des îles Murray, dans le détroit de Torrès, ne disposent que des chiffres 1 et 2 ; au-delà, ils se rapportent à quelque partie de leur corps : on commence par le petit doigt de la main gauche, puis on passe par les doigts, le poignet, le coude, l'aisselle, etc. On dira que ces indigènes n'ont aucune représentation abstraite des nombres ; compter, pour eux, demeure l'opération du dénombrement des parties de leur corps, c'est une opération concrète. Le concret, c'est le domaine des significations familières qui est la marque du monde où nous vivons, plus particulièrement du monde perçu. On entend généralement par concret ce qui existe réellement, ce qui est donné aux sens (une idée peut être concrète si elle est le résultat immédiat de la perception). L'abstrait ne peut être déterminé sans référence au concret ; on oppose ces corrélatifs, comme le général au particulier, le séparé (abstraire, c'est séparer) à la totalité, le construit au donné. Ces déterminations ne se recouvrent pas. Ainsi, l'universel peut n'être pas séparé (pour Aristote*, l'espèce existe dans l'individu) ; le séparé peut n'être pas général (la surface est un abstrait pour Aristote parce qu'elle n'existe que dans le corps), le construit non plus (un nombre est un abstrait quand on admet que seuls des individus existent dans la réalité).

Les problèmes posés par ce couple de notions concernent la

---

1. Voir **Vocabulaire des études philosophiques.**

Abstrait

définition de la pensée, son rapport à la réalité et la valeur respective de chacune d'elles :

1 — D'une façon ou d'une autre, la pensée suppose l'abstraction, soit sous forme de généralité (on ne peut manipuler une infinité de données), soit sous forme de séparation (possibilité de traiter séparément les éléments d'une donnée). La pensée abstraite est une pensée qui s'attache non à la particularité des êtres, mais à la généralité des rapports ; c'est pourquoi les mathématiques* en sont l'exemple. C'est par excellence une pensée symbolique ; son acquisition par l'enfant est liée en grande partie à la verbalisation (voir *langage*).

2 — Le rapport de la pensée à la réalité est souvent compris dans le rapport du concret à l'abstrait. C'est le cas notamment pour les empiristes* qui s'efforcent d'expliquer par une théorie de l'abstraction comment l'esprit humain construit ses idées générales à partir des données sensibles. La logique moderne, sous l'impulsion de Russell*, s'est efforcée de définir l'abstraction à partir des relations d'équivalence (toute relation d'équivalence entre des êtres peut s'exprimer comme la relation de chacun d'entre eux à un *abstrait* ; par exemple, si la relation est le parallélisme, l'*abstrait* sera la *direction*).

3 — Plus la pensée est éloignée non seulement du réel, mais encore de l'immédiat et du familier, plus elle est abstraite. Par là, on peut songer à dévaloriser l'abstrait, compris comme le non-immédiat, le non-naturel, la généralité vide (Hegel* oppose l'universel abstrait séparé de ses déterminations à l'universel concret qui reprend en soi toutes ses déterminations). Pour les classiques, plus un concept est abstrait, plus il a d'extension (plus il est général), moins il a de compréhension ; plus on généralise, plus on abstrait, moins on connaît de propriétés de l'objet du concept. Cela conduit à penser que ce qui mérite au plus haut point d'être connu dans le monde est constitué par la pluralité infinie des déterminations individuelles. L'épistémologie* conduit au contraire à penser que l'essentiel, c'est ce qui de la réalité est déterminé par l'universalité des structures mathématiques. Il y a moins de connaissance dans tous les triangles rectangles réels que dans le théorème de Pythagore.

J. Laporte, **Le Problème de l'abstraction**, Paris, PUF, 1940 ; C. Lévi-Strauss, **La Pensée sauvage**, Paris, Plon, 1962 ; B. Russell, **Problèmes de philosophie**, t.f., Paris, Payot, 1972 ; J. Vuillemin, **De la logique à la théologie. Cinq études sur Aristote,** Paris, Flammarion, 1967 ; **La Logique et le Monde sensible,** Paris, Flammarion, 1971 ; B.L. Whorf, **Linguistique et Anthropologie**, t.f., Paris, Denoël, 1969.

ALAIN

Né en 1868, Émile Chartier, qui adoptera le pseudonyme d'Alain, entre à l'E.N.S. (Ulm) et passe l'agrégation de philosophie (1892). Jusqu'à sa retraite, il enseignera dans le secondaire, notamment au lycée Henri IV (classes préparatoires). Il mourut en 1951. Par son rôle de professeur, de journaliste, son engagement dans le radicalisme politique, il a exercé une grande influence sur plusieurs générations d'écrivains, de journalistes, de philosophes. Son œuvre écrite est immense ; les ***Propos*** (sur l'esthétique, le bonheur, l'éducation, la littérature, l'économie, la politique) reprennent souvent des articles de journaux ; on retient surtout les ***Éléments d'une doctrine radicale*** (1925), ***Le Citoyen contre les pouvoirs*** (1926), qui définissent une pensée politique tournée vers la défense des libertés individuelles, du travail artisanal, de la petite propriété. On notera également ***Système des Beaux-Arts*** (1920), ***Les Idées et les Âges*** (1927), ***Entretiens au bord de la mer*** (1931), ***Les Dieux*** (1934).

La philosophie d'Alain est un humanisme : l'homme y est sujet* de connaissance et d'action, c'est *l'humaine nature* (Montaigne*) qui donne valeur aux choses. D'où la volonté de lutter contre l'autorité, les traditions ; d'où cette idée constante qu'il faut revenir au contact direct avec les choses et les œuvres et se référer à la lumière naturelle. Il s'agit à la limite d'hypostasier le phénomène humain fondamental (la conscience*) en un idéal d'intelligibilité, qui frise l'anthropocentrisme. Tout cela, Alain l'explicite par la défense de l'homme contre les pouvoirs et le vertige de la puissance, ainsi que par un pacifisme et la laïcisation d'une morale largement empruntée à Kant*. Cette orientation conduit à distinguer fortement la science et la réflexion philosophique : la première ne nous fait connaître que les choses, tandis que la seconde a pour but d'établir *pour tous les hommes le vrai portrait de l'homme, sans méconnaître le dessous, ni le milieu, ni le dessus* (***Propos*** I). Elle est sans doute la cause du caractère suranné de bien des réflexions sur le monde moderne et la science (voir, par exemple, le rejet obstiné de la psychanalyse, à partir d'arguments de bon sens, qui sont sans grand rapport avec l'expérience clinique des praticiens). Cette relation au sens commun élémentaire et le caractère résolument non technique de la plupart de ses ouvrages assurent à certains d'entre eux un rôle dans l'initiation élémentaire à la philosophie, en France tout au moins.

G. Bénézé, **Généreux Alain,** Paris, PUF, 1962 ; G. Pascal, **Alain éducateur,** Paris, PUF, 1963 ; O. Reboul, **L'Éducation selon Alain,** Paris, Vrin, 1974.

Aliénation

L'emploi courant et militant de la notion renvoie au sentiment confus que l'homme a d'être asservi, dominé, spolié, altéré dans son être ; cet emploi se réclamant volontiers de l'usage philosophique, il convient de comprendre quelles en sont les conditions d'instauration. La source du concept philosophique est double : elle tient à l'usage juridique du terme qui désigne la cession d'un bien contre un autre, et à l'extension politique qu'en font les théoriciens du contrat social[1] (aliénation de la liberté* naturelle contre la liberté civile) ; elle tient aussi à la philosophie hégélienne et à ses développements post-hégéliens.

Hegel* utilise deux termes auxquels on fait correspondre le concept d'aliénation :

1 — *Entäusserung,* qui désigne l'action d'extériorisation et d'objectivation : par exemple, lors de la vente, en aliénant ma propriété, ma volonté devient objective pour moi, mais elle m'apparaît du même coup comme autre, objectivée. Comme objectivation, l'aliénation est le processus créateur de l'être autre, c'est-à-dire finalement le moteur fondamental de la dialectique hégélienne.

2 — *Entfremdung* : le mot signifie *l'acte de rendre étranger* (J. Hyppolite a proposé de le traduire par *extranéation*) ; dans la **Phénoménologie de l'esprit**, les deux mots sont utilisés en des sens voisins (l'objectivation est extranéation) ; mais, dans les écrits théologiques de jeunesse, le terme désigne, de façon péjorative, la scission avec soi-même, l'éloignement, la séparation, la perte de soi dans un autre — le dieu étranger —[2].

L. Feuerbach (**L'Essence du christianisme,** 1841) reprend la conception hégélienne du processus d'objectivation créateur de nou-

---

1. Voir *État.*
2. On retrouve quelque chose de l'opposition objectivation/extranéation dans la définition sartrienne de l'aliénation : dans le travail, ma volonté est *objectivée* ; dans le passage de mon action-pour-moi à mon action-pour-autrui, elle est *altérée.*

velles réalités, mais dans un contexte matérialiste, suppose une réalité initiale, l'homme concret, et en appliquant ce concept au processus par lequel Dieu est posé, donne un sens péjoratif à la notion. La distinction entre humain et divin se ramène à la distinction entre l'essence de l'humanité et l'individu ; l'essence de Dieu, c'est l'essence de l'humanité :

a — séparée des bornes de l'individu, c'est-à-dire

b — mise à part et rendue étrangère. La divinité est aliénation de l'homme parce que Dieu n'est constitué que des dépouilles de l'homme, qui lui deviennent étrangères et s'opposent à lui. Le jeune Marx*, en critiquant l'humanisme abstrait* de Feuerbach, reconduira son analyse à propos du travail*.

Il ressort de cette mise en place que l'usage polémique de la notion d'aliénation repose sur :

1 — la distinction du sujet* et de l'objet*,

2 — la position d'une nature* humaine. Il est difficile de faire un usage rigoureux du terme *aliénation* si l'on nie ces deux déterminations[1].

A. de Abreu Freire, **La Révolution désaliénante : fondements de la pensée de Karl Marx,** Montréal, Tournai, 1972 ; L. Althusser et *alii,* **Lire Le Capital,** Paris, Maspero, 1965 ; J. Gabel, **La Fausse Conscience,** Paris, 1969 ; **Sociologie de l'aliénation,** Paris, 1972 ; R.D. Laing & G. Cooper, **Raison et Violence,** Paris, Payot, 1972.

ALTHUSSER (Louis)

Né en 1918 en Algérie, il entre à l'E.N.S. (Ulm) en 1939. Sa scolarité, retardée par la guerre, s'achève par l'agrégation de philosophie (1948). Il restera à l'École comme enseignant jusqu'à ce que, en 1980, le meurtre de son épouse, lors d'une crise de démence, le conduise à un internement psychiatrique. Il décède en 1990, après dix années de silence. Althusser, après une jeunesse chrétienne, avait adhéré au Parti communiste français (1948). Il fut à l'origine d'un renouveau critique du marxisme. Si **Montesquieu, la politique et l'histoire** (1959) proposait une

---

1. Marx n'utilise pratiquement plus le terme dans **Le Capital.**

interprétation intéressante de Montesquieu*, c'est avec **Pour Marx** (série d'articles rédigés de 1960 à 1965) et **Lire le Capital** (ouvrage collectif, 1965) qu'Althusser parvient à la formulation de thèses originales qui eurent un grand retentissement politique et philosophique. En général, les marxistes ont eu une attitude négative face à la philosophie : ils en justifiaient la fin soit par l'action révolutionnaire (pragmatisme*), soit par l'activité scientifique (positivisme*), soit par la critique des idéologies* ; la thèse d'Althusser est non seulement que la philosophie a encore un rôle à jouer, mais que la philosophie marxiste fondée par Marx* dans la théorie de l'histoire* est en grande partie encore à constituer.

1. La philosophie marxiste possède déjà une forme d'existence pratique dans la *pratique scientifique* qu'est **Le Capital** (analyse du mode de production capitaliste), et *la pratique économique et politique de l'histoire du mouvement ouvrier* : il suffit de lui trouver sa forme d'existence théorique en pratiquant sur elles une lecture symptômale qui décèle un texte souvent absent mais présent à l'état de *symptôme*. Au demeurant, c'est par une lecture semblable des œuvres économiques (Say, Ricardo) que Marx a découvert le sur-travail* et la plus-value présents seulement dans des *blancs* et des silences.

Dans l'œuvre de Marx, tout n'est pas à prendre au même niveau. Partant de **L'Idéologie allemande**, Althusser y reconnaît le lieu d'une mutation ou *coupure épistémologique* ayant pour effet la périodisation de toute l'œuvre : les œuvres de la coupure (1845) séparent la période idéologique (œuvres de jeunesse) de la période scientifique (œuvres de maturation, 1845-1857, et de maturité, 1857-1883). La saisie de cette coupure (qui a le mérite de montrer comment Marx a rompu avec l'humanisme de sa jeunesse) fait apparaître deux disciplines théoriques : la théorie de l'histoire (matérialisme historique) et la *philosophie* marxiste (matérialisme dialectique). On remarquera que la lecture de cette philosophie dans les textes de maturité exige un travail critique préalable, qui n'est autre que le *travail d'élaboration théorique de la philosophie marxiste* elle-même entendue comme *la théorie marxiste de la nature différentielle des formations théoriques et de leur histoire, c'est-à-dire une théorie de l'histoire épistémologique*. Cette circularité ne pose pas de problème à Althusser dans la mesure où la science de l'histoire étant capable de rendre compte des formations théoriques, elle est à soi-même son propre objet.

2. Généralisant l'image de la production matérielle des marchandises, Althusser appelle *pratique tout processus de transformation* *d'une matière première donnée déterminée en un produit déterminé, transformation effectuée par un travail humain déterminé utilisant des moyens (de production) déterminés.* La pratique sociale complexe comprend les pratiques politique, idéologique et théorique. Cette dernière en tant que forme déterminée de la pratique sociale comprend les pratiques théoriques scientifiques et préscientifiques qui produisent des connaissances au moyen de concepts. La théorie des pratiques théoriques conduit à une théorie générale qui est la dialectique matérialiste, que Marx a esquissée dans son **Introduction de 1857**, en *concevant l'essence du mouvement même par lequel est produite la connaissance*. Cette conception d'une *appropriation cognitive de l'objet réel par l'objet de connaissance*, qui laisse intacte la différence entre le concret de pensée et le concret réel (à l'encontre de l'idéalisme*), pose le problème du mécanisme de son *effet de connaissance*.

La théorie althussérienne de la science, si elle prend acte de l'autonomie du processus de production scientifique dégagée par l'épistémologie* moderne, dans la mesure où elle s'appuie sur le matérialisme historique se doit d'expliciter cette autonomie dans son rapport à une détermination venue de la totalité sociale et plus particulièrement de la base économique. Althusser pense résoudre le problème à l'aide des concepts de structure* et de causalité structurale ; il y a une structure propre de la science (le système de la hiérarchie des concepts détermine la définition de chaque concept et son ordre d'apparition dans la démonstration), et le tout d'une société est composé d'une diversité de structures dont il s'agit de comprendre les relations. Contre l'économisme qui hiérarchise les instances, il faut élaborer ce que Marx a été incapable de penser théoriquement : la causalité de la structure entendue comme présence de la structure dans ses effets. Toute formation sociale donnée est un *tout complexe à structure dominante*, un *invariant structural*, condition des variations concrètes des contradictions qui la constituent et la mettent en mouvement. En retour, ces contradictions sont *surdéterminées* : elles reflètent chacune les rapports multiples de la structure.

En examinant, dans **Lénine et la philosophie** (1969), la contribution de Lénine à *une théorie non philosophique de la philosophie*, Althusser conçoit qu'en assurant dialectiquement les rapports entre le particulier et le général (science/philosophie) et entre la pratique et la philosophie (politique/philosophie), la philosophie représente la science auprès de la politique et la politique auprès de la science. La ***Réponse à John Lewis*** (1973), tente de réfuter les accusations de dogmatisme, tout en revenant sur la définition de la philosophie qui, non scientifique car sans objet et sans histoire, est *en dernière instance lutte de classe dans la théorie*. Deux ouvrages, enfin, précisent les travaux antérieurs : ***Philosophie et philosophie spontanée des savants*** (1974), et ***Éléments d'auto-critique*** (1974). Le premier reprend un cours professé en 1967 ; l'auteur y définit la philosophie par opposition à la science (elle procède par thèse, c'est-à-dire par propositions théoriques ayant des buts pratiques, elle n'a pas d'objet au sens où une science a un objet) et tente de montrer comment la pratique des savants engendre une théorie de cette pratique ou philosophie spontanée. Le second a pour objet un examen critique des thèses de ***Pour Marx*** et ***Lire le Capital*** : l'auteur s'y défend d'être structuraliste et s'y accuse de théoricisme pour n'avoir pas assez vu le rôle de la lutte des classes. Althusser a rassemblé ses différents articles dans un livre intitulé ***Positions*** (1976). Les dernières publications sont des prises de position sur le devenir du parti communiste français : ***XXIIe Congrès*** (1977), et ***Ce qui ne peut plus durer dans le Parti communiste*** (1978).

S. Karz, ***Théorie et politique : Louis Althusser***, Paris, Fayard, 1974 ; J. Rancière, ***La Leçon d'Althusser***, Paris, Gallimard, 1974.

Anarchisme

Le caractéristique générale de doctrines qu'on classe sous le nom d'anarchisme est un certain statut reconnu à l'individu. Max Stirner (1806-1856), dans ***L'Unique et sa propriété*** (1844), affirme que la seule cause qu'il ait à défendre est lui-même ; Proudhon (1805-1865), dans ***Du principe fédératif*** (1863), refuse l'État* centralisateur au nom de la liberté individuelle ; Bakounine (1814-1876), dans ***Étatisme et Anarchisme*** (1873), radicalise les mêmes critiques.

Défenseur des libertés* individuelles contre le pouvoir, l'anarchisme peut paraître une forme exacerbée du libéralisme*. Mais deux caractéristiques essentielles en font une doctrine originale :

Architecture

1 — L'idée qu'il ne s'agit pas seulement de protéger les libertés individuelles contre l'État mais d'abolir l'État* (an-archie = absence de chef).

2 — L'idée que le libéralisme économique et ses conséquences (*La propriété c'est le vol*, Proudhon) conduit à la misère et à l'injustice, et que corollairement cette injustice ne pourra être corrigée que par une organisation collective de la production et de la consommation des biens (c'est pourquoi l'anarchisme se réclame du socialisme*).

Pour concilier ces deux thèses apparemment contradictoires les anarchistes ont fourni des solutions profondes et originales : remplacer la structure étatique, où l'organisation centralisée distribue le pouvoir de haut en bas, par une association libre (dont chacun peut à tout instant se retirer), où les décisions seraient décentralisées et toujours prises par ceux qu'elles concernent ; c'est cette suppression de la hiérarchie du pouvoir qu'expriment les concepts voisins d'organisation mutualiste, de fédération et d'autogestion.

D. Guérin, **L'Anarchisme**, Paris, Gallimard, 1965 ; J. Maitron, **Le Mouvement anarchiste en France,** Paris, Maspero, 1975 ; L. Mercier-Vega, **Anarcho-syndicalisme et syndicalisme révolutionnaire,** Paris, R. Lefeuvre, 1978.

Architecture

Cet art dont Platon remarquait qu'il *recourt à un très grand nombre de mesures et d'instruments (**Philèbe**)* a servi, depuis l'Antiquité, de métaphore aux philosophes pour désigner autant la fondation que l'articulation du tout et des parties qui distingue l'entreprise philosophique elle-même. Sa situation est paradoxale ; aucun autre art n'investit une telle quantité de techniques (d'où le renouvellement extraordinaire qu'a produit le xxe siècle), aucun n'est pareillement lié à des impératifs fonctionnels (habiter et vivre ensemble ; Hegel* faisait remonter le commencement de l'architecture à *la cabane, habitation de l'homme* et au *temple comme enceinte abritant le dieu et la communauté de ses fidèles*) et, par conséquent, aucun ne porte semblablement en lui-même l'interrogation que provoque toute production esthétique quant à la place de sa fonction propre.

L'architecture n'est pas seulement une *production spatiale réglée par les mathématiques*, comme le voulait le platonisme, ou encore la *production de rapports mathématiques visuels* (Taine). Comme pensée théorique (celle-ci semble spécifique à l'Occident et prendre racine dans la Renaissance italienne), la réflexion sur l'architecture a pour tâche de comprendre ce qui dans la construction se donne en excès de sa réalité, et qui est justement la valeur esthétique du *bâtiment*. Cet excès peut être conçu comme appartenant à l'ordre de la signification et du discursif (*Aussi bien, nul bâtiment, sauf à se réduire à la baraque, ne peut-il se passer de cet ordre qui l'apparente au discours*, Lacan). Toute orientation fonctionnaliste se heurte à la nécessité d'une qualité plastique, et la liberté quasi-infinie dans la recherche plastique, que permettent les technologies modernes (par exemple, l'architecture moderne est libérée du respect des murs porteurs, ou encore de nouveaux matériaux — verre, acier — offrent de nouvelles qualités), est elle-même limitée, non simplement par la fonctionnalité, mais plus spécifiquement par quelque chose comme l'habitabilité. C'est par l'architecture que l'espace naturel devient espace commun (voir le rôle contemporain de l'urbanisme), là où existent les repères signifiant du vivre et du vivre-ensemble. Dans ce contexte, la résistance du public à une partie de l'architecture moderne (le fonctionnalisme, le style international, les fractures dans l'espace social de la ville) délimitent l'espace concret où se joue la possibilité d'une coïncidence de la pensée contemporaine et du monde moderne.

P. Boudon, ***Sur l'espace architectural, essai d'épistémologie de l'architecture,*** Paris, Dunod, 1971 ; C. Girard, ***Architecture et concepts nomades,*** Bruxelles, Mardaga, 1986 ; J.-P. Le Dantec (dir.), ***Enfin l'architecture,*** Paris, Autrement, 1984 ; C. Nordberg-Schulz, ***La Signification dans l'architecture occidentale,*** Liège, Mardaga, 1977 ; E. Panofsky, ***Architecture gothique et pensée scolastique,*** Paris, Minuit, 1967 ; D. Payot, ***Le Philosophe et l'Architecte***, Paris, Aubier-Montaigne, 1982.

ARENDT (Hannah)

Née en 1906, en Allemagne, dans une famille d'origine juive, elle étudie la philosophie à Marbourg, Fribourg et Heidelberg, et eut pour professeurs Jaspers et Heidegger*. Après sa thèse sur saint Augustin*

(1929), elle quitte l'Allemagne en 1933, *juive allemande chassée par les nazis*, pour se réfugier en France, puis aux États-Unis (1941), où elle meurt en 1975, après avoir enseigné à Berkeley, Princeton, Chicago et New York. Ce tournant biographique décisif qui l'amena à militer dans les organisations juives et à réfléchir sur les ressorts cachés de l'antisémitisme moderne est à l'origine de l'ouvrage en trois volumes (sur l'antisémitisme, l'impérialisme et le système totalitaire) qui lui donna la célébrité (**The Origins of Totalitarism**, 1951) et dont le manuscrit a été achevé à l'automne 1949.

Le concept de totalitarisme (qui fut le thème du congrès de **l'American Philosophical Society** en 1940) correspond à des caractéristiques que l'on retrouve dans un certain nombre de régimes politiques modernes (Allemagne nazie, Italie fasciste, Républiques soviétiques), où l'État* tend à remplir l'espace **total** de la société* ; parti unique détenant le monopole de l'activité politique, idéologie* officielle de l'État à laquelle les individus doivent se soumettre (donc absence de liberté* de pensée), soumission absolue de la société civile aux finalités imposées par l'État (en matière culturelle et économique notamment). Arendt restreint le concept à l'Allemagne hitlérienne et aux Républiques Soviétiques staliniennes, à l'exclusion du fascisme italien et du léninisme. Contrairement à ce que l'on pourrait penser, le totalitarisme ne correspond pas à une absence de loi ou à une dictature personnelle de style classique. Certes, l'état de droit* y est bafoué, mais c'est parce qu'au lieu que subsiste une loi stable qui serait le cadre des actions, règne un type de loi qui est l'expression du mouvement lui-même : *la loi est la loi du mouvement d'une force surhumaine, la nature ou l'histoire*. La terreur n'y est pas un moyen au service d'une fin, mais devient l'essence même du régime : *Aucun acte libre, qu'il soit d'hostilité ou de sympathie, ne peut être toléré qui viendrait faire obstacle à l'élimination de **l'ennemi objectif** de l'histoire ou de la nature, de la classe ou de la race*. L'assimilation des deux régimes a été critiquée non seulement par les intellectuels de gauche, mais aussi par R. Aron : d'un côté, on a une utopie qui se propose d'améliorer la condition humaine, mais le fait par n'importe quel moyen ; de l'autre, on a le projet démoniaque d'anéantir une race humaine. La question concerne effectivement l'essence du nazisme en tant qu'il peut être considéré comme une visée du mal en lui-même, comme fin et non comme moyen, ce qui est la définition kantienne du *démoniaque*.

L'essentiel de l'œuvre de Arendt est consacré à la politique* et peut être considéré comme une réflexion sur les conditions de la démocratie* et de l'homme moderne : **La Condition de l'homme moderne** (t.f. 1961) ; **La Crise de la culture** (t.f. 1972) ; **Essai sur la révolution** (t.f. 1967) ; **Du mensonge à la violence** (t.f. 1972) ; **La Vie de l'esprit** (t.f. 1981). La révolution américaine serait la seule révolution a avoir réussi à instaurer un espace public durable et une nouvelle structure de pouvoir, encore que les partis en faussent le fonctionnement contemporain. Arendt finit par défendre l'utopie d'une démocratie radicale où l'État* procéderait de conseils et n'aurait pas pour fondement le principe de souveraineté.

> R. Aron, **Démocratie et Totalitarisme,** Paris, Gallimard, 1965 ; M. Canovan, **The Political Throught of H. Arendt : The Recovery of the Public World,** New York, St Martin's Press, 1979.

ARISTOTE

Né en 385 av. J.-C. à Stagire, mort en 322 à Chalcis. Fils d'un médecin du roi de Macédoine, il sera le précepteur d'Alexandre le Grand. Élève de Platon* à l'Académie, de 366 jusqu'à la mort de ce dernier, il fonde par la suite sa propre école (le Lycée) qui, à sa mort, perd son importance, concurrencée par les Épicuriens et les Stoïciens. Ce n'est qu'en 60 av. J.-C. qu'Andronicos de Rhodes publie des notes de cours, et rassemble divers traités qui, dans les premiers siècles de l'ère chrétienne, sont l'objet de nombreux commentaires. La décadence de l'Empire romain entraîne une autre éclipse, et c'est vers le milieu du XIIIe siècle que la totalité de l'œuvre devient accessible en latin, traduite en partie de l'arabe, les textes grecs étant souvent introuvables. Saint Thomas* fera de l'aristotélisme la *doctrine officielle de l'Église* ; la pensée moderne — Descartes*, Galilée* — s'établira contre elle.

L'œuvre d'Aristote touche de nombreux domaines. On a rassemblé les traités qu'il a consacrés à la logique* sous le titre d'**Organon** (instrument) ; les **Catégories** concernent les termes ; l'**Interprétation**, la proposition ; les **Premiers Analytiques**, le raisonnement, c'est-à-dire le syllogisme ; les **Seconds Analytiques**, la méthodologie scientifique ; les **Topiques**, les méthodes de discussion et leurs points nodaux ; les **Réfutations sophistiques** élaborent les moyens de réfuter les faux arguments ou éristiques. La **Physique** établit les principes généraux de la connaissance* des êtres constituant le monde ; l'étude **Du ciel, Des météores, De la génération et de la corruption, Des parties des animaux,** de nombreux petits opuscules

ARISTOTE

sur la biologie*, et, dans une certaine mesure, le **Traité de l'âme,** développent ces recherches. L'***Éthique,*** dite ***à Nicomaque,*** la ***Politique,*** la ***Rhétorique,*** la ***Poétique,*** prennent pour thème l'activité humaine.

1. Platon* établit la certitude de la connaissance* en séparant le monde intelligible du monde sensible ; mais, si, par l'affirmation d'un monde des idées transcendant, on sépare l'Idée du sensible, comment pourra-t-elle le rejoindre, et par là fournir l'intelligibilité du monde ? Aristote fait l'économie du monde des Idées : l'intelligibilité est immanente au sensible. Le monde est constitué de substances (en grec *ousia*, mot dérivant des formes doriennes du participe du verbe *eînai*, qui signifie *être*) ; est substance, soit la matière*, soit la forme, soit le composé des deux. La forme, c'est en chaque être la marque de l'universalité (la forme de chien est ce qui fait que tout chien est un chien), la matière, celle de la particularité ; la forme est donc pour chaque être le principe de son intelligibilité.

Il y a une hiérarchie des êtres depuis la matière indifférenciée et inconnaissable, parce qu'informelle, jusqu'à Dieu*, forme pure ; cette hiérarchie correspond aux différents degrés de l'intelligibilité, c'est-à-dire pour chaque être au rapport de sa forme à sa matière ; seule la forme pure est parfaitement intelligible. La dichotomie platonicienne entre deux mondes extérieurs l'un à l'autre, le sensible et l'intelligible, se transforme en une dualité intra-mondaine. Le monde d'ici-bas, ou sublunaire, est composé d'êtres éphémères qui sont à la fois matière et forme ; il est changeant, et les phénomènes s'y succèdent, non selon une nécessité absolue et rationnelle, mais selon une contingence telle que nous ne pouvons connaître que ce qui se passe le plus souvent. En s'élevant depuis la terre, masse sphérique située au centre du monde, vers la voûte céleste, on passe continûment du monde sublunaire au monde supralunaire. Les êtres y comportent moins de matière ; ils n'évoluent pas ; et s'ils se meuvent, c'est selon un mouvement circulaire qui ne les fait pas changer de lieu. À la périphérie du monde, il y a Dieu qui, dans sa perfection, est immobile et éternel ; dépourvu de matière, il est forme pure, c'est-à-dire pure pensée. Dans sa pureté, la pensée ne peut avoir que soi-même pour objet ; Dieu est pensée de la pensée. L'intelligibilité n'est donc pas seulement présente en chaque être, elle est aussi le principe du monde.

2. Pour Platon, l'âme est ce qui permet la connaissance ; elle garde ce rôle pour Aristote, mais se trouve définie autrement. Elle est le principe des vivants ; simplement végétative, elle explique la nature des plantes ; si de plus elle est sensitive, celle des animaux ; si elle est intellective, celle de l'homme. Il n'y a pas d'âme sans corps*, seule cette partie de l'âme humaine qui constitue l'intellect est peut-être éternelle ; l'âme correspond à une fonction organique, elle est la forme d'un corps vivant.

L'intellect humain est apte à recevoir la forme des choses que lui transmet l'âme sensitive ; qui ne sent rien ne peut penser, et on ne pense pas sans contact avec le monde[1]. L'ordre dans lequel les choses viennent à notre connaissance n'est pourtant pas l'ordre du réel. Nous commençons dans la confusion du pluralisme des individus* ; pour saisir l'universel par induction, nous remontons des effets aux causes*. Mais on ne connaît vraiment que lorsque l'on sait l'enchaînement et la nécessité des causes, que reproduit le raisonnement en enchaînant les syllogismes d'après les premiers principes. L'ordre des sciences* est celui de l'Être, c'est une suite de matières* comme une suite de raisons. Il y a trois types de science : théorique, pratique et poétique ; le premier (théologie, physique* et mathématiques*) est pure contemplation ; le second (éthique*, politique*) vise l'activité humaine dans la mesure où les causes sont inhérentes à l'homme et ont pour but la perfection de l'agent ; le troisième traite aussi de l'activité humaine, dans la mesure où il s'agit d'une production d'objets externes par un savoir-faire technique.

3. Les êtres physiques (naturels) sont les êtres qui ont en eux-mêmes le principe de leur changement ; le changement peut affecter la qualité, le lieu, voire l'être lui-même (génération et corruption). Tout changement se fait à partir de quelque chose vers quelque chose, et suppose un sujet qui demeure identique ; il a donc trois principes : la propriété initiale (ex. : le blanc), la propriété finale (ex. : le rouge), et la matière qui reçoit ces propriétés (ex. : l'homme blanc qui devient rouge). La matière qui possède une forme a une propriété, mais pour changer, elle doit être apte à en recevoir une autre ; Aristote dit que cette dernière est *en puissance* dans la matière avant d'être *en acte*[2]. La

---

1. Voir *empirisme*.
2. On traduit traditionnellement par *acte* deux termes aristotéliciens : *énergéia* qui signifie *le changement en cours d'accomplissement*, et *entélékhéia* qui désigne *l'aboutissement du changement effectué* ; *acte* signifie donc *toute réalité effective*.

matière* est donc puissance, et la forme acte (c'est pourquoi Dieu* est dit *acte pur*), et le changement est *l'acte de ce qui est en puissance en tant que tel*.

Le changement de lieu ne s'effectue pas dans un espace et un temps* homogènes : l'espace n'est que la limite externe du corps*, son lieu, il n'existe qu'avec lui, et le temps n'est que la mesure du mouvement selon l'antériorité et la postériorité. Aristote ne peut donc jamais poser le concept de vitesse, $v = e/t$, il est obligé de comparer des mouvements de durées égales sur des espaces inégaux ou de durées inégales sur des espaces égaux, pour dire quel est le plus lent ou le plus rapide. Sa physique est entièrement qualitative[1], non mathématisée ; ses deux principales lois sont : la force doit être supérieure à la résistance, et la rapidité d'un mouvement est proportionnelle à la force et inversement proportionnelle à la résistance du milieu.

Les corps ont des lieux correspondant à leur nature : le centre du monde (la terre) pour les corps lourds, le ciel pour les légers ; tout mouvement qui tend à écarter un corps de son lieu naturel est forcé ou contre nature. Le mouvement doit avoir une cause* : le *moteur* est la cause du mouvement du mobile. En cherchant la cause de chaque mouvement, on est conduit dans une régression qui ne peut prendre fin que par la position d'un premier moteur, immobile : la physique* donne lieu à une preuve cosmologique de l'existence de Dieu.

4. L'éthique comme science repose sur la différence entre la pratique (*praxis*) et la poétique (*poiêsis*). Mais la distinction est assez floue, et Aristote use d'exemples techniques (médecine, navigation, etc.) pour faire comprendre que chaque activité tend vers un bien qui est sa fin ; ces biens sont divers : la santé pour la médecine, le vaisseau pour la construction navale, etc. Le problème est alors de déterminer la fin dernière de l'homme, celle par rapport à laquelle toutes les autres fins seraient des moyens.

L'unité des fins humaines, c'est le bonheur*. L'homme heureux sera celui, qui, semblable à Dieu, se suffit à soi-même, à qui il ne manque rien ; mais le bonheur dépend aussi des conditions externes : le pauvre ou le laid ne peuvent être ni complètement heureux ni tout à fait vertueux. La vertu est une disposition stable et acquise de la

---

1. Voir *Galilée*.

volonté* ; elle est définie objectivement comme milieu entre un excès et un défaut (le courage est le milieu entre la lâcheté et la témérité), mais la détermination de ce milieu est subjective (ce qui est courage, pour quelqu'un, dans telle circonstance, est témérité pour un autre, dans d'autres circonstances). Le bonheur* humain n'est pas seulement question de vertu individuelle ; l'homme est un animal politique ou communautaire : la cité est pour l'homme une exigence inscrite dans son essence ; sa fin n'est pas de vivre, mais de bien vivre. La morale* aristotélicienne ne peut donc s'achever que dans la théorie politique de cette vertu qu'est la justice ; coextensive à l'amitié qui, si elle n'est pas vertu, ne va pas sans vertu, la justice est à la fois l'excellence de l'homme et l'excellence des relations interhumaines.

L'œuvre d'Aristote n'est pas séparable d'une tentative de totalisation du savoir ; puisant à toutes les sources — étant par là le premier historien de la pensée — il accomplit une synthèse délimitant les thèmes et fixant le vocabulaire de la philosophie. Cette dernière est conçue comme la connaissance* vraie du monde lui-même ; toute science*, définie par un certain objet, c'est-à-dire un certain type d'être situé en un lieu du monde, est une partie de la philosophie. De même qu'il y a une hiérarchie des êtres, il y a une hiérarchie des sciences ; la physique* par exemple n'est qu'une philosophie seconde. Qu'est-ce donc que la philosophie première ? L'éditeur d'Aristote a groupé sous le titre de **Métaphysique**, parce que, dans l'ordre d'édition, ils sont situés après la physique (*méta* — après), un ensemble de traités consacrés à cette question. La philosophie première cependant n'est pas bien déterminée ; Aristote en parle comme d'une science *désirée* ou *recherchée*. Il la définit parfois comme la science des premières causes* et des premiers principes ; Dieu* étant le premier principe, elle est aussi théologie. Parfois, il affirme qu'elle est la science de l'*Être en tant qu'Être* ; elle serait ontologie*. Mais l'Être se dit de façons multiples : dans les **Catégories**, Aristote montre que l'Être peut se dire de la substance, mais aussi de la quantité, de la qualité, etc., c'est-à-dire de tous ces prédicats les plus généraux qui constituent les genres suprêmes. Dans ces conditions, comment peut-il y avoir une science unique de l'Être ? Pour Heidegger*, Aristote hésite entre deux positions : faire de la métaphysique la connaissance de la totalité de ce qui est (l'étant) ou en faire la connaissance de ce qui en chaque Être fait qu'il est un Être.

AUGUSTIN (saint)

Le problème de savoir ce qu'est la métaphysique pose celui de l'unité et de la cohérence de l'aristotélisme et, de façon générale, celui de la définition de la philosophie.

> P. Aubenque, **Le Problème de l'être chez Aristote,** Paris, PUF, 1962, rééd. 1991 ; L. Couloubaritsis. **L'Avènement de la science physique. Essai sur la physique d'Aristote,** Bruxelles, Ousia, 1981 ; V. Décarie, **L'Objet de la métaphysique selon Aristote,** Montréal, Institut d'ét. médiév., 1971, Paris, Vrin, 1972 ; R.A. Gauthier, **La Morale d'Aristote,** Paris, PUF, 1958, 4ᵉ éd. 1973 ; G.-G. Granger, **La Théorie aristotélicienne de la science,** Paris, Aubier-Montaigne, 1976 ; J. Lukasiewicz, **La Syllogistique d'Aristote,** t.f., Paris, Colin, 1972 ; J. Moreau, **Aristote et son école,** Paris, 1962, rééd. PUF, 1985 ; F. Nuyens. **L'Évolution de la psychologie d'Aristote, études sur Aristote,** t.f., Paris, Flammarion, 1967.

AUGUSTIN (saint)

Né en 354 à Tagaste, il est mort en 430 à Hippone dont il était évêque. Représentant de l'Église d'Afrique, il eut une activité importante, tant politique que doctrinale. Son œuvre est immense : on connaît surtout les célèbres **Confessions** où il raconte sa conversion au catholicisme, **La Cité de Dieu** et **De la Trinité**, mais son disciple Possidius a recensé 113 traités, 218 lettres et plus de 500 sermons. Parmi les Pères de l'Église, saint Augustin occupe une place centrale ; amené à réfuter de nombreuses thèses dissidentes (surtout celles de Manès, pour qui le monde s'explique par la lutte du Bien et du Mal, et de Pélage, pour qui le salut de l'homme dépend de sa volonté), il a développé une certaine conception de la religion* qui, sans cesse étudiée et discutée, inspirera tant la Réforme (Luther, Calvin, Zwingli) que Jansénius et les doctrinaires de Port-Royal.

On peut sommairement présenter l'augustinisme en indiquant trois directions fondamentales :

1 — La religion n'est pas affaire de raison, mais de foi qu'il s'agit d'acquérir à travers l'Écriture et l'enseignement de l'Église ; il importe pourtant de comprendre afin de croire : il faut donc expliquer le mieux possible des mystères comme la Trinité.

2 — L'homme ne peut faire lui-même son salut, car celui-ci dépend de la grâce que Dieu seul peut proposer à l'adhésion de la volonté (d'où l'opposition au pélagianisme, et la négation par certains augustiniens de la liberté humaine).

3 — La cité terrestre est contingente, parce qu'historic[...] est contemporain de la prise de Rome par Alaric) ; la cité [...] est la cité des hommes vivant selon la loi divine, seule tr[...] *fins humaines vers une paix inaltérable dans la perfection ; la vie temporelle n'est que le noviciat de l'éternité ; les malheurs n'y sont pour le chrétien qu'épreuve et châtiment.*

> J. Chéné, **Théologie de saint Augustin. Grâce et prédestination,** Paris, 1961 ; G. Combès, **La Doctrine politique de saint Augustin,** Paris, 1927 ; E. Gilson, **Introduction à l'étude de saint Augustin,** Paris, Vrin, 1929, 5ᵉ éd. 1982 ; J. Guitton, **Le temps et l'éternité chez Plotin et saint Augustin,** Paris, 1933 ; H.-I. Marrou, **Saint Augustin et la fin de la culture antique,** Paris, De Boccard, 1950, 5ᵉ éd. 1983 ; J. Pépin, **Augustin et la dialectique augustinienne,** Paris, 1972.

Autrui

L'analyse de la perception d'autrui rencontre la difficulté de principe que soulève le monde culturel, puisqu'elle doit résoudre le paradoxe d'une conscience vue par le dehors, d'une pensée qui réside dans l'extérieur, et qui donc au regard de la mienne, est déjà sans sujet et anonyme (Merleau-Ponty*).

En réduisant la pensée au *je pense*, Descartes* se trouve obligé d'expliquer comment, à partir de là, on peut poser l'extériorité[1] ; celle-ci posée, c'est par inférence que le sujet* conclut du comportement de certains corps* à la présence d'une âme en eux. Si la subjectivité est fondatrice, l'intersubjectivité est seconde ; mais si inversement, on remarque que l'individu n'est jamais seul, qu'aucune connaissance* ne se développe en lui indépendamment de son rapport à autrui, n'est-ce pas la subjectivité qui est seconde ? Hegel* a le premier montré que les deux aspects sont inséparables ; tel est l'enseignement de la fameuse dialectique du maître et de l'esclave. Celle-ci part du désir* : le désir est une façon de nier le monde et sa

---

1. Faute de quoi, on en reste à une position « solipsiste » : le réel n'a pas d'autre existence que la représentation que le sujet en a. Voir *Berkeley*.

véritable fin est l'affirmation de la conscience*. La subjectivité s'affirme dans la seule mesure où le désir porte sur une autre conscience, c'est-à-dire un autre désir. Pour chaque conscience en elle-même, l'autre est la négation de soi, et cette négation s'exprime dans une lutte à mort*. En acceptant de devenir esclave pour préserver sa vie, l'une des deux reconnaît l'autre pour maître ; il s'ensuit que toutes deux se reconnaissent comme étant autres, aucune n'est véritablement conscience de soi, elle ne se connaît que dans l'altérité. Mais le maître devient l'esclave de l'esclave puisque celui-ci le nourrit par son travail, et se trouve ainsi le véritable maître du maître ; en niant la négation que constituait l'altérité, toutes deux se reconnaissent pour ce qu'elles sont : des consciences de soi. La conscience n'est conscience de soi que parce qu'elle est conscience de soi pour une autre conscience de soi. Voir *Lacan, Lévinas, Sartre.*

J. Derrida, **La Voix et le Phénomène,** Paris, PUF, 1967, 4ᵉ éd. 1983 ; D. Franck, **Chair et Corps,** Paris, 1981 ; E. Husserl, **Méditations cartésiennes : introduction à la phénoménologie,** 1947, t.f., Paris, Vrin, 1969 ; E. Lévinas, **Humanisme de l'autre homme,** Fontfroide-le-Haut, Fata Morgana, 1972 ; M. Merleau-Ponty, **Phénoménologie de la perception,** Paris, Gallimard, 1945 ; J.-P. Sartre **L'Être et le Néant : essai d'ontologie phénoménologique,** Paris, Gallimard, 1943.

Axiomatique

Pour rédiger sa géométrie, Euclide (IVᵉ-IIIᵉ s. av. J.-C.) commence par définir les termes qu'il va utiliser, poser des axiomes (propositions générales et évidentes), et des postulats ; de là, tous les théorèmes se démontrent par utilisation des lois logiques. Une telle présentation de la science — la première axiomatique — tend à réduire le rôle de l'intuition, et à faire dépendre la vérité des propositions mathématiques*, de leur présentation.

L'axiomatique pourrait être le souci d'une rigueur vaine et embarrassante. Vers le milieu du XIXᵉ siècle, on s'aperçoit qu'il est possible de construire, sans contradiction, des théories géométriques niant le postulat des parallèles ; puis on met au jour des faits *tératologiques* : une courbe peut couvrir la surface d'un carré, des courbes continues n'ont pas de tangente en un point. L'intuition ne peut fonder la vérité

Axiomatique

mathématique ; il s'agit désormais d'expliciter tous les termes, les propositions d'où l'on part (rien n'étant évident, le terme d'*axiome* recouvre ce qu'Euclide entend par *postulat*), et les règles de déduction. Un nouveau concept de rigueur se déploie qui, dans tout domaine scientifique, exige une axiomatisation puis une formalisation de cette axiomatisation. Cela donne lieu à trois types de problèmes :

1 — Établir les conditions logiques pour qu'une axiomatique soit bien construite (ex. : indépendance des axiomes) ; établir à quelles conditions on est capable de démontrer *a priori* qu'une axiomatique possède certaines propriétés (ex. : que toutes les propositions vraies y soient démontrables — complétude).

2 — Choisir les axiomes d'une théorie, ce qui en général peut être fait de plusieurs manières ; outre son caractère technique, cette question touche l'ontologie* : si deux axiomatiques différentes peuvent être équivalentes, elles n'ont pas le même sens. N'y a-t-il pas là quelque arbitraire mettant en jeu le rapport de la représentation au réel (qu'avait déjà ébranlé la découverte de plusieurs géométries) ?

3 — Comprendre quel est le rôle de l'axiomatisation dans l'histoire d'une science ; la mathématique* par exemple est-elle l'infini déploiement des énoncés à partir d'axiomes donnés ou bien l'axiomatique n'est-elle qu'un moment historiquement daté dans un développement discontinu ? Voir *Desanti*.

R. Blanché, ***L'Axiomatique,*** Paris, PUF, 1965 ; C. Perelman, ***Logique formelle et théorie de l'argumentation,*** Bruxelles, Presses univ., 1965.

B

BACHELARD (Gaston)

Né à Bar-sur-Aube en 1884, employé des Postes puis professeur de physique après des études d'ingénieur et de mathématiques, il est agrégé de philosophie en 1922. Après ses deux thèses de philosophie des sciences: ***Essai sur la connaissance approchée*** et ***Étude sur l'évolution d'un problème de physique: la propagation thermique dans les solides*** (1928), il enseigne à la faculté de Dijon en 1930, puis à la Sorbonne (1940-1954). Ses premiers livres sont consacrés à l'épistémologie: ***La Valeur inductive de la relativité*** (1929), ***Le Pluralisme cohérent de la chimie moderne*** (1932); une synthèse: ***Le Nouvel Esprit scientifique*** (1934); une métaphysique du temps: ***La Dialectique de la durée*** (1936); ***L'Expérience de l'espace dans la physique contemporaine*** (1937). ***La Formation de l'esprit scientifique: contribution à une psychanalyse de la connaissance objective*** (1938), en purifiant la science de ses obstacles, fournit en outre la matière d'une analyse poétique: ***La Psychanalyse du feu*** (1938). Après une seconde synthèse: ***La Philosophie du non: essai d'une philosophie du nouvel esprit scientifique*** (1940), l'exploration de l'imaginaire se poursuit avec ***Lautréamont*** (1940), ***L'Eau et les rêves: essai sur l'imagination de la matière*** (1942), ***L'Air et les songes: essai sur l'imagination du mouvement*** (1943), ***La Terre et les rêveries de la volonté: essai sur l'imagination des forces***, ***La Terre et les rêveries du repos: essai sur l'imagination de l'intimité*** (1948). En 1949, ***Le Rationalisme appliqué*** se place au centre de la philosophie des sciences tandis que ***L'Activité rationaliste de la physique contemporaine*** (1951) et ***Le Matérialisme rationnel*** (1953) réexaminent deux sciences exemplaires: la physique et la chimie. L'étude des éléments cède la place aux poétiques: ***La Poétique de l'espace*** (1957) et ***La Poétique de la rêverie*** (1961). Il meurt à Paris en 1962.

BACHELARD

1. L'épistémologie* de Bachelard

En cherchant à *déterminer les conditions épistémologiques du progrès scientifique*, il thématise les ruptures des sciences* contemporaines avec la connaissance* commune, la science classique et l'idée d'une science achevée ; ces ruptures sont considérées selon trois registres : historico-dialectique, psycho-pédagogique et ontologique.

a — Il y a rupture entre la connaissance commune et la connaissance scientifique, telle est la conviction profonde du **Rationalisme appliqué** et du **Matérialisme rationnel** achevant une épistémologie discontinuiste radicalement opposée au continuisme de Duhem et de Meyerson. Les ruptures historiques produites par les trois mécaniques, relativiste, ondulatoire et quantique, ruinent la thèse d'une connaissance scientifique découlant des mécanismes du sens commun, et installent ces sciences au-delà de l'état positif d'A. Comte* dans un état non-comtiste. **La Formation de l'esprit scientifique** exige des ruptures psychologiques avec l'*expérience** première, l'intuition, l'immédiat, la généralité qui sont autant d'obstacles épistémologiques à combattre par une *psychanalyse* adéquate. Une *ontologie** de la relation remplace le chosisme du réalisme. Le phénomène apparaît comme un nœud de relations, résultat d'une série d'approximations qui sont autant de rectifications. L'objet, *foyer imaginaire des déterminations*, devient *perspective des idées*.

b — Les sciences actuelles créent un *nouvel esprit scientifique* dont l'épistémologie doit dégager la philosophie implicite.

La Philosophie du non prend acte des ruptures : géométrie non-euclidienne, relativité non-newtonienne, mécaniques quantique et ondulatoire non-matérialiste et non-déterministe, chimie non-lavoisienne et logique non-aristotélicienne. Leur richesse théorique exige un *pluralisme philosophique*, une *philosophie distribuée*. Chaque concept traverse toutes les doctrines (animisme, réalisme, positivisme, rationalisme et surrationalisme complexe et dialectique) pour réaliser sa *perspective philosophique*. Une psychologie de l'esprit scientifique accompagne cette *philosophie dispersée* : une conceptualisation réalise dans un esprit son *profil mental* dans lequel chaque philosophie, par son coefficient de réalité ou d'efficacité, n'occupe qu'une bande de ce *spectre épistémologique*. Le profil épistémologique gardant la trace des obstacles épistémologiques rencontrés, une notion n'est jamais le substitut d'une chose mais un moment de l'évolution de la pensée. La pensée dialectisée élabore l'objet sur le mode polémique: *l'atome est exactement la somme des critiques auxquelles on soumet son image première.*

c — Les sciences nouvelles évitent toute figure d'équilibre en s'installant dans la mobilité de leur inachèvement. Leur statut relève d'une dialectique historique: *à chacun de ses succès, la science redresse la perspective de son histoire;* une histoire récurrente ou normative *découvre dans le passé la formation progressive de la vérité.* Cette *histoire des défaites de l'irrationalisme est la plus irréversible qui soit:* la science se fonde en construisant. Elle a une valeur pédagogique capitale car l'*allure révolutionnaire de la science contemporaine doit réagir profondément sur la structure de l'esprit,* (...) *structure variable dès l'instant où la connaissance a une histoire.* Le rationalisme ouvert réalise l'équivalent psychologique de la science inachevée. Il aboutit à un monde de noumènes scientifiques: les phénomènes intelligibles créés par les techniques scientifiques. Cette phénoménotechnie transforme le sujet* intuitif des *philosophes* en un sujet indirect et outillé: le *cogito d'appareil,* qui interprète la nature à travers le prisme des appareils complexes, véritables réifications de théorèmes.

Cette union entre la théorie mathématique et l'expérimentation fine caractérise le travail de la *Cité savante.* Le rationalisme appliqué et le matérialisme instruit forment un couple central autour duquel s'ordonnent des couples de plus en plus inopérants: formalisme et positivisme, conventionalisme et empirisme, enfin idéalisme et réalisme. Le rationalisme lui-même se scinde en *rationalismes régionaux* producteurs d'objets spécifiques: ex. le rationalisme électrique (cf. **Le Rationalisme appliqué**).

2. La « poétique »

Bachelard reconnaît une *nette polarité de l'intellect et de l'imagination*,* fondée dans une anthropologie dualiste opposant le matérialisme rationnel au matérialisme onirique, et *acceptant une double vie, celle de l'homme nocturne et de l'homme diurne.* Le matérialisme onirique privilégie:

1 — le verbe contre la forme et le figuratif: *le véritable domaine pour étudier l'imagination, ce n'est pas la peinture, c'est l'œuvre littéraire, c'est le mot, c'est la phrase. Alors, combien la forme est peu de chose! combien la matière commande!*

2 — la rêverie dont la structure étoilée centrée sur un objet s'oppose à la linéarité rigide du rêve;

3 — les éléments de la physique naïve qui matérialisent l'imaginaire, lequel, au-delà de l'imagination des formes, est gouverné par *la loi des quatre imaginations matérielles (...) qui attribue nécessairement à une imagination créatrice un des quatre éléments : feu, terre, air, eau.*

4 — l'irréel dont la fonction de déformation des images ouvre l'imagination. L'image* est mobilité essentielle, nouveauté, dynamisme, transtemporalité, non conceptualisable, détente opposée à la tension scientifique. De l'étude des éléments à celle des poétiques, Bachelard semble modifier le point de vue objectif pris à l'égard des quatre éléments de la matière par une psychanalyse matérialiste. Pour fonder une métaphysique de l'imagination, la classification des images fondamentales doit céder le pas à une phénoménologie qui place la conscience individuelle au départ de l'image, dont elle saisit la subjectivité et l'action sur les âmes (sa transsubjectivité), en décrivant la conscience naïve ou rêveuse. Un nouvel esprit littéraire fait ainsi pendant au nouvel esprit scientifique.

> P. Quillet, **Bachelard,** Paris, Seghers, 1964 ; M. Schaettel, **Bachelard critique ou l'Alchimie du rêve,** Paris, L'Herne, 1977 ; D. Lecourt, **L'Épistémologie historique de Gaston Bachelard,** Paris, Vrin, 1978.

BACON (Francis)

Né en 1561. Après des études à Cambridge, il entre au Parlement au terme d'une ascension rapide sous Charles Ier dont il défend le pouvoir absolu ; il devient Grand Chancelier, puis baron de Verulam. Hobbes* sera son secrétaire. Convaincu de concussion par la Chambre des communes, il est écarté de la vie publique et meurt (1626) sans être réhabilité. Dans les loisirs que lui laissait sa carrière, Bacon avait le projet d'un ouvrage d'ensemble auquel il donnera le nom d'***Instauratio Magna***, vaste encyclopédie du savoir dont il ne tardera pas à reconnaître la réalisation impossible pour un homme seul. Certaines parties de cet ouvrage seront réalisées : la méthodologie sera exposée dans le **Novum Organum sive Indicia vera de interpretatione naturæ**, 1620, le **De dignitate et augmentis scientiarum libri IX**, 1623, (traduction latine de **Of Proficience and Advancement of Learning** paru en 1605), et un grand nombre d'opuscules concernant des problèmes scientifiques déterminés. Il faut aussi retenir le **New Atlantis**, 1627, projet d'une organisation de la recherche scientifique.

1. Bacon est surtout connu comme le critique de la méthodologie aristotélicienne dont il récuse le formalisme, au profit d'une recherche expérimentale, et comme l'inventeur d'une classification des sciences*, dont d'Alembert n'hésite pas à reprendre les principes dans le **Discours préliminaire** de l'**Encyclopédie**[1]. Ce sont les facultés humaines qui permettent de diviser les sciences en Historia ou science de la mémoire*, Poésie ou science de l'imagination*, Philosophie ou science de la raison*. La philosophie est composée de la philosophie première, science des axiomes, servant de base aux sciences de Dieu*, de la nature et de l'homme ; la science de la nature se divise elle-même en métaphysique et en physique*, tandis que la science de l'homme comprend une logique*, une éthique* et une science des sociétés*.

2. L'originalité de la méthode* baconienne est de faire reposer le progrès* de la science sur la recherche des faits (d'où l'importance de l'histoire*, prise au sens étymologique comme lorsqu'on parle d'histoire naturelle). Le problème est alors de reconnaître, dans la multiplicité des observations possibles, les formes constantes qui pourront être considérées comme des lois de la nature permettant la connaissance des essences (ou natures) constituant les phénomènes. Bacon conçoit la connaissance de ces formes comme le résultat (le *résidu*) d'un processus d'inspection des faits classés selon trois tables : de présence ou d'essence (on y trouve les faits où se produit l'essence dont on cherche la forme), d'absence ou de déclinaison (on y trouve les faits où cette même essence est absente), de degrés ou de comparaison (groupant les faits où cette même essence varie). L'induction qui permet de dégager les lois générales réside dans l'établissement et la lecture de ces tables, c'est-à-dire dans la *chasse*[2] aux observations, dont la réussite dépend de la sagacité du chercheur.

Par le rôle qu'il accorde à l'expérience*, celui qu'il accorde à la science (la connaissance des causes seule permet l'action sur la nature), Bacon est apparu aux yeux des Lumières* comme le fondateur

---

1. Voir *Lumières (philosophie des)*.
2. Par analogie avec la fable mythologique de la recherche de Pan par Cérès, cette chasse est nommée *chasse de Pan*.

de la science moderne. Pourtant, il n'a jamais fourni les critères de l'expérimentation* scientifique, sa connaissance des sciences de son temps est sommaire (alors que Galilée* a construit son œuvre, il propose encore de chercher si la chute des corps dépend de leur poids), et, surtout, il n'a pas conçu le rôle des mathématiques* dans la physique*. Héraut de la pensée moderne, il l'est plus dans l'illusion rétrospective de ceux qui développeront cette pensée, que dans sa tentative de réformer la science aristotélicienne.

> A. Cresson, **Francis Bacon, sa vie, son œuvre,** Paris, 1948 ; P.-M. Schuhl, **Pour connaître la pensée de Francis Bacon,** Paris, Bordas, 1949.

BERGSON (Henri)

Né en 1859 à Paris, il accomplit une carrière universitaire exemplaire qui le conduit de l'École normale supérieure (1878) au Collège de France (1900). Célèbre dans le monde entier, il est chargé d'honneurs (Prix Nobel, 1928), et le gouvernement de la IIIe République lui confie parfois des missions diplomatiques. Dès 1937, dans un testament, il déclare *avoir publié tout ce qu'(il) voulait livrer au public*, et c'est par conséquent une œuvre achevée qu'il laisse à sa mort (1941). Sa philosophie tient tout entière en quatre ouvrages : **Essai sur les données immédiates de la conscience** (1889) ; **Matière et mémoire** (1896) ; **L'Évolution créatrice** (1907) ; **Les Deux Sources de la morale et de la religion** (1932) ; à cela, il convient d'ajouter deux livres où la doctrine est appliquée à des problèmes particuliers : **Le Rire** (1900) ; **Durée et simultanéité** (1922), et deux recueils d'articles : **L'Énergie spirituelle** (1919) ; **La Pensée et le Mouvant** (1934). On a rassemblé, sous le titre de **Mélanges**, en 1972, un certain nombre de conférences, de correspondances, et le texte de **Durée et Simultanéité** (1922), consacré à une critique de la théorie d'Einstein*.

Dans une langue imagée et simple, Bergson exprime les thèmes d'une époque et choisit une voie analogue à celle de son contemporain Husserl*, en orientant la philosophie vers la vie concrète de la conscience*. À la différence du philosophe allemand, il ne s'agit cependant pas de trouver dans le retour à soi le fondement de la scientificité, mais un ordre d'expérience* impénétrable à la rationalité* discursive. Le bergsonisme est un anti-intellectualisme qui fait de l'intuition une méthode*.

C'est par une critique de la psychométrie qu'est introduite la dualité essentielle du spirituel et du corporel. Weber* et Fechner[1] prétendent exprimer l'intensité de la sensation par une fonction numérique de l'intensité de l'excitation. Cela est aussi absurde que de vouloir relier la pression d'une aiguille sur mon doigt à la douleur que je ressens : d'un côté, l'intensité est une qualité vécue intérieurement ; de l'autre, c'est une quantité mesurable. Quantité et qualité appartiennent à des ordres différents de multiplicité ; l'une est homogène, divisible à l'infini, ses parties existent extérieurement les unes aux autres ; l'autre est composée d'éléments hétérogènes qui s'interpénètrent. La première correspond à la matière*, à l'espace mathématique, c'est-à-dire à tout ce qui peut être figé dans la pensée conceptuelle ; la seconde correspond à tout ce qui n'est pas la première. Le mouvement participe à la qualité, la pensée mathématique le fixe dans l'instantané. Le mouvement est impensable, il correspond à une temporalité qui n'est que durée vécue, donnée immédiate de la conscience, que révèle l'intuition intérieure.

L'étude de la mémoire* prolonge cette analyse. Il y a une mémoire-habitude, volontaire, utile, qui me permet d'apprendre une leçon en la répétant et de reconnaître le monde familier en y accomplissant des gestes connus ; il y a une mémoire-souvenir, involontaire et contemplatrice, qui conserve en moi telle lecture que j'ai faite de ma leçon lorsque je l'apprenais. En hypostasiant les cas extrêmes donnés par l'analyse d'exemples concrets, Bergson se donne ainsi la possibilité de distinguer ontologiquement le corporel et l'incorporel, dont le rapport a lieu dans l'instant, au point précis où s'accomplit l'action. De la survivance du passé comme souvenir pur résulte l'impossibilité pour le moi de traverser deux fois le même état, et, comme la multiplicité des souvenirs est interpénétration, la conscience ne peut se distinguer de la masse de ses souvenirs. En étant expérience de la durée intérieure, l'intuition est vision directe de l'esprit par l'esprit, c'est-à-dire réflexion.

Les choses aussi ont une durée propre que je saisis concrètement, en attendant, par exemple, que le morceau de sucre fonde dans ma tasse. L'univers dure, mais il faut distinguer la matière sur laquelle le temps glisse et l'individu qui possède une durée interne, irréversible. Bergson fonde cette durée dans un élan vital, qui donne ordre à l'indifférence de la matière au cours d'une évolution, qui s'accomplit

---

1. Voir *perception*.

dans l'énergie spirituelle de l'homme ; la durée vitale apparaît comme création. En devenant vitalisme, le bergsonisme fait de la saisie de la durée non plus seulement le mode de l'expérience interne, mais l'intuition métaphysique de l'Être tel qu'il est en lui-même. C'est pourquoi Bergson s'est opposé à la conception de l'espace-temps élaborée par Einstein*.

C'est la référence biologique qui donne son caractère à la philosophie morale* et politique*. La conscience individuelle s'organise entre une intériorité profonde et une superficialité qui est pure habitude sociale. L'obligation morale la plus simple est située au niveau de cette habitude, elle est statique. Les sentiments qui proviennent du plus profond du moi représentent chacun l'âme entière, et tout acte suscité par l'intériorité est libre puisqu'il provient entièrement de moi. La morale la plus profonde surgit de la spontanéité, elle est marche en avant, et se trouve pratiquement impossible à formuler. À la morale sociale close sur elle-même, s'oppose celle dynamique et originale du héros, comme au culte statique des dieux primitifs s'oppose le mysticisme. Cela entraîne un primat des grandes personnalités sur les masses, et fait de l'histoire* une pure succession événementielle.

> M. Barthélemy-Madaule, **Bergson et Teilhard de Chardin,** Paris, Seuil, 1963 ; **Bergson adversaire de Kant,** Paris, 1966 ; **Bergson,** Paris, Seuil, 1977 ; G. Deleuze, **Le Bergsonisme,** Paris, PUF, 1966, 2ᵉ éd. 1968 ; P. Trotignon, **L'Idée de vie chez Bergson et la critique de la métaphysique,** Paris, PUF, 1968.

BERKELEY (George)

Né en 1685 en Irlande, il fait ses études à Dublin, avant d'entrer dans les ordres. Il enseigne le grec, l'hébreu et la théologie, et sa production philosophique est précoce : le **Commonplace Book** rédigé de 1702 à 1710 montre la formation d'une doctrine qui paraît achevée dès l'**Essai sur une nouvelle théorie de la vision,** 1709, et le **Traité sur le Principe de la connaissance humaine,** 1710. **Les Trois Dialogues entre Hylas et Philonous,** 1713, en constituent un exposé populaire. Après un gros héritage, il décide de fonder une école aux Bermudes, voyage dans cette intention, puis revient en Angleterre, publie **Alciphron,** 1732, **Défense et explication de la théorie de la vision,** 1733, **L'Analyste,** 1734, et est nommé évêque de Cloyne. À partir des années 35, jusqu'à sa mort (1740), il s'occupe de l'administration de son diocèse, et c'est à propos d'une épidémie soignée à l'eau de goudron qu'il rédige sa dernière œuvre (**Siris,** parue en 1744) qui s'ouvre à des résonances néo-platoniciennes.

Berkeley est surtout connu comme l'exemple donné par Kant* de l'idéalisme* dogmatique, et par la formule où il résume ses conceptions ontologiques* : *être, c'est être perçu ou percevoir*. Cette thèse est appuyée sur la théorie de la vision ; le sens commun, comme la métaphysique* classique pense généralement qu'il suffit d'ouvrir les yeux pour saisir un monde externe, matériel où les choses ont des grandeurs et sont séparées par des distances déterminées. Pourtant, nous ne voyons pas les distances (tous les points d'une même ligne se projettent sur le même point de la rétine), nous ne voyons pas les grandeurs (parce que selon la trigonométrie élémentaire, il faudrait connaître les distances), et nous ne voyons pas les déplacements (puisqu'ils sont simples changements de rapports de distance). Notre perception* n'est pas contact avec le monde matériel, mais quelque chose comme la perception de la signification dans le langage : *Je vois un rocher, avec sa grandeur et sa distance au même sens que je l'entends quand j'entends prononcer son nom.*

Le donné réel n'est donc pas l'objet, mais l'idée perçue dans l'activité même de sentir. Cette thèse pourrait entraîner deux attitudes :

1 — L'affirmation solipsiste d'un monde qui, réduit à ce que j'en ressens, cesse d'être quand je cesse de le sentir ; c'est à cela que l'on ramène souvent la célèbre formule, d'autant que Berkeley refuse clairement de distinguer la perception du perçu (le rouge et la perception du rouge sont la même chose).

2 — L'affirmation de l'inexistence de la matière* et la position corollaire d'un esprit* dont la perception est l'*effet-signe* que produit sur lui un autre esprit. La seconde attitude paraît plus conforme à l'œuvre du philosophe. L'immatérialisme de Berkeley est un réalisme des esprits : être, c'est être perçu ou être percevant, le perçu est un signe et le percevant une intention signifiante. Le monde n'est pas imaginaire, il est un système de relations signifiantes entre Dieu et les esprits humains. Contre Malebranche*, le philosophe anglais estime être certain de l'existence des corps, parce que, plutôt que de réduire les choses aux idées, ce sont les idées qu'il transforme en choses.

G. Brykman, ***Berkeley : philosophie et apologétique,*** Paris, Vrin, 1984 ; M. Guéroult, ***Berkeley, quatre études sur la perception et sur Dieu,*** Paris, 1956.

Besoin

Par *besoin*, on entend à la fois ce qui est nécessaire en vue d'une certaine fin (et plus particulièrement au maintien de la vie humaine) et ce qui est l'objet d'un désir*.

1. L'objectivité du besoin

La définition de l'homme par ses besoins remonte au XVIIIe siècle, elle est corollaire du développement de l'économie politique et d'un certain matérialisme* (*C'est pour se vêtir, pour la satisfaction de besoins physiques que l'artisan et le paysan pensent, imaginent et travaillent.* Helvétius). Le besoin détermine la vie économique en définissant les utilités, et introduit l'échange. Si l'homme est défini par ses besoins, toutes les valeurs* ont pour source l'utilité (l'utilitariste[1] Bentham y voit également la source des valeurs morales). Ces théories supposent (pour la définition des besoins fondamentaux) une nature humaine ; du même coup apparaît le problème du statut moral* du besoin : pour être heureux, faut-il s'en tenir à la satisfaction des besoins fondamentaux (naturels) ou compter aussi sur celle des besoins artificiels ?

2. La subjectivité du besoin

La saisie de l'aspect subjectif du besoin est liée à la description d'un processus psychologique (tension interne provoquant la conscience d'un manque, consommation ou investissement d'un objet spécifique marquant la décharge de cette tension et apparition d'un effet de satisfaction). L'assimilation traditionnelle des mécanismes du besoin et du désir est annulée par Freud*. Après la satisfaction du besoin, l'image mnésique d'une certaine perception reste associée avec la trace mnésique de l'excitation résultant du besoin. Par la suite, le surgissement du besoin provoquera une motion psychique cherchant à réinvestir l'image de cette perception, voire à rétablir l'état de la première satisfaction, mais cette fois sur un mode hallucinatoire ; le besoin se satisfait dans un objet, le désir s'accomplit dans la reproduction fantasmatique de la satisfaction du besoin ; cette conception qui n'est d'ailleurs pas toujours clairement maintenue par Freud, a

---

1. Voir *utilitarisme*.

été précisée par Lacan*. Le besoin n'existe pas à l'état pur chez l'homme, en tant qu'expression du besoin, la demande elle-même n'a pas pour objet véritable celui qui satisferait le besoin (si celui-ci était un simple état de tension psychologique) s'adressant à autrui, elle est avant tout demande d'amour, le désir étant ainsi fondamentalement désir d'être le désir de l'autre, désir d'être ce qui vient combler le manque de l'autre.

> M. Decaillot et *alii*, **Besoins et modes de production,** Paris, Éd. sociales, 1977 ; P. Fraisse et J. Piaget (dir.), **Traité de psychologie expérimentale,** Paris, PUF, 1973, t. III.

Biologie

Ce mot — créé en 1802, de manière indépendante, par l'Allemand Trevinarus et le français Jean-Baptiste Lamarck (1744-1829) — avait pour objectif de marquer l'originalité de l'étude scientifique des phénomènes que recouvre le concept commun de vie (voir ce mot) par rapport aux autres sciences de la nature (physique, astronomie, etc.). De fait la discipline recouvre des domaines spécifiques (évolution, reproduction, hérédité, théorie cellulaire, génétique). Comme on y rencontre peu de mathématisation et qu'y persiste l'insistance sur les seules entités visibles, certains ne donnent pour tâche à la biologie théorique que l'organisation des résultats à l'intérieur d'un cadre conceptuel, la distinguant par là du modèle théorique des sciences physiques.

Bien avant la révolution einsteinienne qui bouleversa nos représentations de l'espace et du temps, c'est de la biologie qu'est venue la première révolution scientifique moderne qui devait conduire à une révision de la conception philosophique de la réalité. Avec l'évolutionnisme darwinien, en effet, l'ontologie aristotélicienne qui postule la fixité des espèces et, par conséquent, des essences des êtres vivants, cesse de pouvoir être envisagée comme une conception valable de l'être. Mais ce n'est que dans la seconde moitié du XXe siècle, avec le développement de la génétique moléculaire, que les conséquences ultimes de cette révolution peuvent être envisagées. La théorie mendélienne de l'hérédité reposait sur des observations de surface dont on ignorait les mécanismes. La conception de la reproduction cellulaire, puis la représentation du chromosome et le modèle biochimique du code génétique (Watson et Crick, 1953), n'amenèrent pas simplement une représentation causale des phénomènes observés. Elles ouvraient deux voies totalement nouvelles. L'une est la possibilité d'analyser des phénomènes hiérarchiquement plus élevés, comme ceux qui commandent la diversification structuro-fonctionnelle dans les organismes complexes. L'autre est la faculté de transformer les déterminations originales d'un type d'être vivant (manipulations génétiques). L'originalité s'en conçoit si on la compare à l'activité de cette technologie séculaire sur le vivant (humain) qu'est la médecine. Avec la médecine traditionnelle, il s'est toujours agi de restaurer l'équilibre naturel que perturbait la maladie, activité au reste fortement codifiée par une déontologie professionnelle. L'homme supplée à la nature. Avec l'engiénerie génétique, il s'agit de produire du nouveau, à un rythme et à une échelle que n'ont jamais permis les pratiques de sélection en usage chez les agriculteurs et les éleveurs. Si la nature est le donné apparent brut, avant toute intervention humaine, alors la nature n'est plus une limite de notre action. Le problème consiste à penser et assumer les conséquences de cette ouverture. Les comités d'éthique biologique s'efforcent de la contrôler en posant pas à pas de nouvelles limites, inscrites dans un corps de lois définissant ce qui est permis et défendu. Devant le vide de pensée qui répond à cette situation inédite, certains ont même proposé un moratoire des recherches.

> H. Atlan, ***L'Organisation biologique et la théorie de l'information,*** Paris, Hermann, 1972 ; F. Duchesneau, ***Genèse de la théorie cellulaire,*** Paris/Montréal, Bellarmin/Vrin, 1987 ; G. Canguilhem, ***La Connaissance de la vie,*** Paris, Vrin, 1965 ; F. Gros, ***La Civilisation du gène,*** Paris, Hachette, 1989 ; F. Jacob, ***La Logique du vivant,*** Paris, Gallimard, 1970 ; P. Kourilsky, ***Les Artisans de l'hérédité,*** Paris, O. Jacob, 1987 ; A. Mendel, ***Les Manipulations génétiques,*** Paris, Seuil, 1978 ; J. Monod, ***Le Hasard et la Nécessité,*** Paris, Seuil, 1970 ; J. Piaget, ***Biologie et Connaissance,*** Paris, 1967 ; E. Schrödinger, ***Qu'est-ce que la vie ?*** t. f., Paris, Bourgois, 1986 ; D. Thomas, ***Biotechnologie,*** Paris, Messidor-La Farandole, 1990.

BLANCHOT (Maurice)

Né en 1907 à Èze, ce romancier (***Thomas l'obscur,*** 1941, est le premier texte d'une longue série de fictions) est l'un des plus célèbres critiques contemporains. Dans de nombreux essais (***Comment la littérature est-elle possible ?*** 1942 ; ***Lautréamont et Sade,*** 1949 ; ***L'Espace littéraire,*** 1955 ; ***Le Livre à venir,*** 1959 ; ***L'Entretien infini,*** Paris, 1969 ; ***L'Écriture du désastre,*** 1980), il s'est efforcé de définir l'expérience littéraire et la nature de l'œuvre.

Cette dernière est expérience de négativité. Le mouvement de l'écriture dans l'espace littéraire est désœuvrement. L'énergie de la parole s'amortit et se fixe dans l'œuvre. L'écriture ne devient livre que dans le refoulement d'une écriture première qui est pure passivité. C'est en quelque sorte la mort qui hante toujours le texte littéraire.

F. Collin, ***Maurice Blanchot et la question de l'écriture,*** Paris, Gallimard, 1971 ; R. Laporte & B. Noël, ***Deux lectures de Maurice Blanchot,*** Fontfroide-le-Haut, Fata Morgana, 1973 ; E. Lévinas, ***Sur Maurice Blanchot,*** Fontfroide-le-Haut, Fata Morgana, 1975 ; D. Wilhem, ***La Voix narrative,*** Paris, UGE, 1974.

Bonheur

Le bonheur est étymologiquement la bonne chance ou la fortune. Donc le bonheur échoit à l'homme. Dans quelle mesure celui-ci en est-il alors responsable ? Une doctrine du bonheur se propose pour but :
1 — de déterminer quelles sont les fins susceptibles de susciter le bonheur de l'homme ;
2 — d'expliciter les moyens qui permettent de les atteindre.
Sa portée morale dépend d'un problème fondamental : le bonheur est-il la fin dernière de l'homme ?

1. L'eudémonisme antique

Toute morale* est l'étude des fins que **doit** se proposer l'homme ; par rapport justement à cette détermination morale, on nomme ces fins des biens. La fin d'une action, ce peut être le but qu'elle se propose d'atteindre (par exemple la richesse), mais aussi ce pour quoi on s'est proposé d'atteindre ce but (on peut chercher la richesse non pour elle-même, mais parce qu'elle permet de se procurer du plaisir) ;

Bonheur

autrement dit, certaines fins ne sont des buts d'action que dans la mesure où elles sont des moyens pour d'autres fins. Si toutes les fins qu'on doit atteindre sont des biens, on réserve le nom de Bien à la fin dont on suppose qu'elle doit être recherchée pour elle-même, et par rapport à laquelle les autres ne sont que des moyens.

On appelle *eudémonisme* (de *eudaïmon*, mot grec signifiant *heureux*) toute morale qui affirme que le bonheur est le Bien suprême. Les morales antiques sont des eudémonismes ; le type même en est la morale d'Aristote* (***Éthique à Nicomaque***). Le bonheur est pour Aristote comme pour tous les anciens la fin anhypothétique (qui ne suppose aucune autre fin en dehors d'elle-même) de la vie morale. Si nous désirons la santé, la beauté, la richesse, c'est toujours en vue du bonheur. Pour savoir en quoi consiste le bonheur qui est la fin propre de l'homme, il faut remarquer que d'une façon générale, tout être atteint sa fin propre lorsqu'il accomplit sa fonction propre. Aristote appelle vertu cet accomplissement d'une fonction (ex. : la vertu de l'œil c'est de voir). La fonction propre de l'homme, c'est la vie selon la raison. C'est par la vertu qu'on atteint le bonheur, il n'y a pas de bonheur hors de la raison qui règle la volonté* dans ses choix et apprend à l'homme à vivre selon la juste mesure.

De cette orientation théorique de l'éthique (rationalisme moral) découlent des impératifs pratiques (ex. : *Agis en toutes circonstances selon une juste moyenne*). L'eudémonisme aristotélicien est ambigu : il montre d'une part que le bonheur réside dans la possession de certains biens, qu'il définit objectivement par rapport à une certaine conception de la nature humaine ; il montre aussi que le bonheur n'est pas le même pour tous, puisque le choix de la juste mesure en quoi consiste la vertu dépend des circonstances dans lesquelles on se trouve, et de la nature propre à chacun. Les deux grandes morales antiques qui lui succèdent (stoïcisme* et épicurisme*) vont développer un eudémonisme plus subjectif. Objectivement, le bonheur consiste assurément dans la possession de certains biens, mais il ne dépend pas entièrement de nous de posséder ou non ces biens. Comme le bonheur est la satisfaction complète, une doctrine du bonheur n'est possible que dans la mesure où elle permet d'atteindre cette satisfaction : elle échouera à nous procurer la fin dernière, si pour l'atteindre elle propose le moyen des biens objectifs. C'est pourquoi le stoïcisme conseille de vouloir ce qui nous arrive, et l'épicurisme ce qui ne peut nous manquer. Seul le sage est heureux, parce qu'il peut régler ses désirs : ne désirant que ce qu'il peut obtenir, il ne manque pas d'obtenir ce qu'il désire. Voir *Épicure, stoïcisme*.

2. Christianisme et kantisme

Avec l'avènement du christianisme, l'idée selon laquelle le sage qui vit selon la Raison se suffit pleinement à soi-même est abandonnée. L'idée grecque d'un bonheur assuré par la rationalité de l'action est éliminée. Le bonheur n'est pas de ce monde.[1] L'éthique chrétienne est une éthique du bonheur différé. Ce n'est pas le bonheur concret de l'homme qui est sa fin, mais le salut de son âme. L'homme ne tire pas sa force de lui-même (Pascal*, Malebranche* multiplieront les attaques contre la superbe des stoïciens), mais de la présence en lui de cet élément irréductible à la raison qu'est la grâce divine. L'idéal chrétien ne recherche plus les impératifs du bonheur, il en fait une espérance, qui est celle du royaume des cieux. Le problème moral se concentre alors sur l'amour de bienveillance (charité) qui nous fera mériter le royaume des cieux.

En séparant le bonheur terrestre et le bonheur céleste, qui seul est susceptible d'être la fin de l'action morale, le christianisme sépare en fait le bonheur concret et la moralité. C'est pourquoi on peut dire qu'en un certain sens, la morale kantienne est l'aboutissement historique du christianisme. Pour Kant, le bonheur est *l'état dans le monde d'un être raisonnable, à qui dans le cours de son existence, tout arrive selon son souhait et sa volonté.* La moralité de nos actions ne peut consister en ce qu'elles nous procurent le bonheur[2], la diversité des mobiles est telle qu'il n'y aurait pas de loi* morale. Pour cette raison, la moralité est indépendante des fins empiriques de l'action. À l'inverse, le bonheur ne peut pas découler de la moralité de nos actions, c'est-à-dire de notre vertu[3], puisque celle-ci ne consistant pas à vouloir quelque fin déterminée, mais à agir par respect pour la loi morale, elle n'a aucun rapport nécessaire avec le bonheur, dont la réalisation suppose qu'on agisse d'après la connaissance des lois naturelles et le pouvoir physique de les employer à ses desseins. La seule possibilité de lier la vertu et le bonheur consiste à supposer

---

1. Le chrétien préfère son idéal à lui-même, c'est pourquoi Nietzsche* l'accuse de nihilisme.
2. Telle est pour Kant la position d'Épicure ; la contradiction de cette position avec celle qu'il attribue au stoïcisme constitue l'antinomie de la raison pratique.
3. Position attribuée aux stoïciens, voir note 1 ci-dessus.

Bonheur

l'immortalité de l'âme, l'existence de Dieu*, et un monde intelligible (le royaume de Dieu) dans lequel la sagesse divine rend possible l'harmonie de la volonté et de l'ordre des choses, c'est-à-dire fait du bonheur la conséquence de la vertu. Il s'ensuit que la morale n'est pas à proprement parler la doctrine qui nous enseigne comment nous devons nous rendre heureux, mais comment nous devons nous rendre dignes du bonheur ; c'est seulement lorsque la religion* s'y ajoute qu'entre en nous l'espérance de participer un jour au bonheur, dans la mesure où nous avons essayé de n'en être pas indignes.

Si on fait du bonheur concret la fin dernière de l'homme, il faut bien avouer qu'il est indépendant de la « moralité » : le méchant peut très bien être heureux, et la vertu infortunée. Le sens profond du christianisme comme du kantisme est justement de faire du bonheur une valeur morale, puisque le vrai bonheur ce n'est pas la fin empirique que nous atteignons, mais la seule fin qui dépend de notre mérite, et que justement le méchant ne peut atteindre[1]. Dans la conception moderne, la morale n'est donc pas ce qui nous enseigne comment nous rendre heureux (Kant a raison sur ce point), c'est ce qui interdit que le méchant ne soit heureux. La doctrine du salut permet de concevoir cette interdiction et nous assure qu'il est finalement impossible de nous y soustraire. Mais en contrepartie, le bonheur concret est dévalorisé ; nous sommes persuadés que, pour agir moralement, nos actions ne doivent pas nécessairement avoir pour fin sa possession, qu'il nous faut parfois y renoncer ; l'intériorisation des interdits moraux, la conscience de la faute (remords) qui en découle, nous empêchent véritablement d'être heureux, quand nous transgressons la loi morale. Pourquoi l'homme devrait-il préférer la moralité à la réalisation de son bonheur concret ?

J. Baudrillard, **La Société de consommation,** Paris, Denoël, 1970 ; G. Bataille, **L'Érotisme,** Paris, Minuit, 1957 ; J. Bollack, **La Pensée du plaisir ; Épicure : textes moraux, commentaires,** Paris, 1975 ; H. Marcuse, **Éros et Civilisation,** Paris, Minuit, 1963 ; J. Moreau, **Épictète ou le Secret de la liberté,** Paris, 1964.

---

1. Les morales antiques, quoiqu'elles soient des doctrines du bonheur, n'ignorent pas ce problème : nul n'est méchant volontairement, seul l'insensé est méchant ; il ne peut être heureux, puisque le bonheur résulte de la sagesse. Voir *Platon*.

BOURDIEU (Pierre)

Né en 1930, s'est imposé dès les années 60 dans le cadre du Centre de sociologie européenne avant de devenir professeur au Collège de France en 1981. Sa volonté de dépasser les points de vue subjectiviste et objectiviste s'affirme dès ses années d'études à l'École Normale Supérieure (Ulm). Confronté à la pensée de Sartre, de Lévi-Strauss, de Foucault, d'Althusser, et de Merleau-Ponty, il s'oriente vers une philosophie critique qui rejette toute pensée, niant la formation historique de ses concepts et se réfugiant derrière un sujet an-historique.

D'une œuvre abondante, on peut retenir les principaux titres suivants : **Les Héritiers,** Paris, Minuit, 1966 (avec J.-C. Passeron) ; **Le Métier de sociologue,** Paris, Mouton-Bordas (avec J.-C. Camboredon et J.-C. Passeron) ; **La Reproduction,** Paris, Minuit, 1970 (avec J.-C. Passeron) ; **Esquisse d'une théorie de la pratique,** Genève, Droz, 1972 ; **La Distinction,** Paris, Minuit, 1979 ; **Le Sens pratique,** Paris, Minuit, 1980 ; **Ce que parler veut dire,** Paris, Fayard, 1982. Bourdieu a été l'un des fondateurs des **Actes de la recherche en sciences sociales**.

Ce n'est pas en philosophie que s'inscrit le travail scientifique de Bourdieu, mais en sociologie. Si ses recherches ont des bases empiriques solides (enquêtes, statistiques), elles visent toutes à une compréhension et une interprétation des phénomènes plutôt qu'à une simple description, et la quantification n'y a guère de place. La sociologie apporte la possibilité d'accepter l'objectivation scientifique et offre un moyen de contribuer *à la construction (...) de quelque chose comme un sujet.* Cette sociologie reste en quelque sorte dans l'horizon philosophique d'un gain de rationalité, qui n'abolit jamais la distance entre la maîtrise pratique et la maîtrise symbolique (celle du sociologue), puisqu'elles ne relèvent pas de la même logique. Elle a tendance à investir comme son objet propre tout le champ des activités culturelles de l'homme, et, par conséquent, à ouvrir la question du rapport entre de l'approche sociologique de tel ou tel domaine, de l'art ou du langage (conçus à partir d'une économie des échanges symboliques), par exemple, et celle des disciplines spécifiques (la linguistique ou l'esthétique).

On peut voir dans les deux concepts d'*habitus* (traduction par saint Thomas de l'*héxis* [manière d'être] d'Aristote, concept déjà utilisé en sociologie par Durkheim et Weber) et de *champ social* les articulations majeures de la pensée de Bourdieu, quoiqu'on note le plus souvent son originalité par la constitution de la notion de *capital symbolique.* L'*habitus, système de schèmes inconscients (ou profondément enfouis),* constitue la culture de l'individu, diffusée par l'école et le milieu socioculturel d'appartenance, et capable d'engendrer les conduites caractéristiques d'une culture donnée. Cette *compétence artistique* régule les goûts et styles de vie. Ce *sens* pratique incorporé explique les stratégies non désirées par les agents. La théorie des *champs* est liée à l'existence de marchés qui mettent en jeu des *capitaux*: économique, corporel, culturel, scolaire, social, symbolique. L'espace social est à comprendre comme un ensemble de marchés qui définissent la structure des divers capitaux possédés et désirés. Par là se détermine la valeur des enjeux décrivant l'action des agents et caractérisant leurs déplacements dans un ou plusieurs champs donnés, historiquement datables. L'espace social est un champ de forces. À chaque position est associé un degré de propriété ou de pouvoir lié à la possibilité plus ou moins grande de faire intervenir des capitaux et notamment le capital politique comme sous-champ du culturel. Le capital symbolique a pour fonction de transformer les relations arbitraires en relations légitimes : *La dialectique des conditions et des habitus est au fondement de l'alchimie qui transforme la distribution du capital, bilan d'un rapport de forces, en systèmes de différences perçues, de propriétés distinctives, c'est-à-dire en distribution de capital symbolique, capital légitime, méconnu dans sa vérité objective.*

Bien que de nombreux travaux de sociologie culturelle soient inspirés par les concepts essentiels proposés par Bourdieu, on ne relève pas d'ouvrage significatif consacré à son œuvre.

C

CANGUILHEM (Georges)

Né en 1904, il est l'auteur d'une œuvre importante : ***La Connaissance de la vie*** (1952-1965), ***La Formation du concept de réflexe aux XVIIe et XVIIIe siècles*** (1955), ***Le Normal et le Pathologique*** (1965), ***Études d'histoire et de philosophie des sciences*** (1968), ***Idéologie et rationalité dans l'histoire des sciences de la vie*** (1988), essentiellement consacrée aux sciences* de la vie*. Sa réflexion, étayée par une double formation de philosophe et de médecin, prolonge l'entreprise de Bachelard* — étudier l'histoire des sciences au point de vue épistémologique.

Dans sa thèse de médecine, il s'efforce de dégager le sens du vitalisme, en montrant que c'est le vivant lui-même qui se révèle être le centre de normativité qui confère leur valeur à la normalité et au pathologique. Dans sa thèse de philosophie, en faisant voir comment le concept de réflexe n'a pas son origine dans le contexte mécaniste[1], où la physiologie du XIXe siècle l'élabore, mais dans le vitalisme de Willis (XVIIe siècle), il réfute l'idée classique de la valeur heuristique du mécanisme*, et montre qu'un concept n'est pas nécessairement homogène à un contexte donné une fois pour toutes. Cela le conduit à nuancer le discontinuisme de Bachelard et à donner pour objet à l'épistémologie* *l'historicité du discours scientifique en tant que cette*

---

1. Voir *vie*.

historicité représente l'effectuation d'un projet intérieurement normé, mais traversée d'accidents, retardée ou détournée par des obstacles, interrompue de crises, c'est-à-dire de moments de jugements et de vérité.

> P. Macherey, « La philosophie de la science de Georges Canguilhem », in **La Pensée** n° 113, Paris, 1964 ; D. Lecourt, « L'histoire épistémologique de Canguilhem », in **Pour une critique de l'épistémologie,** Paris, Maspero, 1974.

CARNAP (Rudolf)

Né en 1891 à Wuppertal, il enseigne la philosophie des sciences à Prague (1931), puis à l'université de Chicago. C'est aux États-Unis qu'il meurt en 1970. Ses nombreux ouvrages de logicien-philosophe **La Structure logique du Monde** (1928), **L'Élimination de la métaphysique par l'analyse logique du langage** (1932), **Syntaxe logique du langage** (1934), **Signification et Nécessité** (1947), **Introduction à la sémantique** (1948), **Les Fondations logiques de la probabilité** (1950), **Le Caractère méthodologique des concepts théoriques** (1956), **Les Fondements philosophiques de la physique** (1966) le rattachent au positivisme* ou empirisme logique*.

Son projet initial est de constituer le langage* le plus général des sciences, comme Russell* et Whitehead l'avaient déjà tenté pour les mathématiques ; il s'agit en fait d'éliminer définitivement la métaphysique* traditionnelle. Si l'on excepte ceux qui sont vrais logiquement[1], les énoncés de la physique* sont des *énoncés protocolaires*, c'est-à-dire de simples constatations *a posteriori*, qui tiennent leur sens du système des opérations logiques auquel ils sont intégrés et leur vérité* d'un processus de vérification. Il s'ensuit que la logique elle-même ne nous apprend rien sur le monde, mais est un système de conventions librement choisies (d'où le principe de tolérance : en logique, chacun est libre de construire son langage comme il l'entend).

Les thèses essentielles de la première philosophie de Carnap peuvent se résumer en deux principes généraux : 1) les énoncés scientifiques sont soit analytiques, soit empiriques ; 2) un énoncé

---

1. Voir *logique*.

empirique est significatif s'il est vérifiable. Les travaux ultérieurs montreront que la distinction analytique/synthétique est loin d'être absolue. Ils découvriront, également, que le critère vérificationniste de la signification conduit à considérer que de nombreuses expressions (par exemple, les termes *dispositionnels* comme *soluble, flexible,* etc.) sont dénuées de sens. À partir de 1932, les thèses antérieures sont considérablement affaiblies : la signification d'un énoncé ne tient plus au fait qu'il soit vérifiable, mais à celui d'être graduellement confirmable ; il faut prendre comme terme d'observation pour analyser le langage de la science, non des termes liés à l'expérience phénoménale, mais des termes exprimant les propriétés directement observables des objets physiques (position dite *physicaliste*).

Par la suite, Carnap s'est intéressé à la sémantique logique, c'est-à-dire à l'étude des rapports entre un langage et les systèmes d'objets ou interprétations qui en rendent les énoncés vrais. Il conçoit alors la philosophie non comme concernant la nature ultime de l'Être, mais comme une étude de la nature du langage de la science. Cette étude comprend une syntaxe (théorie des rapports formels entre les signes) et une sémantique (théorie des interprétations au sens précédent). Carnap avait pour but de rendre la philosophie *scientifique* en ce sens précis qu'elle devait avoir un langage aussi rigoureux que celui des grandes théories physiques (on lui doit des analyses piquantes de certaines pages de Heidegger, dans lesquelles il voit l'exemple même d'un discours dénué de sens) et qu'elle devait se prêter à l'évaluation objective. Dans une œuvre où les écrits logiques sont d'une grande richesse technique (l'ouvrage de 1934, par exemple, montre comment construire rigoureusement la syntaxe d'un langage formel), il n'a jamais abandonné ces principes.

> J. Hintikka (dir.), **Rudolf Carnap, Logical empiricist,** Dordrecht, Reidel, 1975 ; A. Schilpp (dir.), **The Philosophy of Rudolf Carnap,** La Salle, Illinois, 1963 ; L. Vax, **L'Empirisme logique,** Paris, PUF, 1970 ; J. Vuillemin, **La Logique et le Monde sensible,** Paris, Flammarion, 1971.

CASSIRER (Ernst)

Né à Breslau en 1874, fils d'un commerçant israélite, il a fait ses études aux universités de Berlin (où il suivit les cours de Simmel sur Kant),

CASSIRER

Leipzig et Heidelberg, avant de devenir le plus proche disciple de H. Cohen, fondateur du néo-kantisme de l'école de Marbourg. C'est à Marbourg qu'il soutient sa thèse de doctorat sur la **Critique cartésienne de la connaissance mathématique et physique** (1899). Il retourne à Berlin où il publie les deux premiers volumes du **Problème de la connaissance dans la philosophie et la science du temps présent** (1906-1907), qui seront complétés par un troisième en 1920, et un dernier posthume en 1957. L'ensemble constitue son œuvre majeure. Nommé assistant à Berlin (1909), il publie des ouvrages consacrés à l'épistémologie (**Le concept de substance et le concept de fonction**, 1910), à la philosophie du droit (**Liberté et Forme**, 1916), ainsi que des études sur Kant, Goethe, Hölderlin et Kleist. Il participe à l'édition en onze volumes des **Œuvres complètes** (1912-1918) de Kant (concurrente de l'édition de l'Académie de Berlin, dirigée par Dilthey, 1902-1913) qu'il achèvera de mener à bien, après la mort de Cohen (1918), en rédigeant notamment le dernier volume sur **La Vie et la Doctrine de Kant**. En 1919, il est nommé à la chaire de philosophie de l'université de Hambourg où, collègue du mathématicien Hilbert, il poursuit ses travaux épistémologiques (**La théorie de la relativité d'Einstein** 1921, dont le manuscrit a été revu par le physicien et où il s'efforce de démontrer que la relativité est l'aboutissement de la physique classique). Surtout, il publie son ouvrage le plus connu, **La Philosophie des formes symboliques,** dont le premier tome est consacré au langage (1923), le second à la pensée mythique (1927), le troisième à la phénoménologie de la connaissance (1929). Parallèlement, il publie **Langage et Mythe** (1925), **La Philosophie des Grecs des origines à Platon** (1925), **L'Individu et le Cosmos dans la philosophie de la Renaissance** (1927), et de nombreux travaux consacrés à l'histoire de la philosophie (notamment, en 1932, **La Philosophie des Lumières**). En 1933, dès l'avènement de Hitler, il quitte l'Allemagne nazie pour trouver refuge en Suède, en Angleterre et finalement aux États-Unis où il meurt le 13 avril 1945, après avoir terminé, en anglais, le manuscrit du **Mythe de l'État** (1946). Ces années d'exil n'ont guère diminué sa fécondité (on retiendra, notamment, **Déterminisme et indéterminisme dans la physique moderne,** 1936, et **Descartes, Corneille et Christine de Suède**, 1941, ainsi que l'**Essai sur l'homme** rédigé en anglais, 1944).

Il y a certainement du polygraphe chez Cassirer, ce qui nuit peut-être à la réception de sa pensée. On pourrait y voir le produit d'une érudition intelligente, plus que d'un esprit créateur : son ouvrage principal est, somme toute, consacré à l'histoire de la philosophie de la connaissance. Mais cette orientation historicisante est elle-même un choix théorique : il faut concevoir l'histoire des sciences comme la véritable théorie philosophique de la connaissance. D'une part, il s'agit de pousser jusqu'à ses limites la conception kantienne d'une source transcendantale de la connaissance. D'autre part, il s'agit de comprendre la fonction unificatrice à l'œuvre dans l'activité cognitive. Cassirer la concevra comme forme symbolique, ce qui est peut-être une façon de réinterpréter le schématisme kantien. La source semble en remonter à la période de Hambourg et à la fréquentation de l'institut créé par A. Wartburg. Prenons une image (que développera son disciple E. Panofsky dans **La Perspective comme forme symbolique**). On peut concevoir un changement de forme, disons entre un cercle et une ellipse. Mais une ellipse n'est qu'un cercle vu sous un certain angle : c'est le changement de perspective qui produit le changement de forme. L'ellipse, en tant justement qu'elle est produite par la *perspective*, est une forme symbolique : *Par forme symbolique, il faut entendre toute énergie de l'esprit par laquelle une signification spirituelle* (geistig) *est attachée à un signe concret et intimement rapportée à ce signe.* La philosophie de Cassirer est une théorie de la signification, qui emprunte à W. von Humboldt le concept d'énergie (grec *energeia* : activité, par opposition à *ergon* : œuvre). Pour être signification et culture, donc historique, la connaissance demeure, comme chez Kant, un produit de l'esprit constituant et non une copie du réel. C'est le symbolisme ainsi conçu *(totalité des phénomènes qui, sous quelque sens que ce soit, manifestent un sens au sein du sensible (...) et où quelque chose de sensible est représenté comme le revêtement d'un sens)* qui permet l'objectivation de l'esprit*. La théorie de la signification reste dans l'horizon de l'idéalisme allemand, dont Cassirer fut le dernier grand représentant. C'est la conscience qui est constitutive de l'univers symbolique, lequel est l'univers humain :

— aucune signification n'est donnée sans qu'existe un rapport interprétatif entre une apparence sensible et un sens sous-jacent. Ainsi, dans la religion*, le rite précède-t-il le dogme qui, lui-même, donne au monde et au moi sa forme symbolique ;

— aucune signification ne peut être donnée sans référence aux relations symboliques de base (espace, temps, nombre, causalité), par où se marque ce qui reste de l'esthétique kantienne ;

— aucune signification ne peut se comprendre en dehors de son contexte culturel (qui constitue sa forme symbolique).

Toutes les formes culturelles convergent, le mythe, la religion et l'art sont des formes symboliques objectives comme la science. Le langage impose la permanence au sein du devenir, il assure le passage de l'image au signe. Mais c'est dans la science que le signe devient l'expression pure du pouvoir créateur de l'homme.

P.A. Schilp (dir.), **The Philosophy of Ernst Cassirer,** New York, 1943.

Cause

Comme le faisait remarquer Aristote*, on nomme cause tout ce qui répond à la question *pourquoi ?* ; en identifiant les types de réponses possibles à cette question, le Stagirite offre donc non seulement une classification des causes, mais aussi des divers modes d'explication. En un certain sens, la cause c'est ce dont la chose est faite (cause matérielle) ; en un autre sens, c'est la définition ou le modèle de la chose (cause formelle) ; c'est aussi ce dont vient le commencement de la chose (chose efficiente) ; et c'est encore la fin pour laquelle la chose est (cause finale). Cette classification fait clairement apparaître la liaison d'un certain langage* causal avec une certaine conception du monde (ici la métaphysique* substantialiste d'Aristote). On peut donc cerner la notion de causalité en analysant le langage qui l'exprime ; c'est pourquoi on peut formuler le problème philosophique de la causalité de la façon suivante : quels sont les éléments du langage causal que nous employons couramment, quelle conception de la réalité ce langage suppose-t-il, quelle est la valeur* de cette conception, l'explication du réel peut-elle se satisfaire de ce langage, même élaboré ?

1. La cause et l'effet

Notre langage quotidien est toujours centré autour d'une relation entre deux termes ; on dit que *A est la cause de B*, ou que *B est l'effet de A* ; une série causale est une suite de relations causales simples où l'effet dans la relation antérieure est la cause dans la relation suivante (A cause de B, cause de C, etc.). Une relation causale est toujours l'expression d'un rapport réel entre les êtres constituant le monde ; la proposition exprimant un rapport de causalité est donc toujours particulière. À un niveau plus élaboré, la notion de causalité donne pourtant lieu à des propositions universelles ; le principe de causalité est une proposition universelle : il affirme que quel que soit le phénomène considéré, il existe un phénomène qui peut être dit la cause du premier ; rien de ce qui est n'est sans cause[1].

On peut aussi constituer d'autres propositions universelles, en affirmant que le principe de causalité est valable pour des individus appartenant à certaines classes de phénomènes : tout homme est causé par un homme. L'introduction de propositions universelles de ce dernier type impose des hypothèses supplémentaires sur la structure du monde ; si je dis : *tout printemps pluvieux est cause de*

---

1. D'où la négation du hasard au sens de ce qui est sans cause.

mauvaises récoltes, c'est en général pour justifier une prédiction du type : *il a plu ce printemps, nos récoltes seront mauvaises* ; par conséquent, je postule que dans le cours du monde les séquences causales analogues se reproduisent indéfiniment, ou encore, selon l'expression de Hume*, qu'il y a une connexion nécessaire entre certains phénomènes[1]. C'est en vertu de connexions de ce type que l'action humaine peut changer le cours des phénomènes : en supprimant une cause, on supprime l'effet ; en introduisant une cause adéquate, on peut produire l'effet voulu. On peut convenir de nommer tout ce qui précède *le langage classique de la causalité* ; son utilisation est quotidienne.

2. Métaphysique* et causalité

On peut se demander quels sont les êtres entre lesquels il y a relation causale. De façon générale, les classiques considèrent qu'il s'agit de substances. Sous l'influence du développement de la physique*, on a tenté de réduire (à partir de Descartes*) la relation causale à ce qu'Aristote nommait causalité efficiente ; dès lors, il s'agit d'expliciter une relation entre des corps* situés dans l'espace* et le temps*. Cela entraîne d'importantes difficultés ; d'abord affirmer que la causalité est une relation entre corps est ambigu lorsqu'on admet la permanence de ces corps : ce dont un corps est cause pour un autre corps par l'intermédiaire du choc, c'est seulement d'un état de mouvement ; ensuite, n'est-ce pas s'empêcher de concevoir une relation causale entre les êtres physiques et un être supraphysique nommé Dieu* ? C'est pourtant en utilisant le principe de causalité que Leibniz* parvient à démontrer l'existence de Dieu — si toute chose a une cause, il faut supposer une cause première qui soit hors de la série des causes, sans quoi on est renvoyé à une régression à l'infini, qui est impossible —.

Puisque toute détermination du réel est réduite à la causalité, tout savoir suppose une forme quelconque du principe de causalité ; mais le rôle que joue ce principe entraîne-t-il qu'on doive considérer le monde comme une série causale avec un terme supérieur, à partir de quoi tous les êtres réels seraient en rapport de connexion nécessaire ? Que penser alors de la liberté* ? Pour la théorie de la connaissance*, le problème fondamental est de savoir en quoi consiste la relation

---

1. D'où la négation du hasard au sens de ce qui n'est pas prévisible.

Cause

causale, d'où vient que nous la connaissons (à l'inverse, comment se fait-il que la relation causale que nous postulons soit valable pour le monde?), quel est le fondement du principe de causalité sous sa forme restreinte ou sous sa forme généralisée (régularité du cours du monde).

Hume*, en admettant que la causalité n'est qu'une relation acquise par habitude, détruit la métaphysique classique ; Kant*, en faisant de la causalité une catégorie de l'entendement, en préserve l'universalité, mais entérine la réduction au monde sensible du domaine où se peut légitimement appliquer la relation causale.

Quelle que soit la solution philosophique choisie, les auteurs classiques ont en commun l'idée fondamentale que le discours ou la pensée qui est connaissance des choses constituant le monde représente de façon univoque l'ordre de la causalité[1] : c'est parce qu'elle est savoir des causes que la science* a puissance sur le monde, c'est parce qu'elle appartient à la fois à l'ordre de la réalité et à celui de la science que la cause est conçue comme raison d'être des phénomènes : mais la quotidienneté du langage classique de la causalité en justifie-t-elle l'universalité, c'est-à-dire fonde-t-elle la valeur d'une conception de la science remontant à Aristote[2] ?

3. Lois descriptives et lois causales

Le langage classique de la causalité laisse subsister la question de savoir en quoi consiste la relation causale ; l'effort exemplaire de Hume pour réduire cette dernière à la contiguïté spatio-temporelle résoud la question d'une façon jugée parfois peu satisfaisante : on n'explicite pas pourquoi quelque chose est cause de quelque autre chose, ni comment s'effectue cette relation. Il a pu paraître légitime d'attendre de la physique cette explication ; le problème est alors de savoir si le langage de la physique classique correspond au langage classique de la causalité.

---

1. À cet égard, la position extrême de Spinoza* est caractéristique : dans la proposition 7, du livre II de l'***Éthique***, il affirme que l'ordre et la connexion des idées sont les mêmes que l'ordre et la connexion des choses ; quand, dans la démonstration de la proposition 9, il se réfère à cette proposition, en la citant il remplace le mot *chose* par le mot *cause*.
2. ***Seconds Analytiques***, I, 2 : *Nous estimons posséder la science d'une chose (...) quand nous croyons que nous connaissons la cause par laquelle la chose est, que nous savons que cette cause est celle de la chose, et qu'en outre, il n'est pas possible que la chose soit autre qu'elle n'est.*

Cause

Les énoncés établis par la physique sont le plus souvent des lois descriptives, prenant la forme de fonctions mathématiques, exprimant des relations déterminées entre quantités variables, auxquelles on est capable de donner un sens physique (ce qui correspond à la cohérence des concepts utilisés et à la possibilité d'une mesure). Ainsi la loi de la chute des corps, $e = Kt^2$, exprime que les espaces parcourus par un mobile en chute libre sont fonction du carré des temps ; si un corps tombe, il tombe selon cette loi, qui est pure description du mouvement. On dispose alors d'un instrument de prédiction, jouant un rôle analogue à celui des propositions universelles du langage causal ; mais l'analogie s'arrête là : une loi descriptive n'indique pas pourquoi il y a mouvement ni comment en produire. C'est pourquoi Comte* pensait que l'esprit positif doit abandonner la recherche des causes au profit de celle des lois.

Le langage de la physique classique n'est cependant pas totalement étranger au langage causal ; supposons en effet l'univers constitué de points matériels, tout point défini par sa masse m_i, ses coordonnées x_i, y_i, z_i, sa vitesse v_i au temps t_x ; un état de l'univers est défini par la donnée des quantités correspondant à tous les points au temps t_x. Il est clair que si on pouvait effectivement mesurer cet état à un instant quelconque, les lois de la physique nous permettraient de connaître tout état futur, et qu'on pourrait prétendre que l'état t_1 est causé par l'état $t-1$. C'est effectivement en ces termes que le mathématicien Pierre-Simon de Laplace[1] (1749-1827) fait l'hypothèse du déterminisme universel, en laquelle il faut voir la tentative de remplacer le langage causal classique par un langage mathématique qui comme lui aurait la propriété de représenter *l'ordre et la connexion des choses*. Einstein*, dans **Comment je vois le monde**, explicite parfaitement cette tentative : il faut distinguer les lois intégrales qui décrivent le mouvement considéré comme une totalité (ex. : loi de la chute des corps) et les lois différentielles qui montrent *comment de l'état de mouvement d'un système découle un mouvement qui le suit dans le temps*. Ces lois sont des lois causales dont l'exemple privilégié est la loi du mouvement de Newton* (force = masse × accélération) par laquelle on exprime comment un système peut varier sous l'influence d'une force extérieure pendant un intervalle de temps infinitésimal.

---

1. **Essai philosophique sur le calcul des probabilités,** 1814.

Cause

4. Les limites du langage causal

Le langage de la physique classique ne correspond pas entièrement au langage causal classique; dans son aspect différentiel, il peut sembler conserver le caractère essentiel du langage causal qui est d'engendrer une représentation de l'ordre des choses permettant la prévision exacte. Si je suis capable de calculer la valeur d'une quantité physique, alors je suis sûr qu'il existe un élément de réalité physique correspondant à cette quantité. Lorsqu'en 1927, par ses célèbres relations d'incertitude, Heisenberg pose qu'on ne peut mesurer à la fois la position et la vitesse d'une particule en mouvement, sans commettre une erreur dont les relations précisent le minimum, il met fin à cette conviction : ce que je peux prévoir, ce n'est pas une valeur déterminée de la variable à mesurer, mais les bornes entre lesquelles elle sera comprise. Quand les prévisions ne peuvent que se faire en termes de probabilité, il devient absurde de supposer que le langage de la science est un décalque de l'ordre des choses, c'est-à-dire des êtres dont on suppose qu'ils constituent la réalité, à moins de considérer que le langage probabiliste cache notre ignorance des relations causales réelles (Einstein, de Broglie). Les limites du langage causal auquel notre culture nous fait spontanément adhérer sont celles de notre ontologie — il n'a plus cours là où les lois empiriquement vérifiables qui déterminent les phénomènes cessent de pouvoir être considérées comme exprimant les rapports entre des êtres subsistant dans le *continuum* spatio-temporel[1]. Toute science suppose un certain type de déterminisme, celui-ci n'est pas forcément de type causal[2], il peut s'exprimer dans les lois, c'est-à-dire dans des formules établissant que certaines quantités sont des fonctions mathématiques de certaines autres[3], alors même que ces quantités ne correspondent pas à des êtres subsistant dans le monde.

> C.H. Hempel, ***Éléments d'épistémologie,*** Paris, Colin, 1972; J. Largeault, ***Principes classiques d'interprétation de la nature,*** Paris, Vrin, 1988; K. Pomian (dir.), ***Le Débat sur le déterminisme,*** Paris, Gallimard, 1988.

---

1. Voir *objectivité*.
2. Le déterminisme laplacien apparaît comme une fiction puisqu'il y a une loi physique (les relations d'Heisenberg) dont on produit, démontre et vérifie la formule, selon laquelle il est impossible de mesurer l'état de l'univers.
3. On trouvera aux articles *humaines (sciences), structure,* des indications sur l'utilisation de déterminismes non quantitatifs.

CAVAILLÈS (Jean)

Né en 1903, ancien élève de l'ENS (Ulm), agrégé de philosophie (1927), il s'est surtout intéressé à la philosophie des mathématiques*. En 1938, il soutient ses thèses de philosophie (***Mathématique et Formalisme*** et ***Recherches sur la formation de la théorie abstraite des ensembles***) où il tente de réfléchir sur *les inflexions inattendues du devenir mathématique*. Il est de ce fait amené à remarquer que l'histoire de la science ne dépend pas d'une simple investigation logique et que le fondement qu'elle se fixe à un moment donné n'est ni définitif, ni dépourvu de degrés. C'était prendre position face au logicisme et au formalisme (voir *mathématiques*).

Son dernier ouvrage (***Sur la logique et la théorie de la science***) écrit en prison en 1942 (résistant, il devait s'évader, mais, repris en 1943, il est fusillé en 1944) tente d'approfondir ces résultats en les confrontant à l'épistémologie des mathématiques de Kant, Bolzano, Brunschvicg (***Les Étapes de la philosophie mathématique,*** 1912) et surtout Husserl* dont il reprend souvent le vocabulaire, et qu'il est un des premiers à introduire en France. Il remarque notamment que pour une philosophie de la conscience*, la logique doit être transcendantale[1], et propose une pénétrante critique de la conception husserlienne de la science : l'idée de faire de la mathématique un système nomologique dont les conditions de scientificité sont renfermées dans la sphère transcendantale de la conscience, ne résiste pas au théorème de Gödel[2] par lequel on sait que dans toute théorie que contient l'arithmétique, on peut énoncer des propositions qui ne sont ni conséquences des axiomes, ni en contradiction avec eux. La « mathématicité » n'est pas donnée *a priori*, d'où la célèbre formule : *ce n'est pas une philosophie de la conscience, mais une philosophie du concept qui peut donner une doctrine de la science*. L'enseignement de Cavaillès a une grande importance dans l'épistémologie française contemporaine ; on doit y rattacher les travaux de J.-T. Desanti* et, dans une certaine mesure, ceux de Granger*.

---

1. Voir *Kant, Husserl,* et, dans le ***Vocabulaire***, *transcendantal.*
2. Voir l'article *logique.*

> G. Ferrières, **Jean Cavaillès, un philosophe dans la guerre, avec une étude de son œuvre par Gaston Bachelard**, Paris, Seuil, 1982 ; G.G. Granger, « Cavaillès ou la montée vers Spinoza », in **Les Études philosophiques**, Paris, n° de juillet 1947 ; D. Dubarle, « Le dernier écrit philosophique de Jean Cavaillès », in **Revue de Métaphysique et de Morale**, Paris, 1948 ; E. Morot-Sir, « La théorie de la science d'après J. Cavaillès », in **Revue des Sciences Humaines**, Paris, 1948.

CHOMSKY (Noam)

Né en 1928 à Philadelphie, professeur au Massachusetts Institute of Technology, il est l'un des plus célèbres linguistes contemporains. Par opposition au structuralisme*, il donne une nouvelle définition de la nature formelle du langage*, et de la grammaire (cf. **Structures syntaxiques**, 1957).

Toute séquence linguistique qu'un locuteur-récepteur idéal est capable de reconnaître comme grammaticale peut être décrite comme engendrée par un automate d'un certain type. Soit une machine comme la dernière de celles décrites dans l'article *machine* — alors une grammaire G_i sur une langue L_i est un ensemble d'instructions permettant à la machine, compte tenu du vocabulaire V_i, d'inscrire sur son ruban, quand elle se trouve dans un état terminal, une phrase de la langue. Ces conditions peuvent se concevoir comme des règles de réécriture correspondant aux divers états de la machine. Par exemple, dans l'état E, la machine inscrit P (pour phrase) sur son ruban ; dans l'état E1, elle inscrit SNSV (pour syntagme nominal et syntagme verbal), etc. On peut symboliser chaque règle par le signe « $\rightarrow$ » à droite duquel on écrit le nouveau symbole inscrit par la machine et à gauche l'ancien. À un certain moment, on obtient une description complète d'une certaine structure de phrase, et la règle de réécriture suivante aura à droite du signe « $\rightarrow$ » des éléments de V_i ; quand on obtient sur le ruban une séquence ne comportant que de tels éléments, on a décrit une phrase. Une telle grammaire est dite générative ; on pourrait continuer les opérations, mais alors on aurait à gauche de « $\rightarrow$ » des éléments de V_i, et on aurait une grammaire transformationnelle.

Ces considérations ouvrent la voie à une mathématisation très poussée de la linguistique, et à une nouvelle formulation des problèmes grammaticaux: on peut, par exemple, montrer que les grammaires d'un certain type ne suffisent pas à engendrer des phrases de certaines langues. Cette mathématisation conduit Chomsky à considérer que les universaux linguistiques sont des structures communes à toutes les langues (**Le Langage et la Pensée,** t.f. 1968), qu'il considère comme inhérentes à l'esprit humain. Par là, il en vient à postuler une nature humaine capable d'une créativité infinie, ce qui lui semble reprendre les thèses de l'innéisme* cartésien (**La Linguistique cartésienne,** 1966) et lui permet de soutenir au nom de cette nature humaine les positions politiques de l'anarchisme libéral (il s'opposa par exemple à la guerre du Viêt-nam, cf. **L'Amérique et les nouveaux Mandarins**, t.f. 1969).

Dans les années soixante et les années soixante-dix, l'école générativiste s'est développée comme l'une des voies les plus fécondes et les plus actives de la recherche linguistique. Elle a cependant produit successivement plusieurs théories qui l'ont conduite à abandonner la notion même de transformation. L'un des problèmes sur lequel elle semble achopper, c'est l'articulation entre la forme syntaxique et le sens (voir, notamment, **Réflexions sur le langage,** 1975 ; **Essais sur la forme et le sens,** 1977). L'un des points essentiels de la théorie est en effet, depuis les premiers écrits, l'hypothèse d'une séparation entre différents composants qui concourent à la production de l'énoncé grammatical (dans le cas simple des premières formulations, il s'agissait des composants syntaxique, phonétique et sémantique). Le raffinement de cette conception *modulaire* a, par la suite, entraîné certains membres de l'école à l'hypothèse d'une *modularité de l'esprit* (voir J.A. Fodor, **La Modularité de l'esprit,** 1983). Le langage lui-même est un module qui fonctionne de façon autonome, ce que traduit l'assertion selon laquelle le langage est un organe mental, formule dont il n'est pas sûr qu'elle puisse être autre chose qu'une métaphore. *Modularité* implique *discontinuité*. La première discontinuité est celle de l'énonciation et de la situation du locuteur : une partie importante de la recherche linguistique contemporaine nie que l'on puisse expliquer les phénomènes linguistiques sans tenir compte de la situation concrète du locuteur et de l'interaction conversationnelle. La seconde discontinuité concerne le rapport entre les opérations cognitives générales de l'individu et celles qui correspondent à la faculté linguistique. La thèse de la modularité implique que les secondes soient sans rapport avec les premières. Le recours à l'innéisme devient une nécessité théorique (J.J. Katz, l'un des premiers partisans du générativisme, a fini par opter pour une sorte de platonisme, qui revient en quelque sorte à admettre l'éternité des significations ; cf. **Le Langage et les autres objets abstraits**, 1981). Par ses thèses, l'école générative entre directement sur le terrain des discussions philosophiques, où elle se heurte à l'empirisme et au constructivisme de l'épistémologie génétique (voir le débat avec Piaget*).

La grammaire générative est incontestablement la théorie linguistique contemporaine qui a soulevé le plus de débats philosophiques. Si elle a été l'une des toutes premières voies de la mathématisation de la grammaire, elle est maintenant concurrencée par de nombreuses autres possibilités qui tiennent tantôt au développement de l'informatique, tantôt à l'invention de nouveaux formalismes. On notera en particulier les études conduites à la suite de Richard Montague (1931-1971), lequel proposait, notamment, une construction ensembliste de la sémantique et faisait l'hypothèse que n'existe aucune différence entre un langage formel et une langue naturelle (voir **Philosophie formelle. Choix d'articles de R. Montague**, 1974).

A. Berrendoner, **Cours critique de grammaire générative,** Presses Universitaires de Lyon, 1983 ; J.J. Katz, **La Philosophie du langage,** Paris, Payot, 1971 ; J.-C. Milner, **Pour une science du langage,** Paris, Seuil, 1989 ; M. Piatelli-Palmarini, **Théories du langage, théories de l'apprentissage : le débat entre Chomsky et Piaget,** Paris, Seuil, 1979.

Classes sociales

Ensemble des relations qui entrent en jeu dans un mouvement social, ces groupes, relations, ou réseaux tantôt font l'objet d'une interrogation dans le cadre d'une dynamique sociale, tantôt semblent se figer en une hiérarchie évidente, comme lorsque Marx* affirme : *La lutte des classes est le moteur de l'Histoire.*

D'un côté, les classes sociales se résorberaient dans une société de plus en plus différenciée, d'un autre, elles resteraient une base intangible. Cette hiérarchisation s'appuie sur la permanence apparente de l'inégalité dans la structure sociale. L'anthropologie politique aurait alors pour simple tâche de constater les rapports de pouvoir et de les décrire en une stratification que soutiendrait une division du travail. Marx établit bien un lien fondamental entre le système économique global et les types de division du travail dans l'émergence des inégalités sociales. Cet ensemble social stratifié trouve son répondant dans une culture commune qui n'est que la symbolisation généralisée des rapports d'exploitation. La religion*, par exemple, qui édicte cette disparité en *ordres* montrerait ainsi sa nature idéologique: prêtres, guerriers, et paysans se verraient ainsi assigner une position stable dans un système de valeurs que les puissants auraient créé à leur profit. La culture aurait ensuite véhiculé cette division sociale à tel point qu'elle aurait trouvé une expression nouvelle dans des *différences de statut économique*. Voir *État*.

Penser la mobilité, c'est-à-dire aborder le problème des changements sociaux possibles, de déplacements et des trajectoires n'implique pas pour autant que l'on soutienne la disparition des classes. Un maintien des structures est toujours possible, par delà la mobilité des individus. Ainsi, pour de nombreux sociologues modernes, la démocratisation contemporaine des systèmes éducatifs semble avoir des effets très limités dans un processus d'égalisation.

> R. Aron, ***La Lutte des classes : nouvelles leçons sur les sociétés industrielles,*** Paris, Gallimard, 1964 ; G. Lukas, ***Histoire et conscience de classe : essai de dialectique marxiste,*** Paris, Minuit, 1960, 2ᵉ éd. 1972 ; N. Poulantzas, ***Pouvoir politique et classes sociales,*** Paris, 1968.

Communication

Communiquer est un problème pratique avant d'être l'objet d'une interrogation philosophique ou d'une élaboration scientifique. Je souffre et je vis sous le regard d'autrui, comme autrui vit et souffre sous mon regard ; enfermé dans l'intériorité absolue (qui me paraît telle) de ma conscience, comment puis-je faire ressentir ma douleur ? Un regard, un geste peuvent mentir. Il y a plus ; autrui c'est un autre homme, mais dans

Communication

le cas du monde qui nous entoure, des animaux, puis-je communiquer avec eux ? Dans **La Métamorphose** de Kafka, Grégoire meurt, non parce qu'il est un cloporte blessé, mais parce que, métamorphosé en cloporte, il n'y a plus de communication possible entre sa famille et lui. La communication est d'emblée comprise comme le rapport privilégié des consciences humaines.

Il a fallu que Descartes* inaugure la subjectivité et la réflexion sur soi, que naisse la possibilité du solipsisme, pour que le problème du fondement de la communication se pose comme celui de la reconnaissance d'autrui (voir l'article *autrui* pour une discussion de cette question). Quelle que soit la façon de poser le problème d'autrui, sa résolution philosophique aboutit toujours à établir un rapport de connaissance privilégié entre les consciences (pitié, sympathie), par conséquent, ce qui est en question, ce n'est pas la communication en elle-même, ses modalités, ses instruments, mais ce qui dans la conscience* la rendrait possible. Ainsi Descartes accorde-t-il au langage* un rôle restreint, simple phénomène à partir de quoi je puis inférer qu'il y a en autrui une conscience, c'est-à-dire une raison (les bêtes ne peuvent parler), il n'est qu'un instrument neutre en vue d'un échange qui le transcende.

Pour la théorie de la communication, celle-ci n'est pas seulement une affaire entre l'homme et l'homme, où se joue son humanité, mais entre agents de communication (groupes ou individus), par le biais de dispositifs plus ou moins complexes. Toute communication suppose une source qui émette un message dans un certain code, un canal de transmission, et un récepteur qui décode le message. Les communicateurs (émetteur et récepteur) doivent disposer de moyens d'information, c'est-à-dire d'au moins deux éléments (symboles) discriminables par un détecteur (par exemple, l'appareil perceptif) et tels que la probabilité d'occurrence d'aucun des deux ne soit nulle ou certaine. Ces éléments posés, on peut étudier les réseaux de communication, l'action de leur forme sur le message, le rôle des divers agents, celui des canaux particuliers (sociologies des mass-média : cf. Marshall McLuhan, **La Galaxie Gutenberg**, La Salle, Hurtubise HMH, 1962, t.f., Paris, Gallimard, 1977), voire celui des divers codes parmi lesquels se trouvent les langues naturelles (le français, l'allemand, etc.).

> J. Cazeneuve, **La Société de l'ubiquité,** Paris, Denoël/Gonthier, 1972 ; M. McLuhan, **Pour comprendre les médias,** Tours, Mame, 1972 ; L. Quéré, **Des miroirs équivoques : aux origines de la communication moderne,** Paris, Aubier-Montaigne, 1982 ; P. Schaeffer, **Les Machines à communiquer,** Paris, Seuil, 1970-1972 ; M. Serres, **Hermès ou la Communication,** Paris, Minuit, 1968 ; W. Weaver & C.E. Shannon, **Théorie mathématique de la communication,** Paris, Retz-CEPL, 1975 ; Y. Winkin (dir.), **La Nouvelle Communication,** Paris, Seuil, 1981.

COMTE (Auguste)

Né à Montpellier en 1798 dans un milieu de petits fonctionnaires. Après de brillantes études, il entre à Polytechnique en 1814. Il suit des cours de médecine à la faculté de Montpellier lorsque la monarchie ferme l'école, devenue un foyer d'agitation républicaine. Il retourne à Paris et étudie Monge, Condorcet*, Montesquieu* et Laplace. De 1817 à 1824, il sera lié avec Saint-Simon[1] et collaborera à l'équipe de l'« Industriel ». À cette époque, il rédige des essais politiques ainsi que des **Plans de travaux scientifiques nécessaires à la réorganisation de la société**. C'est à propos de cette réorganisation qu'il se brouillera avec Saint-Simon. En 1826, il commence à titre privé un **Cours de philosophie positive**. Humboldt, H. Carnot, Blainville (physiologiste), Poinsot (mathématicien), puis, plus tard, Fourier[2] et Esquirol (médecin), seront ses élèves. Six tomes seront publiés entre 1830 et 1842. En 1831, il est nommé répétiteur à l'École polytechnique. Ses convictions républicaines l'empêchent d'obtenir la chaire de géométrie et lui feront perdre cet emploi (1852) ; il vivra alors des subsides de ses disciples. En 1844, il rencontre Clotilde de Vaux, qui meurt en 1846, et à laquelle il voue un véritable culte. C'est à cette époque que commence sa « seconde carrière » : le « Cours » s'adresse à l'intelligence* et vise une réorganisation mentale de l'humanité ; désormais, Comte s'attache à la réorganisation « morale ». C'est le but que vise le **Système de philosophie positive ou traité de sociologie instituant la religion de l'humanité**, contenant le **Discours sur l'ensemble du positivisme**, déjà paru en 1848. Devenue essentiellement religieuse, la doctrine comtienne est exposée dans le **Catéchisme positiviste** (1852), et la **Synthèse subjective ou système universel des conceptions propres à l'état normal de la société**, ouvrage que la mort de l'auteur en 1857 laisse inachevé.

1. Le positivisme*, c'est d'abord une certaine façon de comprendre

---

1. Voir *socialisme*.
2. Voir *socialisme*.

COMTE

l'histoire de l'Europe. Le système du Moyen Âge, caractérisé par *la combinaison du pouvoir spirituel ou papal et théologique, et du pouvoir temporel ou féodal et militaire*, tend à être remplacé par un système *positif, scientifique et industriel*. Cependant, une période *organique* (où existe une conception du monde unique et unitaire) est remplacée par une période critique ; la Révolution française est inachevée, une tendance rétrograde[1] vise à restaurer le Moyen Âge, ce qui *place forcément la société dans un état d'anarchie* constitué*. Le but que Comte se fixe dès sa jeunesse est de retrouver, quoique sous d'autres formes, la phase organique initiale ; le positivisme sera *la vraie doctrine organique*.

2. La réorganisation mentale nécessite une analyse des formes de la pensée, et plus particulièrement de la pensée scientifique. En reprenant les idées fondamentales de d'Alembert et Condorcet, Comte considère que cette dernière peut et doit se développer indépendamment d'hypothèses métaphysiques — la géométrie est indépendante des spéculations sur la nature de l'espace*, la physique* de considérations sur l'essence* des corps* et des forces. La science* ne s'occupe que des phénomènes accessibles aux sens et de leurs relations ; elle ne doit donc pas rechercher les causes* dernières, mais les lois* des phénomènes. Fondée sur l'expérimentation*, elle a pour fonction de permettre le progrès*, *c'est-à-dire la succession continue envisagée dans l'ensemble de l'humanité qui suppose une constante régularité et préservation*. Cela suppose :

1 — que seule la pensée scientifique soit considérée comme véritable connaissance du monde ;

2 — que la science soit conçue relativement à son application ;

3 — que les sciences et les formes de l'esprit humain soient diversifiées et possèdent une histoire*. Ce dernier point est développé par Comte dans sa fameuse *Loi des trois états* et dans sa *Classification* des sciences*.

L'esprit humain, dans sa réalité individuelle, passe par trois stades (action, sentiment, intelligence), qui reproduisent les trois états du développement de l'humanité :

a — *État théologique :* des puissances divines sont posées comme principes de la connaissance* et de l'action.

---

1. En 1855, dans son **Appel aux conservateurs**, Comte se tournera vers les *dignes conservateurs* et les *dignes rétrogrades*, dans le caractère anachronique desquels il voit la possibilité d'une impartialité totale.

b — *État métaphysique :* des forces abstraites et dépersonnalisées sont substituées aux puissances abstraites, les événements s'expliquent par des causes.

c — *État positif :* la recherche des lois remplace celle des causes.

Ce développement concorde avec la classification et l'ordre d'apparition des sciences, selon leur généralité décroissante et leur complexité croissante : les mathématiques*, la physique inorganique, c'est-à-dire l'astronomie, la physique au sens restreint et la chimie, la physique organique, c'est-à-dire la physiologie (biologie) et la physique sociale[1]. On peut constituer toute la série à partir des mathématiques, en une synthèse objective centrée sur l'objet (le monde), ou à partir de la sociologie en une synthèse subjective centrée sur le sujet (l'homme).

En faisant une telle place à la sociologie, Comte n'en est pas précisément le fondateur[2] : sa *physique sociale*, divisée en statique (théorie positive de l'ordre) et en dynamique (théorie positive du progrès social), reste triviale, indépendante des mathématiques, et tout entière vouée à des buts politiques. Ce qui importe dans sa doctrine, c'est l'idée fondamentale d'envisager la science et la politique à partir de la société et de son histoire. En cela, il est véritablement le contemporain de Marx*. Mais sa conception de l'histoire reste liée à l'idée d'une réalisation de formes définies comme les stades nécessaires d'un progrès, et sa conception de la société demeure bornée à l'idée d'une totalité organique. C'est pourquoi le positivisme, en considérant la religion*[3] comme la forme d'unification par excellence *(elle consiste... à* **régler** *chaque nature individuelle et à* **rallier** *toutes les individualités)*, manque la science des sociétés et s'achève dans le culte du Grand Être qu'est l'Humanité.

> P. Arbrousse-Bastide, ***La Doctrine de l'éducation universelle dans la philosophie d'Auguste Comte,*** Paris, PUF, 1957 ; P. Arnaud, ***Le Nouveau Dieu***, Paris, Vrin, 1973 ; H. Gouhier, ***La Jeunesse d'Auguste Comte et la formation du positivisme,*** Paris, Vrin, 1961, 2ᵉ éd. 1970 ; A Kremer-Marietti, ***Auguste Comte et la théorie sociale du positivisme,*** Paris, Seghers, 1970 ; A. Kremer-Marietti, ***Le Concept de science positive,*** Paris, Klincksieck, 1983.

---

1. Comte emprunte l'expression à Hume*, mais utilise le terme de *sociologie* à partir de la 47ᵉ leçon du ***Cours***.
2. Voir *Durkheim* et l'article *sociologie*.
3. *Religio* viendrait de *religare*, relier.

CONDILLAC (Étienne BONNOT de)

Né à Grenoble en 1715 d'une famille de parlementaires, d'abord destiné à la prêtrise, y renonce en 1740, et fréquente Rousseau, Fontenelle, Diderot. Il publie en 1746 l'***Essai sur l'origine des connaissances humaines*** ; en 1749, le ***Traité des systèmes*** ; en 1754, le ***Traité des sensations*** ; de 1758 à 1767, précepteur du duc de Parme, il rédige pour son élève un ***Cours d'études*** (contenant notamment une ***Grammaire*** et un ***Art de penser***), qui paraît en 1775 ; il publie encore un ***Traité du commerce et du gouvernement considérés relativement l'un à l'autre***, 1776. Après sa mort (1780), paraissent une ***Logique*** en 1780, et la ***Langue des calculs*** en 1798, où il s'efforce de montrer la genèse de l'arithmétique et de l'algèbre qu'il considère comme des langues. L'***Encyclopédie*** reprend des passages de son œuvre qui, à la fin du siècle et au début du suivant, inspire le groupe des idéologues (Destutt de Tracy, Cabanis). Contemporaine et instigatrice d'une violente attaque contre le cartésianisme, critiquée pour n'avoir pas reconnu le rôle de la conscience* par Maine de Biran (1766-1824), sa pensée subira une éclipse au cours du XIXe siècle, due à l'essor de l'idéalisme* allemand, et à la réhabilitation en France du cartésianisme par l'éclectisme de Victor Cousin (1792-1867).

1. Condillac s'est lui-même présenté comme le disciple français de Locke*, dont il entend reprendre les thèses empiristes*, en pensant l'origine des connaissances dans la sensation. Le philosophe anglais est le premier à accorder une place importante au langage* dans la théorie de la connaissance, mais c'est Condillac qui en fait la pièce essentielle. Locke expose la genèse empiriste des idées, mais Condillac va plus loin en exposant la genèse de nos facultés.

2. Si on considère un homme dans l'état de nature, c'est-à-dire un individu réduit à ses besoins et facultés organiques, cet homme perçoit différentes choses selon l'action du milieu externe ; il se différencie de l'animal en ce que la complexité de son appareil corporel complexifie ses sensations. Comme l'animal, son rapport au monde externe se traduit par des signes. Une chose peut réveiller en lui une sensation qu'il a déjà eue et en devenir le signe accidentel ; selon les montages organiques de sa constitution physique, il réagit à certaines sollicitations externes en éprouvant certains sentiments, tandis qu'il effectue certains gestes ou pousse certains cris, qui en sont les signes naturels et lui font éprouver ces mêmes sentiments lorsque ses semblables les émettent. L'homme est alors agi par l'extériorité de son milieu. Il n'est libre que lorsqu'il possède des signes arbitraires, c'est-à-dire des signes qu'il peut émettre à son gré. Il vient en possession d'un système de signes arbitraires par habitude, à partir d'un langage naturel constitué des gestes, des mimiques et des cris de l'action.

C'est par la constitution du langage que naissent la raison et la liberté*. Par la possession de signes arbitraires, l'homme peut analyser ses pensées, les composer et les décomposer, leur donner des noms et les grouper de façon originale; il peut constituer des idées générales qui sont abstraites* à partir des données particulières des sens. La philosophie de Condillac est un nominalisme* tout à fait particulier, qu'on pourrait nommer un conceptualisme linguistique. La thèse fondamentale du sensualisme est qu'on ne peut penser qu'au contact de la réalité externe; comme celle-ci n'est composée que d'individus, pour penser à des idées générales, c'est-à-dire aux parties communes à un certain nombre d'idées particulières, il faut nécessairement la présence des noms: sans le langage, les idées générales ne sont rien pour l'esprit. La raison ne peut exister sans le langage, dont la signification est l'ensemble de nos connaissances. Mais une langue peut être construite selon des généralisations hâtives, sans analogie avec les choses; il importe que nos langues soient bien faites, c'est-à-dire que leur construction suive l'ordre des besoins naturels par lesquels nous en venons à analyser la réalité. Toute langue bien faite exprime une connaissance exacte du monde, la science n'est donc qu'une langue bien faite.

3. Dans l'***Essai***, Condillac n'étudie pas précisément la genèse des facultés, et aux dires de Diderot, il ne repousse pas de façon convaincante l'idéalisme* de Berkeley*. Le ***Traité des sensations*** comble ces lacunes. L'homme originel y est remplacé par une hypothétique statue (dont l'idée vient probablement de Buffon) qui acquerrait successivement chacun des cinq sens. La conscience de la statue bornée au sens de l'odorat est tout entière dans la sensation qu'elle éprouve: devant une rose, elle n'est qu'odeur de rose, devant du jasmin, odeur de jasmin. La présence d'une première sensation est l'attention, la persistance de cette sensation, la mémoire, l'attention à la sensation présente et à la sensation passée, la comparaison, etc. Condillac entreprend ainsi d'engendrer chacune de nos facultés à partir de la sensation originaire, de telle sorte que chacune d'elle apparaisse comme une transformation de la sensation initiale. Si chacun des cinq sens permet d'engendrer toutes nos facultés, c'est non seulement la coexistence de nos sensations tactiles, mais surtout l'épreuve dans le toucher de la résistance des corps, associée aux autres sensations qui nous procure la connaissance de l'extériorité. Le génétisme de Condillac est complet : il n'est donc pas étonnant que sa philosophie s'ouvre à une pédagogie dont le **Cours d'études** programmé pour l'infant de Parme est le modèle ; elle servira aussi au docteur Itard pour éduquer Victor, l'enfant sauvage trouvé dans l'Aveyron (cf. L. Malson, **Les Enfants sauvages,** 1964). Le plus grand mérite de Condillac est peut-être d'avoir fait avant Kant* l'épistémologie* de la physique de Newton*. Les grandes métaphysiques classiques (Leibniz*, Malebranche*, Spinoza*) sont liées au cartésianisme en ce qu'elles en acceptent le rationalisme : la science se réduit à un discours développant synthétiquement ses propositions à partir de principes premiers. La physique newtonienne a sa source dans l'expérimentation* et le refus des hypothèses abstraites ; elle accepte même l'existence de forces (la gravitation) dont on ne peut expliquer la nature, contredisant au principe cartésien, selon lequel on ne doit affirmer d'une chose que ce que l'on en conçoit clairement et distinctement. Prenant la science expérimentale comme modèle, Condillac, en montrant comment les systèmes, reposant sur des principes abstraits ou sur des hypothèses, doivent être rejetés au profit des systèmes reposant sur les faits, produit une critique des métaphysiques classiques, qui est une véritable critique de la raison pure et abstraite. L'homme est devant la nature comme devant une machine dont il s'agit de comprendre le fonctionnement en montrant le rapport qu'ont les différentes pièces les unes aux autres ; il s'agit d'analyser l'expérience*, non de bâtir des chimères, d'expliquer comment les phénomènes se causent les uns les autres, non de prétendre trouver le pourquoi de cet ordre phénoménal en se réfugiant dans le rêve.

Baguenault de Puchesse G., **Condillac, sa vie, sa philosophie, son influence,** Paris, 1910 ; A. Lebeau, **Condillac économiste,** Paris, 1903 rééd. New York, Lenox ; R. Lenoir, **Condillac,** Paris, 1924 ; G. Le Roy, **La Psychologie de Condillac,** Paris, 1937, J. Sgard (dir.), **Condillac et les problèmes du Langage,** Genève, Slatkine, 1982 ; N. Rousseau, **Connaissance et Langage chez Condillac,** Genève, Droz, 1986.

CONDORCET

Né en 1743 à Ribemont, d'une famille noble et désargentée, Jean-Antoine-Nicolas Caritat, marquis de Condorcet, fit de bonnes études chez les jésuites. Intéressé très tôt par les mathématiques et la physique, qu'il étudie au collège de Navarre, il publie différents mémoires sur l'analyse différentielle et entre à l'académie des Sciences en 1769, où il fait figure de disciple de d'Alembert. Il participe à la rédaction du **Supplément** de l'*Encyclopédie*. Nommé par Turgot inspecteur des monnaies (1774), il s'occupe des sujets politiques (**Réflexions sur l'esclavage des Nègres,** 1781) et économiques (il soutient contre les physiocrates que l'artisanat et l'industrie sont créateurs de richesses), ainsi que des questions plus juridiques (**Réflexions sur la jurisprudence criminelle,** 1775). Critique de l'Ancien régime, il contribue en 1789 à la rédaction des **Vœux de la noblesse de Nantes** et précise ses conceptions politiques (**Réflexions sur les pouvoirs, Sur la forme des élections, Déclarations des droits**). Il s'intéresse au calcul des probabilités, particulièrement à son application aux questions relatives à l'action humaine (**Essai sur l'application de l'analyse à la probabilité des décisions rendues à la pluralité des voix,** 1785). Élu à la commune de Paris en 1790, il est chargé de rédiger un statut de l'institution municipale. Il est partisan du suffrage universel (**Sur l'admission des femmes au droit de cité,** 1790). Élu en 1791 à l'Assemblée législative, il est républicain; député à la Convention, il rédige cinq **Mémoires sur l'Instruction publique** (1791-1792) et un projet de **Constitution** (1793), qui ne furent pas suivis. N'ayant pas voté la mort du roi, protestant contre la persécution des Girondins, il échappe par la fuite à l'arrestation, et écrit une lettre à la Convention pour dénoncer la dictature des Montagnards. Condamné à mort par contumace, il est découvert et décède en prison (1794), sans doute par suite d'épuisement, la légende voulant qu'il se soit suicidé. Parmi les manuscrits qu'il laisse figure l'**Esquisse d'un Tableau historique des progrès de l'esprit humain**. Ses **Œuvres** seront publiées en 12 volumes (1847-1849).

Ami de d'Alembert, Diderot, Helvétius et Voltaire, assidu dans le salon de Mlle de Lespinasse, Condorcet est à la fois l'un des derniers grands représentants des Lumières et un intermédiaire entre celles-ci et la philosophie positiviste d'A. Comte*. Son **Esquisse d'un Tableau (...)** présente une vision optimiste du développement de l'humanité sur la voie du progrès scientifique et moral. Son originalité principale réside dans son effort continu d'appliquer les mathématiques aux sciences sociales. Il ne s'agit pas d'une application aveugle: elle sera rendue possible par la notion de probabilité. Si la science sociale possède en principe la même certitude que la science physique, ses propositions ne sont généralement qu'hypothétiques. La confiance qu'on peut leur accorder est donc moindre. Condorcet lie la probabilité (quotient des cas favorables par les cas possibles) et le motif de croire (qui doit varier proportionnellement). Le calcul se voit attribuer un contenu particulier (le choix ou la décision), et la mathématique du probable devient une science de la décision. Par le biais d'une conception contractualiste de la société, cette science devient une science des décisions d'ordre social et concerne l'étude des votes. Dans son modèle, Condorcet démontre que si la probabilité que la décision de chaque votant soit conforme à la vérité est plus grande que la probabilité contraire, alors la probabilité que la décision résultante prise à une pluralité donnée soit vraie croît sans cesse en augmentant le nombre des votants (c'est le contraire qui se produit dans le cas contraire). L'une des conditions pour que la théorie mathématique de la décision conforte une théorie politique du suffrage universel réside dans le progrès et l'égale répartition des Lumières (une autre condition serait que les questions mises aux voix ne concernent que les sujets *sur lesquels un intérêt personnel direct peut suffisamment éclairer tous les esprits*).

Il est évident que le choix politique du suffrage universel rend cruciale la question de l'*instruction* publique. L'école doit être gratuite, égale pour tous (donc mixte) et laïque (il n'est pas du ressort de l'école de répandre les opinions religieuses). Son programme concerne l'instruction (Condorcet préconise dans ce contexte un contenu encyclopédique) et non l'éducation. Elle prépare l'individu à vivre dans une république où il n'aura *d'autre supériorité que celle de ses talents, d'autre autorité que celle de la raison, d'autre grandeur que celle de ses actions.*

> M. Crampe-Casnabet, **Condorcet, lecteur des Lumières,** Paris, PUF, 1985 ; G.G. Granger, **La Mathématique sociale du marquis de Condorcet**, Paris, PUF, 1956 ; C. Kintzler, **Condorcet, l'instruction publique et la naissance du citoyen**, Gallimard, 1987 ; R. Rashed, **Condorcet, mathématique et société**, Paris, Hermann, 1973.

Connaissance

La philosophie de la connaissance étudie les problèmes qui sont sous-jacents à la question *qu'est-ce que connaître ?* : cette question est rendue difficile par la diversité avec laquelle on emploie couramment le

Connaissance

terme, mais toute la philosophie tente d'y apporter une réponse (voir les auteurs). Celle-ci engage de nombreux autres thèmes (voir *science, perception, mémoire, imagination, idéologie, sciences humaines*). On remarquera qu'au cours de son histoire, la philosophie a élaboré certains problèmes concernant la connaissance ; on ne peut probablement les considérer ni comme définitifs, ni comme exhaustifs ; leur exposition permet toutefois de comprendre dans quelles conditions une réponse à la question peut être envisagée.

1 — À quelles conditions peut-on dire que l'on connaît quelque chose ? Si, par *connaissance*, on entend une représentation vraie, qu'est-ce que la vérité*? Quels sont ses critères ?

2 — Quelles sont les diverses formes de la connaissance, et quel rapport ont-elles ? Par exemple, quel est le rapport entre l'intuition (visée immédiate d'un objet, d'une idée) et la démonstration (qui suppose la médiation d'autres connaissances) ? Ou encore peut-on considérer la science* et la religion* comme étant au même titre des connaissances ?

3 — Quel est le rapport de la connaissance avec la certitude ? N'y a-t-il pas différents degrés de la connaissance qui sont autant de degrés de la certitude, et qui dépendent à la fois des objets que nous connaissons et de la manière dont nous les connaissons ? Par exemple, est-ce que je connais les propositions mathématiques, l'existence du monde, celle de Dieu*, et les conditions du bonheur* avec la même certitude ?

4 — Qu'est-ce que nous connaissons ? Les objets de notre connaissance sont-ils des représentations que nous avons du monde extérieur ou bien le monde lui-même ? Que peut-on connaître et pouvons-nous tout connaître ? Dieu, par exemple, est-il objet de connaissance ? Dans l'hypothèse où nous saurions fixer les limites de notre connaissance, pouvons-nous affirmer l'inexistence de ce qui tomberait hors de ces limites ?

5 — Si nos connaissances sont des représentations obéissant à certaines lois qui leur sont propres (lois logiques), comment se fait-il que ces lois soient aussi celles du réel ? Autrement dit, **qu'est-ce qui fonde la rationalité du réel** ou l'harmonie de la raison et de la réalité ?

6 — Quel est le rapport de la connaissance à la société* où elle s'élabore, et à **l'individu*** qui la possède ? Quel est son rapport à **l'histoire*** ?

Toute étude de la connaissance humaine se trouve tôt ou tard confrontée à ces problèmes, et tente de les résoudre en constituant ainsi une théorie de la connaissance (gnoséologie). Toutefois, on peut distinguer classiquement trois problématiques générales, qui ont pour particularité de mettre en relief certains d'entre eux : la problématique du fondement, celle des sciences de la connaissance et celle de l'épistémologie.* On se reportera aux articles *informatique* et *intelligence artificielle* pour la problématique moderne des sciences cognitives.

1. La problématique du fondement

C'est celle de la philosophie classique ; il s'agit non seulement de dire ce qu'est la connaissance, mais de déterminer à quelles condi-

Connaissance

tions une connaissance (notamment la connaissance scientifique) est valide, voire possible. Mais là encore on peut chercher à établir ce fondement de diverses façons, selon que l'on insiste sur le rôle de l'objet de la connaissance, du sujet*, ou de l'interaction des deux, sans que d'ailleurs ces points de vue soient exclusifs les uns des autres.

1 — *Le fondement ontologique.* La connaissance est fondée dans l'Être lui-même ; ses éléments (les idées) ont par nature une valeur objective, soit qu'elles existent dans un monde intelligible (Platon*), dans la réalité même (Aristote*), dans l'entendement d'un Dieu créateur (Leibniz*, Malebranche*), voire d'un Dieu constituant la substance unique de la réalité (Spinoza*). Connaître, c'est posséder ces idées, et l'homme en est capable parce que son esprit* jouit d'une communauté de nature avec elles (l'âme platonicienne, l'intellect aristotélicien, l'entendement humain, conçu comme partie de l'âme chez les modernes).

2 — *Le fondement réflexif.* On pose une conscience* (le *cogito*) qui dans un retour absolu sur elle-même pourrait déterminer lesquelles parmi ses idées ont une valeur objective. L'évidence est alors le critère de la certitude et de la vérité. En fait, on est amené à admettre que la connaissance vraie a ses germes dans l'esprit*, soit sous forme d'idées innées (Descartes*), soit de conditions *a priori*. C'est dans ces conditions propres au sujet que la philosophie transcendantale de Kant* ou de Husserl* place l'objectivité* de la connaissance. Cependant, même si on en fait, non plus des contenus déterminés (cf. les idées innées*), mais des formes pures, on peut invoquer l'histoire et l'évolution des sciences ou l'impossibilité logique de démontrer la valeur de certaines théories, pour refuser tout droit à une fondation de la science dans des conditions *a priori* et éternelles de la connaissance humaine.

3 — *Le fondement empiriste*.* La certitude de la connaissance provient non de ses propriétés, mais de son accord avec les données de l'expérience. Par là, ce type de réflexion ne préjuge pas le contenu de la science, ni sa forme, et, séparant la certitude de l'évidence subjective, il laisse libre cours à l'expérimentation de la science moderne. Cependant, comme problématique du fondement, il se doit de déterminer d'où provient cette certitude ; il ne le peut faire qu'en admettant que l'accord de nos idées avec l'expérience a sa raison d'être dans ce que nos idées proviennent elles-mêmes de cette

expérience (voir Condillac*, Locke*). Le fondement de la connaissance est confondu avec les conditions historiques et psychologiques de son apparition, ce qui donne lieu à de délicats problèmes.

2. La problématique des sciences de la connaissance

Il n'y a pas à proprement parler de science de la connaissance, c'est-à-dire de discipline qui envisagerait le phénomène de la connaissance d'un point de vue global ; mais certaines sciences comme la psychologie, la logique ou la sociologie, traitent certains aspects de ce phénomène et par là se heurtent aux problèmes que l'on a dégagés.

1 — *La logique*, traditionnellement était une partie de la théorie de la connaissance, et avait pour but de déterminer les conditions de la pensée vraie. Mathématisée, ayant des objets propres, elle ne porte plus que sur l'enchaînement des connaissances, sans préjuger de leur valeur objective dernière. Par certains de ses théorèmes (Gödel), elle exclut le problème du fondement. Ne retenant du savoir qu'une forme sur laquelle ou à propos de laquelle elle opère ses démonstrations, négligeant le contenu de pensée, en tant qu'il est un contenu déterminé, la logique ne saurait être une gnoséologie.

2 — *La psychologie* comme science de l'âme était aussi une partie de la théorie de la connaissance ; ayant diversifié ses objets, elle détermine notamment quel traitement nous faisons subir aux données externes, quel est le processus d'apprentissage, comment se constituent chez l'enfant les formes de raisonnement (voir Piaget*). Si elle peut répondre aux questions concernant le sujet empirique de la connaissance, voire aborder de façon concrète le problème de l'inné et de l'acquis, elle ne se préoccupe jamais de la valeur de la connaissance mais considère le processus cognitif comme une donnée à étudier.

3 — *La sociologie* a affaire à la connaissance comme phénomène culturel. Traditionnellement, on liait la connaissance à la société (cf. le positivisme*) dans l'harmonie d'un progrès conjoint de la raison et des mœurs (Durkheim*, Levy-Bruhl) ; aux *peuples primitifs* étaient attribuées une *mentalité primitive* et une connaissance de forme inférieure (magie). La sociologie donne nécessairement lieu à un pluralisme assez large des formes de connaissance. La théorie marxiste des idéologies* a mis en lumière la dépendance des connaissances par rapport à la structure économique des sociétés et à

Connaissance

leur fonction dans le contexte de la lutte des classes. Par rapport à la science cependant, le relativisme sociologique a l'inconvénient de poser de façon insoluble le problème de la vérité*, surtout si on maintient corollairement la question de savoir si la relation avec les cadres sociologiques invalide ou non la connaissance. (Cf. le problème science bourgeoise/science prolétarienne.) Certains auteurs (G.H. Mead, R. Merton) tentent de détacher la sociologie de la connaissance de toute présupposition philosophique ou épistémologique, en étudiant simplement les *corrélations fonctionnelles* entre divers types de connaissance et cadres sociaux, voire en mettant en lumière le rôle de la diffusion de la connaissance et des médias (McLuhan). Par là, la sociologie de la connaissance exclut le point de vue gnoséologique.

3. La problématique épistémologique*

On peut dire que la problématique des sciences de la connaissance a pour caractère de rejeter le point de vue global sur la connaissance ; par définition, elle ouvre la question de savoir si la philosophie a un rôle à jouer dans l'étude de la connaissance, surtout après l'exclusion de la problématique du fondement. L'épistémologie prend pour objet la science et quand elle n'est pas normative, elle considère celle-ci comme un fait, un ordre de réalité où elle n'a pas à intervenir directement. Le sens fondamental de cette nouvelle problématique paraît être la mise au jour d'une impossibilité fondamentale : la signification de la connaissance n'a pas à être cherchée en dehors de ce qui se manifeste comme tel ; on ne doit pas demander *qu'est-ce que connaître ?* mais, par exemple, *qu'est-ce que la connaissance mathématique ?*. L'aspect global de cette problématique provient non de ce qu'elle tente comme la problématique du fondement d'envisager une totalité utopique, mais de ce qu'elle s'applique à tous les aspects de la connaissance dans un domaine donné, au lieu d'en détacher comme dans les sciences de la connaissance un aspect susceptible d'être étudié pour lui-même et dans tous les domaines.

> G. Bachelard, **La Formation de l'esprit scientifique : contribution à une psychanalyse de la connaissance objective,** Paris, Vrin, 1938, 9ᵉ éd. 1975 ; J. Cavaillès, **Sur la logique et la théorie de la science,** Paris, Vrin, 1947, 3ᵉ éd. 1976 ; J.-P. Changeux & A. Connes, **Matière à pensée,** Paris, O. Jacob, 1989 ; N. Chomsky, **Les Problèmes du savoir et de la liberté,** Paris, Hachette, 1973 ; P. Feyerabend, **Contre la méthode. Esquisse d'une théorie anarchiste de la connaissance,** Paris, Seuil, 1979 ; L. Goldman, **Sciences humaines et philosophie,** Paris, Denoël, 1966 ; J. Habermas, **La technique et la science comme idéologie,** Paris, Gallimard, 1973 ; J. Habermas, **Connaissance et Intérêt,** Paris, Gallimard, 1976 ; L. Kolakowski, **La Philosophie positiviste,** Paris, Denoël/Gonthier, 1976 ; H. Marcuse, **L'Homme unidimensionnel,** Paris, Minuit, 1968 ; A. Schaff, **Langage et Connaissance,** Paris, Anthropos, 1969.

Conscience

Je perçois cet arbre, je sais immédiatement que je le perçois, c'est-à-dire que j'ai conscience de ma perception* ; cette conscience accompagne mes représentations, et constitue en quelque sorte leur unité ; mais avoir conscience de ma perception, c'est avoir conscience de moi-même comme percevant. Avoir conscience, c'est donc toujours avoir conscience de soi, et être une conscience, c'est être capable de se poser soi-même parmi ses propres représentations. C'est pourquoi Hegel* affirme que la *conscience constitue le degré de la réflexion ou du rapport de l'esprit* avec lui-même comme phénomène.* Le concept de conscience semble correspondre à trois déterminations :
1 — qu'une représentation soit toujours immédiatement représentation de soi-même en même temps que d'autres choses ;
2 — que les représentations trouvent leur unité dans ce phénomène réflexif ;
3 — que la représentation du moi en naisse.

Tous les problèmes auxquels donne lieu le phénomène de conscience résident dans les difficultés qu'il y a à rendre compte de cette triple détermination en termes cohérents ; il n'y a dans le fond que trois problématiques possibles.

1. La conscience absolue

L'intériorité est le point de départ et le fondement de la connaissance, la position qui individualise chaque être humain. On peut chercher à représenter cet absolu comme âme, esprit, *cogito,* sentiment moral, ou refuser d'aller au-delà des phénomènes, mais le point

Conscience

fondamental demeure que l'on accepte une hétérogénéité absolue dans l'Être. La philosophie traditionnelle, la psychologie introspective acceptent ce point de vue; Sartre* **(Critique de la raison dialectique)**, le psychiatre Laing **(Soi et les autres)** ont tenté de nos jours de fonder l'étude du comportement humain sur une telle position, qui engage une certaine conception de l'homme et des sciences humaines*. Voir *aliénation, autrui*.

2. La conscience réduite

Les matérialistes* excluent *a priori* la nécessité de poser l'irréductibilité de la conscience. Ainsi Marx* et Engels refusent de concrétiser la conscience, et parlent du fait *d'être conscient*; par là, ils identifient les déterminations de la conscience à celle de son contenu représentatif. Certains psychologues mettant l'accent sur l'organisation biologique des affections et des représentations ne lui accordent qu'un rôle secondaire (épiphénoménisme); Watson (et les behaviouristes) ira jusqu'à nier l'existence de la conscience, puisqu'on ne peut la *montrer dans une éprouvette*.

3. L'inconscient

Certains philosophes (Leibniz*) ont admis depuis longtemps que toute représentation n'est pas consciente, mais ce faisant ils ne posaient pas l'existence de représentations ayant pour propriété de ne jamais pouvoir être conscientes, ce que fait Freud* avec le concept d'inconscient. Cette nouvelle problématique remet en question la liaison de la représentation du moi au phénomène de conscience: l'homme n'est pas un être immédiatement présent à lui-même, mais un être qui comporte en lui une instance qui lui demeure étrangère. Voir *Lacan*.

> H. Ey, **Études psychiatriques. Structure des psychoses aiguës et destructuration de la conscience,** Paris, Desclée de Brouwer, 1954; V. Jankélévitch, **La Mauvaise Conscience,** Paris, 1933, rééd. Aubier-Montaigne, 1982; **L'Ironie,** Paris, 1950, rééd. Flammarion, 1979; G. Lapassade, **Les États modifiés de la conscience,** Paris, PUF, 1987.

Corps

Manié par tous, le concept de corps ne semble pas être le lieu de problèmes particuliers. S'il nécessite une réflexion qui amène le philosophe à en préciser les déterminations, c'est la plupart du temps par son

Corps

insertion dans une problématique plus vaste. On cherche ainsi à définir ce qu'est la matière* ou ce qu'est un individu*, puisque le corps n'est qu'une forme spécifiée d'existence de la matière (seuls les stoïciens* en font un type d'être). Concernant la vie*, on tentera d'appréhender ce qui constitue l'organisation d'un corps vivant, le rapport du corps au sentiment, et, s'agissant de l'homme, on s'efforcera de mettre au jour la relation d'un esprit* ou d'un sujet*, à un corps particulier. Cela ouvre pourtant deux questions : *Est-ce que l'universalité d'emploi du concept est fondée ? Qu'est-ce pour un homme que son corps ?*.

1. L'utilisation universelle du concept de corps, si on s'en tient à l'unité du mot, présuppose que l'objet scientifique est un être[1], qu'il est le même être que l'objet de l'expérience naïve ou de la réflexion philosophique. Pour l'expérience naïve, le corps c'est ce qui est maniable, ce qui résiste ; il possède une forme, il est relativement indépendant. La mécanique classique donne un sens à cette indépendance ; le corps est conçu comme un être étendu dans les trois dimensions, impénétrable, limité, défini par une masse, et sur lequel on peut appliquer des forces pour le mouvoir. La philosophie, en déployant l'analyse de l'intériorité (Descartes*), assigne à certains êtres la qualité d'être perçus comme externes : le corps est alors l'extériorité perçue. Sinon la concordance, du moins la non-contradiction des déterminations, permettent à première vue de justifier l'universalité du concept. Pourtant, on remarque que :

1 — même pour la pensée classique, le corps comme concept physique et comme constituant métaphysique du monde n'est pas la même chose : ainsi Newton* utilise dans les **Principia** des *corps théoriques* sous forme de masses ponctuelles (inétendues) et dans l'**Optique**, cherche à montrer que Dieu* a formé la matière sous forme de corps premiers ;

2 — le concept classique de corps ne correspond pas nécessairement au développement de la physique (la mécanique quantique lie le corpuscule à une longueur d'onde). L'unité du concept est-elle le fait momentané d'un état historique du savoir, ou provient-elle d'un langage* trompeur ?

2. Le dualisme de la métaphysique oppose le sujet à son corps, comme l'esprit à la matière : l'extériorité, c'est alors le monde des

---

[1]. Voir *objectivité*.

Corps

corps ; dévalorisé par rapport à l'esprit, le corps devient pour le moraliste ce fond de nature rebelle à la volonté*. Le problème qui occupe toute la métaphysique classique[1] est d'expliciter la distinction de ces deux types d'être (penser pourrait n'être qu'une propriété de la matière) et leurs rapports (comment pourraient-ils agir l'un sur l'autre?). La pensée contemporaine, issue de la phénoménologie de Husserl*, insiste sur la particularité du corps propre qu'elle analyse à partir du vécu de conscience (mon corps, c'est ma façon d'être au monde, dit Merleau-Ponty*) ; la médecine psychosomatique, la psychiatrie, la psychanalyse en étudiant l'image que le sujet a de son corps, la corrélation des troubles psychiques et des affections corporelles, prolongent de façon positive cette orientation[2]. Mais peut-on exclure le problème ontologique ?

> M. Bernard, **Le Corps,** Paris, Éd. univ., 1972 ; A. Leroi-Gourhan, **Le Geste et la Parole,** Paris, Albin Michel, 1964 ; M. Merleau-Ponty, **Phénoménologie de la perception,** Paris, Gallimard, 1945 ; F. Tinland, **La Différence anthropologique,** Paris, Aubier-Montaigne, 1977 ; G. Vigarello, **Le Corps redressé. Histoire d'un pouvoir pédagogique,** Paris, Éd. univ., 1978.

COURNOT (Augustin)

Né en 1801, il devient successivement professeur de mathématiques aux universités de Lyon, de Grenoble, inspecteur général, recteur de l'académie de Dijon et meurt à Paris en 1877. Son œuvre débute par un essai d'économie mathématique : les **Recherches sur les principes mathématiques de la théorie des richesses** (1838), formalisent, grâce aux fonctions arbitraires de l'analyse, les lois de l'échange et des prix. Devant son insuccès, il se tourne vers d'autres études mais reviendra à ces thèmes : **Exposition de la théorie des richesses** (1861) et **Revue sommaire des doctrines économiques** (1877). L'économiste Walras sera le premier à reconnaître son mérite.

À partir de son enseignement de mathématiques (**Théorie élémentaire des fonctions et du calcul infinitésimal**, 1841 ;

---

1. Voir *Descartes, Leibniz, Spinoza, Malebranche.*
2. Voir aussi la fin de l'article *perception.*

Exposition de la théorie des chances et des probabilités, 1843 ; ***De l'origine et des limites de l'algèbre et de la géométrie***, 1847), il élabore une *théorie des fonctions*, débarrassée des artifices du calcul, capable de s'appliquer à tous les phénomènes et de coiffer l'algèbre et la géométrie, ainsi qu'une théorie de la probabilité, expression des rapports entre les choses et d'une application illimitée.

Ces réflexions le conduisent à la philosophie : ***Essai sur le fondement de nos connaissances et les caractères de la critique philosophique*** (1852) ; ***Traité de l'enchaînement des idées fondamentales dans les sciences et dans l'histoire*** (1861) ; ***Considérations sur la marche des idées et des événements dans les temps modernes*** (1872) ; ***Matérialisme, vitalisme, rationalisme*** (1875). Privilégiant la raison comme idée d'ordre, sa *syntactique* propose une théorie générale de l'ordre des connaissances sur le modèle mathématique de la combinatoire et des séries (probabilisme, cf. sa conception du hasard comme rencontre de séries causales indépendantes). La critique philosophique doit *saisir des lois de solidarité, de parenté, d'harmonie et d'unité* afin d'assurer le progrès historique des connaissances.

E. Callot, ***La Philosophie biologique de Cournot,*** Paris, Rivière, 1960 ; A. Darbon, ***Le Concept de hasard dans la philosophie de Cournot,*** Paris, Alcan, 1911 ; C. Ménard, ***La Formation d'une rationalité économique : Augustin Cournot,*** Paris, Flammarion, 1978.

DARWIN (Charles)

Né en 1809 à Shrewsbury d'une famille de médecins réputés, il fait ses études à Édimbourg (médecine), puis à Cambridge, où il songe à recevoir les ordres. Il collectionne dès cette époque plantes, insectes et échantillons minéraux. En 1831, il obtient un poste de naturaliste sur le *Beagle*, navire qui entreprend un voyage scientifique de cinq ans autour du monde. De nombreuses découvertes (par exemple, sur la formation des massifs coralliens) allaient en résulter ; mais, surtout, ses observations de la distribution géographique des fossiles sur les côtes orientales sud-américaines lui apportent la conviction que les phénomènes naturels ne peuvent être expliqués par la seule création divine, mais doivent l'être par une théorie de l'évolution. De retour en Angleterre, secrétaire de la Geological Society, il se marie, séjourne à Londres, puis, pour des raisons de santé, se fixe dans le Kent en 1842, et y réside jusqu'à sa mort (1882). L'œuvre de Darwin touche tous les domaines des sciences naturelles, mais il est surtout universellement célèbre par les ouvrages où il expose la théorie de l'évolution : ***De l'origine des espèces par voie de sélection naturelle*** (1859), ***De la variation des animaux et des plantes sous l'action de la domestication***, (1868), ***La Descendance de l'homme et la sélection naturelle*** (1871).

L'idée d'espèce biologique est originairement liée aux notions philosophiques d'essence, de forme, d'idée, telles que les élaborent Platon* et Aristote*. L'espèce est la base de classification, elle exprime les caractères communs à un certain nombre d'individus. S'agissant des vivants, la notion d'espèce soulève deux problèmes :

DARWIN

1 — Quels sont les caractères individuels qui peuvent servir à définir une espèce ?

2 — Pourquoi y a-t-il identité spécifique entre deux individus ?

À la première question, on peut répondre par une recherche des propriétés morphologiques ; à la seconde, par la description du mécanisme de reproduction.

Pour Aristote*[1], l'espèce est une forme visible[2] et c'est le mâle, lors de l'accouplement, qui transmet cette forme. Il s'ensuit que l'appartenance à une espèce est héréditaire, que toutes les espèces vivantes sont fixes et qu'entre les espèces il y a une discontinuité fondamentale. Ces thèses essentielles sont compatibles avec l'idée d'une création originelle de toutes les espèces vivantes. La découverte de fossiles appartenant à des terrains d'âges différents, correspondant à des espèces disparues, présentant entre elles et par rapport aux espèces existantes toute une gamme de variations, va, à partir du XVIIIe siècle, remettre en question ces conceptions. Buffon[3] soutient la thèse de la continuité des espèces : il ne renonce pas pour autant au créationnisme ; si, pour lui, il y a progrès* d'une espèce à l'autre, ce n'est pas qu'elles proviennent les unes des autres, mais que le plan total de la nature, où toutes les espèces ont place dans un tableau immense, se réalise de façon différée.

C'est Lamarck (1744-1829) qui, dans sa **Philosophie zoologique** (1809), en posant les bases du transformisme, rompt avec le fixisme et le créationnisme :

1 — Il y a une évolution des formes de vie.

---

1. Cf. ***L'Histoire des animaux***.

2. Si elle est originellement liée au fixisme, cette conception de l'espèce doit en être soigneusement distinguée : Buffon refuse le critère morphologique, et définit l'appartenance à une même espèce par la seule possibilité d'obtenir par croisement des descendants féconds ; il est pourtant fixiste. Darwin n'a pas une conception originale de l'espèce, il la rapporte à la possibilité d'une classification des individus à partir des propriétés. Le critère de Buffon est discutable, puisqu'on peut produire artificiellement des hybrides féconds, et que, selon l'évolutionnisme, les descendants n'appartiennent pas nécessairement à l'espèce de leurs géniteurs. C'est pourquoi le biologiste E. Mayr (***Animal Species and Evolution***, 1963) propose la définition suivante : *Les espèces sont des groupes de population naturelles à l'intérieur desquelles les individus sont réellement (ou potentiellement) capables de se croiser ; toute espèce est isolée du point de vue de la reproduction des autres espèces.*

3. 1707-1788, célèbre auteur de l'***Histoire naturelle*** (cf. surtout les ***Époques de la nature***, 1779). La continuité des espèces signifie simplement que les variations entre les caractères définissant chaque espèce sont infimes ; on passe donc continûment d'une espèce décrite à une autre.

2 — Les modifications du milieu entraînent des modifications dans l'organisme vivant.

3 — Les caractères acquis réalisent l'adaptation des êtres vivants à leur milieu.

4 — Ces caractères sont héréditaires.

L'originalité de Darwin est d'apporter des arguments paléontologiques et biologiques décisifs à la thèse de la transformation des espèces, et, surtout, de concevoir le mécanisme de cette transformation de façon opposée au transformisme. C'est l'idée libérale* de la concurrence économique qui le guide dans sa formation de la théorie de l'*Évolution*[1]. La mutation d'une espèce à une autre n'est pas due à l'adaptation au milieu, mais à la sélection naturelle. Dans un milieu donné, il y a entre les vivants une lutte pour la vie *(struggle for life)* : il s'agit de parvenir à se nourrir et à se reproduire. Il s'ensuit que les êtres les moins adaptés périssent et que seuls les plus aptes survivent et se reproduisent.

L'importance philosophique du darwinisme est immense : tant au niveau de la nouvelle position que l'homme, descendant d'autres espèces, acquiert dans la nature, que des thèmes de la lutte pour la vie et de l'évolution[2]. Mais ce sont seulement les découvertes récentes de la génétique[3] (possibilité de mutations, non-hérédité des caractères acquis) qui semblent avoir définitivement imposé l'évolutionnisme face au finalisme* transformiste.

J. Rostand, ***Charles Darwin***, Paris, Gallimard, 1947 ; C. Limoges, ***La Sélection naturelle***, Paris, PUF, 1970 ; Y. Conry, ***L'Introduction du darwinisme en France au dix-neuvième siècle***, Paris, Vrin, 1974 ; D.H. Bouanchaud, ***Charles Darwin et le transformisme***, Paris, Payot, 1976.

---

1. Darwin lui-même rattache la découverte de sa théorie à la lecture en 1836 de l'***Essai*** de Malthus sur le principe de population ; plusieurs contemporains de Darwin, notamment A.R. Wallace (avec qui il collabore en 1858), avaient eu l'idée de la sélection naturelle, mais Darwin est le premier à en concevoir le rôle novateur dans l'apparition des espèces.

2. Voir *Nietzsche, Bergson, progrès, histoire*.

3. Si Gregor Mendel (1822-1884) formule dès 1865 ses lois sur l'hybridation, la portée de son œuvre ne sera comprise que bien plus tard, lorsqu'on saura rapporter les traits héréditaires aux cellules de l'appareil reproducteur.

DELEUZE (Gilles)

Né en 1925, agrégé et docteur en philosophie, il a enseigné cette discipline dans différents lycées et à l'université de Vincennes. Il a commencé ses publications par de brillantes études critiques : **Empirisme et Subjectivité** (1953) ; **Nietzche et la philosophie** (1962) ; **La Philosophie critique de Kant** (1963) ; **Marcel Proust et les signes** (1964) ; **Le Bergsonisme** (1967) ; **Présentation de Sacher Masoch** (1967) ; **Spinoza et le problème de l'expression** (1969). Avec **Différence et Répétition** (1969), et **Logique du sens** (1969), Deleuze apparaît comme un théoricien du structuralisme (une structure en général suppose : 1 — au moins deux séries de termes dont l'une est déterminée comme signifiant et l'autre comme signifié[1] ; 2 — que les termes de chacune n'existent que par les rapports qu'ils entretiennent les uns avec les autres ; 3 — qu'elles convergent toutes deux vers un élément n'appartenant à aucune et ayant pour propriété de *manquer à sa propre place*). La parution en 1972 de **L'Anti-Œdipe, capitalisme et schizophrénie**, rédigé en collaboration avec le psychiatre F. Guattari, lui apporte la célébrité et ouvre une troisième période dans sa production philosophique. Critique de la psychanalyse, cet ouvrage reprend les thèmes de l'Antipsychiatrie, en refusant de voir dans la maladie mentale une affection caractéristique du sujet* et traitable par une thérapeutique adaptée à celui-ci : la « création » du malade est imputable aux rapports sociaux. **Mille Plateaux**, qui paraît en 1980, constitue le second volume de cette collaboration, et reprend différents écrits antérieurs dus aux deux auteurs (par exemple, **Rhizome**, 1975). Outre des travaux sur le cinéma (**L'Image-Mouvement**), l'œuvre ultérieure de Deleuze reprend la veine de l'histoire de la philosophie : **Spinoza, philosophe pratique** (1981), **Le Pli, Leibniz et le baroque** (1988).

L'œuvre de Deleuze peut se résumer grossièrement dans un refus de la philosophie du sujet et dans la tentative de penser le qualitatif en dehors de toute réduction quantitative. Par ce dernier trait, il apparaît sans doute comme le véritable continuateur du bergsonisme. On le voit dès 1969. La différence est de deux ordres : l'un conceptuel et intrinsèque (a et b différent s'ils n'ont pas la même définition), l'autre non conceptuel et extrinsèque (a et b différent parce qu'ils n'ont pas la même position dans l'espace, quoiqu'ils aient la même définition). La différence non conceptuelle est conçue comme répétition de l'identique. C'est ce que Deleuze refuse pour admettre l'existence d'une différence interne de nature non conceptuelle, dont on ne peut avoir une connaissance *stricto sensu*, et qui, loin d'être l'objet d'une intuition par quoi elle serait saisie, doit plutôt être envisagée comme ce par quoi le donné est donné. À la différence de Bergson, Deleuze ne

---

1. Voir *langage*.

refuse ni les mathématiques ni l'espace. Ce dernier possède essentiellement deux structures, le lisse et le strié. Le second procède d'un point de vue fixe, le premier est le lieu du devenir, où il faut suivre les flux et les intensités, leurs mouvements de contamination et leur répartition nomade. L'espace lisse est peuplé de multiplicités intensives. À cet espace correspond un corps sans organe, qui souffre d'être plongé dans la différenciation et assujetti à différentes machineries. Une telle conception mène à la déconstruction du principe d'identité et, bien entendu, du sujet. Ce dernier est nécessairement hétérogène : les quantités intensives sont des éléments *minima* ; elles peuvent être assujetties, nomades ou libres, mais ne sauraient en aucun cas être attribuées à un sujet universel. Tous les devenirs sont non humains, et les intensités des affects elles-mêmes sont incommensurables avec le sujet censé les éprouver.

M. Foucault, « Theatrum philosophicum », in **Critique**, Paris, 1970 ; J.-F. Lyotard, « Le Capitalisme pulsionnel », in **Critique**, Paris, 1972 ; V. Descombes, **Le Même et l'Autre**, Paris, Minuit, 1979 ; le n° 49 de la revue **L'Arc** (Paris, 1972) est consacré à Deleuze.

Démocratie

La démocratie est d'abord un concept traditionnel du droit* politique* ; celui-ci classe les formes de gouvernement selon la nature de l'autorité souveraine : dans la monarchie, le souverain est un individu*, dans l'aristocratie, c'est un groupe d'individus ; dans la démocratie, c'est le peuple dans son ensemble. Pratiquement, ce concept suppose au moins que tous les citoyens soient égaux *en tant que membres du pouvoir souverain*. La conception de l'homme comme sujet* libre a fait de la démocratie une valeur* : elle correspond soit à l'exigence de reconnaître la liberté*, soit au moyen politique de faire exister la liberté*. Toutes ces déterminations ne se recouvrent pas, et l'idée démocratique est revendiquée tant par le libéralisme* que par l'anarchisme* ou le socialisme*.

Au XVIIIe siècle est apparue l'idée fondamentale que la liberté politique de chacun et l'exercice du pouvoir par tous sont une seule et même chose : Rousseau* en fait le fondement de son **Contrat social** et de sa théorie du souverain. À strictement parler, la liberté (la souveraineté individuelle) est inaliénable ; il en résulte un premier paradoxe de la démocratie : toute délégation de souveraineté est déjà

Démocratie

une dégénérescence de la démocratie, et pourtant une démocratie directe paraît impraticable dans les États* modernes[1]. Le problème fondamental est de concevoir comment le peuple peut exercer le pouvoir politique. Le libéralisme politique, issu de Locke* et de Montesquieu*, met l'accent sur la reconnaissance de la liberté* individuelle et de l'égalité, et assure formellement l'exercice du pouvoir « populaire » par l'élection des dirigeants et le suffrage universel. La démocratie se définit alors par la liberté des élections (chacun est électeur et éligible) qu'on croit souvent assurer par le pluralisme des partis politiques, la garantie du respect des libertés publiques fondamentales (expression, réunion, opinion), la limitation du pouvoir central face aux libertés individuelles (d'où le thème de la séparation des pouvoirs).

Cette conception peut être l'objet de plusieurs critiques :

1 — L'élection ne garantit pas l'exercice du pouvoir par le peuple, si les moyens d'information, de propagande et de pressions économiques sont aux mains de quelques-uns.

2 — Le suffrage universel peut devenir un élément anti-démocratique lorsque, par exemple, dans la pratique du plébiscite ou du référendum, il vise à faire approuver un homme et non une politique, ou à déterminer le choix du votant par une question imposée.

3 — La liberté* et l'égalité sont simplement formelles, s'il se trouve que l'appartenance à un milieu social défini détermine pratiquement l'accès à certaines fonctions ou à certaines compétences. La liberté* par où se définit la démocratie n'est pas seulement la reconnaissance à chacun de droits égaux, c'est aussi l'exigence que chacun puisse également exercer ces droits ; la démocratie est inséparable de la justice* sociale.

La structure politique et économique des États modernes, quels qu'ils soient, semble imposer l'idée que l'exercice du pouvoir politique réclame une compétence déterminée, qu'il est impossible de trouver en chacun. Les élections ne peuvent donc servir à faire reconnaître par tous cette compétence, puisque, par définition, tous ne la possèdent pas : semblables aux cérémonies rituelles des sociétés primitives, ne sont-elles pas alors réduites à la fonction de réinstaurer périodiquement le consensus social ? L'idée de la démocratie peut-elle être séparée de l'idée que la politique dans son ensemble est l'affaire de chacun ? Voir *Tocqueville*.

---

1. Voir *anarchisme*.

> P. Antoine, **La Démocratie**, Paris, 1963 ; H. Kelsen, **La Démocratie, sa nature, sa valeur**, Paris, 1932, rééd. Economica,1988 ; N. Pareto, **La Transformation de la démocratie**, Genève, 1970 ; R. Rémond, **La Démocratie à refaire**, Paris, 1963 ; J. de Romilly, **Problèmes de la démocratie grecque**, Paris, Hermann, 1975.

DERRIDA (Jacques)

Né en 1930, ancien élève de l'École normale supérieure (Ulm), agrégé de philosophie, il est professeur à l'École des Hautes Études en Sciences Sociales, après avoir longtemps enseigné à la rue d'Ulm. Il a tenté de prendre pour thème de réflexion la métaphysique* traditionnelle et ses conditions de fonctionnement, afin de la dé-construire. Une analyse critique de la phénoménologie (**La Voix et le Phénomène**, Paris, PUF, 1967) lui fait découvrir en quoi elle reconduit l'ancienne métaphysique, en déterminant le sens de l'Être comme *présence* (présence à soi de la conscience* qui se saisit elle-même, présence du langage* au sens* qu'il exprime).

C'est d'une interrogation sur le signe et l'écriture (**L'Écriture et la Différence**, 1967 ; **De la grammatologie**, 1967 ; **Sémiologie et Grammatologie**, 1968), conçue traditionnellement comme cette trace qui fait violence* à la parole en l'arrachant à la présence du sujet, que surgit la pensée originale de Derrida : l'écriture n'est pas la représentation de la parole ; il faut mettre fin au logocentrisme. En reprenant les analyses structuralistes* du langage*, Derrida montre en effet comment chaque élément signifiant se constitue à partir de la *trace* en lui des éléments du système auquel il appartient, trace où se livre aussi sa différence par rapport à eux. Par la trace de différence est marqué l'espacement qui s'ouvre à l'« intérieur » du signe pour que s'y lise le réseau des rapports diversement « éloignés » qui l'attache en le séparant de la langue en sa totalité : c'est cette texture que Derrida appelle *gramme*, le gramme est *différance*, parce qu'il vient en deçà de la présence et de l'absence, de l'activité et de la passivité. Avec le concept de *différance*, Derrida pense avoir éliminé toute métaphysique de la présence (toute présence n'est possible que par la *différance*), et produit le concept rigoureux de structure* en y rendant possible l'absence de sens, de sujet* producteur.

Derrida est un auteur extrêmement prolixe, que ses positions

DERRIDA

philosophiques ont amené à *écrire autrement* : **La Dissémination** (1972) ; **Marges de la philosophie** (1972) ; **Positions** (1972) ; **L'Archéologie du frivole** (1973) ; **Glas** (1974) ; **Éperons, les styles de Nietzsche** (1978) ; **La Vérité en peinture** (1978) ; **La Carte postale de Socrate à Freud et au-delà** (1980) ; **D'un ton apocalyptique adopté naguère en philosophie** (1983). Dans ces textes, où l'érudition se transforme en allusion, l'essentiel ne tient pas dans la démonstration mais dans le phénomène même de l'écriture éclatée et hors de toute procédure argumentative : la dissémination nomme l'impossibilité d'une dernière instance (d'une vérité, d'un sens ou d'une histoire), échappant au jeu indéfini de la différance. Chez lui, la philosophie est donc devenue style, tandis que la déconstruction devenait un mot d'ordre dans de nombreux départements de littérature française des universités américaines, où Derrida enseigne régulièrement.

Derrida a notamment participé, au sein du GREPH (Groupe de recherches sur l'enseignement philosophique), au mouvement de réflexion sur le statut de la philosophie dans le système scolaire français (voir le collectif **Les États généraux de la philosophie**, 1979). L'une des idées fondamentales du GREPH est la nécessité d'un enseignement progressif de la philosophie et la récusation du mythe selon lequel il y aurait *un âge naturel* pour philosopher, mythe qui correspond au fait que l'apprentissage de cette discipline est cantonné aux classes terminales.

> Collectif : **Les Fins de l'homme**, à partir du travail de J. Derrida, Colloque de Cerisy, Paris, Galilée, 1981 ; V. Descombes, **Le Même et l'Autre**, Paris, Minuit, 1979.

DESANTI (Jean-Toussaint)

Né en 1914 à Ajaccio, ancien élève de l'École normale supérieure, agrégé de philosophie, il est d'abord l'auteur d'ouvrages d'inspiration marxiste (**Introduction à l'histoire de la philosophie**, 1956 ; **Phénomélogie et Praxis**, 1963). Ses travaux principaux concernent la philosophie des sciences ; il en a exposé les résultats dans de nombreux articles, dans des cours (professeur à l'E.N.S. de Saint-Cloud à partir de 1960, puis à l'université Paris I de 1971 à sa retraite), et, surtout, dans sa thèse de doctorat (***Les Idéalités mathématiques***, 1968) qui présente à un public assez restreint l'une des réflexions philosophiques les plus riches et novatrices de ces dernières années.

Par la suite, il précisa les rapports de la philosophie et de la science, dans un ouvrage au titre provocateur : ***La Philosophie silencieuse ou Critique des philosophies de la science*** (1975). On trouvera un exposé simple de ses principales idées dans ***Le Philosophe et les Pouvoirs***, entretiens avec P. Lainé et B. Barret-Kriegel (1976).

1. Les mathématiques* contiennent une « philosophie » implicite : elles appellent la connaissance de leur mode spécifique de production. Le projet des ***Idéalités mathématiques*** est la tentative de préciser quelques concepts capables de faire comprendre le mode d'existence et le devenir des théories mathématiques. Cela distingue clairement cette tentative épistémologique* :

1 — de l'épistémologie normative traditionnelle qui tente d'assurer extérieurement (par exemple, dans le recours husserlien* à une philosophie de la conscience*) le fondement et la rigueur des mathématiques ;

2 — de la philosophie mathématique* déployée par les mathématiciens, et qui constitue pour leur pratique une région de sécurité où se trouve renvoyée la discussion des problèmes (ex. : l'existence des êtres mathématiques) qui, s'ils importent à cette pratique, n'y peuvent explicitement être thématisés.

Cela signifie qu'une telle épistémologie reconnaît au départ deux faits : l'existence de la mathématique inscrite en ses productions (théorèmes, procédures démonstratives, traités) et l'indépendance que manifeste cette réalité mathématique vis-à-vis de toute tentative philosophique[1].

2. Autre est le parcours de l'épistémologue, autre celui du mathématicien : le premier a bien pour tâche de décrire ce que fait le second, mais, pour cela, il lui faut saisir cet espace où s'enchaînent les systèmes de gestes producteurs, où s'inscrivent les motivations, où se déchirent les complexes théoriques. En se donnant pour objet d'étude le développement de la théorie des fonctions de variables réelles, Desanti s'attache à décrire la constitution des êtres mathématiques, dans la mesure où ils sont posés par des actes manifestant les règles qui en permettent le maniement. On s'aperçoit alors que ces positions d'objets et de propriétés s'échelonnent par niveaux (il y a des concepts

---

1. M. Serres (***Hermès ou la Communication***, Paris, Minuit, 1968) : *les mathématiques sont extérieurement fermées et intérieurement ouvertes.*

naturels qui désignent un objet dont le nom dénote une classe d'objets — *fonction continue, ensemble dénombrable* — possédant en commun un système de propriétés, des concepts structuraux dont les noms désignent les domaines où apparaissent les objets précédents). Toute position d'objet correspond à l'ouverture d'un champ opératoire normé, elle nécessite la médiation d'un champ, d'un horizon, où elle est inscrite de façon implicite pour la conscience, en certaines positions d'objets et enchaînements de propriétés. La position, par exemple, d'un objet-théorie (système des théorèmes propres à une structure dont les axiomes ont été explicitement distingués) suppose toujours la médiation des moments par lesquels cet objet est maintenu comme thème explicite[1].

Les mathématiques se constituent dans le système des renvois entre diverses positions d'objets et leurs médiations. C'est pourquoi les êtres mathématiques sont proprement des *idéalités* : un être comme $\sqrt{2}$, par exemple, n'est jamais offert par sa simple présence, mais par la médiation du système réglé des désignations qui permettent d'en disposer, si bien qu'il n'est que l'index des enchaînements de possibilités permettant de telles désignations. À l'inverse, ce que l'on a appelé plus haut *champ de conscience* n'est pas la propriété d'un sujet* ; le *sujet* constituant (des mathématiques) réduit au rôle de spectateur anonyme n'est rien d'autre que le mode chaque fois spécifique de manifestation de son objet.

S. Auroux, **Barbarie et Philosophie**, Paris, PUF, 1990 ; B. Besnier, « Le corps des idéalités », *in* **Critique** n° 281, Paris, 1970.

DESCARTES (René)

Né en 1596 d'une famille de petite noblesse tourangelle, il retint des huit années passées au collège de la Flèche, moins les commentaires d'Aristote* et des scolastiques, que l'algèbre et la géométrie. Cette orientation, qu'il réfléchira en une nécessité de rompre avec les préjugés

---

1. La théorie axiomatique des ensembles n'est explicitement exposée et achevée comme tâche que dans la mesure où sont posés non seulement les noyaux d'idéalités qu'elle rend explicites, mais encore l'exigence d'avoir à le faire. C'est pourquoi le formalisme échoue à saisir le devenir de la réalité mathématique et n'en est qu'un moment.

DESCARTES

de l'enfance, lui vaudra d'être l'initiateur de la modernité : il est le premier à fournir l'interprétation métaphysique* du nouvel univers scientifique qui s'ouvre avec la physique galiléenne, comme il est le premier à accorder une place centrale à l'individualité humaine, dont la reconnaissance va de pair avec la disparition de la féodalité et la montée de la bourgeoisie en Europe.

Après des études de droit à Poitiers, il participe à la campagne de Hollande où il rencontre Boockman, docteur en médecine, avec lequel il s'entretient de mathématiques. Partagé entre des séjours en Hollande et des voyages en France, en Allemagne et en Italie, il s'occupe surtout de mathématiques, d'optique, de physique ; partisan de la nouvelle physique*, il renonce à achever un **Traité du monde** après la condamnation de Galilée*. En 1637, il fait pourtant connaître certaines de ses conceptions scientifiques par trois Essais (**La Géométrie**, où il applique la théorie des équations algébriques au traitement des figures ; **La Dioptrique**, où il formule la loi d'égalité entre l'angle d'incidence et l'angle de réfraction ; et **Les Météores**) qu'il accompagne d'un **Discours de la Méthode**, où il prétend dévoiler à ses contemporains la méthode* qui le conduisit à ses découvertes. Par là, il reprend, en les modifiant considérablement, des travaux de jeunesse (1619-1628) dont témoigne le manuscrit inachevé des **Règles pour la direction de l'esprit** (publié en 1701, mais dont les règles XII et XIII ont été traduites dès 1664 dans la **Logique de Port-Royal**). Le **Discours**, un des premiers ouvrages philosophiques rédigés en français, ses travaux scientifiques, dont une grande partie est révélée au public par des lettres (à Mersenne[1], à Constantin, à Huygens, le père du physicien Christian, etc.) lui valent une grande renommée. Ses **Méditations sur la philosophie première** (1641), qu'il publie en latin avec les objections des grands penseurs de l'époque (Caterus, Hobbes*, Arnauld[2], Gassendi[3], divers théologiens et philosophes), et les réponses

---

1. Les périodiques scientifiques n'apparaissent qu'à la génération suivante (voir *Leibniz*), et les lettres, rédigées comme de petits traités qu'on se fait passer de main en main, tiennent lieu d'articles. Des personnages comme le Père Marin Mersenne (1588-1648) centralisent les correspondances et les font circuler. Voir G. Lenoble, **Mersenne ou la Naissance du mécanisme**, Paris, Vrin, 1942.

2. Antoine Arnauld (1612-1694), dit le grand Arnauld, est l'un des grands penseurs qui, autour de Port-Royal, seront doctrinaires du jansénisme. À la suite de Jansenius (1585-1638), ces penseurs (Pascal* est le plus célèbre) défendent que seront seuls sauvés ceux à qui Dieu accorde sa grâce. Correspondant de Leibniz, Arnauld est l'un des plus grands esprits de son temps, persécuté par le pouvoir, parce qu'il paraît trop proche des protestants. Auteur abondant, sa **Grammaire générale et raisonnée** (1660), rédigée avec Claude Lancelot, s'efforce de fonder la science des langues sur celle de la pensée. Sa **Logique ou Art de penser** (1662), rédigé avec Pierre Nicole (1625-1695), explicite le mécanisme de la pensée, d'une façon qui s'imposera jusqu'à la naissance de la logique* mathématique. Voir J. Orcibal, **Les Origines du jansénisme**, 5 vol., Paris, 1947-1962.

3. Pierre Gassendi (1592-1655), correspondant de nombreux savants de son époque (parmi lesquels il faut compter Galilée), s'est efforcé de réhabiliter Épicure, et de présenter un compromis entre les différents courants qui ont dominé son époque. Voir O. Bloch, **La Philosophie de Gassendi. Nominalisme, matérialisme et métaphysique**, La Haye, 1971.

DESCARTES

qu'il leur donne, connaissent une seconde édition en 1642 (suivie de la septième objection due à l'oratorien Guillaume Gibieuf [1563-1650] et de sa réponse), puis, en 1647, paraît une traduction française. En 1644, avec les ***Principia philosophiae***, Descartes présente la somme de sa philosophie afin qu'elle pénètre dans les écoles. Par la suite, il semble surtout s'intéresser aux questions de morale, ainsi qu'en témoignent sa correspondance avec Élisabeth, fille du roi déchu de Bohême, et la publication, en 1649, du ***Traité des passions***. Appelé par la reine Christine, il quitte en 1649 la Hollande pour se rendre à la cour de Suède, où il meurt l'année suivante. La Sorbonne condamnera l'œuvre de Descartes en 1663.

1. La philosophie cartésienne est essentiellement tournée vers le problème du fondement de la connaissance* : comment puis-je distinguer le vrai d'avec le faux, *porter des jugements solides et vrais sur tous les objets qui se présentent ?* La logique* d'Aristote* ne peut servir à ce but : subsumant (dans l'interprétation classique) les concepts particuliers sous les concepts généraux, elle n'apprend rien qu'on ne sache déjà. La fécondité des mathématiques*, en revanche, s'accompagne d'une certitude absolue ; d'où l'idée d'une mathématique universelle *(mathesis universalis)*, science permettant de résoudre indifféremment tous les problèmes. Mais la certitude ne dépend pas de l'objet sur lequel s'exerce l'esprit : la méthode cartésienne est la démarche d'un esprit* déployant l'ordre universel de ses raisons, et non l'enchaînement des matières. Cela n'est possible que si l'esprit possède en lui-même certains germes de la vérité* (les idées innées : voir *innéisme*) et s'il suit les préceptes de la méthode : ne rien recevoir pour vrai qui ne soit évident, diviser les difficultés jusqu'à pouvoir les résoudre, conduire ses pensées par ordre en commençant par le simple et le facile, supposant de l'ordre même là où il n'y paraît pas, et ne rien omettre.

L'unité et l'universalité de la science sont celles de l'esprit ; c'est donc qu'elle ne doit rien au formalisme d'une logique abstraite, et repose sur l'intuition intellectuelle du sujet de la connaissance qui ne tient pour vraies que les idées qui sont claires (c'est-à-dire présentes à la conscience*) et distinctes (c'est-à-dire complètement analysées).

2. Cette méthode elle-même nécessite un fondement : comment puis-je être assuré de l'existence de l'objet de mes idées claires et distinctes ? C'est en enfermant tout d'abord le sujet* pensant en lui-même que les ***Méditations*** résolvent le problème. Je puis douter de tout, des choses matérielles (puisque mes sens peuvent me tromper, que je puis rêver) mais aussi des vérités mathématiques.

Pour pousser ce doute jusqu'au bout, le rendre hyperbolique, supposons l'existence d'un malin génie qui fasse que je *m'abuse moi-même dans les choses que je crois connaître avec une évidence très grande*. Ce malin génie ne peut faire que je ne pense pas lorsque je doute ; le *je pense (cogito)* est donc une certitude inébranlable ; mais, pour penser, il faut être : le *cogito* emporte avec lui la certitude de mon existence *(je pense, donc je suis* ou *je pense, je suis [cogito, sum])*. Par là, je ne réduis pas le doute concernant l'objet de mes pensées ; parmi celles-ci, il y en a une tout à fait particulière : celle de Dieu*, être parfait et infini. La particularité de cette idée est due au seul fait que, de sa possession, on doit conclure à l'existence de son objet (« argument ontologique », dû a saint Anselme, et définitivement critiqué par Kant*) : puisqu'il faut au moins autant de réalité dans la cause que dans l'effet, je ne puis moi-même être la cause de l'idée d'un objet infini et parfait, n'étant ni l'un ni l'autre ; donc Dieu existe. Or, si Dieu existe, il ne peut faire, puisqu'il est bon, que je me trompe lorsque je crois être dans le vrai : il est donc légitime de penser que toutes les choses que nous concevons fort clairement et distinctement sont toutes vraies. C'est la véracité qui, par le biais du *cogito*, offre son fondement à la connaissance.

3. La démarche cartésienne, appuyée sur la subjectivité de la pensée, suppose un dualisme. Je conçois que je suis une chose qui pense ; je suis donc une substance pensante. Mais, si je considère, par exemple, un morceau de cire, je puis le malaxer et faire disparaître la figure qui le définit actuellement ; sous les différentes formes de la matière* externe ne subsiste que la pure étendue, elle est donc une substance étendue. Cependant, moi qui suis une chose qui pense, doute, affirme, veut, aime, imagine et sent, je ne puis être pure pensée. Ce qui en moi est pure pensée n'est qu'action de mon âme, conformément au libre arbitre qui la caractérise, et lui permet de douter, voire de se tromper. Je suis aussi un corps*, une substance étendue, ce qui se révèle dans l'amour ou la haine, où mon âme passive subit l'action d'un corps ; le corps qui m'est propre est tellement lié à mon âme que ma nature, composée de deux substances, est en fait un composé substantiel.

Par son dualisme, Descartes se trouve confronté au délicat problème de l'union de l'âme et du corps, duquel dépendent tant la morale que la médecine, dont il voudrait faire des sciences rationnelles, couronnant l'édifice de la science. Une science rationnelle de la substance étendue est possible ; on peut, par ce biais, étudier les corps vivants réduits à un assemblage de mécanismes, semblables à une horloge ; il s'ensuit que les animaux sont de pures machines*. Mais c'est une âme qui donne au corps humain son unité ; qu'est-ce qui la lie au corps ? Descartes recherche le lieu de cette union dans une glande qu'il place dans le cerveau (glande pinéale) ; mais, comme Leibniz* le remarquera, on ne voit pas comment l'âme pourrait changer la direction du mouvement du corps, et les solutions : leibnizienne de l'harmonie préétablie, spinoziste du parallélisme sans contact de la pensée et de l'étendue, ou malebranchiste de l'unique causalité divine, paraissent être les seules solutions cohérentes avec le dualisme cartésien. Ce sont peut-être ces difficultés qui font que Descartes échoue, comme le montre M. Gueroult (***Descartes selon l'ordre des raisons***, 1953), à fonder en raison la morale.

4. La physique cartésienne repose sur la méthodologie. Son exposé, dans les ***Principes de la philosophie***, est le déploiement, selon l'ordre des raisons, des conséquences de la définition de la matière comme chose étendue. Par là, Descartes s'éloigne de cette physique qui se constitue, de Galilée* à Newton*, comme science expérimentale et mathématique, pour créer des chimères dont se gausseront les Lumières*. Sa théorie est anti-aristotélicienne en ce qu'elle considère le mouvement comme un état qui ne peut changer sans cause (d'où la formulation du principe d'inertie), qu'elle réduit la causalité* à l'action mécanique des corps les uns sur les autres, et qu'elle refuse les dualités mouvement naturel/mouvement forcé, monde sublunaire/monde supralunaire. Elle fonde le mouvement en Dieu, dont la constance permet d'affirmer que la quantité de mouvement (masse × vitesse) de l'univers reste inchangée. Essentiellement théorie du choc, elle en donne des lois fausses, qui seront déjà dénoncées par Huygens et Leibniz* ; refusant l'existence du vide, elle peuple l'espace de tourbillons de matière dont les précieuses parleront avec ravissement. La physique cartésienne est plus une philosophie de la nature qu'une physique, et son principal mérite est de débarrasser la nature des forces occultes et de considérations qualitatives, pour assurer la victoire d'un mécanisme* qui explique le monde par figure et mouvement.

Pour la philosophie française, Descartes est avant tout un mythe* : celui de l'esprit rationaliste, voire de l'esprit français ! Son influence fut grande ; symbolisant la fin de l'aristotélisme, il apparaît comme le premier penseur moderne, et les grands systèmes classiques (Malebranche*, Spinoza*, Leibniz*) sont directement issus du cartésianisme ; c'est à lui que l'on doit l'opposition irréductible du sujet et de l'objet de la connaissance. Mais, dès le début du XVIIIe siècle, les philosophes des Lumières*, instruits par Newton*, rejettent en bloc sa philosophie : l'article **cartésianisme** de l'**Encyclopédie** de Diderot et de d'Alembert, suivant Condillac*, l'accuse d'engendrer des chimères par sa méthodologie qui veut qu'on ne puisse affirmer avec vérité d'une chose que ce qu'on en conçoit clairement et distinctement. C'est probablement Victor Cousin qui est, au XIXe siècle, à l'origine du renouveau cartésien, occultant la richesse de la philosophie des Lumières*, au profit d'un rationalisme à courte vue et d'un spiritualisme étriqué qui, s'ils ne sont pas la philosophie cartésienne, n'y sont peut-être pas vraiment étrangers.

> F. Alquié, **La Découverte métaphysique de l'homme chez Descartes**, Paris, PUF, 1950 ; J.-M. Beyssade, **La Philosophie première de Descartes : le temps et la cohérence de la métaphysique,** Paris, Flammarion, 1979 ; P. Guenancia, **Descartes**, Paris, Bordas, 1986 ; M. Guéroult, **Descartes selon l'ordre des raisons**, Paris, Aubier-Montaigne, 1953 ; A. Koyré, **Entretiens sur Descartes**, Paris, Gallimard, 1962 ; J. Laporte, **Le Rationalisme de Descartes**, Paris, PUF, 1945 ; J.-L. Marion, **Sur l'ontologie grise de Descartes : science cartésienne et savoir aristotélicien dans les Regulae**, Paris, Vrin, 1975, 2e éd. 1981 ; **Sur la théologie blanche de Descartes**, Paris, PUF, 1981 ; G. Rodis-Lewis, **L'Œuvre de Descartes**, Paris, Vrin, 1971.

Désir

L'exégèse médiévale que reprendra Kant* définissait la tâche de la philosophie par les questions : *que puis-je savoir ? que dois-je faire ? que m'est-il permis d'espérer ?* Aucun philosophe classique n'a posé la question : *que puis-je désirer ?* ou *pourquoi dois-je désirer ?* C'est que, pour tous, la réponse est claire : *je ne dois rien désirer, je dois simplement espérer ce qu'il est légitime d'attendre*. Le désir est étranger à la philosophie classique, comme la concupiscence de la chair l'est à la liberté* de l'esprit*. Cette exclusion, le désir la doit sans doute à l'ambiguïté de sa nature ; c'est donc celle-ci qui fait problème.

Le désir est ambigu car il est à la fois relation d'un sujet à l'objet et abolition de cette relation.

1. Dans le désir, la chose s'offre comme ce qui est situé à une distance telle que l'être qui vit le désir ne peut s'y porter immédiatement. Cette impossibilité d'abolir la différence se révèle dans le

Désir

besoin* qui manifeste l'altérité de l'objet et engage le processus du désir. Celui-ci peut paraître alors comme expérience d'une temporalité manifestant justement la distance à l'objet.

2. Dans le désir, l'objet s'offre comme désirable, son absence est manifestée comme une présence : celle de l'objet en tant que désiré, c'est-à-dire avant tout comme anticipation de la consommation.

3. Ces deux aspects s'impliquent l'un l'autre, car, dans le fond, rien ne s'institue comme présence objective dans le désir s'il n'est susceptible de manquer : si l'homme a faim, c'est qu'il a toujours mangé, mais que, par ailleurs, sa nourriture n'est pas à sa portée, donnée dans l'immédiateté d'une présence naturelle. Le propre du désir est d'être illimité : dans la satisfaction, l'objet désiré se trouve détruit comme objet du désir ; la fin du désir paraît être son abolition : son être réside dans l'absence de l'objet, sa réalisation dans la présence de l'objet qui le fait disparaître. Mais, par là, il renaît, puisqu'à nouveau l'objet manque : la fin du désir n'est, dans le fond, rien d'autre que le désir.

C'est l'illimité du désir qui, pour les Grecs, l'excluait de l'Être, c'est-à-dire de la dignité de l'achevé. C'est peut-être ce qui en fait la valeur aux yeux des contemporains ; comme manque, le désir est marque de la finitude humaine, mais il est aussi la marque de l'infinité. Cette infinité est le propre de l'homme existant dans l'intersubjectivité, puisque, dans autrui*, ce que je désire, c'est le désir qu'il peut avoir pour moi. Plus qu'un être pensant, l'homme ne serait-il pas une machine* désirante ?

S. Freud, ***L'Interprétation des rêves***, t.f., Paris, PUF, 1987 ; G. Canguilhem, ***Besoins et Tendances***, Paris, Hachette, 1952 ; J. Lacan, « Subversion du sujet et dialectique du désir dans l'inconscient freudien », *in* ***Écrits***, Paris, Seuil, 1966.

Dieu

L'idée de Dieu n'a pas pour origine la philosophie mais la religion*. Le discours rationnel de la philosophie se distingue de toute préoccupation

Dieu

religieuse en ce qu'il fait de Dieu l'objet d'une pensée, voire d'une connaissance*. Il s'agit pourtant le plus souvent[1] de déployer dans le discours rationnel la possibilité même de l'être auquel la religion rend un culte ; ce qui, dès l'apparition du christianisme, c'est-à-dire d'une religion révélée, dans le champ de la pensée philosophique, pose le problème du droit de la raison à la connaissance de l'objet de la foi. La théologie médiévale s'efforce surtout de résoudre ce problème, et on peut dire que c'est la métaphysique* classique qui donne au concept de Dieu son véritable statut philosophique, en l'intégrant au discours même de la raison*. *Pourquoi y a-t-il quelque chose plutôt que rien ?* est pour Leibniz la question métaphysique* par excellence ; elle implique qu'on doive chercher l'origine radicale de l'existence des choses. Le concept de Dieu possède alors la fonction de répondre à cette question ; corollairement, trois problèmes sont posés :

1 — Quelle est la nature de Dieu ?
2 — Comment pouvons-nous connaître cette nature ?
3 — Comment pouvons-nous démontrer rationnellement l'existence de Dieu ?

Toute la philosophie classique tente de les résoudre ; il est clair que les deux premiers, s'ils correspondent à des déterminations communes (infinité de Dieu, selon son entendement, sa volonté et sa bonté), dépendent étroitement du contenu des philosophies en question ; le troisième est le plus général, et, bien sûr, le plus important.

1. La philosophie classique a donné de multiples preuves de l'existence de Dieu, et de nombreuses variantes des mêmes preuves. Kant* les réduit à trois.

1 — **Preuve physico-théologique** : il y a partout dans le monde des signes d'un ordre exécuté dans un dessein déterminé (finalité*) ; cet ordre n'est pas inhérent aux choses ; il y a donc un être intelligent* et sage qui est la cause du monde.

2 — **Preuve cosmologique** (par la contingence du monde) : si quelque chose existe, il faut aussi qu'existe un être absolument nécessaire ; or j'existe au moins moi-même ; donc il existe un être absolument nécessaire.

3 — **Preuve ontologique** : l'idée de Dieu est celle de l'Être suprême, c'est-à-dire contenant toutes les perfections ; s'il n'existait pas, il ne serait pas parfait, donc il existe[2].

---

1. L'idée de Dieu peut avoir des fonctions subordonnées propres à la pensée philosophique : comme principe, elle assure pour Aristote* la possibilité du mouvement, elle permet à Descartes* d'affirmer la permanence de la quantité de mouvement, à Galilée* de poser l'intelligibilité du monde (Dieu a écrit le livre de la nature en termes mathématiques).
2. Cet argument, qu'on fait remonter à saint Anselme (1033-1109), déjà critiqué par son contemporain Gaunilon, puis par saint Thomas* (elle constitue une pétition de principe : **Somme théologique**, 2, 1), doit sa formulation moderne à Descartes*.

Dieu

La deuxième preuve suppose la troisième : en remontant de mon existence à sa cause*, je n'arrête la régression causale qu'en posant l'idée d'un être nécessaire, et, en supposant qu'un être parfait correspond à cette idée, je conclus de son essence à son existence. La première preuve suppose la deuxième : pour passer de l'idée d'une finalité dans le monde à celle de l'existence de Dieu, il faut supposer que la cause de cette finalité est un être nécessaire. Toutes les preuves de l'existence de Dieu se ramènent donc à l'argument ontologique. Pour être valide, celui-ci suppose qu'on puisse conclure de l'idée de quelque chose à l'existence de cette chose ; mais, même si l'idée de quelque chose comprend l'idée d'existence, l'existence elle-même n'est pas une idée : que quelque chose existe ou n'existe pas ne change rien à son idée. Nous ne pouvons conclure de notre idée à l'existence de son objet ; tout au plus pouvons-nous admettre qu'elle est possible. Toute preuve de l'existence de Dieu est donc illusion de la raison.

2. Compte tenu de la destruction kantienne de la métaphysique classique, plusieurs attitudes philosophiques sont possibles :

1 — Nier que puisse exister un être dont nous ne pouvons démontrer l'existence.

2 — Admettre que Dieu est un postulat moral*[1].

3 — Soutenir que Dieu est l'Être lui-même, l'Esprit* absolu qui s'aliène dans la nature et se révèle dans l'histoire*, comme savoir de soi (Hegel*).

4 — Admettre que Dieu se révèle seulement dans la foi déployée par la subjectivité humaine (Kierkegaard*).

La première position a pour conséquence l'athéisme ; les trois autres peuvent être également niées par un athéisme : le matérialisme* historique de Marx* nie la position hégélienne, la critique nietzschéenne de la morale conduit à penser que Dieu est mort, l'existentialisme* de Sartre n'affirme la liberté* humaine que dans la négation de Dieu. Les théologiens venus après la pensée de la mort de Dieu (Karl Barth, Rudolf Bultmann) reconnaissent la mort du Dieu objet de connaissance, c'est-à-dire du Dieu des philosophes : le seul moyen de respecter la transcendance du Dieu chrétien est de le rencontrer dans la foi comme un sujet qui interpelle l'homme ici et maintenant. Mais,

---

1. Solution de Kant : voir *bonheur*.

outre qu'il faudrait se résoudre alors au silence philosophique sur la question de Dieu, une telle attitude pourrait-elle résister à une critique historique, psychanalytique ou sociologique qui montrerait que la foi a sa cause dans les conditions concrètes de la vie humaine ?[1]

H. Arvon, **Ludwig Feuerbach ou la transformation du sacré**, Paris, PUF, 1957 ; C. Chabanis, **Dieu existe-t-il ? Non,** Paris, Fayard, 1973 ; H. Duméry, **Philosophie de la religion,** Paris, PUF, 1957 ; É. Gilson, **Christianisme et Philosophie**, Paris, Vrin, 1936 ; **L'Athéisme difficile**, Paris, Vrin, 1979 ; H. de Lubac, **Le Drame de l'humanisme athée**, Paris, 1949, rééd. Cerf, 1983 ; G. Marcel, **Du refus à l'invocation**, Paris, Gallimard, 1954 ; J. Maritain, **La Signification de l'athéisme contemporain**, Paris/Bruges, 1949, rééd. in Œuvres, 1940-1963, Paris, Desclée de Brouwer, 1979 ; K. Nielsen, **God, scepticism and modernity**, University of Ottawa Press, 1989 ; R. Ruyer, **Dieu des religions, Dieu de la science**, Paris, Flammarion, 1970 ; C. Tresmontant, **Les Problèmes de l'athéisme**, Paris, Seuil, 1972.

Douleur

On considère la douleur comme un état affectif[2] élémentaire de l'animal en général, et plus particulièrement du sujet* humain. Il semble que la souffrance soit inséparable de la conscience* qu'on en a. C'est pourquoi le problème de la douleur n'est pas seulement celui de son étude bio-physiologique, mais celui du sens qu'elle revêt pour le sujet qui la vit ; c'est pourquoi aussi la distinction entre douleur physique et douleur morale, si elle peut parfois s'appuyer sur une étude des causes de la souffrance, doit être atténuée.

1. On peut dire que, traditionnellement, c'est le dualisme esprit*/corps* qui organise les conceptions de la douleur ; la douleur physique est alors la simple perception, par l'esprit, d'une lésion de

---

1. Nietzsche, **Aurores**, § 95 : *Autrefois, on cherchait à prouver qu'il n'y avait pas de Dieu : aujourd'hui, on montre comment la croyance en un dieu a pu naître et à quoi cette croyance doit son poids et son importance ; du coup, une contre-preuve de l'inexistence de Dieu devient superflue. Autrefois, lorsqu'on avait réfuté les « preuves de l'existence de Dieu » qui étaient avancées, le doute persistait encore : ne pouvait-on pas trouver des preuves meilleures que celles qu'on venait de réfuter ? en ce temps-là, les athées ne savaient pas faire table rase.*
2. Par opposition aux états représentatifs comme la perception*.

l'organisme ; la douleur morale, l'état d'un esprit tourmenté par la passion*. Pourtant, les douleurs que certains déclarent ressentir dans des membres dont ils ont été amputés montrent que le corps dont on vit la douleur ne se confond pas avec l'organisme ; le masochisme et les cas d'auto-mutilations montrent aussi que la souffrance doit être dissociée des traumatismes anatomiques spécifiques. L'application de stimuli douloureux à des sujets auxquels on a pratiqué une lobotomie préfrontale (ablation d'une partie du cerveau) révèle qu'ils ont conscience de ces stimuli, sans être affectés vraiment par eux : la conscience des traumatismes est distincte des réactions effectives à la sensation associée. Une pharmacologie adaptée (analgésiques) supprime la conscience de la douleur et permet de conclure que celle-ci met en jeu des circuits complexes dans le système nerveux, le cerveau et la moelle épinière, et il est probable que les mécanismes inhibiteurs correspondants agissent à différents niveaux (c'est en ce sens qu'on essaye de chercher l'explication de l'analgésie par acupuncture).

2. Psychologiquement, la douleur est un phénomène global, qui dépasse largement les traumatismes spécifiques. Quand je souffre, c'est tout mon corps qui souffre et m'apparaît soudain comme un autre corps ; ma main meurtrie n'est pas comme cette main qui tient mon stylo, immédiatement présente à mon intention d'écrire, mais, en me faisant mal, elle s'impose à moi. C'est pourquoi le courant phénoménologique (Merleau-Ponty*, mais aussi Frédérik Jacobus Buytendijk [1887-1974], Ey) s'attache à voir dans la douleur l'expérience de la corporéité spécifique à l'homme. Comme telle, la souffrance apparaît alors dépendante de la signification qu'on lui accorde (elle dépend de la « situation » : on souffre moins des mêmes blessures dans certaines civilisations, ou dans certaines circonstances). À l'inverse, la façon dont on vit la douleur s'inscrit dans le corps (grimaces, cris, etc.) et fait signe vers elle.

On s'est toujours posé la question de savoir quel sens pouvait avoir la douleur. Les penseurs religieux (par exemple, saint Augustin*) font de la douleur une valeur morale*, un moyen de purification (dolorisme) par où l'esprit se détacherait du corps : pourtant, le corps n'est jamais aussi gênant que dans les moments de la souffrance. Depuis Descartes*, on pense accorder à la douleur une finalité biologique : elle permettrait un ajustement visant à préserver l'intégrité du corps ; mais une lésion grave (cancer) peut être longtemps indolore, quand une rage de dents bénigne provoque une souffrance insupportable. La douleur paraît bien être un signe de destruction somatique vide de sens, une *maladie en soi, une douleur-maladie toujours inutile* (cf. Leriche, **La Chirurgie de la douleur**, 1940). Les grandes morales antiques lui niaient déjà toute valeur : pure négation, elle est à éviter pour les épicuriens ; accident inévitable, elle est à supporter pour les stoïciens*.

F.J.J. Buytendijk, **De la douleur**, t.f., Paris, Gallimard, 1951 ; M. Pradines, **Philosophie de la sensation**, Paris, 1934, rééd. Association des publications près les univ. de Strasbourg ; J. Svagelski, **Les Affections et le Sentiment**, Paris, Hachette, 1954 ; F. Varone, **Ce Dieu censé aimer la souffrance**, Paris, Cerf, 1984.

Droit

La notion de droit est complexe et souvent confuse ; on reconnaît, par exemple, que le droit de l'individu est déterminé par la loi, mais, à l'inverse, on admet le droit de revendiquer son droit contre une loi injuste ; la justice elle-même peut être conçue comme le fait de respecter le droit de chacun. Cette ambiguïté provient de l'élaboration historique de la notion et des oppositions par rapport auxquelles elle est susceptible d'être définie.

On appelle *loi positive* toute loi qui a pour caractéristique d'être instituée ; on entend par là : 1 — qu'elle est promulguée par l'instance qui, dans la société, en a la compétence ; 2 — que l'obligation qu'elle engendre repose sur la contrainte.

La loi positive détermine un droit positif et objectif : l'individu a le droit de faire tout ce qui est permis par la loi, et de réclamer ce qui lui revient en vertu de la loi. Les lois positives ont pour caractéristiques d'être variables selon les pays et pour ainsi dire arbitraires ; elles ne peuvent donc être soustraites à une interrogation sur leur bien-fondé. Cette interrogation peut prendre différentes formes, mais elle vise toujours à déterminer quelle est la meilleure juridiction possible, et à montrer en quoi elle est la meilleure ; en ce sens, elle a toujours une triple visée : juridique, morale* (la loi la meilleure est la plus juste) et politique*.

L'interrogation sur le bien-fondé des lois positives tend à prendre la

Droit

forme de la recherche d'un *fondement absolu* ; c'est ce but qu'exprime l'idée même d'un *droit naturel*. Cette notion recouvre deux conceptions historiquement distinctes :

1. Dans l'Antiquité, on concevait le *droit objectivement*, c'est-à-dire comme une conséquence de la loi : la recherche du droit naturel, c'est-à-dire absolu, de l'individu passait nécessairement par la recherche des lois naturelles (les stoïciens*, par exemple, concevaient le monde comme une immense cité régie par le législateur divin).

2. À partir du XVIe siècle, on conçoit le *droit sujectivement*, c'est-à-dire comme une qualité propre à l'individu et, par conséquent, antérieure à toute loi. Ces droits naturels (liberté, égalité, propriété, etc.), parce qu'ils sont naturels, n'ont pas besoin d'être fondés : le courant de pensée qu'on nomme *école du droit naturel et des gens* (Grotius, Pufendorf, Barbeyrac, Burlamaqui) s'efforcera simplement de les décrire. La juridiction positive ne peut leur être contraire sous peine d'être injuste ; mais elle a elle-même à être fondée : elle ne peut l'être que dans la volonté individuelle. Les théories du contrat social expriment parfaitement cette fondation du droit positif dans le droit subjectif : l'autorité civile et les lois qu'elle promulgue n'ont de légitimité que pour autant que chacun y consent[1] ou doit moralement y consentir.

La recherche d'un fondement du droit exprime parfaitement notre conception du droit : en tant que tel, c'est un absolu incommensurable avec la relativité du fait, de l'événement[2]. On peut se demander alors dans quelle mesure cette conception est bien formée. L'idée d'un droit absolu, voire naturel, a historiquement joué un rôle revendicatif et révolutionnaire important[3] ; faut-il pour autant en conclure que le droit est quelque chose d'idéal, qualité innée à la nature humaine, qui, si elle se réalise dans l'histoire, ne lui appartient pas ? Si l'individu en tant que tel ne préexiste pas à une société* dont le développement historique seul donne sens* au fait que l'homme se saisisse comme individu, alors le droit lui-même n'est qu'un fait historique, une manière non autonome de saisir les rapports sociaux, dont le caractère

---

1. Voir *Hobbes, Rousseau, Locke*.
2. *Le plus fort n'est jamais assez fort pour être toujours le maître s'il ne transforme sa force en droit et l'obéissance en devoir* (Rousseau, ***Du contrat social***).
3. Voir *Lumières (philosophie des)*.

absolu ne manifeste que la nécessité historique de leur déploiement[1]. Voir *Kelsen, Rawls*.

> P. Amselek, **Méthode phénoménologique et théorie du droit**, Paris, 1964 ; J. Dabin, **Théorie générale du droit**, Bruxelles, Larcier, 1969 ; R. Derathé, **La Justice et la Violence**, Paris, Hachette, 1953 ; J.-L. Gardies, **Essai sur les fondements a priori de la rationalité morale et juridique**, Paris, LGDJ, 1972 ; S. Goyard-Fabre & R. Sève, **Les Grandes Questions de la philosophie du droit**, Paris, PUF, 1986 ; M. Villey, **La Formation de la pensée juridique moderne**, Paris, Montchrestien, 1975, rééd. 1980 ; **Critique de la pensée juridique moderne**, Paris, Dalloz, 1976 ; **Philosophie du droit**, 2 vol., Paris, Dalloz, 1975 et 1979.

DUNS SCOT (Jean)

Né à Duns, en Écosse, vers 1266, frère mineur vers 1282, il séjourne en France entre 1302 et 1303, d'où il est banni par Philippe le Bel ; reçu docteur en 1305, il est régent de l'école universitaire franciscaine en 1306-1307 et meurt à Cologne en 1308.

Duns Scot est l'un des plus célèbres théologiens du Moyen Âge. Dans de nombreux ouvrages sur les philosophes, il développe une réflexion sur la foi et ses relations avec la théologie. Pour le Docteur Subtil, cette dernière n'est pas une science spéculative, mais pratique, dont la métaphysique est l'instrument. Le concept commun d'être est attribuable à tout objet connaissable par l'intelligence. Cette communauté ou simplicité absolue (que Scot nomme *univocité*) signifie toujours la même chose et permet de connaître Dieu au moyen des propriétés des choses sensibles.

> C. Bérubé, **De l'homme à Dieu selon Duns Scot ; Henri de Gand et Olivi**, Rome, Istituto Storico Capuccino, 1982 ; E. Longpré, **La Philosophie du bienheureux Duns Scot**, Paris, 1924.

DURKHEIM (Émile)

Né à Épinal en 1858 d'une famille de rabbins, il entre, en 1879, à l'École normale supérieure où il fait des études de philosophie ; dès

---

[1]. Voir *Marx, idéologie*.

DURKHEIM

1887, il est nommé à l'université de Bordeaux professeur de pédagogie et de sciences sociales. En 1893, il soutient sa thèse sur la **Division du travail social** et, en 1895, publie les **Règles de la méthode sociologique**. Il fonde en 1896 **L'Année Sociologique** et fait paraître l'année suivante son étude sur **Le Suicide**. Nommé à la Sorbonne à partir de 1900, son activité essentielle se partage entre son enseignement et la direction de **L'Année Sociologique** ; s'il publie encore en 1912 une étude sur **Les Formes élémentaires de la vie religieuse**, ce sont ses élèves qui, après sa mort, survenue en 1917, éditeront ses cours et ses articles.

On considère Durkheim comme le fondateur de la sociologie : il serait le premier à lui avoir donné le statut de science*. L'école allemande de Dilthey (1833-1911) et Weber (1864-1920) considérait les sciences humaines* comme des *sciences* tout à fait particulières : l'observateur et l'observé étant de même nature, les phénomènes étudiés sont immédiatement intelligibles, et il s'agit non d'expliquer mais de comprendre. Durkheim, disciple de Comte*, propose de considérer les faits sociaux comme des choses. Il ne s'agit pas d'identifier ceux-ci avec les phénomènes naturels comme le fait l'école italienne — Pareto (1848-1923) — et d'expliquer, par exemple, le suicide à partir des variations de température. La sociologie doit appliquer la méthode* des sciences positives, c'est-à-dire observer, comparer et expliquer un fait social par un autre fait social : l'expérimentation* n'y est pas production de phénomènes répétables, mais étude des variations corrélatives de certains phénomènes. C'est ainsi qu'en étudiant les taux de suicide, Durkheim montre qu'ils varient en fonction des milieux sociaux (les protestants se suicident plus que les catholiques, etc.), des divorces, des crises économiques, etc. On peut concevoir alors que la sociologie naît par l'élaboration de ce nouvel objet que constitue ce que nous nommons aujourd'hui les corrélations fonctionnelles entre diverses variables.

Durkheim développe une certaine conception de la société* qui est héritée du positivisme et influe profondément sur ses analyses. Dans son étude sur la division du travail*, il montre comment deux types de solidarité peuvent relier les hommes : une solidarité mécanique, fondée sur la similitude qui est de règle dans les sociétés archaïques entre les individus, et une solidarité organique qui résulte de la différenciation des individus qui, au sein des sociétés modernes, occupent des fonctions hétérogènes. Les économistes expliquent le passage de l'une à l'autre forme par la nécessité d'une répartition des tâches en vue de l'accroissement de la production ; mais il faut pour cela une conscience de l'individualité, qui ne peut résulter que de la division du travail : ce sont le caractère de plus en plus dense des sociétés et leur extension qui brisent progressivement les similitudes, accroissent les différenciations entre les individus, et provoquent la division du travail.

Cette explication présente les thèmes fondamentaux de la sociologie durkheimienne en rapport avec sa conception de la société : c'est la forme des collectivités qui détermine les attitudes individuelles ; il y a une véritable conscience collective. En faisant de la société une réalité distincte des institutions et des individus, qui ne peuvent exister sans elle, Durkheim donne un prolongement à la sociolâtrie comtienne[1].

G. Aimard, **Durkheim et la science économique**, Paris, 1962 ; A. Cuvillier, **Les Leçons de sociologie d'Émile Durkheim**, Paris, Rivière, 1954 ; J. Duvignaud, **Durkheim**, Paris, 1965.

---

1. *Le croyant s'incline devant Dieu, parce que c'est de Dieu qu'il croit tenir l'être, et particulièrement son être mental, son âme. Nous avons des raisons d'éprouver ce sentiment pour la collectivité.*

Économie

La science économique prend sa source dans l'économie politique qui fut d'abord l'étude d'une économie domestique particulière : celle de la maison royale.

1. Les origines

Si les Anciens ont abordé l'analyse des faits économiques (par exemple, Platon* dans la **République** ou Aristote* dans le **Politique**), jamais ils n'ont songé à isoler un ensemble de mécanismes proprement économiques, tant l'état de développement des cités athéniennes mêlait étroitement la vie économique à la politique et à la religion. Les penseurs chrétiens du Moyen Âge ne s'écartent guère de ce cas de figure.

La naissance de la science économique a sans doute bénéficié des bouleversements des XVe et XVIe siècles : essor des villes, développement d'un système bancaire favorisant la grande bourgeoisie d'affaire, extension des marchés grâce aux grandes découvertes, circulation intense de métaux précieux venus d'Amérique, inventions techniques. La Réforme et la Renaissance correspondent à une profonde transformation des mentalités, alors que naissent des États-Nations. L'économie politique surgit dans ce contexte et se constitue d'abord sous la forme d'un ensemble de préceptes visant à gérer le patrimoine princier ou royal (Montchrestien, **Traicté de l'œconomie poli-**

Économie

tique, 1615). Le courant mercantiliste exprime ces préoccupations en mettant l'accent sur la richesse constituée par le stock de métaux précieux et sur les différents moyens de l'accroître.

2. L'économie comme ordre naturel

L'âge classique, puis le siècle des Lumières* voient naître diverses tentatives de rationalisation.

François Quesnay (1694-1774), collaborateur de l'***Encyclopédie*** et chef de file des physiocrates, est sans doute celui qui construit la première théorie du système économique. Le ***Tableau économique*** (1758) réfute les principes mercantilistes en montrant que, dans l'ordre naturel, la vraie richesse n'est constituée ni par l'argent, ni par l'industrie ni par le commerce, mais par l'agriculture, seule activité à dégager un produit net.

Le philosophe Adam Smith (1723-1790), autre père fondateur (***Recherches sur la nature et les causes de la richesse des nations***, 1776), invoque lui aussi l'existence d'un ordre naturel de l'économie. Le développement de la division du travail et la régulation des intérêts privés par la main invisible du marché permet d'accroître les richesses en conformité avec l'intérêt général. Il est sans doute à l'origine de l'école libérale.

3. Libéralisme contre socialisme

Le XIXe siècle voit s'affronter les tenants du libéralisme* et du socialisme*. David Ricardo (1772-1823), autre économiste anglais, reprend la thèse de la *valeur-travail*, énoncée par Smith (la valeur d'échange d'une marchandise dépend de la quantité de travail nécessaire à sa production), ainsi que la théorie de Thomas Robert Malthus (1766-1834), selon laquelle la population s'accroît plus vite que les moyens de subsistance, pour énoncer une approche quantitative de la monnaie, la relation entre le taux de salaire et le taux de profit, et une théorie de la rente foncière. Cette doctrine est diffusée par ses disciples et en France par Jean-Baptiste Say (1767-1832) et Frédéric Bastiat (1801-1850). En face, le courant socialiste s'insurge contre la situation sociale faite aux travailleurs exploités par les entrepreneurs capitalistes. Leurs revendications vont de la simple intervention de l'État (le Suisse Jean-Charles Léonard Sismondi [1773-1842], l'Anglais John Stuart Mill [1806-1873]), jusqu'à la révolution prolétarienne (Proudhon, Marx*), en passant par des innovations dans le mode de production (atelier de Louis Blanc [1811-1882], phalanstère de Charles Fourier [1772-1837], mouvement coopératif de Robert Owen [1771-1858]).

4. Les théories de l'équilibre et le néo-classicisme

À la fin du XIXe siècle, un conflit de méthode oppose l'économie politique allemande, centrée sur des approches historiques et nationales des phénomènes économiques, à l'école marginaliste qui essaie de fonder les comportements économiques dans une théorie des besoins et des échelles de préférences individuelles. La théorie de l'*utilité marginale* conteste la théorie de la *valeur-travail* chère aux classiques. La valeur d'un bien dépend de son degré de rareté, de sa capacité à satisfaire un besoin. Ce raisonnement à la marge est général, il vaut pour le consommateur comme pour le producteur.

Sur ces fondements se construisent les théories néo-classiques qui marquent le tournant du XXe siècle. C'est ainsi que Léon Walras (1834-1910) et William Stanley Jevons (1833-1882) traduisent l'ensemble des variables économiques par un système d'équations déterminant un état d'équilibre. Ces travaux seront poursuivis à Vienne (Friedrich August von Hayek, né en 1899), à Lausanne (Vilfredo Pareto [1848-1923]), à Cambridge (Alfred Marshall [1842-1924]), à Stockholm (Knut Wicksell [1859-1926]), en France (François Perroux [1903-1987]) et aux États-Unis (Colin Grant Clark, né en Grande-Bretagne en 1905).

5. De l'équilibre aux déséquilibres

La guerre de 1914-1918 crée une première rupture au sein de cette théorie pure de l'économie et ouvre la voie aux politiques interventionnistes. Le conflit mondial, suivi par la grave crise économique de 1929-1930, porte sur le devant de la scène un ensemble de perturbations de la vie économique qui font douter de la validité des théories de l'équilibre. Il ne s'agirait plus de crises conjoncturelles classiques, dues à la concurrence des agents de production, mais de crises structurelles mettant en cause les capacités du capitalisme libéral.

La pensée de John Maynard Keynes (1883-1946) s'avère exemplaire à cet égard. Pour comprendre le sous-emploi chronique caractérisant la crise économique, il cesse de raisonner en termes d'agents sociaux se comportant rationnellement sur des marchés

Économie

(raisonnement micro-économique), pour s'intéresser à des fonctions macroéconomiques : la monnaie, l'emploi, la production, l'investissement (Cf. **Théorie générale de l'emploi, de l'intérêt et de la monnaie**, 1936). Le volume de la production engagée par les producteurs à un moment donné dépend de la demande de consommation, d'investissement, de monnaie (car il y a une préférence pour la liquidité, la monnaie) et de la rentabilité du capital investi. Revenu et niveau d'emploi en découlent. Mais plusieurs types d'équilibre sont possibles, ainsi que plusieurs niveaux d'emplois. Cette possibilité permet à l'État d'intervenir en faisant des choix par le biais d'une politique monétaire, budgétaire, etc. Fondamentalement est mise en question la possibilité d'un équilibre par le biais des mécanismes autorégulateurs du marché.

À la suite de Keynes, de nombreux travaux entreprennent de reconstruire l'économie et d'élaborer des modèles de croissance. S'opposeront, d'un côté, des théories néo-keynésiennes (Domar, Harrod, la nouvelle école de Cambridge) et, de l'autre, les tentatives néo-classiques visant à redécouvrir les vertus des mécanismes autorégulateurs (Solow, Samuelson).

6. Les tendances actuelles

L'économie contemporaine voit se succéder de nombreuses réinterprétations des auteurs classiques, l'affinement des modèles mathématiques et leur confrontation avec les données empiriques (économétrie). Parmi les multiples directions, citons le renouveau d'intérêt pour la monnaie (théorie quantitative ou monétarisme), l'accumulation du capital (théorie du capitalisme monopolistique), des prix d'équilibre, de la théorie de l'échange, de l'économie du bien-être. Cette dernière pose la question des relations entre l'économie publique et l'économie privée (thème de l'État Providence).

J. Baudrillard, **La Société de consommation, ses mythes, ses structures**, Paris, Gallimard, 1970 ; F. Dumont, **La Dialectique de l'objet économique**, Paris, Anthropos, 1970 ; **Homo aequalis, genèse et épanouissement de l'idéologie économique**, Paris, Gallimard, 1977 ; M. Lutfalla **Aux origines de la pensée économique**, Paris, Economica, 1981 ; A. Mingat, P. Salmon & A. Wolfelsperger, **Méthodologie économique**, Paris, PUF, 1985 ; M. Sahlins, **Âge de pierre, âge d'abondance, l'économie des sociétés primitives**, t.f., Paris, Gallimard, 1976.

Éducation

Le terme d'éducation recouvre au moins deux réalités :

1 — **l'enseignement** : l'apprentissage d'un savoir scientifique ou technique*, c'est-à-dire, pour l'enseigné, l'acquisition et la domination progressive de connaissances*. On parle à ce propos d'*instruction*.

2 — **l'éducation proprement dite**, c'est-à-dire l'apprentissage des gestes, des conduites, des normes morales* qui permettent l'intégration de l'enseigné à un groupe social déterminé. L'éducation peut en outre être *institutionnalisée*, c'est-à-dire régie par des lois, dispensée par des établissements publics, ou être non institutionnelle. Traditionnellement, l'éducation proprement dite n'était pas « institutionnalisée » et était dévolue à la famille* (sa critique relèverait en ce sens d'une critique des rapports familiaux) ; mais la réduction des familles aux ménages, tout comme le salariat féminin, tend à accroître sans cesse le rôle des institutions dans l'éducation des enfants. Les problèmes posés par l'éducation tiennent à la multiplicité de ses déterminations, qui entraîne une extrême confusion dans leur solution, même si l'on s'en tient à l'éducation institutionnalisée, c'est-à-dire aux établissements scolaires et universitaires.

1. Une multiplicité de déterminations

On peut définir l'éducation par rapport :

1 — à l'objet d'enseignement (cf. les programmes scolaires). Se pose alors la question de sa valeur* scientifique (problème du contenu : tout ce qu'on enseigne n'est pas un savoir positif), de sa valeur pédagogique au sens strict (le programme doit être adapté aux possibilités d'acquisitions réelles de l'enseigné, qui dépendent d'une maturation psychologique[1] et sociale), de sa finalité[2] (pourquoi enseigner les mathématiques plutôt que la philosophie, l'anglais plutôt que le quétchua ?)

2 — à la forme de l'enseignement (pédagogie au sens large). L'institution donne des rôles déterminés à celui qui enseigne et à celui qui est enseigné. Ces rôles ont un sens : ils reproduisent, par exemple, la hiérarchie des rapports sociaux, ou conduisent à certains rapports affectifs. Ces rôles sont-ils favorables à la pédagogie au sens strict (la passivité de l'enseigné, requise par l'école traditionnelle,

---

1. Voir *Piaget*.
2. On emploie ce mot de préférence à celui d'*utilité* dont les connotations idéologiques indiquent déjà une fin, une norme, dont la valeur mérite discussion, parce que l'utilité n'est pas une valeur en soi, et que rien n'est utile si ce n'est par rapport à quelqu'un ou quelque chose.

Éducation

n'est-elle pas, par exemple, défavorable à l'acquisition des connaissances ?), aux fins de l'enseignement (apprendre à obéir, est-ce, par exemple, former des hommes libres* et responsables* ?) ou à l'enseigné ?

3 — au but de l'enseignement. L'institution peut avoir des buts multiples : former des hommes — c'est-à-dire soit les adapter à une société, soit leur donner la possibilité de prendre en main leur destin[1] — assurer la richesse et la croissance d'un pays (si on peut relier l'industrialisation d'un pays à la qualification de sa main-d'œuvre, il est cependant délicat d'évaluer le rapport exact qu'ont les investissements d'un pays en matière d'éducation avec la croissance de son produit national ; on détermine mal en outre les rapports qu'ont avec cette croissance la recherche théorique abstraite, la culture artistique, etc.), assurer le bonheur* et la réussite individuelle, sélectionner et former les « élites »[2].

4 — au sujet de l'enseignement. L'enseigné peut être un enfant ou un adulte ; l'enseignement s'adresse à lui. Peut-on négliger de prendre en compte son désir* ?

Ces déterminations ne sont pas indépendantes : la liaison systématique des aspects provenant de chacune d'entre elles constitue l'orientation globale d'une politique scolaire, d'une réforme, d'une critique visant une institution donnée, ou d'une certaine philosophie de l'éducation. Si on laisse de côté les progrès* dans les techniques pédagogiques au sens strict (application de la psychologie, nouveaux médias, etc.), la plupart des critiques du système scolaire contemporain visent son caractère désuet, son inadaptation aux besoins de la société ou à ceux de l'individu. La plupart des tentatives de réforme consistent soit à adapter les programmes et l'institution (variation de l'âge scolaire, des durées de scolarité) à ce qu'on entend par *besoins** de la société (ce qui, bien souvent, masque l'idée sous-jacente : l'école doit fournir une main-d'œuvre adaptée aux besoins du marché), soit à prendre en charge les désirs de l'enseigné en tant que tel, et *supprimer les contraintes*[3].

---

1. Voir *démocratie*.
2. La démocratie de l'enseignement exige que cette sélection soit indépendante des origines sociales des individus.
3. Après la révolution russe, Makarenko constitua une collectivité d'*enfants perdus*, où chacun pouvait librement s'exprimer, au-delà d'interdits minimaux tels qu'inceste et parasitage ; en créant l'école de Summerhill en 1921, c'est contre l'idée que l'école doit adapter l'individu à la société que A.S. Neill lutte : il s'agit surtout, à l'aide d'une autogestion totale, de fournir le lieu où l'enfant en tant que tel puisse trouver son bonheur. Les classes coopératives du Français

Éducation

2. On a souvent remarqué que l'école a pour fonction de reproduire la structure du corps social[1] et, par conséquent, sa hiérarchie ; par là, elle est inéluctablement un moyen de contrôle des sujets individuels, c'est pourquoi Althusser* la classe parmi ce qu'il nomme *les appareils idéologiques d'État*. Depuis la fin du XIXe siècle, la société occidentale est confrontée à un problème sans précédent dans l'histoire de l'humanité : aucune autre civilisation n'avait jusqu'ici entrepris la tâche de scolariser entièrement une classe d'âge, ni *a fortiori* de poursuivre cette scolarisation générale bien au-delà de l'enfance. Cette extension du système scolaire change profondément son rôle social. Il n'a plus globalement pour fonction de sélectionner une élite (la valeur d'un diplôme par rapport à sa fonction de sélection sociale diminue autant qu'en diminue la rareté), même si c'est toujours en son sein que s'effectue cette sélection. L'école devient coextensive à la société dans son ensemble. Ce changement de statut est à première vue une réponse aux problèmes que pose le développement des techniques et des savoirs par lesquels la société moderne assure la production des biens matériels, le bien-être de ses membres et sa propre organisation. Cette production et cette organisation nécessitent un savoir sans cesse plus complexe et plus long à acquérir de la part d'une portion de plus en plus grande des membres de la société. Il n'est pas sûr que la croissance indéfinie du système scolaire (en particulier dans son rôle de formation initiale), qui produit des nuisances spécifiques (massification des élèves, attitudes consuméristes, globalisation du moindre problème, phénomènes d'opinion intervenant à l'encontre de toute initiative visant au changement et à la rationalisation) soit, dans le long terme, la meilleure réponse au problème majeur de la modernité.

> H. Arendt, **La Crise de la culture**, Paris, Gallimard, 1972 ; P. Bourdieu & J-C. Passeron, **La Reproduction**, Paris, Minuit, 1970 ; B. Cacérès, **Histoire de l'éducation populaire**, Paris, Seuil, 1964 ; I. Illich, **Une société sans école**, Paris, Seuil, 1971 ; G. Miallaret & J. Vial (dir.), **Histoire mondiale de l'éducation**, Paris, PUF, 1981 ; J.-C. Milner, **De l'école**, Paris, Seuil, 1984 ; J. Ullman, **La Nature de l'éducation**, Paris, Vrin, 1964.

C. Freinet (1896-1966), qui impliquent un rôle actif de l'enseigné (notamment le choix de ses buts), visent en outre à introduire de nouvelles valeurs scolaires, dans l'hypothèse d'une adéquation de fait du système scolaire au système économique.
1. Point mis en lumière par de nombreuses études contemporaines : **Les Héritiers**, **La Reproduction** (Bourdieu et Passeron, Minuit, 1966 et 1970) ; **L'École primaire divise...** (Baudelot et Establet, La Découverte, 1979) ; **L'Inégalité des chances** (Boudon, Hachette, 1985).

EINSTEIN (Albert)

Né à Ulm en 1879 d'une famille d'origine juive, il fait ses études supérieures à l'École polytechnique de Zurich ; en 1902, il rentre à l'Office des Brevets de Berne. En 1905, il publie trois mémoires : sur l'effet photo-électrique (hypothèse des quantas de lumière), sur la théorie statistique du mouvement brownien, sur la théorie de la relativité restreinte ; les deux premiers lui vaudront le prix Nobel en 1921. Professeur aux universités de Zurich (1910), Prague (1911), Berlin (1912), il élabore la théorie de la relativité généralisée (1916). La montée du nazisme le force à émigrer aux États-Unis. Ses publications ultérieures vont de la vulgarisation de ses théories jusqu'à la réflexion épistémologique (***Comment je vois le monde***, 1934 ; ***L'Évolution des idées en physique***, 1938, en collaboration avec L. Infeld), en passant par la tentative d'appliquer ses découvertes à la théorie de l'univers (cosmologie). L'œuvre d'Einstein manifeste le souci d'unifier toutes les théories physiques* ; ce souci le conduisit dès 1927 à s'opposer à la mécanique quantique[1] née en partie de ses travaux ; lorsqu'il meurt en 1955, à Princeton, s'il représente pour beaucoup l'image même du savant, il est relativement isolé.

1. La mécanique classique dispose de principes de relativité, c'est-à-dire d'équivalences permettant le passage entre divers systèmes physiques*, et assurant l'universalité de la science*. Elle considère des repères galiléens[2] ou repères d'inertie (ainsi nommés parce que les corps qui s'y trouvent, s'ils ne sont soumis à aucune force, se meuvent indéfiniment selon le principe d'inertie) ; compte tenu d'un repère fixe S, par rapport auquel un repère S1 se meut avec une vitesse uniforme Vs, suivant l'axe ox de S, ces relations permettent à un observateur situé en S, connaissant les coordonnées et la vitesse d'un corps au temps t, de dire quelles sont les valeurs de ces mesures par rapport à S1, et à un observateur situé en S1 de faire l'opération inverse. Si t, x, y, z, v, sont les valeurs considérées par rapport à S, et t1, x1, y1, z1, v1, par rapport à S1, alors le groupe de transformation suivant (dit galiléen) permet d'effectuer l'opération : $t1 = t$, $x1 = x - Vst$, $y1 = y$, $z1 = z$, $v1 = v - vS$. Cela suppose l'uniformité et l'homogénéité d'un espace* et d'un temps* absolus, et notamment une définition de la simultanéité des événements indépendante de

---

1. Voir *physique*.
2. Un repère est constitué par une origine o, d'où partent trois axes perpendiculaires ox, oy, oz ; tout point M est localisable par la valeur de ses coordonnées x, y, z.

l'espace. Puisque la terre (cf. S1) se meut dans l'espace absolu (cf. S), supposons que d'un point A de la terre on envoie, suivant l'axe de ce mouvement, simultanément vers deux points C et D, situés à une même distance de A mais dans des directions opposées, deux signaux lumineux ; d'après ce qui précède, celui qui se meut dans la même direction que la terre devra être reçu après l'autre puisque la lumière a une vitesse constante dans toute direction de l'espace absolu. Les expériences de Michelson et Moreley (1881 et 1887) ne confirment pas ces conclusions[1]. Pour rendre compte théoriquement de ce dernier point, il faut recourir au groupe de transformation de Lorentz :

$$t_1 = \frac{t - x\frac{Vs}{c}}{\sqrt{1 - \left(\frac{Vs}{c}\right)^2}} \qquad x_1 = \frac{x - Vst}{\sqrt{1 - \left(\frac{Vs}{c}\right)^2}}$$

Cela suppose que :
1 — la vitesse de la lumière c soit une constante universelle ;
2 — le temps ne soit pas un invariant mais soit relatif au système considéré ;
3 — l'espace lui-même ne soit pas un absolu, puisque la distance qui sépare deux points (par exemple, les deux extrémités d'un bâton) dépend du système considéré.

En 1905, Einstein déduit ces thèses d'une critique des notions de temps et de simultanéité : toute définition de la simultanéité doit reposer sur une mesure, elle dépend donc de la transmission d'un signal, et le temps serait un invariant entre deux systèmes, si seulement cette transmission était instantanée. La théorie de la relativité restreinte est complétée par des considérations dynamiques, portant sur l'équivalence de la masse et de l'énergie, permettant notamment de comprendre l'énergie atomique.

2. La relativité restreinte définit comment changer de repères galiléens (c'est-à-dire en mouvements uniformes les uns par rapport aux autres). Elle laisse subsister deux problèmes :
1 — Y a-t-il des observateurs privilégiés, autrement dit les lois

---

1. Elles ont été faites pour tester des hypothèses relatives à la notion d'onde, qui se rapportent indirectement au problème évoqué ici.

physiques ne sont-elles valables que pour des observateurs situés sur des repères galiléens ?

2 — La terre n'est pas un système galiléen puisque les corps qui ne semblent soumis à aucune force tombent ; la mécanique de Newton* explique ce fait en supposant un champ de gravitation ; comment expliquer l'existence d'un tel champ ?

La solution du second problème va permettre de généraliser la relativité, c'est-à-dire de poser un système d'équivalences entre des repères galiléens et des repères non galiléens (en mouvement non uniforme). En remarquant que le mouvement uniformément accéléré d'un repère (par exemple, un ascenseur en chute libre) pouvait annuler l'effet de la gravitation, Einstein conçoit qu'on peut passer d'un système galiléen à un système en mouvement uniformément accéléré par rapport à lui, en tenant simplement compte d'un champ de gravitation[1]. En outre, puisqu'un changement d'accélération, c'est-à-dire finalement d'un rapport incluant le temps et l'espace, modifie ou élimine la gravitation, il tenta de rendre compte des effets de gravitation par une géométrie appropriée d'un espace-temps continu à quatre dimensions. Les propriétés de cet espace-temps sont différentes de l'espace euclidien de la physique galiléo-newtonienne : le temps n'y est pas définissable indépendamment de l'espace, les distances ne s'y définissent pas selon des droites, mais selon des courbes, etc.

La relativité restreinte et la relativité généralisée ont reçu de larges confirmations expérimentales ; elles ont permis d'éclaircir les notions de force, d'espace, de temps. Si la mécanique einsteinienne ne contredit pas véritablement la mécanique newtonienne, puisque celle-ci y est incluse comme un cas particulier, elle est cependant révolutionnaire : plutôt que d'ajouter de nouvelles connaissances à la science antérieure, elle la reconstruit tout entière sur d'autres fondements. Les conséquences philosophiques de cette rupture épistémologique sont immenses et difficiles à dégager : la rupture avec les concepts naïfs de temps et d'espace[2], le caractère abstrait et mathématique de la théorie sont interprétés par certains dans le sens de l'idéalisme*, tandis que, pour d'autres, la constitution du nouveau

---

[1]. Cela implique qu'une accélération du système de référence ait le même effet, sur un corps, que la présence d'une certaine quantité de matière.

[2]. Qui semble contredire la thèse de Kant*.

concept de temps à partir de la mesure doit plutôt être rapproché de l'empirisme*. Ce qui est certain, c'est que la conception traditionnelle du réel, l'ontologie* propre à la physique* sont profondément bouleversées.

> F. Balibar, **Galilée, Newton lus par Einstein**, Paris, PUF, 1984 ; B. Hoffmann, **Albert Einstein, créateur et rebelle**, Paris, Seuil, 1975 ; P.A. Schilpp (dir.), **Albert Einstein, Philosopher-Scientist**, La Salle, Open Court, 1949 ; M.A. Tonnelat, **Histoire du principe de relativité**, Paris, Flammarion, 1971.

Empirisme

Toute connaissance pose les deux problèmes de sa *source* et de sa *légitimité* ; pour chacun, on peut envisager deux solutions extrêmes : la source de la connaissance est soit l'esprit* humain, soit l'action d'un monde sur le sujet* ; la connaissance tient sa légitimité soit d'une démonstration rationnelle, soit d'une vérification expérimentale. Toute philosophie qui choisit respectivement les deux dernières réponses peut être qualifiée d'empirique. En fait, les positions sont beaucoup plus nuancées ; on considère souvent que la thèse fondamentale de l'empirisme est l'axiome attribué à Aristote* selon lequel *rien n'est dans l'esprit qui ne fût d'abord dans les sens*, et des penseurs comme Berkeley* ou Hume*, qui réduisent la source de toute connaissance à la sensation, sont des empiristes, bien que leur refus de considérer les causes externes de la sensation les rapproche de l'idéalisme*. À l'inverse, aucun penseur, aussi rationaliste qu'il soit, ne va jusqu'à nier toute valeur cognitive à l'expérience*.

L'empirisme classique prend sa source dans la critique effectuée par Locke* de la notion cartésienne* d'idée innée. L'esprit est comme une page blanche vide de caractères, les idées n'y sont pas inscrites avant l'expérience, sinon les enfants et les idiots les posséderaient, et il n'y aurait aucun arbitraire dans les principes moraux. Mais l'empirisme n'est pas la simple négation du rationalisme abstrait : en refusant l'innéisme*, les philosophes de l'époque des Lumières* vont devoir expliquer les modalités pratiques de l'acquisition des connaissances et du langage*, ainsi que les conditions épistémologiques de la pensée scientifique (voir *Condillac*). S'il semble qu'historiquement l'empirisme ait été une philosophie féconde, un empirisme strict, pour

Empirisme

lequel aucune connaissance n'est *a priori* et où toute idée procède de l'expérience, est exposé à deux critiques essentielles :

1 — Il est impossible de *déduire* des lois générales de termes particuliers (voir *Russell*) ; s'il est vrai qu'aucune connaissance n'est possible avant l'expérience, ni ne reçoit sa légitimité indépendamment de l'expérience (voir *pragmatisme*), il est faux que toute connaissance ait sa source et sa légitimité dans la seule expérience : les procédures logiques* de démonstration y ont une part essentielle et distincte (voir *Kant*).

2 — Il n'y a pas d'expérience pure qui nous révélerait le monde tel qu'il est en lui-même ; ce n'est pas parce qu'il est meilleur observateur que Galilée* peut affirmer contre Aristote* que, dans le vide, la vitesse des corps* est indépendante de leur poids ; c'est parce qu'il possède un nouveau concept de mouvement. Une expérience déterminée n'a sa place que dans un contexte conceptuel déterminé, elle est moins une donnée immédiate, comme le posait l'empirisme classique, qu'une élaboration culturelle (voir *Bachelard, objectivité*).

L'empirisme moderne, particulièrement représenté par les membres du Cercle de Vienne (Carnap* et Neurath* notamment), peut se caractériser par la *thèse vérificationniste* selon laquelle la signification d'une phrase dépend simplement de ce qui est susceptible de compter comme une preuve de sa vérité. De ce point de vue, l'empirisme est une doctrine solide : la thèse vérificationniste revient à dire que, dans le fond, apprendre à parler consiste à être capable de relier des mots avec les stimulations du monde externe. Mais l'empirisme logique du Cercle de Vienne a également été un programme philosophique extrêmement ambitieux. Il se proposait de définir la limite entre les vérités logiques (ou analytiques) et les vérités empiriques (ou synthétiques), ce qui permettrait d'opposer la science (dont les propositions sont soit de nature logique, soit de nature empirique) et la métaphysique (dont les propositions, n'étant ni de nature logique, ni de nature empirique, seraient vides de sens). Il se proposait également de réduire les connaissances scientifiques complexes à des systèmes de propositions relatant des observations. Il suffit de suivre l'évolution philosophique de Carnap pour voir ce programme perdre peu à peu de sa force. Quine*, en 1951, dans un célèbre article intitulé **Deux dogmes de l'empirisme**, lui porta un coup fatal en montrant comment il tenait à deux dogmes insoutenables. Le premier dogme est celui de la distinction analytique/synthétique ; selon Quine*, il serait impossible de la caractériser : ou la distinction suppose une définition

ÉPICURE

circulaire des termes, ou elle repose sur la définition d'une synonymie entre énoncés qui finira par être purement conventionnelle. C'est également sur cette dernière que repose le second dogme de l'empirisme, le réductionnisme, qui suppose, en effet, que tout énoncé significatif soit équivalent (synonyme) à des énoncés relatifs à des données de l'observation. Or cela est impossible, selon Quine*, car, dès qu'un énoncé contient des termes théoriques, aucun fait ne peut l'infirmer ou le confirmer (*thèse dite de Duhem-Quine*, voir *expérience-expérimentation*). La critique du programme fort de l'empirisme logique n'entame toutefois pas la thèse essentielle de toute approche empiriste de la connaissance humaine, à savoir que celle-ci n'est pas une entité intangible, seulement accessible à une faculté particulière (comme les idées le sont pour l'âme platonicienne), mais qu'elle se construit peu à peu dans la confrontation du sujet réel et du monde.

S. Auroux, **La Sémiotique des encyclopédistes**, Paris, Payot, 1979 ; D. Deleule, **Hume et la naissance du libéralisme économique**, Paris, Aubier-Montaigne, 1979 ; G. Deleuze, **Empirisme et Subjectivité**, Paris, PUF, 1953 ; P. Gochet, **Quine en perspective : essai de philosophie comparée**, Paris, Flammarion, 1978 ; L.-L. Grateloup, **Expérience et Connaissance**, Paris, Hachette, 1957 ; P. Jacob, **L'Empirisme logique**, Paris, Gallimard, 1980 ; J. Proust, **Questions de forme**, Paris, Fayard, 1986.

ÉPICURE

Né à Samos en 341 av. J.-C., mort à Athènes en 270 av. J.-C. il suit les cours des disciples de Platon* (Pamphile, Xénocrate [?]), mais subit l'influence du pyrrhonien Nausiphane, et restaure, en le transformant, l'atomisme de Démocrite. Il ouvre, en 310 av. J.-C., une école à Athènes (*le Jardin*) qui, avec *le Portique* stoïcien* (né cinq ans plus tard), éclipse l'*Académie* et *le Lycée*, privés de leurs fondateurs (voir *Platon, Aristote*). Diogène Laërce affirme que l'œuvre d'Épicure est immense ; nous n'en conservons que trois lettres (*à Hérodote*, sur la physique ; *à Phytoclès*, sur l'astronomie ; *à Ménècée*, sur la morale), deux **Recueils de sentences**, ainsi que des fragments d'un **Traité sur la nature**. C'est l'ouvrage **De rerum natura** *(De la nature des choses)*, de son disciple latin Lucrèce (env. 95-51 av. J.-C.), qui constitue l'exposé le plus complet que nous possédions de la doctrine.

1. Pour Platon* comme pour Aristote*, la fin de la connaissance

ÉPICURE

réside en elle-même. Pour Épicure, *si les imaginations concernant les météores ne nous apportaient aucun trouble, et si la mort* ne nous inquiétait pas, et s'il nous était possible de connaître la fin de nos souffrances et de nos désirs, nous n'aurions pas besoin de connaître la physique.* La connaissance n'a qu'un but thérapeutique : en nous apportant le quadruple remède (Dieu n'est pas à craindre, la mort n'est pas à redouter, le bien est facile à acquérir, le mal est facile à éviter), elle permet d'atteindre la paix de l'âme, c'est-à-dire l'impassibilité (*ataraxie*), et de connaître les objets de notre plaisir.

2. La logique* n'est pas un instrument, mais l'ensemble des critères de la pensée vraie ; ce qui implique le rejet tant de la dialectique que de la syllogistique. Tout témoignage sensible est vrai et est aussi vrai tout ce que l'expérience confirme ou n'infirme pas. L'erreur n'est pas dans la sensation, mais dans le jugement que nous portons. Les concepts sont autant d'anticipations de la perception* et, formés à partir d'elle, ils nous permettent de la prévoir ; ce qui n'est pas sensible est connu par inférence à partir du sensible (nous sentons le mouvement ; pour qu'il y ait mouvement, il faut poser le vide). Il n'est nul besoin de connaître les choses en détail, et on peut se contenter d'explications multiples (les phases de la lune peuvent s'expliquer soit par sa révolution, soit par le changement de l'air, soit par l'interposition des corps, et de bien d'autres façons) : l'essentiel est de ne pas recourir à la finalité, de nous débarrasser du destin, de la nécessité et de la superstition (c'est-à-dire de la religion). C'est pourquoi la physique épicurienne reprend l'atomisme d'essence mécaniste. Tout l'Être est constitué d'atomes, corps imperceptibles, pesants, et doués d'un mouvement éternel vers le bas d'une rapidité maximale, dont les chocs et les formes diverses expliquent l'existence et la diversité des corps visibles. Il y a ainsi plusieurs mondes qui naissent et qui disparaissent, tout comme les vivants meurent quand la somme des atomes qu'ils perdent dépasse celle de ceux qu'ils gagnent. Notre perception s'explique par le flux d'atomes qui, émanés des corps, en constituent le simulacre et viennent frapper nos sens. D'après Lucrèce, c'est tant pour permettre à l'homme d'échapper à la causalité des simulacres qu'aux corps de se constituer, que la théorie admet que les atomes puissent dévier de leur route rectiligne en un temps, en un lieu indéterminés. Les textes que nous possédons d'Épicure ne mentionnent pas cette théorie du *clinamen*.

Si le bien est le plaisir et si la sagesse consiste à rechercher le bien dont la possession est le bonheur*, il ne s'ensuit pas que tout bien soit désirable. Une petite douleur* peut entraîner un grand plaisir, et un petit plaisir une grande douleur, ce qui nécessite un calcul des plaisirs. Par ailleurs, toute diminution de plaisir est une douleur, et inversement. Il convient donc de ne pas s'exposer à la diminution du plaisir et, par conséquent, de se contenter de désirer ce qui ne nous peut manquer, c'est-à-dire limiter notre plaisir aux plaisirs naturels. Il faut *vivre caché* (c'est-à-dire fuir les honneurs), sobrement, et dans le commerce d'amis fidèles. L'épicurisme est, avec le stoïcisme*, la première philosophie à mettre l'accent sur le bonheur* individuel. Son hédonisme est un rigorisme.

> J. Bollack & A. Laks (dir.), **Études sur l'épicurisme antique**, Lille, Presses univ., 1977 ; A.-J. Festugière, **Épicure et ses dieux**, Paris, 1946, réédité. PUF, 1985 ; V. Goldschmidt, **La Doctrine d'Épicure et le droit**, Paris, Vrin, 1977 ; G. Rodis-Lewis, **Épicure et son école**, Paris, Gallimard, 1975.

Épistémologie

À la suite des bouleversements scientifiques des XIXe et XXe siècles, le remaniement du savoir a montré l'échec relatif des tentatives philosophiques qui, pour ressaisir la réalité du développement de la pensée scientifique, visaient à lui donner une norme. Est alors apparue l'importance de disciplines prenant directement la science pour objet : philosophie des sciences, histoire* des sciences, critique de la connaissance scientifique. L'épistémologie est le nom donné à ces disciplines. L'histoire du mot témoigne de son ambiguïté profonde. Le terme anglais *epistemology*, utilisé pour traduire le mot allemand *Wissenschaftslehre* (théorie de la science), est francisé par la traduction, en 1901, de l'***Essai sur les fondements de la géométrie*** de Russell*. É. Meyerson[1] l'utilise comme synonyme de *philosophie des sciences* (***Identité et Réalité***, 1907) pour distinguer ses théories de celles de E. Mach[2].

---

1. (1859-1933), philosophe français qui a tenté de réhabiliter contre Comte* la notion de causalité dans l'explication des phénomènes : ***De l'explication dans les sciences***, 1921 ; ***La Déduction relativiste***, 1925 ; ***Du cheminement de la pensée***, 1931.

2. Physicien et philosophe des sciences autrichien (1858-1916). Après des recherches en optique et acoustique, il écrit ***La Mécanique présentée dans son évolution historico-critique*** (1883), histoire d'inspiration anti-métaphysique, selon laquelle la science apparaît comme économie de la pensée, en épargnant les expériences dans la figuration mentale. La cause et l'effet sont alors des abstractions du travail de l'esprit. Il fut également l'un des fondateurs de l'empiriocriticisme, doctrine selon laquelle les théories scientifiques n'ont qu'une valeur de commodité (***Connaissance et Erreur***, 1905) ; elle inspira notamment le positivisme logique et fut critiquée par Lénine (***Matérialisme et Empiriocriticisme***, 1908).

Épistémologie

1. Les ambiguïtés et leur sens

En général, ceux dont on reconnaît qu'ils font ou ont fait œuvre d'épistémologie prétendent œuvrer à la philosophie ou à la théorie de la science. Il en est ainsi de Meyerson, déjà cité, et de toute une tradition allant de G. Bachelard* lui-même, en passant par P. Duhem[1], Brunschwicg[2], Poincaré[3], Russell*, les positivistes*, jusqu'aux post-bachelardiens G. Canguilhem*, F. Dagognet (né en 1924), G. Granger*. Pourtant, leurs travaux font preuve de déterminations hétérogènes, qu'on peut d'ailleurs retrouver dans un même ouvrage ; ceux mêmes qui emploient explicitement le terme *épistémologie* avouent des buts divers.

1 — *Théorie de la connaissance*. L'étude des sciences est la voie privilégiée pour élaborer une théorie de la connaissance : *le problème central de l'épistémologie a toujours été et reste le problème de la croissance de la connaissance, et la meilleure façon d'étudier cette dernière est d'étudier la croissance de la connaissance scientifique*[4]. Piaget* formule ce but dans le langage traditionnel de la philosophie : *Le problème central de l'épistémologie est d'établir si la connaissance se réduit à un pur enregistrement par le sujet* de données déjà toutes organisées indépendamment de lui dans le monde extérieur (physique ou idéal), ou si le sujet intervient activement dans la connaissance et dans l'organisation des objets comme le croyait Kant**. Dans cette perspective, *l'étude du passage des états de moindre connaissance aux états de connaissance plus poussée* a pour fonction d'arracher la théorie de la connaissance aux spéculations philosophiques abstraites, en lui donnant un objet précis. On distinguera alors : les épistémologies *méta-scientifiques* (par exemple, Platon*), partant de réflexions sur la science pour les prolonger en une théorie générale et philosophique de la connaissance ; les épistémologies *para-scienti-*

---

1. (1861-1916). On lui doit un monumental **Système du monde, histoire des doctrines cosmologiques de Platon à Copernic** (1913), et des ouvrages sur la méthode de la physique.
2. (1869-1944), philosophe français qui a développé un rationalisme critique fondé sur des études historiques (**Les Étapes de la philosophie mathématique**, 1912 ; **Les Âges de l'intelligence**, 1927 ; **L'Expérience humaine et la Causalité physique**, 1922).
3. Mathématicien français, il a écrit des ouvrages sur la science (**La Science et l'Hypothèse**, 1902, **La Valeur de la science**, 1905), et de nombreux articles où il défend un conventionnalisme relatif et critique Russell*.
4. Popper*, préface à l'édition anglaise de **Logique de la découverte scientifique**, 1958.

fiques (par exemple, Bergson*, Husserl*), qui s'appuient sur la critique des sciences pour atteindre un mode de connaissance différent ; les épistémologies *scientifiques*, qui demeurent à l'intérieur d'une réflexion sur la science : parmi ces dernières, il convient de séparer la tendance normalisante des positivistes, l'effort de ceux qui cherchent dans les sciences des informations sur la transformation de la connaissance (Cournot*, Brunschvicg, Cassirer*) et les réflexions des savants.

2 — *Théorie de la science*. La plupart des études épistémologiques tentent, à partir de l'étude de la science telle qu'elle se présente en elle-même, de répondre à la question traditionnelle : *qu'est-ce que la science ?* Elles se heurtent alors à deux problèmes fondamentaux : celui de l'*unité des sciences*, fortement installée par les théories comtienne et meyersonienne, par exemple, et battue en brèche par le régionalisme de Bachelard* ; celui de l'unité des *formes de la connaissance* : les uns (comme Meyerson) pensent qu'il y a continuité entre la connaissance vulgaire et la science, les autres (les bachelardiens, par exemple) installent une rupture essentielle entre le sens commun et la science, et assignent à celle-ci la tâche perpétuelle d'avoir à rompre avec celui-là.

La philosophie anglo-saxonne, en relation avec la croissance considérable que toutes les disciplines scientifiques ont connue depuis la dernière guerre mondiale, a fourni un effort important pour en décrire la nature, les spécificités, ainsi qu'une réflexion sur les raisons de leur unité, les limites de leur progrès, etc. (on se reportera au manuel, malheureusement non traduit, de Suppe, cité dans la bibliographie, p. 128). Il s'agit d'une des branches les plus actives de la philosophie contemporaine. La nouvelle logique a permis de définir la structure d'une théorie (tout en ouvrant des questions importantes : par exemple, peut-on ou non se passer des termes théoriques propres aux disciplines ?) ou d'éclaircir des concepts comme celui de *loi* scientifique. Une *loi* n'est pas simplement une proposition universelle, corroborée par l'expérience (une *généralité accidentelle*, comme *tous les papiers sur ma table sont blancs* peut l'être également), c'est une proposition capable de permettre d'évaluer des propositions hypothétiques contraires aux faits (d'après la physique classique, nous pouvons déterminer quelle serait la valeur de l'attraction terrestre, *si la terre avait une masse triple*). Ces recherches rejoignent parfois des problèmes empiriques de politique scientifique (comment optimiser la

Épistémologie

recherche ? diminuer son coût ? quel est le rapport entre l'investissement scientifique et le taux de découvertes nouvelles ? etc.). Les discussions sophistiquées sont le fait de chercheurs très spécialisés. Certains d'entre eux ont parfois des positions excentriques, comme Paul Feyerabend (né en 1924) qui, depuis son célèbre ouvrage, **Contre la méthode** (1975), défend un *anarchisme méthodologique* (en science, il faut faire feu de tout bois, toutes les théories, y compris l'astrologie, doivent être enseignées, etc.), dont de nombreux arguments n'ont d'autre valeur que leur aspect provocateur.

3 — *Élucidation des propositions scientifiques.* La crise des sciences (paradoxes de la théorie des ensembles, nouvelle physique*) a ouvert une autre voie, empruntée par le *néopositivisme* (ou positivisme logique ou empirisme logique : Carnap*, Hempel, Reichenbach...) : s'il revient à la science d'établir et de vérifier les propositions scientifiques, la tâche de la philosophie consistera à les *élucider*[1]. Cette élucidation peut consister dans l'élaboration d'un langage* scientifique (Carnap*) ou dans des tâches plus modestes (rechercher les énoncés expérimentaux primitifs, leurs conditions de vérification et celles des propositions générales). En fait, l'une des tâches essentielles de la philosophie contemporaine réside dans l'interprétation des résultats scientifiques modernes (par exemple, déterminer les conséquences de la physique quantique pour la conception du réel).

Une semblable pluralité de vues peut parfois donner une ambiguïté déconcertante à l'œuvre d'un Bachelard*. Il lui arrive d'affirmer que son but est de *donner à la science la philosophie qu'elle mérite*. Ce qui peut se comprendre comme la tâche de constituer une philosophie des sciences, qui serait une théorie de la connaissance scientifique, mais ce qui doit aussi se comprendre comme la tentative de dégager une philosophie à partir de la science *(les nouvelles doctrines scientifiques ont un caractère éminemment philosophique)*, une philosophie en quelque sorte qui soit construite au plus près des sciences. La problématique bachelardienne révèle le sens même de l'ambiguïté de l'épistémologie. Traditionnellement, la philosophie donnait à la science son statut et ses normes ; les sciences se sont élaborées indépendamment de l'activité des philosophes. Si la science concerne aujourd'hui la philosophie, ce ne peut être que comme objet[2].

---

1. Voir *Wittgenstein*.
2. *Puisque la philosophie a renoncé depuis longtemps à dicter aux sciences leurs principes et leurs méthodes, sa seule ressource est de prendre pour objet la pensée scientifique effective* (R. Martin, **Logique contemporaine et formalisation**, 1964).

Épistémologie

L'apparition de l'épistémologie révèle la nécessité pour la philosophie de se donner un nouveau statut, et son ambiguïté est celle même du statut de la philosophie dans la culture contemporaine.

2. L'épistémologie historique

Ce sont les crises récentes des sciences (crise des fondements* en mathématiques, théorie relativiste et mécanique quantique en physique*), les efforts des savants pour les surmonter et la constitution parallèle d'histoires des sciences prenant pour thème l'évolution particulière des disciplines, qui ont ruiné les ultimes tentatives pour fonder la science dans la constitution d'une subjectivité transcendantale, en révélant une historicité irréductible à toute systématisation extérieure. La recherche historique apparaît nettement, chez A. Koyré, comme la conséquence des crises en question : *Ayant subi la destruction de nos idées anciennes et fait l'effort d'adaptation aux idées nouvelles, nous sommes plus aptes que nos prédécesseurs à comprendre les crises et les polémiques de jadis.*

Il y a de multiples façons de travailler à l'histoire des sciences, de la simple chronique à l'examen complexe des interactions conceptuelles. L'intérêt philosophique de cette recherche peut varier :

1 — Présenter des matériaux pour une théorie de la connaissance.

2 — Présenter les conditions de l'apparition historique de certains concepts, et se donner ainsi la possibilité d'annuler leur valeur* présente (ce que fait Foucault* pour le concept d'homme en élaborant une *archéologie* des sciences humaines).

3 — Fournir la théorie de la science ; dans ce cas, toute épistémologie serait historique. Le dernier point mérite une attention spéciale, il est soutenu par certains élèves d'Althusser* (D. Lecourt). Si l'épistémologie historique est la théorie de la science, la théorie de la science est immergée dans la « science » historique ; il en résulte qu'on présuppose qu'il est possible de saisir la scientificité (la spécificité) d'une science effective dans une autre science qui lui est extérieure. On peut se demander si, pour être hors de la science, on n'est pas à côté de la science[1], et si l'histoire est apte à ressaisir des

---

1. L'histoire des sciences n'est pas une discipline récente, et il semble que son importance soit historiquement liée aux bouleversements scientifiques : Montucla entreprend au XVIIIe siècle une **Histoire des mathématiques**, et son contemporain, d'Alembert, déclare que les révolutions de nos connaissances constituent un spectacle agréable à l'esprit.

Épistémologie

enchaînements d'actes qui, quand bien même ils appartiennent à l'histoire, ont parfois pour détermination essentielle de la refuser[1].

L'histoire des sciences possède, toutefois, un intérêt philosophique bien plus général. Quoique les propositions scientifiques n'aient jamais de clauses temporelles (on parlait autrefois à leur propos de *vérités éternelles*), il est incontestable que la science dans son ensemble est un phénomène historique, appartenant à l'histoire des cultures humaines. L'un des buts de l'histoire des sciences est de comprendre ce que signifie cette appartenance à l'histoire pour la conception de la vérité, de comprendre ce que peuvent signifier le progrès scientifique, l'abandon et le rejet des théories ainsi que leurs variations, de déterminer dans quelle mesure on les peut ou non comparer.

3. Épistémologie et philosophie

Lorsque, dans sa thèse, Cavaillès* entendait rechercher *l'objectivité fondée mathématiquement du devenir mathématique*, il donnait pour tâche à l'épistémologie la *vie interne de la science*. C'est cette vie interne que J.-T. Desanti* essaie de ressaisir. Pour que cette saisie ne soit pas un discours arbitraire extérieur à la science, il faut qu'elle soit appelée par la science elle-même : *Peut-être les sciences engendrent-elles en leur sein, au plus près des objets qu'elles concernent, certaines espèces de problèmes qu'elles ne peuvent résoudre à partir du système qu'elles constituent elles-mêmes*[2]. Il convient alors de définir l'épistémologie par la détermination de *problèmes épistémologiques*. Qu'on prenne par exemple la théorie naïve des ensembles (Cantor) ; on y trouve des problèmes épistémologiques de *premier niveau* : par exemple, le problème du bon ordre qui est en fait, pour la théorie, une lacune à combler, et se trouve soluble (Zermelo) à l'intérieur du système par ses moyens propres, sans remettre en cause l'édifice. On y trouve des problèmes de *deuxième niveau*, comme celui

---

[1]. *Le mathématicien n'a pas besoin de connaître le passé, parce que c'est sa vocation de le refuser ; dans la mesure où il ne se plie pas à ce qui semble aller de soi par le fait qu'il est, dans la mesure où il rejette l'autorité de la tradition, méconnaît un climat intellectuel, dans cette mesure seule, il est mathématicien* (Cavaillès*, **Remarques sur la formation de la théorie abstraite des ensembles**).

[2]. Ces remarques proviennent d'un article paru en 1966 et intitulé **Qu'est-ce qu'un problème épistémologique ?** Cet article est réédité dans **La Philosophie silencieuse** (1975).

des paradoxes, qui ont pour caractéristique de recevoir une solution dans un système de sécurité construit au-delà de la théorie (théorie des types de Russell*, axiomatique de Zermelo), et qui deviennent par là semblables aux premiers. Reste un *troisième niveau* de problèmes, dont un bon exemple est celui posé par le statut de l'axiome de choix[1]. Ce problème n'est pas véritablement interne, puisqu'il pose une question concernant le champ entier des mathématiques (déterminer la classe des objets qui y sont admissibles), et qu'apparemment la théorie ne dispose d'aucun moyen univoque de solution. À son sujet, les mathématiciens s'opposent : les intuitionnistes, exigeant que l'on exhibe tout objet dont on admet l'existence, refusent l'axiome de choix ; les idéalistes, ne demandant que la simple non contradiction, l'acceptent. Il n'est pas non plus véritablement externe, parce qu'il exige que le mathématicien lui donne une solution qui engage sa pratique mathématique.

On doit donc discerner dans le discours mathématique deux types de discours ; un discours univoque, stable et dominé, où les enchaînements opératoires se renvoient les uns aux autres, mais renvoient aussi aux unités d'un discours second, multivoque et ambigu, qui s'efforce de fermer le système des renvois du premier, à l'aide de concepts non éclaircis et qu'on suppose à tort sémantiquement stables (existence, intuition, etc.). Le second discours, étroitement enchaîné au premier, joue le rôle d'un champ d'interprétation : *Briser l'apparente stabilité des noyaux sémantiques immobiles, interrompre le discours aveugle, bref détruire les catégories vécues, tel devrait être pour commencer la tâche d'une* épistémologie scientifique. *Détruire veut dire ici déchiffrer, isoler les champs d'interprétation reçus, comprendre autant qu'on peut la genèse de leur pouvoir de décision sémantique, mesurer par là la portée des enchaînements de sens qu'ils permettent : et, une fois cette mesure prise, produire le discours rigoureux qui, se déployant au plus près de l'activité scientifique, enchaîne et éclaire les motivations qui lui sont propres* (J.-T. Desanti*).

Il convient de conserver la définition globale de l'épistémologie comme discipline qui prend la(les) science(s) pour objet. On remarquera cependant qu'il faut scinder la discipline en deux parties : l'épistémologie *normative* et l'épistémologie *descriptive*. La première

---

1. Voir *mathématiques*.

Épistémologie

concerne ce que l'on nommait autrefois *méthodologie*. Elle traite de questions comme la valeur des démonstrations (voir *expérience-expérimentation, Popper*), la constitution de procédures de découvertes, la nature de la causalité, de la légalité, etc. La seconde a pour élément principal l'histoire des sciences. Il s'agit de comprendre la nature du *phénomène scientifique*, les causalités et les conditions de son développement. Les deux, bien entendu, ne sont pas indépendantes. Reste à envisager leur rapport à ce que l'on peut nommer classiquement *philosophie des sciences* (entendons la philosophie appliquée à telle ou telle discipline ; par exemple, la philosophie de la biologie), et que l'on nomme bien souvent *épistémologie* (voir l'analyse précédente). Alors que l'épistémologie, au sens strict, est un discours sur un autre discours (celui de la science), la philosophie de la science (par exemple, la discussion sur l'axiome de choix que l'on vient d'évoquer) est un discours qui finit par s'articuler directement au discours scientifique. Trouver un critère de démarcation rigoureux entre l'épistémologie ainsi définie, la philosophie des sciences et les sciences elles-mêmes, est une variante du problème classique (depuis Kant*) de la démarcation entre science et philosophie. L'hypothèse selon laquelle, faute de réelle solution de continuité, on ne pourra jamais exhiber un tel critère, est la plus probable. Elle a l'avantage de donner un sens rationnel à l'ambiguïté que nous avons décelée dans l'usage du terme *épistémologie*.

G. Canguilhem (dir.), ***Introduction à l'histoire des sciences***, 2 vol., Paris, Hachette, 1970-1971 ; A.-F. Chalmers, ***Qu'est-ce que la science ? Récents développements en philosophie des sciences : Popper, Kuhn, Lakatos, Feyerabend***, Paris, La Découverte, 1988 ; J. Hamburger et *alii*, ***La Philosophie des sciences aujourd'hui***, Paris, Gauthier-Villars, 1986 ; C.G. Hempel, ***Éléments d'épistémologie***, Paris, Colin, 1972 ; L. Laudan, ***La Dynamique de la science,*** Bruxelles, Mardaga, 1977 ; D. Lecourt, ***Pour une critique de l'épistémologie (Bachelard, Canguilhem, Foucault)***, Paris, Maspero, 1972 ; ***L'Épistémologie historique de Gaston Bachelard***, Paris, Vrin, 1978 ; J. Piaget, ***L'Épistémologie génétique***, Paris, PUF, 1970 ; F. Suppe (dir.), ***The Structure of scientific theories***, Urbana, The University of Illinois Press, 1977 ; J. Ullmo, ***La Pensée scientifique moderne***, Paris, Flammarion, 1969.

Esprit

Parmi les phénomènes que nous observons, certains sont explicables dans les termes du langage* de la physique*, d'autres (le comportement

Esprit

« intelligent », c'est-à-dire la parole et la faculté d'innovation) ne le paraissent pas : ainsi, Descartes* pensait pouvoir expliquer le comportement animal sur le modèle de la machine*, alors qu'il croyait impossible qu'une machine pût *agir en toutes les occurrences de la vie de même façon que notre raison nous fait agir*. L'esprit est un concept qui dénote la réalité originale (indivisible, inétendue, donc distincte de la matière*) qu'on croit devoir supposer pour expliquer les conduites humaines, et qui connote ces conduites (c'est pourquoi on a longtemps désigné le domaine des sciences humaines* par l'expression *philosophie de l'esprit*, en opposition à la *philosophie de la nature*). Ce concept permet en outre de relier la conception de l'homme à ses préoccupations religieuses* (indivisible, l'esprit immatériel est incorruptible). On l'utilise également pour désigner les productions de l'esprit (voir *Hegel*).

La question fondamentale que soulève le concept est la suivante : n'est-il pas possible d'expliquer les conduites que connote le concept d'esprit en des termes qui, s'ils ne se réduisent pas au langage de la physique, ne supposent pas une ontologie* plus riche ? G. Ryle, dans un ouvrage controversé (**The Concept of Mind**, 1949), entreprend une critique du dualisme de type cartésien, et pense expliquer les conduites « intelligentes » en termes de conditionnement ; mais, pour lever l'objection que le spiritualisme oppose au matérialisme, il faudrait montrer en outre comment on passe de la réalité physique aux manifestations « spirituelles » : les solutions philosophiques traditionnelles (cf. Helvetius, **De l'esprit**, 1758 : *les propriétés de l'esprit proviennent d'un certain arrangement de la matière*) semblent seulement indiquer le principe d'une recherche.

Deux éléments ont notablement modifié les problématiques philosophiques durant les vingt dernières années. Il s'agit d'abord de la construction d'un nouveau concept de machine*, nullement lié au mécanisme classique, et correspondant au traitement de l'information (voir *intelligence artificielle*). Il s'agit ensuite des progrès considérables de la neurologie et de la physiologie du cerveau. Les deux convergent — avec des disciplines comme la linguistique, la psychologie* et l'épistémologie* — vers ce que l'on nomme *les sciences cognitives*. L'hypothèse d'une réalité ontologique propre à ce qu'on nomme *esprit* (par opposition à la matière) ne paraît pas utile à l'explication des opérations connotées par le concept.

J.-P. Changeux, **L'Homme neuronal**, Paris, Fayard, 1983 ; W. Kandinsky, **Du spirituel dans l'art**, Paris, 1911, rééd. Gallimard, 1988 ; A. Luria, **Les Fonctions corticales supérieures de l'homme**, Paris, PUF, 1978 ; M. Merleau-Ponty, **L'Œil et l'Esprit**, Paris, Gallimard, 1964.

Esthétique

Le terme *esthétique* vient du grec *aisthêtikos*, mot servant à désigner une perception* intellectualisée, telle la perception des formes ; pourtant, c'est seulement en 1750 que Alexander Gottlieb Baumgarten (1714-1762) se sert de l'expression pour désigner une discipline ayant pour objet les œuvres d'art (***Æsthética***, 2 vol., 1750-1758). Depuis l'Antiquité existaient des discours visant à déterminer comment produire une œuvre d'art (par exemple, les « Arts poétiques »), ou à en apprécier la valeur* à partir de la codification de ses règles de production. Mais poser l'art comme objet, ce n'est précisément définir ni une technique, ni une norme critique, c'est délimiter, dans ce qui est posé, une spécificité à laquelle on reconnaît une autonomie suffisante pour fournir matière à connaissance*. Il a donc fallu qu'à l'âge classique certains produits de l'activité humaine revêtent un statut particulier, pour que soit donnée à l'esthétique son objectivité*.

Au XVIIe siècle, on citait beaucoup le vers suivant : *Et les fruits passeront la promesse des fleurs.* C'est une phrase de la langue française, qui, en tant que telle, n'offre aucune particularité. On peut l'imaginer dite par un fermier au propriétaire d'un verger, et elle aurait alors pour sens de faire miroiter la perspective d'un bon revenu. Mais elle fait partie d'un poème, d'une œuvre d'art, et à ce titre elle est particulièrement remarquable : elle est belle, elle contient un *je-ne-sais-quoi* qui en assure la singularité. Ce *je-ne-sais-quoi* est appréhendé dans une expérience spécifique : l'expérience esthétique ou jugement de goût. Le fait qu'il existe et repose dans une œuvre d'art pour la distinguer de toute autre production ne saurait provenir d'une technique susceptible d'être apprise par tout le monde, puisqu'alors spécificité et singularité seraient perdues. Apparue soudain dans sa singularité, l'œuvre d'art est la création du génie. Beauté, création et génie définissent l'objectivité paradoxale de l'esthétique. On peut en saisir le paradoxe dans la définition kantienne du jugement de goût : le jugement de goût juge de ce qui plaît, mais de façon désintéressée, distinguant ainsi le beau du joli et de l'agréable ; il juge de façon universelle mais sans concept ; il juge de la finalité* d'un objet, mais sans représentation d'une fin ; il juge d'une manière nécessaire, mais n'a que valeur d'exemple (voir *valeur*). Au-delà de la définition *in abstracto* du jugement de goût, l'esthétique, pour autant qu'elle demeure une partie de la philosophie, a poursuivi essentiellement deux buts. Le premier consiste à cerner la signification de l'œuvre d'art. Hegel*, pour qui l'histoire de l'art est le développement du concept de beauté (lequel ne peut donc être enfermé dans une définition), y voit l'expression sensible de la vérité* ; d'autres (Schopenhauer*, Nietzsche*), une forme particulière du rapport à l'Être, la cristallisation d'un choix existentiel (Kierkegaard*, Sartre*), ou la manifestation d'une critique sociale (l'école de Francfort*, en particulier). Le second but (que l'on retrouve aussi bien dans la phénoménologie que dans la philosophie analytique) consiste à décrire finement l'expérience esthétique et le langage qui l'exprime.

Supposons qu'on pose les questions suivantes : quel est le statut de l'artiste dans les différentes sociétés ? La production « artistique » est-elle individuelle ou collective ? ou est-elle tantôt l'une tantôt l'autre ? Quel est le rapport des œuvres considérées comme artistiques dans une société avec l'organisation de cette société ? Comment sont diffusées les œuvres artistiques ? Par qui sont-elles reçues ? Comment s'élaborent les « valeurs » esthétiques, comment sont-elles enseignées ? Comment évoluent les formes d'art ? Quels sont les procédés linguistiques sélectionnés dans les arts utilisant le langage ? sont-ils spécifiques ? etc. C'est en tentant de répondre à des questions de ce type que, depuis le début du XXe siècle, l'esthétique a tendance à devenir une discipline autonome qui s'appuie autant sur l'histoire des arts et de leurs techniques que sur les différentes sciences humaines. Parmi ses concepts, on ne trouve pas nécessairement la beauté, ni la création, ni le génie. Les trois concepts reflètent-ils autre chose que le statut social d'un art dont les productions sont le fait d'un nombre restreint d'individus qui, en en devenant les destinataires, sinon les propriétaires, affichent justement leur différence, leur « singularité » ? Voir *architecture, littérature*.

T.W. Adorno, **Théorie esthétique**, t.f., Paris, Klincksieck, 1975 ; R. Bayer, **Histoire de l'esthétique**, Paris, Colin, 1961 ; P. Bourdieu, **La Distinction**, Paris, Minuit, 1979 ; M. Dufrenne, **Esthétique et Philosophie**, Paris, Klincksieck, 1967 ; H. Focillon, **Vie des formes**, Paris, PUF, 1947 ; P. Francastel, **Art et Technique**, Paris, Minuit, 1956 ; E. Panofsky, **L'Œuvre d'art et ses significations**, t.f., Paris, Gallimard, 1969 ; A. Picon, **L'Œuvre d'art et l'Imagination**, Paris, Hachette, 1955.

État

Le mot *État* est apparu à l'époque moderne pour traduire le mot latin *civitas* (employé de préférence à *res publica*) ou l'expression *societas*

État

civilis ; jusqu'au XVIIIe siècle, *société civile*, *corps politique* et *État* restent synonymes, parce que la notion d'État est d'abord une notion juridique. Rousseau* (**Du contrat social**, I, VI) indique parfaitement le lieu où la notion est d'abord pensable : *Cette personne publique, qui se forme par l'union de tous les autres, prenait autrefois le nom de* cité, *et prend maintenant celui de* république *ou de* corps politique, *lequel est appelé par ses membres* État *quand il est passif,* souverain *quand il est actif,* puissance *en le comparant à ses semblables*[1].

L'État désigne d'abord cette entité formée par l'union des volontés individuelles (c'est-à-dire, pour Rousseau*, par le contrat social) et, en même temps, il désigne l'instance qui matérialise ou personnifie cette union, et se trouve au-dessus des volontés individuelles[2]. Personne* juridique, l'État agit par une administration et des fonctionnaires.

La critique hégélienne des théories du contrat a une triple conséquence :

1 — la volonté individuelle n'est qu'un moment abstrait qui trouve sa réalité dans la famille*, la société civile de l'État.

2 — L'État est une réalité en soi.

3 — L'État est distinct de la société civile, c'est-à-dire du système des besoins où les volontés individuelles produisent leur vie matérielle. En séparant État et représentation de l'individu, État et société, on peut dire que Hegel* donne une expression théorique à ce sentiment confus que l'on a en identifiant l'État à l'administration (police, justice, etc.).

Cette rupture entre État et volonté individuelle (que Hegel*, en fait, refuse, puisque l'État est pour lui la réalité de cette volonté) a été par la suite diversement thématisée : le libéralisme* tente de maintenir au maximum la distinction entre l'État et l'individu, en réduisant le rôle du premier ; l'anarchisme*, dans la mesure où l'État, distinct des volontés individuelles, leur impose des contraintes, propose de le supprimer. Marx* et Engels, pour avoir mis en lumière le rôle de la lutte des classes dans la société civile, ne verront, dans la conception d'un État

---

1. Le dernier sens correspond au sens courant du terme *État* dans le langage diplomatique ou le droit international.
2. Cette dualité est quelque peu effacée par Rousseau pour qui l'institution du souverain (la volonté générale) n'est pas distincte de l'union des volontés ; mais elle est claire chez Pufendorf pour qui le contrat d'association est distinct du contrat de soumission au souverain, ou chez Hobbes*.

unificateur des volontés, que la marque idéologique* de l'idéalisme juridique ; l'État conçu comme cette réalité qu'est l'appareil d'État[1] — administration, éducation, justice, armée, etc. — n'est qu'un instrument dans la lutte des classes, par lequel la classe dominante assure sa suprématie : la lutte révolutionnaire doit permettre au prolétariat de s'emparer de l'appareil d'État, de supprimer l'appareil d'État bourgeois, en faisant des moyens de production une propriété d'État ; par là, il se supprime lui-même en tant que prolétariat, et supprime l'État en tant qu'État, c'est-à-dire qu'il fait de ce *pouvoir spécial de répression* exercé contre le prolétariat un *pouvoir spécial de répression* exercé contre la bourgeoisie (phase socialiste* et dictature du prolétariat). L'abolition de la lutte des classes peut seule faire que l'État devienne le représentant de la société tout entière, mais alors il perd son rôle répressif et s'éteint : *Le gouvernement des personnes fait place à l'administration des choses et à la direction des opérations de production* (passage du socialisme au communisme).

Après l'abandon des théories du contrat, la discussion moderne du rôle de l'État, conçu dans sa matérialité administrative et institutionnelle, prend son impact politique d'une référence au marxisme : l'État peut-il être l'instrument de l'harmonie sociale en assurant l'unification et la conciliation des volontés individuelles, ou est-il nécessairement l'instrument de la lutte des classes ?

> P. Birnbaum, **La Logique de l'État**, Paris, Fayard, 1982 ; P. Brunel, **L'État et le Souverain**, Paris, 1978 ; R. Carré de Malberg, **Contribution à la théorie générale de l'État**, Paris, 1920, réed. CNRS, 1985 ; F. Ewald, **L'État-Providence**, Paris, Grasset, 1986 ; H. Lefèbvre, **De l'État**, Paris, 1976 ; N. Poulantzas, **L'État, le pouvoir, le socialisme**, Paris, PUF, 1981 ; P. Radjavi, **La Dictature du prolétariat et le dépérissement de l'État de Marx à Lénine**, Paris, 1975 ; P. Rosenvallon, **La Crise de l'État-Providence**, Paris, Seuil, 1981 ; J. Strayer, **Les Origines médiévales de l'État moderne**, Paris, Payot, 1979.

Éthique appliquée

La réflexion philosophique traditionnelle sur la morale* se propose d'élucider les fins dernières de l'homme ou de déterminer le principe

---

1. Cf. Lénine, **L'État et la Révolution**, 1917.

Éthique appliquée

premier à partir de quoi évaluer toute action possible (tel est, par exemple, le rôle de l'impératif catégorique kantien que l'on trouvera exposé à l'article *morale*). Depuis une dizaine d'années, un immense travail de réflexion et de discussion s'effectue, essentiellement dans les pays anglo-saxons, sur une base résolument inverse. On part d'un cas concret (par exemple : le chirurgien X a prélevé un organe sur le cadavre de Y, sans autorisation de quiconque ; les parents du mort portent plainte), et l'on s'efforce de produire une évaluation moralement acceptable.

Le point essentiel, c'est le cas concret, car c'est à son sujet qu'il faut prendre une décision. En quelque sorte, l'éthique appliquée rejoint ce que l'on nommait autrefois la casuistique. Mais elle possède un tout autre sens. Elle a, évidemment, sa source dans l'apparition de nouvelles technologies (en biologique et en médecine, notamment), de nouvelles structures sociales ou de nouveaux problèmes (rapport à l'environnement, par exemple). Elle l'a également dans l'hétérogénéité culturelle qui caractérise les sociétés modernes. La structure sociale ne correspond plus à une sphère éthique (réfléchie dans l'unité d'une religion) qui caractérise l'esprit d'un peuple, selon le schéma hégélien de la **Philosophie du droit**. C'est le cas concret et réel (l'avortement, la contraception, la procréation artificielle, la greffe d'organes, etc.) qui est l'élément universel dans des sociétés où règnent les mêmes technologies, et non pas les principes généraux susceptibles de déterminer une conduite, lesquels varient en fonction des religions, des origines ethniques et familiales, du niveau de connaissance scientifique et, plus généralement, de l'information dont disposent les sujets. De réels problèmes éthiques sont posés aux sociétés contemporaines. Il est caractéristique que l'éthique appliquée (comme discipline philosophique correspondant à des publications, des revues spécialisées, des discussions sophistiquées, des cursus universitaires) se soit développée dans les pays anglo-saxons où, dans les matières morales et politiques, domine le principe du libre choix individuel. Il est évident que les mêmes problèmes (dont les solutions doivent souvent avoir des conséquences législatives) se posent dans toutes les sociétés contemporaines, et, notamment, dans un pays comme la France. On les résout souvent par la voie administrative de commissions *ad hoc* où s'effectue le marchandage d'opinions entre groupes socio-professionnels dominants. L'attitude des philosophes est souvent monolithique : elle consiste à donner la solution à partir d'une théorie philosophique donnée (voir, par exemple, l'immense travail effectué par Sartre* et, plus globalement, des revues comme **Les Temps Modernes** ou **Esprit**). Il y a cependant dans le mouvement de l'éthique appliquée quelque chose de radicalement nouveau dans l'histoire de la philosophie morale : celle-ci acquiert un principe d'empiricité. L'éthique appliquée utilise, en effet, des théories morales (en particulier les théories traditionnelles : thomisme, kantisme, utilitarisme, etc.). Mais il s'agit moins de déduire un principe d'action de la théorie (attitude traditionnelle) que d'évaluer la théorie elle-même : une théorie morale qui ne parviendrait pas à résoudre les nouveaux problèmes éthiques serait aussi creuse qu'une théorie physique qui ne parviendrait pas à expliquer les mouvements des projectiles.

A. Fagot-Largeault, **L'Homme bio-éthique**, Paris, Maloine, 1984 ; J.-P. De Marco et R.M. Fox (dir.), **New directions in Ethics. The Challenge of Applied Ethics**, New York, Routledge and Kegan Paul, 1986 ; P. Singer (dir.), **Applied Ethics**, Oxford, Oxford University Press, 1986.

Existentialisme

On désigne par ce nom toute philosophie qui porte son intérêt sur l'existence*, comprise non comme l'être des choses, mais comme la subjectivité humaine. Kierkegaard* serait la source de ce courant de pensée, qui se développe essentiellement à partir de 1930. On cite comme existentialistes : le premier Heidegger*, Jaspers (1883-1969), G. Marcel (1889-1974), Merleau-Ponty*, mais seul Sartre* a explicitement revendiqué la dénomination d'existentialiste.

L'existentialisme est essentiellement un anti-intellectualisme, qui pose la valeur de l'existence humaine dans sa brutalité, avant toute autre détermination possible du fait d'être homme (Sartre* : *l'existence précède l'essence*). Il se caractérise souvent par une analyse concrète de sentiments (l'angoisse, le souci, la mauvaise foi, l'échec, etc.) auxquels il accorde la portée métaphysique de définir la façon dont l'homme est au monde. C'est par cet humanisme fondamental qu'il a fait l'objet de vives critiques (voir *Lévi-Strauss, Sartre, structuralisme*), humanisme que rejettera Heidegger*.

E. Lévinas, **En découvrant l'existence, avec Husserl et Heidegger**, Paris, Vrin, 1949 ; E. Mounier, **Introduction aux existentialismes**, Paris, Denoël, 1947 ; M. Dufrenne & P. Ricœur, **Karl Jaspers et la philosophie de l'existence**, Paris, 1947 ; J.-P. Sartre, **L'existentialisme est un humanisme**, Paris, Nagel, 1946 ; J. Wahl, **Les Philosophies de l'existence**, Paris, Colin, 1954.

Expérience-Expérimentation

Sous le nom d'*expérience*, on comprend habituellement, au moins quatre choses différentes :

1 — Le contact originaire avec la réalité qu'aurait le sujet* de la connaissance* ; c'est en ce sens que les empiristes* affirment que l'expérience seule est la source de nos connaissances.

2 — L'observation attentive des phénomènes en vue de les répertorier ou les classer.

3 — La pratique répétée d'une certaine activité, la connaissance immédiate que produit cette pratique.

4 — L'expérimentation scientifique, c'est-à-dire l'utilisation de montages techniques* dans le but de produire des résultats déterminés.

L'essor de la physique*, de Galilée* à Newton*, a montré qu'une science* de la nature ne pouvait pas se développer uniquement par démarche déductive reliant les principes rationnels à leurs conséquences, et a permis la constitution du concept de *science expérimentale*. Condillac*, premier théoricien de la science expérimentale, relie le rôle qu'y joue l'expérience à la doctrine lockienne* de la connaissance ; le problème fondamental est alors de savoir si l'existence d'une science expérimentale confirme l'empirisme comme théorie de la science.

1. L'exemple donné par Condillac* de la démarche expérimentale est celui de la découverte de la pesanteur de l'air. Les fontainiers de Florence remarquent que l'eau s'élève au-dessus de son niveau dans une pompe aspirante, et qu'elle ne s'élève pas au-dessus de 32 pieds ; dans un tube rempli de mercure et renversé par un bac de mercure, la colonne de liquide qui s'élève au-dessus du niveau du liquide dans le bac a le même poids qu'une colonne d'eau de même base, placée dans les mêmes conditions mais de hauteur différente (Torricelli) ; la cause de ce phénomène ne peut être que la pesanteur de l'air ; cette conjecture est vérifiée car certains effets s'expliquent par cette pesanteur : la pression diminue selon la hauteur de l'atmosphère (expérience de Pascal* sur le Puy-de-Dôme), on doit employer une grande force pour séparer les deux moitiés d'une sphère où l'on a fait le vide (Otto de Guericke). Cet exemple est malheureusement d'une confusion extrême : pour les fontainiers de Florence, l'expérience, c'est l'expérience aux sens 2 et 3, pour Torricelli, Pascal et Guericke, c'est l'expérience aux sens 2 et 4 (voir ci-dessus).

On ne peut en conclure au rôle de l'expérience au sens 1 dans la connaissance, qu'à condition de supposer par avance que les expériences aux sens 2 et 3 proviennent uniquement d'une expérience au

Expérience-Expérimentation

sens 1, et non de l'activité d'un sujet doué d'une raison* donnée avant l'expérience. Le cas est encore plus flagrant avec l'expérience au sens 4 : celle-ci suppose des hypothèses, et bon nombre de connaissances, c'est-à-dire un savoir qui précède l'expérience. Kant* en conclura que *la raison ne voit que ce qu'elle produit elle-même d'après ses propres plans (...) et qu'elle doit obliger la nature à répondre à ses questions et ne pas se laisser conduire pour ainsi dire en laisse par elle.*

2. Tout cela conduit à caractériser la méthode* des sciences expérimentales par la notion d'*expérimentation*. D'après un modèle célèbre dû à Claude Bernard[1], celle-ci interviendrait dans la science selon le processus suivant :

        1 observation

        2 hypothèse

        3 expérimentation ⟨ 4a vérification / 4b infirmation

La linéarité de ce schéma est loin de rendre compte de la démarche effective de la science. L'observation dépend étroitement du système conceptuel de la science en question ; on ne voit pas n'importe quoi, mais ce que nos concepts nous permettent de voir : Aristote* ne « voyait » pas les corps tomber avec une vitesse égale dans le vide, Descartes* « voyait » dans le cerveau humain une glande pinéale assurant le rapport du corps à l'âme. Tout ce qu'on voit n'a pas un égal intérêt théorique ; le fait observé qui conduit à une nouvelle hypothèse doit remplir certaines conditions : il ne doit pas être explicable dans les termes des concepts admis jusque là, quoique ceux-ci permettent de le reconnaître en tant que tel. En outre, l'expérimentation qu'il suscite doit, soit par le biais d'une nouvelle observation, soit par celui d'un montage expérimental approprié, permettre d'isoler les facteurs en cause ; il faut en effet que la réponse obtenue, négative ou positive, soit imputable à la seule hypothèse faite ; d'où, nécessairement, l'emploi de techniques* raffinées. L'histoire des sciences connaît à la vérité peu d'*expériences cruciales*[2].

---

1. Physiologue français (1813-1878) dont l'**Introduction à l'étude de la médecine expérimentale** (1865) a été longtemps considérée comme la théorie générale de l'expérimentation.
2. Comme, par exemple, l'expérience de Michelson et Moreley évoquée dans l'article *Einstein*. Une *expérience cruciale* (l'expression remonte à Bacon*) permet de choisir entre deux hypothèses contradictoires.

Expérience-Expérimentation

La notion même d'*expérience cruciale* n'assure pas aux théories empiriques une valeur de vérité infaillible. Popper* fait remarquer, en effet, qu'une proposition universelle affirmative n'est jamais *démontrée* par les faits (puisque les faits possibles sont en nombres infinis), alors que son rejet par contre-exemple possède une valeur démonstrative. D'où l'idée selon laquelle le caractère empirique des théories dépend de leur *falsifiabilité* : une théorie non falsifiable (c'est-à-dire pour laquelle on ne pourrait imaginer une expérimentation ou un cas qui pourrait lui être contraire) ne serait pas une théorie empirique, ni, par conséquent, une théorie scientifique. Une théorie non-falsifiable (donc non-contraire à l'expérience) est en quelque sorte « trop large » pour dire quelque chose de pertinent à propos des phénomènes. Popper* pense que c'est le cas de la métaphysique, mais aussi de la psychanalyse et des théories économiques de Marx*. La science n'est donc que la construction de théories falsifiables que l'on conserve *par provision*, tant que l'on n'a pas découvert le moyen de les falsifier. Cette conception (que l'on a nommée *rationalisme critique*) a été défendue sous une forme raffinée, celle de la méthodologie des programmes de recherches, par I. Lakatos (1922-1974). Au falsificationnisme de Popper*, Lakatos ajoute l'idée que la science progresse par programmes de recherche, comportant, outre le noyau dur des hypothèses et lois fondamentales, des hypothèses auxiliaires protectrices, ainsi que des heuristiques positives et négatives, définissant ce que l'on doit chercher, admettre comme résultat ou refuser. Cela implique que l'expérience ne détermine pas le contenu théorique, c'est-à-dire la décision d'abandonner ou non un programme de recherche. On rejoint, par là, les thèses de l'historien des sciences français A. Koyré (1892-1964), qui, sur l'exemple de Galilée*, avait montré que ce n'étaient pas de nouveaux faits qui conduisaient au changement théorique, mais le changement théorique qui permettait de *voir* et d'*interpréter* de nouveaux faits. Le philosophe américain N.R. Hanson (mort en 1967) analysait, dans la même optique, les conditions de l'observation et leur rôle dans la découverte scientifique (***Patterns of Discovery***, Cambridge, 1958). Lorsqu'ils regardaient le même coucher de soleil, les astronomes Tycho Brahé et Kepler ne « voyaient » pas la même chose : l'un percevait un objet brillant mobile autour de la terre, l'autre un objet brillant fixe. Le philosophe et historien des sciences américain G. Holton (né en 1922) accordera, quant à lui, une place à l'*imagination* (***Thematic Origins of Scientific Thought : Kepler to Einstein***, 1973 ; ***The scientific imagination : case studies***, 1978 ;

Expérience-Expérimentation

en français : ***L'Imagination scientifique***, Paris, Gallimard, 1981 ; ***L'Invention scientifique***, Paris, PUF, 1982). Pour lui, ce sont des prémisses inconscientes (qu'il nomme des *thêmata*) qui guident, dans l'histoire longue, les découvertes et les recherches scientifiques (par exemple, les deux *thêmata* opposés de la continuité et de la discontinuité). Il n'y a pas, en science, d'expérience pure.

Dès 1906, le physicien, épistémologue et historien des sciences français P. Duhem avait durement critiqué l'idée de la science expérimentale construite à partir de l'expérimentalisme à la C. Bernard. Aucune expérience cruciale ne peut avoir de valeur absolue : pour tester n'importe quelle loi, il faut admettre la validité des autres, ainsi que tout ce qui concerne la validité de nos instruments de mesure. Quine* adoptera, en 1953, la même position qu'il formule de la façon suivante : *nos propositions concernant le monde externe ne sont pas confrontées avec le tribunal de nos expériences et de nos sens de façon individuelle mais comme un tout.* C'est pourquoi on donne à cette conception (aujourd'hui largement acceptée) le nom de *thèse de Duhem-Quine*. Cette thèse, dans l'esprit de Quine*, n'entraîne pas le rejet de l'empirisme*.

L'expérience et la théorie ne sont pas deux moments indépendants d'un processus an-historique par lequel un esprit attentif prendrait connaissance du réel ; on ne peut réduire le rapport de la théorie au réel aux moments privilégiés d'une expérimentation, dont les procédés varient avec l'histoire de chaque science : expérience et théorie sont les deux pôles extrêmes du processus historique global par lequel une pratique scientifique approprie les objets à sa démarche théorique et façonne ses concepts par ses procédés expérimentaux[1] et ses réalisations techniques*.

> P. Duhem, ***La Théorie physique, son objet, sa structure***, Paris, Rivière, 1906 ; S. Harding (dir.), ***Can Theories be refuted ? Essays on Duhem-Quine Thesis***, Dordrecht, D. Reidel, 1976 ; C.G. Hempel, ***Éléments d'épistémologie***, t.f., Paris, Colin, 1972 ; A. Koyré, ***Du monde clos à l'univers infini***, Paris, PUF, 1957 ; ***Études d'histoire de la pensée scientifique***, Paris, PUF, 1966, rééd. Gallimard, 1985 ; M.A. Tonnelat, ***Histoire du principe de relativité***, Paris, Flammarion, 1971.

---

[1]. Comme toute méthode*, la méthode expérimentale ne peut être séparée de la science dont elle est issue ; loin d'avoir une portée générale, la description de Claude Bernard est étroitement solidaire de la physiologie endocrinienne dont il est l'inventeur (cf. G. Canguilhem*, ***L'Idée de médecine expérimentale selon Claude Bernard***, Paris, 1965).

Famille

On appelle *famille* tout groupement d'individus qui vivent ensemble un certain temps, et qui sont liés entre eux par le mariage ou la parenté. De là vient l'ambiguïté traditionnelle du terme, qui semble participer à la fois de l'ordre naturel* et de l'ordre culturel* : *le mariage* est non seulement une institution, mais un rapport physique entre deux individus ; *la parenté*, c'est non seulement un ensemble de rapports sociaux, mais une relation de consanguinité ou de filiation. C'est de cette ambiguïté que la famille tient son rôle dans la pensée philosophique : élément « naturel », mettant en jeu plus d'un individu, elle assure le passage de l'individu et de la nature à la société*, c'est en quelque sorte une société minimale et naturelle, qui constitue ce à partir de quoi se construit toute société[1]. On comprend dès lors que la famille soit devenue une valeur sociale* et politique* fondamentale. Puisqu'elle tient cette valeur de cette fonction, une critique de la fonction est d'emblée critique de la valeur.

1. Sociologie historique de la famille

En 1871, Lewis Henri Morgan (1818-1881) faisait paraître ses ***Systèmes de consanguinité***, qu'il complétait en 1877 par un

---

1. Cf. Hegel*, ***Philosophie du droit***, § 158 : *L'unité de la famille est une unité sentie (l'amour), en elle l'individu existe comme membre, et pas seulement comme individu ; à l'inverse, la famille a pour fin d'être dissoute (les enfants la quittent) et, dans cette dissolution, les individus existent comme personne pour eux-mêmes, c'est-à-dire comme éléments de la société.*

Famille

ouvrage sur *l'Ancienne Société* ; ses travaux servent de point de départ à l'étude de Engels intitulée ***L'Origine de la famille, de la propriété privée et de l'État*** (1884). La fréquentation de certaines sociétés primitives a conduit Morgan à remettre en question la thèse selon laquelle la structure familiale monogamique connue en Occident est naturelle, c'est-à-dire universelle ; d'autres structures sont possibles : par exemple, les Iroquois ont un système d'alliances matrimoniales facilement dissolubles, un homme appelle *fils* et *fille* non seulement ses enfants, mais ceux de ses frères qui s'appellent *frères* et *sœurs* entre eux, tandis que sa femme appelle *neveux* et *nièces* les enfants de ses propres frères qui s'appellent *cousins* entre eux. Engels reprend ces éléments dans l'hypothèse du matérialisme* historique : la famille, comme toutes les institutions sociales, dépend de l'état du système de production économique. La famille occidentale n'est donc pas une donnée naturelle, mais une donnée historique, qui s'est installée progressivement, en même temps que les rapports juridiques modernes[1], et qui manifeste la même aliénation* : par exemple, rapport d'inégalité entre les sexes[2]. Une étude historique confirme les thèses essentielles de Engels : la grande famille patriarcale est liée à la propriété terrienne, ce sont le travail salarié et l'urbanisation qui l'ont fait éclater ; le travail féminin, en libérant la femme, fera peut-être pareillement éclater la famille contemporaine, réduite au ménage (parents, enfants).

2. Les structures de la parenté

Depuis Morgan, les anthropologues n'ont cessé d'étudier les structures de la parenté ; le structuralisme* de Lévi-Strauss* constitue un moment privilégié dans la tentative de comprendre le rôle que joue la famille, dans le rapport de la nature à la culture. Pour qu'une

---

1. Rien n'est plus caractéristique que les pages consacrées par Kant* au droit conjugal (***Doctrine du droit***, 1796), qu'il compare à un contrat de vente : *Le mariage, c'est-à-dire [...] la liaison de deux personnes de sexe différent, qui veulent pour toute leur vie la possession réciproque de leurs facultés sexuelles* (§ 24) ; *Le rapport des époux est un rapport d'égalité de possession, tant des personnes qui se possèdent réciproquement (ce qui ne peut avoir de sens qu'en la monogamie), [...] que des biens.*
2. *Le mariage (...) se convertit assez souvent en la plus sordide prostitution — parfois des deux parties, mais beaucoup plus fréquemment de la femme ; si celle-ci se distingue de la courtisane ordinaire, c'est seulement parce qu'elle ne loue pas son corps à la pièce, comme une salariée, mais le vend une fois pour toutes comme une esclave* (Engels).

Famille

structure de parenté existe, il faut que s'y trouvent présents les trois types de relation familiale, toujours donnés dans la société humaine : c'est-à-dire une relation de consanguinité, une relation d'alliance, une relation de filiation ; autrement dit, une relation de germain à germaine, une relation d'époux à épouse, une relation de parent à enfant. Pour décrire la famille comme cellule de base de la société, la tradition considérait l'atome familial (naturel) constitué par les parents et les enfants. Cet atome est insuffisant pour expliquer la constitution des multiples systèmes de parenté. En remarquant :

1 — l'universelle prohibition de l'inceste (ce qui équivaut à dire que, dans la société humaine, un homme ne peut obtenir une femme que d'un autre homme, qui la lui cède sous forme de fille ou de sœur) ;

2 — que, dans une structure* globale, ce sont les relations qui comptent et non les termes,

Lévi-Strauss a proposé d'expliciter l'atome familial à partir des trois relations citées précédemment. Il se trouve alors que la structure de parenté élémentaire est constituée par quatre termes : frère, sœur, père, fils. Il s'agit de la structure la plus simple qu'on puisse concevoir, et qui puisse exister, et c'est l'unique matériau de construction des systèmes les plus complexes. Par cette analyse, la famille se trouve arrachée à une naturalité fallacieuse, et le rapport de la nature à la culture n'est plus conçu comme l'association libre d'individus issus de liens naturels, mais comme l'instauration de la loi (prohibition de l'inceste).

3. L'individu* et la famille

Traditionnellement, la famille est conçue comme jouant par rapport à l'individu un double rôle : c'est d'abord le lieu de sa formation, c'est ensuite la médiation privilégiée de son rapport à la société. Dans cette conception, il est exclu qu'un individu puisse rejeter sa famille sans se nier lui-même et s'exclure de la société. La famille est le lieu du bonheur* individuel. En analysant le rôle du rapport aux parents (complexe d'Œdipe) dans l'étiologie des névroses, Freud* rompt avec cette image idyllique. L'antipsychiatrie[1] montre comment l'intériorisation de la structure familiale, concrète par chacun des individus constituant cette famille, a une fonction défensive pour le moi, et comment, à l'inverse, la famille peut être destructive. La famille n'est

---
1. Cf. R.D. Laing, **La Politique de la famille**, 1969.

Famille

pas simplement le lieu du bonheur individuel, c'est le terrain de conflits intenses qui, pour l'individu, peut aussi bien être une structure profondément aliénante.

> Ph. Ariès, **L'Enfant et la vie familiale sous l'Ancien Régime,** Paris, Plon, 1960, nouv. éd. remaniée, Seuil, 1975 ; Y. Castellan, **La Famille du groupe à la cellule,** Paris, Dunod, 1980 ; M. Foucault (dir.), **Moi, Pierre Rivière, ayant égorgé ma mère, ma sœur et mon frère (...),** Paris, Gallimard/Julliard, 1973 ; D. Cooper, **La Mort de la famille,** t.f., Paris, Seuil, 1972 ; J. Lacroix, **Force et faiblesse de la famille,** Paris, Seuil, 1949 ; H. Laing, **Le Moi divisé,** t.f., Paris, Stock, 1970 ; **La Politique de la famille,** t.f., Paris, Stock, 1970.

Féminisme

Le mot *féminisme* est un néologisme de la fin du XIXe siècle, qui, d'abord utilisé péjorativement ou dans un sens médical, a rapidement désigné les mouvements de revendication des femmes concernant leur place dans la société par rapport à celle des humains de sexe masculin. Le féminisme s'est donc développé dans le contexte européen d'une démocratisation du pouvoir d'où les femmes étaient exclues (absence de droit de vote). On peut lui trouver, bien entendu, des racines antérieures, soit dans les œuvres de certaines femmes, soit chez un cartésien comme François Poullain de La Barre (1647-1723) qui publia, en 1673, **De l'égalité des deux sexes** (rééd., Paris, Fayard, 1984). Peu de philosophes se sont exprimés sur cette question : la plupart d'entre eux reproduisaient l'image de la famille patriarcale (cf. Hegel*). Aux provocations d'un Nietzsche* *(il ne faut aller chez les femmes qu'avec un fouet)*, il faut toutefois opposer le livre de John Stuart Mill, **The Subjections of Women** (1869 ; t.f., **L'Asservissement des femmes**, Paris, Payot, 1975), où sont défendus le suffrage universel, le droit des femmes au divorce et au contrôle des naissances.

Il n'est pas très facile de caractériser le féminisme dans son ensemble. On peut partir d'un constat. Dans la plupart des sociétés, il y a disparité des rôles féminin et masculin, disparité qui se conjugue la plupart du temps avec une *domination* des hommes sur les femmes et une *exploitation* de ces dernières (sur-travail, absence de possession des fruits de leur travail, etc.), voire avec des pratiques sociales qui les privent de la jouissance de leur propre corps (cf. les mutilations sexuelles : clitorédectomie et infibulation). Le féminisme est alors une lutte contre l'oppression et l'exploitation du sexe féminin : il réclame l'affranchissement, l'émancipation, la libération et l'autonomie de la femme. Il relève alors d'une problématique de l'égalité des droits, qui ne semble plus guère contestée aujourd'hui (du moins dans les démocraties occidentales), et dont les conséquences pratiques pénètrent peu à peu les législations. Ce qui ne l'empêche pas de soulever des problèmes spécifiques (par exemple, concernant l'avortement : le principe de la maîtrise absolue du sujet sur son propre corps doit-il l'emporter sur toute autre considération ?). Ou de rencontrer des problèmes délicats qui, au reste, se révèlent également à propos des droits des minorités : par exemple, est-il juste d'introduire des *discriminations positives* facilitant l'accès des femmes à telle ou telle fonction pour rétablir l'égalité numérique de leur présence dans cette fonction ou faut-il laisser faire le temps ? L'égalité des droits interdit évidemment la discrimination négative (l'interdiction d'accès) et semble emporter avec soi la possibilité pour toute femme (ou tout homme !) d'accéder à tout rôle social. Il n'est pas évident que la réalisation effective de cette dernière possibilité soit un but qui doive être poursuivi à tout prix et dans n'importe quel contexte. Sa valeur morale dépend, en effet, de ce qu'il faut entendre par différence des sexes, une fois admis que bon nombre de caractères autrefois attribués à cette différence n'avaient que la nature sociale et historique des préjugés.

La différence des sexes donne un caractère particulier à la pensée féministe. Celle-ci ne s'est pas développée primitivement à l'intérieur des mouvements politiquement progressistes (qui reproduisent dans leur organisation les structures sociales dominantes) et a donc dépendu d'une représentation des femmes comme groupe social distinct. D'où, souvent, un caractère de conflit entre les sexes, caractère d'autant plus développé que certaines féministes s'efforcent de défendre la spécificité (y compris dans des activités réputées universelles comme écrire, penser, connaître), voire la supériorité du sexe féminin. De fait, le féminisme, s'il est l'un des problèmes politiques et pratiques les plus intéressants de notre époque, est aussi un problème fondamentalement philosophique et ontologique. La fin du conflit entre les sexes suppose deux choses : — d'abord l'égalité ; — ensuite que cette égalité se réalise en respectant une différence radicale, qui n'est pas de nature sociale. Comment les deux sont-ils compatibles ? S'agit-il que les femmes comme sujets humains

Finalité

obtiennent tout ce que les hommes obtiennent ou qu'elles se constituent dans leur façon d'être au monde comme les hommes sont constitués ? Il convient, enfin, de ne pas oublier que la reconnaissance du fait féminin ne peut laisser intacte la façon d'être au monde des humains masculins, de même que la libération des esclaves, au siècle dernier, n'a pas été sans effet sur leurs maîtres : elle a fait d'eux les citoyens libres des États démocratiques modernes.

> M. Albistur & D. Armogathe, **Histoire du féminisme français du Moyen Âge à nos jours,** Paris, Éd. des femmes, 1977 ; (dir.) **Le Grief des femmes, anthologie de textes féministes** ; S. de Beauvoir, **Le Deuxième Sexe,** Paris, Gallimard, 1949 ; E. Belotti, **Du côté des petites filles**, Paris, t.f., Éd. des femmes, 1974 ; G. Duby, M. Perrot, **Histoire des femmes**, Paris, Plon, 1991 ; C. Fauré, **La Démocratie sans les femmes,** Paris, PUF, 1985 ; S. Harding, **The science question in feminism,** Ithaca, Cornell University Press, 1986 ; L. Marcil-Lacoste, **La Raison en procès, essai sur la philosophie et le sexisme,** Utrecht (P.-B.), Hes Publishers, 1986 ; M. Schneider, **De l'exorcisme à la psychanalyse. Le féminin expurgé,** Paris, Minuit, 1979. On trouvera, en allemand, une anthologie des conceptions des philosophes de sexe féminin, sous le titre **Was Philosophinnen denken**, dont le t.I, dirigé par H. Bendowski et B. Weisshaupt, et le t.II, dirigé par M. Andreas-Grisebach et B. Weisshaupt, sont parus à Zurich chez Ammann Verlag, respectivement en 1983 et 1986.

Finalité

La fin d'une action, c'est le but que vise son auteur ; par analogie, la fin de quelque chose, c'est ce en vue de quoi elle existe. La finalité est un type d'explication privilégiée dans le domaine des actions humaines, et, par extension, des objets à la construction desquels aboutit cette action ; son extension à la nature est-elle autre chose qu'un anthropomorphisme ou un recours provisoire ?

1. Le désir, le dessein et l'organisation

Déchiffrer dans la nature un ordre des fins, c'est supposer soit que les êtres naturels se meuvent comme l'homme par désir*, soit que leur production comporte quelque chose comme cette visée préalable que l'artisan a de ce qu'il fabrique, soit enfin que les mouvements et les productions des êtres naturels tendent toujours à assigner à chacun une place définie dans un ordre naturel global. Dans ces trois cas, désir interne, dessein externe, organisation globale, ce qui fonde la

Finalité

finalité, ce n'est pas toujours un anthropomorphisme, c'est aussi la considération d'un certain nombre de phénomènes dont il semble impossible d'expliquer la production sans admettre qu'elle contient au départ une anticipation de ce qu'elle sera. Que le changement de lieu ait une direction, voilà ce qu'Aristote* ne pouvait expliquer sans supposer un but inscrit en lui ; que chaque chose dans la nature ait une certaine place, qu'il y ait un ordre naturel, voilà ce qu'on ne pense pouvoir expliquer sans supposer que cette destination soit régie par un dessein préalable. Si l'explication par les causes finales peut sembler nécessaire, reste à comprendre d'où provient cette finalité ; pour la concevoir, on n'a eu longtemps que le modèle de l'intelligence vivante : Aristote* inscrit le désir au cœur des choses, les stoïciens* font du monde un vivant, les penseurs classiques y verront l'œuvre de Dieu*, esprit avisé et sage qui prévoit tout.

2. Mécanisme et finalité

L'élaboration de la physique* classique arrache définitivement le mouvement aux causes* finales : la direction selon laquelle se meut un corps s'explique par le principe d'inertie et l'action d'autres corps* agissant sur lui. Est-il possible d'expliquer tous les phénomènes naturels par le mouvement des corps (thèse du mécanisme ; cf. Spinoza*) ? Si celui-ci n'est pas déterminé d'*avance*, peut-on expliquer que l'ordre global du monde soit régulier, voire que des mouvements aléatoires produisent et reproduisent l'organisation complexe des corps vivants[1] ? Le hasard peut-il créer la nécessité à laquelle nous voyons soumis l'ordre des choses[2] ? La biologie moderne, en utilisant le modèle cybernétique[3], explique comment la croissance du vivant correspond à un programme génétique et à des mécanismes de régulation. Autrement dit, la finalité apparente du vivant (on dira plutôt la téléonomie) ne requiert pas qu'on dépasse, pour l'expliquer, l'ontologie* admise par la physique. Si le progrès scientifique semble faire reculer sans cesse le finalisme (en l'intégrant

---

1. Le *vitalisme* n'est pas nécessairement un finalisme. Bergson*, par exemple, refuse de subordonner l'élan vital à toute causalité, renvoyant ainsi dos à dos finalisme et mécanisme.
2. Solution proposée par Démocrite et Épicure* qui « définalisent » le mouvement en admettant que les atomes se meuvent originairement en ligne droite et dévient au hasard.
3. *Nous avons décidé de nommer* cybernétique *l'ensemble des théories de la régulation et de la communication dans la machine ou chez l'animal* (N. Wiener, **Cybernetics**, 1948). Cf. note 1 p. 300.

Finalité

au besoin dans le mécanisme comme le fait la biologie* moderne), sa négation radicale en ce qui concerne l'ordre du monde peut-elle être autre chose que le postulat d'objectivité propre à la pensée scientifique ?

D'un certain point de vue, le fonctionnalisme* biologique permet d'introduire dans l'explication des phénomènes une certaine dose de téléologie sans recourir à aucun anthropomorphisme. La question est alors de savoir si l'on peut se passer d'explications fonctionnelles. Lorsque la sélection naturelle assure la reproduction différentielle des systèmes les mieux adaptés, il semble justifié de tenir certaines opérations subordonnées à la structure globale de l'organisme et qui, justement, jouent un rôle dans cette sélection, comme des propriétés fonctionnelles de cet organisme. Il est clair que, dans un tel contexte, l'analyse fonctionnelle joue un rôle heuristique pour la recherche d'explications causales: Certains (cf., dans la bibliographie, l'ouvrage de Rosenberg) vont même jusqu'à soutenir qu'elle est indépassable et irréductible lorsqu'il s'agit de concevoir l'intégration dans les systèmes biologiques les plus complexes.

Depuis une vingtaine d'années, un nouveau thème est apparu, susceptible de remettre en question toute velléité de restaurer un statut philosophique à la finalité dans l'ordre naturel. Il s'agit de l'*auto-organisation*. On caractérise par là des systèmes *réagissant à des effets aléatoires de l'environnement de façon à augmenter leurs capacités de réponses à de nouveaux stimuli, c'est-à-dire leurs capacités de régulation* (Atlan). De nombreux systèmes de ce type (organisation spontanée de chaînes de particules, apparition d'un ordre lorsque l'on secoue un amas désordonné d'aimants, etc.) ont été observés. Autrement dit, le *bruit* (l'événement fortuit, indépendant) peut être créateur d'ordre et assurer à un système (après fluctuations et transformations) une certaine durabilité. Par là se trouve peut-être établi un pont entre les systèmes de la matière inerte que les lois de la thermodynamique vouent à la désorganisation (en termes techniques, on parle d'augmentation d'*entropie* ou de *croissance du désordre*), et les organismes vivants, conçus comme créateurs d'ordre.

H. Atlan, ***Entre le cristal et la fumée,*** Paris, Seuil, 1979 ; E. Boutroux, ***De la contingence des lois de la nature,*** Paris, 1874 ; P. Dumouchel & J.-P. Dupuy (dir.), ***L'Auto-Organisation,*** Paris, Seuil, 1983 ; J.-P. Dupuy, ***Ordres et Désordres. Enquête sur un nouveau paradigme,*** Paris, Seuil, 1982 ; J. Monod, ***Le Hasard et la Nécessité,*** Paris, Seuil, 1970 ; A. Rosenberg, ***The Structure of biological Science,*** Cambridge, Cambridge University Press ; R. Ruyer, ***Néofinalisme,*** Paris, PUF, 1952.

Folie

Traditionnellement, le fou de cour ou de théâtre (cf. Shakespeare) est ce personnage autorisé à tenir un discours lucide et vérace que les conventions et les inhibitions interdisent aux princes et aux courtisans. Le statut d'un tel discours est ambigu. Reçu comme langage* de la déraison, il est mis à distance par le rire ou le mépris qui disent son altérité radicale par rapport à une raison* qu'il menace sournoisement. Mais il est aussi en de brefs instants reconnu comme le dévoilement d'une vérité* qu'étouffe le carcan des gestes et des paroles habituelles.

Une **Histoire de la folie** (Michel Foucault*) montre comment la société a pris peu à peu *ses distances* vis-à-vis de ceux qu'on marque du nom de *fous, déments,* ou *insensés* : le premier *grand renfermement* des fous est contemporain du rationalisme cartésien*. L'institution psychiatrique, l'asile, a été l'instrument moderne de cette mise à distance. L'interné l'est pour deux raisons :

1 — Son comportement ne correspond plus aux normes de la vie dans notre société (étrangeté par rapport aux normes médico-légales, révolte contre la famille*, *inadaptation au travail**, etc.).

2 — Son discours ne correspond plus aux normes du discours rationnel (il est en dehors des situations conventionnelles où il est permis de délirer : poésie, rêves, jeux de mots, etc.). En le considérant comme « malade », on lui applique une thérapeutique visant à opérer sa réinsertion sociale. Le malade est pris en charge par un représentant de la norme : policier, psychiatre, psychologue, éducateur ; il lui faut guérir et travailler. L'asile possède nécessairement une structure coercitive, c'est toujours le désir* du malade qu'il s'agit d'occulter. En reconnaissant que la maladie est toujours posée comme déviation par rapport à un ordre social, on remarque qu'elle est inséparable de cet ordre. On peut dès lors envisager de rechercher la causalité de la « maladie » dans la structure sociale elle-même (cf. Deleuze* et Guattari : **L'Anti-Œdipe**, *capitalisme et schizophrénie*, 1972) ; dans cette perspective (Cooper, Laing, Estesson, Basaglia), il n'y aurait pas de solution possible au problème psychiatrique en dehors d'un changement de société. On peut néanmoins créer des lieux où la parole du psychotique est reçue : les entreprises de psychothérapie institutionnelle d'inspiration analytique répondent à cette optique (clinique de la Borde, école de Bonneuil, des Saumes). Le but thérapeutique n'y est pas la réadaptation, mais la ressaisie par le

malade de son propre désir : ce que cherche le patient est un témoin et un support à cette parole étrangère qui s'impose à lui (Maud Mannoni).

> D. Cooper, **Psychiatrie et Antipsychiatrie,** Paris, Seuil, 1970 ; G. Deleuze et F. Guattari, **L'Anti-Œdipe, capitalisme et schizophrénie,** Paris, Minuit, 1972 ; M. Foucault, **Histoire de la folie à l'âge classique,** Paris, Gallimard, 1972 ; R. Jaccard, **La Folie,** Paris, PUF, 1971 ; P. Jacerme, **La Folie,** Paris, Bordas, rééd. 1989 ; J. Postel et C. Quétel, **Nouvelle histoire de la psychiatrie,** Toulouse, Privat, 1983 ; G. Swain, **Le Sujet de la folie,** Toulouse, Privat, 1977 ; T. Szasz, **Le Mythe de la maladie mentale,** Paris, Payot, 1962.

Fonctionnalisme

On nomme *fonction* tout ensemble d'actes ou d'opérations qui s'exécutent sous une condition définie (par exemple, la fonction reproductrice). Le fonctionnalisme est une conception épistémologique selon laquelle l'explication d'une certaine classe de phénomènes repose sur leur fonction plutôt que sur leur structure intrinsèque et les processus qui en découlent.

Le terme *fonction* est entré dans le vocabulaire de la biologie* au XIXe siècle. Sous sa forme élémentaire, le fonctionnalisme biologique défend en quelque sorte l'idée que la fonction crée l'organe (voir *finalité*). C'est surtout dans les sciences humaines* que ce sont développées des écoles se réclamant du fonctionnalisme. Ainsi, en linguistique, un courant assez fort préconise-t-il la prédominance de la fonction sur la réalité morphologique des éléments linguistiques. C'est notamment le cas de l'école de A. Martinet (né en 1908) qui insiste sur le fait que la réalité morphologique n'a d'existence linguistique que si elle est pertinente, et donc assure au minimum la fonction de distinctivité. De nombreux linguistes contemporains pensent que les véritables universaux sont d'ordre fonctionnel (par exemple, chez l'Allemand H.-J. Seiler) ; certains, contre le formalisme qu'adopte, par exemple, un Chomsky*, choisissent de définir avant tout des fonctions grammaticales (cf. S.C. Dick, **Functionnal Grammar**, Dordrecht, Foris, 1978). C'est en sociologie*, toutefois, que le fonctionnalisme a connu la plus grande influence, correspondant à plusieurs écoles développées entre les années 20 et 60 de notre siècle, principalement en Angleterre et aux États-Unis.

L'explication fonctionnelle n'était pas absente des travaux d'un

Durkheim* (qui distingue toutefois entre la cause qui produit un phénomène et la fonction qui ne concourt qu'à son maintien), mais l'Anglais Brodislaw Malinowski (1884-1941) en fera le principe même de l'appréhension de la culture : *La conception fonctionnelle de la culture met en avant le principe selon lequel, dans chaque type de civilisation, toute coutume, tout objet matériel, toute idée et toute croyance remplit quelque fonction vitale, a quelque tâche à accomplir, et représente une partie indispensable dans une totalité active.* Son collègue Alfred Reginald Radcliffe-Brown (1881-1955) adoptera les positions semblables qui conduisent à envisager la société comme un tout et tendent par là à rapprocher le fonctionnalisme du structuralisme*. R. Merton (né en 1910) refuse cette globalisation et distingue, en outre, entre fonctions manifestes (voulues par les acteurs) et fonctions latentes (celles qui ne sont ni comprises ni voulues). Talcott Parsons (1902-1979) postule que les éléments fonctionnels majeurs de tout système social sont satisfaits par les éléments structurels de celui-ci. Cette position correspond à ce que l'on nomme le *structuro-fonctionnalisme américain*. L'un des problèmes épistémologiques majeurs du fonctionnalisme réside dans la nécessité où il se trouve d'élaborer une liste de fonctions claires et susceptibles d'une définition indépendante. On remarquera qu'il s'agit souvent d'éléments extrêmement vagues et d'une grande trivialité. Ainsi en est-il des quatre impératifs, qui, selon Parsons, permettent à un système social d'exister et de se maintenir : — la poursuite de buts ; — l'adaptation au milieu environnant ; — l'intégration des membres dans le système social ; — la stabilité normative.

P. Birnbaum & F. Chazel (dir.), **Théorie sociologique,** Paris, PUF, 1975 (on trouvera dans cet ouvrage une traduction des discussions épistémologiques de E. Nagel et C. Hempel sur la logique de l'explication fonctionnelle) ; F. Bourricaud, **L'Individualisme institutionnel. Essai sur la sociologie de Talcott Parsons,** Paris, PUF, 1986 ; C. Hagège, **La Structure des langues,** Paris, PUF, 1982 ; B. Malinowski, **Une théorie scientifique de la culture,** t.f., Paris, Maspero, 1968 ; A. Martinet, **La Linguistique synchronique,** Paris, PUF, 1974 ; R. Merton, **Éléments de théorie et de méthode sociologique,** t.f., Paris, Plon, 1965 ; A.R. Radcliffe-Brown, **Structure et fonction dans la société primitive,** t.f. Paris, Minuit, 1969.

FOUCAULT (Michel)

Né en 1926, ancien élève de l'ENS (Ulm), agrégé de philosophie, professeur au Collège de France à partir de 1968, Foucault est décédé

FOUCAULT

des suites du sida en 1984. Il a mené une réflexion qui, aux frontières de l'épistémologie*, prend pour arrière-fond l'histoire* de la pensée et sa constitution dans des pratiques discursives et sociales. Ses premiers ouvrages : ***Histoire de la folie à l'âge classique*** (1961), ***Naissance de la clinique*** (1963), ***Les Mots et les Choses*** (1966), ***L'Archéologie du savoir*** (1969), révèlent, sous la multiplicité des thèmes, voire la diversité des traitements, des préoccupations constantes : l'élaboration des sciences humaines*, et le rôle qu'y joue la pratique discursive.

L'ouvrage qui lui donna la célébrité (***Les Mots et les Choses***), outre le rôle fondamental qu'il eut de porter l'intérêt sur des auteurs et des textes mal connus, de mettre en cause la référence « homme » dans les sciences humaines* contemporaines, se caractérise par une certaine façon d'aborder l'histoire de la pensée, que Foucault nomme *archéologie*. À lire l'ouvrage, on pourrait concevoir que l'archéologie est l'adaptation de la méthode* structurale* à l'histoire des idées ; il ne s'agit pas de suivre la genèse des conceptions propres à certains auteurs, la totalisation par laquelle ces conceptions constituent l'esprit d'une époque, et la continuité dans laquelle elles évolueraient, mais de définir ce à partir de quoi il est possible, à une époque donnée, qu'il y ait telle et telle opinion sur tel objet. Le sol où s'enracinent ces possibilités de penser, Foucault le nomme *épistémè*, et il le décrit en exposant les régulations conceptuelles œuvrant en tout discours.

Comme l'a noté P. Veyne, la révolution historique instaurée par Foucault consiste à s'intéresser non aux faits mais aux formes d'action, non aux événements mais aux monuments, en quelque sorte à penser le devenir non dans l'écoulement du temps mais dans le réseau des relations qui structurent la vie humaine. Il n'y a plus ni sujet, ni substantialité fondatrice. Ce que montre Foucault dans ses derniers travaux, c'est l'infinie dispersion du pouvoir dans les sociétés modernes, la naissance de la discipline qui norme et découpe les actes et du même coup en fait naître le savoir : cf. ***Surveiller et Punir*** (1975), ***La Volonté de savoir*** (1976), premier tome d'une monumentale histoire de la sexualité, que la mort viendra interrompre après quelques volumes. Une thèse extrêmement novatrice (l'Occident n'a pas simplement refoulé, comme on l'affirme trivialement, la sexualité, il en a fait l'objet d'une *scientia sexualis*) finit par placer la psychanalyse parmi les dispositifs de cette volonté de savoir et de contrôler (*il faut penser le dispositif de la sexualité à partir des techniques de pouvoir qui lui sont contemporaines*). Le thème même de la révolution sexuelle est un leurre : *Ne pas croire qu'en disant oui* *au sexe, on dit oui au pouvoir ; on suit au contraire le fil du dispositif général de la sexualité. C'est de l'instance du sexe qu'il faut s'affranchir si, par un retournement tactique des divers mécanismes de la sexualité, on veut faire valoir contre les prises du pouvoir, les corps, les plaisirs, les savoirs, dans leur multiplicité et leur possibilité de résistance.* La place de Foucault dans la philosophie contemporaine est considérable : il est le premier auteur à avoir donné à cette discipline de nouveaux objets.

J. Baudrillard, **Oublier Foucault,** Paris, Galilée, 1977 ; A. Sheridan, **Discours, sexualité et pouvoir. Initiation à Michel Foucault,** Liège, Mardaga, 1985 ; Dreyfus H. & Rabinow P., **Michel Foucault, un parcours philosophique : au-delà de l'objectivité et de la subjectivité**, t.f., Paris, Gallimard, 1984.

FRANCFORT (école de)

L'Institut pour la recherche sociale de Francfort avait été fondé en 1923 par des intellectuels proches du mouvement ouvrier. Son orientation changera de façon décisive lorsque Marx Horkheimer (1895-1973) en prendra la direction et en fera une véritable école intellectuelle.

L'un des buts du nouveau directeur est de renouveler le marxisme (cf. son ouvrage **Théorie traditionnelle et théorie critique**, 1937) : l'Institut s'intéressera à la psychanalyse (participant par là à ce que l'on nomme le *freudo-marxisme*) et à la psychologie pour dépasser l'économisme de l'analyse marxiste traditionnelle de la société. Theodor Adorno (1903-1969), qui bénéficie d'une double formation de musicien et de philosophe, apportera à l'école des préoccupations esthétiques (il rédigera sa vie durant d'importantes monographies sur la musique : voir en particulier, traduites en français, **Philosophie de la nouvelle musique**, Paris, Gallimard, 1962, et **La Théorie esthétique**, Paris, Klincksieck, 1974). Marcuse*, après avoir étudié auprès de Heidegger*, rejoint l'Institut en 1932. Les positions politiques de ses membres, ainsi que leurs origines juives, contraignent l'Institut à s'exiler à Genève, puis à New York, après l'arrivée de Hitler au pouvoir (1933).

C'est à ce moment que Walter Benjamin (1892-1940), réfugié en

FRANCFORT (école de)

France, se rapproche de l'école. Critique d'art (***Le concept de critique d'art dans le romantisme allemand***, 1919) et philosophe (sa thèse, ***L'Origine du drame baroque allemand***, a été refusée en 1925 par l'université de Francfort), celui-ci soutient que l'art s'est dépouillé de son aura sous l'effet de la mercantilisation (***L'œuvre d'art à l'époque de sa reproductibilité technique***, 1935). Il s'efforce, outre une approche sociologique, de développer une critique immanente qui voit dans les œuvres des énigmes à résoudre. La critique aurait pour fonction d'actualiser l'œuvre toujours inachevée et de l'inscrire dans l'histoire*, que Benjamin conçoit (pour des raisons théologiques) comme la dimension du déclin. En route vers les États-Unis, grâce à un visa procuré par l'Institut, menacé d'être livré à la gestapo, Benjamin s'est suicidé à la frontière espagnole.

Aux États-Unis, l'Institut s'efforce de faire le bilan de l'échec du mouvement ouvrier allemand, mais aussi de réfléchir au développement de l'État soviétique, à la bureaucratisation, aux apories du progrès et de la science. Il en ressort une vision extrêmement pessimiste de l'histoire*, à l'opposé de la conception qu'en pouvaient avoir les Lumières* (cf. l'ouvrage rédigé par Adorno et Horkheimer, ***Dialektik der Aufklärung***, 1947, traduit sous le titre ***Dialectique de la raison****, ouvrage qui soutient que la raison* se détruit elle-même). Au début des années 50, Adorno et Horkheimer retourneront à Francfort, tandis que Marcuse restera au USA et mènera une réflexion extrêmement contestataire sur la société occidentale. L'œuvre maîtresse d'Adorno, ***La Dialectique négative*** (1966), tente de déterminer la pensée de la contradiction au sein de l'identité, et de rompre avec le statut ontologique qui correspond au primat du penser. Il s'agit de concevoir la possibilité d'une véritable *praxis*, qui incorpore l'impulsion de la corporéité. Horkheimer, dans sa critique de la raison instrumentale (***Zur Kritik der instrumentellen Vernunft***, 1967), présente la théorie critique comme une auto-critique de la raison*. De telles positions devaient conduire l'école à rejeter les conceptions qui ont permis aux sciences humaines* de se développer en adoptant l'idée que toutes les sciences correspondent au même mode de rationalité*. Déjà, aux États-Unis, ainsi que e rapporte M. Jay, ses membres eurent des discussions assez vives avec le philosophe et sociologue d'origine viennoise Paul F. Lazarsfeld (1901-1976), l'un des fondateurs de la sociologie* empirique moderne (on aura une idée générale de ses conceptions de la sociologie* en consultant le recueil de ses articles publié en français sous le titre **Philosophie des sciences sociales**, Paris, Gallimard, 1970). Sur ces questions, l'École de Francfort reste fidèle à la tradition de l'idéalisme allemand* qui distingue les sciences de l'esprit (où il s'agit de comprendre, selon l'expression de Dilthey, 1833-1911) et les sciences de la nature (où, selon le même Dilthey, il s'agit d'expliquer par des lois et des causes). Immanquablement, elle devait se heurter au positivisme* (cf. les pièces de la querelle publiées dans T. Adorno-K. Popper*, **De Vienne à Francfort. La querelle allemande des sciences sociales**, Bruxelles, 1979).

L'école de Francfort n'a jamais accepté la positivité du monde moderne (là réside, en quelque sorte, le sens profond de l'idée même de théorie critique et de dialectique négative), ce qui en fait un idéalisme*. La dialectique n'est plus comme chez Hegel* le déploiement de l'Idée, elle est négation et déconstruction. Le seul espoir réside dans l'utopie. On peut considérer que l'école cesse d'exister après les morts d'Adorno et d'Horkheimer, même si, par certains aspects (la critique du positivisme*, notamment), leur élève Habermas* en perpétue la méthode historico-critique.

P.-L. Assoun & G. Raulet, **Marxisme et théorie critique,** Paris, Payot, 1976 ; H. Gummior & R. Ringgut, **Horkheimer** (en allemand), Hamburg, 1973 ; M. Jay, **L'Imagination dialectique. Histoire de l'école de Francfort (1923-1950)**, t.f., Paris, Payot, 1977 ; M. Jimenez, **Adorno : art, idéologie et théorie de l'art**, Paris, Klincksieck, 1973 ; G. Scholem, **Walter Benjamin : histoire d'une amitié,** t.f., Paris, Calmann-Lévy, 1981 ; J.-M. Vincent, **La Théorie critique de l'école de Francfort,** Paris, Galilée, 1976.

FREGE (Gottlob)

Né en 1848, il fut professeur de mathématiques à l'université d'Iéna. Jusqu'à sa mort en 1925, il poursuivit ses travaux sur les fondements de l'arithmétique. Dès 1879, il donnait dans l'**Idéographie** les éléments (signes et règles logiques) de la logique moderne, en présentant une théorie complète de la quantification ; les **Fondements de l'arithmétique** (1884) exposent en langue vulgaire la définition du nombre cardinal ; les **Lois fondamentales de l'arithmétique** (1893-1903) constituent un exposé

FREGE

axiomatico-déductif de l'arithmétique ; divers articles (**Fonction et concept**, 1891 ; **Sens et dénotation**, 1892 ; **Recherches logiques**, 1916-1925) précisent ses conceptions. Longtemps méconnue, révélée par Russell* en 1903, l'œuvre de Frege est à l'origine du développement de la logique* contemporaine.

À l'encontre de la logique* classique, fondée sur la structure propositionnelle « S est P » où un prédicat P est attribué à un sujet S, Frege est le premier à reconnaître que :

1 — les prédicats sont des fonctions logiques, dont la valeur est une proposition pour une valeur déterminée de la variable ;

2 — les règles de la quantification se comprennent selon que le prédicat ou concept est vérifié pour une, toute ou aucune valeur de la variable ;

3 — ces règles s'appliquent aux prédicats binaires ou relations ;

4 — de nouvelles propositions peuvent se construire à partir de propositions données et des connecteurs *(ou, et, non, implique)* ou fonctions de vérités.

Par là, se trouvent établis deux points fondamentaux :

a — Il est nécessaire de distinguer d'une part les objets (outre les individus, Frege considère que les nombres, le vrai et le faux sont des objets) et les concepts, d'autre part les concepts et leur extension (l'ensemble des objets dont ils peuvent être affirmés).

b — La sémantique logique concerne la *référence* des expressions, c'est-à-dire les objets qu'elles dénotent.

Le premier point permet la définition du nombre cardinal : attribuer un nombre (il y a 5 arbres) n'est pas l'attribuer à un objet empirique (les arbres), c'est *énoncer une propriété objective d'un concept* (le concept des arbres que je vois). D'où la célèbre définition : *le nombre qui appartient au concept F est l'extension du concept équinumérique au concept F*. Ce que l'on peut traduire en disant qu'un nombre cardinal est la classe d'équivalence des ensembles de même puissance. Le second point est développé implicitement dans la célèbre distinction du *sens* d'une expression, et de sa *référence* : le premier est d'origine linguistique (*étoile du soir* et *étoile du matin* ont des sens différents), la seconde concerne uniquement les objets désignés par les expressions (*étoile du soir* et *étoile du matin* ont même référence, l'objet nommé *Vénus*). La sémantique logique — qui deviendra la théorie des modèles — est concernée par la seule référence.

Frege, outre ses apports logiques et mathématiques, est à l'origine du programme logiciste (voir *Russell*), qu'on peut caractériser par l'idée que les mathématiques* ne sont qu'un développement des lois logiques, et que, celles-ci étant universelles, elles peuvent permettre la construction d'une langue propre à la représentation scientifique de l'univers. C'est contre ce programme et contre le « platonisme » de Frege (qui consiste en ce qu'il considère les nombres, les extensions de concepts, le vrai et le faux comme des objets) que la philosophie analytique (voir *Wittgenstein*) se développera.

> M. Dummett, ***Frege : Philosophy of Language,*** Londres, Duckworth, 2e éd. 1981 ; ***The Interpretation of Frege's Philosophy,*** Cambridge, Harvard University Press, 1981 ; J. Largeault, ***Logique et philosophie chez Frege,*** Paris/Louvain, Nauwelaerts, 1970 ; Ph. de Rouilhan, ***Frege, les paradoxes de la représentation,*** Paris, Minuit, 1989.

FREUD (Sigmund)

Né en 1856 à Freiberg (Moravie), premier enfant du second mariage de son père, il vient à Vienne à quatre ans et ne quitte cette ville que sous l'occupation nazie pour se réfugier à Londres où il meurt en 1939. Il fait de brillantes études au lycée (où il commence à ressentir sa condition de juif) et choisit la médecine sans vocation. Diplômé en neuropathologie, il est chargé de cours libre à l'université. Il entreprend dans le laboratoire de Brücke des recherches sur l'histologie du système nerveux. La nécessité de gagner sa vie l'oblige à quitter le laboratoire pour les consultations médicales où il rencontre pour la première fois cette catégorie de maladies qu'on appelle *mentales*. Des stages de psychiatrie à Paris, où il travaille avec Jean-Martin Charcot (1825-1893), à Nancy où il travaille avec Bernheim, le mettent peu à peu sur la voie d'une nouvelle méthode d'approche des maladies mentales, dont l'élaboration, qui donnera lieu à la psychanalyse, ne sera véritablement achevée que lorsqu'il en aura appliqué les premières ébauches sur lui-même vers l'âge de quarante ans.

D'une œuvre immense (l'édition standard anglaise réalisée de 1953 à 1956, et incluant la correspondance, comprend vingt-quatre volumes), on retiendra les titres suivants, caractéristiques des diverses périodes par lesquelles passe la constitution de la théorie psychanalytique :

1 — Première approche : ***Esquisse pour une psychologie scientifique*** (inachevée, composée en 1895) ; ***Études sur l'hystérie*** (1895, en collaboration avec le psychiatre autrichien Josef Breuer, 1842-1925).

2 — Thèses fondamentales : ***L'Interprétation des rêves*** (1900) ; ***Le Rêve et son interprétation*** (1901) ; ***Psychopathologie de la vie quotidienne*** (1901) ; ***Trois essais sur la théorie de la sexualité*** (1905).

3 — Maturation et pratique de la psychanalyse : *La Technique psychanalytique* (articles : 1904-1918) ; *Cinq psychanalyses* (articles : 1905-1918) ; *Cinq leçons de psychanalyse* (1909) ; *Totem et Tabou* (1912) ; *Introduction à la psychanalyse* (1917) ; la fin de cette période est marquée par la rédaction des articles publiés sous le nom de *Métapsychologie* (1915)[1], concernant essentiellement les notions de pulsion, refoulement et inconscient.

4 — Le tournant en 1920 : dans une série d'articles, *Au-delà du principe du plaisir* (1920), *Psychologie collective et analyse du moi* (1921), *Le Moi et le Ça* (1923), regroupés sous le titre *Essais de Psychanalyse* (t.f., 1951), Freud remanie sa théorie de l'inconscient. Ces nouvelles conceptions commandent toute une série d'articles : *Le Problème économique du masochisme* (1924), *La Négation* (1925), *Inhibition, symptôme, angoisse* (1926), etc. et un ouvrage inachevé : l'*Abrégé de psychanalyse* (1938)[2].

1. Les origines

L'attitude d'une patiente de Breuer — Anna O. —, qui cessait de manifester des symptômes hystériques lorsqu'elle évoquait un enchaînement de faits précis relatifs à son passé, mène Freud à l'idée selon laquelle les hystériques souffrent de réminiscences inconscientes. La névrose est une défense volontaire contre des souvenirs intolérables, liés à un traumatisme infantile réel subi par le malade ; ce traumatisme serait une entreprise de séduction sexuelle effectuée par un proche (généralement le père). D'où, pour la thérapeutique, l'attachement à l'expression verbale du malade, et cette cure étrange qui, négligeant parfois les symptômes visibles, vise, sous le nom de *catharsis*, à débarrasser le malade du poids de ses souvenirs, en le faisant remonter jusqu'au passé infantile. De là à la psychanalyse, le chemin est encore long ; il faudra que, par son auto-analyse, Freud remarque la généralité du processus, et qu'il découvre, dans l'attribution de la séduction au père, le voile du désir incestueux de l'enfant, pour que soient mis en place les concepts essentiels de cette pratique médicale.

2. Les théories essentielles

1 — *Le rêve et l'inconscient*. En s'attachant aux rêves — les siens et ceux de ses patients —, Freud est amené à considérer, au-delà du

---

1. Il faut concevoir ce que Freud entend par *métapsychologie*, par rapport au sens du mot *métaphysique* (voir *Aristote*) ; il s'agit pour lui d'étudier les premiers principes, *d'éclaircir et d'approfondir les hypothèses théoriques qu'on peut mettre en fondement d'un système psychanalytique.*

2. On trouvera une définition des principales notions de psychanalyse dans le *Vocabulaire* ; pour plus de précisions, on pourra se reporter au *Vocabulaire de la psychanalyse* de Laplanche et Pontalis, Paris, PUF, 1967.

contenu manifeste, dont on conserve le souvenir et qu'on peut raconter, un contenu latent qui en constitue le véritable sens. Pour l'analyste, le rêve manifeste est un rébus : il paraît absurde, mais on peut le décoder ; c'est qu'à l'inverse, il y a un travail du rêve, qui, s'effectuant sur les souvenirs ou restes diurnes, les condense, les déplace, et en fait un texte apparemment vide de sens. L'analyse du rêve en vue du décodage de ce texte dispose de deux moyens : un fond universel de symboles, et l'association libre qui consiste à demander au patient d'exposer toutes les idées lui venant à l'esprit à propos de son rêve ; il est possible de reconstituer, à partir de là, les déplacements, condensations et symbolisations par où s'est élaboré le contenu manifeste, et de mettre au jour le contenu latent original. Cela conduit à trois postulats fondamentaux :

a — Il y a un déterminisme psychologique (les idées ne surgissent pas n'importe comment à l'esprit).

b — Tout acte d'un sujet humain possède une signification.

c — L'apparence absurde de certains actes (le rêve) provient de ce que cette signification n'est pas présente à la conscience* du sujet*.

La généralisation de ces thèses aboutit à la postulation d'un ensemble de processus inconscients, et, par conséquent, d'une instance psychique inconsciente, où non seulement le rêve (réalisation d'un désir inconscient), mais bon nombre d'actes de la vie quotidienne (lapsus, actes manqués, mots d'esprit) ont leur source.

2 — *Les pulsions.* Dès ses premières œuvres, Freud tentait d'expliquer le fonctionnement du psychisme humain en termes d'énergie, susceptible d'être investie de diverses façons. En 1905, après avoir remarqué la constance des problèmes sexuels chez ses malades, il conçoit cette énergie sous la forme originaire de la pulsion sexuelle (*libido*) ; la pulsion, contrairement à l'instinct*, n'est pas déterminée d'avance, elle a une histoire, passe par différents états : elle a une source (l'excitation de l'organe sur laquelle elle s'étaye), un objet (ex. : une personne de sexe opposé, de même sexe), un but (l'acte auquel elle pousse), voire une quantité. En déterminant une histoire « normale »[1] de la pulsion depuis l'enfance jusqu'à l'âge

---

1. A — Période dite *de prime enfance* (jusqu'à cinq ou six ans) durant laquelle la libido passe par trois phases : a — le stade *oral* marqué par un investissement narcissique de la libido fixé sur la zone orale ; b — le stade *anal* (2e et 3e année), où la libido à la fois objectale et narcissique se fixe sur les fonctions d'excrétion ; c — le stade *phallique* (4e et 5e année), où les zones génitales sont le centre d'intérêt avant que les passions ne s'orientent vers les parents.

B — La période de *latence* où entrent en jeu des barrières psychiques de répression. Les désirs enfantins sont refoulés : naissance de la pudeur et des activités socialisées.

adulte, Freud se donne le moyen d'expliquer les perversions sexuelles (déviations par rapport soit à l'objet, soit au but, soit à la source), à partir de l'histoire du sujet, et même de montrer comment certains traumatismes fixent la libido à des stades antérieurs à sa maturation normale.

3 — *Les représentations de l'appareil psychique*. Le problème fondamental posé par la démarche freudienne est alors de déterminer une théorie de l'appareil psychique, susceptible d'en intégrer tous les aspects, et de permettre une explication des comportements pathologiques. Freud en donne deux descriptions à la fois dynamiques et topiques. La description la plus ancienne (première topique) consiste à concevoir le psychisme humain comme un système spatial composé de l'inconscient d'une part, et du préconscient-conscient d'autre part ; entre les deux, une censure (intériorisation des interdits) refoule certaines représentations. Les divers agencements possibles entre les différents types de représentations constituent autant d'équilibrations et de conflits dont la solution donne parfois lieu à la maladie[1]. Ces équilibrations sont réglées par le *principe de plaisir*, posant que l'ensemble de l'activité psychique a pour but de procurer le plaisir (et d'éviter le déplaisir), et par le *principe de réalité*, posant que cette même activité, dans la mesure où elle est réglée par ce dernier principe, recherche la satisfaction en fonction des conditions imposées par le monde extérieur. Cependant, en remarquant que :

a — le sujet se donne une représentation du moi, susceptible d'être identifiée à diverses représentations, ou d'être défendue par rapport à d'autres ;

b — ces mécanismes « d'identification », de défense sont aussi inconscients, Freud admet que l'inconscient ne peut coïncider avec le seul refoulé, ni le moi avec le préconscient-conscient. Cela l'amène à concevoir une seconde topique, matérialisée par trois instances : le *ça* (lieu des pulsions), le *moi* et le *sur-moi* (intériorisation des exigences

---

C — Le stade *génital* qui est une récurrence du stade phallique, la libido est réinvestie dans des conduites sexuelles qui prennent leur forme adulte (source : organes génitaux ; objet : personne de sexe opposé ; but : coït).

1. Celle-ci a donc sa source dans l'histoire du patient et dans la structure de son appareil psychique. La maturation des pulsions fait, par exemple, qu'à un moment donné, l'enfant investit sa libido sur le parent de sexe opposé, et doit alors composer avec les interdits. Si ce complexe de représentations (Œdipe) n'est pas surmonté, la solution du conflit sera trouvée dans la maladie.

et interdits parentaux) dont les rapports et les conflits constituent la vie psychique. Par là, il accroît le rôle des pulsions (accordant la même place, à côté de la libido — Éros —, à un instinct de mort — Thanatos —), dont les conflits représentent mythiquement la vie psychique. Ces deux topiques n'ont pas le même sens ; dans la première, l'inconscient se constitue à partir du refoulement qui est originaire ; dans la seconde, il y a émergence et différenciation progressive des diverses instances à partir d'un système de pulsions originaires (tout ce qui est conscient a d'abord été inconscient) et plongeant ses racines dans l'organisation biologique. Freud n'a cependant jamais renoncé à concilier les deux points de vue (cf. le chapitre IV de l'**Abrégé de psychanalyse**).

La psychanalyse est avant tout une thérapeutique médicale, qui vise à guérir certaines maladies par l'intervention de relations personnelles entre le médecin et son malade, susceptibles de changer les investissements psychiques de ce dernier ; juger des valeurs et des limites de sa technique appartient à la médecine. C'est aussi une révolution dans les sciences humaines* et la conception de l'homme. Les problèmes posés sont alors d'ordre épistémologique*, voire ontologique* (qu'est-ce que l'inconscient ?). Mais Freud a lui-même appliqué la psychanalyse hors du domaine de la médecine, en montrant, par exemple, que l'art se constituait par sublimation des pulsions. Dans **Totem et Tabou**, il explique comment la vie sociale est structurée* par le mythe œdipien du meurtre du père ; dans **L'Avenir d'une illusion** (1927) et dans **Malaise dans la civilisation** (1930), il essaie de montrer comment se constituent la société et les phénomènes religieux. La dualité des représentations psychiques signalée plus haut devient alors une ambiguïté essentielle. Si le refoulement est premier (Lacan*), la société est par essence répressive ; si c'est la pulsion, il convient d'atteindre la libération de l'homme par celle de ses instincts (Marcuse*)[1].

P.-L. Assoun, **Freud, la philosophie et les philosophes,** Paris, PUF, 1976 ; **Freud et Nietzsche,** Paris, PUF, 1980 ; **Introduction à l'épistémologie freudienne,** Paris, Payot, 1981 ; M. Robert, **La Révolution psychanalytique,** Paris, Payot, 1964 ; M. Schur, **La Mort dans la vie de Freud,** Paris, Gallimard, 1975 ; J. Laplanche & J.-B. Pontalis, **Vocabulaire de la psychanalyse,** Paris, PUF, 1967.

---

1. Une édition des œuvres complètes de Freud en français est en cours d'élaboration aux PUF.

G

GALILÉE (Galileo GALILEI, dit)

Né en 1564 à Pise d'une famille issue de l'ancienne noblesse florentine, mais aux revenus modestes, il commence ses études sous la direction de son père, et les poursuit à Florence au monastère Santa Maria de Vollonssosa, où il faillit recevoir le noviciat. En 1581, il entre à l'université de Pise pour y suivre des études médicales ; il en sort en 1585 (sans diplômes) et retourne à Florence. En 1589, il est nommé professeur de mathématiques à Pise, et, en 1592, le sénat de Venise le choisit pour enseigner cette discipline à Padoue. En 1605, après avoir eu connaissance des résultats obtenus par des artisans hollandais, il construit une lunette astronomique ; Galilée publie en 1610 les résultats de ses observations dans **Le Message céleste**. C'est le début de son conflit avec les autorités religieuses mais aussi de sa gloire. Il reçoit le titre de mathématicien et philosophe du grand-duc de Toscane. Partisan de l'héliocentrisme copernicien[1], luttant contre l'aristotélisme en élaborant une nouvelle science du monde et du mouvement, il est peu à peu engagé dans la polémique qui conduira à sa condamnation. Le 3 mars 1616, l'œuvre de Copernic est mise à l'Index ; en 1623, Galilée publie ***L'Essayeur***, pour défendre son ***Discours des comètes*** (1619) ; en 1632, son ***Dialogue sur les deux principaux systèmes du monde***, présentant un exposé

---

1. Nicolas Copernic (1473-1543), dans l'ouvrage paru l'année de sa mort, **Révolution des orbes célestes**, soutient, contre l'astronome grec Ptolémée, la thèse de l'héliocentrisme et de la rotation de la terre ; sa pensée reste néanmoins prisonnière de conceptions médiévales, et ses arguments en faveur de l'héliocentrisme (perfection de l'astre solaire et des corps sphériques) apportent peu à la science.

GALILÉE

critique de sa méthode* et de celle d'Aristote*, lui fait perdre ses derniers appuis ; condamné le 22 juin 1633 au terme d'un long procès, il doit abjurer ses théories et demeurera en résidence surveillée jusqu'à sa mort (1642). Il fait cependant paraître en 1638, à Leyde, les ***Discours et démonstrations mathématiques concernant deux nouvelles sciences touchant la mécanique et les mouvements locaux***, où la loi de la chute des corps est exposée.

Les découvertes que la lunette astronomique permet à Galilée peuvent simplement apparaître comme l'établissement d'un nouvel ordre de faits : la lune ressemble à la terre puisqu'on y découvre des montagnes, la voie lactée est un amas d'étoiles, Jupiter possède des satellites, le soleil a des taches, Vénus possède des phases, les étoiles se transforment comme le montre le phénomène des *novae*. Ces découvertes marquent la fin d'une conception du monde. Le cosmos fini et clos d'Aristote* cède la place à ce qui sera l'univers infini de la physique newtonienne ; il n'est plus possible de concevoir une scission ontologique* entre le monde supralunaire et le monde sublunaire, le premier perd son inaltérabilité et sa perfection[1] et, à l'inverse, le second, acquérant la régularité du premier, cesse d'être le domaine de l'à peu près pour être celui des lois* physiques*. Pourtant, ce n'est pas en homme d'expérience* que Galilée se présente face à Aristote* ; comme l'a montré A. Koyré[2], l'expérience du sens commun est toujours du côté du Stagirite : en regardant simplement les corps tomber, nul n'apercevra qu'une même accélération entraîne la pierre et la plume vers le bas. Pour créer la nouvelle physique*, il fallait concevoir que le *livre du monde est écrit en termes mathématiques*, comprendre que le mouvement n'est pas un processus qualitatif mais un état de la matière, admettre que l'espace* n'est pas l'enveloppe immobile des corps*, mais un vide immense sans haut ni bas, où les mouvements sont relatifs les uns aux autres, et que la vitesse est un rapport entre deux quantités. C'est seulement au sein de cette nouvelle organisation conceptuelle que les expériences qu'on vient d'évoquer prennent un sens ; mais c'est parce qu'elle suscite l'expérience* (établissant, par exemple, la loi de la chute des corps en faisant rouler des sphères sur un plan incliné) que la science galiléenne se distingue du géométrisme abstrait de Descartes*. La

---

1. Giordano Bruno (vers 1548-1600), qui soutenait l'homogénéité ontologique de l'univers, fut brûlé vif. Cf. H. Védine, ***La Conception de la nature chez Giordano Bruno,*** Paris, 1967.
2. Cf. ***Études galiléennes***, Paris, 1939.

GALILÉE

physique* de Galilée demeure cependant limitée et l'ancien disciple des aristotéliciens de Padoue concevra toujours qu'il n'y a pas de mouvement en ligne droite qui soit naturel, que les corps graves se dirigent naturellement vers le centre de la terre[1], que l'univers est fini. La révolution galiléenne n'est pas simplement un chapitre un peu mince de l'histoire des sciences*, elle est l'indice d'une importante mutation culturelle :

1 — Le monde de la nouvelle physique* est un univers abstrait*, géométrique, il rompt avec ce qui s'offre à la perception* (voir *objectivité*).

2 — La connaissance cesse d'être contemplation de la vérité* pour devenir l'exigence d'une méthode* expérimentale précise et universelle ; le savant n'est plus seulement un clerc formé à la lecture de quelques livres dont l'autorité est absolue, il est mathématicien et observateur ; les institutions propres à l'élaboration du savoir prennent un nouveau visage : de 1657 à 1667, les disciples toscans de Galilée travaillent dans l'Academia del Cimento, la Société royale de Londres est créée en 1662, l'Académie des sciences de Paris en 1666[2].

3 — La nouvelle astronomie pose des problèmes théologiques : si la terre n'est qu'une planète parmi d'autres, comment concevoir le lieu de la Chute et de la Rédemption ? y a-t-il d'autres créatures ? sont-elles soumises au péché originel ? etc. ; avec elle commence le phénomène de la marginalisation de la religion*[3].

M. Clavelin, **La Philosophie naturelle de Galilée,** Paris, Colin, 1968 ; P. Duhem, **Les Origines de la statique,** 2 vol., Paris, 1905-1906 ; M. Finochiaro, **Galileo and the Art of Reasoning,** Dordrecht, Reidel, 1980 ; A. Koyré, **Études galiléennes,** 3 vol., Paris, Hermann, 1939 ; W.R. Shea, **Galileo's Intellectual Revolution,** New York, Science History Publications, 1972.

---

1. Galilée ne pouvait savoir pourquoi les corps tombent, personne avant Newton ne pouvait l'expliquer ; la force de Galilée, c'est peut-être d'avoir renoncé au primat de l'explication causale* au profit d'une recherche de la loi*.
2. Cf. T.S. Kuhn, **The Copernican Revolution,** Cambridge (Mass.), 1957 ; G. Gusdorf, **La Révolution galiléenne,** Paris, 1969.
3. *L'intention du Saint-Esprit est de nous enseigner comment on doit aller au ciel, et non comment va le ciel* (Galilée).

Géographie

La géographie est une discipline qui rend compte à la fois des caractéristiques de la surface de la terre et des processus comme des résultats de son appropriation et de sa transformation par les groupes humains.

Dès les Grecs (Ptolémée, Ératosthène), elle est une science de la mensuration des distances terrestres et de localisation. Les caractéristiques physiques dominent jusqu'au XIXe siècle où s'achèvent l'exploration de la planète et sa description cartographique. Ses applications sont alors essentiellement militaires. Au XXe siècle, corollairement au développement des sciences humaines, l'étude des interactions complexes qui façonnent le paysage change notablement son objet. Elle débouche sur l'art de placer l'homme dans son cadre et sur l'aménagement de l'espace. Science complexe, développée par des organismes étatiques, discipline porteuse de décisions, elle est autre chose qu'une simple introduction à l'histoire*.

> P. Claval, **Essai sur l'évolution de la géographie humaine,** Paris, Les Belles Lettres, 1971 ; **Géographie humaine et économique contemporaine,** Paris, PUF, 1984 ; M. Philoponneau, **Géographie et action, introduction à la géographie appliquée,** Paris, Colin, 1960 ; Ph. & G. Pinchemel, **La Face de la terre. Éléments de géographie,** Paris, Colin, 1988 ; P. Vidal de la Blache, **Principes de géographie humaine,** Paris, Alcan, 1921.

GRANGER (Gilles-Gaston)

Né à Paris en 1920, Granger fut l'élève de Cavaillès* à l'École normale supérieure et en poursuivra la recherche épistémologique, en se spécialisant dans les sciences humaines*. Licencié en mathématiques, agrégé de philosophie en 1943, il consacrera en 1955 ses thèses à l'économie* (**Méthodologie économique** et **La Mathématique sociale du marquis de Condorcet**). Professeur aux universités de São Paulo (1947-1953), de Rennes (1955-1962), puis d'Aix-en-Provence (depuis 1964), il achève sa carrière au Collège de France.

On pourrait répartir son œuvre en deux ensembles. D'un côté, les travaux consacrés à l'épistémologie* des sciences humaines* : **Pensée formelle et sciences de l'homme** (1960), **Essai d'une philosophie du style** (1968), **Langages et Épistémologie** (1978). De l'autre, ceux qui s'appliquent à la pensée de quelques grands philosophes : **Wittgenstein** (1969), **La Théorie aristotélicienne de la science** (1976), **Invitation à la lecture de Wittgenstein** (1990). Il y a pourtant une unité profonde entre les deux. Granger soutient la complexité des sciences humaines* (une complexité supérieure à celle des sciences de la nature), sans pour autant admettre qu'elles puissent se distinguer des autres sciences en renonçant au formalisme mathématique. Leur objet n'est pas dans la connaissance d'essences données, mais dans la construction de modèles rationnels de l'action. Ce qui l'intéresse chez Aristote*, ce sont la question embrouillée de la nature des *sciences pratiques* et la représentation, avec les moyens modernes, des théories logiques du Stagirite. Dans les années 60, il participa avec Vuillemin* à la création de la revue **L'Âge de la Science**, qui avait pour but de faire renouer la philosophie avec la science contemporaine, tout en faisant connaître les penseurs anglo-saxons. Un succès d'estime, la formation de quelques disciples, n'ont pas suffi à assurer, à l'époque, un public à l'entreprise, ni à transformer en profondeur le paysage philosophique français, et la revue (comme la collection qui l'accompagnait) disparaîtra rapidement. Granger, fondateur de l'épistémologie* comparative, soutient que, tout en n'ayant pas d'objet de connaissance propre comme en ont les sciences, la philosophie est cependant un mode de connaissance conceptuel disposant de styles et de techniques spécifiques (**Pour la connaissance philosophique**, Paris, O. Jacob, 1988).

HABERMAS (Jürgen)

Né en 1929 à Düsseldorf, Habermas, après son doctorat obtenu avec une thèse sur Schelling, a été, de 1956 à 1959, l'assistant de T. Adorno. C'est pourquoi on peut le considérer soit comme le représentant de la deuxième génération de l'école de Francfort*, soit, ce serait plus juste, comme l'héritier de cette école. C'est à l'université de Marburg qu'il soutient en 1962 sa thèse (publiée en français sous le titre **L'Espace public. Archéologie de la publicité comme dimension constitutive de la société bourgeoise**, Paris, Payot, 1978). Professeur assistant à l'université de Heidelberg auprès de Hans-Georg Gadamer (né en 1900), il est profondément marqué par l'ouvrage de ce dernier, **Vérité et Méthode. Principes d'une herméneutique philosophique** (Tübingen, 1960). En 1964, il est nommé professeur à Francfort. Représentant écouté de la nouvelle gauche allemande, il est, avec Marcuse*, l'un des pères spirituels des mouvements étudiants. Ceux-ci lui reprocheront son réformisme et ses analyses du *fascisme de gauche*, et lui-même en fera une critique acerbe (**Mouvement de protestation et réforme de l'université**, 1969) : il en dénonce l'actionisme, l'irrationalisme et l'élitisme. Il quitte l'Université de Francfort en 1971 pour l'Institut Max-Planck, dont il démissionne dix ans plus tard. Il retrouve un poste à Francfort en 1983.

Habermas est l'auteur d'une œuvre abondante, où il développe une méthode historico-critique, dans le but de combattre le positivisme*. Comme Adorno, il refuse la domination de l'explication causale dans le domaine des sciences humaines*. En fait, il distingue trois types de sciences. Les sciences empirico-analytiques, les sciences historicoherméneutiques, et les sciences critiques. Les premières relèvent du positivisme* à la Popper* (voir **La technique et la science comme idéologie**, 1968, t.f., Paris, Gallimard, 1973). Les deuxièmes concernent le rapport d'un sujet de connaissance à des éléments symboliques passés ; seule l'interprétation (la méthode de Gadamer) permet de les aborder. Les dernières sont essentiellement la psychanalyse et la critique des idéologies. Aux intérêts techniques et pratiques des deux premières, il oppose l'intérêt d'émancipation des troisièmes (pour lui, les intérêts de connaissance ont un statut quasi-transcendantal : voir **Connaissance et Intérêt**, 1973, t.f., Paris, Gallimard, 1976). C'est dans ce domaine qu'il donne ses principales analyses (voir **Raison et Légitimité. Problèmes de légitimation dans le capitalisme avancé**, 1973, t.f., Paris, Payot, 1978). Son but est de reconstruire une genèse matérialiste et historique de la raison*, dont la nature procédurale est engendrée par le langage* lui-même. La raison instrumentale implique toutefois d'être prolongée par une raison pratique, dont Habermas cherche les racines dans l'agir communicationnel (**Théorie de l'agir communicationnel**, en 2 vols, 1981). Au cœur de la pratique communicative, garante de son bon fonctionnement, c'est-à-dire de l'intercompréhension des membres qui y sont engagés, il existerait une *raison communicationnelle*, qui ne serait plus un moyen de domination.

P.-L. Assoun & G. Raulet, **Marxisme et Théorie critique**, Paris, Payot, 1976 ; R. Görtzen, **Jürgen Habermas : Eine Bibliographie seiner Schriften und der Sekundärliteratur, 1952-1981**, Francfort-sur-le-Main, Surhkamp, 1982 ; G. Kortian, **Métacritique**, Paris, Minuit, 1979.

HEGEL (Georg Wilhelm Friedrich)

Né à Stuttgart en 1770, fils d'un petit fonctionnaire, il fit de bonnes études au lycée de sa ville natale ; à dix-huit ans, il entre au séminaire de Tübingen où il a Schelling et Hölderlin pour condisciples. En 1793, ses études achevées, il prend un poste de précepteur à Berne puis à Francfort où il compose ses premiers écrits (rassemblés par Nohl sous le titre **Écrits théologiques de jeunesse**). En 1801, il soutient à Iéna une thèse

HEGEL

sur les trajectoires des planètes ; en 1802, il publie **Foi et Savoir**, analyse qui fait suite à **Différence des systèmes philosophiques de Fichte et de Schelling** ; en 1806, paraît la **Phénoménologie de l'esprit**. En 1809, il devient directeur du lycée de Nuremberg où il enseigne également la philosophie (ses notes de cours composent la **Propédeutique philosophique**) : c'est également à Nuremberg qu'il rédige **La Science de la logique** (1812-1816). En 1816, il devient professeur à l'université de Heidelberg ; il rédige à cette occasion l'exposé le plus systématique de sa pensée, le **Précis de l'encyclopédie des sciences philosophiques**. Professeur titulaire à l'université de Berlin en 1817, il est célèbre et son enseignement a un immense rayonnement ; il rédige à cette occasion des cours sur le droit (publiés en 1821 sous le titre **Principes de la philosophie du droit**), l'**Esthétique**, la **Philosophie de la religion**, la **Philosophie de l'histoire** qui seront publiées après sa mort, survenue en 1831 à la suite d'une épidémie.

1. Pour la plupart des philosophies, la connaissance* consiste en un certain nombre d'idées que l'homme possède et qu'il manifeste aux autres hommes par un certain discours portant sur la réalité* externe, et dont les propositions sont susceptibles d'être vraies ou fausses suivant leur forme intrinsèque et leur rapport à la réalité. Se pose alors le problème de savoir par quel miracle s'effectue la correspondance de la pensée et de l'Être*. La solution hégélienne consiste à refuser la situation imposée par la reconnaissance d'une hétérogénéité originelle : le savoir, le discours qui l'exprime, et le monde lui-même ne sont que le développement de l'Idée ; tout est donné dans la diversité comme le déploiement de l'*Absolu* et du *Vrai*. L'originalité de la pensée hégélienne réside dans ce point de vue qui consiste à considérer le vrai et l'absolu non comme *Substance*, mais comme *Sujet*, et cette originalité est donnée par Hegel comme équivalente à son idéalisme* : *Que le vrai soit effectivement réel seulement comme système, ou que la substance soit essentiellement sujet, cela est exprimé dans la représentation qui énonce l'Absolu comme Esprit — le concept le plus élevé appartenant au temps moderne et à sa religion.* Il en résulte que la philosophie doit prendre pour sujet l'Absolu et l'Absolu seulement : dans la préface de la **Phénoménologie de l'esprit**, Hegel exprimait cette nécessité en soutenant qu'à la philosophie appartient un type particulier de proposition, la proposition spéculative.

2. Si l'Absolu est sujet des propositions de la science spéculative ou philosophie, comme alors rien n'est hors de lui, il s'ensuit :
1 — que le sujet de chaque proposition est identique à son prédicat (et au sujet de toute proposition) ;

2 — que le sujet de chaque proposition est par conséquent différent de soi ;

3 — si le sujet est différent de soi parce qu'il est identique à son prédicat, en ce sens le prédicat diffère aussi de soi puisqu'il est identique à son sujet ; ce que la proposition affirme, c'est donc l'identité de l'identité et de la différence, c'est-à-dire encore une fois le sujet.

La conception hégélienne de la dialectique découle du projet fondamental de considérer l'Absolu comme sujet. Il est alors clair que ce qui est identique doit apparaître dans la contradiction ; et que ce qui est en contradiction doit apparaître dans l'identité. Mais cela ne suffit pas encore pour comprendre ce que Hegel entend par *développement de la notion*. Prenons en effet une proposition qui exprime l'identité de termes contradictoires, par exemple la proposition *l'Être et le Néant sont une seule et même chose* ; en réalité, une détermination spéculative ne peut s'exprimer dans une semblable proposition ; il faut appréhender l'unité dans la différence en même temps *existante et posée*. Il s'ensuit que l'unité (l'identité) des déterminations contraires est elle-même une détermination : *Devenir est le résultat véritable de l'Être et du Néant en tant que leur unité, ce n'est pas seulement l'unité de l'Être et du Néant*[1]. Autrement dit, ce qui est, ce n'est pas l'unité abstraite de l'identité et de la différence, mais c'est l'Idée, le Sujet, l'Absolu, qui se développe et s'oppose à soi et dont le savoir de soi n'est lui-même qu'un moment et une détermination/destination[2] : *Puisque le concept est le Soi propre de l'objet qui se présente comme son devenir, le Soi n'est pas un sujet au repos comportant passivement les accidents, mais il est le concept se mouvant soi-même et reprenant en soi-même ses déterminations*. Ce qui est, c'est donc le mouvement de l'Idée et l'Idée comme mouvement : ainsi, c'est l'Idée elle-même qui se développe comme *Logique* lorsqu'elle est simplement en soi, comme *Nature* lorsqu'elle se pose hors de soi[3], et comme *Esprit* lorsqu'elle retourne en soi. La science philosophique se présente comme système de ces déterminations/destinations succes-

---

1. Ce point est exprimé dans la notion de *dépassement* (*Aufhebung*) : dans le résultat, la contradiction est dépassée, mais elle y subsiste encore comme ce qui a donné lieu à l'unité. On a proposé plusieurs traductions du terme *Aufhebung* : abrogation et sublimation (É. Weil), sursomption (P.-J. Labarrière), relève (J. Derrida).
2. *Bestimmung* : a — *détermination*, b — *destination*.
3. Voir *aliénation*.

sives, et elle est elle-même une détermination/destination de l'Idée, comme savoir de soi de l'Idée.

3. L'Idée apparaît comme Logique, Soi, Nature, différence d'avec Soi, et comme Esprit, retour du Soi à Soi, c'est-à-dire identité de l'identité et de la différence. Le mouvement par lequel l'Idée rentre en soi est triple. L'Esprit* est :

1 — *l'esprit subjectif*, c'est-à-dire esprit étant simplement en soi comme vérité de la nature ; mais lorsqu'apparaît la volonté libre qui a pour destination/détermination de réaliser sa notion dans le monde extérieur, l'esprit devient

2 — *l'esprit objectif* ; c'est le monde du droit* qui s'achève dans cette réconciliation de l'universel et de l'individuel qu'est l'État*, auquel ne manque que la conscience de soi, qui est

3 — *l'esprit absolu*, comme retour à soi de l'Esprit.

Ainsi, la notion de l'Esprit a sa réalité dans l'Esprit : la notion est identique à sa réalité comme *savoir* de l'Idée absolue. Mais, là encore, la réalisation de la notion demande des médiations. La conscience de soi de l'Esprit peut revêtir différentes formes : ce peut être l'immédiateté de la détermination dans la sensibilité, puis la négation de cette immédiateté lorsque la forme et le contenu du savoir diffèrent dans la représentation, et enfin la négation de cette négation comme identité des différences. Dans l'art, l'esprit* est immédiatement saisi dans la particularité (de l'œuvre d'art) ; dans la religion*, il apparaît dans la singularité d'une existence extérieure (le Dieu* existant) ; dans la philosophie, il atteint véritablement l'universalité du retour à soi. On remarquera que ces trois moments, comme auto-détermination de l'Esprit, sont au même titre dans la sphère de la *conscience de soi* ; il en résulte nécessairement que la conscience de soi qu'a l'esprit dans l'art, dans la religion et dans la philosophie est un savoir de soi, et que les trois formes sont au même titre des savoirs : la croyance religieuse ne s'oppose pas au savoir, c'est au contraire un savoir, une forme particulière de savoir.

La dialectique hégélienne, prise souvent pour l'ensemble du développement de l'Idée, est parfois conçue par l'auteur lui-même comme l'*aspect négatif* de ce développement (cf. **Phénoménologie, Préf.**, p. 18 : *le sérieux, la douleur, la patience et le travail du négatif*) : *le moment dialectique est la mise de côté par elle-même de ces déterminations finies et leur passage à leur contraire* (**Encyclo-**

pédie, § 87). Mais, dans le contexte de l'idéalisme hégélien, cette négativité ne peut subsister seule, si bien que la dialectique en reçoit une définition plus large : *Dans sa détermination particulière, la dialectique est (...) la nature propre, véritable des déterminations de l'entendement, des choses et du fini en général* (**Encyclopédie**, § 87). Il en résulte que la dialectique est le mouvement même du concept et n'est pas seulement le moment négatif : *La dialectique supérieure du concept, c'est de produire la détermination, non pas comme une pure limite et un contraire, mais d'en tirer et d'en concevoir le contenu positif et le résultat, puisque c'est par là seulement que la dialectique est développement et progrès immanent.* Pour Platon*, la dialectique était la méthode même par laquelle le philosophe s'élevait jusqu'à la connaissance des idées ; elle conserve ce statut chez Hegel, mais elle est en même temps déploiement de la réalité parce que la réalité est Idée[1].

B. Bourgeois, **La Pensée politique de Hegel**, Paris, PUF, 1969 ; J. d'Hondt, **Hegel, philosophe de l'Histoire vivante**, Paris, PUF, 1966 ; G. Fleischmann, **La Philosophie politique de Hegel**, Paris, Plon, 1964 ; H.S. Harris, **Le Développement de Hegel**, 1- **Vers le soleil, 1780-1801**, t.f., Paris, L'Âge d'homme, 1981 ; J. Hyppolite, **Genèse et structure de la Phénoménologie de l'Esprit**, Paris, 1946 ; **Logique et Existence**, Paris, 1953 ; G. Jarczyk & P.-J. Labarrière, **Hegeliana**, Paris, PUF, 1986 ; A. Kojève, **Introduction à la lecture de Hegel**, Paris, Gallimard, 1947 ; P.-J. Labarrière, **Structures et mouvement dialectique dans la Phénoménologie de l'Esprit de Hegel**, Paris, 1968, rééd. Aubier-Montaigne, 1985 ; J. Lebrun, **La Patience du concept, essai sur le discours hégélien**, Paris, Gallimard, 1972 ; A. Lécrivain & *alii*, **Introduction à la lecture de la Science de la logique de Hegel**, III, Paris, Aubier-Montaigne, 1987 ; E. Weil, **Hegel et l'État : cinq conférences**, Paris, Vrin, 1950, 4ᵉ éd. 1974.

Hégélianisme

Au-delà d'un succès immédiat, la pensée hégélienne eut une certaine diffusion en Allemagne. De nombreux penseurs de la génération suivante se situeront par rapport à elle.

---

1. C'est pourquoi on résume souvent la philosophie hégélienne par la formule de la préface de la **Philosophie du droit** : *Tout ce qui est rationnel est réel, tout ce qui est réel est rationnel.*

Hégélianisme

Dès la mort du philosophe cependant, il y eut une scission des hégéliens : les hégéliens de droite (par exemple, G.A. Gabler [1786-1853], qui fut un temps ministre des cultes en Prusse), soutenant les conceptions proprement hégéliennes de la religion* et de l'État*, se montraient partisans du libéralisme*. Les hégéliens de gauche *(jeunes hégéliens)*, renversant bien souvent les conceptions de Hegel*, constitueront les thèmes du dépassement et de la disparition de la religion*, ainsi que du changement révolutionnaire de la société. Ce sont eux (A. Ruge [1802-1880], M. Stirner [1806-1856], B. Bauer [1809-1882], L. Feuerbach [1804-1872], M. Hess [1812-1875]) qui sont les plus connus ; le jeune Marx* et Engels ont figuré parmi eux puis les ont critiqués (cf. **L'Idéologie allemande** ; **La Sainte Famille**).

Si l'on excepte ces deux derniers, ce sont essentiellement Feuerbach et Stirner dont les œuvres ont eu le plus d'impact philosophique. Le premier est, probablement, l'un des plus puissants philosophes allemands de sa génération, quoiqu'il n'ait jamais pu parvenir à une carrière universitaire, sans doute à cause de la publication, en 1830, des **Pensées sur la mort et sur l'immortalité**, où il dénonce la croyance en l'immortalité personnelle. **L'Essence du christianisme** (1841) et **L'Essence de la religion** (1845) montrent comment l'homme fait Dieu à son image et comment la religion est pour lui une aliénation de sa propre essence. Il se donne pour tâche théorique de montrer que l'opposition entre le divin et l'humain est pure illusion, quoiqu'elle repose sur la distinction entre l'essence et l'existence individuelle de l'homme. Quant à Stirner, dans **L'Unique et sa propriété** (1844), il s'efforce de défendre l'irréductibilité du Moi, principe premier qui ne s'identifie à rien. L'Unique n'exprime pas ce que nous sommes, mais qui nous sommes, c'est-à-dire Toi, Moi, etc., des êtres différents les uns des autres. Certains ont vu en lui un précurseur de l'existentialisme*.

Le renouveau de l'hégélianisme au XXe siècle correspond à trois éléments :

— un développement considérable des études critiques sur les écrits du philosophe ;

— l'ensemble des réflexions menées par tous les courants marxistes ;

— parmi ces derniers, la théorie critique et la dialectique négative de l'école de Francfort*.

HEIDEGGER

> H. Arvon, *Feuerbach, sa vie, son œuvre, avec un exposé de sa philosophie*, Paris, PUF, 1954 ; *Aux sources de l'existentialisme : Max Stirner*, Paris, PUF, 1954 ; *Ludwig Feuerbach ou la Transformation du sacré*, Paris, PUF, 1957 ; E. Bottigelli, *Genèse du socialisme scientifique*, Paris, Éd. sociales, 1967 ; J. d'Hondt, *De Hegel à Marx*, Paris, PUF, 1972 ; *Hegel et l'hégélianisme*, Paris, PUF, 1982 ; C. Glucksmann, *Engels et la philosophie marxiste*, Paris, Éd. de la Nouvelle Critique, 1971 ; K. Löwith, *De Hegel à Nietzsche*, Paris, Gallimard, 1969.

HEIDEGGER (Martin)

Heidegger est né le 26 septembre 1889 à Messkirch dans une famille catholique. Après des études secondaires commencées chez les jésuites, il débutera ses études supérieures en théologie catholique à l'université de Fribourg et s'orientera vers la philosophie. Docteur en 1913, il est habilité en 1916 avec une thèse consacrée au *Traité des catégories et de la signification chez Duns Scot* (la critique admet aujourd'hui que le texte en question n'est pas de Duns Scot*). Il est chargé de cours à Fribourg à partir de 1915, professeur non-titulaire à Marbourg à partir de 1923. En 1928, il prend à Fribourg la succession de Husserl*, dont il avait été quasiment l'assistant, et ne quittera plus cette université. D'avril 1933 à février 1934, il en sera le recteur élu. Critique de la République de Weimar, membre du parti nazi, il avait salué l'avènement du national-socialisme comme une révolution apportant un bouleversement complet de l'existence du peuple allemand (voir également son texte sur *L'auto-affirmation de l'Université allemande*, 27 mai 1933). Il quitte la vie publique en 1934 et ne prendra jamais publiquement position, avant comme après la guerre, sur les pratiques politiques du IIIe Reich. Dans sa correspondance privée, cependant, des lettres de juillet à novembre 1945 (on en trouvera des extraits dans l'ouvrage de Farias cité plus loin), témoignent d'une position sans équivoque *(nous autres Allemands, nous ne pouvons nous effondrer)* ou d'un délire assez pitoyable *(je suis convaincu que c'est à partir de notre foyer souabe que s'éveillera l'esprit de l'Occident)*. Les autorités alliées l'interdiront d'enseignement de 1945 à 1951.

Paradoxalement, c'est après la guerre que le philosophe va connaître la notoriété internationale. On peut en dater l'émergence de la rencontre avec Jean Beaufret (1907-1982), qui vint le voir à Fribourg-en-Brisgau en 1945. C'est à lui que Heidegger adresse la célèbre *Lettre sur l'humanisme* (1947). Beaufret, qui s'est occupé de la formation des maquis dans le cadre du « Service Périclès », sera l'un des principaux interprètes et propagandistes de sa pensée. Professeur de classes préparatoires aux grandes écoles aux lycées Henri-IV (1946-1955) et Condorcet (pendant dix-sept ans), son enseignement, servi par une présence extraordinaire, et ses ouvrages, d'une grande qualité intellectuelle, expliquent en partie le retentissement de la pensée de Heidegger dans le système universitaire français. Ce retentissement lui-même a rendu possible l'impact qu'a eu en France, à la fin des années 80, la discussion sur le nazisme de Heidegger (voir l'ouvrage du journaliste Victor Farias, **Heidegger et le nazisme**, t.f., Paris, Verdier, 1987). Beaufret s'est laissé aller à publier des lettres à R. Faurisson (auteur d'une thèse niant l'existence de l'holocauste) dans les **Annales d'histoire révisionniste** (1987). Les faits étaient bien connus avant la querelle médiatique et avaient conduit certains grands philosophes allemands à prendre leurs distances (cf. Karl Löwith, 1897-1973, **Heidegger, Denker in dürftiger Zeit**, 1953).

Durant ses années d'interdiction, Heidegger a continué son œuvre, produisant également des conférences devant des cercles restreints. Il sera nommé professeur émérite en 1952, mais donnera des cours jusqu'en 1958. En 1955, il a été invité en France à un colloque à Cerisy. Beaufret publie la même année **Le Poème de Parménide** (PUF), qui retrace l'historique de l'interprétation du poème, afin de montrer en quoi l'intervention de Heidegger dans la philologie est un événement historique de première grandeur. Cette année-là également, le philosophe rencontre le poète René Char, qui l'invitera en Provence aux séminaires du Thor (1966, 1968 et 1969), dont Beaufret rédigera les protocoles. Son activité publique se restreint progressivement, et il vit les dernières années de sa vie au milieu d'un groupe d'amis. Il meurt à Fribourg-en-Brisgau le 27 mai 1976.

L'œuvre publiée de Heidegger est immense. Son activité de penseur original commence véritablement avec **L'Être et le Temps** (1927), dont Sartre* et Merleau-Ponty* ont popularisé et critiqué les analyses.

On notera : **Qu'est-ce que la métaphysique ?** (1929) ; **Kant et le problème de la métaphysique** (1929) ; **Hölderlin et l'essence de la poésie** (1936) ; **Éclaircissements à Hölderlin** (1944) ; **Chemins qui ne mènent nulle part** (1950) ; **Introduction à la métaphysique** (1953) ; **L'Expérience de la pensée** (1954) ; **Essais et Conférences** (1958) ; **Qu'appelle-t-on penser ?** ; **Le Principe de raison** (1962) ; **Acheminements vers la parole** (1959) ; **Nietzsche** (1961) ; **Qu'est-ce qu'une chose ?** (1962). Une grande partie de ces textes sont des cours, dont la publication se continue dans les **Œuvres complètes** (**Gesamtausgabe**). Nombre de ces ouvrages ont été traduits en français (les éditions Gallimard ont publié des choix de textes et conférences sous le titre **Questions I, II** etc., ainsi que **De l'essence de la liberté humaine : introduction à la philosophie**).

L'opération de traduction en français n'est pas sans donner lieu à des querelles byzantines. Heidegger attache une importance extrême à la langue même de la philosophie (le grec et l'allemand, reprenant en cela le mythe naïf de l'inégalité des langues) et son texte fourmille de néologismes difficiles. Il utilise souvent l'antique technique de l'étymologie interprétative qui consiste à analyser par paraphrase déconstruisante un vocable de la langue ordinaire. Un exemple simple. Si on lit *Dasein* dans un journal allemand, on traduira tout simplement par *existence*. Heidegger parle du *Da-sein*, ce que l'on peut traduire par l'*Être-là* ; par suite, il peut envisager de réfléchir sur le *là* du *Da-sein*, voire l'*être-là* du *Da-sein*. Les techniques d'argumentation relèvent souvent de la tautologie amplifiante ; ainsi, *Das Ereignis ereignet* (*l'événement événemente*, ou, selon certains traducteurs, *l'appropriation approprie*) ; autre exemple, *le néant même néante*. Lorsque Carnap* a voulu montrer l'inanité (absence de sens) des propositions de la métaphysique, il n'hésitera pas à prendre des exemples chez son compatriote (dans un texte de 1931, **La Science et la Métaphysique devant l'analyse logique du langage**, t.f., Paris, Hermann, 1934). Évidemment, cette technique est appliquée sur les textes grecs, à propos desquels bien des étymologies risquées font hurler les philologues. Pourtant, il y a là le sens profond de la conception heidegerienne du langage et de la pratique philosophique. Un ensemble de termes primitifs constituent une origine-vérité ; il s'agit d'interpréter. On en revient à une conception de la langue nomenclature (ce qui va à l'encontre de toute la linguistique moderne : voir Meschonnic, **Le Langage Heidegger**, 1989), langue qui est l'enracinement même de l'homme dans son dialecte : *En vérité, c'est la langue qui parle et non l'homme. L'homme ne parle que dans la mesure où il cor-respond à la langue.* Comme l'a noté Ricœur*, cette philosophie du langage (devenue explicite en 1959) est venue remplacer l'analytique de l'être-là que proposait la première œuvre. Il y a une évolution incontestable de la pensée de Heidegger.

1. *L'Être et le Temps* pose d'emblée la question de l'Être (voir *ontologie*) et de son sens* ; mais cette question est orientée : car le sens de l'Être est à lire dans un « étant » particulier, l'être-là *(Dasein)*, cet étant que nous sommes nous-mêmes, et qui a, par son être, entre autres choses, la possibilité de poser des questions. Parmi les modes d'être de cet étant qu'est l'homme, il y a la science* ; mais la recherche scientifique n'est pas le seul mode d'être qu'adopte cet étant, ni celui qu'il adopte en premier lieu. Si on appelle *existence* l'être même à l'égard duquel l'être-là se comporte de telle ou telle manière, et toujours en quelque manière, alors on remarque que l'être-là se comprend toujours à partir de son existence, c'est-à-dire à partir de sa possibilité d'être lui-même ou non-lui-même. C'est pourquoi toute analyse ontologique de l'être-là présuppose une vue préalable sur l'existentialité. Heidegger se livre à une étude des modes d'être de l'être-là : la facticité (l'être-là se découvre comme un étant-déjà-là), la déréliction, l'être-au-monde, l'historicité. L'unité de l'homme est une extériorisation de soi qui sans cesse se reprend et se domine : l'existence est « ek-sistence », c'est-à-dire temporalité et souci. Mais cette existence peut posséder deux modes : l'inauthenticité du *on (das man)* qui consiste dans l'acceptation d'une vie quotidienne et commune (*on dit, on sent,* etc.) et l'authenticité de l'existence résolue qui se comprend dans la seule possibilité qui lui appartienne en propre, son être-pour-la-mort. C'est dans l'angoisse face à sa mort* que tout homme rejoint la particularité de son existence et conçoit ce que c'est qu'être.

2. La critique de la métaphysique repose sur la découverte de l'occultation subreptice que certaines réponses peuvent faire subir à la question *Qu'est-ce que l'Être ?* Soucieux d'élaborer un savoir, Platon* et Aristote* créent la métaphysique en confondant dans leur réponse l'Être et l'étant (ce qui est) ; c'est pourquoi ils se croient obligés d'expliquer l'Être de l'étant à partir d'un autre étant (Dieu*, les principes). Cet oubli de l'Être se prolonge dans la conception médiévale de la vérité* (adéquation de l'esprit et des choses), dans la découverte cartésienne de la subjectivité et, finalement, dans toute théorie de la représentation. Par là se conçoit aussi la fin de cette métaphysique : en identifiant l'être à la somme de ce qui est, et dont elle prétend être le savoir, la métaphysique doit céder la place au véritable savoir des étants, c'est-à-dire à la science*. S'il reste une tâche à la pensée, après la fin de la philosophie, c'est de comprendre la différence entre l'Être et les étants : jamais l'Être et l'étant ne peuvent être identiques, pas plus que ne le sont la présence et ce qui est présent. C'est pourquoi Heidegger, après avoir dénoncé, dans sa **Lettre sur l'humanisme**, le privilège exorbitant que, dans sa première œuvre, il accordait à l'étant particulier qu'est l'être-là (l'homme n'est plus désormais que le berger de l'Être), s'est efforcé par la suite d'être à *l'écoute de l'Être* qui se dit dans l'œuvre des présocratiques* ou dans la poésie. L'œuvre d'art ouvre au monde, elle

HEIDEGGER

est vérité* en tant que celle-ci est pur et simple apparaître : *La poésie demeure toujours une expression véridique (...) sans but ni fin.* Telle est pour Heidegger la vérité* originelle, le non-retrait qu'il distinguait dans l'*aléthéia* présocratique (terme grec signifiant *vérité* et que Heidegger interprète, en jouant sur le *a* privatif et sur l'étymologie, comme *être en non retrait*).

L'une des tâches accomplies dans l'œuvre de Heidegger — dans ses travaux multiples sur la question de l'être chez de nombreux philosophes (dont sont curieusement absents les empiristes) depuis l'Antiquité jusqu'à la pensée moderne — est incontestablement une interprétation de l'Être, en quelque sorte une histoire de l'Être et de la vérité*. Par là, il faut entendre la recherche de ce que signifie *être* pour tel ou tel philosophe. *Signifier* indique qu'il ne s'agit pas de notre représentation de ce qui est (tâche traditionnelle de la métaphysique), mais de notre rapport à ce que c'est qu'être. À partir du *tournant* (*Kehre*) 1930-1940, on comprend peut-être mieux le sens de cette tentative. En 1949 apparaît un nouveau terme dans le langage heideggerien, *Geviert* (traduit tantôt par *cadran*, tantôt par *quadriparti*), pour désigner le rapport essentiel *Terre et Ciel, Divins et mortels*. Ce *Geviert* se représente par une croix qui barre l'être de la tradition : ~~Sein~~ (*kreuzweise Durchstrechung*), selon une procédure graphique que reprendra Derrida* (~~être~~). On peut dire platement que le projet heideggerien est de retrouver le rapport originel à l'Être, qu'aurait occulté la métaphysique occidentale. Faut-il accorder que l'authentique soit l'originel et que l'histoire de l'être et de la vérité* se conclue par une marche à rebours ? La critique de la conception occidentale de la vérité* ne mènerait-elle qu'à une récupération de la vérité-révélation (que voir de plus dans le dévoilement de l'*a-léthéia*) ? C'est un reproche que fait, non sans pertinence, E. Tugendhat, dans son ouvrage **Der Wahrheitsbegriff bei Husserl und Heidegger**, Berlin, 1970.

La polémique sur le nazisme de Heidegger ne possède en soi aucun intérêt philosophique. Heidegger était peut-être un sale bonhomme sans envergure morale. Il était aussi un grand maître, au sens technique du terme, de la philosophie. Il a formé quantité de disciples, ses œuvres ont été lues et commentées par d'innombrables philosophes. Il a inspiré des penseurs comme Derrida*, des écrivains comme Blanchot* ou Char, et quantité de travaux d'interprétation de l'histoire de la philosophie. Lors de la polémique sur son engagement dans le nazisme, ses partisans français se sont efforcés de séparer le contenu de sa pensée et son engagement politique. La question véritable est bien là où la philosophie côtoie l'abîme. Mais elle va encore plus loin, et ne concerne pas le personnage comme tel. Il s'agit de savoir à quoi sont naturellement et objectivement reliés, indépendamment de la position subjective de celui qui les défend, cette espèce d'irrationalisme et cette nostalgie du passé. L'une des caractéristiques de cette philosophie est sa coupure avec le monde moderne, son refus de poursuivre la continuité séculaire de la philosophie et de la pensée scientifique et technique (auxquels il accorde pleine et entière autonomie, en tant qu'accomplissement de la métaphysique traditionnelle, comme si la pensée pouvait exister à côté, sans interaction). Penser et comprendre Heidegger, l'interpréter de telle ou telle façon (certains, très minoritaires, s'efforcent même de trouver des points de rencontre avec la philosophie anglo-saxonne), l'accepter ou le rejeter, c'est décider du sort de la philosophie dans le monde moderne. En ce sens, la pensée de Heidegger, ou plutôt le problème Heidegger, est incontournable pour la philosophie contemporaine.

J. Beaufret, **Dialogue avec Heidegger**, Paris, Minuit : I-**Philosophie grecque**, 1973, II-**Philosophie moderne**, 1973, III-**Approche de Heidegger**, 1974 ; H. Birault, **Heidegger et l'expérience de la pensée**, Paris, Gallimard, 1978 ; P. Bourdieu, **L'Ontologie politique de Martin Heidegger**, Paris, Minuit, 1988 ; D. Le Buhan et E. de Rubercy, **Douze questions posées à Jean Beaufret à propos de Heidegger**, Paris, Aubier-Montaigne, 1983 ; A. Chapelle, **L'Ontologie phénoménologique de Heidegger**, Paris 1962 ; J.-P. Cotten, **Heidegger**, Paris, Seuil, 1974 ; F. Dastur, **Heidegger et la question du temps**, Paris, PUF, 1990 ; L. Ferry & A. Renaut, **Heidegger et les Modernes**, Paris, Grasset, 1988 ; H. Meschonnic, **Le Langage Heidegger**, Paris, PUF, 1989 ; J.-M. Palmier, **Les Écrits politiques de Heidegger**, Paris, L'Herne, 1968 ; R. Schürmann, **Le Principe d'anarchie : Heidegger et la question de l'agir**, Paris, Seuil, 1982 ; G. Vattimo, **Introduction à Heidegger**, t.f., Paris, Cerf, 1985 ; A. de Waelhens, **La Philosophie de Martin Heidegger**, Louvain, Éditions de l'Institut supérieur de philosophie, 1942.

HINTIKKA (Jaako)

Le Finlandais Hintikka (né en 1929) est l'un des plus illustres représentants de l'école finnoise qui s'est développée sous l'influence de George

HINTIKKA

Henrik von Wright (né en 1916) et a œuvré à la construction de la logique des modalités (von Wright a travaillé sur les logiques déontiques — qui introduisent les propositions par des expressions comme *Tu dois...* — et temporelles). Il a soutenu sa thèse en 1952 **(Les formes normales distributives dans le calcul des prédicats)** à l'université d'Helsinski, où il sera professeur de 1959 à 1970, après un complément de formation à Harvard. Il a occupé différentes chaires en Finlande et aux États-Unis, et enseigne à l'université d'État de Floride depuis 1978. L'œuvre de Hintikka est extrêmement technique, tout en étant fortement liée à l'histoire de la philosophie (de nombreux travaux réinterprètent dans le langage de la logique moderne des travaux anciens et en dégagent d'intéressantes problématiques). Parmi les nombreux textes accessibles en anglais (les traductions françaises sont peu avancées), on citera : **Knowledge and Belief** (1962) ; **Models for Modalities** (1969) ; **Time and necessity : Studies in Aristotle's Theory of modalities** (1973) ; **Knowledge and the Known, Historical Perspectives in Epistemology** (1974) ; **The Intentions of Intentionality and other new models for modalities** (1975) ; **The Semantics of Questions and the Questions of Semantics** (1976).

Les apports techniques de Hintikka débouchent tous sur des problèmes extrêmement importants et montrent la créativité extraordinaire de ce type de philosophie qui n'a pas renoncé à garder le contact le plus étroit avec la pensée scientifique moderne. Dans sa thèse, il s'agissait (pour faire simple) de mesurer la complexité de toute phrase par le nombre de quantificateurs et de symboles individuels qu'elle contient. À partir de là, on peut résoudre au moins deux problèmes. L'un concerne l'idée selon laquelle, si on déduit logiquement des conséquences à partir de principes donnés, on n'augmente pas notre connaissance (puisque tout était dans les principes). Hintikka montre que de simples transformations logiques permettent d'accroître l'information de surface véhiculée par une phrase. Le second correspond à la distinction entre les propositions analytiques et synthétiques. Sont analytiques les propositions qui peuvent être démontrées sans recours à des propositions plus complexes. Puisque la complexité s'accroît avec le nombre d'individus pris en considération, la synthèse consiste à faire intervenir des individus nouveaux. Hintikka pense que c'est ce à quoi songeait Kant* lorsqu'il soutenait que les propositions mathématiques sont synthétiques et que la démonstration en procède par construction de concepts dans l'intuition.

C'est surtout dans le domaine de la logique* modale que les apports de Hintikka sont considérables. L'idée d'une logique* modale remonte à Aristote*. Elle concerne des expressions comme *il est* *nécessaire que p, il est possible que p,* etc. Leibniz* avait clarifié la question en prenant le possible comme référence et en notant que le nécessaire est ce dont le contraire n'est pas possible, et le contingent le contraire du nécessaire (autrement dit, ce dont le contraire est possible). Surtout, il avait introduit la notion de *monde possible* conçu comme une alternative au monde réel. Une proposition nécessaire était conçue comme vraie dans tous les mondes possibles. La mathématisation de la logique* a rendu extrêmement compliquée la conception de la modalité. *Modalité*, au reste, doit être conçu de façon très large, englobant des expressions déontiques *(il est permis de...)*, épistémiques *(A sait que... ; A croit que...)*, voire, selon Hintikka, la perception *(A voit que...)* : bref, toutes ces expressions qui, sous le nom d'*attitudes propositionnelles*, ont été exclues par le principe d'extensionnalité des systèmes logiques construits à partir de Frege* et Russell*. La modalité, en effet, ne permet pas de substituer les identiques aux identiques en gardant la vérité (loi dite de Leibniz* ou principe d'extensionnalité). Soit, par exemple, la proposition (vraie) *je crois que Cicéron dénonça Catilina* (l'exemple ouvre l'ouvrage de 1962 consacré à la logique* épistémique) ; il est vrai que Tullius est le prénom de Cicéron, mais, si je ne le sais pas, remplacer l'un par l'autre rend la proposition fausse. Malgré les travaux qui ont suivi les découvertes de Clarence Irving Lewis (1883-1964) dans ce domaine (par des moyens axiomatiques, il a décrit plusieurs systèmes modaux plus ou moins puissants pour la notion de nécessité), des philosophes comme Quine* ont toujours refusé de considérer les logiques modales comme faisant partie du domaine de la logique* au sens strict. Hintikka s'est efforcé d'étendre le domaine de la logique*. On peut traiter l'exemple cité en notant que la proposition exprimant ma croyance correspond a) à une situation (la dénonciation de Catilina par Cicéron), b) à quelque chose d'autre qu'on peut exprimer en disant que seuls sont compatibles avec ma croyance les mondes possibles où cet état de chose est réalisé.

L'introduction des mondes possibles permet d'effectuer un calcul sur les modalités. Elle soulève aussi de sérieux problèmes philosophiques : Lewis pensait qu'ils existaient tout en nous étant inaccessibles, d'autres qu'ils constituent des états du monde réel, d'autres enfin qu'ils se réduisent à des entités plus primitives (comme des ensembles de propositions). Pour Hintikka, il s'agit d'artefacts créés par l'homme pour faciliter ses rapports avec le monde réel, et il

HINTIKKA

s'efforce de définir des conditions techniques strictes (et compliquées!) sur leur construction. De manière générale, *p* et *non-p* ne peuvent appartenir au même monde : ce qui définit un monde, ce sont la consistance et la compatibilité. L'un des problèmes les plus ardus concerne l'identification des individus entre deux mondes différents : pour Hintikka, il faut toujours définir les conditions individuantes. La substitution des identiques est possible pourvu que les deux termes substitués réfèrent dans chaque monde possible au même objet qui peut varier d'un monde à l'autre. La possibilité d'utiliser les quantificateurs *(tout, quelque)* suppose qu'un terme réfère au même objet dans tous les mondes possibles. La sémantique des mondes possibles conduit Hintikka à concevoir l'existence comme un prédicat, puisque le jugement d'existence, comme tout autre jugement, décrit un monde possible, ce qui remet en question la conception de Kant*.

L'utilisation des mondes possibles permet l'intervention du sujet parlant dans le calcul de la vérité* des phrases qu'il profère : c'est l'une des grandes nouveautés introduites par Hintikka. Il ira même jusqu'à construire une conception technique de la quantification en termes de questions/réponses entre des interlocuteurs. On peut concevoir un monde possible comme ce qui aurait été vrai d'un individu s'il lui était arrivé d'autres choses que celles qui lui sont arrivées. Cela, c'est la solution leibnizienne que l'on retrouve chez Saul Kripke (né en 1941) et qui oblige ce dernier à considérer les noms propres comme des désignateurs rigides dans tous les mondes possibles (voir son ouvrage de 1970, t.f., ***La Logique du nom propre***, Paris, Minuit, 1982). Chez Hintikka, un monde possible est une description alternative d'un individu qui permet de l'identifier autrement. Noms et concepts, individus et propriétés, n'existent pas *a priori*, indépendamment et de façon séparable des mondes possibles.

R. Bradley & M. Swartz, ***Possible Worlds***, Oxford, 1979 ; M. Meyer, ***Logique, langage et argumentation***, Paris, Hachette, 1982.

Histoire

Parmi les propositions dont la vérité* peut être conçue indépendamment d'un système d'autres propositions, il faudrait classer celles qui sont vraies en vertu des seules lois logiques*, et celles dont la vérité* ne peut être connue que par référence à une donnée irréductible au langage* et à la pensée : elles décrivent des faits. Parmi celles-ci, il y a celles qui sont vérifiables à propos d'une classe définie de phénomènes *(tous les hommes sont mortels)* et celles qui ne sont vraies qu'en vertu d'un phénomène unique. Parmi ces dernières, il convient encore de faire une distinction ; pour certaines, le fait décrit *(Sartre louche)* peut être conçu sans rapport spécifique au temps* ; pour d'autres *(Sartre est né en 1905)*, le temps* lui-même appartient au fait décrit, celui-ci est un événement. Les événements ont cette particularité qu'ils sont des êtres singuliers, et qu'ils ne se répètent pas. L'ensemble des événements qui ont eu lieu, ont lieu, ou auront lieu dans l'univers peut être appelé *histoire*. On nomme aussi « histoire » l'étude des êtres appartenant à l'histoire[1].

1. L'objet et l'« histoire »

La définition précédente peut paraître artificielle. L'« histoire » n'est pas indépendante de l'histoire : lorsque Thucydide (**La Guerre du Péloponnèse**) et Hérodote (**L'Enquête**[2]) rédigent les premiers textes « historiques » de la civilisation occidentale (Ve siècle av. J.-C.), la décomposition des cités grecques n'est pas indifférente au fait qu'ils prennent leur histoire pour objet d'étude ; le rôle de l'« histoire » dans les programmes scolaires français depuis le début du siècle dernier a été de justifier des frontières, une politique*, de créer en chacun la conscience d'appartenir à une communauté nationale *(Nos ancêtres les Gaulois)*. À l'inverse, ce qu'on entend par *histoire* dépend étroitement d'une pratique « historienne », c'est-à-dire des objets et des méthodes des historiens ; l'« histoire » n'a pas nécessairement comme objets les événements au sens défini plus haut. Pendant très longtemps, on n'a pas distingué les *faits* et les *événements* : l'histoire était conçue comme la connaissance des faits par opposition à celle des principes et des causes* qui gouvernent ces faits. C'est pourquoi on distinguait « *histoire* » *naturelle* — établissement des « faits » de la nature, c'est-à-dire simple recension de ce qu'on observe — et « *histoire* » *humaine* — établissement des « faits » humains, c'est-à-dire, d'une part, recension de ce qu'on observe dans les sociétés, sans référence au temps, et, d'autre part, description chronologique des actions humaines[3] —. On remarquera

---

1. On distinguera ici les deux sens du mot *histoire*, par l'emploi des guillemets ; dans un tout autre contexte, Heidegger* fait une distinction analogue entre *Geschichte* (histoire) et *Historie* (recherche « historique »).

2. En grec *historia*.

3. Voir *Bacon* : cette classification est encore celle de d'Alembert dans le **Discours préliminaire** de l'**Encyclopédie**.

Histoire

cependant que c'est cette description « chronologique » qu'on entend généralement par « histoire » : celle-ci doit se référer explicitement au temps* et aux actions humaines. On n'en définit pas pour autant *l'objet* de l'« histoire » : elle peut être une simple *chronique* des événements politiques, ou elle peut rechercher à les entraîner selon leur causalité ; elle peut aussi viser les mœurs, l'économie, les idées[1]. Ces dernières préoccupations, apparues au XVIIIe siècle (Voltaire), sont maintenant définitivement au centre des travaux « historiques »[2].

2. Objectivité et déterminisme historique

Comme connaissance d'un objet, l'« histoire » tend à prendre le statut de science*. On a tenté de définir sa scientificité par sa rigueur, en montrant comment l'utilisation des documents, la critique des témoignages pouvaient donner une connaissance correcte du passé, et, sur ce point, l'« histoire » n'a cessé de progresser jusqu'à l'« *histoire* » *quantitative* contemporaine qui utilise le traitement automatique des données. Mais la rigueur d'une science* dépend de son type d'objectivité ; le modèle donné par la physique* suppose que les énoncés scientifiques :

1 — soient vérifiables ;

2 — décrivent des mécanismes de causalité* ou énoncent des lois* ;

3 — permettent la prévision.

Le fait que l'« histoire » ait été conçue comme *connaissance du passé* a amené à nier le premier point : il n'y a pas d'« expérimentation* historique ». Le fait que l'« histoire » ait été spécifiée par rapport à l'homme conçu comme être libre a souvent entraîné la négation des deuxième et troisième points[3]. Traditionnellement, l'idée d'un déterminisme historique correspond à la négation de la liberté* ou à l'idée que la Providence divine guide les actions humaines vers une fin déterminée (Bossuet). Les *lois historiques* ont d'abord été

---

1. Sur le rôle et les problèmes de l'« histoire » des idées, voir *épistémologie, idéologie, Foucault*.

2. *Économies, sociétés, civilisations*, tel est le sous-titre programmatique de la revue **Annales d'histoire économique et sociale**, fondée en 1929 par Lucien Febvre (1878-1956) et Marc Bloch (1886-1944). Cette revue donnera son nom à l'une des plus importantes écoles historiques contemporaines : l'école des Annales.

3. Au début du siècle, Weber* définissait l'histoire comme interprétation subjective (compréhension) des événements.

conçues comme des lois de développement rapportées globalement à un sujet* (l'humanité pour Comte*, l'Esprit pour Hegel*) : s'il y a une Raison* dans l'histoire, elle concerne alors les événements seulement en tant qu'ils sont rapportés à une fin[1]. L'apparition des sciences humaines* a mis l'accent sur les déterminismes qui régissent l'action humaine. Le déplacement progressif de la pratique historienne vers de nouveaux objets — économie*, relations sociales, groupes sociaux, unités géographiques importantes[2] —, la fragmentation corollaire des préoccupations « historiques » ont permis d'intégrer ces déterminismes en faisant de l'« histoire » l'explication de *relations causales* entre des séries d'événements, qui ont pour caractéristique de ne pouvoir être rapportées à l'individualité humaine. Il n'y a plus dès lors *une* « histoire » mais *des* « histoires » (on découvre des temporalités « historiques » spécifiques à chaque type d'objets) ; doit-on admettre une fragmentation corollaire de l'histoire ?

Pour une science humaine* quelconque, quand elle a un rapport au temps*, c'est souvent à la manière de la physique* : le temps* est une variable indépendante servant à décrire les relations existant entre des objets décrits abstraitement, c'est-à-dire en tant seulement qu'ils concernent cette science[3]. Pour l'« histoire », la temporalité entre dans la définition des objets dont elle s'occupe et permet de les définir comme singularités. Il n'y aurait de déterminisme historique, de lois de l'histoire au sens d'une nécessité absolue du déploiement de l'histoire conçue comme totalité, que pour une science* qui serait capable de ressaisir toutes ces déterminations événementielles, c'est-à-dire finalement capable d'unifier la diversité des sciences humaines* et de leurs objets, en une seule science* et en un seul objet. Marx* avait cru pouvoir le faire avec le matérialisme historique, c'est-à-dire en admettant que tous les déterminismes socio-culturels sont d'une certaine façon réductibles au déterminisme économique.

---

1. D'où la question traditionnelle : *l'histoire a-t-elle un sens ?*
2. Cf. Fernand Braudel (1902-1985), ***La Méditerranée et le Monde méditerranéen à l'époque de Philippe II***, rééd. 1966 ; ***Écrits sur l'histoire***, 1969.
3. S'il y a une approche structurale des êtres historiques (Foucault*), il n'y a pas de structuralisme « historique », car l'« histoire » des structures ne saurait être structurale : *l'analyse structurale concède à l'histoire une place de premier plan : celle qui revient de droit à la contingence irréductible. Pour être valable, une recherche tout entière tendue vers les structures commence par s'incliner devant la puissance et l'inanité de l'événement* (Lévi-Strauss*).

3. Historicité et humanité

D'un point de vue ontologique, la tendance moderne a souvent été de réduire l'histoire au domaine de l'humain. Cette tendance débouche sur le thème de l'historicité, que l'on voit apparaître chez le dernier Husserl* pour désigner la tradition historique qu'un fait de culture possède nécessairement comme le sens authentiquement rationnel qui s'accomplit en lui. Heidegger* fera de la notion un élément essentiel de la façon d'être au monde* de l'homme : *Par* historicité, *on entend la constitution d'être de l'être-là comme* accomplissement *; cet accomplissement est seul à fonder la possibilité d'une « histoire universelle » et l'insertion historique dans cette histoire universelle* (***L'Être et le Temps***, 6). Autrement dit, sans l'homme pas d'histoire ; toute histoire est histoire universelle de l'homme. Ce point de vue est extrêmement contestable. Il est probablement le résultat de la situation épistémologique qui opposait les sciences de la nature (domaine du stable, de l'universel et de la loi) aux sciences historiques (domaine du changeant, du singulier et de la contingence). La nature (sauf chez Hegel*) n'était jamais pensée comme le résultat d'un processus, alors qu'on envisageait l'homme comme le produit d'une histoire qui avait pour effet de produire l'humain en l'arrachant à la nature. Or la nature elle-même est le résultat de différents processus, comme le montrent la paléontologie, la géologie (davantage encore depuis la découverte de la dérive des continents) et, surtout, la cosmologie moderne (théorie de l'origine de l'univers). Autrement dit, le fait qu'il y ait eu des processus irréversibles et singuliers produisant des résultats qui comptent dans la structure du réel, cela que l'on peut appeler *historicité*, est un mode d'être constitutif aussi bien de l'univers que de l'humanité. Certains historiens professionnels ont peut-être été les premiers à entériner cette nouvelle situation épistémologique, puisque, pour tel d'entre eux (Le Roy Ladurie), on ne change pas le sens du mot *histoire* en passant de l'« histoire » de quelque chose comme le système bancaire européen, à l'« histoire » du climat.

R. Aron, ***Introduction à la philosophie de l'histoire***, Paris, Gallimard, 1938 ; M. Bloch, ***Apologie pour l'histoire ou Métier d'historien***, Paris, Colin, 7ᵉ éd. 1987 ; O. Bloch et *alii*, ***Entre forme et histoire***, Paris, Klincksieck, 1988 ; G. Bourdé & H. Martin, ***Les Écoles historiques***, Paris, Seuil, 1983 ; F. Braudel, ***Écrits sur l'histoire***, Paris, Flammarion, 1969 ; M. de Certeau, ***L'Écriture de l'histoire***, Paris, Gallimard, 1975 ; M. Foucault, ***L'Archéologie du savoir***, Paris, Gallimard, 1969 ; F. Furet, ***L'Atelier de l'histoire***, Paris, Flammarion, 1982 ; H.G. Gadamer, ***Vérité et Méthode***, t.f., Paris, Seuil, 1976 ; A.C. Danto, ***Narration and Knowledge***, New York, Columbia University Press, 1985 ; J. Le Goff & P. Nora (dir.), ***Faire de l'histoire***, 3 vol., Paris, Gallimard, 1974 ; E. Le Roy Ladurie, ***Le Territoire de l'historien***, Paris, Gallimard, 1973 ; H. Védrine, ***Les Philosophies de l'histoire***, Paris, Payot, 1975 ; P. Veyne, ***Comment on écrit l'histoire***, Paris, Seuil, 1971.

HOBBES (Thomas)

Né en 1588, mort en 1679, il est, par sa naissance, le contemporain de Descartes* (avec qui il polémique), mais, par sa longévité, il peut apparaître comme un homme de la génération suivante. Après de bonnes études à Oxford, il entre comme précepteur au service des comtes de Cavendish ; à ce titre, il voyage en France et en Italie, ce qui lui permet de rencontrer les personnalités marquantes de son temps. D'une culture encyclopédique, passionné de mathématiques* (il considère les éléments d'Euclide comme le modèle de la science*, mais passe son temps à essayer de résoudre le problème de la quadrature du cercle), de physique* (en 1630, il donne une interprétation mécaniste de la vision), d'histoire* ancienne (en 1628, il donne une traduction de Thucydide), il conçoit une vaste somme philosophique (***Elementa Philosophiae***) dont la troisième partie (***De Cive***) paraît en 1642, la première (***De Corpore***) en 1655, et la deuxième (***De Homine***), en 1658. Mais son intérêt principal se porte vers la politique : dès 1640, il fait circuler les ***Elements of Law*** ; en 1650 paraît le célèbre ***Léviathan*** et, parmi ses dernières œuvres, on trouve encore, outre le ***Behemoth*** (1660), un ***Dialogue between a Philosopher and a Student of Common Law in England*** (1666).

1. La philosophie de Hobbes est essentiellement un mécanisme et un nominalisme*. Elle est mécaniste en ce qu'elle tend à expliquer toute la réalité par l'action réciproque des corps*. Tout mouvement est le passage continu d'un lieu à un autre ; tout corps est en mouvement ou en repos ; quand un corps est en mouvement, il se meut éternellement, à moins d'en être empêché[1]. La force n'est pas un être indépendant du

---

1. Formulation abstraite du principe d'inertie.

HOBBES

corps en mouvement, elle mesure simplement le carré de sa vitesse ; c'est pourquoi la tendance *(conatus)* du corps, loin d'être une réalité métaphysique obscure, est définie comme le mouvement qui a lieu, en des fractions d'espace et de temps inassignables. Sur la base de cette philosophie naturelle, Hobbes tente de construire une théorie de l'homme : la vie* est mouvement. Le mouvement animal est double : c'est, d'une part, la tendance interne, c'est-à-dire le *conatus* interprété comme désir* et volonté*, et, d'autre part, l'effet interne (sensation, imagination*, mémoire*) des mouvements externes agissant sur le corps*.

Pour ce matérialisme, la connaissance* ne peut être que le développement des effets du monde sur le sujet*, et, par conséquent, la philosophie de Hobbes est un empirisme*. Si la représentation de quelque chose est simplement le mouvement que cause en moi cette chose, je n'ai que des représentations particulières : d'où le nominalisme* qui pose que je ne possède pas d'idées générales mais des mots arbitraires, êtres particuliers, susceptibles de désigner une multiplicité d'autres choses particulières. Par là, l'empirisme* (toute connaissance* est connaissance d'un fait) peut accorder une place importante à une méthode rationnelle inspirée d'Euclide : le raisonnement de la science* est un calcul effectué sur les mots.

2. Pour le nominalisme*, la réalité est uniquement constituée d'individus ; le problème politique essentiel est alors le suivant : comment la disparité des volontés individuelles peut-elle être ramenée à l'unité d'un État* ? Pour le résoudre, Hobbes utilise la fiction classique d'un état de nature ; dans cet état, chacun, mû par son propre mouvement de peur de perdre la vie, tend à s'imposer aux autres, ce qui mène à la guerre de tous contre tous. Chacun finit alors par être l'égal de tous, puisqu'il peut arriver que même le plus fort soit vaincu. Il y a cependant des passions qui inclinent l'homme à la paix : la crainte de la mort*, le désir* des choses nécessaires à une vie* agréable, l'espoir de les obtenir par son industrie. La raison* suggère des clauses appropriées d'accord pacifique sur lesquelles on peut amener les hommes à s'entendre, ce sont les lois* naturelles qui prescrivent de renoncer au droit* naturel que l'on a sur toute chose, pour préserver sa propre vie et la paix générale. Mais ces lois sont contraires à nos passions naturelles, et les conventions, sans le glaive, ne sont que des paroles, dénuées de la force d'assurer aux gens la moindre sécurité.

Homme (Droits de l')

C'est pourquoi la crainte inspire un pacte d'association que chacun passe avec tous, qui est en même temps un pacte de soumission à une autorité souveraine[1]. En expliquant par un tel contrat social la génération de l'État*-Léviathan, Hobbes se fait le théoricien du pouvoir absolu ; cela, comme sa vision pessimiste de l'homme *(l'homme est un loup pour l'homme)*, explique sans doute le mauvais renom de sa doctrine[2].

> J. Bernhardt, **Hobbes**, Paris, PUF, 1989 ; S. Goyard-Fabre, **Le Droit et la Loi dans la philosophie de Hobbes**, Paris, Klincksieck, 1975 ; L. Jaume, **Hobbes et l'État représentatif moderne**, Paris, PUF, 1986 ; F. Lessay, **Souveraineté et Légitimité chez Hobbes**, Paris, PUF, 1988 ; C.B. Macpherson, **La Théorie politique de l'individualisme possessif de Hobbes à Locke**, t.f., Paris, Gallimard, 1971 ; S.I. Mintz, **The Hunting of Leviathan**, Cambridge University Press, 1970 ; P. Naville, **Thomas Hobbes**, Paris, Plon, 1988 ; R. Polin, **Hobbes, Dieu et les hommes**, Paris, PUF, 1981 ; P.-Y. Zarka, **La Décision métaphysique de Hobbes : conditions de la politique**, Paris, Vrin, 1987.

Homme (Droits de l')

On désigne par cette expression les droits qui reviennent à l'homme en vertu de son être propre, par conséquent indépendamment du fait qu'il entre dans un système politico-juridique donné. Il en résulte que ces droits priment nécessairement sur le droit* positif instauré par les États* ou qu'ils valent, quand bien même aucune juridiction étatique ne se peut imposer (durant les guerres, relations internationales, etc.).

L'idée de droits de l'homme est inséparable de la tradition *jusnaturaliste* dont on peut faire remonter l'origine au traité **Sur le droit de la guerre et de la paix (De jure belli ac pacis)** de Grotius[3]. Elle suppose donc, initialement, une conception subjective

---

1. Ce pacte *(covenant act)* est conçu en ces termes : *J'autorise cet homme ou cette assemblée, et je lui abandonne mon droit de me gouverner moi-même, à cette condition que tu lui abandonnes ton droit et que tu autorises toutes ses actions de la même manière.*
2. L'article *politique* de l'**Encyclopédie** de d'Alembert et Diderot déclare ne pas traiter deux *doctrines pernicieuses* : celle de Spinoza* et celle de Hobbes. Il faut noter que la première traduction française du **Léviathan** n'a été publiée qu'en 1971.
3. Grotius (Hugo de Groot), écrivain et juriste hollandais (1583-1645), est considéré comme le père du droit international. Le baron allemand Samuel von Pufendorf suivra la voie qu'il a ouverte (il enseignera le droit naturel à Heidelberg et à Lund) dans des ouvrages qui furent vite célèbres : **Elementorum jurisprudentiae universalis libri II** (1660) et le **Jus naturae et gentium octo libri**. C'est le juriste protestant Jean de Barbeyrac (1674-1744) qui introduira en français ces deux auteurs, dans une traduction commentée. Le suisse Jean-Jacques Burlamaqui (1694-1748) est l'héritier de cette lignée qui constitue l'axe théorique de *l'école du droit naturel*

Homme (Droits de l')

du droit*, propriété attachée à un sujet* humain naturellement libre. Que l'homme dispose de droits naturels implique nécessairement l'universalité de ce qui est rapporté à l'homme comme sa nature, ce qui a deux conséquences : a) l'égalité entre les hommes ; b) l'universalité des droits naturels. La question essentielle est, bien entendu, de définir et de justifier quels sont les droits naturels. Le philosophe allemand Christian Wolff (1679-1754) dans son traité **Sur le droit naturel** (1740, traduit en français dès 1758) commençait par établir que l'homme est moralement obligé de se conduire conformément à son essence. De cette obligation morale se déduisent les droits naturels : par exemple, l'homme doit moralement se conserver en vie, il aura donc un droit naturel à se nourrir. Les droits de l'homme (égalité naturelle, liberté* naturelle, droit de sécurité, droit de guerre) sont, dans cette optique, conçus comme des pouvoirs (ce qui était déjà très clair chez Hobbes*, dans le cadre de l'état de nature).

L'idée même des droits naturels possède un impact révolutionnaire : puisque ces droits priment la constitution des États traditionnels, ils constituent le point d'appui idéal des revendications contre les juridictions positives qui n'y sont point conformes. La première Déclaration des droits de l'homme sert de préambule à la constitution de l'État de Virginie du 12 juin 1776 ; son esprit se retrouve dans la plupart des constitutions élaborées par les 13 colonies et dans le préambule de la Déclaration d'indépendance du 4 juillet. Les révolutionnaires français rédigeront eux-mêmes, en 1789 et 1793, des déclarations des droits de l'homme. Toutes reposent sur la conviction que les hommes, par nature, sont libres et indépendants. Il est important de remarquer que les droits de l'homme sont contenus dans des déclarations, mais ne sont pas promulgués comme les juridictions positives propres à chaque État* ; leur application ne dépend d'aucun moyen coercitif, tant qu'ils ne sont pas repris dans une juridiction positive. Les droits déclarés en 1789 concernent les libertés* : intellectuelles (pensée, expression, culte,...) ou physiques (travail, commerce, réunion,...). Les révolutions de 1848, en Europe, représentent une date charnière dans la conception des droits de l'homme, parce que, pour la première fois, on voit apparaître parmi eux des

---

et des gens (cf. son ouvrage de 1747 **Les Principes du droit naturel**). Ces juristes, qui ont développé le thème du contrat social comme fondement de l'ordre politique, ont exercé une influence considérable tant en Europe (Locke*, Rousseau*) qu'outre-Atlantique.

Homme (Droits de l')

droits qui sont d'une autre nature, sous la forme du premier d'entre eux : le droit au travail. Sous l'influence des doctrines sociales, on verra peu à peu se compléter cette liste jusqu'à nos jours : droit au repos, à l'instruction, à la sécurité matérielle, à un niveau de vie respectant la dignité humaine, à la santé, aux loisirs, etc. Les droits de cette espèce ne sont plus des « droits-libertés » (un pouvoir de l'individu), mais des « droits-créances » (quelque chose que la société doit à l'individu). Cela change considérablement la problématique du rôle de l'État*. D'un côté, sa fonction est limitée par les droits naturels, qu'il a pour nature de garantir. De l'autre, il doit fournir des services aux individus : on s'approche progressivement de l'État-Providence. La notion de droit* naturel, selon que l'on insiste sur les droits-libertés ou sur les droits-créances, correspond à des philosophies politiques antithétiques. La notion classique de droits de l'homme repose sur l'hypothèse de l'existence d'une nature humaine universelle. On sait que cette hypothèse a été fortement remise en question par des courants philosophiques, comme l'historicisme marxiste (la nature humaine des théoriciens traditionnels ne reflète qu'un certain état de la société ; il n'y a rien de naturel, par exemple, dans le droit de propriété), l'existentialisme* sartrien (voir *Sartre*) ou le structuralisme*, voire par l'anthropologie qui s'est développée sur l'idée de respecter les différences et les identités culturelles de chacun. Dans la mesure où la négation de la nature humaine repose sur l'identification de l'homme à une pure liberté*, il y a moyen de retrouver par ce biais un bon nombre de droits-libertés (cf. *Sartre*). Le relativisme anthropologique pose un problème de fond que l'on peut illustrer par un cas concret. Les mutilations sexuelles (infibulation, par exemple) constituent des pratiques ethniques et religieuses séculaires. Le dilemme est clair, et il est posé dans la vie quotidienne de notre univers contemporain : a) ou on respecte toute pratique ethnique en tant que telle (relativisme) ; b) ou on condamne tout ce qui contredit à une conception universelle de l'homme. Il n'y a pas de droit de l'homme, si l'on ne pose pas quelque part l'universalité.

Philosophiquement, il n'est pas sûr que la préservation de la conception de droits de l'homme nécessite que l'on soutienne le vieux thème d'une nature humaine, ni même que l'on rejette l'historicisme (comme l'a fait le philosophe allemand Léo Strauss, 1899-1973). Depuis la dernière guerre, les conséquences pratiques inhérentes à la conception de droits de l'homme ont considérablement évolué.

Homme (Droits de l')

Ceux-ci sont pris en charge par des organismes internationaux et ont tendance à relever du droit international ; ils résultent en quelque sorte d'une convention à laquelle adhèrent les États. Aucun principe coercitif ne pouvait correspondre à la conception classique. Les tribunaux de Nuremberg et de Tokyo — instaurés pour juger, en l'absence de juridiction positive, les vaincus de la dernière guerre mondiale — ont codifié un certain nombre de notions et ont fonctionné comme des juridictions coercitives. Leurs statuts ont été largement utilisés par la commission du droit international de l'ONU pour définir les crimes contre la paix, les crimes de guerre et les crimes contre l'humanité. Le crime contre l'humanité consiste en *assassinat, extermination, réduction en esclavage, déportation et autres actes inhumains commis contre toute population civile, persécution pour motifs politiques, raciaux ou religieux, quand de tels actes ou de telles persécutions sont commis en exécution d'un crime quelconque contre la paix ou d'un quelconque crime de guerre ou en liaison avec un tel crime*. Le crime contre l'humanité s'interprète ordinairement comme consistant à nier l'idée d'une essence commune partagée par tous les hommes. C'est une interprétation forte qui reprend le présupposé classique de l'existence d'une essence commune. On pourrait éviter ce coût ontologique en posant clairement que cette communauté d'essence ne relève pas du fait, mais du droit*, qu'elle est un postulat à partir de quoi nous tentons de faire exister un ordre juridique (tout comme l'égalité est le premier postulat du droit dans les pays démocratiques). Il n'y a pas nécessairement d'accord préalable sur ce que doivent être les droits de l'homme ; de nouveaux problèmes sont apparus (conditions de travail, colonialisme, exploitation du tiers monde, pauvreté, statut de la femme, des enfants, etc.) : leur formulation n'est pas toujours évidente, et d'importantes réflexions, de constantes discussions sont nécessaires à la constitution d'un consensus minimum, sans lequel ils ne sont que des rêves creux. Leur respect dépend autant des accords entre les États (et des pressions que la communauté internationale peut exercer sur les États qui ne les respectent pas), que d'initiatives non gouvernementales (le tribunal Russell*, organisé en 1966 par le philosophe pour protester contre la guerre du Viêt-nam ; des organismes comme Amnesty International, etc.) en appelant à l'opinion publique internationale.

Les droits de l'homme ne sont pas dans la nature, ils ne sont pas des données, ils sont le résultat de notre histoire* et de notre expérience* dans la pratique des rapports humains. En quelque sorte, ils sont les idées construites par lesquelles, dans la confrontation et la discussion, nous définissons peu à peu les conditions de fonctionnement d'une unique communauté humaine, élargie aux dimensions de la planète, et qui reposerait sur le respect de la personne.

> L. Ferry & A. Renaut, **Des droits de l'homme à l'idée républicaine**, in **Philosophie politique III**, Paris, PUF, 1985 ; C. Nicolet, **L'Idée républicaine en France**, Paris, Gallimard, 1982 ; J. Rivero, **Les Libertés publiques**, I : **Les Droits de l'homme**, Paris, PUF, 3ᵉ éd. 1981 ; L. Strauss, **Droit naturel et Histoire**, t.f., Paris, Plon, 1954 ; M. Villey, **Le Droit et les droits de l'homme**, Paris, PUF, 1983.

Humaines (Sciences)

La dénotation du concept d'homme est double ; il s'agit d'abord d'une espèce animale, mais il s'agit aussi d'un être déterminé par rapport à des productions qui semblent uniques en leur genre (langage*, société*, connaissance*, etc.). Cette dualité rend le concept de science humaine ambigu : rapporté à la nature, l'homme n'offre aucune particularité ; ce n'est que rapporté à la culture qu'il présente une originalité pour la connaissance*. Au sens propre, les sciences humaines concerneraient essentiellement les phénomènes culturels ; c'est pourquoi on leur donnait, au XIXᵉ siècle, le nom de *sciences de l'esprit**. Cette appellation a l'inconvénient de se rattacher à une thèse ontologique concernant la spécificité du phénomène humain ; elle n'échappe pas à l'ambiguïté soulignée plus haut : il semble facile, par exemple, de rapporter la pratique médicale à la biologie* et d'en faire une science naturelle ; la médecine cependant est aussi science humaine, non parce qu'elle s'occupe de l'homme, mais en ce qu'elle a affaire à des phénomènes traditionnellement rapportés à l'esprit* (ex. : maladies mentales). La référence « humaine » ne suffit pas à définir les sciences humaines ; la référence « science »* non plus : on peut certes opposer l'anthropologie kantienne[1] à une démarche scientifique reposant sur l'établissement des faits, sur des mesures, etc., mais le modèle de scientificité donné par les sciences de la nature ne peut définir la psychanalyse ou la linguistique.

Comprendre le phénomène récent que constitue le développement,

---

1. Kant* donne pour tâche à la philosophie de répondre aux questions *Que puis-je savoir ? que puis-je faire ? que puis-je espérer ?* qui, selon lui, se ramènent à la question *Qu'est-ce que l'homme ?*

Humaines (Sciences)

dans leur autonomie, de disciplines aussi différentes que la sociologie*, l'ethnologie, la psychanalyse (voir *Freud, Lacan*), la linguistique (voir *langage*), l'économie* ou la psychologie*, nécessite qu'on parte de leur existence même, afin de mettre en lumière les obstacles épistémologiques qu'elles ont dû surmonter pour se constituer, et les conditions de cette constitution.

1. Obstacles épistémologiques

1 — *La transcendance*. Le premier obstacle à la constitution des sciences humaines est la valeur accordée à l'homme dans un univers ordonné par la volonté divine. Si l'homme tient son être et agit en fonction de l'ordre cosmique, il ne saurait être pour lui-même objet d'investigations ou de manipulations, ce qu'il est comme ce qu'il fait dépend des fins voulues par le créateur. C'est pourquoi, paradoxalement, les sciences humaines modernes ne deviennent possibles que par la désacralisation du monde, c'est-à-dire par la constitution des sciences physiques*. Voir *Galilée*.

2 — *Le concept d'homme*. L'âge classique qui désacralise la nature fait de l'homme un sujet* et se donne pour modèle de scientificité une science de la nature, ayant pour fondement l'expérimentation*, la causalité* et la mesure des quantités. Cela a deux conséquences. La première semblerait positive : la séparation radicale du sujet* et de l'objet dans les sciences de la nature met en lumière la spécificité du premier et, par là, permet qu'il soit lui-même objet d'une connaissance* propre[1]. La seconde est nécessairement négative : comme sujet, l'homme n'est pas une partie de la nature, c'est un être libre échappant au réseau des causalités naturelles. Les normes épistémologiques des sciences physiques lui deviennent inapplicables : il échappe au principe de causalité*, il n'est pas déterminé quantitativement. En outre, c'est la séparation radicale de l'objet à connaître et du sujet* de la connaissance* qui assure aux sciences* leur objectivité*. Comment cette objectivité pourrait-elle être préservée si l'observateur et ce qui est observé sont le même être ? Telle est, par exemple, l'objection que Comte* fait à la psychologie introspective. Aussi l'idée même de sciences humaines a-t-elle rencontré de grandes oppositions (voir *Bergson*) ; c'est pourquoi l'école allemande (Dilthey, 1833-1911) fait des sciences humaines *les sciences de l'Esprit*, et leur

---

[1]. C'est dans l'espace culturel de l'âge classique que l'histoire*, l'économie* politique, la grammaire, la psychologie* prennent leur essor.

Humaines (Sciences)

donne une fonction originale : *Nous expliquons la nature, nous comprenons la vie psychique.* Voir *Francfort (École de), Habermas.*

3 — *La normativité.* En définissant les sciences pratiques (morale*, politique*) comme celles qui ont pour but la perfection de l'agent, Aristote* leur donnait non point à connaître ce qui est, mais à déterminer en quelque sorte ce qui doit être. Cette orientation a pesé lourdement sur les sciences humaines qui ont longtemps été conçues comme normatives. La **Grammaire générale** de Port-Royal (XVIIe siècle), par exemple, ne se propose pas comme but de connaître le fonctionnement du langage, mais comment on doit parler et penser. Cet aspect normatif se concilie à l'âge classique avec l'exigence descriptive de la science* par la médiation d'une certaine idée de nature[1]. Dans tous les phénomènes humains (droit*, société*, religion*, langage*), il y a deux parts : l'une qui provient de la nature humaine et constitue l'essence du phénomène en question, l'autre qui provient des circonstances et est arbitraire. En décrivant cette nature, les classiques satisfont à l'exigence d'universalité de la scientificité, tout en proposant une norme absolue, mais laissent de côté comme inessentiel tout ce qui justement, aux yeux des modernes, sera l'objet des sciences humaines.

4 — *L'historicisme.* L'un des obstacles les plus importants et les plus subreptices rencontrés par les sciences humaines, c'est l'idée que leurs objets sont des singularités historiques. Il s'ensuit nécessairement que la connaissance* qu'elles apportent est non seulement sans valeur universelle, mais totalement inutile à l'action. Hegel*, par exemple, affirme que la connaissance d'une figure de l'esprit n'est possible qu'après le déploiement et la mort de celle-ci. Le jeune Marx* critique l'économie* politique classique parce qu'elle prétend illégitimement « éterniser » ses catégories, s'occupant uniquement à calculer des quantités et ignorant la spécificité historique des formes sous lesquelles elles apparaissent. Pourtant, si l'histoire* était pour les sciences humaines non le simple champ empirique où elles prennent leurs exemples et vérifient leurs hypothèses, mais le lieu où apparaissent sans cesse des objets éphémères, elles n'auraient de sens que par rapport à une fin historique ; ce qui signifierait que les lois* qu'elles établissent seraient uniquement celles d'un progrès* vers un but nécessaire, et qu'elles n'atteindraient leur universalité et

---

1. Voir *Lumières (philosophie des)* : Montesquieu* seul a une attitude différente.

Humaines (Sciences)

leur « absoluité » de science* qu'en posant l'achèvement de l'histoire*.

2. Les sciences humaines et leur objet

Rompre avec la transcendance, le concept d'homme, la normativité et l'historicisme : telle est la condition permettant l'apparition des sciences humaines modernes. Plusieurs déplacements conceptuels ont permis cette rupture. Saussure*, par exemple, ne rapporte pas, comme les classiques, le langage*, aux idées qui sont dans l'esprit* de chacun et à la possibilité de les communiquer, mais à la masse parlante dans son ensemble ; il ne se propose pas de donner des règles de la correction linguistique, mais de décrire la vie normale d'un idiome déjà constitué ; il ne prétend pas s'occuper de la seule réalité empirico-historique, mais construit un objet abstrait*, la langue, système des rapports constituant les lois* de cette réalité. La psychologie* ne cherche plus à savoir comment l'esprit* de l'homme parvient à la connaissance* du monde, mais, par exemple, comment une classe d'individus, définis par certains paramètres, réagit en telles et telles circonstances définissables et répétables. Nos sciences humaines n'ont ni le même type d'objectivité* ni les mêmes méthodes, et une épistémologie* tant de leur forme globale que de chacune d'elles est encore à naître. On peut néanmoins repérer quelques polarités conceptuelles caractéristiques.

Dans plusieurs d'entre elles, un rôle essentiel est joué par le concept d'inconscient ; il ne s'agit souvent pas du concept élaboré par Freud*, et, de Lévi-Strauss* à Lacan*, son contenu varie largement. On peut dire cependant que sa fonction reste la même : assurer que les sciences humaines s'occupent d'un ordre de faits indépendants de la conscience* et de la volonté* du sujet* individuel qui, en tant qu'il relève de la science* en question, n'a de sens* que par cet ordre (que celui-ci soit règle de linguistique, règle de parenté, ou l'inconscient psychanalytique lui-même). Beaucoup d'entre elles affectent de considérer leurs objets comme un système de signes : pour Lacan*, l'inconscient est structuré comme un langage ; pour Lévi-Strauss*, le système de parenté est un réseau de communication*. Soutenir que l'objet des sciences humaines est d'ordre *symbolique*, c'est rejeter la définition idéologique* qui en faisait les sciences de l'Esprit, et produire un nouveau type d'objectivité qui n'emprunte rien aux sciences de la nature et pourtant ne renie pas leur matérialisme.

Il faut reconnaître enfin que le développement des mathématiques*

Humaines (Sciences)

modernes n'est pas étranger à l'essor contemporain des sciences humaines ; il est désormais acquis qu'elles ne s'appliquent pas seulement à une région privilégiée de l'Être, figures géométriques ou rapport numérique, rangés sous le nom de *quantités*. Certaines sciences humaines (économie*, psychologie*, sociologie*) utilisent les mêmes techniques mathématiques que la physique* (fonctions numériques, matrices, calcul différentiel, probabilité), d'autres utilisent plutôt les structures algébriques ou encore la théorie des automates[1]. C'est peut-être l'unité problématique de ces trois polarités conceptuelles qu'on a essayé, ces dernières années, de penser sous le concept ambigu de *structure*.

On comprendra mieux maintenant le paradoxe relevé au début de cet article : si la référence « humaine » ne suffit pas à définir les sciences humaines, c'est tout simplement qu'elles n'ont pas l'homme pour objet, mais l'inconscient, la langue, la parenté, etc. Les sciences humaines sont inhumaines[2], peut-être parce que la nature humaine, le concept d'homme produit par l'âge classique est un mythe*. Elles sont exposées à deux types de critique : les uns leur reprocheront d'oublier cette nature humaine, et, en déterminant, par exemple, les règles de mariage dans une société, de ne pas rendre compte de ce qui pousse cet homme et cette femme à s'aimer[3] ; les autres, en remarquant le rôle que jouent les psychologues et les sociologues dans les entreprises (en sélectionnant le personnel, en améliorant les relations de travail), les accuseront de participer à l'aliénation* de l'homme par l'homme[4]. Si notre analyse est exacte, la première critique est sans objet ; la seconde est plus profonde, mais peut-elle recevoir une réponse interne aux sciences humaines ? Voir *Granger*.

> R. Boudon, ***L'Analyse mathématique des faits sociaux***, Paris, Plon, 1967 : G. Canguilhem (dir.), ***La Mathématisation des doctrines informes***, Paris, Hermann, 1972 ; J. Freund, ***Les Théories des sciences humaines***, Paris, PUF, 1973 ; G.G. Granger, ***Pensée formelle et Sciences de l'homme***, Paris, Aubier-Montaigne, 1960 ; C. Lévi-Strauss, ***La Pensée sauvage***, Paris, Plon, 1962 ; H. Marcuse, ***L'Homme unidimensionnel***, t.f., Paris, Minuit, 1968 ; J.-P. Sartre, ***Critique de la raison dialectique***, Paris, Gallimard, 1960 ; M. Serres, ***Hermès V : Le Passage du Nord-Ouest***, Paris, Minuit, 1980 ; C.P. Snow, ***Les Deux Cultures***, t.f., Paris, J.-J. Pauvert, 1968.

---

1. Voir *machine*, *Chomsky*.
2. Foucault*, ***Les Mots et les Choses***.
3. Cf. la réaction des existentialistes face au structuralisme*.
4. Cf. Marcuse*, ***L'Homme unidimensionnel***, 1, 4.

HUME (David)

De petite noblesse écossaise, il est né à Edimburg en 1711. Après des études de droit abandonnées et une tentative dans le commerce, il se fixe à La Flêche en 1734 et retourne en Angleterre en 1737 ; de 1739 à 1740, il publie sans succès son ouvrage fondamental : ***Traité de la nature humaine*** (1739) ; il reprendra l'exposition de sa théorie de la connaissance* en 1748 (***Essais philosophiques sur l'entendement humain***) et de sa théorie morale* en 1751 (***Recherche sur les principes de la morale***). Des ***Essais moraux et politiques*** (1741, 1742, 1748), des ***Discours politiques*** (1751), lui procurent le succès, mais c'est avec son ***Histoire d'Angleterre*** (1754, 1756, 1759) qu'il connaît la gloire. Il mène une vie d'homme de lettres et fréquente les salons parisiens (1763, 1765) à l'occasion d'un poste de secrétaire d'ambassade ; il accueille Rousseau à Londres. Sous-secrétaire d'État en 1768, il se retire en Écosse en 1769. Ses opinions religieuses (cf. ***Histoire naturelle de la religion***, 1757) lui valurent de vives oppositions (mai 1755 : mis en accusation devant l'Assemblée générale des Églises d'Écosse) et c'est par testament qu'il fait obligation morale à son neveu de publier les ***Dialogues sur la religion naturelle*** (rédigés à partir des années 1750), après le refus de son ami A. Smith de s'en charger. Il meurt en 1776.

1. Dans le ***Traité de la nature humaine***, qui a pour sous-titre ***Essai pour introduire la méthode expérimentale dans les sujets moraux***, Hume entend appliquer à la connaissance de l'homme la méthode de Newton*. Le but de l'auteur n'est pas anthropologique, mais épistémologique : *Quand nous prétendons expliquer les principes de la nature humaine, nous proposons en fait un système complet des sciences, construit sur une base presque entièrement nouvelle, la seule sur laquelle elle puisse s'établir avec vérité*. Hume paraît ainsi prendre place dans la problématique instaurée par la subjectivité cartésienne ; mais sa position est plus radicale : la méthode expérimentale exclut la recherche du fondement dans la réflexion sur soi d'une conscience, la scientificité et sa certitude sont fondées dans la seule observation de ce qui se passe effectivement quand on connaît. Pour Descartes*, le sujet* est le point d'Archimède de la science* ; pour Hume, la nature humaine et ses principes (c'est-à-dire, dans nos opérations mentales, ce dont la constance permet qu'on s'en serve pour expliquer le reste) constituent toute la légitimité de la connaissance* ; il s'agit d'un fait, non d'un fondement absolu. Loin de faire du sentiment de soi de l'individu un point de départ, Hume en fait une croyance, un faisceau d'impressions, explicable par l'action des principes de la nature humaine.

2. Toutes les perceptions de l'esprit humain sont ou des impressions, ou des idées ; sont des impressions (c'est-à-dire des données indépassables) nos sensations, passions et émotions, telles qu'elles font leur première apparition dans l'âme ; les idées sont les images* effacées des impressions ; des idées secondaires peuvent être images* d'idées primaires *(idées de réflexion)*, ce sont les passions ou les émotions (appelées parfois *impressions de réflexion*). Il s'ensuit que toutes nos idées naissent des sensations ; entre l'idée et la sensation, il n'y a qu'une différence de degré, et la vivacité de l'impression est en quelque sorte le sentiment de la réalité. Les idées forment la mémoire* et l'imagination* en s'associant soit au hasard, soit selon quelque régularité. Celle-ci provient de ce que certaines associations sont régies par trois principes : ressemblance, contiguïté, causalité ; il s'agit là de principes de la nature humaine, qui sont à l'origine de la composition de toutes nos idées, à partir des complexes d'idées simples fournies par la sensation.

Le problème fondamental consiste alors à expliquer dans le détail le processus de la formation des idées complexes ; Hume est célèbre par le traitement qu'il donne ainsi à la causalité* (la causalité est un principe d'association, mais elle est aussi une idée complexe). Considérée en elle-même, l'idée d'une chose ne fournit aucune autre idée qu'elle-même ; toute idée de cause ou d'effet suppose une perception* immédiate (de notre mémoire* ou de nos sens) et une inférence qui, de cette perception, nous fait passer à sa cause ou à son effet ; autrement dit, la présence d'une impression nous conduit immédiatement à une autre idée ; on ne peut expliquer cette connexion nécessaire que par l'expérience*, et un autre principe de la nature humaine, l'habitude.

Si la causalité n'est qu'une croyance (c'est-à-dire une idée vive, unie ou associée à une impression présente), toute la métaphysique qui se sert de l'idée de cause nécessaire pour prouver l'existence de Dieu* est détruite ; mais elle entraîne dans sa ruine le réalisme : la réalité des choses hors de nous n'est qu'une croyance inférée par habitude à partir de nos impressions, comme l'est celle du sujet* (l'âme) auquel nous rapportons notre impression. La philosophie humienne est une critique du rationalisme dogmatique. Elle en détruit aussi les conséquences morales : *La vertu est toute action ou qualité de l'âme qui excite un sentiment de plaisir et d'approbation sur ceux qui en sont témoins.* Le droit et la justice ne sont que des vertus artificielles dépendant des circonstances, et le gouvernement n'est pas fondé sur un contrat explicite qui le légitime, c'est une convention implicite, qui ne dépasse pas son utilité présente pour la société*.

Le rationalisme a fait de Hume le type même de l'empiriste à combattre ; sa doctrine entraînerait l'absence de vérité* absolue, de nécessité absolue, de morale* absolue, elle ferait perdre à la science* sa dignité en la rapportant à l'imagination* et à la croyance. En montrant la voie d'une critique radicale de la pensée et du dogmatisme métaphysique, il a ouvert la voie à Kant*. On l'a accusé de cultiver le scepticisme ; il se qualifie lui-même de *sceptique mitigé* : le scepticisme absolu est un dogmatisme injustifié, et la critique philosophique n'empêche pas notre vie courante d'être guidée par des croyances fondamentales.

O. Brunet, **Philosophie et Esthétique chez David Hume**, Paris, Nizet, 1965 ; D. Deleule, **Hume et la naissance du libéralisme économique**, Paris, Aubier-Montaigne, 1979 ; G. Deleuze, **Empirisme et Subjectivité. Essai sur la nature humaine selon Hume**, Paris, PUF, 1953 ; N. Kemp Smith, **The Philosophy of David Hume**, Londres, Mac Millan, 1949 ; A. Leroy, **David Hume**, Paris, PUF, 1953 ; M. Malherbe, **La Philosophie empiriste de David Hume**, Paris, Vrin, 1976 ; **Kant ou Hume**, Paris, Vrin, 1980 ; Y. Michaud, **Hume ou la Fin de la philosophie**, Paris, PUF, 1983 ; F. Zabeeh, **Hume : Precursor of Modern Empiricism**, La Haye, 1960.

HUSSERL (Edmund)

Né en 1859 à Prossnitz, il a commencé sa carrière par l'étude des mathématiques* ; en 1883, il est promu docteur à Vienne, avec une thèse sur le calcul des variations ; il est ensuite l'assistant à Berlin du célèbre mathématicien Weierstrass. Dès l'année suivante, il revient à Vienne suivre les cours du philosophe et psychologue Franz Brentano (1838-1917), puis soutient son habilitation à l'université de Halle, avec une étude psychologique sur le concept du nombre (1887). Sa **Philosophie de l'arithmétique** (1891) lui vaut une réponse de Frege*. Ce n'est qu'avec les **Recherches logiques** (1901) et la critique de l'empirisme* psychologique qu'il entrevoit les thèmes de la phénoménologie, dont son œuvre présente l'élaboration et les remaniements successifs. Nommé en 1906 professeur à Göttingen, il fait en 1907 des cours sur l'**Idée de phénoménologie** (édités en 1950), publie **La Philosophie comme science rigoureuse**

(1911) et les ***Idées directrices pour une phénoménologie pure et une philosophie phénoménologique*** (1913). Professeur à Fribourg en 1916, il fait des cours importants, des conférences à Londres, à Paris, et apparaît comme l'un des maîtres de la pensée contemporaine. La publication des ***Leçons sur la conscience intime du temps*** (1925), de la ***Logique formelle et transcendantale*** (1929), et des ***Méditations cartésiennes*** (1936) laisse subsister de nombreux inédits. En 1928, Husserl, qui est d'origine juive, doit abandonner sa chaire, où lui succède son élève Heidegger* ; en 1936, il publie ***La Crise des sciences européennes et la philosophie transcendantale***, et meurt en 1938. Ses manuscrits ont été recueillis à Louvain et sont édités progressivement depuis 1950.

1. On peut définir la philosophie de Husserl comme une théorie des essences. Par là, elle s'oppose essentiellement à l'empirisme*. Ce dernier accorde que la valeur de toute connaissance* a son fondement dans le chatoiement infini de ce qui apparaît dans la perception* ; il ne reconnaît donc aucune nécessité à la pensée : c'est ce qui conduit Hume* au scepticisme. Mais qui entend une mélodie se dérouler saisit bien autre chose que des sons successifs : à chaque audition, ce n'est pas telle ou telle suite contingente de sons que l'on saisit, c'est l'essence de la mélodie. Pareillement, le sujet* qui calcule éprouve une contrainte impersonnelle, inhérente à la connexion des êtres et des formules mathématiques, à leur liaison objective. L'originalité de la phénoménologie consiste à admettre que toute connaissance* est vision d'une essence, d'une forme absolue, sans pour autant reconnaître avec Platon* l'existence d'un univers particulier d'essences ; cette originalité, elle le doit à sa définition (empruntée à Brentano) de la conscience* comme intentionalité.

2. En reconnaissant que toute conscience est conscience de quelque chose, Husserl n'entérine pas simplement un fait banal, il se donne la possibilité de considérer l'objet de l'acte de conscience comme mode de cette conscience, c'est-à-dire vécu objectif. À pousser à fond cette considération, on remarque alors que l'objet tel qu'il est dans le vécu de conscience, ne peut sans contradiction être la simple apparence que causerait en nous une chose en soi ; le phénomène ne renvoie pas à quelque chose d'autre. Notre expérience* intime nous introduit directement à l'épaisseur du monde : le phénomène étant l'objet d'intuition, de connaissance immédiate, les choses sont ce pour quoi elles se donnent. Pourtant, la chose ne se donne pas en soi : si j'ai la vision d'un cube, je ne vois pas tout le cube, et le cube ne peut se réduire à cette apparence. Ce que veut dire Husserl, ce n'est pas que la chose se réduit à telle ou telle apparence, c'est non seulement qu'elle est toujours présente dans chaque apparence, mais encore qu'elle ne diffère pas de la totalité des apparences où elle se donne. Ce qu'il y a d'essentiel, c'est alors l'invariant qui se révèle quand on fait varier arbitrairement les visées que l'on peut rendre d'une chose. Cette *variation eidétique* présente le sens* d'être des phénomènes, l'ensemble des conditions et nécessités *a priori* que présuppose leur existence.

L'analyse phénoménologique conduit à étudier la connaissance* du point de vue de la conscience*. C'est pourquoi Husserl constitue une logique* transcendantale, c'est-à-dire une logique déterminant les conditions *a priori* de la pensée d'un objet en général (voir *Cavaillès*), et c'est pourquoi il fonde la connaissance* dans l'évidence. Ce critère de l'évidence est lui-même découvert dans la méditation d'un sujet*, qui met entre parenthèses[1] le monde et le moi empirique dans une opération essentielle de réduction. Tous ses disciples (voir *Heidegger, Merleau-Ponty, Sartre*) ne suivront pas Husserl sur cette dernière voie qui mène à l'idéalisme* transcendantal (voir *Kant*). C'est notamment le cas de Max Scheler (1874-1928) qui rencontre Husserl dès 1901 à Halle, collabore avec lui (certains considèrent qu'il est l'un des fondateurs de la phénoménologie), mais ira jusqu'à refuser le caractère idéaliste de la réduction transcendantale[2]. Il n'en retiendra que l'idée d'un acte intuitif (expérience* phénoménologique) à un monde d'essences idéales (**Nature et forme de la sympathie**, t.f., Payot, 1928 ; **Le Sens de la souffrance**, t.f., Paris, Aubier, 1936 ; voir surtout : **Le Formalisme en éthique et l'éthique matérielle des valeurs**, t.f., Paris, Gallimard, 1955).

Husserl est sans doute l'un des philosophes modernes qui ont le plus influencé la philosophie continentale (par opposition à la philosophie anglo-saxonne). Ceux qui lui doivent des éléments importants de leur doctrine sont nombreux : Heidegger* qui s'est distingué très tôt, Eugen Fink (1905-1975) qui fut son assistant[3] à

---

1. Cf. le rôle du doute pour Descartes*.
2. L'œuvre de Scheler est extrêmement variée et les positions théoriques n'en paraissent pas nécessairement consistantes. On pourra consulter : M. Dupuy, **La Philosophie de Max Scheler, son évolution et son unité**, 2 vol., Paris, PUF, 1959 ; **La Philosophie de la religion chez Max Scheler**, Paris, PUF, 1959.
3. **Le Jeu comme symbole du monde** (1960), t.f., Paris, Minuit, 1968 ; **La Philosophie de Nietzsche** (1960), t.f., Paris, Minuit, 1965 ; **De la phénoménologie** (1930-1939, 1966), t.f., Paris, Minuit, 1974. Fink a été inspiré en partie par Nietzsche*, tandis qu'il partageait le projet heideggerien de dépasser la métaphysique. Ses analyses ontologiques, qui reprennent

Fribourg à la suite de Heidegger, Sartre*, Merleau-Ponty*, Ricœur*, Lévinas*, Derrida*, etc. Husserl doit son rayonnement à son enseignement, à l'équipe qu'il a su rassembler autour d'une série de publications (***Jahrbuch für Philosophie und phänomenologische Forschung***, dont Scheler fut le co-directeur), aux disciples qui ont continué son projet (on voit notamment paraître depuis 1965 une revue phénoménologique : ***Analecta Husserliana, The Year Book of Phenomenological Research***, Dordrecht, D. Reidel). Il le doit évidemment aussi à l'ampleur exceptionnelle de sa pensée et des sujets abordés dans son œuvre[1], qui vont des mathématiques* à l'éthique*, en passant par la grammaire. Mais il le doit sans doute en majeure partie au contenu même de son projet philosophique.

L'*a priori* est la condition de possibilité de toute activité humaine[2], il est en quelque sorte le champ que doit explorer la philosophie qui, par cette exploration, donne un fondement à toute activité humaine. Par là, Husserl donnait également à la philosophie la possibilité de poursuivre son rôle millénaire d'activité intellectuelle centrale vis-à-vis de tout le reste du savoir, ce qu'autrefois on notait en disant qu'elle

---

au présocratique* Héraclite, reposent sur l'image du jeu comme symbole cosmique, qui définit la situation de l'homme dans l'univers. Il s'agit d'un jeu sans joueur.

1. La conception husserlienne de la signification (notamment développée dans les ***Recherches logiques***) s'attache non pas au fait que le signe reproduirait ou indiquerait quelque chose, mais qu'il correspond à un vouloir-dire, une expression (voir les analyses critiques de Derrida* dans ***La Voix et le Phénomène***, 1967). Elle a constamment fourni un appui aux théories mentalistes du langage*. La démarche husserlienne conduit également à l'idée d'une grammaire pure logique (développée notamment par Jean-Louis Gardies, né en 1925, dans son ***Esquisse d'une grammaire pure***, Paris, Vrin, 1975). La thématique de l'*a priori* fournit également des bases à la logique* des normes, voire à l'étude de la religion*. C'est ainsi que Henry Duméry (né en 1920) applique l'idée d'une réduction eidétique (l'acte de croire est mis entre parenthèses), non pas dans le but de la constitution de l'*ego* transcendantal, mais dans une expérience qui vise l'activité transcendante de Dieu* (***Philosophie de la religion***, 2 vol., Paris, 1957 ; ***Phénoménologie de la religion. Structure de l'institution chrétienne***, Paris, 1960).

2. Mikel Dufrenne (né en 1910), qui a développé la phénoménologie dans le domaine de l'esthétique* (***Phénoménologie de l'expérience esthétique***, t.I : ***L'Objet esthétique***, t.II : ***La Perception esthétique***) a tenté d'élucider la nouvelle notion d'*a priori* que permet la phénoménologie dans deux ouvrages : ***La Notion d'a priori***, Paris, PUF, 1959 et ***L'Inventaire des a priori***, Paris, Bourgois, 1981. L'*a priori* n'est pas formel, comme chez Kant*, il est de nature existentielle et instaure une connivence entre l'homme et le monde. Il est en quelque sorte l'unité qui réunit ce qui est *a posteriori* découpé entre sujet* et objet. Une telle position suppose non seulement une nature humaine (cf. ***Pour l'homme***, où Dufrenne prend position contre le structuralisme*), mais une co-naturalité entre l'homme et le monde.

était la reine des sciences. La phénoménologie se présente comme une discipline (Husserl disait une *science*) rigoureuse qui peut indéfiniment poursuivre son œuvre de description du monde, de la vie*, du rapport de l'homme à la présence des choses, par sa méthode propre et en dehors de tout apport des sciences* positives. La vérité* de l'homme (et de la science*) réside dans cette vie perceptive absolument fondatrice, là où, comme sol originaire de notre pensée, *la terre ne se meut pas*. Dans la culture contemporaine, la phénoménologie représente sans aucun doute la conception la plus altière et la plus autonome de la philosophie (comme philosophie *première*, voire comme *mathesis universalis*, discipline universelle).

Quoi qu'il en soit de son grandiose projet, la phénoménologie doit se confronter à l'histoire* et au développement contemporain des sciences*. Dans ses derniers travaux (**La Crise des sciences européennes et la philosophie transcendantale**), Husserl aborde directement la question de l'autonomisation moderne des disciplines scientifiques. Sa réponse consiste à voir dans la phénoménologie l'aboutissement de toute la culture occidentale, dont elle devient l'auto-conscience (le philosophe est le fonctionnaire de l'humanité). On peut penser pourtant qu'il n'a pas résolu la question essentielle que pose le fait que l'humanité et les sciences possèdent une (ou plutôt des) histoire(s)*. Pour lui, il n'y a pas d'histoire authentiquement humaine sans une téléologie. L'histoire de la géométrie n'a de sens, pour cette discipline comme science*, que si elle se nourrit, de façon récurrente, des actes proto-fondateurs par lesquels les Thalès ou les Pythagore lui donnèrent naissance. Autrement dit, l'entreprise phénoménologique n'a de sens que si l'histoire* n'est pas contingence et ne connaît pas d'hétérogénéité. On peut se demander si la phénoménologie ne conduit pas tout simplement la philosophie dans une impasse. Ce n'est sans doute par un hasard si l'un des plus brillants de ses disciples français, Michel Henry[1], dans un livre provocateur (**La Barbarie**, Paris, Grasset, 1987), dénonce le monde moderne (celui où la science et la technique dominent l'université)

---

1. Né en 1922. On lui doit notamment : **L'Essence de la manifestation**, Paris, PUF, 1963 ; **Philosophie et phénoménologie du corps**, Paris, PUF, 1965 ; **Marx :** I — **Une philosophie de la réalité** ; II — **Une philosophie de l'économie**, Paris, Gallimard, 1976 ; **Généalogie de la psychanalyse**, Paris, PUF, 1985. On peut consulter : G. Dufour-Kowalska, **Michel Henry, un philosophe de la vie et de la praxis**, Paris, Vrin, 1980.

comme la montée de la barbarie, et soutient que *c'est sur un savoir autre que celui de la science et de la conscience que repose la culture*. En devenant philosophie de la vie* (concept peu clair qui tient sa force de ce qu'il affirme l'immédiateté d'un donné originaire), une partie de l'héritage de la phénoménologie rejoint le camp de l'antiscience[1], ce qui était certainement étranger au projet originaire de Husserl.

> S. Bachelard, **La Logique de Husserl**, Paris, PUF, 1957 ; J. Derrida, **La Voix et le Phénomène**, Paris, PUF, 1967 ; J.-T. Desanti, **Introduction à la phénoménologie**, Paris, Gallimard, 1976 ; E. Lévinas, **Théorie de l'intuition dans la phénoménologie de Husserl**, Paris, Vrin, 1962, 4ᵉ éd. 1978 ; E. Paci, **La formazione del pensiero di Husserl e il problema della costituzione della natura materiale e della natura animale**, Milan, 1967 ; R. Schérer, **La Phénoménologie des Recherches logiques de Husserl**, Paris, PUF, 1967 ; P. Ricœur, **Histoire et Vérité**, Paris, Seuil, 1955 ; D. Souche-Dagues, **Le Développement de l'intentionalité dans la phénoménologie husserlienne**, La Haye, Nijhoff, 1972.

---

[1]. Laquelle est certainement une forme moderne de barbarie et d'acculturation : voir S. Auroux, **Barbarie et Philosophie**, Paris, PUF, 1990.

I

Idéalisme

Si le terme qualifie globalement toute philosophie qui fonde l'Être* dans l'idée, trois formes principales d'idéalisme sont possibles :
1 — L'idéalisme objectif antique. Pour Platon*, l'Idée, forme des choses par quoi on les conçoit, est aussi le modèle par lequel elles sont telles qu'elles sont ; elle existe en soi dans un monde séparé du monde sensible, lequel n'est qu'une copie du monde des Idées.
2 — L'idéalisme subjectif moderne. Si la certitude première est celle qui manifeste la présence à soi d'une conscience*, puis-je affirmer qu'il y a un monde extérieur à ma conscience ? Si la connaissance de quelque chose est constituée par une idée, partie de mon esprit*, cette idée préexiste-t-elle de quelque façon (idée innée* à l'homme ou vérité éternelle dans l'entendement de Dieu*) à ma perception* des choses ? Une réponse négative à la première question (Berkeley*) constitue un idéalisme par opposition au réalisme, une réponse positive à la seconde (Descartes*, Leibniz*) constitue un idéalisme par opposition à l'empirisme*. Cette dualité d'opposition par où se définit l'idéalisme rend la détermination des positions de chaque auteur très complexe : Kant*, par exemple, affirmera la réalité des choses et leur rôle comme données sensibles dans l'activité cognitive (réalisme empirique), mais soutiendra la nécessité de la détermination formelle des phénomènes par les formes conceptuelles et sensibles propres au sujet* connaissant (idéalisme transcendantal ou critique).
3 — L'idéalisme objectif moderne ou idéalisme absolu. En affirmant que tout ce qui est résulte de l'auto-développement de l'Idée qui, au bout du processus, se connaît soi-même comme Esprit absolu, Hegel* donne une forme moderne à l'idéalisme objectif qui identifie l'Être à l'Idée.

La discussion de l'idéalisme peut se faire à partir du problème des

Idéalisme

universaux (voir *nominalisme*) — elle atteint alors le platonisme comme l'opposition de l'idéalisme subjectif à l'empirisme* —, mais aussi à partir de la place du sujet* dans la connaissance*. Le renversement, opéré par Marx*, de l'idéalisme hégélien en une forme particulière du matérialisme conduit à voir une opposition fondamentale entre l'idéalisme (en un sens, il est vrai, étendu) et le matérialisme, non que la négation classique de l'idéalisme conduise au matérialisme (Locke* et Condillac* sont des spiritualistes) ou que Marx soit un empiriste, mais parce que la question fondamentale est désormais la suivante : devons-nous accepter que l'idée (ou l'esprit* ou la vie*) constitue une forme spécifique et irréductible de réalité, et admettre les conséquences de cette autonomie, notamment dans le domaine de la religion* et de la morale* ?

> On se reportera aux bibliographies des auteurs cités, ainsi qu'à celle de l'article suivant.

Idéalisme allemand

On désigne par ce terme le mouvement philosophique qui, en Allemagne, commence avec le kantisme, et où se rencontrent principalement les noms de Fichte, de Schelling et de Hegel*. Le kantisme prend la double forme d'une détermination critique des limites de la connaissance*, dans la distinction du phénomène et de la chose en soi, et d'une construction *a priori* de l'objet du connaître. C'est cette construction que tentent les philosophes de l'idéalisme allemand en réduisant au maximum la distance qui sépare le phénomène, de la chose en soi ; pour cela, ils réduisent la distance qui sépare la vérité* et la certitude, l'en-soi et le pour-soi, l'être et la pensée.

Fichte (1762-1814) fonde le savoir et l'existence du monde dans un Moi absolu qui est toute réalité, premier principe d'où dépendent les autres : le non-moi et le moi divisible (synthèse des deux premiers). D'où les deux propositions fondamentales :
 1 — Le moi pose le non-moi comme limité par le Moi.
 2 — Le moi se pose lui-même comme limité par le non-Moi.

La première fonde la philosophie pratique, la seconde la philosophie théorique.

Schelling (1775-1854) voit au contraire, dans le réel ou la Nature, la racine, le fondement de l'idéal et de la conscience. Cette opposition,

Idéalisme allemand

quelque peu caricaturale, entre les deux philosophes est due à **Hegel*** qui pense sa propre philosophie comme le refus de cette double réduction effectuée par ses prédécesseurs. Des études historiques récentes tendent à montrer la complexité et l'originalité des philosophies de Fichte et de Schelling, où il faut pourtant voir la naissance de certains thèmes de l'hégélianisme*.

Il est difficile de séparer les philosophes de l'idéalisme allemand de leur époque et d'une effervescence intellectuelle exceptionnelle[1]. Après Kant* (qu'il n'est pas absurde d'interpréter comme celui qui achève les Lumières* ; il aura d'ailleurs une descendance positiviste), l'idéalisme allemand peut être conçu comme l'équivalent, en philosophie, du romantisme[2] : il se pense contre la philosophie des Lumières*, il se situe politiquement par rapport à une évaluation critique de la Révolution française, et il correspond à une génération d'intellectuels qui voient (et font) naître la conscience de la place de l'Allemagne (qui n'est alors qu'une mosaïque d'États) dans l'histoire de l'Europe. Fichte n'est pas seulement un métaphysicien au style obscur, c'est aussi l'auteur des **Discours à la nation allemande** (1807), l'un des ouvrages fondateurs du nationalisme germanique, qui réagit contre la domination française, l'occupation de son pays par les

---

1. On peut consulter : X. Léon, **Fichte et son temps,** Paris, 3 vol., 1922-1927 ; R. Leroux, **Guillaume de Humboldt. La formation de sa pensée jusqu'en 1794,** Publications de la Faculté des Lettres de l'Université de Strasbourg, 1932.
2. Le poète Hölderlin (1770-1843) a été le condisciple de Hegel* et Schelling au séminaire de théologie protestante de Tübingen ; il restera leur ami. Chez lui, la poésie est conçue comme un accès au monde spirituel, tandis que, dans son roman par lettres, **Hypérion ou l'Ermite de la Grèce** (1797), l'éducation de l'homme est conçue comme un itinéraire spirituel (voir Heidegger, **Approches de Höderlin**, t.f., Paris, Gallimard, 1962). L'idéalisme allemand est le contemporain d'une intense réflexion esthétique dont l'une des sources fondamentales est Friedrich Schiller (1759-1805) et ses **Lettres sur l'éducation esthétique de l'homme** (1793-1795, t.f., Paris, Aubier-Montaigne, 1943). Les frères Schlegel et leur revue **Athenäeum** (1798-1800) seront parmi les premiers théoriciens de cette esthétique romantique, qui relie l'art à la liberté humaine. Le cadet, Friedrich Schlegel (1772-1829), est le premier vulgarisateur des connaissances sur l'Inde ancienne et sur la parenté du sanskrit avec les langues de l'Europe (**Sur la langue et la sagesse des Indiens**, 1808). L'aîné, August Schlegel (1767-1845), est un théoricien de grande envergure par ses conférences de Berlin sur **La Littérature et l'Art** (1801-1804) et son célèbre **Cours de littérature dramatique** prononcé à Vienne (1808). Opposant violent aux conquêtes napoléoniennes, il vécut pendant dix ans en Suisse auprès de Mme de Staël (1766-1817), dont l'ouvrage **De l'Allemagne** (paru à Londres en 1813) est la première tentative pour introduire en France la pensée de Kant*. La fille du ministre Necker en tire, sur un plan religieux, une philosophie *qui confirme par la raison ce que le sentiment nous révèle.*

Idéalisme allemand

troupes de Napoléon, et proclame la supériorité de la langue allemande. Guillaume de Humboldt (1767-1835), l'un des premiers grands penseurs à appliquer une vaste culture, tout inspirée de kantisme, à une connaissance précise de la diversité des langues du monde, sera l'un des créateurs, comme ministre du roi de Prusse, du système universitaire moderne. Dans son discours pour l'inauguration de l'université de Berlin (juillet 1809) qu'il a créée et où il s'efforcera de rassembler une élite, il lie explicitement le renouveau de l'État* *(das Wiederaufblühen Ihrer Staaten)* au développement scientifique. Dans l'ouverture de ses leçons à cette même université de Berlin (22 octobre 1818), texte qu'il publiera au début de son **Précis encyclopédique des sciences philosophiques**, Hegel* n'hésitera pas à parler de la supériorité allemande en matière de philosophie : *Cette science s'est réfugiée chez les Allemands et ne vit plus que chez eux*. Et, en effet, l'idéalisme allemand introduit une rupture profonde dans l'histoire de la philosophie moderne.

Cette rupture est incompréhensible si l'on ne tient pas compte du rapport particulier à la religion*, qui en est l'une des caractéristiques. Les Lumières* françaises et le courant empiriste qui se continue en Grande-Bretagne au XIXe siècle ont constitué une conception de la science* qui repose sur le phénomène de sa sécularisation, de son autonomie, de son rapport à l'expérience* et aux mathématiques*, ce qui constitue nécessairement une rupture avec la religion*. L'idéalisme allemand refuse cette rupture. Le monde de la culture humaine est un et la philosophie en est le principe.

Comme le notera le poète Novalis (1772-1801), qui fut l'élève de Fichte, *la philosophie est l'idéal absolu du savoir*. On retrouve cette conception aussi bien chez Hegel* que chez Fichte. L'œuvre principale de ce dernier (**Principes fondamentaux de la théorie de la science**, parus en 1794, et dont le contenu connaîtra jusqu'à 1813 plusieurs exposés non publiés par l'auteur) est en quelque sorte la théorie d'un savoir absolu capable de dire le tout du monde et du devenir de l'homme. Fichte tentera d'en donner des versions plus populaires (**Destination de l'homme**, 1800 ; **Initiation à la vie bienheureuse**, 1806). Pour Fichte, comme pour Hegel*, *science* signifie *système achevé, autosuffisant et absolument fondé*. Il revenait à ce type de projet philosophique de ne pas abandonner la philosophie de la nature aux sciences positives. On doit à Hegel* et surtout à Schelling (**Idées pour une philosophie de la nature**, 1797 ; **L'Âme du monde**, 1798 ; **Aphorismes sur la philosophie de la**

nature, 1808) des tentatives en ce sens. Le poète Goethe (1749-1832) cherchait dans le même esprit à dépasser les simples connaissances mécaniques par une approche plus qualitative qui mît au jour le caractère productif de la Nature (***Contribution à l'optique***, 1810 ; ***De la théorie des couleurs***, ***La Métamorphose des plantes***, ***La Métamorphose des animaux***, 1815). C'est peut-être la philosophie de la nature qui marque au mieux les limites de cette conception totalisante du savoir, dans la mesure où il faut la confronter au développement d'une positivité (celles des différentes sciences de la nature) qui ne s'est construite qu'en l'ignorant.

Les penseurs de l'idéalisme allemand ont chacun des systèmes complexes, autant pour ce qui concerne la philosophie première qu'en matière de philosophie politique et juridique[1] ou de philosophie de la religion*[2], qui doivent être étudiés en eux-mêmes. Il ne faut pas non plus imaginer entre eux (ni entre leurs multiples épigones) une unité doctrinale. Fichte (qui a largement inspiré la première philosophie de Schelling), d'origine populaire et qui prônait une sorte de socialisme* moral, a été accusé, à son corps défendant, d'athéisme parce qu'il n'admettait pas qu'une chose pût exister sans que la conscience* fût à même de la connaître. Il sera rejeté par tous et Kant* se désolidarise de lui dès 1797. Schelling se posera en rival de Hegel*, lequel ne sera pas tendre pour les deux autres. L'idéalisme allemand n'est pas une école, mais un mouvement historique global.

> J.-F. Courtine, ***Extase de la raison. Essai sur Schelling***, Paris, Galilée, 1990 ; V. Delbos, ***De Kant aux post-kantiens***, Paris, Vrin, 1940 ; M. Guéroult, ***L'Évolution et la structure de la doctrine de la théorie de la science chez Fichte***, Paris, 1930, réed. Hidesheim, Olms, 1982 ; N. Hartmann, ***Die Philosophie des deutschen Idealismus (Fichte, Schelling und die Romantik)***, 1923 ; V. Jankélevitch, ***L'Odyssée de la conscience dans la dernière philosophie de Schelling***, Paris, 1932 ; R. Kroner, ***Von Kant bis Hegel***, Tübingen, 1921 ; J.-F. Marquet, ***Liberté et Existence : étude sur la formation de la philosophie de Schelling***, Paris, Gallimard, 1973 ; A. Philonenko, ***La Liberté humaine dans la philosophie de Fichte***, 2ᵉ éd., Paris, Vrin, 1980 ; J. Rivelaygue, ***Leçons de philosophie allemande***, t. I, Paris, Grasset, 1990 ; X. Tilliette, ***Schelling. Une philosophie du devenir***, 2 vol., Paris, 1970 ; M. Vetö, ***Le Fondement selon Schelling***, Paris, Beauchesne, 1977 ; J. Vuillemin, ***L'Héritage kantien et la révolution copernicienne***, Paris, 1954.

---

1. Fichte pensait que son meilleur livre était ***L'État commercial fermé*** (1800), ouvrage complexe, où se trouve affirmé que la vraie propriété est celle d'une activité ou d'un travail, et non celle des choses.

2. La dernière philosophie de Schelling (que les critiques situent entre 1827 et 1854) est marquée par ses deux cours : ***Philosophie de la mythologie*** et ***Philosophie de la***

Idéologie

On aurait beaucoup de difficultés à recenser toutes les acceptions parfois opposées dans lesquelles le terme est pris aujourd'hui : l'homme politique l'emploie pour désigner la doctrine de son adversaire en l'opposant à la science* et à la rationalité* ; le sociologue l'utilise sans intention péjorative pour qualifier tout ensemble structuré de représentations au sein d'une société*. Une approche historique permet seule de mettre au jour les problèmes posés par un tel concept.

Antoine Destutt de Tracy (1754-1836) désignait sous ce nom la science ayant pour objet l'étude génétique des idées dont Condillac* avait donné les premiers éléments ; par *idéologues*, on entend les partisans de l'idéologie, c'est-à-dire tous ces philosophes qui se réunissent dans le salon de Mme d'Helvétius (Pierre Cabanis [1757-1808], Constantin de Volney [1757-1819], Dominique Joseph Garat [1749-1833], Pierre Laromiguière [1756-1837]) et sont les derniers partisans des Lumières*[1]. En les qualifiant, lorsqu'ils s'opposent à lui, de *doctrinaires en chambre*, Bonaparte introduit les connotations péjorative et politique du terme. C'est à partir de là que Marx* élabore véritablement la notion, tout en renforçant la connotation péjorative du concept dont il se sert (***L'Idéologie allemande***), pour qualifier les théories idéalistes de certains néo-hégéliens.

1. Le matérialisme historique

Dans ***L'Idéologie allemande***, c'est du matérialisme historique, qui confronte la philosophie allemande à la réalité allemande, que la

---

Révélation. Elle n'eut aucun succès de son vivant, mais ses thèmes (la relation extatique de la pensée à l'existence, en particulier) ont eu un impact important sur les philosophes de l'existence (G. Marcel, Heidegger*).

1. Les idéologues forment un groupe de penseurs modérés, qui s'exprimait dans le journal ***La Décade***, et dont les idées ont inspiré les programmes scolaires des Écoles normales et des Écoles centrales, jusqu'à ce que Napoléon mette en place les lycées. Influents à partir de 1795, ils seront combattus par l'Empire autoritaire, mis à l'index par la Restauration, et violemment critiqués tant par le spiritualisme que par l'éclectisme. Ce n'est qu'avec l'avènement de la IIIe République qu'on reconnaîtra leur importance. L'idéologie est, selon Destutt de Tracy (qui publia les ***Éléments d'idéologie*** [I- ***Idéologie proprement dite***, 1801 ; II- ***Grammaire***, 1804 ; III- ***Logique***, 1805 ; IV & V- ***Théorie de la volonté et de ses effets***, 1815]), *la théorie des théories*. Le médecin Cabanis affirmait que *la physiologie, l'analyse des idées et la morale ne sont que les trois branches d'une seule et même science*. Ils eurent une grande influence sur la constitution des sciences humaines* en France. Volney (célèbre auteur d'un ***Voyage en Égypte et en Syrie***, 1787, et d'une méditation sur l'histoire*, ***Les Ruines***, 1791) a été un orientaliste de talent*, et proposait un programme de recherche sur l'analyse philosophique des langues (voir J. Gaulmier, ***L'Idéologue Volney***, 1951). Sur l'ensemble du groupe, on consultera : G. Gusdorf, ***La Conscience révolutionnaire. Les Idéologues***, Paris, Payot, 1978 ; S. Moravia, ***Il pensiero degli Ideologues***, Florence, La Nuova Italia, 1974 ; F. Picavet, ***Les Idéologues***, Paris, Alcan, 1891.

Idéologie

critique des représentations dont sont constitués non seulement la philosophie, mais aussi la religion*, la politique*, le droit* et la science*, tire sa valeur explicative. L'autonomie des idées et de la pensée dont part l'idéalisme* hégélien, et en fin de compte tout l'idéalisme, est une illusion qui recouvre l'inconscience de leur processus concret de constitution. La production des idées est tout entière déterminée par la réalité. La représentation est émanation directe du comportement naturel des hommes, reflet, écho idéologique (c'est-à-dire idéal) de ce processus vital.

Dès lors, on peut concevoir comme suit les déterminations essentiellement négatives de l'idéologie :

1 — L'idéologie n'a pas d'histoire* propre : il n'y a pas d'histoire* autonome des idées. Leur développement est lié à l'histoire* des hommes.

2 — L'idéologie est une conscience* fausse : elle fait dépendre la vie réelle de la conscience* d'un sujet* imaginaire. Constituée par l'ensemble des justifications ou des habitudes par lesquelles l'homme social se comprend autrement qu'il n'est, elle est une véritable inconscience des conditions réelles de son existence.

3 — L'idéologie est une erreur : le rapport réalité/représentation a été inversé. Cette inversion a d'ailleurs été rendue possible par l'absence d'une science* réelle, positive, partant de prémisses réelles (les hommes producteurs) et capable de constituer une représentation sociale objective.

4 — La production de l'idéologie est inévitable dans une réalité sociale qui entérine la division du travail*, *puisqu'à partir de ce moment, la conscience peut vraiment s'imaginer qu'elle est autre chose que la conscience de la pratique existante et qu'elle représente quelque chose sans représenter quelque chose de réel.*

2. Une théorie des idéologies

Les problèmes sous-jacents à la notion ainsi constituée ont entraîné la construction d'une théorie des idéologies. Une telle théorie devrait permettre :

1 — d'expliquer comment les idéologies sont produites ;

2 — de décider si un ensemble donné de représentations est une idéologie ;

3 — de montrer comment on peut passer d'une idéologie à une représentation correcte du réel.

Idéologie

Ce programme ambitieux est suscité par l'œuvre de Marx* ; le matérialisme historique répond au premier point : dans une société* où il y a division du travail* et lutte de classes*, c'est la réalité elle-même qui produit l'idéologie ; on répond au deuxième point en posant que toute représentation qui contredit explicitement le matérialisme historique (une philosophie idéaliste, par exemple) est idéologique ; le troisième point va alors de soi : dès qu'une représentation est saisie comme idéologie, elle disparaît d'elle-même (c'est pourquoi l'idéologie est inconscience) : il suffit ainsi de concevoir que Dieu* est une représentation issue de l'action de la réalité sociale sur le cerveau humain, pour qu'apparaisse bien qu'il ne puisse être le créateur du monde.

Le développement de certains points conduit cependant à de graves difficultés :

a — Le concept marxien de *représentation* est assez fruste : si *la pensée n'est que la réflexion du mouvement réel transporté et transposé dans le cerveau de l'homme*, on s'explique mal que l'univers symbolique, simple superstructure, possède des lois et une effectivité propres.

b — Si l'idéologie est produite nécessairement dans des circonstances historiques données, il faut bien aussi qu'en dépit de son caractère illusoire, elle ait quelque utilité et quelque efficacité.

c — Tout cela conduit en outre à lier la valeur d'une représentation à son origine sociale, voire, dans le cas où elle est particulière à un groupe, au rôle de ce groupe dans la société. C'est ainsi que l'idéologie politique d'une classe reflète les intérêts de cette classe (Marx notait à ce propos que l'idéologie de la classe dominante a tendance à devenir l'idéologie dominante ; par là, elle est un moyen de domination). De là, on conclut facilement que toute idéologie possède un rôle politique, et qu'elle tient son caractère idéologique de ce rôle.

On pourrait supposer que le point (a) demande une simple élaboration ultérieure ; mais si on reconnaît un ordre propre de la pensée, ne doit-on pas y inclure des critères du vrai ? Or le point (c) invite à faire dépendre la valeur épistémologique d'une représentation de son origine sociale, ce qui conduit au relativisme et à l'historicisme. C'est ainsi qu'on a parfois soutenu qu'il existait une science bourgeoise et une science prolétarienne. Qu'entend-on alors par *science** ? peut-il se faire qu'un changement dans les rapports sociaux entraîne une révision des mathématiques* et de la physique* ?

Idéologie

L'économie* politique libérale est-elle par son origine même une idéologie ? Ce sont ces difficultés qui amènent souvent à utiliser le terme en un sens qui, loin de développer toutes les déterminations du concept, se limite à une seule d'entre elles. Par exemple, en référence au point (c), on nomme *idéologie* tout système de représentations ayant un but pratique (lorsqu'on parle d'*idéologie prolétarienne*, le terme n'a vraisemblablement pas sa connotation péjorative). La question est alors de savoir si une théorie générale des idéologies est possible.

3. La pensée contemporaine

Elle s'est particulièrement attachée à élaborer une théorie des idéologies, voire simplement à analyser la notion. Ce travail s'est toujours effectué dans la perspective posée par Marx*, quand bien même il est réalisé par des auteurs de tendance libérale (par exemple, R. Aron). On en retiendra deux tentatives :

1 — K. Mannheim distingue une conception partielle et particulière (polémique) de l'idéologie déterminée comme *pensée politique de l'autre*, d'un concept total et général. Ce dernier désigne un processus universel auquel toutes les formes de pensées politiquement engagées participent. En ce sens, *idéologie* signifie donc non *mystification et erreur*, mais *transformation des catégories de pensée en fonction d'une perspective particulière*. Cela implique historicisme et relativisme ; pour garder la science* de ce relativisme, Mannheim distingue origine et détermination sociale (cf. **Idéologie et Utopie**, 1929), cette dernière seule impliquant une dévalorisation épistémologique, caractéristique de l'idéologie. L'idéologie s'oppose ainsi à la science, mais on peut légitimement demander où trouver des critères effectifs de distinction.

2 — L. Althusser* (**Pour Marx**, 1965) lie la fonction praticosociale de l'idéologie à sa fonction théorique et envisage essentiellement le rapport de l'idéologie à la science*. La science* se construit toujours contre une idéologie (avec Marx*, la science* de l'histoire* se construit contre la philosophie de l'histoire*), mais aussi à partir d'une idéologie ou pratique théorique préscientifique qui constitue sa préhistoire. La discontinuité qualitative que matérialise la *coupure épistémologique*, en assurant le passage de l'idéologie à la science*, révèle le passé d'une science* comme idéologie. Lorsque, dans un travail ultérieur (cf. **La Pensée**, n° 151, 1970), il fait de l'idéologie un

Idéologie

rapport imaginaire des individus à leurs conditions réelles d'existence, Althusser* est encore conduit à l'opposer à la science*. De cette opposition, il ne retient pas seulement ce qui fait de l'idéologie une connaissance* illusoire, mais remarque que toujours elle se réfère exclusivement à la conscience* et pose la connaissance* comme rapport entre conscience* et réalité. La problématique de l'idéologie est donc différente de celle de la science* qui se caractérise par l'absence de sujet*. Plutôt que représentation fausse du réel, elle est représentation exacte d'un rapport illusoire à la réalité. Par là, si la théorie des idéologies échappe à l'historicisme, elle ne peut avoir sa place que dans une théorie de la science* ; épistémologiquement, c'est s'engager dans le problème délicat et peut-être illusoire des critères de scientificité, et, politiquement, c'est peut-être laisser place à un dogmatisme théorique.

Plus qu'un concept déterminé, l'idéologie apparaît comme un thème de réflexion ; c'est cet aspect problématique et riche en difficultés philosophiques qui explique sans doute les ambiguïtés relevées dans l'emploi usuel du terme.

> A. Badiou & F. Balmès, **De l'idéologie,** Paris, Maspero, 1976 ; R. Boudon, **L'Idéologie, l'origine des idées reçues,** Paris, Fayard, 1986 ; P. Bourdieu, **Le Sens pratique,** Paris, Minuit, 1980 ; S. Breton, **Théorie des idéologies,** Paris, Desclée de Brouwer, 1976 ; F. Chatelet (dir.), **Histoire des idéologies,** Paris, Hachette, 1978 ; F. Dumont, **Les Idéologies,** Paris, PUF, 1974 ; K. Mannheim, **Idéologie et Utopie,** 1929, t.f., Paris, Rivière, 1956 ; J. Rancière, **La Leçon d'Althusser,** Paris, Gallimard, 1974 ; H. & S. Rose (dir.), **L'Idéologie de/dans la science,** Paris, Seuil, 1977 ; M. Vadée, **L'Idéologie** (textes), Paris, PUF, 1973 ; M. Vovelle, **Idéologies et Mentalités,** Paris, Maspero, 1982.

Illusion

Concept polémique servant à désigner l'opposition de l'apparence à la réalité, de l'erreur à la vérité* et de l'idéologie* à la science*. Dans l'illusion, il y a cependant plus que la simple erreur[1] ou la simple apparence : il y a l'idée que quelque chose est produit (et en ce sens, est bien réel) sans être une réalité vraie.

---

1. Voir *Kant*, pour la notion d'illusion transcendantale.

Image

Ce sont les théoriciens classiques de la perception* qui ont surtout posé le problème de l'illusion : comment expliquer l'apparence visuelle (type illusion du bâton droit à demi plongé dans l'eau et qui paraît brisé) ou l'apparence tactile (type illusion des amputés qui ont encore l'impression de sentir leur membre absent) ? L'étude phénoménologique de la perception* apporte une solution originale. Les limites du champ perceptif sont l'effet d'une organisation d'ensemble. Un sens est aussi « sens de... », il n'est pas seulement « remplissement » par un contenu possible, mais projection vers le monde. L'illusion perd son statut d'erreur : *Avoir un bras fantôme, c'est rester ouvert à toutes les actions dont le bras seul est capable, c'est garder le champ pratique que l'on avait avant la mutilation* (Merleau-Ponty, ***Phénoménologie de la perception***). Ce qui a cessé d'être *maniable pour moi* pour devenir *maniable en soi* ne doit pas être conçu comme le contenu d'une erreur perceptive, mais comme le refus d'une mutilation. C'est en remarquant que l'illusion est donation d'un certain sens au monde, exprimant en fait la façon dont nous vivons notre rapport à lui, qu'il faut comprendre le thème esthétique* de l'illusion (cf. l'art baroque). Si le personnage de Shakespeare affirme que la vie est un songe, c'est non seulement que la vraie vie est absente, mais qu'il refuse la vacuité de cette vie.

M. Foucault, ***Ceci n'est pas une pipe,*** Fontfroide-le-Haut, Fata Morgana, 1973 ; G. Perec & C. White, ***L'Œil ébloui,*** Paris, Chêne-Hachette, 1981 ; J. Piaget, ***Les Mécanismes perceptifs,*** Paris, PUF, 1961 ; J. Ricardou, ***Problèmes du nouveau roman,*** Paris, Minuit, 1963 ; J. Rousset, ***L'Intérieur et l'Extérieur,*** Paris, Corti, 1968 ; E. Vurpillot, ***L'Organisation perceptive,*** Paris, Vrin, 1964.

Image

Une image est d'abord la représentation inversée qu'une surface polie donne d'un objet qui s'y réfléchit, c'est un reflet ou une copie. L'image est donc initialement :
 a) une reproduction (elle correspond à un original avec lequel elle doit avoir un rapport réglé de correspondance) ;
 b) un objet matériel et spatial (généralement en deux dimensions) ;
 c) quelque chose de lié au sens de la vision.

Image

Ces caractéristiques fournissent les problématiques traditionnelles par lesquelles on en pensait le statut.

La valeur traditionnelle de l'image tient à sa fidélité à son modèle, mais elle demeure en elle-même une illusion*, puisqu'elle n'est pas le modèle lui-même, tout comme l'art tant qu'il demeure enfermé dans la problématique de l'imitation (selon l'adage *ut pictura poesis*). Elle peut tenir aussi au rapport même que l'homme entretient avec l'original. L'Islam interdit toute image religieuse. L'Église byzantine, en codifiant les modes de production des icônes (Christ, Vierge et Saints) et leur distribution, contrôlait une foi censée être plus immédiate et plus convaincante que celle qui s'exprime par des moyens discursifs. L'Église catholique, quant à elle, tout en favorisant le développement de l'art pictural occidental, s'est toujours méfiée de l'idolâtrie. De manière générale, les philosophes, depuis Platon*, ont toujours vu dans l'image une forme inférieure de la représentation, voire un obstacle à la pensée. La philosophie traditionnelle, en effet, est dualiste : l'image est du côté de la matière*, la pensée authentique est immatérielle. Pour penser, il faut dépasser les images. Comme le notait Spinoza, *l'idée de cercle n'est pas ronde*.

C'est sans doute avec la peinture (non pas tant avec l'idée classique de la symbolisation qu'avec l'art abstrait qui refuse de représenter) que l'on a pris conscience de ce que l'image n'est pas attachée à la matérialité (et d'une certaine façon à la passivité) d'une reproduction. En fait, les techniques graphiques, probablement nées dans la cartographie, montrent clairement que l'image construite ne se borne pas à représenter le réel visuel, mais à encoder de façon commode toute espèce d'information*. L'image donne à voir ce qui n'est pas du domaine de l'œil (les cartes géologiques datent du XVIIIe siècle). Elle n'est pas limitée à la surface des choses (le microscope électronique, le scanner permettent de visualiser des couches différentes et optiquement opaques). L'holographie dépasse la bidimensionnalité. Aujourd'hui, il faut concevoir l'image physique, tout à fait généralement, comme le résultat de l'interaction d'une onde électromagnétique avec un objet : la lumière n'est que l'une de ces ondes possibles (rayons X, électrons, son, ultrason, etc.). C'est pourquoi on peut en donner une définition qui contredit à la tradition : *ce qui permet la manifestation du latent ou du non-vu, ne serait-ce que par suite des emboîtements des couches ou de la superposition des diverses strates* (F. Dagognet).

Imagination

L'homme ne pense pas seulement en symboles abstraits, comme le sont les concepts que véhiculent le langage*. Le cerveau construit des images mentales qui possèdent une métrique. Épistémologiquement, ce sont les images de synthèse à partir de données numériques qui introduisent une véritable rupture dans le statut de l'image. Les images de synthèse sont d'abord des tableaux de nombres rangés dans les mémoires des ordinateurs : l'opposition entre l'image sensible et l'abstraction conceptuelle est désormais intenable. Paradoxalement, l'abstraction grandissante de la science* moderne s'est accompagnée d'un rôle grandissant de l'image dans notre civilisation, ce qui va à l'encontre de toute l'histoire* de la philosophie de la connaissance*. Alors que certains opposent encore la richesse de l'écrit (le concept) à la pauvreté[1] de l'image (le sensible), c'est le statut de l'image comme moyen de connaissance*, de communication* et de créativité qu'il faut repenser.

> L. Bouyer, **Vérité des icônes. La tradition iconographique chrétienne et sa signification,** Paris/Limoges, Criterion, 1985 ; F. Dagognet, **Écriture et Iconographie,** Paris, Vrin, 1973 ; **Philosophie de l'image,** Paris, Vrin, 1984 ; M. Denis, **Les Images mentales,** Paris, PUF, 1979 ; R. Huyghe, **Les Puissances de l'image,** Paris, Flammarion, 1965 ; P. Francastel, **L'Image, la Vision et l'Imagination,** Paris, Denoël/Gonthier, 1983.

Imagination

L'imagination est la faculté des images ; en ce sens, elle peut intervenir dans la sensation où se produit l'image et dans la mémoire* où elle se reproduit ; c'est pourquoi Kant* fait de l'imagination transcendantale la condition première de toutes nos pensées. Le problème est alors de savoir ce qu'est une image ; physiquement définie par sa ressemblance à ce qu'elle représente (voir l'article précédent), l'image peut-elle qualifier la pensée et quelle part l'esprit joue-t-il dans sa constitution ? Au sens

---

1. Il serait erroné de faire porter une critique de la télévision sur le rôle qu'y joue l'image. C'est comme *medium* (qui suppose la passivité et l'isolement de la réception, détruisant toute communauté de communication), comme source de manipulations de l'opinion, et dans l'utilisation qu'on en fait (absence de contenu) que la télévision fait problème.

Imagination

propre, l'imagination est cette faculté de dépasser le donné perçu, le simple contact du monde, vers une représentation qui, à proprement parler, ne représente rien, puisque rien n'est donné qui y corresponde. Le problème est alors de concevoir la fonction de cette faculté paradoxale dans la pensée. Pour la psychanalyse, on se reportera à l'article *Lacan*.

1. La maîtresse de fausseté

Selon un courant inspiré de Descartes*, Pascal*, Malebranche* et Spinoza*, l'imagination a pour fonction de produire l'apparence ; tissu de représentations confuses, elle est, pour la connaissance*, un moindre être, un manque : là où on imagine, dit Descartes*, il y a agitation dans le corps* et erreur dans l'esprit*. L'imagination ne représente rien : il faut rompre avec l'apparence illusoire des choses que donnent des images.

2. La conscience imageante

Cette conception d'une imagination, faculté de déformation des images* fournies par la perception*, relève, selon Sartre*, d'une *illusion* d'immanence*. La conscience* n'est pas un lieu peuplé de petits simulacres ; l'image* est une modalité de la conscience*. Imaginer est, pour le sujet*, une certaine façon de viser un objet en le posant comme absent, irréel, non perçu. Que je perçoive ou que j'imagine une chaise, l'objet de ma perception* et l'objet de mon imagination sont identiques : c'est la chaise matérielle de fer et de bois. Mais dans l'acte d'imagination, la chaise matérielle visée par la conscience* est posée comme irréelle. La conscience* affecte donc l'objet concret d'un coefficient d'irréalité : on dit qu'elle imagine parce qu'elle pose son corrélat comme un néant. Cette approche qui confronte l'imagination reproductrice, fondée sur l'image* souvenir, à la perception*, permet de montrer la pauvreté de la première. Le cube perçu se dévoile progressivement dans l'acte de perception tandis que le cube en image *se donne immédiatement pour ce qu'il est*.

3. L'invention

Si l'imagination cesse d'être productrice d'erreurs, on retire à l'image* qu'elle déploie toute consistance propre, on la ramène à n'être qu'une structure de la conscience*. Bachelard* institue, dans ses ouvrages sur la poétique, une véritable révolution copernicienne[1]

---

1. Voir, dans l'article *Kant*, le sens de cette expression.

de l'imagination : elle devient faculté d'invention, de renouvellement, qui permet d'interpréter l'image* dès qu'elle est rencontrée. En ayant le statut d'un quasi objet, tout en rompant avec la *réalité*, l'objet imaginé acquiert consistance et prégnance. Il est manié par l'imagination dans une activité ouverte et évasive, dont la valeur se mesure à la capacité de produire du nouveau.

Dès lors, faut-il encore concevoir l'imagination comme faculté des images, représentations ressemblantes des objets matériels qui constituent le monde, ou aller plus loin et, la réduisant à cette capacité du nouveau, lui accorder un rôle au cœur de la pensée abstraite* ? L'imagination du mathématicien n'est pas « imageante », elle est mathématique.

G. Bachelard, **La Psychanalyse du feu,** Paris, Gallimard, 1967 ; M. Bertrand, **Spinoza et l'imaginaire,** Paris, PUF, 1983 ; S. Breton, **Être, Monde, Imaginaire,** Paris, Seuil, 1976 ; G. Durand, **Les Structures anthropologiques de l'imaginaire,** Paris, Bordas, 8e éd., 1981 ; G. Holton, **L'Imagination scientifique,** t.f., Paris, Gallimard, 1981 ; M. Merleau-Ponty, **L'Œil et l'Esprit,** Paris, Gallimard, 1964 ; J.-P. Sartre, **L'Imaginaire,** Paris, Gallimard, 1940.

Individu

Le mot *individu* (d'origine latine) signifie étymologiquement, comme le mot *atome* (d'origine grecque), *indivisible*. L'individu, c'est ce qu'on ne peut pas diviser, c'est-à-dire réduire à d'autres déterminations que lui-même. Il est d'emblée conçu ontologiquement comme une partie constitutive de la réalité.

Traditionnellement, la notion pose trois problèmes :
1 — Ce qu'on nomme individu, est-il bien un indivisible, une partie constitutive de la réalité ?
2 — Qu'est-ce qui fait qu'un individu est *individué* ?
3 — Comment peut-on définir un individu ?
C'est la logique* aristotélicienne qui a posé ce problème ; tout être se définit par des déterminations (genres et différences) qui sont des universaux : elles ne peuvent définir un individu (à moins de supposer, comme le fera Leibniz*, que l'individuation correspond à

Individu

une infinité de déterminations universelles), mais une classe d'individus (d'où la solution d'Aristote* et de saint Thomas* : l'individu est saisissable dans sa seule matérialité déterminée par une espèce universelle).

On peut donner des définitions biologiques de l'individualité : c'est l'unité sans laquelle le vivant cesse d'exister. La pensée politique* classique a défini une nouvelle notion d'individu : celle d'un sujet* libre qui, par son association avec d'autres, donnerait naissance à la société*. En remarquant que l'individu n'existe pas en dehors de la société*, Marx* et, après lui, tous les sociologues transforment le sens ontologique de la notion : l'individu n'est pas à comprendre comme l'élément constitutif de la réalité qu'on considère, mais comme ce que différencie la totalité de cette réalité.

Loin d'être une réalité ontologique, l'individuation est peut-être relative à une sphère de déterminations, à un point de vue sur le monde (pour le médecin, l'homme est un individu ; pour le physicien, la particule est un individu ; pour le sociologue, le groupe peut en être un).

> C. Bérubé, **La Connaissance de l'individuel au Moyen Âge,** Montréal/Paris, 1964 ; G. Canguilhem, **Études d'histoire et de philosophie des sciences,** Paris, Vrin, 1970 ; P. Caspar, **L'Individuation des êtres ; Aristote, Leibniz et l'immunologie contemporaine,** Paris/Namur, Le Sycomore, 1985 ; M. Foucault, **Surveiller et Punir,** Paris, Gallimard, 1974 ; **Histoire de la sexualité,** t.III : **Le Souci de soi,** Paris, Gallimard, 1984 ; J.-C. Pariente, **Le Langage et l'Individuel,** Paris, Minuit, 1973 ; P. Strawson, **Les Individus. Essai de métaphysique descriptive,** t.f., Paris, Seuil, 1973.

Individualisme

Les théories politiques et sociales ont fait au XVIIe siècle de l'individu le fondement de la société* et de l'État* (notamment par l'intermédiaire des théories du contrat social). À cette époque, l'individu* est surtout conçu comme son propre propriétaire (MacPherson). Plus généralement, est individualiste toute théorie ou toute attitude qui fait de l'individu* (et de ses intérêts) la valeur suprême par opposition à une valorisation du groupe.

Il ne s'agit pas de prôner l'égoïsme. La plupart des théoriciens

individualistes classiques sont dualistes : ils posent dans l'individu*
un principe ou instinct* dirigé vers lui-même et un autre dirigé vers
ses semblables, par exemple conservation et pitié, égoïsme et
altruisme. La question est de savoir dans quelle mesure l'individualisme est compatible avec l'ordre social. Les théoriciens politiques
classiques (Hobbes*, par exemple) s'efforcent de montrer comment
l'association est le résultat de la recherche bien comprise de l'intérêt
individuel. Les économistes libéraux pensent que la poursuite des
intérêts individuels (cf. les lois du marché) conduisent automatiquement à des situations d'équilibre, à des régulations qui sont les
meilleures possibles (théorie de la *main invisible* chez Adam Smith ;
chez Hegel* ce principe vaut dans la sphère de la société* civile).
Durkheim*, qui pose la réalité séparée d'une conscience* collective,
conçoit l'individualisme comme le résultat des formes que prend la
solidarité sociale par suite de la division du travail*. Il connaît une
forme pathologique, l'anomie, lorsque la conscience* collective est
affaiblie au point de ne plus intégrer les individus* séparés. L'individualisme peut conduire à une révolte contre l'État* et la société*.

Le problème théorique de l'individualisme est clairement posé par
les économistes, sociologues et philosophes qui se réclament de
l'*individualisme méthodologique*, mot créé par l'économiste autrichien
Joseph Schumpeter[1], et popularisé par F. von Hayek et Popper*. Pour
ceux qui se réclament de cette théorie, par exemple le sociologue
français Raymond Boudon[2], il s'agit d'un principe explicatif de toute
analyse sociale qu'on peut exprimer ainsi : tout phénomène social est
le résultat des comportements individuels. Par rapport aux choix
individuels initiaux, leur agrégation conduit parfois à des résultats
inattendus (effets pervers[3]). Politiquement, l'individualisme méthodo-

---

1. 1883-1950 ; son ouvrage le plus célèbre est **Capitalisme, socialisme et démocratie**, 1942, t.f., Paris, Payot, 1984 ; voir F. Perroux, **La pensée économique de Joseph Schumpeter, les dynamiques du capitalisme**, Genève, Droz, 1965.
2. Né en 1934, ancien élève de l'ENS (Ulm) agrégé de philosophie, auteur notamment de :
L'Analyse mathématique des faits sociaux, Paris, Plon, 1968 ; **L'Inégalité des chances. La Mobilité sociale dans les sociétés industrielles**, Paris, 1973 (réed. Hachette, 1985) ; **Effets pervers et ordre social**, Paris, PUF, 1977 ; **La Logique du social. Introduction à l'analyse sociologique**, Paris, Hachette, 1979 ; **La Place du désordre**, Paris, PUF, 1984.
3. Un exemple simple. Un examen difficile assure une certaine valeur sur le marché du travail (ce pour quoi les individus recherchent le diplôme), mais il est réussi par peu d'individus. Pour être sûr de réussir l'examen, chaque individu peut avoir intérêt à ce que le niveau en soit abaissé. Mais alors, il est réussi par plus d'individus et la valeur du diplôme diminue.

Individualisme

logique est lié au libéralisme*. Épistémologiquement, au lieu de poser des lois universelles, il s'efforce de ramener les structures macroscopiques à des phénomènes microscopiques, ce qui l'amène à construire des modèles.

> Birnbaum & J. Leca (dir.), **Sur l'individualisme,** Paris, Presses de la Fondation nationale des sciences politiques, 1986 ; L. Dumont, **Essais sur l'individualisme : une perspective anthropologique sur l'idéologie moderne,** Paris, Seuil, 1983 ; C.B. Macpherson, **La Théorie politique de l'individualisme possessif de Hobbes à Locke,** t.f., Paris, Gallimard, 1971.

Information

Informer quelqu'un de quelque chose, c'est lui faire part d'un contenu de connaissance* quel qu'il soit (un fait, une donnée, une connaissance scientifique, un événement, etc.). L'information se distingue de la communication* en ce qu'elle n'est pas liée (dans son concept) à une interaction subjective (c'est en ce sens que l'on parle de contenu dans sa définition, quoique, dans le langage courant, *je vous informe de ce que* [...] et *je vous communique que* [...] soient le plus souvent synonymes). Le concept d'information exclut le commentaire et l'intrusion du sujet* dans le message. L'importance moderne du concept tient à deux éléments : d'un côté, la complexification sociale liée à la révolution industrielle ; de l'autre, l'apparition, au milieu de ce siècle, d'une théorie mathématique de l'information.

La théorie mathématique de l'information[1] part d'un modèle stylisé de la communication* : une source d'information expédie un message grâce à un émetteur qui le code, par le biais d'un canal, à un destinataire pour qui un récepteur le décode, étant entendu qu'entre les deux, des sources de bruit viennent perturber le message. Le modèle provient évidemment d'un désir de construire une théorie permettant d'optimiser les nouveaux canaux de transmission de l'information (téléphone, radio, etc.). Tout le processus de mathémati-

---

1. On la doit à l'Américain Claude E. Schannon (né en 1916), qui, ingénieur aux Laboratoires Bell à New York, l'élabora entre 1943 et 1945 ; il sera par la suite professeur au Massachusetts Institute of Technology.

Information

sation repose sur la définition de l'information. Shannon a réussi à en faire une propriété indépendante du contenu des messages, en la liant à la liberté de choix qu'a la source lorsqu'elle sélectionne un message. Tout message i, dans un ensemble donné, a une probabilité p_i. L'information du message est une fonction de cette probabilité (moins un message est probable, plus il est informatif), et, par là, on peut lui assigner une quantité. Shannon donne à cette quantité H le nom d'*entropie*, et la forme $H = -\Sigma\, p_i log p_i$. Cela lui permettra d'établir de nombreux théorèmes concernant la capacité maximale d'un canal à transmettre de l'information, la redondance, le bruit (qui est une incertitude sur le message par ajout d'éléments extérieurs), etc., théorèmes dont l'utilité technique est évidente. Le concept ainsi formé possède une très grande généralité. On l'a appliqué non seulement à l'information transmise dans une voie de communication, mais à celle qui est contenue dans un système (ce qui suppose, semble-t-il, que l'on assimile un système à un message transmis dans une voie qui part du système et arrive à l'observateur).

Le nom d'*entropie* ne provient pas initialement de la théorie de l'information, mais de la thermodynamique (branche de la physique consacrée à l'étude des phénomènes liés à la chaleur et à ses transformations). Il s'agit d'une fonction d'état des systèmes thermodynamiques, qui, dans son interprétation statistique, exprime le degré de désordre d'un système isolé. Un principe important de la thermodynamique soutient que, dans les systèmes isolés, l'entropie augmente (transformation du mouvement ordonné de particules en mouvement chaotique[1]). On a très vite remarqué que la formule de l'entropie construite par la théorie de l'information avait la même structure (à une constante près) que celle produite par la thermodynamique statistique, mais pas le même signe (c'est pourquoi on proposa de nommer l'information *néguentropie*). Cette analogie a été la source de réflexions et de spéculations, concernant en particulier la structure du vivant (c'est un système qui manifeste de l'ordre). On a proposé également d'envisager la complexité des systèmes à partir de là : plus

---

1. Un exemple simple. On dépose une goutte d'encre dans une cuve d'eau, l'ensemble constituant un système isolé : ce système évoluera spontanément vers un état d'équilibre qui se caractérise par l'homogénéité de la répartition de l'encre dans l'eau. L'état d'équilibre du système considéré correspond au maximum d'entropie. Par conséquent, ce qu'on nomme *désordre* n'est rien d'autre que l'homogénéité.

Information

un système est complexe, moins est probable l'assemblage de ses éléments, plus donc il correspond à une quantité importante d'information. Le point commun de ces spéculations est probablement le raisonnement probabiliste, c'est-à-dire l'intégration du hasard[1]. On assiste actuellement, par le biais de la théorie de l'information, à une circulation de concepts dont il est difficile de dire où elle aboutira, ni même, très souvent, si elle dépasse la métaphore et l'analogie. Cette circulation a la caractéristique essentielle de ne pas respecter le clivage entre les sciences humaines* et les sciences de la nature.

Il est incontestable que le concept mathématique d'information a joué un rôle fondamental dans le développement actuel de la notion. Cependant, bien souvent, on a affaire non pas à ce concept, mais à quelque chose de plus intuitif et de plus trivial, qui correspond à la définition que nous avions donnée au départ. C'est en ce sens qu'on remarque, par exemple, que la presse moderne n'est plus une presse d'opinion mais une presse d'information. Une part importante de la psychologie* moderne considère l'être humain comme un système de traitement de l'information (cela tient aussi à une autre analogie, voir *informatique*). L'information est quelque chose que l'on acquiert, que l'on cache, que l'on stocke, que l'on utilise. La structure des sociétés modernes dépend étroitement de la constitution de l'information (sur les individus* : registres d'états civils, fichiers, etc. ; les phénomènes naturels ; les connaissances, etc.). C'est sans doute Foucault* qui, dans ***Surveiller et Punir***, a mis le premier l'accent sur un point important (bien qu'il ne l'ait pas exprimé en ces termes) : le pouvoir politique de la société industrielle s'exerce à partir de l'information (surveiller). Les décisions requièrent de l'information, de même que la gestion sociale. De nombreux problèmes éthiques surgissent alors, qui sont loin d'avoir trouvé des solutions satisfaisantes. Une partie d'entre elles touchent la liberté* individuelle. Faut-il considérer que l'individu* est propriétaire de l'information que l'on peut constituer à son sujet ? La liberté* individuelle ne dépend-elle pas de ce qu'une sphère entière des activités de l'individu* soit totalement opaque aux tentatives d'obtenir des informations sur elle ?

---

[1]. L'un des concepts introduits dans ce type de réflexion est celui d'auto-organisation des systèmes, qui est une augmentation de la complexité ; on a pu montrer que le « bruit » — au sens de la théorie de l'information — est une source d'auto-organisation et d'adaptabilité des systèmes.

Pour s'exprimer brièvement, on peut dire que le concept d'information en est aujourd'hui à un stade de développement qui était celui du concept d'énergie au début du XIXe siècle, lorsqu'il nourrissait à la fois les spéculations de la philosophie de la nature et les travaux des physiciens. Mais il est, en outre, l'un des enjeux de la vie sociale moderne. C'est probablement l'un des éléments les plus importants de la pensée contemporaine, mais rien ne prouve que toutes les avancées conceptuelles que le mot recouvre conserveront ultérieurement une véritable unité.

> H. Atlan, **Entre le cristal et la fumée,** Paris, Seuil, 1979 ; L. Brillouin, **La Science et la Théorie de l'information,** Paris, Masson, 1959 ; M. Le Net, **L'État annonceur : techniques, doctrines et morale de la communication sociale,** Paris, 1981 ; W. Weaver & C.E. Shannon, **Théorie mathématique de la communication,** t.f., Paris, Retz, 1975.

Informatique

L'informatique est l'ensemble des techniques de représentation codée de l'information* et de son traitement en machine*. On hésite à la qualifier de *science** ou de *technique**. Elle doit son développement à de multiples facteurs relativement indépendants. D'abord, la constitution d'un concept abstrait* et mathématique* de machine*, dû à Turing (voir *machine*). Ensuite, après le développement de la logique* mathématique, la découverte de l'identité de structure[1] entre un circuit électrique (constitué de circuits élémentaires munis d'interrupteurs et placés en parallèle ou en série) et un calcul logique : chaque élément du circuit est l'analogue d'une proposition, un état du circuit correspond à une proposition complexe, la circulation du courant effectue le calcul et donne le résultat sous forme binaire. Enfin, d'importants progrès technologiques (triode, transistors, circuits imprimés, etc.) qui ont permis la construction de ces machines que l'on nomme des *ordinateurs*. Aujourd'hui, un ordinateur est une machine qui traite des données, ou encore qui traite de l'information*. Les premières machines modernes ont été construites dans le contexte de la Seconde Guerre mondiale (constructions de

---

1. Dans un article de Shannon publié en 1938 ; en 1943, McCulloch et Pitts étendaient ces conceptions au système nerveux humain, dans un article dont le titre seul indique la nouveauté : **Un calcul logique des idées immanent à l'activité nerveuse**.

Informatique

calculateurs) et ce n'est qu'en 1951 que le mathématicien John von Neumann les rapprocha explicitement des machines de Turing ; cela permettait de dépasser le calcul numérique et d'aborder le traitement des informations symboliques.

Une machine* informatique est d'abord organisée physiquement. Elle dispose (entre autres choses) d'une mémoire (qui peut être effacée) et d'un processeur (qu'on peut concevoir comme une boîte noire qui reçoit des données sous une certaine forme et produit des données sous une autre forme ; ses éléments de base — on utilise aujourd'hui des bistables capables sur commande de prendre l'un ou l'autre des deux états — sont des portes logiques capables de réaliser des opérations élémentaires — négation, conjonction, etc. — et sont eux-mêmes intégrés dans des processeurs plus complexes). La structure physique de la machine définit les opérations qu'elle peut faire (programme machine), les données doivent être codées de façon à correspondre à des états des éléments de la machine (langage* machine). Un langage machine est intransportable sur une machine d'un autre type. On a vite construit des codes plus symboliques, qui eux-mêmes devaient être traduits en langage-machine par un assembleur. Progressivement, on a construit des langages symboliques (FORTRAN, 1951) qui permettaient aux humains d'écrire plus facilement des programmes ; ces langages nécessitent eux-mêmes d'être traduits en langage-machine à l'aide de compilateurs. De nombreux langages ont été construits, en fonction de visées diverses. Ce sont eux qui permettent d'effectuer des opérations complexes. Un programme est une suite d'instructions ; mais il peut également être considéré comme une donnée pour un autre programme, être modifié, etc. Certains langages (LISP) ne distinguent pas les programmes et les données, en leur accordant à tous la structure d'une liste. Les ordinateurs construits sous l'impulsion de von Neumann traitent les informations de façon séquentielle. On a construit également des ordinateurs *décentralisés*, qui procèdent en parallèle. Cette conception (le paradigme *connexionniste* qui, né en même temps que le paradigme « von Neumann », connaît aujourd'hui un fort développement) a conduit à imaginer un autre type de structure. Il s'agit de réseaux de *neurones* qui sont connectés entre eux par des *synapses* : les neurones sont excités, mémorisent un niveau d'activité, et communiquent entre eux suivant des seuils correspondant à leur niveau d'excitation. De tels systèmes fonctionnent non plus de façon symbolique (par traitement de symboles), mais analogique (par simulation des fonctions). Ils sont susceptibles d'apprentissage. Actuellement, ils ne correspondent pas à des machines réelles, mais sont simulés sur des machines conventionnelles.

Si on veut évaluer l'impact de l'informatique dans notre univers culturel et intellectuel, il faut imaginer quelque chose qui rassemblerait, quant à son importance, à la fois l'invention de l'imprimerie et du système bancaire, l'apparition de la physique* galiléo-cartésienne et la découverte de la machine à vapeur. Le développement de l'informatique permet de stocker l'information*, de la traiter et de la retrouver dans des proportions jamais atteintes. Elle développe des capacités d'investigation et de calcul scientifiques qui donnent accès à de nouveaux domaines du savoir. L'architecture* de l'empilement des langages* machines, compilateurs, et langages de plus en plus complexes, ouvre également une perspective qui n'est pas sans affecter la conception même de l'esprit* humain : des opérations physiques élémentaires peuvent permettre les opérations intellectuelles les plus raffinées.

> Ph. Breton, **Histoire de l'informatique,** Paris, La Découverte, 1987 ; R. Moreau, **Ainsi naquit l'informatique,** Paris, Dunod, 1981 ; voir également la bibliographie de Intelligence artificielle.

Inné-Innéisme

Étymologiquement, l'inné est ce que l'on possède en naissant, et s'oppose à l'acquis. Savoir s'il y a en l'homme de l'inné pose la question de savoir s'il y a une nature humaine. L'inné peut servir à caractériser un instinct*, une capacité qui appartient à la nature humaine ; en ce sens, l'opposition inné/acquis peut être rapprochée des oppositions universel/contingent, ou biologique (naturel)/culturel. L'inné peut servir à caractériser un don individuel ; en ce sens, l'opposition inné/acquis peut être remplacée par l'opposition intelligence*/mémoire*, ou nature propre/conditionnement. Cette notion est le lieu de problématiques complexes et embrouillées : les couples d'opposition par lesquels on remplace le couple inné/acquis sont susceptibles d'intervertir leurs termes selon l'interprétation qu'on leur donne.

On peut caractériser l'innéisme non comme une doctrine parti-

Inné-Innéisme

culière, mais comme l'orientation générale des réponses à deux problèmes qui, s'ils sont distincts par leur visée et leur formulation, ne sauraient cependant admettre de solutions divergentes :

1. L'innéisme est d'abord une orientation générale des réponses possibles concernant la question des rapports du biologique (du corporel) à certaines activités qui sont celles-là mêmes par lesquelles on définit l'homme. Tel est l'innéisme de type cartésien. Pour Descartes*, l'esprit* humain possède des germes de la vérité* sous forme d'*idées innées* : il ne s'agit pas de l'innéité d'un contenu, les idées innées ne diffèrent pas de la faculté de penser, et Descartes* les compare à ces maladies auxquelles certaines familles semblent prédisposées. L'innéisme repose sur le double refus de faire dépendre la pensée du mécanisme corporel, et d'expliquer l'universalité et la nécessité des connaissances par l'expérience* (il équivaut à la réminiscence ; voir *Platon*). Il revient à affirmer que, si on ne pose pas qu'il y a en l'homme quelque chose d'inné, une faculté proprement humaine, on ne pourra jamais expliquer la pensée et le langage* ; il s'ensuit que l'on doit admettre que :

1 — l'homme n'est pas une machine*.

2 — le conditionnement externe (l'expérience) ne saurait en aucun cas expliquer que l'homme pense ou parle. L'opposition de l'inné et de l'acquis est celle du spirituel au matériel, et de l'universel au contingent ; comme le culturel est spirituel, il possède des déterminations innées. L'innéisme permet d'affirmer la spécificité de l'homme et son indépendance par rapport à la matière*, dans une perspective idéaliste à laquelle s'oppose l'empirisme* (Locke*, Condillac*).

2. L'innéisme est ensuite une orientation générale des réponses possibles concernant la question des rapports des déterminismes individuels (biologiques ou autres) aux déterminismes sociaux (culturels). C'est ainsi que le sens commun oppose l'élève doué à ses condisciples, le génie au commun des hommes, en posant qu'il y a en chacun d'eux quelque chose de spécifique qui les distingue des autres. On peut chercher à rattacher cette spécificité à l'hérédité, en invoquant, par exemple, les familles des grands créateurs (les Bach, les Bernouilli, etc.). Une telle conception peut servir à justifier les inégalités sociales, voire la ségrégation raciale. C'est souvent pour des raisons sociales et politiques qu'on la combat. On cherchera ainsi à opposer au déterminisme nécessairement individuel et ségrégatif du don, des déterminismes culturels qui, portant sur des individus* par définition semblables, ne sont ségrégatifs que dans des contextes sociaux déterminés. Mais, pour justifier cette position, on doit montrer que :

1 — seuls les traits biologiques sont soumis à hérédité ;

2 — ces traits n'ont pas d'influence sur certaines activités humaines ;

3 — de façon plus générale, tous les phénomènes culturels constituent un ordre de réalité indépendant des données biologiques. C'est le refus de l'innéisme qui, en faisant de l'homme un être historique, le libère des contraintes naturelles. L'opposition de l'inné à l'acquis n'est plus opposition de l'universel au contingent, mais du déterminé à l'indéterminé.

Sous ces deux aspects, le problème de l'innéisme n'est pas un problème historiquement dépassé ; le linguiste Chomsky* se réclame de Descartes*, et le rejet des déterminismes biologiques caractérise tant le marxisme que l'existentialisme* (cf. le refus sartrien d'une nature humaine). La discussion est souvent confuse ; les arguments contre l'innéisme (enfants sauvages, diversité des contenus culturels) et les arguments pour (universaux culturels, nécessité de faire une place à la structure biologique) ne partent souvent pas des mêmes problèmes. L'inné n'est pas seulement une question scientifique, dont on pourrait paisiblement attendre la solution de la biologie*, de la psychologie*, de la linguistique, etc., c'est une valeur* dont le refus global ou l'acceptation conditionne une attitude morale ou politique, et à laquelle l'allusion la plus anodine ne saurait être neutre (ainsi, admettre l'innéité d'un instinct maternel, c'est en faire une valeur* dont la transgression est un crime).

N. Chomsky, **La Linguistique cartésienne,** t.f., Paris, Seuil, 1969 ; **Le Langage et la Pensée,** t.f., Paris, Payot, 1970 ; A. Jacquard, **Au péril de la science ? Interrogation d'un généticien,** Paris, Seuil, 1982 ; N. Grimaldi, **L'Expérience de la pensée dans la philosophie de Descartes,** Paris, Vrin, 1978 ; F. Jacob, **Le Jeu des possibles, essai sur la diversité du vivant,** Paris, Fayard, 1981 ; R. Lewontin, **L'Inné, l'Acquis et la Génétique,** Paris, 1985 ; M. Piatelli-Palmarini (dir.), **Théories du langage, théories de l'apprentissage. Le débat Chomsky-Piaget,** Paris, Seuil, 1979 ; L. Malson, **Les Enfants sauvages,** Paris, UGF, 1964 ; J.-J. Matras et G. Chapouthier, **L'Inné et l'Acquis des structures biologiques,** Paris, PUF, 1981.

Instinct

La notion d'instinct est d'abord un élément fonctionnel dans l'explication de certaines conduites : lorsque tous les animaux d'une certaine espèce accomplissent cette conduite, sans qu'ils aient manifestement besoin de l'avoir apprise, on dit qu'elle répond à un instinct. La valeur explicative en est bien souvent nulle : au XVIIIe siècle, pour rendre compte du fait que l'homme vit en société*, on le gratifiait d'un instinct *ad hoc*, la sociabilité, ce qui, bien sûr, est inopérant pour expliquer la nature de la société* et son rapport à l'individu*. La notion d'instinct sert ensuite à caractériser certains comportements ; le comportement instinctif est nécessaire et constant dans l'espèce considérée, il correspond à un montage psycho-physiologique inné*, il s'oppose par là à la conduite réfléchie, consciente et susceptible d'apprentissage. En ce sens, la notion d'instinct sert, dans une certaine tradition philosophique, à opposer l'homme et l'animal ; à l'inverse, elle permet de fonder la valeur* morale* de certains comportements humains : l'instinct appartient à la nature, il est universel et indépassable ; toute conduite, tout sentiment humain, qu'on parvient à qualifier d'*instinctifs*, se trouvent posés comme un absolu. La notion reçoit une grande ambiguïté de cette multiplicité de fonctions ; on pourrait se demander si elle est autre chose qu'un concept idéologique*[1]. Son utilisation nécessite au moins une élaboration et une critique théorique.

1. Les biologistes tentent de définir l'instinct en caractérisant l'acte instinctif. Il provient d'un mécanisme nerveux lié à divers montages neuro-physiologiques déterminés héréditairement et répondant, par le relais d'un mécanisme déclencheur interne, à une modification de l'organisme (état de déséquilibre organique, de tension ou de motivation perçu comme une gêne). Ni le tropisme ni le réflexe ne sont une réaction de ce type. Le premier est un mouvement à polarité directionnelle, électrochimique ; le second, une simple unité réactionnelle. L'état interne conduit à un comportement de recherche ou d'appétence. Le but immédiat de l'instinct consiste à rompre avec l'état de besoin* : le comportement d'appétence trouve son issue dans un acte consommatoire hautement stéréotypé. Le but médiat est biologique, que l'instinct vise la conservation de l'individu (faim, soif, territoire, confection d'un nid, d'un terrier, mimétisme, etc.), la conservation de l'espèce (besoin sexuel, rite de l'accouplement, migration, etc.) ou, chez les animaux sociaux, celle de la société

---

1. Il convient de distinguer *instinct* et *pulsion*. Voir *Freud*.

Instinct

(construction sociale de ruches, thermorégulation collective, défense collective, etc.).

2. L'école objectiviste (Tinbergen, né en 1908 ; Konrad Lorenz, 1903-1989) critique cette définition parce qu'elle ne porte que sur des actes finalisés et adaptatifs, se référant essentiellement aux comportements d'appétence. Les « vrais » actes instinctifs sont susceptibles d'avoir lieu indépendamment de tout besoin, ils ne sont pas adaptatifs, leurs stimuli ne sont pas des objets déterminés, mais plutôt des formes. On doit les définir uniquement par la constance d'une conduite consommatoire, stéréotypée, héréditaire et endogène[1]. Le problème demeure cependant de déterminer quels sont les comportements instinctifs de certaines espèces animales, voire s'il est possible de les généraliser à l'homme. Lorenz fait de l'agressivité un instinct universel et s'en sert pour critiquer l'actuelle « domestication » de l'homme et soutenir l'eugénisme ; lorsqu'il reçut le prix Nobel (1974), de nombreux savants ont signé une pétition où étaient dénoncés ses rapports avec le nazisme. Des analyses récentes (Lehman, Rosenblatt, Schneirla) tentent de contester le caractère inné* de la plupart des activités dites instinctives ; elles s'accompagnent toujours d'une valorisation de la culture et de l'apprentissage. Tout cela montre assez que le concept d'instinct n'est jamais totalement dégagé de connotations idéologiques.

> F.J.J. Buytendijk, ***L'Homme et l'Animal. Essai de psychologie comparée,*** t.f., Paris, Gallimard, 1965 ; G. Deleuze, ***Instincts et Institutions***, Paris, Hachette, 1954 ; K. Lorenz, ***Essais sur le comportement animal et humain,*** t.f., Paris, Seuil, 1970 ; M. Merleau-Ponty, ***La Structure du comportement,*** Paris, Gallimard, 1942 ; J.V. Uexküll, ***Mondes animaux et Mondes humains,*** t.f., Paris, Gonthier-Denoël, 1965 ; M. Schneider, ***Freud et le plaisir,*** Paris, Denoël, 1980 ; G. Viaud, ***Les Tropismes,*** Paris, Vrin, 1951.

---

1. Autrement dit, l'excitation est interne à l'organe ; cette thèse s'appuie sur ce que : 1 — les seuils de déclenchement des actes instinctifs sont abaissés lorsque manquent les excitations externes habituelles ; 2 — la caractéristique la plus frappante de l'acte instinctif est d'exploser dans le vide, faute d'excitation déclencheuse. Cela conduit à une certaine définalisation de l'instinct, puisqu'il ne saurait être caractérisé par ce en vue de quoi serait « monté » l'acte instinctif.

Intelligence

Dire d'une personne qu'elle est intelligente, c'est la situer sur une échelle de valeurs*, lui accorder une supériorité, et marquer sa distance avec la « bête ». La difficulté commence lorsqu'on demande en quoi consiste cette intelligence, à quoi on peut la reconnaître, s'il en existe différentes formes, si les animaux en sont totalement dépourvus ; puisqu'on distingue volontiers l'intelligence du savoir appris, il devient aussi important de préciser si elle est un comportement ou une faculté indépendants de ce savoir, voire quelque chose d'inné*. La psychologie* s'est attachée depuis longtemps à classer les différentes formes d'intelligence, à les mesurer ; la tâche de la philosophie peut sembler de critiquer, par-delà ces classifications et ces mesures, les positions de valeurs* subreptices et fallacieuses qu'elles cachent souvent.

1. Classification traditionnelle

Traditionnellement, on rapporte l'intelligence à certains comportements ; en ordonnant ceux-ci, on peut envisager une classification des diverses formes d'intelligence :

1 — L'intelligence pratique animale, caractérisée par la possibilité d'inventer une conduite adaptée à une certaine situation du monde sensible. Il s'agit d'inventer et de combiner des gestes. Cela suppose l'utilisation d'expériences passées, l'adaptabilité, la compréhension immédiate d'une relation de moyen à fin. Cette faculté a été longtemps niée à l'animal (Descartes* en faisait une machine* automatique), mais elle se trouve reconnue par les zoopsychologues, depuis Wolfgang Köhler (1887-1967) et son ouvrage classique sur ***L'Intelligence des singes supérieurs*** (1917, t.f., Paris, 1931).

2 — L'intelligence pratique humaine : l'homme est capable d'improviser des conduites organisées pour s'adapter à son milieu, mais il est en outre capable de transformer son milieu. La fabrication de l'outil et l'apparition du monde des objets techniques sont une matérialisation de cette capacité. Pour Bergson*, avant d'être *homo sapiens*, l'homme est *homo faber*, ouvrier créateur ; mais le geste de l'*homo faber* témoigne déjà, par l'anticipation de sa trajectoire, d'une représentation mentale abstraite (cf. André Leroi-Gourhan [1911-1986], ***Le Geste et la Parole***, 3 tomes, Albin Michel, 1964-1965).

3 — L'intelligence spéculative ou conceptuelle, définie comme faculté de former des concepts, c'est-à-dire des idées générales et abstraites, et d'opérer sur ces concepts, en les associant ou dissociant en jugements.

Ce type de classification a le grave défaut d'être abstrait et de ne proposer que des critères généraux ; il laisse place à des interrogations sur les limites précises de chaque classe et sur la nature des processus psychiques (ou physiologiques) mis en cause.

2. La méthode des tests

Le modèle des sciences physiques a apporté l'idée que toute étude scientifique des fonctions psychiques devait être l'approche expérimentale du comportement observable. Cela a conduit les psychologues de la fin du XIXe siècle à mettre au point la méthode des tests (cf. J. Mac Keen Catell, **Mental tests and Measurements**, 1890). Le Français Alfred Binet (1857-1911) publie en 1904 **L'Étude expérimentale de l'intelligence** et met au point en 1905, avec Th. Simon, le test Binet-Simon, diffusé sous l'appellation d'*Échelle métrique de l'intelligence*. Un test destiné à mesurer l'« intelligence » est une série d'épreuves (exercices à résoudre en un temps déterminé), qui donne lieu à un résultat chiffré ; en combinant les résultats de plusieurs séries, on obtient un chiffre global. Pour passer de là à une échelle, il faut étalonner le test sur une population donnée : l'échelle n'est donc qu'un moyen de comparer les caractéristiques individuelles à celle d'une population. Cette méthode pose nécessairement divers problèmes : en général, une échelle métrique a un but technique de sélection (utilisation du Binet-Simon dans les écoles, les entreprises) ; sur quoi fonder une telle sélection ? En quoi l'échantillon qui a servi à l'étalonnage est-il représentatif ? L'échelle de Binet-Simon a subi plusieurs remaniements, et, aujourd'hui, on utilise l'échelle de Wechsler pour mesurer le *quotient intellectuel* ; que signifie le quotient intellectuel ? Si l'on prétend que le test mesure l'intelligence, comme celle-ci ne correspond qu'à un concept vague, on doit soit poser que ce qu'on appelle *intelligence*, c'est simplement ce que mesure le test (Binet), soit donner une définition en accord avec le test. Dans les deux cas, on pose une norme, une valeur*. Quand on remarque que les résultats au test varient en fonction de la race, de la civilisation ou de la catégorie sociale à laquelle appartient l'individu* testé, doit-on en conclure que le degré d'intelligence varie selon ces facteurs ou que ce que mesure le test, ce n'est pas l'intelligence en général, mais l'écart par rapport aux caractéristiques d'une catégorie raciale, culturelle et sociale donnée ? Si on choisit la seconde hypothèse, il faut alors admettre que l'utilisation pratique des tests

Intelligence

conduit à la ségrégation. On remarquera enfin que le contenu des épreuves choisies pour le test n'est pas indifférent ; certains tests (ex. : ceux qui portent sur le vocabulaire) non seulement avantagent les individus les plus cultivés, mais encore sélectionnent certains traits du comportement (ex. : la facilité à manipuler des concepts abstraits) ; il y a là encore position d'une norme, qui montre bien en quoi la méthode des tests ne peut exclure la discussion concernant la nature de l'intelligence (voir *Piaget*).

> L. Brunschvicg, **Les Âges de l'intelligence,** Paris, PUF, 1934 ; W. Kölher, **L'Intelligence des singes supérieurs,** t.f., Paris, 1931 ; P. Oléron, M. Reuchlin & R. Zazzo (dir.), **L'Intelligence,** n° spécial du **Bulletin de psychologie**, Paris, 1979 ; M. Tort, **Le Quotient intellectuel,** Paris, Maspero, 1974 ; R. Zazzo, **Intelligence et Quotient d'âge,** Paris, PUF, 1946.

Intelligence artificielle

Une activité intelligente est quelque chose comme reconnaître une forme, parler, calculer, déduire. Généralement, ces opérations sont effectuées par des êtres vivants et plus spécifiquement des êtres humains. L'intelligence artificielle est la discipline qui s'attache à simuler ces opérations à l'aide de machines construites. Si l'appellation est moderne, la construction de tels objets remonte assez loin. Un abaque, un compas, un sextant effectuent déjà de telles opérations (extrêmement limitées). Pascal* et Leibniz* ont travaillé à construire des machines à calculer purement mécaniques. Durant tout le XIXe siècle, on s'est efforcé de construire des machines permettant le calcul logique. L'apparition de l'informatique* a largement bouleversé la question. L'intelligence artificielle vise à simuler tous les comportements intelligents humains (reconnaître une forme, prendre une décision, effectuer un calcul, traduire, engendrer un texte, trouver des théorèmes, apprendre, faire un diagnostic médical, etc.). Il s'agit là d'un programme dont l'enjeu économique est évident (automatiser quantités d'opérations et réduire ainsi leur coût).

D'un certain point de vue, l'intelligence artificielle dépasse les opérations possibles à un humain (détecter et détruire en temps voulu un missile). Elle donne aussi l'idée que l'homme est une espèce de machine* et que tous les comportements humains pourraient être simulés par des machines. À l'inverse, elle donne des modèles de compréhension du fonctionnement de l'esprit* humain, pourvu qu'on accepte certains postulats : le cerveau fonctionne, comme un ordina-

Intelligence artificielle

teur, par opérations élémentaires (de nombreux psychologues travaillent à partir de cette hypothèse) ; l'esprit* est un système qui opère sur des éléments avec des règles formelles (toutefois, le connexionnisme, en passant du symbolique à l'analogique, semble dépasser ce point de vue ; voir *informatique*) ; tout savoir peut être explicitement formulé ; la compréhension de l'univers doit pouvoir se décomposer en éléments indépendants. H. Dreyfus se sert de ces hypothèses — qu'il juge insoutenables et réductrices — pour critiquer l'intelligence artificielle et soutenir qu'elle n'atteindra jamais *le savoir-faire* d'un expert humain. Tous les développements de l'intelligence artificielle ne semblent pas tomber sous le coup de la critique de Dreyfus et la discipline joue un rôle heuristique extraordinaire dans l'approche des phénomènes humains. Les progrès ont été considérables (y compris dans la construction de machines capables d'apprendre), bien que leurs limites ne permettent pas de trancher la question. On peut poser le problème à partir d'un test proposé par Turing. Soit un homme $M1$ dialoguant avec une machine T et un homme $M2$, sans qu'il puisse savoir à qui il s'adresse. Selon Turing, on pourra dire que T comprend le dialogue au sens où l'on dit qu'un homme comprend, si $M1$ est incapable d'attribuer les réponses à $M2$ ou à T. Aucun programme de traitement des langues naturelles ne satisfait actuellement le test de Turing. On peut imaginer plusieurs raisons : a) nos réalisations en intelligence artificielle sont insuffisantes dans l'état actuel de notre connaissance ; b) l'homme n'est pas une machine* et jamais son comportement ne pourra être simulé par une machine ; c) il n'y a pas encore de société de machines (c'est-à-dire qu'il n'y a pas, pour les machines, de possibilités d'interaction*) ; d) il n'y aura jamais de société* de machines. Si le choix de l'une d'entre elles est impossible par des argumentations définitives (chacune relève essentiellement d'une conception philosophique *a priori* de ce qu'est l'humain), seule la poursuite du programme intellectuel de l'intelligence artificielle permettra de décider.

L. Couffignal, ***Les Machines à penser,*** Paris, Minuit, 1964 ; L.H. Dreyfus, ***Intelligence artificielle — mythes et limites,*** t.f., Paris, Flammarion, 1984 ; J.-P. Haton, ***L'Intelligence artificielle,*** 2ᵉ éd., Paris, PUF, 1990 ; D. Hofstadter, ***Gödel Escher Bach,*** t.f., Paris, Interéditions, 1985 ; V. Pratt, ***Thinking Machines. The Evolution of artifical intelligence,*** Oxford, Basic Blacwell LTD, 1987 ; H. Putnam, ***Représentation et Réalité,*** t.f., Paris, Gallimard, 1990 ; A. Sloman, ***The computer revolution in Philosophy,*** Harvester Press, 1978 ; P. Vandeginste, (dir.), ***La Recherche en intelligence artificielle,*** Paris, Seuil, 1988 ; F. Varella, ***Autonomie et Connaissance : essai sur le vivant,*** t.f., Paris, Seuil, 1989.

Interaction

L'interaction est un processus par lequel deux ou plusieurs phénomènes ou éléments donnés se conditionnent réciproquement. Nécessairement, les propriétés résultantes ne sont pas des qualités intrinsèques aux éléments initiaux.

Cette thèse est assumée par un courant important de recherche en sciences sociales qui s'est développé aux États-Unis, au début du XXe siècle, à l'université de Chicago. Née de la collaboration de philosophes (John Dewey, 1859-1952 ; George Herbert Mead, 1863-1931), d'ethnologues et de linguistes (E. Sapir, 1884-1939), comme de sociologues, l'école de Chicago s'est prolongée dans le vaste mouvement de l'*interactionnisme symbolique* (notion apparue en 1937). Du pragmatisme* de Dewey et Mead vient l'idée d'une conception instrumentale de la vérité* qui se construit à travers la dynamique des actes sociaux. Sensible au formalisme du philosophe et sociologue allemand Georg Simmel (1858-1918) qui soutient que la *sociologie doit chercher ses problèmes non dans la matière de la vie sociale, mais dans sa forme* (voir les essais traduits en français sous le titre **Sociologie et Épistémologie**, Paris, PUF, 1981), l'école de Chicago fondera la sociologie* empirique moderne (Simmel proposait de s'attacher à des invariants formels comme le conflit, la concurrence, etc.). Elle mènera les premières études de sociologie urbaine, privilégiera le terrain contre la synthèse, les microstructures contre la macrostructure. L'interactionnisme symbolique conçoit la société* comme un système d'interactions et de communications interindividuelles et signifiantes. Elle n'a pas de réalité indépendante des interactions sociales. C'est donc de l'échange individuel et de la vie quotidienne qu'il faut partir, point sur lequel insistera Erving Goffman (1922-1982), dans des ouvrages comme **La Mise en scène de la vie quotidienne** (1956) ou **Asiles. Études sur la condition sociale des malades mentaux** (1961). Cette méthode d'approche des microstructures correspond à ce que Harold Garfinkel nomme *ethnométhodologie* (**Studies in ethnomethodology**, 1967). Elle sera reprise par les linguistes qui, dans les années 70, commencent à critiquer la légitimité de la conception saussurienne de la langue et préfèrent étudier les échanges en situation (par exemple, un marchandage, une négociation) et les interactions conversationnelles, dans lesquels ils voient la création du sens*.

Interaction

H.G. Blumer, ***Symbolic interactionism,*** Englewood Cliffs, Prentice Hall, 1969 ; E. Goffman, ***Les Rites d'interaction,*** t.f., Paris, Minuit, 1974 ; Y. Grafmeyer & I. Joseph, ***L'École de Chicago. Naissance de l'écologie urbaine,*** t.f., Paris, Aubier-Montaigne, 1984 ; G.H. Mead, ***L'Esprit, le Soi, la Société,*** t.f., Paris, PUF, 1963 ; P. Rock, ***The making of symbolic interactionism,*** The Macmillan Press LTD, 1979.

KANT (Emmanuel)

Né à Kœnigsberg en 1724, d'un modeste artisan sellier et d'une mère fort attachée au piétisme, il ne quitta jamais sa ville natale. Étudiant au lycée (1732), puis à l'université de cette ville (1740), il est, à partir de 1746, précepteur dans diverses familles de la région. En 1755, grâce à une ***Dissertation sur les premiers principes de la connaissance métaphysique***, il est professeur libre à l'université, et devient professeur titulaire en 1770 avec sa célèbre dissertation latine sur ***La forme et les principes du monde sensible et du monde intelligible***. Les publications de Kant avant 1770 sont nombreuses et ne concernent pas seulement la philosophie (il enseigna à peu près toutes les matières). Il évolue lentement du dogmatisme rationaliste de style leibnizien qui fut celui de ses maîtres[1] vers une pensée qui, sachant retenir les leçons de l'empirisme* et de la physique* newtonienne, accorde un rôle essentiel à l'expérience*. Dans cette évolution, la ***Dissertation*** de 1770 marque une étape essentielle : pour la première fois, Kant conçoit le temps* et l'espace comme des intuitions irréductibles aux concepts ; deux ans plus tard, il écrit à Marcus Herz qu'il songe *au plan d'un ouvrage qui* pourrait *avoir comme titre : les*

---

1. L'un des philosophes les plus importants des pays de langue allemande au XVIIIᵉ siècle est Christian Wolff (1679-1754). Correspondant de Leibniz* pendant quatorze ans, il a voué sa vie à construire une synthèse qui fasse système entre l'acquis de la scolastique et l'apport de Leibniz et Locke*, et qui englobe toutes les disciplines intellectuelles. Son œuvre inachevée comporte plus de deux cents titres. Voltaire le qualifiait de *maître à penser des Allemagnes*. L'école wolffienne correspond exactement au contenu du concept de *rationalisme dogmatique* : elle procède par principes, définitions et démonstrations.

KANT

limites de la sensibilité et de la raison. Mais la maturation chez Kant est toujours lente, et c'est seulement en 1781 qu'il publie la ***Critique de la raison pure*** (seconde édition remaniée avec une nouvelle préface en 1787). Cette première présentation d'une philosophie nouvelle — la philosophie critique ou transcendantale — est suivie d'un exposé plus succinct (***Prolégomènes à toute métaphysique future qui pourra se présenter comme science***, 1783), puis de la ***Critique de la raison pratique*** (1788) et de la ***Critique du jugement*** (1790). On peut dire alors que les bases du système sont achevées ; Kant en poursuit l'élaboration : la publication, en 1785, des ***Fondements de la métaphysique des mœurs*** est complétée par celle des ***Premiers principes métaphysiques de la doctrine du droit*** (1797) ; ***La Religion dans les limites de la simple raison*** (1793) qui lui avait valu quelques démêlés avec la censure est complétée par le ***Conflit des facultés*** (1798). Sentant ses forces décliner, il abandonne l'enseignement en 1797 ; il s'efforce alors d'élaborer sa philosophie de la nature en montrant le rapport de la science physique* aux ***Premiers principes métaphysiques de la science de la nature*** qu'il avait énoncés dès 1786. Sa mort, survenue en 1804, ne lui permit pas d'achever ce projet.

1. La révolution copernicienne

On peut caractériser la philosophie kantienne par le projet de fonder la connaissance rationnelle, en assignant les limites de sa légitimité, et en émondant les productions de *l'entendement humain (qui a) divagué durant des siècles de diverses façons sur d'innombrables sujets.* Mais le projet critique ne trouve sa source et sa réalisation que dans la solution des problèmes fondamentaux agités par la philosophie de la connaissance*. La conception traditionnelle de la vérité* en fait l'adéquation de la pensée et des choses. L'idéalisme* fonde cette adéquation dans le déploiement logique du savoir à partir de concepts sinon toujours innés*, du moins reposant éternellement en l'entendement divin ; une connaissance *a priori* universelle et nécessaire est alors possible. L'empirisme* (Hume*) pose que toute connaissance vient de l'expérience* ; mais, si toute connaissance est *a posteriori*, il n'y a ni universalité ni nécessité véritables et nous sommes acculés au scepticisme.

L'empirisme* a, en un certain sens, raison et beaucoup de nos jugements consistent en synthèses *a posteriori* de deux concepts donnés dans l'expérience. Si l'idéalisme avait raison, nos jugements seraient *a priori* ; ils ne peuvent l'être que s'ils sont analytiques, c'est-à-dire s'ils ne nous apprennent rien, affirmant d'un concept une détermination qui y est déjà contenue (par exemple, lorsque je dis qu'un corps est pesant). Les propositions de l'arithmétique sont synthétiques (lorsque j'écris 7 + 5 = 12, 12 n'est contenu ni dans 5 ni dans 7) ; il en est de même de celles de la géométrie et de celles de la physique*. Il importe à Kant de montrer la nécessité de la connaissance* ; pour que les jugements qui constituent l'arithmétique, la géométrie et une partie de la physique soient nécessaires, il faut qu'ils soient *a priori*. Comment des jugements synthétiques *a priori* sont-ils possibles ? Si notre appréhension du monde doit se régler sur la nature des objets, la connaissance *a priori* est impossible ; il faut donc que ce soit l'objet qui se règle sur la nature de notre pouvoir d'intuition : nous ne connaissons *a priori* des choses que ce que nous y mettons nous-mêmes. Kant compare sa solution à la révolution opérée par Copernic lorsque celui-ci, pour expliquer les phénomènes astronomiques incompatibles avec la rotation du soleil autour de la terre, a supposé que la terre tournait autour du soleil.

2. Sensibilité et entendement

Si l'objectivité* de notre connaissance dépend de notre faculté de connaître, toute théorie de la connaissance suppose l'étude des éléments qui composent celle-ci. Cette étude est nécessairement *a priori* et elle ne concerne les objets qu'en tant qu'ils dépendent de notre faculté : elle est donc étude des conditions *a priori* de la possibilité de notre connaissance, autrement dit elle est transcendantale[1]. Il y a deux sources (qui partent peut-être d'une racine commune, mais inconnue) de notre connaissance : la sensibilité et l'entendement. Si toute connaissance débute avec l'expérience, il ne s'ensuit pas qu'elle découle de l'expérience (c'est là, pour Kant, l'erreur de l'empirisme*).

La sensibilité est la manière dont nous sommes affectés par les objets dans l'intuition ; l'impression de l'objet sur la sensibilité est la sensation. La sensation est la matière de notre intuition sensible, elle est un donné. En tant que tel, ce donné est pure diversité ; dans la mesure où l'objet se règle sur notre faculté de connaître, la diversité se ramène à une forme. La forme de notre intuition est intuition pure, et cette forme est le temps* (sens interne) et l'espace (sens externe). Temps et espace en effet ne sont pas des concepts de l'entendement ;

---

1. *J'appelle* transcendantale *toute connaissance qui, en général, s'occupe moins des objets que de nos concepts* a priori *des objets. Un* système *des concepts de ce genre s'appellerait* philosophie transcendantale.

KANT

mon concept de main, par exemple, est identique lorsque je pense à ma main droite et à ma main gauche, et pourtant toutes deux ne sont pas superposables : ce paradoxe de la symétrie des objets dans l'espace montre bien qu'il y a dans celui-ci quelque chose d'irréductible au concept. Temps* et espace ne sont pas non plus des intuitions particulières : un temps ou un espace donné ne sont conçus qu'en tant qu'ils sont pris dans l'espace et dans le temps.

Le temps et l'espace sont la forme de la sensibilité : tout objet, en tant qu'il est pour nous une donnée, c'est-à-dire en tant que nous l'appréhendons, est nécessairement dans le temps[1] et dans l'espace ; il en est de même pour moi en tant que je me perçois comme sujet empirique. Il s'ensuit que je ne puis connaître les choses (y compris moi-même comme objet de représentation) telles qu'elles sont en elles-mêmes, mais seulement telles qu'elles m'apparaissent dans ma sensibilité, c'est-à-dire en tant que phénomènes. La forme de l'intuition donne l'unité à la diversité du sensible ; mais les phénomènes eux-mêmes sont divers : ils ne sont appréhendés que pour autant que je les saisis en les rapportant à une unité.

Cette unité provient de la pensée en un double sens :

1 — Penser, c'est juger, c'est-à-dire unifier un concept sous un autre concept ; il y a donc autant de formes d'unité que de modes de jugement. Kant nomme ces formes d'unité des *catégories* (elles sont au nombre de douze, parmi lesquelles la relation de cause à effet).

2 — Mes représentations ne sont unifiées que dans la mesure où je les appelle miennes : c'est donc la synthèse pure de l'entendement, le *je pense* — aperception originaire, c'est-à-dire non empirique[2] — qui rend la connaissance* possible. La reconnaissance de cette nécessité constitue pour Kant *la déduction transcendantale* des catégories ; elle implique que la connaissance suppose l'application (effectuée par l'imagination transcendantale) des catégories aux données sensibles. Par conséquent, sans nos concepts de l'entendement, nous ne connaissons rien (*des intuitions sans concepts sont aveugles*) et, sans une matière pour ces concepts, nous ne connaissons rien non plus (*des concepts sans intuition sont vides*).

---

1. Il s'ensuit qu'à proprement parler, le temps ne s'écoule pas, c'est l'existence de ce qui est qui s'écoule en lui.

2. Par là, Kant veut dire que le *je pense* est, comme activité synthétique, une condition de possibilité de la connaissance* (sujet transcendantal), mais qu'il ne correspond pas à une connaissance de ma nature, laquelle serait nécessairement sensible. Voir *Descartes*.

3. La raison et la dialectique transcendantale

La possibilité d'une connaissance* repose sur une triple synthèse :
1 — synthèse de l'appréhension dans l'intuition ;
2 — synthèse de la reproduction dans l'imagination ;
3 — synthèse de la recognition dans le concept.

L'entendement, faculté des concepts, est la fonction du jugement : il unit entre eux deux concepts. Le raisonnement suppose l'union de plusieurs jugements : la raison est à l'entendement ce qu'est l'entendement à la sensibilité. Il y a trois formes de raisonnement : catégorique (syllogisme ordinaire), hypothétique (syllogisme ayant une prémisse hypothétique), disjonctif (syllogisme ayant une prémisse disjonctive). L'unité dans le raisonnement est donnée par la subsomption du jugement (la conclusion) sous une règle générale (la majeure) : l'activité synthétique de la raison consiste donc à chercher la condition du jugement. Cette activité synthétique donne lieu à une illusion* de la raison* dont l'étude relève de la dialectique transcendantale en tant que logique* transcendantale[1] de l'apparence.

En cherchant la condition de la conclusion, pour achever l'unité, la raison recherche nécessairement la condition de la condition et remonte jusqu'à l'inconditionné, c'est-à-dire jusqu'à un principe anhypothétique. Un tel principe est une Idée de la raison : à partir du raisonnement catégorique, il concerne l'unité absolue (inconditionnée) du sujet* pensant ; du raisonnement hypothétique, l'unité absolue de la série des conditions du phénomène ; du raisonnement disjonctif, l'unité absolue de la condition de tous les objets de la pensée en général. Les Idées de la Raison concernent donc le sujet, le monde et Dieu*. Comme principes synthétiques, elles sont nécessaires et ont un usage transcendantal ; mais — et c'est là l'illusion — on essaie d'en faire un usage transcendant, c'est-à-dire qui aille au-delà de l'expérience, afin de constituer une psychologie rationnelle (science de l'âme), une cosmologie rationnelle et une théologie rationnelle. Ce faisant, on tombe dans des raisonnements fallacieux : paralogismes pour la psychologie (on utilise les concepts tantôt en un sens empirique, tantôt en un sens transcendant), antinomies pour la cosmologie (on démontre aussi bien que le monde a un commence-

---

1. La logique* peut être considérée comme un instrument de connaissance ou comme une norme ; dans ce cas, elle établit des conditions *a priori* de la pensée d'un objet quelconque, c'est pourquoi Kant la nomme *transcendantale*.

KANT

ment et qu'il n'en a pas, qu'il a des parties simples et qu'il n'en a pas, que l'homme est libre et qu'il ne l'est pas, que le monde a une cause et qu'il n'en a pas), preuves de l'existence de Dieu* pour la théologie (voir *Dieu, ontologie*). La raison* est naturellement aux prises avec elle-même, parce que l'idée transcendantale a son usage légitime comme principe régulateur de l'activité synthétique de la raison et que nous tentons d'en faire un usage transcendant, afin de l'utiliser à connaître un inconditionné, une chose en soi.

4. Qu'est-ce qu'une chose en soi ?

Dans la sensibilité, la distinction du phénomène et de la chose en soi paraît être la distinction de deux réalités. La sensibilité borne la connaissance* dans la mesure où cette dernière ne peut la franchir pour atteindre la chose en soi. Par le moyen des catégories, quand on fait abstraction des conditions sensibles, on ne connaît aucun objet déterminé : on n'exprime que la pensée d'un objet en général[1]. Comme forme de la pensée, les catégories dépassent la sensibilité et la font apparaître comme contingente (une autre forme est possible). Par là, c'est l'entendement qui apparaît comme *limitant* la sensibilité en appelant *noumènes* les choses en soi, c'est-à-dire prises autrement que *phénomènes* : le noumène signifie un objet qui ne serait pas donné selon notre mode d'intuition, c'est un concept purement limitatif. La limitation réciproque de l'entendement et de la sensibilité, exprimée par ce concept de noumène, fonde la possibilité même de l'expérience*. On comprend alors qu'il existe de la nécessité dans le monde : il y a des lois de la nature parce que les phénomènes sont institués d'après les lois de notre entendement. Mais l'expérience apparaît toujours inachevée et contingente ; tout ce qui est connu dans l'expérience est conditionné, et toute loi n'est elle-même qu'une loi empirique obtenue par induction. La chose en soi est alors l'Idée d'une loi inconditionnée constituant l'expérience en système. On pourrait peut-être comprendre par là :

1 — que, dans la mesure où Kant a cru pouvoir démontrer que la constitution de l'expérience en système sous une loi inconditionnée était nécessaire pour la morale (voir *bonheur, morale*) — voire dans la ***Critique du jugement***, pour la finalité* —, il ait cru aussi

---

[1]. Ne pas confondre avec l'objet transcendantal qui est simplement le point x auquel je rapporte toutes mes représentations et qui correspond symétriquement au sujet transcendantal.

nécessaire de *postuler* l'existence d'une âme libre et éternelle, d'un Dieu* infiniment bon ; les postulats de la raison* pratique ne donnent pas pour autant la connaissance* théorique des noumènes ;

2 — que la philosophie kantienne soit un idéalisme* (transcendantal) parce qu'elle ramène l'Être au connaître, mais qu'elle soit aussi un réalisme empirique, parce qu'elle pose que nous connaissons bien les phénomènes tels qu'ils sont.

5. Le kantisme

Le kantisme est à l'origine de l'Idéalisme allemand*, quoique les penseurs appartenant à ce mouvement historique aient surtout tenté de dépasser l'opposition kantienne entre le phénomène et la chose en soi. Ce que l'on appelle proprement le *néo-kantisme*[1] est une réaction (qu'on peut dater des environs des années 1870) contre le matérialisme qui avait succédé à cet idéalisme ; cette réaction se place sous le signe du retour au texte de Kant. On y distingue essentiellement deux écoles : celle de Marbourg et celle de Baden. Les trois grands représentants de l'école de Marbourg sont Hermann Cohen (1842-1918), dont le livre fondateur (**La Théorie kantienne de l'expérience**) paraît en 1871, Paul Natorp (1854-1924) et Ernst Cassirer*, le plus connu de tous. Ces auteurs vont insister sur l'épistémologie et la culture, et refuser l'identification entre l'*a priori* kantien et l'inné* que faisaient certains de leurs prédécesseurs. Vaihinger (1852-1933), élève de Cohen, s'orientera vers une espèce de phénoménisme positiviste qui réduit les concepts à des fictions utiles (**La philosophie du comme si**, 1911). L'école de Baden a pour principaux représentants Wilhelm Windelbrand (1848-1915), surtout connu comme historien de la philosophie, et Heinrich Rickert (1863-1936) : tous deux se sont efforcés de construire une philosophie des valeurs, et de séparer rigoureusement les sciences de la nature et celles de la culture. Entre les deux guerres, le néo-kantisme se diversifiera[2], tandis que le concept même d'une philosophie transcendantale demeurera l'un des thèmes les plus travaillés de la discipline, ne serait-ce qu'au travers de Husserl* et de la phénoménologie.

---

1. H. Dussort, **L'École de Marbourg**, Paris, PUF, 1963 ; G. Lehmann, **Geschichte der nachkantischen Philosophie**, Berlin, 1931 ; J. Vuillemin, **L'Héritage kantien et la révolution copernicienne**, Paris, PUF, 1954.

2. Au travers de Charles Renouvier (1815-1903), Jules Lachelier (1832-1918), et surtout Léon Brunschvicg (1869-1944), la méthode réflexive et critique kantienne a conquis peu à peu une large place dans le système universitaire français.

M. Castillo, **Kant et l'avenir de la culture,** Paris, PUF, 1990 ; A. Philonenko, **L'Œuvre de Kant,** 2 vol., Paris, Vrin 1969-1972 ; M. Crampe-Casnabet, **Kant,** Paris, Bordas, 1989 ; M. Heidegger, **Kant et le problème de la métaphysique,** t.f., Paris, Gallimard, 1953 ; **Interprétation phénoménologique de la Critique de la raison pure de Kant,** t.f., Paris, Gallimard, 1982 ; B. Rousset, **La Doctrine kantienne de l'objectivité,** Paris, 1967 ; H.-J. de Vleeschaver, **La Déduction transcendantale dans l'œuvre de Kant,** 3 vol., Paris/La Haye, 1934 ; J. Vuillemin, **Physique et métaphysique kantiennes,** Paris, PUF, 1955, 2e éd. 1987.

KELSEN (Hans)

Né à Prague en 1881, d'une famille juive de langue allemande, il fait ses études à Vienne, où il soutient, en 1906, son doctorat avec une thèse sur la théorie de l'État de Dante. Il séjourne en 1908 à Heidelberg, où il s'intéresse au séminaire de Max Weber*. Il soutient à Vienne son habilitation sur les **Problèmes fondamentaux de la doctrine du droit politique** (publiée en 1923), qui contient déjà les éléments principaux de sa doctrine juridique. En 1918, il sera nommé professeur à la faculté de droit. Le chancelier social-démocrate Karl Renner lui confie la rédaction de la constitution autrichienne, qui offre la particularité d'instituer une cour constitutionnelle. Il sera nommé membre à vie de cette dernière. De cette période datent ses travaux sur l'État : **Le concept sociologique et le concept juridique d'État**, **La Démocratie, sa nature, sa valeur**. En 1929, la majorité chrétienne-sociale vote un amendement supprimant la cour constitutionnelle. Kelsen quitte l'Autriche pour Cologne ; à l'arrivée des nazis, il va enseigner à Genève (1933), puis accepte un poste à Prague. En 1934, il publie son ouvrage fondamental, **La Théorie pure du droit** (seconde édition définitive en 1959). Il quitte Prague en 1938 pour retourner à Genève, puis la guerre le contraint à s'exiler aux États-Unis (où il publie une **Théorie générale de la loi et de l'État,** 1944). Il participera à la préparation du procès de Nuremberg contre les crimes nazis. Lorsqu'il meurt en 1973, il laisse inachevée une **Théorie générale des normes**, que publiera en 1979 le Hans Kelsen Institut, fondé par l'État autrichien.

Par théorie « pure » du droit, Kelsen entend une théorie considérant le droit dans sa réalité même, débarrassé de toute approche sociologique, psychologique ou métaphysique. Son but, comme science du droit, est de décrire ce dernier, c'est pourquoi elle ne peut porter sur le droit naturel, qui ne peut être décrit (il est déclaré ou énoncé). Comme Kant* et Hume*, il prend pour point de départ la distinction entre l'être et le devoir-être (la norme, qui est la signification de certains actes). La science du droit porte sur les normes qui existent dans une juridiction positive. Il faut distinguer entre justice et validité ; seule la validité intéresse la théorie du droit, parce qu'il s'agit d'évaluer les normes en fonction de leur instauration. Les normes sont valides lorsqu'elles sont posées en fonction des procédures prescrites par les normes d'ordre supérieur. Le système juridique est un ordre immanent de contrainte qui possède une structure hiérarchisée. Cette hiérarchie suppose nécessairement une hypothèse d'où faire dériver les évaluations. Cette hypothèse, Kelsen la formule ainsi : on doit supposer que la constitution est valide. Il ne s'agit pas d'une norme fondamentale ou d'un principe de droit absolu (du type de ceux auxquels réfèrent les théoriciens du droit naturel). Sans cette hypothèse, il n'y a aucun moyen de démontrer la validité des lois. Kelsen en pense le statut sur le modèle de la fiction, au sens de la philosophie du *comme si* du positivisme néo-kantien de Vaihinger. Il s'ensuit que n'importe quel contenu peut être droit. Les normes ne relèvent pas du vrai et du faux (les propositions du théoricien, elles, sont vraies ou fausses selon que les normes qu'elles décrivent sont valides ou non dans la juridiction positive considérée). Kelsen sera conduit à soutenir qu'il n'y a pas de logique* applicable à la science juridique, parce que les normes ont une réalité spécifique qui n'obéit pas aux principes logiques (des normes contraires peuvent être simultanément valides, et les propositions juridiques qui les décrivent contradictoires[1]).

Nécessairement, cette conception devait déboucher sur une théorie de l'État*. Kelsen identifie celui-ci au droit* ; c'est l'ordre normatif réglant les conduites qui fait que les individus* constituent une communauté nationale. Tout État présuppose un concept juridique et non l'inverse. Deux formes de gouvernement sont possibles : celle de l'auto-nomie, où les destinataires des normes en sont aussi les auteurs, et celle de l'hétéro-nomie, où ils sont soumis à des normes produites par d'autres. La démocratie* représentative (qui doit être accompagnée de représentation proportionnelle et de décentralisation territoriale), sans aboutir à l'auto-nomie parfaite, qui serait l'idéal de la démocratie, est le système qui s'en rapproche le plus.

---

1. Accepter des normes contradictoires pose évidemment un problème de fond. La logique* juridique (ou, sous une forme plus générale, la logique des normes ou logique déontique) est un domaine de recherche particulièrement fécond depuis la seconde moitié du siècle : voir G. Kalinowski, ***La Logique des normes***, Paris, PUF, 1972.

KIERKEGAARD

> H. Battifol, ***Problèmes de base de philosophie du droit,*** Paris, LGDJ, 1979 ; J. Raz, ***The concept of a legal system,*** Oxford, 1970 ; voir le n° spécial de la ***Revue Internationale de Philosophie*** consacré à ***Kelsen et le positivisme juridique***, Paris, 1982 ; ***La philosophie du droit de Hans Kelsen***, in Cahiers de philosophie politique et juridique, n° 9, Centre de publication de l'Université de Caen, Paris, Vrin, 1986.

KIERKEGAARD (Sören)

Né à Copenhague en 1813, il passe toute sa vie (excepté un séjour à Berlin où il suit les cours de Fichte) dans sa ville natale où il meurt en 1855. Sa production est abondante : en 1841, après des études de théologie, il soutient sa thèse de philosophie : ***Le Concept d'ironie constamment rapporté à Socrate***. De 1841 à 1855, il publie de nombreux ouvrages sous des pseudonymes : ***Ou bien... ou bien*** (1843), ***Crainte et tremblement*** (1843), ***La Répétition*** (1843, parfois traduit par le titre ***La Reprise*** : cf. nouvelle traduction, Paris, Garnier-Flammarion, 1990), ***Miettes philosophiques*** (1844), ***Le Concept d'angoisse*** (1844), ***Les Stades sur le chemin de la vie*** (1845). En 1846, dans ***Le Post-Scriptum non scientifique et définitif aux Miettes philosophiques***, il critique la philosophie de Hegel* et révèle être l'auteur des ouvrages antérieurs. À partir de l'année 1846, il conçoit sa vocation de témoin du christianisme, mais en dehors de toute Église : il publie alors le ***Traité du désespoir*** et attaque l'Église officielle dans ***L'École du christianisme***, 1850.

La publication posthume de son *Journal* éclaire son œuvre : si les circonstances de sa vie (rapport à son père ; rupture de ses fiançailles avec Régine Olsen) ont tant d'importance, c'est parce que, contre Hegel* et la philosophie de l'Absolu, il est le penseur de la subjectivité, de l'existence personnelle : *Trouver une vérité qui en soit une pour moi-même*. L'homme kierkegaardien est avant tout celui qui cherche *un point où jeter l'ancre*, dans un monde qui lui donne la nausée. Les stades de la vie montrent comment divers choix sont possibles : vivre dans l'instant (stade esthétique*), ce qui conduit au désespoir d'une quête sans fin, dont la contradiction éclate dans l'ironie ; devenir ce qu'on devient (stade éthique*), c'est-à-dire choisir entre ce refus de poser le Bien et le Mal, et la position des valeurs morales : l'humour est l'aboutissement de ce stade, il porte en lui la conscience de la faute totale ; posséder la conscience de la faute totale (stade religieux), c'est-à-dire se situer dans cette école du christianisme qui édifie l'homme sans l'instruire comme le ferait un système de dogmes. Premier existentialisme*, l'œuvre de Kierkegaard pose directement la question de la valeur* d'une philosophie reposant sur une subjectivité dont Hegel* a montré qu'elle n'est qu'un moment dans le déploiement de la totalité universelle.

S. Agacinski, **Conceptions et morts de Sören Kierkegaard**, Paris, 1977 ; J. Colette, **Histoire et Absolu : essai sur Kierkegaard**, Paris, 1972 ; M. Cornu, **Kierkegaard et la communication de l'existence**, Lausanne, 1972 ; P. Mesnard, **Le Vrai Visage de Kierkegaard**, Paris, 1948 ; P. A. Stucki, **Le Christianisme et l'Histoire d'après Kierkegaard**, Bâle, 1963 ; H. B. Vergote, **Sens et Répétitions : essai sur l'ironie kierkegaardienne**, Paris, 1982.

LACAN (Jacques)

Né en 1901 à Paris, il a proposé une nouvelle lecture de Freud*. La découverte de Freud est pour lui *celle du champ des incidences, en la nature de l'homme, de ses relations à l'ordre symbolique, et la remontée de leur sens jusqu'aux constantes les plus radicales de la symbolisation dans l'être.* Cette relecture a pour conséquence une nouvelle conception de l'analyse qui, après son exclusion de la *Société internationale de psychanalyse*, a entraîné Lacan à fonder l'*École freudienne de Paris* (1963). Pour le malade, la cure est une relation privilégiée à l'autre (l'analyste) qui, en se taisant, laisse advenir sa parole[1]. Elle débouche sur une conception neuve de l'inconscient, exposée dans de nombreux articles (réunis en 1966 sous le titre ***Écrits***), lors de séminaires (dont la publication par J.A. Miller a commencé en 1973 par le livre XI : ***Les Quatre Concepts fondamentaux de la psychanalyse***), et lors d'une apparition à l'ORTF (dont le texte est paru en 1973 sous le titre ***Télévision***). Lacan est mort en 1981.

Il n'y a d'inconscient que chez l'être parlant ; l'inconscient est structuré comme un langage*. Mais son instance n'est pas l'intention signifiante, la signification, c'est la lettre même, le signifiant (qui peut être un mot, une image, mais aussi un fantasme, un silence, un

---

[1]. *La guérison, c'est une demande qui part de la voix du souffrant, d'un qui souffre de son corps ou de sa pensée. L'étonnant est qu'il y ait réponse, et que, de tout temps, la médecine ait fait mouche par des mots.*

mensonge). En découvrant les déplacements incessants de signifiants dans lesquels il pensait que s'exprimait le désir* dans le rêve ou la névrose, Freud* a découvert ce que Lacan nomme l'ordre *symbolique*, et dont la loi est d'assujettir les sujets* à son automatisme. Il s'ensuit que, pour autant qu'il se saisit lui-même et agit, le sujet dépend de l'ordre symbolique ; il convient alors de comprendre comment se constitue le *moi* du sujet dans la relation spéculaire à l'autre (stade du miroir), par une suite d'identifications d'ordre *imaginaire*. La subjectivité est située dans l'articulation du symbolique, de l'imaginaire, et du réel (ce que l'on nomme *système RSI*). Elle est située par l'intersubjectivité, parce que le langage* où elle se trouve est le lieu de la communication*. Réalisé dans le discours qui *court comme le furet de bouche en bouche*, le langage *donne à l'acte du sujet qui en reçoit le message le sens qui fait de cet acte un acte de son histoire et lui donne sa vérité*. Dans notre langage, notre message nous vient de l'*Autre*, (c'est-à-dire, à la différence de cet autre qu'est autrui, de ce dont l'altérité n'est susceptible d'aucune identification). Le langage (seul médium dont dispose la psychanalyse) communique toujours : *L'inconscient est cette partie du discours concret en tant que transindividuel, qui fait défaut à la disposition du sujet pour rétablir la continuité de son discours conscient*.

L'un des apports importants de l'œuvre de Lacan est le recentrage de la théorie psychanalytique sur la notion de désir*. Ce dernier doit être distingué du besoin* (qui vise un objet spécifique et s'en satisfait) et de la demande (formulée, elle s'adresse à autrui ; l'objet est pour elle inessentiel : toute demande est avant tout demande d'amour). Le désir naît de l'écart entre le besoin et la demande. Contrairement au besoin, il n'est pas relation à un objet externe, mais au fantasme de l'individu. Contrairement à la demande, il cherche à s'imposer sans tenir compte de l'autre et à être reconnu absolument.

Guidée par l'analyse clinique, l'œuvre de Lacan (que la publication du **Séminaire** rend peu à peu disponible) n'a cessé d'évoluer. Le primat du symbolique sur l'imaginaire mène à des analyses interminables. Il y a un point où il est impossible de reconstituer complètement la trame symbolique qui structure l'inconscient du sujet. Il manque un signifiant, il y a un trou dans l'ordre symbolique. C'est là que se situe la place du réel, caractérisé par le fait que le sujet est condamné à le manquer. Pour le Lacan des dernières années, la tâche essentielle est d'articuler les trois ordres du système RSI

(Réel/Symbolique/Imaginaire) ; il s'efforcera d'y parvenir en recourant à la théorie mathématique des nœuds. L'œuvre de Lacan (d'un style difficile) et son influence dépassent la psychanalyse des praticiens (où elle demeure objet de controverses, y compris dans son interprétation), parce qu'elle est une théorisation générale de la racine des activités humaines et que l'on y rencontre des affirmations qui recoupent le terrain classique de la philosophie (le sujet de la science est le sujet de l'inconscient ; le réel est le réel de la science qui s'exprime par l'impossible, comme est impossible dans le monde le mouvement rectiligne uniforme que postule la loi d'inertie ; il n'y a pas de métalangage, etc.). Sous formes allusives, les références à Lacan sont nombreuses. Rares cependant sont les philosophes qui, après avoir suivi son enseignement, ont tenté, à partir de là, d'en construire[1] ou d'en présenter une critique élaborée.

> P.-L. Assoun, **Le Freudisme,** Paris, PUF, 1990 ; J. Dor, **Introduction à la lecture de Jacques Lacan : l'inconscient structuré comme un langage,** Paris, Denoël, 1985 ; P. Julien, **Le retour à Freud de Jacques Lacan : l'application au miroir,** Toulouse, Erès, 1985 ; A. Kremer-Marietti, **Lacan ou la rhétorique de l'inconscient,** Paris, Aubier-Montaigne, 1978 ; J.-M. Palmier, **Lacan,** Paris, Éd. univ., 1972 ; J.B. Pontalis, **Après Freud,** Paris, Julliard, 1975 : A. Rifflet-Lemaire, **Jacques Lacan,** Bruxelles, Charles Dessart, 1981.

Langage

L'homme parle, c'est-à-dire communique ses pensées à ses semblables. Le langage est une propriété constitutive de l'être-homme, il indique une rationalité* (le terme grec *logos* signifie à la fois *parole* et *raison*), une spiritualité[2], la présence d'une âme, d'une vie intérieure

---

1. Le plus exemplaire est sans doute Alain Badiou dont on notera, parmi une production abondante : **Théorie du sujet** (1982), **Peut-on penser le politique ?** (1985), **L'Être et l'Événement** (1988), **Manifeste pour la philosophie** (1989), **Le Nombre et les Nombres** (1990), ouvrages publiés aux éditions du Seuil. Le but de Badiou est de construire une théorie du sujet* sans objet. On signalera également, le linguiste Jean-Claude Milner, **L'Amour de la langue** (1978) et **Les Noms indistincts** (1983), édités aussi au Seuil.
2. Qui, en tant que telle, est transcendance. Cf. **Évangile de saint Jean**, I, 1-2 : *Au commencement était le Verbe, et le Verbe était en Dieu, et le Verbe était Dieu. Verbe* est la simple transcription du latin *verbum*, traduction du grec *logos*.

Langage

dans un corps* capable de parole¹. C'est que, d'emblée, nous saisissons tout langage comme signe, et qu'aucun signe n'est naturellement reçu comme la réalité matérielle qu'il est, mais comme la manifestation d'un sens* étranger à cette matérialité². Si une conception matérialiste peut ne pas voir dans le langage la manifestation d'un esprit* qui lui est ontologiquement hétérogène, elle ne suffit pas pour qu'on cesse d'y voir la manifestation de l'humanité³. Le langage semble justifier l'anthropocentrisme, parce qu'il est traditionnellement appréhendé dans son rapport à l'homme conçu comme sujet* linguistique ; à l'inverse, toute attribution du langage à des êtres autres que l'homme se fait généralement par anthropomorphisme⁴. Notre rapport au langage et notre conception du langage sont fonction l'un de l'autre. La philosophie du langage, traditionnellement préoccupée par des questions comme la nature du langage humain, son rapport à la pensée, son origine, c'est-à-dire, globalement, par la question *quel sens a, pour l'humanité, le fait que l'homme parle ?*, ne peut contourner le fait que le langage donne aussi lieu à une approche objective.

1. La théorie classique[5]

Prendre les phénomènes linguistiques comme objet de connaissance* n'est pas en soi une nouveauté : les grammairiens antiques, les logiciens (Aristote*, par exemple, dans l'**Herméneutique**) l'avaient déjà fait. On peut faire remonter à la fin du IIIᵉ millénaire avant notre ère l'apparition des premiers paradigmes grammaticaux et d'un métalangage grammatical. L'étude objective du langage est une conséquence du développement de l'écriture. Mais toute étude des phénomènes linguistiques n'est pas originairement étude du *langage en lui-même* (la *grammaire* est traditionnellement une méthode d'étude des textes, de détermination de la correction linguistique, et, plus tardivement, une technique d'apprentissage des langues ; la

---

1. Voir *autrui*.
2. *Le signe est une certaine intuition immédiate, représentant un tout autre contenu que celui qu'elle détient pour soi* (Hegel*, **Encyclopédie**, § 458).
3. *Le langage est aussi vieux que la conscience, le langage est la conscience réelle, pratique, existant pour d'autres hommes, existant donc alors seulement pour moi-même aussi et, tout comme la conscience, le langage n'apparaît qu'avec le besoin, la nécessité du commerce avec d'autres hommes* (Marx*, Engels, **L'Idéologie allemande**).
4. Quand nous disons qu'un chien nous *parle*, nous supposons simplement que des mimiques où nous lisons une ressemblance avec les mimiques humaines sont le signe d'un sentiment semblable à celui que ces dernières expriment. L'abbé Bougeant, dans son **Amusement philosophique sur le langage des bêtes**, 1739, a érigé cette trivialité en théorie.
5. Voir S. Auroux, **La Sémiotique des Encyclopédistes**, Paris, Payot, 1979.

Langage

rhétorique* est l'étude des effets qu'on peut produire sur l'auditoire ; la *logique** s'intéresse au langage dans la seule mesure où il est l'expression de la pensée vraie). À partir du XIIIe siècle, la grammaire spéculative s'est efforcée de construire une représentation des phénomènes linguistiques qui fût indépendante de la diversité des langues (elle s'appuyait sur les catégories universelles de la pensée humaine). Le tournant de la Renaissance, les grands voyages et découvertes, le développement de l'imprimerie ont conduit à la description grammaticale de quantité de langues à la fois nouvelles et de structures différentes, entamant un processus qui n'est pas encore achevé de nos jours. C'est au cours des XVIIe et XVIIIe siècles que (sous l'impulsion, notamment, de la **Grammaire générale** de Port-Royal, puis de travaux comme ceux de Du Marsais et Beauzée au XVIIIe siècle) s'effectuent l'unification de l'étude des phénomènes linguistiques et l'ébauche d'une approche théorique. Cette théorie revêt une importance particulière par son rôle historique, et parce qu'elle fait encore souvent partie de l'idéologie* contemporaine ; sa discussion est un point de départ privilégié. On peut la résumer par trois postulats :

1 — Le langage a pour fonction de signifier (ou exprimer) la pensée et d'en permettre la communication* ; autrement dit, le langage est la traduction de la pensée.

2 — Le mot (c'est-à-dire un son) est le signe d'une ou plusieurs idées (c'est-à-dire une ou plusieurs parties de la pensée).

3 — Le signe linguistique est arbitraire, c'est-à-dire non naturel.

Ces postulats permettent de concevoir ce que sont nos langues quotidiennes : un ensemble de sons, signes arbitraires de nos idées.

Le concept d'arbitraire répond à plusieurs déterminations. Il est une solution à la question *pourquoi y a-t-il du langage ?*, résolue dans une théorie de l'origine des langues[1], conventions fondées dans la volonté des sujets* individuels[2]. Il explicite le double fait que des langues différentes n'utilisent pas les mêmes sons pour désigner les mêmes choses, et que, par conséquent, il n'y ait aucune liaison naturelle (ex. :

---

[1]. Il y a une pétition de principe à supposer que les hommes ont créé par convention le langage ; Platon* (**Cratyle**) faisait remarquer que, pour décider du sens d'un mot, il faut déjà parler, et Rousseau* précisera que l'institution par convention du langage suppose la société, laquelle suppose le langage.

[2]. La liaison du langage au sujet* est privilégiée par le fait qu'on conçoive que le mot signifie l'idée qui est dans l'esprit du locuteur ; la langue *dépend* du sujet : Locke* affirmait que chacun est libre de faire signifier aux mots qu'il emploie les idées qu'il veut.

Langage

la ressemblance) entre les mots et leurs significations. Il permet enfin de comprendre le rapport des propriétés universelles du langage (ex. : la structure de la phrase, les catégories grammaticales) et des propriétés particulières à telle ou telle langue (ex. : expression des rapports grammaticaux par des inflexions ou des articles et des prépositions, constitution du vocabulaire, etc.). Le langage acquiert un statut gnoséologique, mais celui-ci est ambigu : un système universel, c'est-à-dire rationnel, est supposé présent en chaque langue (objet de la grammaire générale), mais chaque langue représente ce système avec des variations arbitraires (objet d'une grammaire particulière), donc sans raisons explicites.

2. L'objectivité* linguistique

Les postulats de la théorie classique déterminent la possibilité pour le langage de correspondre à une visée conceptuelle unitaire ; elles n'en font pas pour autant un *objet de connaissance*, déterminé par la seule activité théorique : il reste en lui l'indéterminé de l'arbitraire. Conçue comme étude d'*une* langue, la grammaire est une technique*. Les langues concrètes ont été l'objet, tout au long du XIXe siècle, d'approches historiques et taxinomiques *(grammaire comparée)*, qui ont été poursuivies indépendamment de toute visée utilitaire. Ces recherches ont abouti, au XXe siècle, à une nouvelle conception de ce qu'est une langue.

1 — *Le concept de langue et la linguistique structurale**

La théorie classique définit la langue comme un ensemble de signes, c'est-à-dire de *molécules linguistiques* constituées d'un *atome de sens* (l'idée) et d'un *atome matériel* (le son).

La signification d'un mot n'est cependant pas un être définissable *in abstracto*. On peut dire que le mot *vide* désigne l'idée de vide ; on en conclut aussitôt que le latin *vacuus* désigne la même idée. Comment expliquer alors que l'expression latine *gladius vagina vacuus* signifiant mot à mot *une épée vide du fourreau* soit une tournure habituelle ? L'expression latine n'est pas une expression figurée ; ne doit-on pas conclure que *vide* et *vacuus* ne désignent pas la même chose ? Qu'est-ce donc que signifie un mot ?

Si l'aspect matériel du mot était un son, on pourrait le définir *in abstracto* par ses propriétés physiques ; mais je puis bien prononcer le mot *patte* avec *a* antérieur ou un *a* postérieur, il s'agira toujours du même mot ; l'identité de sa matière* n'est pas celle d'un son. En quoi consiste-t-elle ?

Langage

La linguistique structurale a élaboré une réponse à ces questions. Saussure* propose de prendre pour objet d'étude d'une science* (à savoir la linguistique), non le langage en général, non la parole (acte particulier de phonation) mais la *langue*. Celle-ci ne se définit que par rapport à la société*. Si on peut dire qu'elle est constituée de molécules, les signes, ceux-ci ne lui préexistent pas ; le signe est une unité indissoluble composée d'un signifiant (aspect matériel) et d'un signifié (aspect conceptuel) ; chacun de ces aspects est définissable :

a — par rapport à l'autre ;

b — par le rapport qu'il entretient avec les mêmes aspects des autres mots de la langue[1].

Pour la linguistique, la molécule linguistique (le mot) est donc construite à partir de la langue, dans un système d'oppositions qui constitue son véritable objet. Dans l'être concret qu'est le langage, ce qui compte, ce n'est pas sa réalité empirique, ce sont les oppositions, à condition qu'elles soient *pertinentes*, c'est-à-dire susceptibles de véhiculer de l'information[2]. Cette idée a permis de constituer la théorie de l'aspect matériel du langage dans son caractère fonctionnel ou *phonologie*[3]. Chaque phonation correspond à un son, qu'on peut décrire acoustiquement (phonétique acoustique) ou physiologiquement (phonétique physiologique) ; mais ce qui appartient à la langue, ce n'est pas le son qui varie, ce sont les traits de ce son, qui ont pour fonction de distinguer un mot d'un autre. En français, par exemple, on peut changer le sens d'un mot en remplaçant *b* par *v (va, bas)* ; on ne change pas le sens d'un mot en remplaçant le *l* sonore par un *l* sourd : la distinction entre les deux n'est pas pertinente, elle l'est en gallois. Un ensemble de traits pertinents qui se trouvent toujours ensemble dans un acte de phonation est appelé un *phonème* ; chaque langue possède un système phonologique qui lui est propre.

---

[1]. Par exemple, le signifié de *mouton* se définit par rapport aux signifiés de *brebis, chèvre, vache*, etc. ; les rapports sont essentiels : le signifié de *mouton* n'est pas le même que le signifié de *mutton*, parce qu'en anglais existe le mot *sheep*. L'ensemble des relations qu'un mot soutient avec les autres détermine ce que Saussure nomme sa *valeur* : la valeur* linguistique est la formulation moderne du concept d'arbitraire. Par là est exclue la problématique de l'origine des langues : un signe appartient toujours à un univers linguistique, et, si on voulait désigner le passage du non-signifiant au signifiant, il faudrait dire, comme le remarque Lévi-Strauss*, que c'est l'univers complet qui devient d'un seul coup signifiant.

[2]. Voir *communication*.

[3]. Cf. **Les Principes de Phonologie**, 1969, de Nicolas S. Troubetzkoy (1890-1938).

Langage

2 — *Le concept formel de langue*[1]

Une phrase (par exemple, n'importe laquelle de celles écrites sur cette page) est une suite linéaire de traces matérielles ; si on considère un grand ensemble de phrases, on remarque qu'elles sont toutes constituées de traces semblables mais arrangées différemment. Appelons l'ensemble des traces différentes vocabulaire de base [V]. À partir de [V], en admettant les répétitions, on peut construire toutes les suites (arbitrairement longues) combinant ces traces entre elles ; elles forment l'ensemble [P] des séquences de [V]. Admettons que [V] corresponde aux éléments d'une langue donnée ; appelons [L] l'ensemble de toutes les phrases dont nous pouvons explicitement reconnaître qu'elles appartiennent à cette langue. [L] est nécessairement inclus dans [P]. L'ensemble [G] des procédures de construction qui permettent de construire exclusivement l'ensemble [L] pourrait être considéré comme une *grammaire formelle* de la langue en question. Cette conception a son origine dans la logique* — construction de systèmes axiomatiques* formels[2] —, dans la conception de la syntaxe logique développée par Carnap* et dans la théorie des automates[3]. Elle conduisit Chomsky* à construire la théorie algébrique de certains langages et à mathématiser les recherches linguistiques, en formant le projet de construire des grammaires formelles susceptibles d'engendrer toutes les phrases possibles (en nombre infini) d'une langue naturelle donnée.

3 — *Les grands traits de la linguistique moderne*

La thématisation moderne des phénomènes linguistiques ne correspond pas à l'élaboration d'un seul type d'objectivité ; les approches sont multiples et déconcertantes. On peut néanmoins les caractériser globalement par :

a — chez les structuralistes, l'abandon du rôle privilégié que jouait le sujet* dans la théorie classique ; il n'est plus un fondement du langage, il a sa place dans le langage.

---

1. Quoiqu'il lui soit historiquement et théoriquement lié, il ne faut pas confondre le concept avec celui de *langue formelle* ; une langue formelle est une langue artificielle construite formellement, c'est-à-dire selon le concept formel de langue, et généralement telle qu'on puisse obtenir ses phrases sans se préoccuper de leur sens. Le concept formel de langue explicite en quoi consiste le caractère formel des langues naturelles ; il désigne au moins la classe des langues formelles, mais, si on pouvait montrer que leur aspect formel suffit à décrire les langues naturelles, il constituerait le concept général de langue.

2. On trouvera à *ontologie* l'esquisse d'un langage logique*.

3. Voir *machine*.

Langage

b — l'idée que le langage est une réalité subsistant en elle-même, ayant des lois* définissables quant à son emploi et son évolution, qui se peuvent étudier objectivement, à condition d'observer les phénomènes ;

c — le dépassement de la perspective des langues naturelles humaines ; il s'agit de définir le langage en général, puis de distinguer les problèmes des langues quotidiennes[1] ;

d — la fin de l'anthropomorphisme : K. von Frisch a montré que les abeilles disposaient d'un système de communications ; on peut à la fois accorder à celui-ci le nom de langage et le différencier de nos langues quotidiennes, parce qu'il n'en possède pas toutes les caractéristiques (il ne permet pas la fonction dialogique, n'est pas doublement articulé[2], etc.).

La pluralité d'approches des phénomènes linguistiques paraissait chez Saussure* appeler l'unité d'une science* future qui les regrouperait toutes. Il pensait que la linguistique (théorie de la langue) faisait partie d'une science plus générale, la *sémiologie* : elle n'est pas constituée, et rien n'indique qu'elle doive l'être un jour.

4 — *Fonctions du langage et signification*

La théorie classique réduit la fonction du langage à indiquer des idées et à les communiquer ; pour la pensée, il est un simple instrument[3]. À proprement parler, la communication* ne peut suffire à définir le rôle du langage. Le langage peut être en lui-même un *acte* : lorsque je dis *soyez maudit*[4], je ne communique pas ce que je pense, je vous maudis. Donner un ordre aussi est un acte qui ne vise pas à communiquer quelque chose, mais à agir sur le comportement

---

1. Carnap* définit la langue naturelle comme celle dans laquelle toutes les autres sont traduisibles : André Martinet (s'inspirant de Louis Hjelmslev [1899-1965] et de sa théorie formaliste du langage ; voir ***Prolégomènes à une théorie du langage***, 1943, t.f., Paris, Minuit, 1971) définit le langage humain ordinaire par sa *double articulation* : on peut diviser tout énoncé en plus petites unités douées de sens (première articulation), et ceux-ci en unités non douées de sens, les phonèmes (seconde articulation). Cf. ***La Linguistique synchronique***, Paris, PUF, 1965, 4ᵉ éd. 1974.

2. Cf. Émile Benveniste (1902-1976), ***Problèmes de linguistique générale***, Paris, Gallimard, 1974.

3. Traditionnellement, le rapport du langage à la pensée est abordé par le seul problème des universaux (voir *nominalisme*). C'est Condillac* qui commence à envisager autrement la question.

4. Le philosophe anglais Austin (***Quand dire c'est faire***, t.f., Paris, Seuil, 1962) nomme de tels énoncés, qui décrivent une action présente de l'auditeur et dont l'énonciation accomplit cette action, *performatifs*.

d'autrui. On parle toujours une langue déterminée ; il en résulte que le choix des énoncés possibles est restreint ; si ceux-ci étaient simplement l'image de la pensée, on ne comprendrait pas pourquoi, en prononçant une phrase, il arrive que celle-ci en présuppose une autre (*ce n'est pas avec sa sœur que Pierre est venu* présuppose *Pierre est venu avec quelqu'un*)[1]. Les individus qui parlent une langue ne possédant pas tous les noms de couleur de la langue française ont tendance à confondre ces couleurs ; le langage a une fonction constitutive dans la perception* et la reconnaissance des objets[2]. La signification linguistique n'est pas quelque chose de subjectif, elle réside dans la langue elle-même et dans ses possibilités d'emploi. Le langage a une fonction *expressive* : il signifie (il informe sur) l'état du locuteur ; une fonction *conative* : il se réfère à un locuteur (cf. l'impératif) ; une fonction *référentielle* : il indique des faits, désigne des choses[3] ; une fonction *phatique* : certains messages servent uniquement à s'assurer qu'il y a communication (allô !) ; une fonction *poétique*, c'est-à-dire de mise en évidence du caractère propre à l'aspect linguistique du message (allitération) ; il a enfin une fonction *métalinguistique* : il peut se signifier lui-même, servir à indiquer son propre mode d'emploi — cf. les définitions[4] —.

5 — *Les nouveaux paradigmes*

À partir des années 50 de notre siècle, la philosophie du langage a connu un développement exceptionnel, parce qu'elle a connu une extension exceptionnelle. On a pu, à ce propos, parler de *tournant linguistique* de la philosophie[5]. La conception formelle du langage — avant même de permettre le développement d'une linguistique mathématique — permettait de poser les problèmes traditionnels à l'aide de

---

1. Cf. O. Ducrot, **Dire et ne pas dire : principes de sémantique linguistique**, Paris, Hermann, 1972.
2. D'où l'hypothèse dite de Sapir-Whorf : 1 — Le langage est un produit social et le système linguistique que nous avons acquis influence notre manière de voir le monde. 2 — En raison des différences entre les systèmes linguistiques, les hommes perçoivent différemment le monde.
3. Voir, à l'article *Russell*, la théorie des descriptions, et, à l'article *Frege*, la distinction sens/référence.
4. Cette description des fonctions linguistiques est empruntée aux **Essais de linguistique générale** de Roman Jakobson (1896-1982). Elle a son point de départ dans les travaux du psychologue allemand Karl Bühler (1879-1963).
5. Cf. l'anthologie éditée par Richard Rorty sous le titre **The Linguistic Turn**, The University of Chicago Press, 1967.

nouvelles techniques : qu'est-ce que la vérité* d'une expression ? quand désigne-t-elle quelque chose (problème de la référence) ? faut-il réduire la signification aux conditions de vérité ? Il est apparu à certains — suivant en cela le second Wittgenstein* — que l'approche formelle n'était pas la meilleure, et qu'au lieu de traduire le langage ordinaire dans une forme logique, il fallait analyser directement celui-ci[1]. L'espoir de résoudre, par ce travail, non seulement la question de comprendre ce qu'est la signification, mais aussi un grand nombre d'activités humaines[2], a nourri la philosophie du langage ordinaire, dominante à Oxford. C'est en grande partie dans ce contexte qu'est née la pragmatique ou théorie des actes de langage (voir le § précédent). La pragmatique remet en question la conception du langage décrite au § 3. Toutefois, la question essentielle n'est pas simplement de distinguer entre la structure de l'énoncé et l'acte d'énonciation, mais : a) de situer exactement la place du sujet* parlant dans l'activité linguistique ; b) de comprendre la nature de ce sujet, que le structuralisme* envisage comme un simple effet du système de la langue. Il y a là, évidemment, une possibilité de reprendre la question de la source des activités linguistiques humaines. En particulier, on peut concevoir que les actes linguistiques se construisent dans l'interaction* (ce que soutiennent l'interactionnisme symbolique, ainsi que les philosophes allemands Habermas* et Apel[3]), ou, plus spécifiquement, dans le dialogue[4].

---

1. Peter Frederick Strawson (né en 1919) critique, en 1950, dans un célèbre article intitulé **On referring** (traduit dans le recueil publié sous le titre ***Études de logique et de linguistique***, Paris, Seuil, 1977) la théorie des descriptions présentées par Russell*, en remarquant que, lorsque nous référons à une entité, nous présupposons qu'elle existe, mais nous n'affirmons pas qu'elle existe. La logique des présuppositions que nous rencontrons dans le langage ordinaire n'est pas la logique formelle de l'affirmation. Par la suite, sous le nom de *métaphysique descriptive*, Strawson s'efforcera d'analyser les conditions de possibilité du fonctionnement du langage ordinaire (voir ***Les Individus***, t.f., Paris, Seuil, 1973).
2. Voir, de John Langshaw Austin (1911-1960), ***Le Langage de la perception***, t.f., Paris, Colin.
3. Karl-Otto Apel (né en 1924), professeur à Francfort, lié avec Habermas*, s'efforce de dégager les conditions de possibilité de l'activité linguistique, en faisant des structures pragmatiques de l'énonciation de véritables règles transcendantales du langage humain. Cf. ***La Pragmatique linguistique et la philosophie*** (en allemand, Francfort, 1976) ; ***La Sémiotique transcendantale comme philosophie première*** (en anglais, Yale, 1977).
4. Les sources de cette conception sont, d'une part, le philosophe allemand Martin Buber (1878-1965), qui a renouvelé la réflexion sur l'autre (***Je et Tu***, t.f., Paris, Aubier-Montaigne, 1938 ; ***La Vie dialogique***, Paris, Aubier-Montaigne, 1955) et, d'autre part, le Russe M. Bakhtine (***Le Principe dialogique***, édité par T. Todorov, Paris, Seuil, 1981). F. Jacques (né en 1934 ; voir ***L'Espace logique de l'interlocution***, Paris, PUF, 1985) a confronté ces

Langage

L'essentiel des recherches nouvelles en matière de connaissance objective du langage — outre un gros travail empirique visant à dégager des universaux à partir de la connaissance des langues du monde — peut se rattacher aujourd'hui à deux centres principaux d'intérêts :

a) les recherches sur le traitement automatique du langage humain et ses limites (elles produisent à la fois de nouveaux objets techniques et quantité de nouveaux modèles théoriques, voir *Intelligence artificielle*) ;

b) l'analyse des microstructures (conversations).

Le problème philosophique fondamental devient : Faut-il penser le langage comme une forme ou comme une activité, ou plutôt comment peut-on formuler et articuler ces deux conceptions ?

> F. Armengaud, **La Pragmatique,** 2ᵉ éd., Paris, PUF, 1990 ; S. Auroux (dir.), **Histoire des idées linguistiques,** t.I, **La Naissance des métalangages en Orient et en Occident,** Liège, Mardaga, 1989 ; J. Corraze, **Les Communications non-verbales,** Paris, PUF, 1980 ; C. Hagège, **L'Homme de paroles,** Paris, Fayard, 1985 ; F. Latraverse, **La Pragmatique, histoire et critique,** Liège, Mardaga, 1987 ; E. Linden, **Ces singes qui parlent,** t.f., Paris, Seuil, 1981 ; L. Linsky, **Le Problème de la référence,** t.f., Seuil, Paris, 1974 ; J.-C. Milner, **Pour une science du langage,** Paris, Seuil, 1989 ; R. Pagès, **Le Langage,** Paris, Hachette, 1955 ; B. Parain, **Recherches sur la nature et les fonctions du langage,** Paris, Gallimard, 1943 ; F. Récanati, **Les Énoncés performatifs,** Paris, Minuit, 1981 ; G. Sabah, **L'Intelligence artificielle et le Langage,** Paris, Hermès, 1988.

LEIBNIZ (Gottfried Wilhelm)

Né en 1646, Leibniz a construit, avant le succès des Lumières*, le dernier système métaphysique ayant sa source en Descartes*. Sa culture est universelle, il étudie la philosophie ancienne à Leipzig, les mathématiques à Iéna, la jurisprudence à Altdorf ; à Paris, il fréquente Arnauld et étudie les travaux mathématiques de Pascal* ; à Londres, il

---

sources aux résultats de la philosophie anglo-saxonne. Austin montrait contre Russell* que la référence d'une expression n'est pas la propriété de cette expression, mais d'un acte de langage ; le dialogisme fait de la référence une construction du dialogue dans laquelle sont engagés au moins deux partenaires.

LEIBNIZ

rencontre les savants de la Royal Society (Boyle, Oldenbourg) ; en Hollande, Spinoza*. Son activité fut éclectique : intéressé aux mathématiques par l'analyse combinatoire (1666), il invente le calcul différentiel (1676) indépendamment de Newton* ; en physique*, il montre contre Descartes* que ce n'est pas la quantité de mouvement (mv) qui est constante, mais la force vive (mv^2) ; conseiller à la Cour suprême de l'électorat de Mayence, puis bibliothécaire et conseiller du duc de Hanovre pour lequel il prépare l'histoire de la maison de Brunswick, il effectue de nombreuses missions diplomatiques, guidé par deux idées fondamentales : unir l'Occident chrétien (d'où, pour lui, protestant, un perpétuel effort de rapprochement avec les catholiques) et lutter contre l'Orient. Il fonde en 1682 l'**Acta Eruditorum**, une des premières revues d'information scientifique, et devient, en 1700, le premier président de la future Académie des sciences de Berlin.

Son œuvre est immense (à la fin du XIXe siècle, Gerhardt n'a pas réussi à tout réunir en quatorze volumes) ; mais elle est surtout constituée d'opuscules, d'articles, de lettres, de fragments inédits. Les œuvres achevées (**Discours de métaphysique**, 1686 ; **Essais de théodicée**, 1710 ; **Monadologie**, 1714) sont l'exception. Son ouvrage le plus connu, **Nouveaux Essais sur l'entendement humain** (1701-1709), critique de l'ouvrage de Locke*, n'a pas été publié de son vivant. Ses dernières années sont obscurcies par une querelle avec les newtoniens où se mêlent les divergences doctrinales et les revendications sur la priorité de la découverte du calcul infinitésimal (cf. **Correspondance avec Clarke**). Lorsqu'il meurt en 1716, il est solitaire et oublié.

1. À l'immensité de l'œuvre correspond la difficulté d'en prendre une vue d'ensemble ; cette difficulté est aussi théorique : Leibniz lui-même a toujours professé l'infinité des points de vue possibles sur le monde, infinité dominée par Dieu* seul, d'où, comme l'a montré Michel Serres*, de multiples lectures possibles d'un système qui est en fait un système de systèmes. Mais la détermination fondamentale en est sans doute une critique de Descartes*. La pensée cartésienne place le principe de la connaissance* dans le *cogito* et refuse à l'homme toute possibilité d'atteindre l'infini. Leibniz nie l'originarité du *cogito* et du doute, et pose que les vérités*, si elles sont de raison, ont pour origine les principes de contradiction et du tiers exclu ; si elles sont de fait, non seulement le *cogito* mais la diversité des objets par lesquels il est affecté. Le critère de la vérité* est à chercher dans la cohérence logique de la pensée ; Leibniz a tenté toute sa vie de construire une logique* qui, dépassant la syllogistique, serait aussi une langue universelle et une science* générale où les vérités s'obtiendraient automatiquement par construction des expressions à partir d'axiomes et de règles déterminés. Par là, deux choses sont assurées : contre l'empirisme*, une connaissance universelle et nécessaire est possible, quand bien même l'innéité en l'homme en est virtuelle et non effective ; contre Descartes*, l'infinité du monde est connaissable, du moins pour ce qui, en elle, dépend des vérités* logiques éternelles.

2. L'existence de Dieu* est démontrable rationnellement, non seulement parce qu'elle est contenue dans la possibilité de son concept, mais parce que la série contingente des états de l'univers requiert, selon le principe de raison suffisante, une cause située hors d'elle. L'entendement divin contient toutes les vérités éternelles et nécessaires, mais, en outre, par son infinité, il peut concevoir toutes les essences possibles, et toutes les combinaisons de ces essences qui sont susceptibles de former un monde ; sa libre volonté crée le monde réel selon le principe du meilleur, ce qui fonde l'optimisme leibnizien. Dieu est donc le principe des essences comme des existences. Il y a cette différence entre les vérités éternelles, les essences et les existences, que les premières sont nécessaires, les deuxièmes possibles, et les dernières contingentes, dépendant de la seule volonté de Dieu qui aurait pu les créer autrement. C'est pourquoi nous ne connaissons les vérités contingentes qu'*a posteriori*.

Ce qui existe, ce sont les substances : elles sont en nombre infini. Toute substance contient en elle-même ses déterminations (interprétation ontologique de l'inhérence logique du sujet* au prédicat), et qu'elle soit simple ou composée ne dépend que du créateur : ses perceptions, tous ses changements naturels proviennent d'un principe interne ; c'est pourquoi on peut la dire *automate spirituel*, c'est pourquoi aussi le corps et l'âme de l'homme n'ont aucune influence mutuelle. Il s'ensuit que l'ordre du monde n'est possible que par l'harmonie que Dieu a préétablie entre le développement interne de tous les êtres, et *cette liaison ou cet accommodement de toutes les choses créées à chacune et de chacune à toutes les autres, fait que chaque substance simple a des rapports qui expriment toutes les autres, et qu'elle est par conséquent un miroir vivant perpétuel de l'univers*. Toute substance, miroir de l'univers, comprend conséquemment une infinité de déterminations, par quoi elle diffère de toute autre (principe des indiscernables). La difficulté centrale du leibnizianisme demeure alors la conception de la liberté* humaine fondée dans la contingence de la création qui ne saurait pourtant être autre qu'elle n'est ; il faut à la fois affirmer que, de tout temps, César devait franchir le Rubicon (cette détermination appartient à l'essence de César) et que, cependant, il était libre de ne point le faire.

> Y. Belaval, *Leibniz, introduction à sa philosophie,* Paris, Vrin, 1969 ; *Leibniz, critique de Descartes,* Paris, Gallimard, 1960 ; *Études leibniziennes,* Paris, Gallimard, 1976 ; P. Costabel, *Leibniz et la dynamique,* Paris, Hermann, 1960 ; G. Grua, *Justice humaine et théodicée selon Leibniz,* Paris, PUF, 1956 ; *La Justice humaine selon Leibniz,* Paris, PUF, 1956 ; J. Jalabert, *Le Dieu de Leibniz,* Paris, PUF, 1960 ; E. Naert, *Mémoire et conscience de soi selon Leibniz,* Paris, Vrin, 1961 ; *La Pensée politique de Leibniz,* Paris, PUF, 1964 ; M. Serres, *Le Système de Leibniz et ses modèles mathématiques,* Paris, PUF, 1968.

LÉVINAS (Emmanuel)

Né en 1905 en Lithuanie, il fit, à partir de 1923, ses études à l'université de Strasbourg. Ses premiers travaux ont été consacrés à l'introduction de Husserl* en France. Non seulement il a participé aux premières traductions françaises du philosophe, mais il lui a consacré sa thèse (*Théorie de l'intuition dans la phénoménologie de Husserl*, rééd., Paris, Vrin, 1970). Il s'attacha également à Heidegger* (*De l'existence à l'existant*, Paris, Vrin, 1947 ; *En découvrant l'existence avec Husserl et Heidegger*, rééd., Paris, Vrin, 1967). Successivement professeur titulaire aux universités de Paris-Nanterre et Paris-IV, il a également dirigé l'École normale israélite orientale de Paris.

L'une des dimensions de sa pensée est d'orientation religieuse, à partir de l'Ancien Testament et du Talmud (voir notamment *Quatre Leçons talmudiques*, Paris, Minuit, 1968). Il est à l'origine du renouveau de la pensée juive en France, non seulement par ses *Lectures talmudiques*, mais par son ouvrage *Difficile liberté, essais sur le judaïsme* (Paris, Albin Michel, 1963, éd. augmentée 1976). Son apport original à la philosophie — qu'il ne faut pas séparer de la dimension précédente (cf. *De Dieu qui vient à l'idée*, Paris, Vrin, 1982) — commence avec *Totalité et Infini. Essai sur l'extériorité* (1961) qui est, de ce point de vue, son principal ouvrage, et se poursuit dans *Autrement qu'être au-delà de l'essence* (1974). Pour Lévinas, la philosophie occidentale est marquée par la réduction constante de l'Autre au Même. Il s'agit d'une violence essentielle qui méconnaît l'expérience fondamentale d'autrui*. Celle-ci déborde le Moi (tout comme le fait l'idée cartésienne de l'infini) et se situe au-delà de la totalité. La relation d'Autrui au Moi est désir*. Elle est la source de l'éthique*. Pour Lévinas, c'est Autrui dans sa présence même (son visage) qui fonde l'interdiction de toute violence *(tu ne tueras pas)* et construit en moi l'exigence éthique. Dès lors, la conscience morale est la modalité la plus fondamentale de la conscience*, celle où justement Autrui m'occupe de part en part (cf. **Humanisme de l'autre homme**, Fontfroide-le-Haut, Fata Morgana, 1972).

Consulter deux ouvrages collectifs : **Textes pour Emmanuel Lévinas,** Paris, J.M. Place, 1980 ; le n° 1 de la revue **Exercices de la patience, Lévinas**, Paris, 1980.

LÉVI-STRAUSS (Claude)

Né en 1908 à Bruxelles, agrégé de philosophie, il a enseigné, de 1958 à sa retraite, l'anthropologie sociale au Collège de France. Durant ses séjours (1935-1945) au Brésil, où il peut étudier les Nambikwara, et aux USA, où il collabora avec le linguiste Roman Jakobson, il se forme à l'ethnologie et élabore les thèses du structuralisme en anthropologie. **Les Structures élémentaires de la parenté** (1949) est sa première œuvre importante ; elle est suivie de travaux qui en constituent le développement et qu'on considère volontiers comme des réflexions sur l'homme : **Race et Histoire** (1952), **Tristes Tropiques** (1955), **La Pensée sauvage** (1962), ou sur la méthode des sciences humaines* : **Anthropologie structurale** (1958). Il tente ensuite d'appliquer ses méthodes à l'étude des mythes* : **Mythologiques** (t.1, **Le Cru et le Cuit** [1964] ; t.2, **Du miel aux cendres** [1967] ; t.3, **L'Origine des manières de table** [1968] ; t.4, **L'Homme nu** [1971]), et publie le second volume de l'**Anthropologie structurale** (1973). En 1975 paraît, en 2 tomes, **La Voie des masques**. Les travaux effectués sous sa direction lors d'un séminaire sur l'*identité* ont été publiés sous ce titre en 1983.

Le structuralisme de Lévi-Strauss naît de l'idée de considérer les règles de mariage et les systèmes de parenté comme une sorte de langage*, c'est-à-dire un ensemble d'opérations destiné à assurer entre les individus* et les groupes un certain type de communication* ; il s'ensuit que ces opérations sont inconscientes et qu'elles n'en ont pas moins une signification. L'activité de l'anthropologue consiste à construire des modèles structuraux propres à décrire la réalité, et composés d'éléments tels qu'une modification quelconque de l'un d'eux entraîne une modification de tous les autres. C'est en affirmant, d'une part, que ces modèles sont des structures abstraites indépendantes des éléments concrets, d'autre part, que tout modèle défini appartient à un groupe de modèles (déterminable *a priori*) que Lévi-Strauss peut avancer que son œuvre entière est *une sorte d'inventaire des enceintes mentales, une tentative pour réduire l'arbitraire à un ordre, pour découvrir une nécessité immanente à l'illusion de la liberté*, c'est-à-dire pour *comprendre comment fonctionne l'esprit des hommes*. C'est en ce sens que **La Pensée sauvage**, en montrant comment les systèmes symboliques (par exemple, celui des noms propres) déterminent les actions humaines, répond à la **Critique de la raison dialectique** de Sartre*. Voir *structure, progrès, famille*.

> R. Bellour et C. Clément (dir.), **Claude Lévi-Strauss,** Paris, Gallimard, 1979 ; J.-M. Benoist, **La Révolution structurale,** Paris, Grasset, 1975 ; G. Charbonnier, **Entretiens avec Lévi-Strauss,** Paris, UGE, 1963.

Libéralisme

Les théoriciens politiques classiques (Hobbes*, Rousseau*, Locke*) voyaient dans la volonté individuelle la source même des relations sociales ; le libéralisme politique — dont Locke est le premier théoricien — devait en tirer les dernières conséquences : si l'individu* est le fondement des relations sociales, il est contradictoire que sa liberté* et ses intérêts propres s'abolissent dans la société* elle-même au profit d'intérêts exclusivement collectifs et d'une autorité civile dont la souveraineté est absolue.

Politiquement, le libéralisme naît avec l'idée que la souveraineté de l'État* doit avoir pour limite les droits individuels. Cette idée est prolongée par le libéralisme économique (Smith [1723-1790], Malthus [1766-1834], Bastiat [1801-1850], Ricardo [1772-1823], Mill [1806-1823], Say [1763-1832]) : la production des marchandises et leur échange sont affaire individuelle, tout comme la satisfaction des besoins*. Cette conception, qui connaît ses défenseurs modernes les

Libéralisme

plus extrêmes avec des penseurs comme Friedriech August von Hayek[1] ou Karl Popper*, n'est valable qu'à condition de supposer que la liberté économique (libre concurrence, libre échange, propriété privée des moyens de production) donne naissance à un ordre naturel (dont l'économie réfléchit les lois) assurant le fonctionnement, l'équilibre et la justice dans la société*. Épistémologiquement, le libéralisme est lié avec l'individualisme* méthodologique, et, surtout, avec la conception selon laquelle il n'y a pas de loi qui détermine l'histoire* des hommes[2]. Dans des paragraphes célèbres de la **Philosophie du droit** (241 à 246), Hegel* montrait en quoi la liberté* individuelle, qui est chez lui le fondement de la société civile, entraînait nécessairement la misère pour ceux que les circonstances empêchaient de participer à la lutte économique. Marx* a tenté de prouver comment l'ordre économique libéral avait pour conséquence nécessaire l'exploitation et la misère. Autant que la critique socialiste, c'est la nécessité de surmonter les crises économiques qui a entraîné les néo-libéraux à reconsidérer le rôle de l'État* : celui-ci n'est plus l'organe économique neutre qui gère les biens collectifs improductifs et applique la loi, il intervient pour planifier l'économie* et assurer les individus* contre les injustices sociales. Les interventions de l'État, cependant, ne doivent pas être autoritaires, mais passer toujours par la médiation des

---

1. Économiste, né à Vienne en 1899, directeur de l'Institut autrichien de recherche économique (1927), il émigrera par la suite en Angleterre et aux États-Unis. C'est à la London School of Economics, où il occupe une chaire, qu'il rencontre son compatriote Popper en 1936. Connu comme spécialiste de la monnaie (**Prix et Production**, 1931, t.f., Paris, Calmann-Lévy, 1975), il montre également que, dans une économie donnée, une hausse de salaire allonge la période moyenne de production (**L'Effet Ricardo**, 1941). Les syndicats, jouissant d'un rôle privilégié dans les négociations salariales, sont une menace pour la stabilité des prix et le plein emploi (**Syndicats, inflation et profit**, 1959). Dans son livre **La Route de la servitude** (1941, t.f., Paris, PUF, 1985), il compare les systèmes économiques libéral et socialiste contemporains pour montrer qu'ils ne convergent pas vers un même type de société* (la société industrielle moderne) et qu'ils sont inconciliables. Son ouvrage **La Constitution de la liberté** (1960) a été l'une des sources du renouveau de la pensée libérale.

2. C'est un point sur lequel Popper* insiste particulièrement dans son livre sur **La Misère de l'historicisme** (t.f., Paris, Plon, 1956, paru initialement sous forme d'articles dans la revue **Economica** en 1944-1945). Il en résulte que, contrairement à ce qu'exposait le socialiste K. Mannheim dans son livre **L'Homme et la Société dans l'ère de la reconstruction** (1935), une réforme sociale ne peut être que fragmentaire. Les positions épistémologiques de Hayek sont exposées dans son livre **La Contre-révolution scientifique** (1955), où il attaque l'idée même que les sciences humaines* puissent être des sciences au sens des sciences de la nature.

volontés individuelles (par exemple, la planification n'est pas imposée, mais sa réalisation suscitée par un système de subventions, de primes, par la modulation du système d'imposition, etc.). Voir *État, démocratie*. Les limitations rencontrées par le développement de l'État-Providence (il finit par ne plus pourvoir à l'assurance de tous) ont conduit à un renouveau important de la pensée libérale contemporaine[1].

> M. Flamant, **Le Libéralisme,** Paris, PUF, 1979 ; S.C. Kolm, **Le Libéralisme moderne,** Paris, PUF, 1984 ; P. Lemieux, ***Du libéralisme à l'anarcho-syndicalisme,*** Paris, PUF, 1983 ; P. Manent, ***Histoire intellectuelle du libéralisme,*** Paris, Calman-Lévy, 1987 ; R. Nozick, ***Anarchie, État et Utopie,*** Paris, PUF, 1988 ; P. Rosanvallon, **Le Capitalisme utopique,** Paris, Seuil, 1979.

Liberté

Le problème de la liberté est un problème philosophique traditionnel, non qu'il se soit toujours posé sous la même forme, mais, plutôt, que, dans la diversité des problématiques qui y conduisent et permettent de varier les solutions, c'est en quelque sorte toujours la question du statut d'un certain type d'être qui est en jeu. La façon dont on pense le fait d'être libre est toujours en rapport non seulement avec la façon dont on pense l'être-homme, mais aussi avec la façon dont on pense la relation de cet être à ce qui constitue l'être de la nature. La difficulté et la complexité du problème proviennent sans doute du paradoxe que constitue en soi-même cette articulation : déterminer l'être-homme comme être-libre, c'est l'arracher à la nature, et lui accorder l'être-nature, c'est l'arracher à la liberté.

1. Le fait d'être libre

La liberté correspond d'abord au sentiment qu'éprouve une conscience : je pense à lever mon bras, et je le lève, je peux vouloir ne pas

---

1. On peut également aborder la question en partant du point de vue inverse. C'est ainsi que procède Popper dans son ouvrage sur ***La Société ouverte et ses ennemis*** (1945, t.f., 2 vol., Paris, Seuil, 1979) : il s'agit de montrer en quoi la négation des principes du libéralisme mène à la catastrophe.

Liberté

faire quelque chose, remettre à plus tard une décision. En ce sens, *la liberté est le rapport d'une conscience à ses actes* (Bergson*). Mais ce sentiment est aussitôt l'expérience d'une limite, d'une résistance ; je puis vouloir faire n'importe quoi, mais cela ne veut pas dire que je réussisse à le faire. D'un côté, je me heurte à des choses, à une matière* qui possède un ordre propre indépendant de ma volonté*. De l'autre, quand je donne un ordre, que je cherche à convaincre, ou que je demande quelque chose à autrui*, ma volonté n'aboutit pas toujours. Dans cet échec, j'ai le sentiment d'une opposition par où je rencontre la liberté et la volonté d'autrui.

Je reconnais donc ma liberté à ce que je peux faire quand je le veux, et je reconnais les limites de ma liberté à ce que je ne peux pas faire quand je le veux. Mais, à l'inverse, je peux vouloir faire n'importe quoi, même refuser de vouloir quoi que ce soit[1], et il se peut que je fasse ce que je n'ai pas voulu. Il y a ainsi deux catégories d'actes libres :

1 — ceux que j'accomplis selon ma volonté* ;
2 — l'acte même de vouloir, puisque je puis toujours vouloir. Ma liberté réside donc essentiellement dans le fait que je veuille ; c'est pourquoi le langage quotidien rattache toujours l'acte libre à l'intention ou au projet d'un sujet*, auquel justement il en impute la responsabilité*.

Cette analyse du langage* et du sentiment commun en quoi se comprend l'être-libre cache une difficulté : s'il se peut que je fasse ce que je n'ai pas voulu, ne se peut-il pas que, quand je veux, je ne veuille pas l'acte même de vouloir ? À l'inverse, si je puis toujours vouloir, je suis de part en part liberté : comment pourrais-je n'être pas libre en ne voulant pas ce que je fais ? En posant ces questions, on pose la volonté parmi ses objets, et le sujet parmi ses actes : le langage subjectif utilisé jusqu'ici ne peut donc servir à les résoudre.

2. L'être-nature et la liberté

Penser quelque chose comme un objet, c'est le déterminer ; la nature est essentiellement un ordre de déterminations. On peut penser diversement ces déterminations ; il peut s'agir d'une préinscription de

---

[1]. Le refus signifie simplement que mon vouloir est tellement à ma disposition que je puis vouloir que ma volonté ne s'engage en aucun acte ; c'est sur cette liberté d'indifférence que Descartes* fonde notre libre arbitre.

Liberté

l'ordre des choses dans la pensée de quelque dieu*[1] — fatalisme religieux — ; il peut s'agir d'une nécessité logique[2] ; il peut s'agir surtout de la causalité* naturelle.

Pour comprendre le monde, il faut supposer un principe de détermination ; si le monde est compréhensible, n'est-ce pas la liberté qui est incompréhensible ? Comme il faut bien que le monde soit compréhensible, c'est la liberté qui devient un problème. Au demeurant, si on ne pose pas un déterminisme, la liberté elle-même n'a pas de sens* : non seulement il nous faut concevoir la volonté* comme la cause* de l'existence de ce que nous voulons, mais encore, s'il n'y avait pas d'enchaînements causaux nécessaires dans la nature, on ne voit pas comment quelque chose pourrait s'ensuivre de ce que nous le voulons. Ce qui nous rend libres est en ce sens le savoir des chaînes causales naturelles. Mais, s'il y a des chaînes causales naturelles, ce qui arrive dépend d'elles ; savoir comment la liberté est possible revient à savoir comment placer la volonté par rapport à elles. Diverses solutions sont pensables.

1 — *Admettre que l'ordre de la nature n'est pas lui-même nécessaire, mais contingent* : Aristote* assure cette contingence par sa conception de la puissance, les épicuriens par le *clinamen*. Mais, si ce qui arrivera est indéterminé, toute prévision est impossible.

2 — *Admettre que l'ordre du monde est nécessaire* et que, les actions humaines appartenant à la nature, ce qui nous arrive dépend de l'ordre des choses, nous n'y pouvons rien. Cette thèse peut

---

1. Voir *saint Augustin, Pascal*.
2. L'Antiquité s'est beaucoup préoccupée de ce problème, en discutant l'argument classique attribué à Diodore Chronos (IVe siècle av. J.-C.), sous le nom de *Dominateur*. Trois propositions sont incompatibles : 1 — Tout ce qui est passé est nécessairement vrai. 2 — Du possible ne procède pas l'impossible. 3 — Est possible ce qui n'est pas vrai ni ne le sera. Diodore rejette la troisième : si quelque chose était possible qui n'est ni ne sera, un impossible résulterait d'un possible. Or un impossible ne peut résulter d'un possible ; donc rien n'est possible qui n'est, ni ne sera. Le futur est donc déterminé : une proposition est vraie de toute éternité, elle ne peut pas ne pas se réaliser. Aristote* (**Herméneutique**, IX) tente de réfuter l'argument en admettant que, de deux propositions contradictoires (une bataille navale aura lieu demain, une bataille navale n'aura pas lieu demain), il est simplement nécessaire que l'une des deux soit vraie (contingence des futurs). Les stoïciens rejettent la proposition 1 (Cléanthe), soit la proposition 2 (Chrysippe) ; les épicuriens soutiennent une solution proche de celle d'Aristote. Cf. P.M. Schuhl : **Le Dominateur et les possibles,** Paris, PUF, 1960 ; J. Vuillemin, **Nécessité ou Contingence,** Paris, Minuit, 1984.

Liberté

sembler rejoindre le fatalisme et nier toute liberté ; si l'on admet cependant que la volonté est une cause libre (il dépend seulement d'elle de vouloir ce qu'elle veut), puisque la liberté consiste à faire ce que nous voulons, comme ce que nous faisons ne dépend pas de nous, celui qui veut ce qui lui arrive pourra néanmoins être dit libre[1].

3 — *Admettre que l'ordre du monde est nécessaire et que la volonté elle-même en fait partie,* autrement dit qu'elle n'est pas une cause libre : nous sommes déterminés à vouloir telle ou telle chose, et nous ne pouvons pas vouloir n'importe quoi. Spinoza*, qui est le premier à formuler une pareille thèse, admet néanmoins l'existence de la liberté. On peut résumer comme suit son argumentation, quoiqu'elle ne soit pleinement intelligible que dans le contexte de sa doctrine : si nous connaissons la cause par laquelle nous voulons, si cette cause même est la cause de notre connaissance*, notre vouloir ne diffère pas de la connaissance de sa cause ; alors la connaissance de sa cause ne diffère pas de la cause de notre vouloir, sinon elle ne serait pas la cause de notre connaissance. Par conséquent, nous sommes libres en tant que nous avons une connaissance vraie des choses, puisque alors nous sommes la cause de notre volonté*[2].

La liberté pose toujours un problème ontologique. On pourrait croire que la façon la plus simple de le résoudre est d'admettre que la volonté n'appartient pas à la nature et que, en ce sens, elle n'est pas soumise à l'ordre naturel. Au demeurant, la notion même de sujet* semble imposer cette solution à la pensée moderne. Mais notre liberté dans le monde ne peut être pensée en dehors de notre rapport à l'ordre naturel, puisque nos actes s'y insèrent : la difficulté resurgit là encore. Descartes*, qui doue la substance pensante d'une liberté infinie, échoue à penser le rapport de l'esprit* à la matière* ; Kant* doit faire du sujet libre une simple condition d'existence de la loi morale.

3. La philosophie de l'esprit et la réalité de la liberté

Jusqu'à présent, on a tenté de penser la réalité de la liberté comme la propriété d'un sujet ou la contingence d'une nature. Si la nature est

---

1. Voir *stoïcisme.* Cf. Descartes : *Il vaut mieux changer ses désirs que l'ordre du monde.*
2. Cela suppose que la liberté ne réside pas dans l'indétermination de l'action, mais dans le seul fait que la détermination soit placée dans l'agent. De façon générale, on peut nommer *autonomie* cette conception de la liberté, qu'on retrouve dans un contexte différent chez Rousseau* ou chez Kant* (le sujet politique ou moral est libre parce qu'il pose lui-même la loi à laquelle il se soumet).

Liberté

le lieu de la nécessité, il faut sans doute chercher la réalité de la liberté hors d'elle. On pourrait la chercher dans l'affrontement des volontés individuelles et montrer que le vouloir se réalise non dans l'arbitraire, mais dans l'ordre social, politique, culturel. Lorsque Hegel* pose la société* elle-même comme réalité de la liberté[1], il obéit à des préoccupations ontologiques ; la liberté est la substance de la société et sa destination, parce que l'esprit dont la réalité est la société est présupposé par celle-ci et, à la fois, ne se distingue pas d'elle : il se détermine comme telle ou telle société où se réalise concrètement telle ou telle forme de liberté. On peut cependant retenir deux points :

1 — *La liberté ainsi conçue n'est pas la propriété innée d'un sujet individuel.*

2 — *Sa réalité est une forme de société.*

Maintenir que la liberté considérée par rapport à la société correspond au libre arbitre d'un sujet ne nous avancerait pas par rapport à la précédente discussion : tout comme il y a des lois naturelles, il y a des lois psychologiques et sociologiques[2]. Mais, si la liberté, comme le reconnaît le sens commun, consiste à faire ce que l'on veut, sa condition d'existence est que l'on puisse faire tout ce qu'on peut vouloir. Par conséquent, tout ce qui, dans une société, empêche de faire ce que l'on veut, est contraire à la liberté : chaque nouveau droit* est un progrès de la liberté. La liberté politique* peut se concevoir indépendamment de problèmes ontologiques, parce que, dans la revendication d'un droit, d'une loi, ce qui importe, c'est que nous le voulions et qu'il existe. Que nous ayons un libre arbitre et que ce soit notre volonté libre qui nous pousse à la revendication, ou que certains déterminismes nous y conduisent et que nous soyons enserrés dans un cours nécessaire de l'histoire*, cela est indifférent :

---

1. *Le domaine du droit est le spirituel en général ; sur ce terrain, sa base propre, son point de départ, c'est la volonté qui est libre ; si bien que la liberté constitue sa substance et sa destination, et que le système du droit est l'empire de la liberté réalisée, le monde de l'esprit produit comme seconde nature à partir de lui-même* (**Philosophie du droit**, § 4).
2. Les lois sociologiques (ex. : structure de la parenté) mettent en question la liberté comme propriété innée du sujet* ; elles posent un problème ontologique : un objectiviste dira que ce que les gens veulent provient de déterminismes multiples et qu'il n'y a pas de liberté ; un subjectiviste (Sartre*, dans la **Critique de la raison dialectique**) affirmera que les lois sociologiques résultent de la confrontation des volontés* libres (elles sont *la nécessité de la liberté*).

Liberté

la limite de notre liberté, ce n'est pas, dans ce cas, un ordre naturel, c'est la liberté des autres, c'est-à-dire leur droit.

> J. Combès, **Valeur et Liberté,** Paris, PUF, 1967 ; A. Daudin, **La Liberté de la volonté. Signification des doctrines classiques,** Paris, PUF, 1950 ; J. Delesalle, **Liberté et Valeur,** Louvain, Publications univ., 1950 ; J. Grenier, **Le Choix,** Paris, PUF, 1941 ; **Entretiens sur le bon usage de la liberté,** Paris, Gallimard, 1948 ; L. Guillermit, **La Liberté**, Paris, Hachette, 1955 ; F. von Hayeck, **Droit, législation et liberté,** t.f., PUF, 1980 ; **La Route de la servitude,** 1941, t.f., Paris, PUF, 2ᵉ éd. 1985 ; J. Nabert, **L'Expérience intérieure de la liberté,** Paris, Alcan, 1924 ; J. Rivero, **Les Libertés publiques,** Paris, PUF, 1983 ; D. Rosenfield, **Politique et Liberté. Structure logique de la philosophie du droit de Hegel,** Paris, Aubier-Montaigne, 1984 ; P. Verstraeten, **Violence et Éthique,** Paris, Gallimard, 1972.

Littérature

Dans de nombreuses sociétés*, sinon dans toutes, on rencontre des formes très spécifiques d'exercices du langage*, qu'elles soient orales ou écrites. Ces exercices ont en commun, dans des proportions qui peuvent varier :

a) d'être linguistiquement normés (style, prosodie, rythme, genres qui vont jusqu'à préciser dans le détail la construction de l'ensemble) ;

b) d'avoir des productions qui soient conservées en tant que telles dans la mémoire collective des sociétés* et fassent constamment l'objet de reprises qui respectent leur forme initiale ;

c) de ne pas correspondre directement, lorsqu'ils sont mis en œuvre, à des situations de communication* (récitation d'un poème, représentation d'une tragédie, lecture d'un roman, etc.) ;

d) de ne pas avoir pour fonction de se référer à des éléments du réel ni de dire le monde en tant que tel, mais de signifier sur le mode de la fiction ;

e) d'être l'objet de jugements de valeur* de type esthétique* (beauté).

Dès l'Antiquité, on rencontre une réflexion sur la codification de ces exercices (cf. le traité d'Aristote* sur **La Poétique**), voire sur leur

Littérature

fonction sociale (l'idée selon laquelle représenter les passions humaines dans la tragédie possède un rôle cathartique — permet d'éprouver ces passions sous forme atténuée et donc de s'en dispenser dans le réel — remonte à Aristote). L'appellation de *littérature* (qui n'est pas innocente puisqu'elle rattache les exercices en question à la *lettre*, c'est-à-dire à l'écriture) date seulement du XIXe siècle, où elle succède à l'expression *belles-lettres*, laquelle correspond au développement de la critique et de l'histoire littéraire, comme à la professionnalisation de l'écrivain[1]. Cette mise en place de ce qu'on peut appeler l'*institution littéraire* est conjointe au développement de l'enseignement de la littérature : paradoxalement, celui-ci ne consiste pas à apprendre comment faire de la littérature, mais à connaître l'histoire littéraire, ainsi qu'à être capable de commenter et d'apprécier les *œuvres littéraires*.

Hegel*, dans ses leçons d'esthétique consacrées à la *poésie* (terme qui, dans ce contexte, réfère au contenu même du concept de littérature, tout en dépassant sa limitation à la lettre), la situe entre les arts plastiques (architecture, sculpture, peinture), voués à l'extériorité, et la musique qui exprime l'intériorité par des vibrations sonores. C'est un moyen terme, une nouvelle totalité qui réunit les deux extrêmes, afin de les porter à un niveau supérieur qui est celui de l'intériorité spirituelle. Elle représente l'esprit* pour l'esprit, sans donner à ses expressions une forme visible et corporelle. Par là, elle jouit d'un privilège sur les autres arts : *elle est un art général capable de façonner et d'exprimer sous n'importe quelle forme tout contenu susceptible de trouver accès dans l'imagination**.

Classiquement, la littérature se conçoit donc par la façon qu'elle a de traiter le contenu sensible (la représentation, l'intuition, le sentiment, etc.). Reste à déterminer l'originalité de ce traitement, ce qui fait qu'une œuvre littéraire est une œuvre littéraire. Il est évidemment possible de l'aborder par la forme ou la structure formelle de telle ou telle œuvre (ce que font les formalistes russes). Or, d'un côté, il y a la langue et ses contraintes, de l'autre, le style. Le problème est de trouver le point par lequel une œuvre s'originalise, s'individualise. La réponse moderne à la question a consisté à se retourner sur cela même qui avait fait naître l'expression *littérature* et y était en quelque

---

1. A. Viala, **Naissance de l'écrivain**, Paris, Minuit, 1985.

Littérature

sorte contenu : l'écriture. Pour Roland Barthes[1], *l'écriture est une fonction : elle est le rapport entre la création et la société, elle est le langage littéraire transformé par sa destination sociale, elle est la forme saisie dans son intention humaine et liée ainsi aux grandes crises de l'histoire.* Pour Blanchot*, l'écriture est une expérience*, quelque chose qui touche à la limite et ce par quoi l'écrivain affronte la mort*. La théorie* de la littérature comme écriture, qui prend appui sur les travaux de Derrida*, suppose que l'écrivain en tant que tel dépasse l'intention de communiquer, ce qui le distingue du simple *écrivant*. Paradoxalement, cette conception de la littérature, qui fait l'originalité de l'école de nouvelle critique, souvent regroupée dans les années 60 autour de la revue **Tel Quel**[2], se développe dans une société où les écrits non littéraires connaissent une inflation considérable, où l'image (photo, cinéma, télévision) recouvre le mot et où la parole dépasse les bornes qui la rendaient à la fois éphémère, limitée dans sa portée et inférieure à l'écrit (disque, magnétophone, téléphone, radio). Elle peut s'étendre, d'un côté, vers des textes qui ne sont pas des écrits (le concept d'écriture appliqué au cinéma), de l'autre, vers des écrits par lesquels l'individu manifeste sa transgression de l'ordre social (graffitis, taggs). Mais la théorie de l'écriture laisse irrémédiablement de côté l'oralité (elle ne fait même guère attention au témoignage que la ponctuation donne de l'oralité des textes). Par là, elle est sans doute la forme ultime de ce mouvement qui a fait naître l'expression *littérature* et l'institution littéraire (à laquelle Foucault* reprochait de véhiculer, par le biais des écoles, une véritable théologie de la littérature, dans le temps même où Derrida* dénonçait, à l'inverse, le logocentrisme de notre civilisation). Or l'oralité est irréductible à l'écrit : elle est à la fois rythme et rapport au corps*. Peut-être convient-il de dépasser la littérature, afin de retourner à la généralité d'une poétique.

---

1. (1915-1980), l'un des principaux acteurs français de la critique littéraire moderne (sur la théorie de la littérature, voir notamment, publiés au Seuil : **Le Degré zéro de l'écriture**, 1953 ; **Critique et Vérité**, 1966 ; **Le Plaisir du texte**, 1973). On peut consulter : L.-J. Calvet, **Roland Barthes, un regard politique sur le signe,** Paris, Payot, 1973 ; Ph. Roger, **Roland Barthes. Roman,** Paris, Grasset, 1986 ; S. Sontag, **L'Écriture même : à propos de Roland Barthes,** Paris, Bourgois, 1982.
2. Voir le numéro collectif de **Tel Quel**, intitulé **Théorie d'ensemble**, Paris, Seuil, 1968.

> R. Barthes, **S/Z**, Paris, Seuil, 1970 ; M. Blanchot, **Comment la littérature est-elle possible ?,** Paris, Corti, 1943 ; **L'Espace littéraire,** Paris, Gallimard, 1955 ; U. Eco, **L'Œuvre ouverte,** t.f., Paris, Seuil, 1965 ; N. Frye, **Anatomie de la critique,** t.f., Paris, Gallimard, 1969 ; R. Jakobson, **Questions de poétique,** t.f., Paris, Seuil, 1973 ; J. Kristeva, **Recherches pour une sémanalyse,** Paris, Seuil, 1969 ; Ph. Lacoue-Labarthe & J.-L. Nancy, **L'Absolu littéraire,** Paris, Seuil, 1978 ; H. Meschonnic, **Les États de la poétique,** Paris, PUF, 1985 ; J.-P. Sartre, **Les Mots,** Paris, Gallimard, 1964 ; Ph. Sollers, **L'Écriture et l'expérience des limites,** Paris, Seuil, 1971 ; T. Todorov, **Théorie de la littérature. Textes des formalistes russes,** Paris, Seuil, 1965 ; **Les Genres du discours,** Paris, Seuil, 1978 ; A. Viala, **Naissance de l'écrivain,** Paris, Minuit, 1985 ; R. Wellek & A. Warren, **La Théorie littéraire,** Paris, Seuil, 1971 ; P. Zumthor, **Introduction à la poésie orale,** Paris, Seuil, 1983 ; **La Lettre et la Voix,** Paris, Seuil, 1987.

LOCKE (John)

Né en 1632 près de Bristol, il meurt à Oates en 1704. Fils de marchands, il délaisse des études de clergyman entreprises à Oxford (1652-1658), pour s'orienter vers la médecine (1658) ; médecin particulier du comte de Shaftesbury (1667), il suit son protecteur qui eut une vie politique mouvementée. Il fait deux séjours en France, doit s'éloigner d'Angleterre en 1684, et se réfugie en Hollande, à la suite d'une tentative révolutionnaire du comte. Il y reste jusqu'à la révolution de 1688 ; revenu en Angleterre en 1689, il refuse un poste d'ambassadeur que lui offre le nouveau roi, mais accepte les fonctions de commissaire des appels. Engagé dans de nombreuses polémiques, sur des problèmes économiques, il se retire rapidement à Oates, où il reste jusqu'à sa mort.

L'œuvre de Locke est multiple : son **Essai sur l'entendement humain** (1690), qui devait en faire la référence des Lumières*, lui attirera une réponse de Leibniz* et donner naissance à la philosophie de Condillac*, n'est qu'une œuvre de maturité, rédigée à partir de 1671, dans les loisirs que lui laisse une vie active. Il s'est surtout occupé de médecine, de questions religieuses, politiques (**Traités sur le gouvernement civil** dont le second, publié en 1690, aura une grande influence) et économiques (il donne la formulation classique de la théorie quantitative de la monnaie).

1. C'est le phénoménisme médical du docteur Sydenham, dont il fut le collaborateur, doublé de la méthodologie baconienne qui réduit la science* à une description (Locke dira *a plain historical method*), que Locke applique à l'étude de l'entendement ; il se refusera toujours à rechercher les causes physiques de la perception*. L'observation nous apprend qu'il n'y a pas dans l'esprit* d'idées innées*, sinon les

LOCKE

enfants et les idiots les posséderaient ; au demeurant, cette hypothèse est inutile pour expliquer la connaissance* : il suffit d'en observer le développement. En l'absence d'idées innées, notre esprit est une page vide de caractères, une chambre noire, où pénètrent, par le biais des sens, les informations venues du monde extérieur : *Les observations que nous faisons sur les objets extérieurs et sensibles, ou sur les opérations intérieures de notre âme, que nous apercevons et sur lesquelles nous réfléchissons nous-mêmes, fournissent à notre esprit tous les matériaux de ses pensées.*

Locke nomme *idées* tout ce qui est l'objet de la pensée ; par conséquent, toutes nos idées proviennent soit de la sensation soit de la réflexion. Cette thèse fondamentale de l'empirisme* lockien ne peut s'expliciter ni servir de fondement à une logique* et une théorie de la connaissance que dans l'étude génétique des idées. Nous avons deux sortes d'idées, les idées simples des qualités sensibles (le doux, l'amer, etc.), qui nous sont données comme telles dans la perception, et les idées complexes, que nous composons librement à partir de ces idées simples ; nos idées sont singulières ou générales, les premières nous sont données dans la perception, les secondes sont l'œuvre de notre entendement. Les idées des réalités externes (substances) ou de leurs modifications ne peuvent êtres simples, puisqu'elles correspondent à différentes propriétés ; l'idée d'une substance ou d'un mode n'est donc qu'une idée complexe, formée par la réunion de diverses idées simples dont nous observons la conjonction constante. On peut cependant remarquer que certaines de ces idées sont reliées aux autres comme des causes aux effets ; on distingue ainsi les qualités premières (figure, étendue, etc.) qui ont une valeur objective, et les qualités secondes qui ne sont que l'effet des premières (la couleur n'est que l'effet sur nous de la figure du corps*).

2. La connaissance* consiste dans l'intuition d'un rapport de convenance entre nos idées ou dans une suite de telles intuitions (raisonnement). Le critère de la vérité* réside d'abord dans le rapport des idées ; mais, selon ce critère, la proposition : *Tous les centaures sont des animaux,* est aussi vraie que la proposition : *Tous les hommes sont des animaux* ; pour être réelle, et pas seulement verbale, une connaissance doit correspondre aux choses. Or le phénoménisme lockien place la borne la plus extrême de nos connaissances dans nos idées : c'est donc dans leurs propriétés intrinsèques qu'on doit chercher le critère de leur adéquation au monde.

LOCKE

Les idées simples sont toujours adéquates, Dieu* ayant construit notre appareil sensoriel de façon qu'elles correspondent aux qualités sensibles. Il n'en saurait être de même des idées complexes, construites librement ; sur ce point, Locke hésite. Pour certaines d'entre elles, il affirme qu'elles sont toujours objectives, car nous ne concevons des choses que ce que ces idées nous en montrent ; par là est assurée la certitude démonstrative des mathématiques* et de la morale* qui portent sur des idées complexes. À l'inverse, il affirme que nous n'avons des substances qu'une connaissance inadéquate, puisque rien ne nous permet d'affirmer que la collection des idées simples, qui en constitue l'idée, correspond une fois pour toutes aux propriétés que nous pourrons observer. Il semble bien que Locke laisse subsister une dichotomie entre une connaissance rationnelle et abstraite et une connaissance portant sur le monde sensible. Par rapport à cette dernière, notre connaissance est plus limitée que nos idées ; ainsi, bien que nous ayons des idées de la matière* et de la pensée, nous ne saurons peut-être jamais si la matière pense ou non. On peut voir le rejet du principe cartésien, selon lequel tout ce que nous voyons dans l'idée claire et distincte d'une chose en peut être affirmé avec vérité. Pour Locke, les idées ne sont que les signes des choses, et la théorie de la connaissance est une sémiotique, c'est-à-dire une science des signes (idées et mots).

La morale est une connaissance rationnelle (fondée sur l'existence de Dieu). Il en est de même de la politique* : Locke suppose que la société* est fondée sur les pouvoirs qui appartiennent naturellement aux individus, et, par conséquent, raisonne toujours à partir d'un état de nature, où l'homme jouit de la liberté* incontrôlable de disposer de lui-même et de ses *possessions*. Dans cet état de nature, l'homme commerce (la propriété privée est donc naturelle), utilise la monnaie et a déjà des rapports de droit avec ses semblables, pouvant même passer des contrats ; mais le droit* naturel est une affaire privée : chacun fait justice, à ceci près que le droit de châtier l'infraction au titre de la prévention appartient à qui que ce soit, et celui de se faire indemniser des dommages à la seule victime.

Les hommes se mettent en société* par contrat en vue d'éviter l'état de guerre, et de conserver leur propriété. Le contrat est le seul fondement légitime du pouvoir politique, car *les hommes sont tous par nature libres, égaux et indépendants (...) et nul ne peut être dépossédé de ses biens, ni soumis au pouvoir politique d'un autre, s'il* n'y a lui-même consenti. La souveraineté du pouvoir politique a pour limite infranchissable les droits de l'individu* : *La liberté de l'homme en société consiste à ne relever d'aucun autre pouvoir législatif que celui qui a été établi dans la République d'un commun accord et à ne subir l'empire d'aucune volonté, ni la contrainte d'aucune loi, hormis celle qu'institue le législatif, conformément à la mission dont il est chargé.* Inspirateur du préambule de la constitution américaine et de la Déclaration des droits de l'homme*, Locke est le fondateur du libéralisme* politique.

> C. Bastide, **John Locke, ses théories politiques et leur influence en Angleterre,** Paris, Alcan, 1907 ; F. Duchesneau, **L'Empirisme de Locke,** La Haye, Nijhoff, 1973 ; (dir.) **Locke**, n° spécial de la **Revue internationale de philosophie**, n° 165, Paris, 1988 ; S. Goyard-Fabre, **Locke et la raison raisonnable,** Paris, Vrin, 1986 ; R. Polin, **La Politique morale de John Locke,** Paris, PUF, 1960 : N. Reucin, **La Pédagogie de John Locke,** Paris, Hermann, 1941 ; J.W. Yolton, **Locke and the way of Ideas,** Oxford, 1956 ; **Locke and the compass of human understanding,** Cambridge, CUP, 1970.

Logique

Pour Aristote*, l'objet de la logique, c'est le raisonnement ; pour Arnauld et Nicole, auteurs de la **Logique de Port-Royal** (XVIIe s.), c'est l'art de penser ; pour Kleene (logicien contemporain), c'est de dire ce qui s'ensuit de quoi. En fait, la logique a toujours eu deux centres d'intérêt : le langage et le raisonnement. D'un côté, il s'agit d'expliciter la constitution des phrases de notre discours ; de l'autre, de rendre compte de cette capacité qu'a, par exemple, la mathématique* de constituer sans cesse des énoncés dont la certitude et la vérité* n'ont jamais été sérieusement remises en question. Les deux visées organisent le champ où la logique traite ses exemples et élabore ses objets ; schématiquement, ce champ a subi trois organisations ou réorganisations fondamentales : celle d'Aristote*, celle de Port-Royal et celle de la logique moderne, qu'on peut faire remonter à Frege*.

1. Aristote

Pour Aristote, la proposition est constituée de trois termes : le sujet (ce de quoi on affirme), le prédicat (ce qui est affirmé) et la copule (qui lie les deux). Une proposition a une quantité (universelle ou particulière) et une qualité (affirmative ou négative), ce qui, par combinaison, donne pour les mêmes termes quatre propositions : *tout S est P, nul S n'est P, quelque S est P, quelque S n'est pas P*. On peut relier les valeurs* de vérité* de ces propositions opposées : les deux universelles ne peuvent être vraies ensemble (mais elles peuvent être fausses), si une universelle est vraie, la particulière de même qualité l'est, et la vérité (la fausseté) d'une proposition entraîne la fausseté (vérité) de celle qui possède une quantité et une qualité opposées. Un syllogisme est une suite de trois propositions telle qu'une fois les deux premières (prémisses) accordées, la troisième (conclusion) ne peut être refusée ; il repose sur trois termes : la conclusion s'effectue parce qu'un terme commun (aux deux prémisses) permet de relier leurs deux autres termes. Suivant la disposition de ce moyen terme (M), on a différentes figures : MA, BM, BA (1re figure) ; AM, BM, BA (2e figure) ; MA, MB, BA (3e figure) ; AM, MB, BA (4e figure, due à Galien). Les figures donnent lieu à différents modes selon la quantité et la qualité de leurs propositions (ex. : tout M est A, tout B est M, donc tout B est A, mode de la première figure). La syllogistique s'efforce de démontrer sur ces schémas quels sont les modes valides, c'est-à-dire ceux pour lesquels, les prémisses étant vraies, la conclusion l'est. Pour être valide, un syllogisme doit être conforme au schéma d'un mode valide ; la validité d'un raisonnement quelconque (syllogisme ou suite de syllogismes) dépend uniquement de sa forme ; ce point fondamental inaugure la notion de vérité logique. La syllogistique est pourtant limitée : elle considère les termes et non les propositions, et elle est incapable de rendre compte des relations. Convenant essentiellement aux classifications biologiques, tributaire d'une ontologie* qui suppose, dans les choses, des genres et des espèces, sa fécondité s'arrête où commencent les mathématiques*, bien qu'elle soit conçue comme moyen de découvrir des énoncés vrais et qu'elle serve de modèle à Euclide (IVe-IIIe s. av. J.-C.), qui présente ses **Éléments de mathématiques**, à partir d'un système de définitions, postulats et axiomes.

2. Port-Royal

Les logiciens de Port-Royal (Arnauld et Lancelot) font de la logique un art de penser : la proposition devient un jugement, et les termes, des idées. Les idées peuvent être plus ou moins composées d'autres

Logique

idées ; plus une idée est composée, plus elle possède de compréhension ; comme l'extension d'une idée est l'ensemble des termes dans la compréhension desquels elle rentre, extension et compréhension varient en raison inverse. Une proposition *S est P* affirme que l'idée du sujet est contenue dans l'extension de l'idée du prédicat qui, elle, est contenue dans la compréhension de l'idée du sujet. Un raisonnement est vrai si cette double inclusion est réalisée : la validité est question de contenu, non de forme. Descartes*, inspirateur de Port-Royal, trouve la logique inutile ; Kant* parle de la fausse subtilité des figures du syllogisme. Les mathématiques* restent en dehors des lois logiques. Leibniz* tente de concevoir la logique sous forme de calcul algébrique. C'est George Boole (1815-1864) qui donnera sa véritable forme à cette idée en raisonnant sur des extensions de concept conçues comme des classes d'individus*, en introduisant la classe vide et en interprétant la négation comme l'opération qui construit le complémentaire d'une classe. L'algèbre logique se développera au XIXe siècle, mais la logique limitée de Port-Royal sera enseignée jusqu'au début du XXe siècle. Le véritable développement de la logique moderne ne sera possible que par une nouvelle analyse de la proposition, largement due à Frege* et Russell*.

3. La logique moderne

Dans la proposition [1] : *Socrate est mortel* et *la terre est ronde*, on reconnaît facilement la forme *p et q* ; on peut aussi avoir *p ou q, p implique q, p ou q implique p implique q* ; par là, on distingue intuitivement propositions et connecteurs ; la négation peut être considérée comme un connecteur *(non p)*. Toute proposition peut prendre deux valeurs* de vérité* : le vrai et le faux. Connaissant les valeurs de vérité des propositions élémentaires, on peut désirer savoir quelle est la valeur de vérité d'une proposition composée ; on peut aussi vouloir le savoir sans connaître la valeur de vérité des composants.

La première question dépend de la définition des connecteurs : ainsi, *non p* est vraie quand p est fausse, fausse dans le cas contraire ; *p et q* vraie seulement si p et q le sont, etc. De proche en proche, une fois définis les connecteurs, on peut calculer la valeur* de vérité* d'une proposition. Ce qui suppose que la valeur de vérité d'une proposition, quelque composée qu'elle soit, dépend de celle des propositions élémentaires qui la composent (principe d'extensionna-

Logique

lité). La seconde question correspond à la définition de la validité logique : une proposition est logiquement valide si elle est vraie quelle que soit la valeur de vérité de ses composants (ainsi, d'après ce qui précède, *non [p et non p]* est logiquement valide).

On peut aussi vouloir connaître le fonctionnement interne des propositions. [2] : *Socrate est mortel* ressemble à [2'] : *Platon est mortel* ; elles ont toutes deux en commun ... *est mortel* ; appelons cette dernière partie une *fonction propositionnelle* : une fonction propositionnelle est une fonction dont la valeur est une proposition lorsqu'on lui ajoute un terme approprié (argument). Dans le cas discuté, on a une fonction à une place (prédicat), mais on peut, à partir de *5 est plus grand que 4*, construire une fonction à deux places (relation), qui devient une proposition lorsqu'on lui ajoute deux arguments, et ainsi de suite ; le schéma propositionnel f(x), g(x,y)... est plus riche que *S est P* et permet l'analyse des énoncés mathématiques.

[2] attribue un prédicat à un terme, mais [3] : *tous les Grecs sont mortels*, peut être compris comme *pour toutes les valeurs possibles de x, si x est Grec, x est mortel* ; il y a donc deux fonctions propositionnelles. La forme correspondante, construite à partir de [2], est [4] : *pour toutes les valeurs de x, x est mortel* ; on pourrait aussi avoir [5] : *pour une valeur de x au moins, x est mortel*.

On peut poser, à propos des fonctions propositionnelles, les mêmes questions qu'à propos des propositions. Une fonction *x est mortel* n'est ni vraie ni fausse, mais [4] n'est logiquement valide que si toutes les propositions obtenues en remplaçant x par un argument sont vraies (ce qui n'est pas le cas), et [5] s'il y en a au moins une. L'établissement de la validité de [6] : *pour tout x, x est mortel et x est Grec*, est complexe. On peut procéder comme suit : prenons quatre colonnes ; sur chaque ligne on inscrit : dans la première, le nom de l'objet pris pour x ; dans la deuxième, la valeur de vérité de la proposition correspondant à la première fonction ; dans la troisième, celle de la deuxième ; et, dans la quatrième, un V si on a un V dans les deux colonnes précédentes, un F sinon. [6] est valide s'il n'y a que des V dans la dernière colonne, ce qui est indémontrable par ce procédé, à moins de supposer que le domaine où l'on prend les valeurs de x est fini. Par là, on conçoit l'insuffisance du calcul des propositions et de la quantification qu'on vient d'évoquer. Pour aller au-delà, il faut considérer les propriétés formelles des calculs eux-mêmes. On peut le faire de deux points de vue. Soit on se donne des termes primitifs, des

Logique

règles de formation des expressions à partir de ces termes, des axiomes ou théorèmes primitifs (c'est-à-dire les premières expressions ou formules valides), et au moins une règle de déduction des théorèmes (syntaxe) : on se posera alors des questions sur la construction des systèmes d'axiomes, la possibilité d'y démontrer ou non tel ou tel théorème. Soit on rapporte les expressions à un système d'objets (modèle) et l'on étudie ce qui est démontrable en fonction de ce système (sémantique). L'étude des propriétés des systèmes logiques a conduit à des théorèmes de limitation. Les plus célèbres (1931) sont dus à Kurt Gödel (né en 1906). Le premier théorème de Gödel montre que, dans un système qui contient au moins l'arithmétique récursive et qui est non-contradictoire, il existe des propositions indécidables (qu'on ne peut ni démontrer, ni réfuter). Le second, qui est un corollaire du premier, établit que, dans tout système qui remplit les conditions de celui-ci, la proposition qui affirme que le système n'est pas contradictoire n'est pas démontrable dans le système. Autrement dit, la démonstration suppose des moyens plus puissants que ceux du système. En sémantique, les théorèmes les plus connus sont ceux de Löwenheim-Skolem et du logicien d'origine polonaise Alfred Tarski (né en 1902). Le premier théorème, généralisation par Skolem (1920) d'un résultat de Löwenheim (1915), établit que toute proposition sans variable libre (non quantifiée) de la logique des prédicats que l'on vient de décrire, qui est vraie dans un domaine infini quelconque (qui peut être supérieur au dénombrable), est vraie dans un domaine dénombrable (par exemple, dans l'ensemble des nombres entiers). Le second établit que, dans un système non-contradictoire contenant (au moins) l'arithmétique récursive, la notion de vérité* relative à ce système n'est pas définissable à l'intérieur du système. Autrement dit, définir la vérité dans un certain langage* nécessite un langage d'ordre supérieur ou métalangage.

Depuis la fondation des premiers systèmes de logiques formelles, de nombreux théorèmes ont été établis, constituant la logique en domaine de recherche complexe et autonome. On a construit différentes présentations alternatives des systèmes logiques. Enfin, on a étendu le domaine des systèmes logiques : logiques modales (voir *Hintikka*), logiques déontiques, logiques du temps, logiques multivalentes (qui disposent de plus de deux valeurs de vérité, jusqu'à une infinité), logiques sans variables (logique combinatoire, calcul-lambda), etc. Les résultats de la logique concernent les mathématiques* (problème des fondements, définition de la calculabilité) ; ils ont été utilisés dans la théorie des automates (voir *machine*) et en linguistique (théorie des langages* formels). L'interprétation de ces résultats définit la philosophie de la logique, tandis que l'application des procédés mis au point par la logique aux problèmes traditionnels de la philosophie (définition de la vérité*, par exemple) constitue la logique philosophique.

> L'étude de la logique contemporaine demande un sérieux effort de la part du philosophe de formation littéraire ; cet effort est indispensable pour suivre bien des discussions de l'épistémologie* moderne, voire de la philosophie du droit*. La bibliographie suivante n'est qu'indicative : parmi les titres ci-dessous, on pourra commencer par Blanché ; Quine (1972 b) est une présentation relativement facile d'accès, mais très marquée par les options philosophiques de son auteur ; enfin, Vernant est d'une lecture relativement aisée. Pour une initiation plus poussée, le plus simple est de suivre un bon manuel, comme Grize. La plupart des théorèmes et des notions de la logique moderne sont traités (avec bibliographie) dans ***L'Encyclopédie philosophique universelle***, t.II-***Les Notions philosophiques. Dictionnaire***, Paris, PUF, 1990. R. Blanché, ***La Logique et son histoire d'Aristote à Russell***, Paris, Colin, 1970 ; J.-L. Gardies, ***La Logique du temps***, Paris, PUF, 1975 ; J.-B. Grize, ***Logique moderne***, Paris, Gauthier-Villars, 1972 ; G.E. Hughes & M.J. Cresswell, ***An Introduction to Modal Logic***, Londres et New York, Methuen, 1968 ; ***A companion to Modal Logic***, Londres et New York, Methuen, 1984 ; S.C. Kleene, ***Logique mathématique***, t.f., Paris, Colin, 1971, rééd. Sceaux, Gabay, 1987 ; J. Ladrière, ***Les Limitations internes des formalismes. Étude sur la signification du théorème de Gödel et des théorèmes apparentés dans les théories des fondements des mathématiques***, Paris, Gauthier-Villars, 1956 ; J. Largeault, ***Logique mathématique. Textes***, Paris, Colin, 1972 ; R. Martin, ***Logique contemporaine et formalisation***, Paris, PUF, 1964 ; E. Nagel & J.R. Newman, ***Gödel's Proof***, New York University Press, 1958, t.f., Paris, Seuil, 1989 ; W.V.O. Quine, ***Méthodes de logique***, t.f., Paris, Colin, 1972 a ; ***Logique élémentaire***, t.f., Paris, Colin, 1972 b ; ***La Philosophie de la logique***, t.f., Paris, Aubier-Montaigne, 1975 ; J. van Heijenhoort, ***From Frege to Gödel. A source book in mathematical logic 1879-1931***, Cambridge, MIT Press (traduction et présentation anglaise de la plupart des grands textes fondateurs de la logique moderne) ; D. Vernant, ***Introduction à la philosophie de la logique***, Liège, Mardaga, 1986.

Lumières (Philosophies des)

On désigne sous ce nom le courant philosophique caractéristique du XVIIIe siècle ; ses partisans et ses détracteurs sont unanimes dans la définition qu'ils en donnent. Le curé Meslier, dans le ***Testament*** qu'à sa

Lumières (Philosophies des)

mort (1729) il laisse à ses paroissiens, affirme que *les seules lumières de la raison naturelle sont capables de conduire les hommes à la perfection de la science et de la sagesse.* Kant*, dans sa réponse à la question *qu'est-ce que les lumières ?* soutient : *Aie le courage de te servir de ton propre entendement. Voilà la devise des Lumières.* Hegel* enfin, dans la **Phénoménologie de l'Esprit**, voit dans l'*Aufklärung* une affirmation de la raison* et une dénonciation de la foi, auxquelles il reprochera leur étroitesse.

La définition historique et géographique des Lumières est difficile ; le phénomène est européen : on peut rattacher aux Lumières les Anglais Toland (1670-1722), Hume*, les Allemands Wolff (1679-1754) et Lessing (1729-1761), les Français Montesquieu*, Voltaire (1694-1778), Diderot[1], d'Alembert[2], Helvetius (1715-1771), La Mettrie (1709-1751), d'Holbach (1723-1789), Buffon (1707-1788). Si on caractérise l'esprit des Lumières par le modernisme, on peut le faire remonter à la querelle des Anciens et des Modernes (1687), et son rationalisme dépend étroitement des œuvres de Richard Simon (**Histoire critique du Vieux Testament**, 1678), Fontenelle (1657-1757), Bayle (1647-1706), Newton* et Locke*. Les années 1750 revêtent cependant une importance caractéristique : **De l'esprit des lois** de Montesquieu paraît en 1748, le **Discours sur l'origine et les fondements de l'inégalité parmi les hommes** de Rousseau* en 1754, **Le Siècle de Louis XIV** de Voltaire en 1751, l'**Histoire naturelle** de Buffon commence à être publiée en 1749, et le premier tome de l'**Encyclopédie** paraît en 1751. Ce dernier ouvrage offre une particularité essentielle : sa conception même d'une totalisation ponctuelle, et sans cesse à compléter, du savoir théorique* et technique*, dépend des thèmes essentiels des Lumières ; sa réalisation, soit par contribution directe des auteurs qu'on vient de citer, soit par compilation de leurs œuvres ou de celles d'autres auteurs (ainsi, Condillac*), donne une image complète de la pensée des Lumières françaises ; sa diffusion et les ennemis politiques que Diderot n'a cessé d'affronter représentent bien leur combat. C'est pourquoi on peut dire, avec une approximation grossière qui n'est pourtant pas une erreur, que le siècle des Lumières s'étend de la publication du premier tome de l'**Encyclopédie** en 1751 jusqu'à celle du 11e volume des planches en 1772[3], et que l'**Encyclopédie** en donne une image qui peut suffire.

---

1. 1713-1784, directeur de l'**Encyclopédie**, il défend, dans ses ouvrages philosophiques, un empirisme* sensualiste, et un naturalisme l'amenant au déisme, puis à un matérialisme vitaliste : **Lettre sur les aveugles à l'usage de ceux qui voient** (1749), **Lettre sur les sourds et muets** (1751), **Pensées sur l'interprétation de la nature** (1753), **Le Rêve de d'Alembert** (1769), **Supplément au voyage de Bougainville** (1772).

2. 1717-1783, codirecteur de l'**Encyclopédie** en ce qui concerne les sciences, il en rédige le **Discours préliminaire**, mais abandonne l'entreprise en 1759 ; mathématicien et physicien, ses **Essais d'éléments de philosophie** (1711) reprennent les idées qu'il développait dans les articles du **Dictionnaire**, et constituent une présentation remarquable d'une théorie empiriste et positiviste de la connaissance* et de la science*.

3. Le 17e et dernier volume du texte est publié en 1766.

Lumières (Philosophies des)

1. L'esprit des Lumières

La philosophie des Lumières est avant tout une idéologie*, dont la formulation et l'expansion sont corrélatives de la montée de la bourgeoisie européenne et du déclin de la féodalité, déjà plus qu'amorcée par la centralisation monarchique. Mandeville (1670-1733), dans sa **Fable sur les abeilles**, en annonce les thèmes : il s'agit de redistribuer les rangs sociaux en fonction des initiatives et des responsabilités personnelles, alors que, dans la féodalité, chacun reçoit la place à laquelle sa naissance le prédestine. Les concepts idéologiques qui naissent au XVIIIe siècle sont autant de façons de repenser la société* autour de ces deux nouvelles valeurs* que sont l'utilité et le bonheur* individuel. Par là, les Lumières nient toute transcendance divine ou hiérarchique au profit d'un pluralisme politico-religieux, qui tient sa valeur d'une certaine conception de l'homme, être rationnel qui doit réaliser son bonheur dans ses œuvres terrestres. L'abbé de Saint-Pierre (1658-1743, surtout connu pour son **Projet de paix perpétuelle** de 1713, bien qu'il soit l'auteur d'une œuvre volumineuse) crée le mot *bienfaisance* pour ne plus avoir recours à *charité* ; le cosmopolitisme est conçu comme le sens unitaire de la communauté humaine ; on perçoit l'humanité avec une compassion tendre et active pour tous les maux qui affligent l'espèce humaine ; en créant le mot *civilisation*, Mirabeau le père (dans **L'Ami des hommes ou Traité de la population**, 1757) entend désigner une action qui se poursuit, celle par laquelle l'homme entre dans une histoire*, où il se définit par ses progrès. Le progrès* est bien l'invention du siècle : pour intéressant que soit le **Tableau historique des progrès de l'esprit humain** de Condorcet* (1743-1794), il ne fait que reprendre des thèmes déjà arrivés à leur formulation définitive chez Turgot (1727-1781) et d'Alembert. Il était alors naturel que cette idéologie se réalisât aussi bien dans le réformisme autoritaire du despotisme éclairé que dans la Révolution française ou l'amorce du colonialisme : dans chaque cas, c'est l'idéologie des Lumières — la « civilisation » — qui tend à se réaliser.

2. Une nouvelle épistémologie

Le XVIIIe siècle est anticartésien[1] : il remplace les systèmes métaphysiques du XVIIe siècle par un dictionnaire où le savoir est

---

[1] Cf. l'article *cartésianisme* de l'**Encyclopédie**.

Lumières (Philosophies des)

rangé selon l'ordre alphabétique des mots, l'évidence par la certitude expérimentale et l'innéisme* idéaliste par l'empirisme*.

Descartes* concevait son rapport à la science* qui le précédait dans la séparation de l'erreur et de la vérité*, effectuée dans le doute solitaire par un sujet* qui découvre en lui-même la raison de toute évidence. Pour les Lumières, la science est une œuvre collective[1], elle possède une histoire* et n'a d'autres limites que notre perception* du monde par où nous saisissons la réalité des faits sur lesquels elle porte. L'œuvre de Newton* a en effet montré la vanité des spéculations cartésiennes, la nécessité d'en passer par l'expression mathématique de l'expérience*, et la continuité historique d'une acquisition de connaissances commencée avec Galilée*. L'universalité de la science est indépendante des spéculations métaphysiques sur l'essence du monde : les géomètres s'entendent entre eux, même s'ils ne sont pas d'accord sur la nature de l'espace. Ce qu'a été l'œuvre de Newton pour la matière*, celle de Locke* l'est pour l'esprit*.

L'empirisme des Lumières ne correspond pas à l'image triviale qu'on en donne, d'une raison perdue dans la poussière des faits ; il répond à deux déterminations essentielles : élaborer une connaissance* positive de l'esprit (psychologie), du processus de connaissance et de ses instruments (notamment le langage*) ; donner un sens* à la méthode expérimentale des sciences[2]. La genèse empiriste de la connaissance permet ainsi de comprendre comment se façonne, au cours du temps, une raison* dont l'universalité est garantie par celle des sens : la philosophie des Lumières est un rationalisme empiriste.

3. Un paradigme ambigu : la nature

Descartes géométrise le monde ; la pensée des Lumières, malgré le succès de la mécanique, refuse ce géométrisme : la nature possède une consistance propre. Cette consistance, elle ne l'acquiert pas seulement parce qu'avec l'histoire naturelle apparaît une science de la nature extramathématique, visant non le corps* mais la vie*, et permettant à Diderot des spéculations abstraites sur l'évolution[3] des

---

1. Voir *Bacon* (Le **Discours préliminaire** de l'**Encyclopédie** reprend sa classification des sciences).
2. Voir *Condillac*.
3. Voir *Darwin*.

Lumières (Philosophies des)

espèces ; elle l'acquiert parce que l'idée de nature joue au XVIIIe siècle le rôle multiple d'opérateur épistémologique[1], de norme universelle et de valeur* fondatrice. La notion d'état de nature est bien un opérateur épistémologique ; supposer l'homme dans l'état de nature, ce n'est ni se livrer à des spéculations sur l'origine historique de l'homme, ni faire le rêve d'une époque paradisiaque à jamais révolue ; c'est, en se donnant la possibilité de faire varier en une expérience* de pensée les constituants de notre connaissance*, de notre morale*, de notre religion* et de notre société*, pouvoir les décrire. C'est la même démarche qu'effectuent Buffon ou Condillac* lorsque, pour montrer comment nos facultés et nos connaissances s'engendrent, ils font l'hypothèse d'une statue acquérant peu à peu sensibilité et raison* au contact du monde. La nature est une norme universelle : le droit* naturel ou la religion naturelle, ce sont ces éléments irréductibles qui, par définition, doivent être présents en tout droit et en toute religion historique, et auxquels, par leur universalité, se peuvent réduire tout droit et toute religion rationnellement conçus. La nature est bien une valeur fondatrice : c'est le droit naturel qu'on oppose aux injustices de la société[2], c'est la religion naturelle qu'on oppose aux fanatismes et superstitions religieuses. Ce paradigme est d'autant plus ambigu qu'il ne vaut que par sa fonction dans une pensée qui ne cesse d'affirmer que le progrès des Lumières, c'est-à-dire des arts, des techniques* et des sciences*, peut seul assurer le bonheur* de l'homme : par où se voit bien, pour le lecteur moderne, comment la nature est toujours la valeur culturelle que détermine l'état historique d'un certain type de société.

S'il a atteint toute l'Europe, il ne faut concevoir l'esprit des Lumières ni comme la seule forme de pensée active au XVIIIe siècle (où abondent les expressions des mysticismes les plus divers), ni comme une entité indivise : *Lumières, Enlightenment, Aufklärung, Illuminismo, Ilustracion* ne recouvrent pas tout à fait la même chose, ni exactement le même espace temporel. Politiquement, le mouvement est tantôt lié au despotisme, tantôt en lutte contre lui, tantôt lié à l'urbanisation bourgeoise, tantôt à la faiblesse des villes. Son rapport

---

1. Cf. J. Ehrard, ***L'Idée de nature en France dans la première moitié du XVIIIe siècle,*** Chambéry, 1963, rééd. Genève, Slatkine, 1981.
2. Sur le rôle de la notion de droit naturel dans l'idéologie révolutionnaire, cf. B. Groetuyssen, ***Philosophie de la Révolution française,*** Paris, Gallimard, 1956.

Lumières (Philosophies des)

à la religion* est, lui aussi, multiple. Cela est particulièrement vrai dans les pays de langue allemande. Si le représentant le plus cité de l'esprit des Lumières est le premier philosophe juif moderne, Moses Mendelssohn (1729-1786), le *mage du Nord* Johann Georg Hamann (1730-1788) se convertit et repousse les avances de Kant*, tandis qu'il se lie d'amitié avec le pasteur Johann Gottfried von Herder (1744-1803). Ce dernier développera une philosophie de l'histoire* dont le fil conducteur, ancré au départ dans la théologie, évoluera vers un humanisme anthropocentrique (**Idées pour la philosophie de l'histoire de l'humanité**, 1784-1791 ; **Lettres pour le progrès de l'humanité**, 1793-1797). Il luttera contre l'implantation du kantisme (**Métacritique de la critique de la raison pure**, 1799). En tout état de cause, l'*Aufklärung* allemande plonge ses racines dans la Réforme ; pour elle, le progrès des Lumières, c'est aussi une *Verbesserung* (amélioration) de la conscience* humaine.

B. Baczko, **Lumières de l'utopie,** Paris, Payot, 1978 ; E. Cassirer, **La Philosophie des Lumières,** t.f., Paris, Fayard, 1970 ; G. Gusdorf, **Les Principes de la pensée à l'ère des Lumières,** Paris, Payot, 1971 ; D. Mornet, **Les Origines intellectuelles de la Révolution française,** Paris, Colin, 1933 ; R. Pomeau, **L'Europe des Lumières,** Paris, Stock, 1966 ; voir le n° X de la revue **XVIIIe Siècle, Qu'est-ce que les Lumières ?**, Paris, Garnier, 1978.

MACHIAVEL (Niccolo)

Né en 1469, il entre en 1498 comme secrétaire au service de la République de Florence, sa ville natale. À ce titre, il accomplit diverses missions diplomatiques dans les autres États italiens, en France et dans l'Allemagne des Habsbourg. Homme de parti (lié aux démocrates modérés), le renversement de la République par les Médicis l'écarte de la politique active (1512) ; il s'exile à Albercaccio. Peu à peu, il revient à la vie publique : il fréquente les réunions de Cosme de Médicis, et, en 1520, sur la demande de Jules de Médicis, l'Académie de Florence le charge d'écrire l'histoire de la cité. Compromis avec les Médicis, il connaît de nouveau la disgrâce, lorsque la République est restaurée en 1527, et il meurt la même année.

Son œuvre variée est composée d'écrits succincts, occasionnés par ses missions, de poèmes, de comédies (**La Mandragore**, 1518), et surtout des trois ouvrages politiques majeurs : **Le Prince** (1513), **Les Discours sur la première Décade de Tite-Live** (1513-1520), **L'Art de la guerre** (1521).

1. Comment comprendre Machiavel ? Ce Florentin est avant tout un réaliste ; sa réflexion ne propose pas directement un modèle de ce qui doit être fait ; appuyée sur l'expérience et des exemples historiques, elle s'efforce de dégager des lois* universellement valables ; sous l'apparence de rompre avec la moralité de la pensée politique traditionnelle, elle rompt avec l'utopie. On en a fait le penseur de l'absolutisme, du cynisme politique, mais Hegel* (**Constitution de l'Allemagne**, 1802) voit en lui l'homme de l'État* ; Gramsci (1891-

MACHIAVEL

1937) le comprend comme le penseur de l'unité italienne. Ce technicien du pouvoir personnel est aussi le théoricien de la liberté* populaire, et le premier penseur à défendre l'idée d'une armée nationale, en un temps où la force des États* reposait sur le salaire de leurs mercenaires.

2. Les actions des hommes dépendent de la *fortune*, c'est-à-dire des circonstances auxquelles ils ne peuvent rien, mais aussi de la *virtu* (ruse, résolution, sagacité), c'est-à-dire des qualités propres à dominer les circonstances. Machiavel ne s'intéresse pas aux souverains héréditaires mais aux hommes qui, de simples particuliers, s'élèvent au rang de princes parce qu'ils sont des hommes habiles et secondés par la fortune. **Le Prince** est moins la réponse à la question *Comment gouverner ?* qu'à la question fondamentale *Comment fonder un État ?* Fonder l'État revient à savoir comment prendre le pouvoir et le garder ; c'est à ce but que Machiavel subordonne toute action : la vertu (au sens moral) peut être un moyen de s'imposer au peuple, elle n'est pas en elle-même une qualité politique ; l'amour que son peuple lui porte peut être un moyen pour le prince de gouverner, mais il vaut mieux lui préférer la crainte. En concevant la religion* (ou la religiosité) elle-même comme un moyen de gouverner, Machiavel est le premier penseur de l'État laïc.

L'originalité des **Discours** est de concevoir la stabilité de l'État non à partir de son origine, mais de sa nature : monarchie, démocratie* et aristocratie se succèdent au cours de l'histoire* et se révèlent instables ; seul l'équilibre de ces trois formes de pouvoir donnera naissance à une république parfaite. Tant que l'on considère **Le Prince** comme la description cynique des moyens de gouverner, on peut y voir une contradiction avec la doctrine des **Discours**. Mais peut-on véritablement faire de Machiavel le théoricien du principe *la fin justifie les moyens*, lorsqu'on s'aperçoit que sa théorie d'une armée populaire intériorise justement la fin au moyen ? L'armée constitue l'État comme force et lui donne son existence historique, mais elle doit toujours dépendre du pouvoir politique : le pouvoir d'État n'est pas l'exercice de la force pure. C'est peut-être en concevant Machiavel comme le penseur d'une certaine forme d'État qu'on parvient à comprendre l'unité de son œuvre : **Le Prince** est moins un ensemble de recettes à l'usage des puissants que la description du fondement d'un nouvel État qui, ne pouvant tenir sa nouveauté de ce qui existe, la tiendra de la *virtu* de quelques hommes, c'est-à-dire de la révolution.

Machine

> E. Barincou, **Machiavel par lui-même,** Paris, Seuil, 1966 ; C. Benoist, **Le Machiavélisme,** 3 vol., Paris, Plon, 1907, 1915, 1935 ; J.-F. Duvernoy, **Pour connaître la pensée de Machiavel,** Paris, Bordas, 1974 ; C. Lefort, **Le Travail de l'œuvre. Machiavel,** Paris, Gallimard, 1972.

Machine

On peut définir concrètement une machine comme une construction artificielle dont le fonctionnement dépend de mécanismes ; un mécanisme est une configuration de solides en mouvement, telle que ce mouvement n'abolit pas la configuration ; c'est donc un assemblage déformable de parties, avec restauration périodique des mêmes rapports entre les parties. Mais il convient de rapporter la machine à sa fonction ; celle-ci est toujours définie par rapport à une activité humaine : en ce sens, une machine est une structure technique* destinée à accomplir une action ou séquence d'actions à la place de l'homme*. On comprend alors que le problème philosophique essentiel posé par la machine soit celui de son rapport à l'homme. Ce problème ne peut être correctement envisagé que si l'on dispose d'une description au moins succincte des différents types de machines.

1. Types de machines

1 — *Les machines simples*. On désigne par ce nom des structures telles que poulies, treuils, plans inclinés, leviers, etc., qui ont pour particularité de nécessiter l'intervention directe d'un agent ; elles sont complètement déterminées par leurs propriétés physiques. Correctement composées entre elles, elles transforment notablement l'action de l'agent.

2 — *Les machines automatiques*. On peut définir ce type de machines par la possibilité d'accomplir une action déterminée sans l'intervention d'un agent externe (humain notamment). Cela suppose non seulement une autonomie quant à la source d'énergie, mais aussi quant à la séquence d'actions. La machine automatique la plus simple est une machine qui, compte tenu d'une information initiale I_0, accomplit sans autre intervention la séquence d'actions pour laquelle elle a été construite. Une montre mise à l'heure et remontée indique par la suite l'heure sans qu'on s'en occupe. On peut envisager une machine automatique plus complexe qui commence, arrête ou trans-

Machine

forme son action selon diverses informations qui lui parviennent du milieu externe ; pour cela, on peut utiliser le mécanisme du feed-back : suivant une information I_0 provenant du milieu, la machine commence une séquence d'actions qui modifie le milieu et provoque une information I_1 commandant une transformation de la séquence d'action, etc. (cf. une chaudière à thermostat).

3 — *Les machines générales.* Les machines simples ont pour particularité de n'avoir d'utilisation définie que dans une activité humaine ou par composition dans une machine automatique ; la machine automatique possède une activité restreinte correspondant aux séquences pour lesquelles elle est construite conformément aux instructions qu'elle reçoit. On peut envisager une machine générale qui ne serait pas déterminée à accomplir une séquence d'actions par rapport à telle ou telle information, mais qui traiterait l'information et qui, par conséquent, serait susceptible d'applications non nécessairement définies lors de sa construction. Les ordinateurs en sont les réalisations concrètes, mais, dès 1936, avant que n'existent les ordinateurs, le mathématicien A. Turing avait décrit théoriquement une telle machine.

Une machine de Turing est composée d'une unité centrale susceptible d'états internes Q_1, Q_2... ; d'une bande (ou ruban) divisée en cases sur lesquelles sont inscrites, au moyen d'un alphabet S_1, S_2..., les données à traiter ; d'une tête de lecture-écriture qui opère sur une case à la fois et qui peut remplacer le symbole lu par un nouveau symbole, et déplacer éventuellement la bande vers la gauche ou vers la droite. Une telle machine est définie par un ensemble défini de quadruplets de la forme $<$ Qi SJ SK Q1 $>$ où SK peut être remplacé par D (droite) ou G (gauche) ; ces quadruplets précisent les opérations que la machine effectue : ainsi, si elle lit SJ dans l'état Qi, elle le remplace par SK et passe à l'état Q1 ; s'il y avait G à la place de SK, elle avancerait à gauche sans effacer SJ et passerait à l'état QI, etc. Compte tenu d'une suite de symboles, qu'on inscrit sur son ruban, la machine livre après traitement une suite de symboles, qui est le résultat du traitement.

La théorie des automates, au sens qu'on vient de donner, est devenue une branche importante des mathématiques[*].

2. Les problèmes

Le problème du rapport de l'homme à la machine peut se subdiviser en deux parties : a) l'homme est-il une machine, ou du

Machine

moins peut-il être décrit comme une espèce de machine ? b) le machinisme, c'est-à-dire l'utilisation industrielle de machines du type 2, puis, pour les coordonner, de machines de type 3 (l'automatisme est complété par l'automation), est-il pour l'homme une aliénation ?

Il est plus simple de traiter le problème b) en premier. Le machinisme a été souvent considéré comme aliénation, parce que la machine remplaçait l'homme (d'où crainte de chômage), l'asservissait à un système de travail opprimant et étranger (cf. le taylorisme qui découpe les tâches dans le seul but de réduire les coûts de fabrication), ou le confrontait à une réalité mystérieuse et incompréhensible, d'où se dépendance à l'égard des gardiens de la machine. Tous ces traits peuvent être hypostasiés dans le mythe du robot, machine supérieure à l'homme et qui, créée par l'homme, le dépasse. Mais le premier point est discutable : si la machine supprime certaines activités, elle en ouvre d'autres (le problème est alors celui de la mobilité de l'emploi), et elle peut permettre une réduction des tâches difficiles comme de la durée du travail ; le deuxième point est un problème d'organisation du travail, et relève de la politique* ; le troisième est un problème d'éducation qui ne peut être résolu que par un enseignement technologique. Dans le fond (c'est ce que cache le mythe du robot, de la déshumanisation), la machine n'est aliénante que dans un contexte aliénant.

Reste le problème a) ; il ne se pose pas pour les machines de type I. Il apparaît dès le XVIIe siècle, lorsqu'on commence à connaître des machines de type 2 relativement complexes ; ainsi Descartes* compare-t-il le corps organisé à une montre. Épistémologiquement, la machine est alors un modèle qui permet d'expliquer certaines fonctions. Mais ce modèle est trop simple : pour expliquer la parole et l'universalité de nos actions, Descartes recourt à l'âme et à la liberté*. L'apparition des machines générales change le problème. Turing a imaginé sa machine pour définir certaines opérations mathématiques* ; Chomsky* utilise un concept de machine analogue pour expliquer le langage*. Plus qu'une structure technique déterminée, la machine générale est un concept et un modèle épistémologique : le refuser serait refuser une partie importante des sciences* contemporaines.

Deux points restent à éclaircir :

a — Peut-on expliquer *toutes* les activités spécifiquement humaines à l'aide de machines générales ? Voir *Intelligence artificielle*.

b — Si on considère la machine comme une structure technique (un ordinateur), on remarque que chaque partie existe pour l'autre, mais non par l'autre, aucune pièce n'est produite par une autre, aucune pièce n'est produite par le tout, ni aucun tout par un autre tout de même espèce ; la machine diffère spécifiquement de l'organique, du vivant. Si aucune réponse a priori ne peut être donnée à la question a), on peut répondre au point b) en remarquant que la structure technique actuelle des machines ne recourt pas aux procédés chimiques propres à l'organisme, mais que, par ailleurs, rien ne lie le concept de machine générale à une réalisation technique particulière ; la question est alors de savoir si on peut lier de façon définitive la machine à l'inorganique et, par conséquent, conserver la définition exposée au début de cet article (elle est empruntée à Canguilhem* dans **La Connaissance de la vie**). Une direction de réponse est peut-être donnée par la cybernétique[1] : en considérant tout groupe organisé de fonctions, qu'il s'agisse d'un mécanisme ou d'un organisme, comme un complexe approprié à tel ou tel traitement de l'information*, elle accomplit véritablement la généralisation définitive du concept de machine, indépendamment de la structure matérielle où il s'incarne.

Voir la bibliographie des articles Informatique, Intelligence artificielle, Nouvelles technologies et Technique.

MALEBRANCHE (Nicolas)

Né en 1638 d'une famille de parlementaires, il étudie la philosophie d'Aristote* au collège de la Marche, puis la théologie à la Sorbonne. Il entre à la congrégation de l'Oratoire en 1659. On y cultivait Aristote*,

---

1. Le mot *cybernétique* est un néologisme datant du XIXe siècle *(science du gouvernement)* et réutilisé en 1948 (**Cybernetics, or Control and Communication in the Animal and the Machine**) par le mathématicien Norbert Wiener (1894-1964) pour désigner *la science de la commande chez l'homme et l'animal*. L'idée essentielle en est que : a) des mécanismes peuvent être régulés par des processus de rétroaction (*la cybernétique est la théorie générale des rétroactions*, ira jusqu'à soutenir Wiener) ; b) il y a moyen de décrire formellement les processus de rétroaction indépendamment des supports matériels qui les réalisent. Les idées développées par Wiener ont irrigué quantité d'autres domaines (la biologie*, par exemple), sans que la cybernétique devienne une discipline à part entière. Il faut sans doute y rattacher le thème d'une théorie générale (et formelle) des systèmes, dont les premiers concepts sont à peu près contemporains de ceux de la cybernétique (cf. Ludwig von Bertalanffy, **La Théorie générale des systèmes**, t.f., Paris, Dunod, 1973). L'application de tels concepts à la société* a été

saint Augustin* et Platon*. Ordonné prêtre en 1664, il publie **De la Recherche de la vérité** en 1674, ouvrage marqué par le cartésianisme (il a découvert Descartes* en lisant le **Traité de l'homme**) et saint Augustin. En 1680, le **Traité de la nature et de la grâce** déchaîne une polémique l'opposant à Arnauld et Bossuet qui dénoncent un rationalisme dans lequel Dieu* n'était plus *l'auteur que d'un certain ordre général d'où le reste se développe comme il peut*. En 1697, par le **Traité de l'amour de Dieu**, il attaque Fénelon en pleine querelle quiétiste. En 1698 paraissent les **Entretiens sur la métaphysique et la religion**. Correspondant des grands savants de l'Europe, Malebranche eut une grande influence dans la diffusion du mécanisme. Il meurt en 1715, à l'aube des Lumières*.

La philosophie de Malebranche se donne pour tâche de concilier la physique cartésienne et la métaphysique augustinienne. Contrairement à Descartes, pour lequel l'homme doit se rendre maître de la nature, ce cartésien aura pour seul souci de ramener la nature en Dieu*. Descartes avait séparé philosophie et théologie, Malebranche instaure une philosophie chrétienne. Chez Descartes, le recours à Dieu permettait d'assurer la réalité du monde ; Malebranche met en Dieu toute cette réalité. Les deux points les plus connus de sa doctrine sont des tentatives pour résoudre le problème du rapport de l'étendue à la pensée, ouvert par le dualisme cartésien (voir *Leibniz, Spinoza*).

1. La vision en Dieu

Les corps* ne sont pas visibles en eux-mêmes, car le corps ne peut agir sur l'âme, puisque ce sont deux substances sans commune mesure, et que le corps est inférieur à l'âme ; quand nous croyons avoir la perception* d'un corps, nous percevons en réalité une idée. Cette idée ne saurait être en nous, puisque l'idée est infinie, et l'âme finie (réfutation de l'innéisme*), et que la connaissance* par idée est claire et distincte, tandis que celle de nos modifications subjectives est obscure, changeante. C'est donc en Dieu que nous apercevons les idées des corps, qui sont des déterminations de l'idée d'étendue, ou étendue intelligible, archétype de la matière* créée.

2. L'occasionnalisme

Puisque l'homme n'est pas une substance composée, comment expliquer les passions* (action du corps sur l'âme), la volonté* par

---

particulièrement développée ces dernières années par le sociologue allemand Niklas Luhmann (né en 1927).

laquelle l'âme « dirige » le corps*, et la liaison causale entre des corps dont je ne vois que l'idée en Dieu*? Malebranche répond en affirmant que ce qui nous paraît cause* n'est que l'*occasion* du mouvement dont l'origine est en Dieu, qui à tout moment intervient pour assurer la liaison entre l'âme et le corps, comme entre les corps eux-mêmes.

F. Alquié, **Le Cartésianisme de Malebranche,** Paris, Vrin, 1974 ; G. Dreyfus, **La Volonté selon Malebranche,** Paris, Vrin, 1958 ; M. Guéroult, **Malebranche,** 3 vol., Paris, Aubier-Montaigne, 1955-1959 ; G. Rodis-Lewis, **Nicolas Malebranche,** Paris, PUF, 1963.

MARCUSE (Herbert)

Né en 1898 à Berlin, il étudie la philosophie à Fribourg en Brisgau où enseigne Heidegger*. Après avoir publié en 1932 une thèse sur Hegel* (***L'Ontologie de Hegel et la théorie de l'historicité***), il rejoint l'école de Francfort* avant de s'exiler aux États-Unis comme Adorno et Horkheimer. Il enseigne successivement dans les universités de Columbia, Harvard, Boston, avant d'être professeur de philosophie et de politique à San Diego (Californie). Son extrême célébrité lui vient moins d'une œuvre abondante (***Éros et Civilisation***, 1955 ; ***L'Homme unidimensionnel***, 1964 ; ***Raison et Révolution***, 1969 ; ***Culture et Société***, 1970 ; ***Le Marxisme soviétique***, 1963 ; ***La Foi de l'utopie, Philosophie et Révolution***, 1965 ; ***Contre-révolution et Révolte***, 1966) que de la référence constante qu'y faisaient une bonne partie des mouvements contestataires qui tenteront de s'exprimer dans les mouvements étudiants de 1968.

En alliant des sources freudiennes et des sources marxistes, Marcuse propose une critique approfondie de la société* contemporaine. Cela l'entraîne à quelques assimilations osées (le refoulement est confondu avec la répression sociale ; le principe de réalité, substitution d'une satisfaction réelle à une satisfaction hallucinatoire, est identifié à une instance répressive et interdictrice, etc.), et, surtout, à restreindre la portée de l'économie* dans l'histoire*. Marcuse est mort en 1979.

Notre société est essentiellement répressive ; les instincts fondamentaux de l'homme* n'y peuvent avoir libre cours. Le libéralisme* contemporain est la forme la plus subtile (et la plus stable) de la répression. Ce qui le caractérise, c'est l'intégration.

Nos besoins sont intégrés ; on croirait que notre liberté* réside dans leur satisfaction, mais c'est là que survient notre aliénation : nous ne désirons que ce qu'on nous apprend à désirer (gadgets, automobiles, culture de masse, etc.) et que seule la société* industrielle peut fournir. La satisfaction est répressive, la tolérance l'est aussi : notre société tolère toutes les opinions parce qu'elle leur ôte leur valeur*, en les considérant indépendamment de leur vérité* comme des marchandises de différentes marques. L'idéologie* libérale, en faisant de l'intériorité individuelle le lieu de la liberté*, fait de la contrainte (autorité civile, religieuse, inégalité sociale) la forme extérieure de cette liberté : en désirant la liberté, c'est l'ordre et l'autorité que l'on désire. La science* participe à cette répression ; non seulement parce que le progrès* technologique est lié à l'exploitation de l'homme par l'homme dans l'industrie, non seulement parce que les sciences humaines*, en permettant une manipulation des employés, les intègrent au système, mais aussi parce que la rationalité* scientifique, positiviste et logique* fait le projet d'un monde uniforme et unidimensionnel, où disparaissent la négativité et la diversité qualitative : *Le monde tend à devenir la substance d'une administration totale qui enveloppe les administrés eux-mêmes.*

Puisque c'est au niveau de ses besoins* et de ses instincts* que l'homme est socialisé, c'est de là que doit venir la libération. Cela suppose définie une nature humaine : Marcuse utilise pour ce faire les aperçus *biologiques* qui constituent la partie la plus critiquée de l'œuvre de Freud* ; l'Éros est une réalité *biologique* qui meut l'homme au plus profond de lui-même. Mais cela suppose aussi qu'existent les conditions objectives de cette libération, c'est pourquoi Marcuse se tourne vers tous les mouvements marginaux, en quoi il voit l'apparition de besoins qualitativement différents de ceux que la société intègre. Ce qui se fait jour, c'est non pas le besoin de plus de choses (intégré par la société), mais le besoin de quelque chose de radicalement différent : la révolution devient un *besoin vital*. Marcuse pense possible l'avènement d'une société non répressive : il la définit dans les termes vagues d'une solidarité biologique entre les hommes, d'une harmonie réelle entre la société et l'individu*, et d'un libre développement de ce dernier. On peut se demander en quoi ces derniers points diffèrent des vieux thèmes du socialisme* utopique.

M. Aubacher, **Marcuse et la civilisation américaine,** Paris, Aubier-Montaigne, 1969 ; P. Masset, **La Pensée de Herbert Marcuse,** Toulouse, Privat, 1969 ; J.-M. Palmier, **Présentation de Herbert Marcuse,** Paris, UGE, 1968 ; **Herbert Marcuse et la nouvelle gauche. Philosophie et Révolution,** Paris, Belfond, 1973.

MARX (Karl)

Né en 1818 à Trèves d'un père avocat appartenant à la bourgeoisie libérale rhénane, il étudie le droit et adhère au cercle des hégéliens de gauche (Bauer, Ruge). Docteur en philosophie en 1841 avec une thèse sur le matérialisme antique : ***Différence de la philosophie de la nature chez Démocrite et Épicure***, il s'intéresse à la critique de la religion* de Strauss et Feuerbach, rencontre le socialiste Hess et se consacre au journalisme en collaborant à la ***Gazette rhénane*** (articles sur la censure, la religion, la répression du vol du bois et la misère des vignerons mosellans). Rompant avec le libéralisme* bourgeois après l'interdiction du journal en 1843, il approfondit le socialisme* français, la critique de la théorie idéaliste de l'État* (***Critique de la philosophie du droit de Hegel***) et de la religion (***À propos de la question juive***). Réfugié à Paris en 1845, il découvre les groupes socialistes et rencontre Engels[1]. Les ***Annales franco-allemandes*** publient des articles de Marx et une ***Esquisse de la critique de l'économie politique*** d'Engels qui incite Marx à l'étude des économistes anglais (Smith, Ricardo, Mill) et français (Boisguillebert, Say, Sismondi). Il en tire une critique du travail* aliéné, de l'économie*, du communisme grossier, de Proudhon et de Hegel (***Manuscrits de 1844***). Au contact de la *Ligue des Justes* (ouvriers allemands immigrés, inspirés par Proudhon, Bakounine et Weitling), il privilégie le rôle émancipateur du prolétariat. Avec Engels, il travaille à un pamphlet contre les hégéliens de gauche, Bauer et Stirner : ***La Sainte Famille*** (1845). Expulsé de France pour sa participation à un journal révolutionnaire, il continue à Bruxelles ses lectures d'économie, d'histoire* et de technologie, esquissant, avec les ***Thèses sur Feuerbach*** (1845), une conception matérialiste de l'histoire, développée avec Engels et Hess dans la critique de la philosophie allemande (***L'Idéologie allemande***). ***Misère de la philosophie*** (1847) ridiculise le ***Système des contradictions ou Philosophie de la misère*** de Proudhon, qui a refusé d'adhérer au réseau international des communistes,

---

1. Friedrich Engels (1820-1895), fils d'industriels filateurs d'origine rhénane, dirigea à Manchester une succursale de la maison familiale, acquit ainsi une connaissance approfondie du capitalisme, et put souvent subvenir aux besoins de Marx. Dès 1845, avec la *Situation de la classe laborieuse en Angleterre*, il pense que le développement du capitalisme a pour corollaire l'exploitation du prolétariat. Outre sa collaboration constante avec Marx, il est l'auteur d'une œuvre importante qui concerne l'anthropologie (voir *Famille*) et la philosophie (***Anti-Dühring***, publié en 1878, ***Dialectique de la nature*** et ***Ludwig Feuerbach et la fin de la philosophie classique allemande***, rédigés en 1888 et restés manuscrits). S'informant sans cesse du progrès* des sciences*, Engels a pensé qu'il justifiait une conception matérialiste et dialectique de la nature (l'Être est constitué par une succession de processus matériels, dont la contradiction et sa négation engendrent chaque type de réalité). Cette dialectique de la nature est la partie la plus faible de ce qu'on a appelé par la suite le *marxisme* ; Sartre*, dans la ***Critique de la raison dialectique***, s'efforcera de montrer en quoi une conception dialectique peut s'appliquer à l'histoire, mais non à la nature.

organisé par Marx et Engels, lesquels exposent une théorie matérialiste de la lutte des classes* dans le **Manifeste du parti communiste** (1848), destiné à la *Ligue des Justes* devenue *Ligue des communistes*. Marx essaie de vulgariser ses conceptions économiques : **Travail salarié et capital**, **Discours sur le libre échange**. Expulsé de Bruxelles, il organise en France, après la révolution de février 1848, le retour des ouvriers immigrés en Allemagne. Il devient directeur de la **Nouvelle Gazette rhénane**, à Cologne. La contre-révolution allemande oblige Marx, partisan du terrorisme révolutionnaire, à se réfugier à Londres d'où il envoie son **Adresse au Comité central de la Ligue des communistes**, préconisant des gouvernements ouvriers révolutionnaires assurant la dictature du prolétariat. **La Lutte des classes en France** (1850) analyse la révolution de 1848, **Le 18 Brumaire de Louis Bonaparte** (1852), le coup d'État.

Sa défense des communistes en procès à Cologne le faisant passer pour un conspirateur, il ne trouve plus d'éditeur. Commence alors une période d'isolement, aggravée par la misère et la maladie. En 1857, il reprend ses études économiques et projette un ouvrage dont il rédige une **Introduction générale** de caractère méthodologique, des chapitres sur l'argent et le capital : **Fondements de la critique de l'économie politique**. En 1859 paraît **Contribution à la critique de l'économie politique**. Il sort de son isolement en participant activement à l'*Association internationale des travailleurs* (Internationale), née à Londres en 1864, dont il rédige une **Adresse** et des **Statuts** favorables à la centralisation de la lutte du prolétariat et rejetant les tentations autonomistes. Au sein du Conseil général de l'AIT, il lutte contre les divergences socialistes. À partir de 1862, il travaille au thème de la plus-value (livre IV du **Capital**) tout en évoquant ses théories économiques devant l'AIT : **Salaire, prix et profit** (1865). **Le Capital** (livre I) paraît en 1867. Une de ses adresses à l'AIT analyse la Commune : **La Guerre civile en France** (1871). La nécessité de constituer des partis ouvriers nationaux le fait se désintéresser de l'Internationale. **Le Capital** (livre I) est traduit en russe et voit une seconde édition allemande (1872) et une traduction française (1875). En 1875, la **Critique du Programme de Gotha** passe au crible les statuts du nouveau parti social-démocrate allemand et, jusqu'à sa mort en 1883, quoique toujours gravement malade, Marx travaille aux livres II et III du **Capital** publiés par Engels en 1885 et 1894.

1. L'œuvre de Marx

Cette œuvre présente trois difficultés : celles de son fondement, de sa scientificité et de sa finalité.

1 — Sur quelle base reconstruire une pensée en grande partie inachevée (ou non publiée du vivant de l'auteur), concernant des domaines variés (philosophie, histoire*, politique*, économie*, théorie révolutionnaire) ? Engels a cru l'unifier sous le nom de *socialisme scientifique*. Staline distingue le matérialisme* historique et le matérialisme dialectique. D'autres privilégient soit l'un des domaines soit

une époque de la vie, ou encore soulignent des ruptures[1]. De son vivant déjà, Marx a dû lutter contre ses interprètes, allant jusqu'à déclarer qu'il n'était nullement marxiste.

2 — Quelle signification donner à cette doctrine de l'histoire*, soucieuse de coordonner sans cesse la théorie* et la pratique, invoquant la rigueur scientifique pour dénoncer toute forme d'idéalisme* comme déformation idéologique de la réalité ?

3 — Si les indications méthodologiques concernant l'histoire sont relativement abondantes au sein des œuvres polémiques, voire systématiques dans le **Manifeste**, elles demeurent bien plus discrètes dans **Le Capital**, dont l'***Introduction générale*** a été écourtée. Doit-on en conclure que l'analyse du système capitaliste est indépendante de la conception révolutionnaire de l'histoire ?

2. La subversion philosophique

La première difficulté s'éclaire à l'examen de la genèse laborieuse d'une pensée évoluant de la critique de la philosophie politique à la critique philosophique de l'économie* politique.

1 — L'État* et la société* civile[2]. Critiquant la philosophie hégélienne, autorévélation de la vérité*, à travers le déploiement de l'Idée dans l'Histoire, le jeune Marx, de formation juridique et d'esprit libéral, choisit de rompre ce système en l'amputant de sa partie politique qui lui apparaît :

a — comme une tentative conservatrice : l'État assure l'unité de la société civile ou bourgeoise, dominée par les intérêts économiques particuliers et égoïstes ;

b — comme une théorie idéaliste : l'État devient la réalité de l'idée morale*.

La réalité montre une relation inverse : la société bourgeoise fonde l'État (cf. ***Critique de la philosophie du droit de Hegel***).

Pour explorer ce fondement, il faut connaître :

---

1. Voir *Althusser*.
2. Traditionnellement, la philosophie politique entend par *société civile* la société en tant qu'elle est régie par des rapports juridiques. Hegel*, dans la ***Philosophie du droit***, décrit le second moment de la moralité objective (comprenant les rapports économiques, la juridiction, l'administration de la corporation) sous le nom de *bürgerliche Gesellschaft*, dont la traduction littérale est *société bourgeoise*. La traduction par *société civile* est assez exacte, mais il faut remarquer que l'état de droit ou état civil dont parle la philosophie traditionnelle correspond, pour Hegel comme pour Marx, à un moment de l'histoire*.

2 — L'essence de la société* civile. Pour cela, il faut dégager la véritable origine des catégories de l'économie* politique, propriété privée, séparation du travail*, du capital et de la terre, donc du salaire, du profit et de la rente, division du travail, concurrence, valeur* d'échange ; le salaire (ce qui assure la subsistance de l'ouvrier) montre l'ouvrier ravalé au rang de *marchandise* et la polarisation de la société en classes* de propriétaires et de non-propriétaires. L'essence de la société* bourgeoise est la perversion de l'essence humaine (voir *travail*) dans le travail aliéné qui détermine et son rapport à l'objet et son rapport à d'autres hommes. Une tâche révolutionnaire s'esquisse : l'émancipation de la servitude liée à la propriété privée passe par l'émancipation politique des ouvriers, qui *implique l'émancipation universelle de l'homme* parce que *son asservissement est fondé dans le rapport de l'ouvrier à sa production.*

3 — Inspirées de Hegel* et de Feuerbach, ces analyses plongent la dialectique hégélienne dans la pratique quotidienne. La science* réelle de la société prend pour base le rapport social concret de l'homme à l'homme sans passer par son engendrement dans la dialectique idéaliste (cf. **Manuscrits de 1844**). Dès lors, une tâche scientifique se présente : constituer cette science réelle, cette histoire* de l'homme. L'analyse de la *praxis* de l'activité humaine, où l'homme apparaît comme sujet* produit par et producteur de sa propre histoire, est la bonne approche.

3. La subversion historique

La deuxième difficulté exige l'analyse des conceptions historiques de Marx et la mise au jour du rôle qu'y joue la lutte des classes.

1 — Les **Thèses sur Feuerbach** (1845) : dès lors que l'interprétation philosophique du monde doit céder le pas à sa transformation effective (11e thèse), il faut procéder empiriquement en partant de l'activité humaine sensible, la *praxis*, pour aboutir à l'activité révolutionnaire, pratique-critique (1re thèse). Si l'essence de l'homme n'est pas une abstraction inhérente aux individus*, mais l'ensemble des rapports sociaux (6e thèse), il convient d'instaurer une analyse historique, car tout individu appartient à une forme sociale déterminée (7e thèse). Toute vie sociale étant essentiellement pratique, la compréhension de cette *praxis* évite toute mystification théorique (8e thèse) et constitue le préalable pour passer de la société bourgeoise à la société humaine ou humanité sociale, et de l'ancien matérialisme au nouveau (10e thèse).

2 — **Le nouveau matérialisme de Marx** : ayant ainsi rectifié Feuerbach, Marx élabore un nouveau matérialisme (le *matérialisme historique*) entre 1845 et 1847 (***L'Idéologie allemande, Misère de la philosophie***). La préface (1859) de la ***Contribution à la critique de l'économie politique*** en présente rétrospectivement un célèbre raccourci : les rapports juridiques et les formes correspondantes de l'État* s'enracinent dans les conditions d'existence matérielles des hommes, constituant cette société* civile dont l'économie* politique présente l'anatomie. En élaborant celle-ci, Marx brosse le tableau des déterminations conceptuelles minimales caractérisant les sociétés en tant que formations socio-économiques.

a — Le système social comporte une double correspondance entre, d'une part, les forces productives et les rapports de production, et, d'autre part, les rapports de production et les formes de conscience sociale (idéologie*). Cette correspondance se comprend dans une détermination structurale de la superstructure juridico-économique par le mode de production de la vie matérielle (la base économique). Par l'utilisation des *forces productives* (ensemble des moyens de production mis en œuvre au cours du procès de production : forces physiques et musculaires, application de la science*, procédés de fabrication, instruments de production et moyens de communication*), les hommes entrent dans des *rapports de production* déterminés. Ceux-ci sont les modalités fondamentales de la vie sociale caractérisée par la division du travail*, la répartition des biens, les rapports de classes*, et leur expression juridique (les rapports de propriété), qui forment la base minimale, la *structure économique* sur laquelle se construisent tous les rapports sociaux. La correspondance entre forces productives et rapports de production signifie que le degré de développement des premières détermine la nature des seconds, tandis que, réciproquement, ceux-ci définissent les modalités d'usage de celles-là dans la production. Leurs articulations constituent les conditions de la production économique, ou *mode de production* spécifié par une forme originale d'appropriation des moyens de production. Le conditionnement de la vie sociale, politique et intellectuelle par le mode de production de la vie matérielle ôte toute autonomie et toute histoire* propre à la superstructure et aux formes de consciences correspondantes.

b — **La dynamique sociale** : l'impulsion initiale du changement historique vient de la base réelle. Plus précisément, le développement des forces productives provoque une rupture de leurs correspondances avec les rapports de production. Cette contradiction condamne les anciens rapports de production et bouleverse toute la superstructure. Ce n'est pas l'esprit d'un peuple qui, comme le croyait Hegel*, explique l'histoire*, mais l'histoire réelle qui en explique l'esprit*.

c — Le passage d'une formation sociale à une autre n'est possible que si l'ancienne société* a développé les conditions d'existence matérielles des rapports sociaux de la nouvelle société en épuisant totalement sa capacité de produire de nouvelles forces productives. Ainsi, les problèmes vrais ou réels trouvent tôt ou tard leur solution.

d — La dialectique de l'histoire des formations sociales se présente comme la succession linéaire et finie de quatre modes de production, *asiatique, antique, féodal* et *bourgeois*, définis chacun par la forme spécifique de l'antagonisme du procès social de production. La contradiction, au sein même des rapports de production, s'exprime dans la lutte des classes*. Le dernier mode de production crée paradoxalement les conditions de l'achèvement du processus historique des antagonismes sociaux.

3 — Conséquence de ces propositions : on comprend à présent la réduction de l'histoire à la *lutte des classes*, qui ouvre le **Manifeste du parti communiste** (1848 [*L'histoire de toute société jusqu'à nos jours n'a été que l'histoire de luttes de classes*]) et la tâche révolutionnaire qui le ferme *(Prolétaires de tous les pays, unissez-vous)*. La **Lettre à Weydemeyer** (1852) attribue la découverte de l'existence des classes sociales et de leurs luttes à des historiens bourgeois, et leur anatomie à des économistes bourgeois (Smith, Ricardo...). À Marx reviendrait le fait d'avoir prouvé :

a — que l'existence des classes n'est liée qu'à des phases historiquement déterminées de la production ;

b — que la lutte des classes conduit nécessairement à la dictature du prolétariat ;

c — que cette dictature elle-même ne constitue que la transition vers la dissolution de toutes les classes et vers une société sans classes.

Le premier point fait dépendre l'existence historique de diverses classes de la spécificité des modes de production : à chacun correspondent des classes différentes, déterminées par la place qu'occupent, dans la production, les individus qui les constituent.

MARX

L'enjeu de la domination économique et sociale étant la possession des moyens de production, la lutte des classes* devient l'antagonisme de deux classes fondamentales : celle qui les possède et celle qui en est exclue. La société* bourgeoise présente au mieux l'affrontement de ces deux classes : la bourgeoisie et le prolétariat. La dictature de la seconde est l'issue nécessaire de cette lutte, parce que les rapports de production bourgeois ne peuvent plus assurer le développement des forces productives. Issue provisoire, car, par l'installation de rapports de production nouveaux excluant toute exploitation, la fin du salariat marquera également la fin de l'exploitation de l'homme par l'homme. Restent à découvrir les mécanismes économiques de la société bourgeoise qui fondent cette lutte de classes et en promettent la fin.

4. La subversion économique

L'analyse du **Capital** met au jour le mécanisme de l'exploitation capitaliste et ses lois tendancielles, dont la connaissance doit assurer le succès de la tâche révolutionnaire.

1 — Valeur* d'échange et argent : la richesse capitaliste réside dans une immense accumulation de marchandises dont chacune revêt deux aspects : valeur d'usage et valeur d'échange. Le premier la rend apte à satisfaire les besoins humains mais ne permet pas de les comparer. L'échange les rend toutes équivalentes à une proportion près : x marchandises A = y marchandises B. Quelle est la propriété commune qui assure cette équivalence des valeurs d'échange ? Rejetant l'idée que le niveau des prix se détermine par la loi de l'offre et de la demande, Marx reprend la thèse ricardienne : c'est la quantité (mesurée en temps) de travail nécessaire à leur production qui proportionne l'échange entre marchandises. Marx suppose que les travaux concrets créateurs de valeur d'usage sont socialement réduits à des multiples d'un travail-étalon abstrait, ou travail social-moyen, déterminé par l'intensité moyenne du travail et le niveau des forces productives. Le temps de travail social moyen nécessaire à sa production est donc la mesure de grandeur de la valeur d'une marchandise. Comme forme de cette valeur ou valeur d'échange proprement dite, une marchandise quelconque peut être exprimée par certaines proportions de toutes les autres marchandises qui en retour sont exprimées dans la première : celle-ci joue alors le rôle de *marchandise-monnaie ou argent*. Cette genèse de la monnaie démystifie l'achat et la vente : ils ne sont que l'échange de deux marchandises

M_1, M_2 par le moyen de l'argent A ($M_1 \to A \to M_2$). Les rapports sociaux marchands sont ainsi transformés en rapports de choses (*fétichisme*).

2 — Force de travail* et salaire : la source du travail actif ou cristallisé dans les marchandises réside dans l'usage de la force de travail — ensemble des facultés physiques et intellectuelles mises en œuvre par un individu dans la production d'utilités —. Produite comme toute autre marchandise, sa valeur* est égale au temps de travail social nécessaire pour la produire et la reproduire, elle correspond au salaire versé par l'entrepreneur à l'ouvrier pour l'utilisation de sa force de travail.

3 — Sur-travail et production bourgeoise : les marchandises s'échangeant selon leur valeur, comment expliquer l'excédent de production qui apparaît selon le schéma $A \to M \to (A + A')$, où le capital A s'engage dans la production du bien M dont la vente produit un surplus A' ? Le mystère gît dans l'utilisation de la marchandise-force de travail achetée par l'entrepreneur : alors que la valeur des autres éléments de la production (usure des machines, matières premières) se retrouve telle quelle dans le produit final, il suffit d'utiliser la force de travail au-delà du temps t de travail nécessaire à sa production (et qui correspond au salaire) pour obtenir un produit dont la valeur excède les frais de production. Le sur-travail constitue la *plus-value* : Marx la nomme *plus-value absolue* si elle résulte d'un simple allongement t' du temps de travail au-delà du temps t ; *plus-value relative* si elle correspond à une baisse de la valeur de la force de travail ou à une augmentation de sa productivité.

4 — Plus-value et revenus : amputée éventuellement d'une partie, le sur-profit, rémunérant comme *intérêt* le capital-argent emprunté ou comme *rente* l'utilisation de certains avantages naturels (terre), et rapportée à l'ensemble du capital investi, la plus-value s'appelle *profit*. Si l'on distingue le *capital constant c* (machines, matières premières) du *capital variable v* (salaires), leur rapport constitue la *composition organique* du capital c/v. Le rapport de la plus-value Pl au seul capital variable définit le *taux de plus-value* Pl/v, expression du *degré d'exploitation* du travail ; tandis que son rapport à l'ensemble du capital exprime le taux de profit $Pl/c + v$.

5 — Taux de profit et prix : le réinvestissement d'une partie de la plus-value réalise l'accumulation du capital et la reproduction élargie du système bourgeois, la concentration et l'augmentation du capital

étant requises pour assurer la plus-value relative par l'augmentation de la productivité. Mais, alors, le mécanisme même du profit crée une difficulté. Pour un même taux de plus-value, le taux de profit diminue si la composition organique du capital augmente : plus c/v est grand, plus $Pl/c + v$ est petit. La composition organique du capital diffère d'un secteur à l'autre. La concurrence des capitaux engendre un taux de profit moyen. Pour l'assurer, les prix diffèrent de leur valeur*, bien que Marx suppose (loi de la valeur) que : somme des prix = somme des valeurs.

6 — Chute tendancielle du taux de profit et fin de la lutte des classes : les phénomènes précédents recèlent en outre les facteurs de la baisse du taux de profit, puisque celui-ci dépend du capital variable et que la composition organique du capital tend à augmenter du fait de l'accumulation et du souci de productivité. Cette loi fatale au capitalisme peut être contrecarrée par l'augmentation de l'exploitation du travail, à condition de concentrer les forces productives dans les ouvriers. Le capitalisme devient alors son propre fossoyeur, car il facilite ainsi l'organisation et la prise de conscience du prolétariat. Si la plus-value fait vivre le système, sa suppression (par celle du salariat) le fera disparaître *ipso facto*. Dès lors, la chute tendancielle du taux de profit et la socialisation des forces productives, contradiction au sein du monde de production bourgeois, entraînent la chute des rapports de production capitalistes et l'issue fatale de la lutte des classes.

> L. Althusser, **Pour Marx,** Paris, Maspero, 1965 ; L. Althusser et E. Balibar, **Lire Le Capital**, Paris, Maspero, 1968 ; P. Ansart, **Marx et l'anarchisme,** Paris, PUF, 1969 ; A. Cornu, **Karl Marx et Friedrich Engels, leur vie, leur œuvre,** 4 vol., Paris, PUF ; G. Granier, **Penser la praxis,** Paris, PUF, 1981 ; M. Henry, **Marx,** I-**Une philosophie de la réalité,** II-**Une philosophie de l'économie,** Paris, Gallimard, 1976 ; E. Mandel, **La Formation de la pensée économique de Karl Marx,** Paris, Maspero, 1972 ; C. Wachenheim, **La Faillite de la religion d'après Marx,** Paris, PUF, 1963.

Mathématiques

Les mathématiques sont, à bien des égards, des sciences* exemplaires. Leur existence est ancienne ; elles constituent un modèle de rigueur et de certitude ; jamais elles n'ont été remises en question : un

Mathématiques

énoncé mathématique semble être une vérité* éternelle, en ce qu'il apparaît démontré une fois pour toutes, quand bien même la configuration des mathématiques, en variant au cours de l'histoire*, lui donne des fonctions et des significations différentes. L'essor de la physique* à partir de Galilée*, puis l'infléchissement du développement des autres sciences (y compris des sciences humaines*), ont souvent convaincu les philosophes qu'une science n'était science qu'autant qu'elle était mathématisée. Cette situation appelle un questionnement dont l'horizon est toujours plus ou moins la détermination de ce qui constitue cette certitude et cette rigueur exceptionnelles, et la raison de cette extension quasi universelle.

1. Intuitionnisme et formalisme classiques

La réponse à ce questionnement peut être produite en prétextant la nature des êtres mathématiques : dans le monde, nous rencontrons des cailloux et des arbres, nous ne rencontrons jamais le nombre 2. Platon*, par exemple, place les *êtres mathématiques* (*le nombre, le cercle*, etc.) entre les idées et le monde sensible, et leur donne ainsi existence et perfection. Mais la tentative la plus caractéristique est peut-être celle de Descartes*, car elle est contemporaine de la mathématisation de la physique. Le fondement de la mathématique cartésienne tient en trois points :

1 — La vérité dépend de l'évidence des idées claires et distinctes : une idée n'est vraie que pour autant que son contenu épuise entièrement l'essence* dont elle est la représentation.

2 — C'est le propre des essences mathématiques de pouvoir ainsi être livrées sans résidu, d'être des *natures simples*, objets d'intuition intellectuelle.

3 — L'espace réel est l'étendue géométrique, et il y a en tout être des dimensions par lesquelles il est mesurable.

Ce dont parle la mathématique et ce qui fonde sa certitude, c'est un type d'être particulier, la quantité, qui constitue un aspect fondamental du réel et peut en être abstraite[1]. On peut qualifier cette position d'intuitionnisme : la science mathématique est vraie et certaine parce qu'elle porte sur des objets qui ont un mode particulier de relation à l'esprit* qui les pense ; la méthode* mathématique (construction de figures, calcul arithmétique et algébrique) exprime la spécificité de cette relation. À l'inverse, on pourrait chercher la justification des

---

1. Ce qui a pour conséquence d'assurer en droit la mathématisation de la physique, mais, à l'inverse, d'exclure le non-quantitatif de la science. Voir *Bergson*.

mathématiques dans la constitution du langage* qui les exprime ; les mathématiques tiennent alors leur rigueur et leur certitude de leur forme discursive ou logique, conçue indépendamment de l'objet réel ou idéal auquel cette forme est susceptible d'être rapportée. Ce formalisme, dont le principal représentant est Leibniz*, cherche à exprimer le raisonnement mathématique dans un calcul logique et en conçoit l'extension à tout le réel comme l'universalité d'une forme. Dans la tradition classique, le débat entre le formalisme et l'intuitionnisme, rarement aussi tranché que dans l'opposition de Leibniz à Descartes*, se traduit philosophiquement par la tentative de déterminer les parts respectives, dans le raisonnement mathématique, de l'intuition géométrique et du raisonnement logique*[1].

2. La révolution mathématique et le formalisme

Vers le milieu du XIXe siècle, deux faits nouveaux apparaissent dans la pratique des mathématiciens. On commence à élaborer la théorie des fonctions analytiques de nombres réels ; par là disparaît le rôle qu'y pouvait jouer l'*intuition* (c'est-à-dire la représentation géométrique). La tentative de démontrer par l'absurde le postulat euclidien des parallèles (par un point passe une seule parallèle à une droite donnée) aboutit à la constitution de géométries qui comportent une négation de ce postulat sans être contradictoires ; par là, la géométrie est libérée de tout résidu concret[2]. La mathématique, dans ce dernier cas, prend pour thème de recherche le système des énoncés qu'elle produit, et renoue avec la tradition logique* à laquelle appartenait l'axiomatique* euclidienne. Dans la seconde moitié du XIXe siècle et au début du XXe, les mathématiques prennent un aspect nouveau ; on déploie des théories (ex. : théorie des groupes) qui portent moins sur des êtres, ontologiquement ou mathématiquement déterminés (figures, nombres), que sur le réseau des opérations qui règlent leur maniement, sur des structures* ; on élabore peu à peu le concept d'ensemble, et par là apparaît la possibilité d'enchaîner

---

1. De façon générale, la philosophie classique ne conçoit pas les mathématiques indépendamment de l'intuition géométrique : pour Kant*, c'est parce que l'espace est une forme *a priori* de notre sensibilité que les mathématiques sont universelles et certaines, c'est-à-dire constituées de jugements synthétiques *a priori*.
2. La géométrie euclidienne passe pour la science de l'espace perçu (cf. Kant) : il est clair qu'une géométrie qui n'y correspond pas est immédiatement comprise en dehors de tout rapport au concret, même si, dans le fond, cette interprétation est arbitraire.

déductivement toutes les mathématiques à partir d'un nombre restreint de concepts primitifs. Quand Frege* parvient à définir le concept de nombre naturel (les entiers positifs et zéro) à partir de la notion d'extension de concept, la philosophie des mathématiques prend un aspect nouveau que caractérise assez bien le logicisme : on croit pouvoir construire déductivement toutes les mathématiques à partir d'un langage* logique élémentaire. Dès la découverte des paradoxes de la théorie des ensembles[1], l'axiomatisation devient une activité essentielle du mathématicien ; elle ne répond pas seulement au projet logiciste — qui n'est qu'une certaine façon d'aborder la question supposant qu'on passe continûment de la logique* aux mathématiques[2] —. La certitude et la rigueur des mathématiques n'apparaissent plus comme un fait, leur fondement devient un problème, et c'est un problème intramathématique dont la formulation constitue ce qu'on appelle le *programme de Hilbert*[3].

Fonder les mathématiques apparaît comme une tâche ; il s'agit :

1 — de construire un système formel[4] dans lequel il serait possible de déduire toutes les mathématiques connues à partir d'un nombre minimum d'axiomes et de règles de déduction parfaitement définies ; par là serait exclu tout recours à l'intuition ;

2 — de démontrer la non-contradiction de ce système : comme cela ne peut se faire sous peine de cercle vicieux dans le système lui-même, il convient de distinguer le système formel (langage-objet) des moyens de démonstration de ses propriétés (métalangage ou métamathématique) ; pour être eux-mêmes assurés, David Hilbert (1862-1943) pense que ces derniers ne doivent comporter que des procédures finies. Pas plus que le logicisme, le formalisme hilbertien n'est la seule conception possible des mathématiques ; sa formulation montre surtout comment la réflexion sur les mathématiques se trouve elle-même faire nécessairement l'objet d'un travail mathématique, et

---

1. Le plus célèbre est sans doute le paradoxe de Russell* : *Soit l'ensemble de tous les ensembles qui ne se contiennent pas eux-mêmes ; supposons qu'il se contienne lui-même, alors il ne doit pas se contenir lui-même ; supposons qu'il ne se contienne pas lui-même, alors il doit se contenir lui-même.*
2. Voir *Russell*.
3. Mathématicien allemand (1862-1943) ; en 1899, il donne une axiomatisation de la géométrie (**Fondements de la géométrie**), et, en 1900, une de l'arithmétique (**Sur le concept de nombre**).
4. Voir, dans le § 4 de l'article *ontologie*, le schéma d'un système formel.

Mathématiques

comment le formalisme[1] est un moment nécessaire de la pensée mathématique.

3. Valeur du formalisme

La problématique philosophique des mathématiques modernes peut être définie par deux types de problèmes :

1 — des problèmes ontologiques : il s'agit de savoir, par exemple, si un être mathématique comme le nombre est une entité existant réellement ou un abstrait* construit à partir des sensations ;

2 — des problèmes techniques : il s'agit de construire le système d'énoncés le plus économique possible qui permette de déduire toutes les mathématiques en évitant les paradoxes.

Ces deux types de problèmes ne sont pas indépendants, comme on peut le voir sur l'exemple des théories *intuitionnistes* modernes (Brouwer, Heyting). L'école intuitionniste moderne soutient que, pour qu'on accorde l'existence à un être mathématique, il faut être capable de le construire effectivement[2]. Il faut rejeter des mathématiques les êtres dont on démontrerait simplement l'existence par l'absurde, et, par conséquent, refuser les ensembles infinis[3]. Les intuitionnistes sont aussi amenés à refuser certains axiomes de la théorie des

---

1. On peut nommer *formaliste* au sens général toute conception qui fait de l'ensemble des mathématiques un système déductif tenant sa valeur* de cette seule forme ; telle est la conception de N. Bourbaki, pseudonyme d'un groupe de mathématiciens français qui ont entrepris, depuis 1940, la publication d'***Éléments de mathématiques*** reprenant toutes les mathématiques axiomatiquement.

2. La notion de construction joue un rôle fondamental dans la philosophie des mathématiques ; on peut, en effet, admettre qu'une entité (par exemple, le nombre) est donnée, qu'elle subsiste indépendamment du fait qu'on la pense (cas du platonisme), on peut aussi admettre qu'elle est construite à partir de données élémentaires selon des procédures définies ; la nécessité d'éviter les paradoxes conduit tous les mathématiciens à accorder une place importante à la construction ; le constructivisme pose que les seuls êtres mathématiques dont on puisse admettre l'existence sont ceux qu'on peut effectivement construire. La définition de cette effectivité peut varier. Les intuitionnistes pensent l'assurer par une certaine conception des actes possibles à l'esprit humain.

3. Le raisonnement suivant fera peut-être mieux comprendre le problème : *Considérons le développement infini des décimales de $\pi = 3,14...$ Dans ce développement, le nombre 1 a un nombre fini ou infini d'occurrences ; il en est de même pour tous les nombres de 0 à 9 ; comme la suite est infinie, il y a au moins un nombre qui a une infinité d'occurrences. On ne peut pas savoir réellement quel il est ; peut-on légitimement en parler et s'en servir dans un raisonnement ultérieur ?* Les intuitionnistes répondent non, ce pourquoi ils se disent *intuitionnistes*.

ensembles[1] et à construire, pour rendre compte de leur pratique, un système logique qui n'admet pas le tiers exclu *(la proposition P ou non P est toujours vraie)*.

Quelle que soit la philosophie des mathématiques préconisée (logicisme de Frege*, de Russell*, intuitionnisme, nominalisme de Carnap*, formalisme hilbertien), elle a pour but d'expliciter la pratique mathématique et se définit toujours par rapport à un certain formalisme : c'est pourquoi l'échec du programme de Hilbert marque un tournant important. La réalisation de ce programme s'est heurtée à deux faits :

a — K. Gödel devait démontrer l'impossibilité de prouver la non-contradiction d'un système contenant l'arithmétique finie[2].

b — La constitution de plusieurs axiomatiques* de la théorie des ensembles a montré la relativité de toute axiomatique : aucune ne peut prétendre épuiser le champ de la pratique mathématique. Ne doit-on pas en conclure qu'une philosophie des mathématiques correcte ne peut être que l'épistémologie* de cette discipline[3] ? On ne peut définir la mathématique en dehors des enchaînements opératoires par lesquels elle se constitue dans une histoire* où la formalisation n'est qu'un moment privilégié. Le rapport au réel de cette science* abstraite* n'est pas alors un problème insurmontable. La mathématique ne descend pas toute faite du ciel platonicien ; son histoire, pour avoir un rythme propre, n'est pas indépendante de celle des autres sciences (ex. : la découverte du calcul infinitésimal est étroitement liée aux progrès et aux problèmes de la physique* prénewtonienne). La mathématique ne demeure pas dans le ciel platonicien ; les sciences du réel sont mathématisées. Ce sont à la fois l'aspect nouveau des mathématiques contemporaines et leur rôle dans toute pensée scientifique, que l'on entend désigner lorsqu'on affirme qu'elles sont la *science des structures* les plus générales*.

---

1. Par exemple, l'axiome de choix qu'on peut formuler ainsi : *Étant donné une famille d'ensembles donnés disjoints et non vides, il est possible de former un ensemble constitué en prélevant un élément dans chacun d'entre eux ; dans le cas d'une infinité d'ensembles, on ne peut, en effet, construire effectivement l'ensemble en question.*
2. Voir *Cavaillès*, *logique* et, dans le **Vocabulaire**, *consistance* et *complétude*.
3. Voir *Desanti*.

N. Bourbaki, **Éléments d'histoire des mathématiques,** Paris, Hermann, 1960 ; L. Brunschvicg, **Les Étapes de la philosophie mathématique,** Paris, Alcan, 1912 ; G. Canguilhem (dir.), **La Mathématisation des doctrines informes,** Paris, Hermann, 1972 ; L. Chambadal, **Dictionnaire de mathématiques,** Paris, Hachette, 1981 ; P.J. Davis & R. Hersch, **L'Univers mathématique,** Paris, Gauthier-Villars, 1985 ; D. Hofsdadter, **Gödel, Escher, Bach : les brins d'une guirlande éternelle,** t.f., Paris, Inter Éditions, 1985 ; G.-G. Granger (dir.), **Appliquer les mathématiques,** Paris, Éd. CNRS, 1984 ; A. Lautman, **Essai sur l'unité des mathématiques,** Paris, UGE, 1977.

Matière

On peut définir la notion de matière par trois déterminations :
1 — C'est une catégorie du langage* courant et de l'expérience* quotidienne (le « matériau », ce qui résiste, ce qu'on travaille).
2 — C'est une catégorie servant à désigner les objets de la physique*, mais qui ne fait pas partie des concepts de la physique : cette dernière élabore seulement les notions de masse, masse ponctuelle, énergie, etc.
3 — C'est une catégorie du discours philosophique servant à désigner un type de réalité par opposition à d'autres (esprit*, vie*), et selon un réseau de propriétés qui tiennent à la fois de l'expérience quotidienne et de l'élaboration conceptuelle offerte par l'histoire* de la physique (voir *corps*).

Les déterminations de ce qu'on entend par *matière* sont très variables au cours de l'histoire. Le *matérialisme* est une thèse ontologique posant que toute réalité est constituée par ce que désigne le concept de matière ; les affirmations de type matérialiste dépendent donc étroitement de l'histoire des sciences (voir *Épicure*). On pourrait exposer ainsi la thèse matérialiste moderne comme projet : expliquer tous les phénomènes sans supposer comme constituants du monde d'autres réalités que celles correspondant au langage* de la physique (physicalisme de Carnap*). On pourrait objecter à cette thèse que les objets de la physique ne sont pas des constituants de la réalité, mais des entités construites (voir *objectivité* ; cf. Bachelard*, **Le Matérialisme rationnel**) : le matérialisme suppose une théorie de la connaissance* purement réaliste.

C'est le caractère abstrait d'un matérialisme constitué dans les limites qu'on vient de décrire que Marx* critique chez les auteurs français du XVIIIe siècle (D'Holbach, Helvetius, La Mettrie) ; à l'encontre de cette abstraction, il définit un *matérialisme historique* affirmant la dépendance de toutes les productions humaines à la production de la vie matérielle ; Engels puis Lénine, Staline et Mao Tsê-Tung entendront développer un *matérialisme dialectique* qui a pour caractéristique principale d'être une thèse ontologique générale supposant que la réalité est constituée par le processus dialectique dans lequel un principe nommé *matière* constitue toutes les formes d'existence observables. Depuis Engels, les tenants du matérialisme dialectique (pour peu qu'ils ne se contentent pas de ressaisir des généralités vides) sont confrontés à deux tâches :

1 — Montrer en quoi la conception dialectique de la nature (c'est-à-dire l'affirmation selon laquelle tout dans la nature correspond à un processus par lequel les contraires engendrent de nouvelles réalités) est compatible avec l'appréhension scientifique de cette nature.

2 — Expliquer comment l'affirmation d'un matérialisme susceptible de recueillir toutes les déterminations de la matière que produisent les sciences* (et seulement elles) est possible *avant* la connaissance de ces déterminations.

J. Bernhardt, **Platon et le matérialisme ancien,** Paris, Payot, 1971 ; G. Bachelard, **Le Matérialisme rationnel,** Paris, PUF, 1953 ; O. Bloch, **Le Matérialisme,** Paris, PUF, 1985 ; (dir.), **Matérialisme et Épistémologie,** Paris, Méridiens-Klincksieck, 1986 ; J.-P. Changeux, **L'Homme neuronal,** Paris, Fayard, 1985 ; et A. Connes, **Matière à pensée,** Paris, O. Jacob, 1989 ; F. Dagognet, **Rematérialiser (matières et matérialismes),** Paris, Vrin, 1985 ; F.-A. Lange, **Histoire du matérialisme et critique de son importance à notre époque,** t.f., Paris, 1877 ; Y. Quiniou, **Problèmes du matérialisme,** Paris, Méridiens-Klincksieck, 1987 ; P. Raymond, **Le Passage au matérialisme,** Paris, Maspero, 1973.

Mémoire

Traditionnellement, la mémoire est une faculté par laquelle on explique les activités psychiques et cognitives des animaux ; sa définition est bien souvent tributaire du vieux mythe des « facultés ». On peut atteindre le phénomène par l'expérience conjointe de l'oubli et du souvenir, une étude de l'apprentissage, ou encore des maladies de la mémoire

Mémoire

(amnésie, paramnésie, aphasie). Dans un survol critique des théories de la mémoire, le développement récent des sciences humaines* oblige à distinguer une problématique philosophique traditionnelle d'une problématique positive moderne.

1. Problématique philosophique traditionnelle

La mémoire est une fonction psychique permettant la représentation du passé comme tel ; elle suppose non seulement la possibilité pour le passé d'être présent, c'est-à-dire conservé, mais, pour ce présent, celle d'être rapporté à une absence, à ce qui a déjà eu lieu et qui n'est plus. À partir de cette définition générale, la mémoire peut être considérée selon quatre déterminations, qui sont autant de problèmes.

1 — Mémoire et conscience* : la mémoire est ce qui rend possibles la conscience (sans mémoire, je ne saurais pas que je suis moi), les autres opérations psychiques (l'imagination*, voire la perception*) et le savoir qui nécessite la reconnaissance (cf. la réminiscence de Platon*). Inversement, la mémoire suppose la conscience comme possibilité de rapporter le souvenir à un passé qui est mien.

2 — Mémoire et temps* : tout souvenir est rapporté à un passé ; la mémoire est fonction du passé, comme le projet est fonction de l'avenir ; elle suppose une conscience du temps. Inversement, que serait une conscience du temps passé indépendante de la mémoire ?

3 — Mémoire et reproduction : se souvenir, c'est reproduire un événement psychique. Mais cette reproduction n'est-elle pas une production ? le passé n'est-il pas non seulement enregistré, mais aussi pensé et reconstruit ?

4 — Mémoire et signe* : la mémoire est production du signe ; sans mémoire, comment associer tel être à tel autre, de façon que l'un devienne le signe de l'autre ? Inversement, un souvenir indique ce dont il est souvenir, il est un signe et rien d'autre. Le paradoxe de la mémoire comme présence d'une absence tient à son être de signe ; pour que je puisse dire que A est le souvenir de B, il faut que je me souvienne de B ; or le souvenir de B, c'est A ; il y a la même différence entre A et B qu'entre les deux *rouge* dans *le rouge est nommé rouge*.

La mémoire, cette capacité paradoxale, est au centre de débats dont l'enjeu n'est pas seulement la connaissance* positive d'un élément fondamental de la connaissance ou de la vie psychique, mais la valeur* des explications matérialistes et idéalistes des activités humaines. La thèse matérialiste (Hobbes*) ou empiriste (Locke*,

Mémoire

Condillac*) identifie souvenir et trace, que celle-ci soit spirituelle ou simplement marque dans le cerveau ; elle explique les différences de persistance des traces par les répétitions, et la reconnaissance d'un phénomène déjà vu par la coïncidence de l'image actuelle avec la trace mnésique. La thèse idéaliste tend à faire du souvenir un être immatériel comme l'idée (voir *Bergson*).

Le propre de l'analyse traditionnelle de la mémoire est la nécessité, inscrite dans la notion de souvenir, de tenir compte du vécu de conscience*. Le souvenir, c'est à la fois ce dont j'ai conscience et ce par quoi j'ai conscience, le vécu de ma conscience et son objet ; d'emblée se pose le problème philosophique de déterminer si le processus de mémorisation doit être référé à l'instance spécifique d'une conscience. La psychanalyse (avant Lacan*), tout en apportant des éléments nouveaux (Freud* : les hystériques souffrent de réminiscences) et en obligeant à tenir compte de souvenirs inconscients, n'exclut pas le débat. Si l'on peut distinguer aujourd'hui une nouvelle problématique, c'est parce que les études récentes utilisent moins la notion de souvenir que celle d'information*.

2. La problématique positive moderne

La mémoire en général est la propriété de conserver certaines informations : l'hérédité, conservation et transmission génétique des informations nécessaires à la vie, doit être considérée comme une mémoire. Le rapport de l'information au temps* diffère de celui au souvenir du temps : pour l'information, le temps n'est pas un facteur constitutif, mais une variable libre. Cela change considérablement les associations conceptuelles familières : le programme génétique est une « mémoire » qui associe le rôle du souvenir tourné vers le passé à celui du projet tourné vers l'avenir. La mémoire humaine peut être définie comme la capacité de restituer l'information contenue dans un message précédemment reçu, ou de reconnaître cette information parmi d'autres. Elle donne lieu à des approches distinctes selon le style de différentes disciplines :

1 — Cybernétique : le but est de reproduire les performances mnémoniques humaines à l'aide de machines* ; par là, on obtient des modèles permettant soit d'interpréter les expériences faites par la psychologie, soit de les guider.

2 — Neurophysiologie : le but est de déterminer quelles sont les structures nerveuses jouant un rôle dans la mémoire, voire les bases chimiques de celles-ci (acide ribonucléique).

Mémoire

3 — **Psychologie*** : l'intégrité mécanique de la mémoire étant supposée, on peut s'intéresser à l'information* contenue dans un message, et à ses conditions de réception et de restitution par l'individu, en faisant varier divers paramètres (contenu du message, code, conditions physiques de réception et d'émission, etc.).

On peut voir dans cette nouvelle problématique la solution scientifique du débat traditionnel : l'étude neuropsychologique de la mémoire, prenant pour hypothèse qu'à tout « souvenir » d'activités mentales ou comportementales correspond une certaine trace imprimée dans le tissu nerveux, semble confirmer la thèse matérialiste. En fait, la nouveauté consiste à ne pas poser directement le problème. Si l'étude de la mémoire est concernée par la réflexion philosophique, ce n'est plus que celle-ci ait à élaborer une théorie* de la mémoire, mais parce qu'elle prend les théories scientifiques pour objet.

J.-P. Changeux, ***L'Homme neuronal,*** Paris, Fayard, 1985 ; C. Florès, ***La Mémoire,*** Paris, PUF, 1972 ; A. Luria, ***Les Fonctions corticales supérieures de l'homme,*** Paris, PUF, 1978 ; M. Halbwachs, ***Les Cadres sociaux de la mémoire,*** Paris, Alcan, 1925, rééd. Berlin, Mouton-De Gruyter, 1976 ; ***La Mémoire collective,*** Paris, PUF, 1950 ; F.A. Yates, ***L'Art de la mémoire,*** t.f., Paris, Gallimard, 1975.

MERLEAU-PONTY (Maurice)

Philosophe français (1908-1961), ancien élève de l'ENS (Ulm), successivement professeur à la Sorbonne et au Collège de France. Ses deux ouvrages principaux sont : ***Structure du comportement*** (1942) et ***Phénoménologie de la perception*** (1945). Il est l'auteur de ***Sens et Non-sens*** (1948), ***Les Aventures de la dialectique*** (1945), ***Éloge de la philosophie*** (1953), ***Signes*** (1960), ***Le Visible et l'Invisible,*** ouvrage posthume paru en 1964. Husserlien, il refusera l'abstraction du sujet* transcendantal. Classé parmi les existentialistes, il est par certains côtés très proche de Heidegger*.

1. La science physique* et la psychologie* ont, à propos d'expériences semblables (sensations de qualités, d'intensités...), des points de vue différents. La science part de la réalité psychologique de l'observation, mais conçoit une réalité objective, établit des rapports de faits. La psychologie veut faire l'étude de l'objectivation effectuée par le savant. Elle se propose donc de montrer comment la science découpe les représentations qui sont d'ordre psychologique pour en faire des objets. Elle reconnaît par là le caractère insuffisant d'une rationalité* purement déductive : le but de Merleau-Ponty est de retrouver, en deçà de l'objectivation scientifique, la démarche psychique qui la fonde. Lorsque la description psychique apparaît comme susceptible d'éclairer les principes formels et normatifs, de rompre avec le naturalisme de la science*, dénoncé par Husserl*, elle devient *phénoménologie*. C'est qu'apparaît aussitôt la nécessité d'inclure dans cette démarche réductrice la psychologie empirique elle-même. Le sol originel où se déploie l'activité cognitive, c'est le sentir ; la science est fondée dans la *foi perceptive*.

2. L'expérience perceptive révèle la perception* dans sa valeur objective. Percevoir (*perscipere*, composé de *capio* et *per* = saisir de part en part), c'est percevoir des objets, non que le rouge que je vois soit, par exemple, une partie réelle de ma perception, mais sa réalité s'épuise dans l'intention perceptive. Le sentir met en jeu :

1 — le corps* : percevoir, c'est se poster ; un changement de posture change la perception. Reprenant les travaux de Kurt Goldstein (1878-1965), Merleau-Ponty pense que la structure* de l'organisme est impliquée dans la perception sensorielle (les divers sens n'étant que des modes de structuration différents du même organisme). Le comportement est une manière systématique de mettre en forme l'entourage. Cette conception rejoint la psychologie* de la forme pour laquelle le caractère qualitatif du réel change avec la structure* d'ensemble ;

2 — la donation d'un sens* : comme telle, la qualité sensible est habitée par une signification spontanément prégnante, un sens qui dit quelque chose, sollicite et répond à un projet vital. Sentir, c'est éprouver une modalité d'existence, une unité vitale. Le « sujet » percevant n'est ni spirituel ni matériel, ce n'est pas un être, mais *un mode d'être fondateur de tout être*. Comme principe de constitution ou de fonctionnement, il est ce qu'il est nécessaire de supposer pour rendre compte de l'homme et de ses actes, et qui est irréductible à tout donné. *Le sujet est une unité de transcendance :* il permet, par le biais de la perception, de dépasser le donné, d'opérer des totalisations du réel auquel il est lié. Par là, Merleau-Ponty rompt avec la philosophie transcendantale traditionnelle : le *cogito* fondateur ne provient pas d'une activité réflexive et désincarnée, il est *préréflexif*, antéprédicatif.

Méthode

> A. Robinet, **Merleau-Ponty,** Paris, PUF, 1970 ; T.F. Geraets, **Vers une nouvelle philosophie transcendantale,** La Haye, Nijhoff, 1971 ; G.B. Madison, **La Phénoménologie de Merleau-Ponty,** Paris, Klincksieck, 1973.

Méthode

On dit volontiers qu'il faut procéder avec méthode, c'est-à-dire suivre dans son activité un plan défini ; on parle aussi de la méthode de telle ou telle science*. Dans ce cas, on peut viser soit la démarche effectivement accomplie par cette science et qui se découvre par une étude *a posteriori*, soit l'ensemble des principes généraux définissant la spécificité des raisonnements et protocoles expérimentaux employés en cette science, soit enfin les procédés qu'il suffirait de mettre en œuvre pour obtenir de nouveaux énoncés de cette science.

La réunion de ces différentes déterminations sous le concept de méthode date du XVIIe siècle, et plus particulièrement du fameux **Discours de la méthode** de Descartes*. Les problèmes posés peuvent se résumer en deux questions : *Que contient précisément le concept cartésien de méthode ? Peut-on conserver la définition cartésienne ?*

1. Dans l'Antiquité, *méthode* signifie *recherche*, c'est le chemin suivi par la connaissance* ; Platon* utilise parfois le terme comme synonyme de *doctrine*. Les stoïciens lient cette notion à celle de *tekhnê*, le Moyen Âge à celle d'*ars*, faisant de la méthode l'ensemble des procédés (voire des habitudes acquises) valables dans un domaine pour obtenir des éléments nouveaux. Peu à peu, on en vient à utiliser le terme lors de considérations sur la structure* formelle des sciences, particulièrement de la géométrie où l'on reprend la distinction de Pappus[1] entre l'analyse *(resolutio)* et la synthèse *(compositio)*. L'idée de méthode se lie à celle d'un ordre, d'une démonstration qui garantit la vérité* d'une démarche scientifique ; dans le même moment, le développement de l'algèbre ouvre la voie au thème d'une science universelle, dont les problèmes pourraient être résolus par des procédés généraux valables dans de nombreux cas. Ce sont ces déterminations qui se trouvent réfléchies par la conception cartésienne, qu'on peut définir en trois points :

---

[1]. Mathématicien grec du IVe siècle, dont la **Collection mathématique**, rédigée vers 340, constitue l'apogée des mathématiques* antiques.

Méthode

1 — La méthode est unique.

2 — La méthode n'est plus caractérisée comme une marche ou une recherche dépendant d'un objet, mais, indépendamment d'un objet, comme un système de règles, formulé dans une théorie de la méthode, par lequel se trouve définie la connaissance* scientifique.

3 — L'étendue et le succès de la connaissance scientifique sont déterminés par sa méthode. On est passé d'un point de vue descriptif à un point de vue normatif.

2. Ces déterminations sont peu compatibles avec les analyses modernes de la science* (voir *objectivité*). Le côté normatif de la méthode semble la lier à l'idée d'une définition *a priori* et universelle des normes de la connaissance scientifique, idée que l'histoire* des sciences dément sans cesse. Par *méthodologie*, il faut entendre aujourd'hui l'étude des procédures de raisonnement utilisée dans telle ou telle science, et la discussion de leur validité. Il semble cependant qu'à tout moment les savants soient guidés par une certaine conception de leur science, de ses normes, de ses tâches ; si on veut encore donner à cela le nom de *méthode*, il faut remarquer qu'à l'inverse de l'idéal de la méthode cartésienne, il ne saurait s'agir de règles dont la seule application permet de découvrir la vérité*, et que la marche de la science les transforme, c'est-à-dire que, s'il est nécessaire qu'une méthode propose le chemin à suivre, il ne l'est pas qu'il soit effectivement suivi. Contrairement à ce que pensait Leibniz*, l'art d'inventer ne peut se réduire à des procédures mécaniques.

L'apport le plus important de la philosophie contemporaine à la représentation de la méthode des sciences (outre, bien entendu, quantité d'études sur les différentes formes de raisonnement, la défense de l'idée de l'unité de la science par le positivisme* logique, et de nombreuses études historiques sur le développement de la connaissance scientifique) tient sans aucun doute au falsificationnisme de Popper* (voir à ce nom). Cette conception a connu des prolongements importants avec les travaux de Imre Lakatos (1922-1974), son successeur dans la chaire de logique de la London School of Economics. Si Lakatos reprend l'analyse poppérienne d'une science qui se développerait par conjectures et réfutations, il n'y a pas pour lui de *rationalité sur le champ*. On peut *après coup* opérer une reconstruction rationnelle du développement scientifique, débarrassée des aléas de l'histoire externe du cadre socioculturel dans lequel il a eu lieu (cf.

Méthode

Preuves et Réfutations, t.f., Paris, Seuil, 1979). Mais, concrètement, la science* se développe par adhésion à des *programmes de recherche scientifique*, adhésion qui ne saurait être entièrement rationalisée. De tels programmes comportent : a) des hypothèses et lois fondamentales *(noyau dur)* ; b) une *ceinture de protection* constituée d'hypothèses auxiliaires et de conditions initiales, ou aux limites destinées à protéger le noyau dur de la réfutation ; c) des règles plus ou moins explicites guidant la recherche, excluant en particulier les éléments perturbateurs ou non pertinents *(heuristique négative)*. On peut apprécier de tels programmes[1], juger s'ils sont progressifs (ils permettent d'expliquer des faits nouveaux) ou dégénérescents (ils produisent surtout des hypothèses destinées à défendre le programme). Un programme n'est pas nécessairement écarté définitivement par sa dégénérescence, il peut être repris ultérieurement de façon féconde.

> P. Feyerabend, ***Contre la méthode. Esquisse d'une théorie anarchiste de la connaissance***, t.f., Paris, Seuil, 1979 ; J. Ladrière, ***L'Articulation du sens***, Paris, Cerf, 1984 ; E. Morin, ***La Méthode***, Paris, Seuil, 3 vol. parus : 1-***La Nature de la nature***, 1977, 2-***La Vie de la vie***, 1980, 3-***La Connaissance de la connaissance***, livre premier, ***Anthropologie de la connaissance***, 1986.

Militaire

Ce qui relève du militaire dépend de ce qui le fonde, à savoir l'armée (*miles* en latin), c'est-à-dire l'ensemble organisé des moyens humains et de leurs équipements qu'un État*, un peuple ou, par extension, toute autre communauté, emploie pour imposer sa volonté par la force ou par la menace de son exercice. Il dépend donc également de l'exercice ou du non-exercice de cette force, c'est-à-dire de la guerre et de la paix. On fait remonter la guerre à l'accumulation des stocks pendant le néolithique (IIIe millénaire) et l'archéologie montre qu'elle est endémique depuis l'âge de bronze. La réflexion théorique sur le militaire commence par

---

1. Les travaux de Lakatos ont été rassemblés par J. Worrall et G. Currie, sous le titre ***Philosophical Papers***, I-***The Methodology of Scientific Research Programmes***, II-***Mathematics, Science and Epistemology***, Cambridge University Press, 1978.

Militaire

investir soit une problématique juridico-morale, soit une technologie de la guerre.

Socrate* se contentait d'être un bon soldat et de défendre sa patrie, Aristote* justifiait l'esclavage fondé sur la prise de guerre. Chez les philosophes grecs, la guerre, offensive ou défensive, ne semble donc pas poser de problème : c'est que, aussi longtemps que l'armée est constituée des *citoyens en armes*, il n'existe pas de domaine militaire spécifique par opposition au civil ; seule existe la cité, parfois paisible, c'est-à-dire en paix, mais le plus souvent en armes, la guerre se révélant le mode de coexistence et de relations le plus fréquent entre populations voisines dans l'Antiquité. Ce n'est qu'à l'issue de la guerre du Péloponnèse (431-404 av. J.-C. : victoire de Sparte contre Athènes) et surtout à partir du IVe siècle av. J.-C., notamment avec l'épopée d'Alexandre le Grand (356-323 av. J.-C.) et la création de véritables armées de professionnels, que s'impose une spécificité du militaire, dont témoigne alors le **Traité de défense des places** d'Énée le Tacticien, première œuvre de poliorcétique (art de faire le siège d'une ville). Les Romains, qui disposaient à la fois d'une structure politique fondée sur le droit* et d'une organisation militaire puissante leur assurant l'extension et le maintien de l'empire, ont été obligés de penser la relation entre les deux à l'intérieur d'un *même* État*. Cicéron, confronté au coup d'État de César, appuyé sur ses victoires à l'extérieur, lui opposait le principe de la subordination du militaire au politique*. Les États européens se sont constitués dans la conquête et la violence*. Les religions* justifient souvent certaines guerres (guerres saintes islamiques, croisades chrétiennes), quoique quelques-unes réprouvent absolument la légitimité de la violence (certains mouvements protestants de la Renaissance ont opposé à leurs princes une objection de conscience et leurs adhérents refusèrent de prendre les armes). La problématique de la guerre juste est due aux médiévaux. Selon saint Thomas d'Aquin*, une guerre, pour être juste, doit remplir les conditions suivantes : a) être déclarée par une autorité légitime ; b) l'être pour une juste cause ; c) être menée sans haine et en excluant le mensonge (cf. **Somme théologique**, II, II, 40). C'est avec le développement de l'école du droit naturel — après que se fut posée la question de l'extermination des Indiens d'Amérique (cf. F. Vittoria, **De Indis et de jure belli**, 1538) — que se constituèrent les premiers linéaments d'une réflexion plus générale, concernant l'existence du droit de conquête et de ses conséquences.

Militaire

Le consensualisme exclut que la violence* puisse fonder une quelconque légitimité ; pour les théoriciens du contrat social, la conquête ne fonde aucun droit* (ce qui, chez Rousseau*, est un argument contre l'esclavage). Si les Lumières* voient naître les projets de paix perpétuelle entre les nations (abbé de Saint-Pierre, Kant*), elles n'en excluent pas pour autant l'existence de guerres justes dans des cas qui sont encore souvent admis aujourd'hui (défense, libération, révolution contre l'oppression). L'évaluation morale de la guerre dépend non seulement de ses fins, mais de ce qu'elle est en elle-même, horreur et violence, et, par conséquent, du statut accordé à cette dernière. Le pacifisme extrême est fondé sur le refus absolu de la violence. À l'inverse, Nietzsche*, qui fait de la force une valeur* morale, voit dans la guerre l'un *des plus forts stimulants de l'imagination*.

La technique* de la guerre a longtemps été conçue comme un art des batailles. Cette visée est largement insuffisante lorsqu'on remarque que les guerres concernent les États*-Nations dans leur totalité (ce qui conduisait déjà Machiavel* à préconiser des armées nationales). Il est clair alors que *la guerre est la continuation de la politique par d'autres moyens*[1] et qu'elle réclame une réflexion plus globale. À la suite de la Seconde Guerre mondiale, cette réflexion s'est élaborée soit dans une discipline, qui proclame sa neutralité axiologique quant au phénomène et prétend l'étudier en lui-même, la polémologie[2] ; soit dans le travail des militaires eux-mêmes, afin d'affiner leur efficacité. Les constructions stratégiques qui s'ensuivirent — et qui font partie intégrante d'une politique d'État — utilisent les moyens les plus sophistiqués des sciences humaines* et des techniques modernes (non plus seulement la géographie*, mais l'économie* et la théorie* des jeux[3], l'information* et la propagande).

---

1. Formule due au général prussien Karl von Clausewitz (1780-1831) qui, analyste des campagnes napoléoniennes, a remarqué pour la première fois la supériorité des guerres de résistance (échec des campagnes d'Espagne et de Russie) sur les guerres offensives : **De la guerre**, 1831, t.f., Paris, Minuit, 1955. Voir R. Aron, **Penser la guerre : Clausewitz**, Paris, Gallimard, 1976.
2. Terme inventé par Gaston Bouthoul (1896-1980), professeur à la faculté de droit et sociologue, fondateur de l'Institut français de Polémologie (1945). On lui doit notamment : **Les Guerres, éléments de polémologie**, Paris, Payot, 1951 ; **Traité de polémologie**, Paris, Payot, 1971, rééd. 1991 ; **La Paix**, Paris, PUF, 1974.
3. Théorie qui décrit les propriétés mathématiques de certains jeux simples, totalement analysés et définis au départ. Elle est véritablement née lorsqu'en 1928 le mathématicien von Neumann parvint à démontrer que, dans certains cas de duel, il existe une stratégie permettant d'assurer à un joueur un gain déterminé, quelle que soit la stratégie de son adversaire. Voir B. Saint-Sernin, **Les Mathématiques de la décision,** Paris, PUF, 1973.

Militaire

Outre l'apparition de nouvelles formes de lutte armée (guérilla, terrorisme) ou la nécessité du recours à la population civile (résistance passive, rempart social), de nouveaux concepts sont apparus. D'abord, l'importance de l'élément symbolique qui anticipe le recours à la guerre armée et le rend inutile (dissuasion), élément qui a d'autant plus de valeur que la guerre apparaîtra plus coûteuse aussi bien pour l'attaquant que pour le défendant (armement nucléaire). Ensuite, ceci découlant de cela, la course aux armements et à la technologie. Ces nouvelles données ont sans doute permis de préserver les territoires occidentaux de la guerre, alors même que pouvait se développer une lutte d'État* à État (guerre froide) qui a dominé la politique mondiale pendant près de cinquante ans. Mais elles ont incontestablement développé l'importance du secteur militaire dans ces mêmes sociétés : constitution de complexes militaro-industriels (armement, électronique, aviation, industrie nucléaire) qui pèsent sur les choix économiques et sont souvent à l'abri de véritables contrôles démocratiques. Ces complexes ont orienté les investissements publics aux dépens d'autres secteurs (santé, éducation, environnement) et favorisé certaines branches de la recherche scientifique (physique atomique, conquête spatiale) : *On dit que la paix règne quand le commerce entre les nations ne comporte pas les formes militaires de la lutte* (R. Aron). C'est dans la paix, qu'il est peut-être le seul à pouvoir garantir (l'importance de la dissuasion est le principal argument contre le pacifisme extrême qui préconise le désarmement, le rôle moteur de l'industrie de guerre dans la recherche scientifique et l'économie étant plus discutable[1]), que l'ordre militaire fait sans doute le plus problème.

---

[1]. Les deux dernières guerres mondiales ont montré de façon incontestable que la guerre provoquait des mutations technologiques ; on peut également mesurer l'impact des grands programmes (par exemple, la recherche spatiale américaine) sur le développement scientifique et économique. Il n'en demeure pas moins que : a) ces recherches sont toujours poursuivies dans une certaine direction dont l'orientation peut (doit) être discutée ; b) les deux seuls pays d'après-guerre sur lesquels n'a pesé aucune charge militaire (l'Allemagne et le Japon) sont devenus de grandes puissances économiques, alors même qu'ils sont sortis détruits de la dernière guerre.

Alain, **Mars ou la guerre jugée,** Paris, 1921, rééd. Gallimard, 1969 ; R. Aron, **Paix et guerre entre les nations,** Paris, Calmann-Lévy, 1962 ; J.-P. Brisson (dir.), **Problèmes de la guerre à Rome,** Paris-La Haye, Mouton, 1969 ; R. Caillois, **Bellone ou la Pente de la guerre,** Bruxelles, La Renaissance du Livre, 1963 ; J.-P. Catelain, **L'Objection de conscience,** Paris, PUF, 1975 ; G. Chaliand, **Stratégies de guérilla,** Paris, 1979 ; **Anthologie mondiale de la stratégie,** Paris, Laffont, 1990 ; C. Castoriadis, **Devant la guerre,** Paris, LGF, 1981 ; J. Defrasne, **Le Pacifisme,** Paris, PUF, 1983 ; J. Freund, **Sociologie du conflit,** Paris, PUF, 1983 ; A. Glucksmann, **Le Discours de la guerre,** Paris, L'Herne, 1967, rééd. Grasset, 1979 ; **La Force du vertige,** Paris, Grasset, 1983 ; F. Hacker, **Terreur et Terrorisme,** Paris, Flammarion, 1976 ; J. Harmand, **La Guerre antique, de Sumer à Rome,** Paris, PUF, 1973 ; J. Jaurès, **L'Armée nouvelle,** Paris, 1911, rééd. Messidor-Éd. sociales, 1977 ; E. Kantorowicz, **Mourir pour la patrie,** t.f., Paris, PUF, 1984 ; A. Philonenko, **Essai sur la philosophie de la guerre,** Paris, Vrin, 1976 ; Y. Lacoste, **La géographie, ça sert d'abord à faire la guerre,** Paris, Maspero, 1976 ; L. Poirier, **Essais de stratégie théorique,** Paris, Fondation pour les études de défense nationale, 1982 ; T.C. Schelling, **Stratégie du conflit,** t.f., Paris, PUF, 1986 ; R. Solé, **Le Défi terroriste,** Paris, Seuil, 1979 ; J.-P. Vernant (dir.), **Problèmes de la guerre en Grèce ancienne,** Paris, École des hautes études en sciences sociales, rééd. 1985.

MONTAIGNE (Michel EYQUEM de)

Célèbre moraliste français (1533-1592), surtout connu pour ses **Essais** (1580 pour les deux premiers livres, 1588 pour le troisième).

Premier grand sceptique de la pensée moderne, son refus du dogmatisme des sciences* et de la philosophie témoigne essentiellement de la crise profonde qui ébranle les connaissances* traditionnelles, avant l'essor définitif de la rationalité* moderne. En refusant la double détermination des principes universels d'une science dont il doute *(que sais-je ?)* et d'une nature humaine dont la féodalité a fixé une image où l'homme de la Renaissance ne se peut reconnaître, il est conduit à prendre pour sujet de réflexion ses propres inquiétudes. En se faisant le chroniqueur minutieux des *essais* (expériences) de sa propre vie intime, dont il prétend laisser la conduite à ses impulsions, Montaigne annonce la découverte de la subjectivité dont Descartes* sera le théoricien.

P. Aulotte, **Études sur les Essais de Montaigne,** Paris, 1973 ; M. Baraz, **L'Être et la Connaissance selon Montaigne,** Paris, Corti, 1968 ; A. Compagnon, **Nous, Michel de Montaigne,** Paris, Seuil, 1980 ; M. Conche, **Montaigne ou la conscience heureuse,** Paris, Mégare, 1964 ; J. Starobinski, **Montaigne en mouvement,** Paris, Gallimard, 1982.

MONTESQUIEU (Charles de SECONDAT de LA BRÈDE et de)

Né en 1689 d'une famille de la noblesse de robe, il hérite, à 27 ans, d'une charge de président à mortier ; dans les loisirs de sa charge et de l'administration de ses propriétés, il présente à l'académie de Bordeaux des mémoires scientifiques ; ses **Lettres persanes**, en 1721, lui apportent la gloire ; il voyage en Europe et, à partir de 1731, se consacre à la rédaction de **De l'esprit des lois**, qui paraît en 1748, soit presque quinze ans après les **Considérations sur les causes de la grandeur des Romains et de leur décadence** (1734) ; en 1750, il donne la **Défense de L'Esprit des lois**, qui incite l'Église à mettre l'ouvrage à l'Index ; en 1757, deux ans après sa mort, paraît l'édition définitive qu'il a revue.

1. La loi politique* est traditionnellement le commandement d'une volonté* ; lois de la nature et lois politiques participent d'une même essence, tant que les premières peuvent être conçues comme commandements divins. L'élaboration de la physique* arrache les lois de la nature à cette conception, en en faisant des rapports constants entre les choses. Montesquieu transporte ce nouveau concept de loi dans le domaine politique : les lois sont les rapports qui se trouvent entre Dieu* et les différents êtres, et les rapports de ces différents êtres entre eux ; ce sont donc des rapports nécessaires qui découlent de la nature des choses. Quant à l'esprit des lois, c'est l'étude du rapport que les lois doivent avoir avec la constitution de chaque gouvernement, les mœurs, le climat, la religion*, le commerce, etc. ; c'est donc l'exposé d'un rapport de rapports. De là la nouveauté de Montesquieu : contrairement à la théorie politique classique élaborée par les juristes de l'école du droit* naturel, il ne recourt ni à une hypothétique origine de la société*, ni à un contrat social ; il ne se propose pas, comme les philosophes (Locke*, Hobbes*, Rousseau*), de décrire ce que doit être la société, mais tente d'exposer des déterminations valables pour toutes les sociétés possibles. C'est pour cela que Durkheim* a pu voir en lui le précurseur de la sociologie*.

2. Décrire toutes les déterminations possibles dans l'infinie diversité des sociétés humaines suppose des hypothèses : *J'ai posé les principes, et j'ai vu les cas particuliers s'y plier comme d'eux-mêmes.* Montesquieu, en étudiant les gouvernements, distingue leur nature et

MONTESQUIEU

leur principe. La nature du gouvernement répond à la question : *Qui détient le pouvoir et comment l'exerce-t-il ?* On obtient la célèbre tripartition : monarchie (un seul gouverne mais par des lois fixes et établies), despotisme (un seul gouverne mais sans lois), république (le peuple en corps ou une partie du peuple gouverne). Le principe du gouvernement, c'est ce qui le fait agir et en est la condition d'existence : l'honneur pour la monarchie, la crainte pour le despotisme, et la vertu pour la république. L'État* n'est pas seulement une nature, c'est-à-dire une forme vide, mais une totalité concrète ; c'est pourquoi Montesquieu peut en déduire des lois déterminées comme celles qui fixent l'éducation, la propriété, les mariages, etc. Les principes ne sont pas des catégories statiques, destinées à décrire formellement des étapes de l'histoire*, ils expliquent aussi l'évolution : *La corruption de chaque gouvernement commence presque toujours par celle des principes.*

On a voulu faire de Montesquieu le théoricien de la séparation des pouvoirs. C'est oublier que le chapitre 6 du livre XI, qui expose la constitution anglaise, propose moins une séparation des pouvoirs comme garantie de la liberté* qu'une limitation réciproque ; le législatif, le juridique et l'exécutif ne doivent pas être réunis dans les mêmes mains, mais l'exécutif dispose du droit de veto, le législatif contrôle l'application des lois et peut s'ériger en tribunal. Plus que séparation, il y a fusion. Cela conduit Althusser* à voir en Montesquieu non le précurseur de la démocratie* bourgeoise, mais le prisonnier d'un parti pris féodal qui voit dans les corps intermédiaires la seule possibilité de résister à la monarchie centralisatrice qui se constituait depuis le XVIIe siècle.

> L. Althusser, ***Montesquieu, la politique et l'histoire,*** Paris, PUF, 1959 ; J. Ehrard, ***Politique de Montesquieu,*** Paris, Colin, 1965 ; S. Goyard-Fabre, ***La philosophie du droit de Montesquieu,*** Paris, Klincksieck, 1973 ; J. Starobinski, ***Montesquieu par lui-même,*** Paris, Seuil, 1953.

Morale

Par *morale*[1], on entend au moins trois choses : une doctrine indiquant les fins que l'homme se propose et les moyens d'y parvenir ; un ensemble de prescriptions destinées à régler la conduite des hommes ;

---

1. On a coutume de distinguer la morale, discipline qui traite directement des normes morales, de la science des mœurs. Cette dernière a été introduite par Lucien Lévy-Bruhl

Morale

un ensemble de valeurs* (le bien, le mal, le permis, le méprisable, etc.) permettant d'évaluer la *moralité* des actions. La première conception est plutôt celle de l'Antiquité (qui fait de la morale une doctrine du bonheur*) ; la troisième est plus particulièrement celle de Nietzsche* ; la deuxième est la plus courante dans la société* occidentale : elle correspond à la conception chrétienne qui fait de la morale essentiellement une contrainte. La conception des fins de l'action, les règles de conduite ou les valeurs morales peuvent être l'objet de descriptions à caractère sociologique (science des mœurs) ; elles peuvent aussi être l'objet d'élaborations philosophiques visant à les fonder rationnellement. C'est ce qu'on entend généralement par *philosophie morale*.

La plupart des systèmes philosophiques débouchent sur une théorie* morale (au point que pour certains — stoïcisme* ou épicurisme — la philosophie est une règle de vie) ; certains philosophes ont cependant été préoccupés par ce qu'on peut nommer une théorie *de* la morale : ainsi Hume* essaie-t-il de montrer surtout comment nous en venons à croire en une règle morale (quelle qu'elle soit) ; George Edward Moore (1873-1958 ; voir **Principia Ethica**, 1903), R.M. Hare (***The Language of morals***, 1952) cherchent à définir le statut précis des énoncés prescriptifs ou évaluatifs. On reconnaît aujourd'hui que la philosophie ne saurait avoir un rôle fondateur dans la connaissance* ; pourquoi l'aurait-elle dans la morale ? Voir *Éthique appliquée*.

1. La doctrine des fins et l'inconditionné

Une fois posée une fin [a] : *je veux A,* les moyens d'atteindre cette fin (voir *bonheur*) dépendent de notre connaissance* de la causalité naturelle : sachant, par exemple, que B est cause* de A, pour vouloir A, il me faut vouloir B ; dans la mesure où l'enchaînement des moyens en vue d'une fin dépend de la causalité, leur connaissance est le fait d'une science* déterminée. À l'inverse, en admettant que les énoncés scientifiques soient uniquement des énoncés descriptifs du type : *tout C cause D,* il est impossible de déduire, à partir de cet énoncé, un énoncé prescriptif (voir *valeur*) du type : *il faut vouloir X*. Il peut paraître légitime d'admettre [b] : *qui veut la fin veut les moyens* (encore que l'universalité de cette maxime fasse problème dans tous les cas où le moyen et la fin font l'objet d'une évaluation morale différente) ; dès lors, de [a] et de [b], on peut déduire l'énoncé conditionnel : *si je veux A, alors il me faut vouloir B* ; mais je ne puis

---

(1857-1939) qui, dans son ouvrage ***La Morale et la Science des mœurs*** (Paris, Alcan, 1903), entend substituer aux morales théoriques, lesquelles, selon lui, malgré leur diversité, aboutissent toujours aux mêmes conclusions pratiques, une science positive des mœurs, fondée sur l'observation des comportements, des sentiments et des représentations. La science des mœurs n'a pas de valeur normative.

Morale

savoir ce que je dois vouloir à moins d'un énoncé conditionnel [C] : *si je veux C, alors il me faut vouloir A,* établi dans les mêmes conditions. On est donc rejeté à l'infini ; une doctrine des fins est un ensemble d'énoncés conditionnels établis d'après la connaissance des enchaînements de causalité ; ou bien elle n'indique pas pourquoi je dois vouloir quelque chose plutôt qu'autre chose, ou bien elle est la position d'une fin inconditionnée, mais alors il faut pouvoir en justifier le caractère inconditionné. On pourrait le faire en établissant la vérité* d'un énoncé descriptif du type [d] : *tous les hommes veulent le bonheur* ; dans ce cas, il est peut-être possible d'établir ce que je dois vouloir pour atteindre le bonheur* ; mais on aboutit à un paradoxe : pour pouvoir vouloir ce qui me procure le bonheur, il faut que mon vouloir soit libre par rapport aux déterminations causales ; mais si mon vouloir lui-même est inconditionné, pourquoi serait-il soumis à la condition de vouloir le bonheur ? L'énoncé [d] n'est-il pas injustifiable sous sa forme descriptive, et, pour qu'il soit inconditionné, sa véritable forme n'est-elle pas l'énoncé [e] : *je veux le bonheur ?* Mais, dans ce cas, n'est-ce pas la possibilité de fonder rationnellement le choix d'une fin dernière qui disparaît ?

2. La règle morale et le devoir

Une règle morale est un énoncé prescriptif indiquant ce qu'on doit faire, elle exprime donc une obligation. Il y a deux formes d'obligations : par opposition aux nécessités naturelles, les obligations juridiques (voir *droit*) et les obligations morales. Elles offrent cette particularité de pouvoir être transgressées (il n'y a ni morale ni loi sans transgression). Plusieurs caractères distinguent les règles juridiques des règles morales : les premières sont clairement instituées, leur transgression est suivie d'effets (poursuites, sanctions), elles portent par conséquent sur des actions manifestes, visibles ; les secondes ne sont pas instituées, leur transgression n'est pas nécessairement suivie d'effets (on punit, certes, l'enfant qui ment, le groupe social isole ceux qui transgressent les tabous moraux, mais ces sanctions ne sont nullement automatiques), elles ne portent pas simplement sur les actions extérieurement contrôlables, mais aussi sur des actions mettant en jeu seulement l'intériorité *(on ne doit pas penser du mal de son prochain)*. On peut donc concevoir que l'obligation juridique est externe (contrainte, sanction) et que l'obligation morale est interne. Mais pourquoi dois-je vouloir quelque chose plutôt qu'autre chose ? On pourrait répondre : *pour me conformer à la loi morale, c'est-à-dire à la règle qui dicte mon devoir.* Mais alors cela suppose une autre règle morale exprimée par l'énoncé [f] : *Je dois agir conformément aux règles morales.* La justification de cette règle a été le problème essentiel de la philosophie morale et la doctrine kantienne passe pour l'avoir résolu. Supposons que j'agisse conformément au devoir parce que je me propose une fin quelconque (gagner le paradis, passer pour vertueux, éviter les ennuis, être heureux, etc.) ; si cette fin est contradictoire avec la règle morale qui détermine mon devoir, j'abandonnerai celle-ci. La seule solution pour que j'agisse toujours conformément au devoir est que j'agisse toujours *par* devoir. Le devoir devient la nécessité d'accomplir une action uniquement par respect de la règle morale. Cela n'est possible que si la règle morale elle-même ne contient aucune détermination particulière (empirique) ; par conséquent, une règle d'action est morale seulement en tant qu'elle est universelle.

Il s'ensuit que la règle morale absolue, qui contient en elle-même la nécessité exprimée par [f], est l'impératif catégorique [g] : *agis uniquement d'après la maxime qui fait que tu peux vouloir en même temps qu'elle devienne une loi universelle.* On peut faire divers reproches à la doctrine kantienne :

1 — Elle ne correspond pas à ce qu'on entend habituellement par *morale*, à savoir un ensemble de règles déterminées.

2 — Toutes les règles morales existant dans diverses sociétés n'en sont pas déductibles ; Kant* en conclut que ces dernières ne concernent pas la morale mais les mœurs : si d'aventure il existait des mœurs incompatibles avec l'impératif catégorique, il faudrait les juger immorales ; quant aux autres, il faudrait déduire de [g] que c'est une règle morale que de se conformer aux mœurs de son pays.

3 — Il se peut que, si nous *agissons par devoir*, ce soit simplement parce que nous avons intériorisé une règle comme [f] ; nous agirions donc non par devoir au sens kantien, mais conformément au devoir.

4 — Pour parer à l'objection précédente, il faudrait montrer que [g] est une nécessité absolue : Kant le fait en posant qu'il s'agit d'une loi universelle de la raison* ; en quoi cela serait-il autre chose qu'une pétition de principe ?

5 — L'idée kantienne selon laquelle la loi morale doit être universelle et absolue correspond à un rapport subjectif que nous aurions avec les lois morales : elle revient à affirmer en quelque sorte que la

raison pour laquelle on suit un principe moral réside dans la croyance en son absoluité et en son universalité. Outre qu'il existe des principes qu'on suit en sachant fort bien qu'ils sont relatifs, il peut se faire même qu'on ne dispose d'aucun principe moral qui soit l'objet d'une telle croyance ; nous suivons peut-être les règles morales par le fait du conditionnement ou par l'assimilation inconsciente d'interdits quelconques ; dans ce cas, selon Kant*, nous serions de part en part immoraux ; c'est en ce sens qu'il a raison d'affirmer que la liberté* est le principe unique des lois morales : si nous ne sommes pas absolument libres et conscients, la moralité définie par Kant n'a aucun sens.

3. Les valeurs morales

La morale donne lieu à des énoncés évaluatifs, attribuant les prédicats *être bien* ou *être mal*, l'attribution de l'un passant habituellement pour la négation de l'autre. On pourrait penser que ces énoncés sont déductibles soit d'une doctrine des fins, soit d'un système des règles morales. Dans le premier cas, la valeur* morale est attribuée à tous les moyens qui permettent d'atteindre la fin dernière, ainsi qu'à cette fin. Dans le second cas, elle est attribuée aux actions conformes au système de règles morales. Le seul choix d'une fin peut être considéré comme la position d'une valeur. Une prescription peut être déduite (de façon conditionnelle) d'une évaluation : *L'action B est moralement mauvaise ; si je veux agir moralement, je ne dois pas faire l'action B*.

Cependant, l'évaluation est, par sa nature, quelque chose de plus large qu'un système de prescriptions : on peut toujours demander quelle est la valeur du système. Kant suppose qu'une action est moralement bonne quand elle est accomplie par devoir. Supposons qu'on trouve qu'une action accomplie par devoir soit contraire au bonheur*, à la santé ou à n'importe quoi ; il apparaîtrait alors que Kant a simplement posé que la moralité était une valeur absolue. Admettons que Kant ait démontré rationnellement la nécessité de poser que la moralité soit une valeur suprême ; il apparaîtrait qu'il a simplement posé la raison* comme valeur suprême. Tel est finalement le ressort de la critique nietzschéenne : ce qui est originaire, c'est la position des valeurs. N'est-ce pas alors que toute position de valeur (même si elle a des causes) est injustifiable ? Il n'y a pas de morale privilégiée : non que toutes les morales aient la même valeur, mais nous les jugeons toujours à partir d'un point de vue, constitué par d'autres valeurs.

> V.-J. Bourke, **Histoire de la morale,** Paris, Cerf, 1970 ; R.A. Gauthier, **La Morale d'Aristote,** Paris, PUF, 1958 ; G. Gurvitch, **Morale théorique et Science des mœurs,** Paris, PUF, 1948 ; V. Jankélévitch, **Le Paradoxe de la morale,** Paris, Seuil, 1981 ; R. Le Senne, **Traité de morale générale,** Paris, PUF, 1942 ; C. Perelman, **Introduction historique à la philosophie morale,** Bruxelles, Éd. de l'Université, 1980 ; F. Rauh, **L'Expérience morale,** Paris, Alcan, 1903.

Mort

La mort est un événement biologique inévitable mais susceptible d'être provoqué ou retardé ; en ce sens, la connaissance* des mécanismes de la mort dépend uniquement de la biologie*. Paradoxalement, l'importance philosophique de la mort tient à ce qu'elle est essentiellement une catégorie du vécu de conscience* ; la mort est pour la conscience un vécu particulier, toujours vécu comme à venir et jamais là, et comme négation[1] du fait même de vivre, c'est-à-dire, pour la conscience, d'être conscience.

Cette négation de la vie* au cœur de la vie est productrice d'angoisses ; divers mécanismes de défense sont élaborés contre cette angoisse : mythes* religieux (prolongation indéfinie de la vie après la mort), rites funéraires (situation de la mort par rapport à la vie), éducation morale. Si la philosophie moderne a pu thématiser la mort comme signe de la finitude et de l'individualité humaine (voir *Heidegger*), c'est traditionnellement par l'éducation morale que la philosophie concerne la mort (Platon* : *Philosopher, c'est apprendre à mourir*) ; bien souvent, elle se contente de reprendre les mythes religieux (cf. les stoïciens). Seul le matérialisme épicurien paraît avoir élaboré une solution originale et forte : elle consiste à nier que la mort soit en soi une catégorie du vécu de conscience* (quand nous sentons, nous ne sommes pas morts ; quand nous sommes morts, nous ne sentons plus). La solution est loin d'avoir la trivialité qu'on lui prête parfois ; il ne s'agit pas pour Épicure* de nier que la crainte de la mort soit une angoisse, une douleur réelle, mais d'affirmer que ce vécu de

---

[1]. Voir *autrui*, pour une interprétation (humaniste) du rôle de la mort comme une négation dans la philosophie de Hegel*.

conscience* provient seulement de l'erreur et de la superstition (d'où la critique épicurienne de la religion*). En remarquant comment notre façon de « vivre » la mort dépend de notre civilisation, la tâche que l'épicurisme assigne à la philosophie, c'est, en déconstruisant les mythes*, de rendre à la mort sa facticité et sa pureté d'événement vide de sens, faire de cette vacuité non le scandale dont se révolte la conscience (cf. les existentialistes), mais l'absence de soucis.

> Ph. Ariès, **Essais sur l'histoire de la mort en Occident,** Paris, Seuil, 1975 ; **L'Homme devant la mort,** Paris, Seuil, 1977 ; V. Jankélévitch, **La Mort,** Paris, Flammarion, 1966 ; J. Laplanche, **Vie et mort en psychanalyse,** Paris, PUF, 1970 ; L.-V. Thomas, **Anthropologie de la mort,** Paris, Payot, 1976 ; **Mort et Pouvoir,** Paris, Payot, 1978 ; M. Vovelle, **La Mort et l'Occident de 1300 à nos jours,** Paris, Gallimard, 1983.

Mythe

On qualifie de *mythes* les récits cosmogoniques des peuples qui sont à l'origine de notre histoire* (l'*Odyssée* d'Homère, ***Les Travaux et les Jours*** d'Hésiode, les textes bibliques), ou ceux des peuples que notre ethnocentrisme rejette dans la primitivité ; mais on désigne aussi comme mythes certains thèmes rencontrés dans notre société* (le mythe de la féminité, des objets volants non identifiés, etc.). Traditionnellement, le mythe est conçu comme une certaine façon illusoire d'appréhender la réalité et de la vivre ; le mythe est l'irrationnel, et, pour la connaissance*, une moindre valeur*. À la pensée mythique s'oppose la pensée scientifique qui s'épanouit dans des techniques*. La première, illusion* et impuissance, doit être combattue par la seconde qui permet une domination du monde et de la nature. Le problème fondamental est alors de comprendre pourquoi le développement scientifique n'aurait pas aboli la pensée mythique, et à quoi correspond ce que les modernes qualifient de *démythification*.

L'appréhension dévalorisante du mythe n'est possible que dans la perspective des Lumières* et d'un progrès* de la raison*. L'origine est toujours nécessairement pensée comme irrationnelle, et le mythe est son expression : l'enfance de l'humanité est source d'illusions, de connaissances imparfaites, de rêves. La pensée moderne opère un renversement de cette perspective qui non seulement correspond à la critique de la notion classique de progrès*, mais, par la constitution des sciences humaines*, vise à établir comme connaissance* la rationalité* de l'irrationnel (c'est-à-dire à en décrire les lois de fonctionnement) ; les mythes alors peuvent être atteints positivement, à la suite de certains déplacements de leur mode d'appréhension :

1 — Déplacement vers les causes matérielles de la production des mythes : ce mode d'intelligibilité représente alors le mythe sous la forme d'un *reflet faussé* de la vie économique et des rapports sociaux. Dans ce cas, c'est une théorie* de l'idéologie* qui rend compte du mythe.

2 — Déplacement vers des structures psychiques inconscientes : l'irrationalité du mythe est alors réduite au profit d'une théorie montrant le *conflit des instances psychiques* (cf. le mythe d'Œdipe chez Freud*). C'est en un sens très voisin que Bachelard* oppose la pensée mythique et poétique, produite par l'activité immédiate du psychisme humain appliquée au feu, à l'eau, etc., à la connaissance objective de la nature.

3 — Déplacement vers la nature discursive du mythe : Lévi-Strauss* tente ainsi, en considérant les mythes de certaines populations, de montrer qu'ils constituent les diverses combinaisons d'éléments déterminables (qui correspondraient, quant à leur structure, aux possibilités de l'esprit humain). R. Barthes, qui étudie les mythes modernes (le vedettariat, l'automobile, etc.) comme des systèmes de signes, en fait des discours greffés sur les langues naturelles, seconde langue parlant de la première.

Ce qui apparaît, c'est alors la spécificité de certaines formes de discours au sein d'une société*. Ainsi, le discours du roi mésopotamien lors de la fête de création de la nouvelle année n'est pas à saisir simplement comme une activité illusoire qui tendrait à faire magiquement commencer la nouvelle année, mais aussi comme une certaine façon de permettre aux échanges sociaux de se dérouler de manière à assurer la vie de la société (cf. l'approche anthropologique et historique de Jean-Pierre Vernant, né en 1914). On peut appréhender le mythe sous la forme d'un enracinement social, sa fonction étant de récimenter régulièrement l'unité du groupe, et, en tant que force culturelle (Malinowski), de régir les actions morales et les activités pratiques. Georges Dumézil[1] est parvenu à décrire l'unité idéologique

---

1. (1898-1986). Il a renouvelé la mythologie comparée. Son ouvrage fondamental demeure ***Mythe et Épopée*** en trois volumes (Paris, Gallimard) : I-***L'Idéologie des trois fonctions***

des principaux mythes des peuples indo-européens à trois éléments distincts : souveraineté, force physique, abondance-et-fécondité. Ces éléments reproduisent les trois fonctions de l'organisation sociale : sacerdoce, guerrier, agriculteur-artisan. On les retrouve dans la triade romaine des divinités : Jupiter, Mars et Quirinus. Il n'est pas étonnant que toute société ait ses mythes, et toute tentative de démythification apparaît moins comme le combat des Lumières* que comme une critique sociale.

R. Barthes, ***Mythologies,*** Paris, Seuil, 1957 ; L. Brisson, ***Platon, les mots et les mythes,*** Paris, Maspero, 1982 ; M. Détienne, ***L'Invention de la mythologie,*** Paris, Gallimard, 1981 ; M. Eliade, ***Aspect du mythe,*** Paris, Gallimard, 1963 ; B. Malinowski, ***Les Argonautes du Pacifique,*** t.f., Paris, Gallimard, 1963 ; W. Otto, ***Les Dieux de la Grèce,*** t.f., Paris, Payot, 1984 ; ***Essais sur le mythe,*** t.f., Mauvezin, TER, 1987 ; J.-P. Vernant, ***Mythe et Pensée chez les Grecs,*** 2 vol., Paris, Maspero, 1965 ; ***Mythe et Société en Grèce ancienne,*** Paris, Maspero, 1974 ; J.-P. Vernant & P. Vidal-Naquet, ***Mythe et Tragédie en Grèce ancienne,*** Paris, Maspero, 1972.

---

dans les épopées des peuples indo-européens, 1968 ; ***Types épiques indo-européens : un héros, un sorcier, un roi,*** 1971 ; ***Histoires romaines,*** 1978.

N

NEWTON (Isaac)

Né en 1642 dans le Lincolnshire, d'une famille de condition modeste, il fait ses études à Cambridge (1660) où il est reçu bachelier ès-arts en 1665. Éloigné de l'Université par une épidémie de peste, il élabore, durant les années 1666-1667, les découvertes qui permettront la constitution de son œuvre ultérieure ; d'une part, il rédige cinq mémoires sur l'application des séries infinies à une méthode générale pour l'analyse des propriétés infinitésimales des courbes (tangentes et courbures) et pour le procédé inverse qui permet de remonter de l'infinitésimal au fini : cette *théorie des fluxions*[1] lui permettra de concevoir clairement l'accélération comme variation infinitésimale de la vitesse ; d'autre part, il conçoit l'accélération du mouvement circulaire uniforme comme due à une force dirigée vers le centre de la trajectoire : ce qui lui permettra de concevoir que la chute des corps et la rotation de la lune autour de la terre relèvent du même phénomène.

Successeur de son maître Barrow comme professeur de mathématiques à Cambridge, il est élu, grâce à la construction d'un télescope à miroir, à la Royal Society en 1671. Il poursuit des travaux d'optique (décomposition de la lumière blanche par le prisme) qui lui valent des polémiques avec Hooke. Pressé par Halley de mettre par écrit ses théories pour la Royal Society, il rédige en deux ans ses **Principes**

---

1. Le calcul infinitésimal (dérivation et intégration des fonctions) a été découvert indépendamment, quoique plus tardivement, par Leibniz* : par l'intermédiaire notamment de son disciple Samuel Clarke (1675-1729), Newton polémiquera avec ce dernier sur la question de la priorité de la découverte et sur ses conceptions physiques.

mathématiques de la philosophie naturelle[1] (1686-1687) qui connaissent aussitôt un vif succès. Une dépression nerveuse arrête en 1696 son activité scientifique qu'il reprend en 1701 avec un mémoire sur la chimie, et, en 1703, par la publication du ***Traité d'optique***. Célèbre, maître de la Monnaie, président de la Royal Society, il meurt en 1707, après avoir ajouté dans la seconde édition latine du ***Traité d'optique*** de nouvelles questions (1706).

L'importance scientifique de Newton est immense : en unifiant les découvertes physiques faites depuis Galilée*, il élabore un édifice dont l'universalité ne sera remise en cause que par Einstein*. Le livre I des ***Principes*** se préoccupe de formuler des définitions et des axiomes : y sont définies les notions de force, de masse, d'accélération, y sont formulés la foi fondamentale de la dynamique *(la force qui meut un corps est égale au produit de sa masse par l'accélération de son mouvement)*, le principe d'égalité de l'action et de la réaction, les règles du mouvement dans le vide. Le livre II traite du mouvement dans un milieu résistant, et le livre III présente un système du monde où les découvertes précédentes permettent de démontrer les lois de Kepler[2], d'expliquer le phénomène des marées et le mouvement des comètes. L'influence de Newton ne se mesure pas seulement à ses découvertes scientifiques, mais à la nouvelle méthode* qu'elles supposent et aux problèmes philosophiques qu'elles posent.

Dans les ***Règles philosophiques***, ajoutées au livre III des ***Principes***, et dans les questions du ***Traité d'optique***, le physicien analyse lui-même ces différents points. La mécanique newtonienne se caractérise par l'hypothèse de forces d'attraction et de répulsion agissant entre les corps* ; l'épistémologie* cartésienne exigerait qu'on ait de ces forces une idée claire et distincte (c'est pourquoi Leibniz*

---

1. Ce titre est probablement une allusion polémique aux ***Principes de la philosophie*** de Descartes*.
2. Johannes Kepler (1571-1630), à partir des mesures de Tycho Brahé (1546-1601), formule dans l'***Astronomia Nova*** (1609) et dans l'***Epitome astronomiæ copernicæ*** (1621) ses trois célèbres lois : *La trajectoire des planètes est une ellipse dont le Soleil occupe l'un des foyers, les aires balayées en des temps égaux par le rayon qui relie la planète au Soleil sont égales, le rapport du carré de la période au cube de la distance moyenne au Soleil est constant pour toutes les planètes.* Ces résultats proviennent d'une manipulation des mesures de Tycho, inspirée par l'idée que le monde doit être régi par des rapports numériques. Voir G. Simon, ***Kepler astronome-astrologue,*** Paris, Gallimard, 1979. Newton, par les seules lois de la mécanique, et en faisant l'hypothèse que la force qui meut un astre est une *force centrale* (dirigée vers le centre de son orbite), déduit mathématiquement ces trois lois.

les considérera toujours comme des *qualités occultes*), au lieu de quoi Newton prétend ne pas rechercher l'*espèce de ces forces ni leurs qualités physiques, mais leurs quantités et leurs proportions mathématiques*, et ne point *feindre d'hypothèse* à ce sujet. Un nouveau rapport de la science* au réel est ainsi posé ; c'est par les mathématiques* que l'on doit rechercher les *quantités de ces forces et leurs proportions qui suivent des conditions quelconques que l'on a posées ; ensuite, lorsqu'on descend à la physique*, on doit comparer ces proportions avec les phénomènes*. La conception positiviste de la science est déjà en œuvre, les Lumières*, et plus particulièrement Condillac*, ne manqueront pas d'en tirer les conséquences.

La science newtonienne véhicule d'autres problèmes épistémologiques et ontologiques : les équations de la mécanique supposent un temps* et un espace homogènes et absolus. Que sont réellement ces nouveaux êtres ? Newton lui-même tente de résoudre le problème en affirmant qu'ils sont *le sens de Dieu*, et Kant* répondra en donnant les premiers éléments de la définition moderne de l'objectivité*.

L. Bloch, **La Philosophie de Newton,** Paris, 1908 ; A. Koyré, **Du monde clos à l'univers infini,** Paris, PUF, 1962 ; **Études newtoniennes,** Paris, Gallimard, 1968 ; P. Brunet, **L'Introduction des théories de Newton en France au XVIIIe siècle avant 1738,** Paris, 1931, rééd. Genève, Slatkine, 1974.

NIETZSCHE (Friedrich)

Né à Roecken en Saxe en 1844, il fait de brillantes études à Bonn et est nommé en 1869 professeur de philosophie antique à l'université de Bâle. On peut considérer que trois périodes partagent sa vie et son œuvre :

1 — Dans une première période, sous l'influence de l'Antiquité, de Schopenhauer* et de Wagner, il développe une conception de l'univers fondée sur l'opposition de Dionysos (dieu de l'ivresse, de la fureur, de l'indétermination, du fond) et d'Apollon (dieu de l'apparence, de la construction, de la détermination, de la forme), dont l'antagonisme se résout par la médiation de l'œuvre d'art tragique. Historiquement, la conception tragique de l'univers est déjà contredite dans l'ironie de Socrate : **La Naissance de la tragédie** (1872), **Considérations intempestives** (ou **inactuelles**, selon les traductions de l'allemand *unzeitgemässig*, 1875-1876).

NIETZSCHE

2 — Dans une seconde période, Nietzsche s'éloigne de Schopenhauer*, se brouille avec Wagner et, en déployant le thème du libre esprit, tente d'utiliser la pensée scientifique. Le libre esprit n'est pas libre parce qu'il vivrait conformément à la connaissance scientifique, il est libre dans la mesure où il se sert de la science* comme d'un moyen pour se libérer de la grande servitude de l'existence humaine à l'égard des idéaux, pour s'affranchir de la sujétion de la religion*, de la métaphysique et de la morale* : **Humain trop humain** (1878), **Aurore** (1880-1881), **Le Gai Savoir** (1881-1882).

3 — Dans une période de maturité enfin, Nietzsche développe les thèmes de la volonté de puissance, du surhomme, de l'éternel retour, et du renversement des valeurs* : **Ainsi parlait Zarathoustra** (1884), **Par-delà le bien et le mal** (1886), **La Généalogie de la morale** (1887). D'une santé de plus en plus fragile (il abandonne sa chaire en 1879), il rédige en 1888 quelques pamphlets (dont **Le Crépuscule des idoles**, **Le Cas Wagner**, **L'Antéchrist**), mais, en 1889, il est frappé de démence, et il meurt en 1900 sans avoir recouvré la raison. De ses œuvres posthumes, il faut surtout retenir **La Volonté de puissance** (les manuscrits ont pour sous-titre : *transvaluation des valeurs*), ouvrage largement esquissé (**L'Antéchrist** en serait la première partie) et dont la rédaction commence dans l'hiver 1886, quoiqu'on trouve dans la quatrième partie des passages datant de 1884.

1. *La pire, la plus tenace, la plus pernicieuse des erreurs connues a été celle d'un faiseur de systèmes, je veux dire l'invention par Platon* de l'esprit pur et du bien en soi.* Nietzsche s'oppose ainsi à trois choses :

1 — à une philosophie systématique (lui-même écrit la plupart du temps par aphorismes) ;

2 — à une philosophie des essences (voir *ontologie*) fixes et éternelles ;

3 — à l'absoluité des valeurs morales. Par là apparaît la nouveauté de sa tentative : préférer le flux héraclitéen à l'affirmation parménidienne de l'Être (voir *Présocratiques*), et renverser le platonisme latent dans toute philosophie.

Cela correspond à un changement de méthode* : alors que le platonicien pose la question : *Qu'est-ce que cela ? qu'est-ce que le vrai ?*, Nietzsche questionne les questions, demande par exemple : *Pourquoi devrions-nous préférer le vrai au faux ?* Le refus des essences entraîne immédiatement une certaine conception de l'Être : dans l'Être, rien n'est fixe et définitif, et, par conséquent, tout ce qui s'en dit est une certaine interprétation dépendant d'un certain point de vue, d'une certaine perspective. La reconnaissance de ce fait implique que le questionnement sur les questions devienne questionnement sur le questionneur, c'est-à-dire interrogation vers la raison d'être d'une perspective particulière. Pourquoi voulons-nous cela plutôt qu'autre chose, c'est-à-dire *qui*[1] donc est ainsi constitué qu'il veuille cela, qu'il lui attache un tel prix ? Être, c'est ou bien poser une valeur*, ou bien être une valeur.

2. Il y a deux façons de nier la moralité : ou bien nier que les motifs moraux invoqués par les hommes les aient véritablement poussés à agir comme ils l'ont fait, ou bien nier que les jugements moraux reposent sur des vérités*. En posant la question : *Que valent nos valeurs morales ?*, Nietzsche effectue la seconde de ces deux négations, la plus radicale. La valeur de nos valeurs morales se découvre dans une généalogie qui est à la fois description de l'origine des valeurs, et position de la valeur de l'origine.

La valeur de l'origine réside dans la morale* aristocratique : les forts posent leurs qualités et leurs actions comme bonnes, et après seulement celles des faibles comme mauvaises. L'origine des valeurs morales repose dans la création des valeurs par le ressentiment des esclaves à l'égard des maîtres : le mal, ce sont les qualités et les actions de l'aristocrate ; le bien est défini postérieurement comme négation du mal, et position de la valeur de cette négation (idéal ascétique, valeur de la pitié, de l'altruisme, etc.). Il y a là un nihilisme fondamental : entre la vie* et sa négation, les faibles font triompher la négation de la vie. Un autre nihilisme est possible, qui consisterait à nier la valeur des idéaux (en proclamant d'abord la mort de Dieu* et en suivant la voie qui mène *par-delà le bien et le mal* [ce qui ne signifie pas *par-delà le bon et le mauvais*]).

La critique nietzschéenne des valeurs ne s'effectue qu'à une condition : la reconnaissance de valeurs authentiques. Le problème fondamental est alors de comprendre comment cette transvaluation est possible ; c'est dans cette perspective qu'il faut comprendre les trois thèmes de la volonté* de puissance, du retour éternel, et du surhomme. L'Être est volonté de puissance, c'est-à-dire que la volonté est position arbitraire des valeurs. Le retour éternel (auquel Nietzsche essaie malencontreusement de donner un sens scientifique) est principe d'évaluation et de sélection : le retour du même est avant tout

---

1. Dans ***L'Unique et sa propriété***, Stirner notait déjà : *La question :* Qu'est-ce que l'homme ? *devient* Qui est l'homme ?

pour la volonté* le choix de ce qui mérite la peine de revenir. Ce qui doit être voulu de telle sorte que soit aussi voulu son retour, c'est le surhomme, c'est-à-dire l'homme qui ne rejette rien, qui vit l'affirmation dionysiaque du monde tel qu'il est, sans rien en retrancher, en excepter, ou y choisir (par conséquent, l'homme qui veut l'éternel retour). Comment se fait-il alors que naisse la morale* du ressentiment, que la volonté veuille ce qui l'affaiblit ? Toutes les interprétations de Nietzsche tournent autour de ce problème qu'on peut formuler ainsi : en affirmant l'Être comme volonté et comme valeur*, le philosophe n'exclut-il pas qu'on puisse décider de la valeur d'une volonté particulière, et, s'il en décide (souvent en termes de conformité à la vie*, à la nature), n'est-ce pas au prix d'une ambiguïté, qui fait de la volonté de puissance à la fois l'Être lui-même, et un être parmi d'autres, puisque ce qui est, c'est aussi bien la volonté qui veut la vie — la volonté de puissance — que la volonté qui nie la vie ?

> C. Andler, **Nietzsche, sa vie, son œuvre,** 6 vol., Paris, 1920-1931 ; G. Deleuze, **Nietzsche et la philosophie,** Paris, Minuit, 1962 ; J. Granier, **Le Problème de la vérité dans la philosophie de Nietzsche,** Paris, Seuil, 1966 ; E. Fink, **La Philosophie de Nietzsche,** t.f., Paris, Minuit, 1965 ; M. Heidegger, **Nietzsche,** t.f., 2 vol., Paris, Gallimard, 1971 ; P. Klossowski, **Nietzsche et le cercle vicieux,** Paris, Mercure de France, 1969, nouv. éd. 1991 ; K. Löwith, **De Hegel à Nietzsche,** t.f., Paris, Gallimard, 1958.

Nominalisme

Si on considère un terme comme *homme*, on remarque qu'il peut être dit de plusieurs individus, c'est un terme général. En quoi consiste cette généralité ou universalité ? Quatre réponses sont possibles :

1 — L'universel n'est qu'un mot, c'est-à-dire un son déterminé, susceptible de désigner une multitude d'individus.

2 — L'universel est une idée formée par l'esprit à partir de données particulières selon un processus d'abstraction (conceptualisme).

3 — L'universel est une idée existant à part des individus sensibles (platonisme).

4 — L'universel existe dans chaque individu dont il est le caractère commun[1].

---

1. C'est, semble-t-il, la thèse d'Aristote*.

Nominalisme

1. Les nominalistes (qu'on appelait autrefois *terministes*) soutiennent la première solution qui a des conséquences théologiques importantes pour la doctrine chrétienne (en France, les doctrines nominalistes furent interdites par Louis XI). En fait, les positions sont rarement aussi tranchées et l'on peut dire que même Guillaume d'Ockham* (1285-1349), qu'on considère comme le père du nominalisme, est tout aussi bien conceptualiste. Les nominalistes soutiennent :

a) une thèse ontologique selon laquelle seuls les individus* sont réels (c'est pourquoi le nominalisme est souvent lié à l'empirisme*, puisqu'il lui faut expliquer la genèse des éléments généraux de la connaissance à partir du contact avec le monde : cf. Hobbes*) ;

b) le rôle essentiel accordé au langage* dans la connaissance* sans langage, pas de pensée rationnelle (cf. Condillac* : la science* bien traitée est une langue bien faite) ;

c) l'idée (qui caractérise l'attitude nominaliste des logiciens modernes) selon laquelle la majeure partie de nos processus cognitifs consistent en simples manipulations de signes qui ne signifient rien hors de leur contexte linguistique.

2. La critique moderne du nominalisme a avancé trois arguments :

1 — Cela n'avance nullement d'affirmer que l'universel est un mot, car ce mot est déjà un universel (le mot *homme*, ce n'est pas le signe concret écrit ici, mais une entité que chaque phonation ou écriture réalise).

2 — Le nominalisme prétend que le seul universel est le mot, mais, pour appliquer le même mot à plusieurs choses, il faut que ces choses soient semblables ; si cette similitude est réelle, n'est-il pas impossible que la similitude elle-même ne soit qu'un mot[1] ?

3 — Si le nominalisme est vrai, parmi les énoncés exprimant des connaissances, certains relèvent uniquement de la structure* de notre langage, d'autres sont dus à la structure du monde ; comment trouver un critère pour les différencier (cf. Quine*) ?

C'est à ces questions que les nominalistes contemporains (notamment Nelson Goodman, né en 1906) ont tenté d'apporter des réponses extrêmement techniques.

> P. Gochet, **Esquisse d'une théorie nominaliste de la proposition,** Paris, Colin, 1971 ; J. Largeault, **Enquête sur le nominalisme,** Paris/Louvain, Nauwelaerts, 1971 ; P. Vignaux, **Nominalisme au XIVᵉ siècle,** réed. Paris, Vrin, 1981.

---

1. Cf. l'argumentation de Russell* dans le dernier chapitre de **Signification et Vérité**.

Nouvelles technologies

Toute technologie est un ensemble complexe comprenant :
a) des objets techniques* quelconques (une brouette, un ordinateur, une seringue, un cyclotron, un magnétoscope) qui ont tendance à faire système (l'ensemble de l'appareillage de la production audiovisuelle) ;
b) une masse de savoir-faire correspondants (éventuellement des métiers) ;
c) un système non-clos de fonctions (transporter, conserver, etc.).
Les technologies évoluent non seulement dans leurs supports techniques (invention de nouveaux objets), mais également dans leurs fonctions. L'artefact technique est produit dans l'interaction entre sa fonction actuelle ou potentielle et sa structure objective, dans un processus social, culturel et économique. Son avenir n'est jamais enfermé dans le projet qui préside à son invention. C'est pourquoi les changements technologiques (l'agriculture, l'écriture, l'imprimerie) sont des changements qui affectent le rapport de l'homme au monde et aux autres hommes. La résistance au changement technologique (outre le problème posé par l'obsolescence de certains savoir-faire qui définissent des métiers et donc l'essence sociale et existentielle des hommes qui s'y consacrent) est un refus pour l'homme de changer son être au monde, une tentative de persévérer dans son être. Elle serait confortée si on pouvait se référer quelque part à l'intangible valeur* d'une nature[1].

Les pôles contemporains d'innovation technologique entraînent probablement une mutation sans précédent. On peut les regrouper sous quatre fonctions dont le développement est interdépendant.

1. Transport (aviation, automobile, chemins de fer).
Ce type de technologie change irrémédiablement notre situation dans l'espace-temps et modifie des notions comme celles de distance ou d'éloignement. Elle est d'abord perçue comme favorisant la communication humaine. Mais elle modifie également les structures de l'économie* et du pouvoir (par exemple, firmes multinationales). Elle bouleverse la géographie* : le changement de paysage que suscite sa mise en œuvre (voies ferrées, réseau autoroutier, aéroports géants),

---

[1]. D'où l'ambiguïté du mouvement écologique qui combine souvent, au projet rationnel et nécessaire de minimiser les risques technologiques et de gérer sans gaspillage (voire selon certains principes éthiques) un environnement dont la richesse et les potentialités se raréfient, la défense nostalgique d'une naturalité qui n'est que la culture d'hier. Sur l'écologie, voir P. Acot, ***Histoire de l'écologie,*** Paris, PUF, 1988 ; D. Simonnet, ***L'Écologisme***, Paris, PUF, 1979 ; C.M. Vadrot, ***L'Écologie, histoire d'une subversion,*** Paris, Syros, 1978.

provoque un décloisonnement qui est aussi une véritable destruction des territoires (dans lesquels a eu lieu jusqu'ici l'enracinement vital des formes de socialisation en interaction avec le milieu naturel). La vie humaine doit changer de repères et de frontières.

2. Communication

D'un côté, les médias (télécommunication, techniques audiovisuelles) changent la structure* des messages ; de l'autre, les techniques* nées de l'informatique* et de l'intelligence artificielle* (bureautique, robotique, productique, banques de données, etc.) bouleversent les formes d'organisation du travail*, du rapport à l'autre et de la mémorisation. L'ensemble risque d'écarter l'échange symbolique entre les individus et les différents groupes sociaux, au profit d'une information* qui l'emporte sur la communication*. Ces nouvelles technologies, sans lesquelles la trame même des sociétés* modernes serait impossible, comme le serait également une partie de la recherche scientifique moderne, peuvent menacer la liberté* des individus* qui y perdent leur domaine privé (fichage) ou sont l'objet de manipulations (publicité, télévision). Elles créent également des zones de faiblesse dans la structure sociale (les perturbations techniques d'origine accidentelle ou volontaire sont susceptibles de bloquer le fonctionnement de secteurs entiers de la vie sociale).

3. Énergie

La révolution industrielle du XIXe siècle a reposé sur le fait que les transformations de la matière* aboutissant aux biens de consommation dépendaient moins de l'énergie humaine et davantage de sources externes. La mécanisation a posé directement tous les problèmes traditionnels de l'aliénation* du travailleur. Puis elle est passée (par l'intermédiaire de l'électronique) de l'industrie à la vie quotidienne. Ce n'est qu'à une date récente que se sont posés — par un simple changement quantitatif — les problèmes corollaires de la pollution et de l'approvisionnement énergétique. Notre vie sociale tout entière dépend aujourd'hui du maintien, voire de la croissance, de cet approvisionnement. La mise en œuvre généralisée des sources d'énergie modernes change le paysage (barrages, réseaux hydrauliques, lignes électriques, centrales atomiques géantes) et, au minimum, les conditions écologiques locales. La maîtrise du risque nucléaire suppose une maîtrise sur l'homme ; une société nucléaire ne peut être qu'une société de contrôle total.

Nouvelles technologies

4. Vie

La biologie* a produit deux importantes révolutions technologiques. L'une repose sur la maîtrise de la procréation, qui permet de contrôler la démographie et modifie le statut de la sexualité* comme le rapport à la descendance, puisque celle-ci devient l'objet d'un choix ; l'autre, sur le génie génétique. Ce dernier, que l'on nomme parfois *biotechnologie*, est constitué par l'ensemble des procédés permettant d'isoler un gène, d'étudier sa structure*, de la modifier au besoin et de l'introduire par la suite dans un organisme différent de l'organisme de départ. Ces intérêts sont évidents en agronomie, comme en médecine. Mais il donne à terme la possibilité de modifier le patrimoine génétique d'un individu*. Or, de toutes les innovations technologiques modernes, celle-ci est la seule qui ait provoqué un blocage immédiat : en 1976, la conférence d'Asilomar, organisée par les biologistes, a réclamé un moratoire sur ce type de recherche, dont les conséquences sont imprévisibles (mais guère plus que dans les autres cas). Cela ne changera probablement pas le cours du mouvement. Voir *éthique appliquée*.

Après avoir proclamé que l'homme est le produit d'une histoire* et soutenu avec l'existentialisme* qu'il n'y a pas de nature humaine, la philosophie doit désormais résoudre la question de savoir sous quelles conditions il n'est pas inhumain de changer l'homme. Au même moment, l'ensemble des technologies modernes oblige de penser comment, dans les sociétés avancées, peuvent être préservés la démocratie et l'exercice de la liberté* individuelle.

B. Coriat, **La Robotique,** Paris, La Découverte, 1983 ; R. Junck, **L'État atomique. Les Retombées politiques du développement nucléaire,** Paris, Laffont, 1979 ; P. Kourilsky, **Les Artisans de l'hérédité,** Paris, O. Jacob, 1987 ; P. Lévy, **Les Technologies de l'intelligence,** Paris, La Découverte, 1990 ; A. Mendel, **Les Manipulations génétiques,** Paris, Seuil, 1978 ; V. Scardigli, **Nouvelles technologies : l'imaginaire du progrès,** Paris, L'Harmattan, 1988 ; P. Virilio, **L'Espace critique,** Paris, Bourgois, 1984.

Objectivité

La notion d'objectivité est liée aux problèmes que les développements de la mécanique ont posés à la théorie* de la connaissance*. Pour la philosophie antique, comme pour la philosophie classique, l'objet de la connaissance, c'est sa matière*, c'est-à-dire une certaine région de l'Être ; les conditions dans lesquelles elle se déploie et se légitime ne sont que le processus par lequel l'Être arrive à la pensée.

La problématique de l'objectivité est en totale rupture avec cette problématique ontologique ; elle suppose qu'on ne qualifie pas d'*objective* la connaissance tirant sa vérité* de son adéquation à une réalité donnée. La physique* galiléenne doit, pour penser la réalité, utiliser des instruments mathématiques* et donner un statut ontologique équivalent aux corps*, éléments auxquels le sens commun accorderait volontiers la qualité d'êtres réels, aux trajectoires, aux poids, aux vitesses, parce que leur expression numérique doit être composable. La fiction cartésienne d'une étendue mathématique constituant l'être de la matière ou la tentative leibnizienne d'identifier la substance à la force ne sauraient tenir devant la mécanique newtonienne posant des éléments qui, comme la gravitation, d'une part, ont l'opacité d'un fait, et, d'autre part, ne prennent leur sens qu'au sein d'une construction mathématique. C'est à partir de cette physique que la philosophie kantienne pose pour la première fois la question moderne de l'objectivité.

1. La mécanique newtonienne a le double caractère de se référer à une réalité indépendante du sujet* individuel et de poser des éléments de représentation, dont elle postule la validité, la nécessité et l'universalité. On ne sort pas du monde des représentations *empi-*

Objectivité

riques, et pourtant certaines d'entre elles seulement sont des connaissances* et peuvent être dites *objectives*. Elles se distinguent des autres tant par leur coexistence dans une expérience que par la manière dont elles sont unifiées. La solution kantienne consiste à poser la dualité des éléments constitutifs de la représentation ; celle-ci provient tant de la forme conceptuelle que d'une donnée sensible. L'objectivité est déterminée par ce qui peut apparaître au sujet* de la connaissance ; à ce sujet transcendantal, duquel dépendent l'universalité ainsi que la nécessité de la connaissance, correspond un objet transcendantal, forme déterminée *a priori* de ce qui peut nous être donné comme objet.

La thèse kantienne souffre d'un double défaut : plaçant la détermination de l'objectivité dans la structure* du sujet, elle la ferme à l'histoire* ; en en faisant la forme par laquelle la réalité est pensée comme phénomène, elle en postule l'unité.

2. La mécanique einsteinienne remet en question la détermination des objets de la physique* par des masses invariables évoluant dans un espace et un temps* uniformes. La mécanique quantique, en admettant la nécessité, pour penser un phénomène comme la lumière, de poser la dualité de sa nature comme onde (interférences) et comme particule (émission discontinue de l'énergie), ainsi que l'a montré Louis de Broglie (1892-1987), récuse le rôle des images* immédiates dans la pensée scientifique, tandis que le principe d'indéterminisme[1] de Werner Heisenberg (1901-1976) mène à concevoir la causalité* sous une forme non classique. L'impossibilité à la fois logique et expérimentale d'unifier ces divers développements de la physique, et, par conséquent, de poser qu'ils se réfèrent à un même objet (cf. la distinction radicale entre macro- et microphysique), conduit inéluctablement à distinguer ce qu'une science prend pour objet et ce qui constitue l'être de la réalité.

---

[1]. Ce principe peut se résumer de la façon suivante : si l'on veut mesurer à la fois la position et la quantité de mouvement d'une particule (un électron, par exemple), alors l'erreur ou l'indétermination sur l'ensemble de la mesure ne pourra être réduite au-dessous d'une certaine constante, quelle que soit la précision des instruments. Sa découverte a été le point de départ des nombreuses réflexions et tentatives d'interprétation de la mécanique quantique. Le problème de l'objectivité en mécanique quantique repose sur le fait que l'objet observé ne peut être décrit de la même manière que l'objet non soumis à l'observation, ce qui n'est pas le cas dans la mécanique classique.

Cette situation nouvelle entraîne Bachelard* à récuser l'éternité d'un sujet* et d'un objet transcendantaux, et à reconnaître qu'*il faut désormais se placer au centre où l'esprit connaissant est déterminé par l'objet précis de sa connaissance*, et où, en échange, il détermine avec plus de précision son expérience** : c'est admettre que la réflexion sur l'objectivité doit passer par l'étude de l'activité scientifique. Il s'ensuit qu'elle n'est pas donnée une fois pour toutes de façon universelle : une science* déterminée délimite au cours de son histoire* son ou ses objets, et la forme d'objectivité qui lui est propre.

> G. Bachelard, **La Formation de l'esprit scientifique : contribution à une psychanalyse de la connaissance objective,** Paris, Vrin, 1938 ; B. d'Espagnat, **Conceptions de la physique contemporaine,** Paris, Hermann, 1965 ; **À la recherche du réel. Le regard d'un physicien,** Paris, Gauthier-Villars, 1979 ; K. Popper, **Objective Knowledge. An evolutionary approach,** Oxford, Clarendon Press, 1972 ; **L'Univers irrésolu. Plaidoyer pour l'indéterminisme,** t.f., Paris, Hermann, 1984 ; B. Rousset, **La Doctrine kantienne de l'objectivité,** Paris, Vrin, 1967 ; D. Souche-Dagues, **Le Développement de l'intentionalité dans la phénoménologie husserlienne,** La Haye, Nijhoff, 1972.

OCKHAM (Guillaume d')

Né à Ockham (1290 ?), Guillaume prend l'habit des franciscains et étudie à Oxford, où il est d'abord disciple de Duns Scot*. Exclu d'Oxford pour ses controverses théologiques, il se réfugie en France à la tête d'un groupe de franciscains et entre en conflit avec le pape lors d'un concile ayant pour objet la condamnation de Maître Eckhart (soutenu par les franciscains). Il s'enfuit en 1328 en Bavière, où le roi Louis est en conflit avec le pape. Excommunié en 1330, il ne pourra plus quitter l'Allemagne où il meurt entre 1347 et 1349.

Dans son œuvre abondante (**Commentaire sur les sentences**, **Somme de logique**, **Physique**, **Quodlibeta septem**, **Expositio aurea**, ainsi que des polémiques politiques comme le **Breviloquium** et le **Centilogium**), il refuse le réalisme, mais également les théories de Duns Scot. Les idées n'ont pas d'existence propre, ce sont des modes de l'âme obtenus par la connaissance* abstractive. Le mot conventionnel est le lien entre l'objet réel et la pensée, et il n'y a pas d'essence hors du mot. Ce dernier est une fiction qui ne renvoie pas à une réalité abstraite*, mais à l'existence même des objets sensibles.

Ontologie

> L. Baudry, **Guillaume d'Ockham,** Paris, 1950 ; C. Bérubé, **La Connaissance de l'individuel au Moyen Âge,** Paris & Montréal, 1964 ; G. de Lagarde, **La Naissance de l'esprit laïque au déclin du Moyen Âge,** Paris, 1962.

Ontologie

Le mot *ontologie* signifie *science* de l'Être* ; il est apparu au début du XVIIe siècle[1] pour désigner la discipline qu'on appelle aussi *métaphysique générale* ; par opposition à la *métaphysique particulière* qui s'occupe de certaines choses parmi celles qui sont (telles que Dieu*, l'homme, etc.), la *métaphysique générale* cherche à déterminer ce qu'est l'Être en tant qu'Être. Si le mot est nouveau, la chose ne l'est pas : c'est par cette question qu'Aristote*, héritier de toute la pensée antique, définissait la tâche de *la philosophie première*.

On peut dire en gros, en suivant Heidegger, que le questionnement vers l'Être pose deux problèmes, qui ne sont pas indépendants, sont souvent confondus, et peuvent être formulés chacun de diverses façons :

1 — Qu'est-ce qui peut être dit *Être* ? Qu'est-ce qui est réel ? Quelles sont les choses qui sont ou existent ? Qu'est-ce qui appartient au domaine de l'étant (de l'existant) ?

2 — Qu'est-ce que c'est que d'être dit *Être* ? Qu'est-ce qui fait que le réel est réel ? Quel est l'être de l'étant (de l'existant) ?

Il en résulte que ce qui est aussi en question, c'est le rapport de l'Être au langage* et à la pensée. La formulation des problèmes ontologiques est souvent obscure et compliquée, cela tient à leur nature : comment pourrait-on définir l'Être sans faire une pétition de principe, puisqu'il semble bien que, s'il est quelque chose, on le doive employer à sa propre définition (c'est pourquoi les logiciens classiques faisaient de l'Être le terme le plus général, par conséquent indéfinissable). On se contentera ici de cerner quelques problématiques afin de montrer les enjeux de la question.

1. Les ambiguïtés du verbe *être*

Quand on parle de l'Être, même si on ne vise pas expressément l'utilisation du verbe, ce qu'on vise, on le vise au travers de cette utilisation ; c'est pourquoi, dès l'Antiquité, l'ontologie est liée à la nature du langage, et, par conséquent, à la découverte de sa structure* logique*.

---

1. Il figure déjà dans le lexique philosophique de Gocleneus (1613).

Ontologie

Dans la proposition (a) : *Socrate est le maître de Platon,* le verbe *est* signifie simplement que ce que j'appelle *Socrate* est la même chose que ce que j'appelle *le maître de Platon* (jugement d'identité) ; dans la proposition (b) : *Socrate est philosophe,* le verbe *est* a généralement valeur de copule, c'est-à-dire signifie simplement que ce que j'appelle *Socrate* possède la ou les propriétés correspondant à tout ce que j'appelle *philosophe* ; dans la proposition (c) : *Dieu est,* le même verbe signifie que ce que j'appelle *Dieu* fait partie de ce que j'entends par *réalité*, elle affirme l'existence de quelque chose. Si on ne distingue pas les trois types de propositions, il paraît normal d'accorder partout au verbe *être* la valeur qu'il a en (c), mais, dans ce cas, les négations de propositions de la forme (a) ou (b) entraînent des paradoxes. (a_1) : *Le Pirée n'est pas la place principale d'Athènes* et (b_1) : *l'Acropole n'est pas bleue,* signifieraient que (c_1) : *Le Pirée n'est pas,* et que (c_2) : *l'Acropole n'est pas,* alors que, par ailleurs, nous savons que (c_3) : *Le Pirée est* et que (c_4) : *l'Acropole est*.

C'est pour avoir remarqué cette difficulté, mais en tentant néanmoins de conserver l'unité de sens au terme *être*, que Platon*, dans **Le Sophiste**, affirme que, contrairement à ce qu'enseignait son maître Parménide, il faut accorder qu'en quelque façon le Non-Être est, et que l'Être n'est pas. Aristote* ne conserve pas cette unité : l'Être se dit de façon multiple, absolument lorsque ce qui est dit *être* ne peut jamais servir à dire de quelque chose qu'il est quelque chose, relativement lorsque ce qui est dit *être* est susceptible de servir à qualifier autre chose[1]. Ainsi, *Platon* est absolument, et *philosophe* relativement, puisqu'on dit : *Platon est philosophe*, mais qu'on ne dit pas : *philosophe est Platon*. Ce qui est en question, ce n'est pas seulement l'usage du verbe *être* dans le langage*, mais ce que dit le langage et la manière dont il le dit : si le langage (quand ce qu'on affirme est vrai) dit l'Être, tout ce qu'il dit n'a pas le même type d'être.

2. L'essence et l'existence

Si on suit la classification d'Aristote, tout ce qui n'est pas susceptible d'être rapporté à quelque autre chose est absolument, ou encore cela constitue la réalité[2]. Le terme auquel, dans la proposition,

---

1. Voir, dans l'article *Aristote*, la division de l'Être en catégories.
2. Pour désigner ce qui, en ce sens, constitue la réalité, la tradition philosophique use du mot *substance*.

on rapporte les propriétés affirmées (*Platon* dans *Platon est philosophe*), peut être envisagé selon qu'il constitue un élément irréductible de la réalité, ou selon la définition que l'on en donne dans un ensemble de propositions. On nomme généralement tout ce qui constitue la définition de quelque chose son *essence*, par opposition aux propriétés qui n'entrent pas dans la définition et qui sont des *accidents* ou des modes de cette chose (*animal* et *rationnel* font partie de l'essence de l'homme, *blanc* ou *noir* ou *musicien* sont des accidents).

Quel est le rapport de l'Être réel à son essence, ou encore le rapport de l'essence à l'existence ? Le problème est d'autant plus important que l'essence est à la fois ce pour quoi une chose est telle ou telle (un ensemble de propriétés) et ce qui en permet l'intelligibilité[1]. Si on insiste sur le premier aspect, on ne séparera pas l'essence de la chose dont elle est l'essence ; si, au contraire, on insiste sur le second, on pourra séparer les deux. Dans ce cas, on tendra à confondre l'essence de quelque chose avec l'idée ou le concept de cette chose[2], puisqu'il est évident que l'existence du concept de quelque chose n'est pas l'existence de cette chose. C'est ainsi que la plupart des penseurs classiques distinguent le domaine des essences et celui des existences : les essences sont les idées (que Dieu* possède de toute éternité) de tout ce qui peut être, les existences sont les actualisations de ces essences qui n'acquièrent de l'être que par l'acte de création.

3. La spécificité du jugement d'existence

La distinction entre l'essence et l'existence, l'identification de l'essence au concept conduisent inéluctablement à poser le problème précédent dans les termes suivants : la connaissance* des essences nous donne-t-elle la connaissance des existences, ou bien la connaissance des existences nous donne-t-elle celle des essences ?

Les métaphysiciens de l'âge classique[3] soutiennent généralement que la connaissance de l'existence ne peut servir à nous fournir la connaissance d'une essence, et que la connaissance d'une essence

---

1. D'où l'ambiguïté du terme *propriété* : une propriété est-elle quelque chose de réel appartenant à ce dont elle est propriété, ou est-ce un terme général (concept ou mot, voir *nominalisme*) sous lequel on range des réalités analogues ?
2. Voir *Platon*, et, dans le **Vocabulaire**, la définition de l'*essence*.
3. Voir *Descartes, Leibniz, Malebranche, Spinoza*.

permet seulement de conclure à la *possibilité* d'une existence (la première partie de cette thèse est refusée par les empiristes). Mais les classiques ne vont jamais jusqu'à nier qu'il existe quelque essence ou concept d'où l'on puisse déduire l'existence de la chose dont elle est essence ou concept ; ce serait rejeter la preuve ontologique de l'existence de Dieu* dont l'argument essentiel repose sur le fait que l'existence de Dieu est comprise dans son essence.

Puisqu'on définit l'essence de quelque chose par l'ensemble de ses propriétés caractéristiques, admettre la preuve ontologique, c'est admettre que l'existence est une propriété comme les autres ; plusieurs raisons invitent à nier ce postulat[1]. Quand je définis un homme en donnant les propriétés qui font qu'un homme est un homme, je ne compte pas l'existence parmi ces propriétés, sinon ma définition ne pourrait pas s'appliquer à un personnage de roman ; si je veux exclure de ma définition les personnages de roman, je dirai que x est un homme, non seulement si x possède les propriétés que je viens d'énoncer, mais encore si x existe. On pourrait avancer que le jugement *x existe* est vrai si ce que je nomme x existe, de la même façon qu'on pense que *x est rond* est vrai, si ce que je désigne par x est rond. Mais comment reconnaître que quelque chose existe ? On ne peut pas dire que quelque chose existe s'il est simplement pensé, car il nous arrive souvent de penser à des choses qui n'existent pas, et même de croire que des choses existent alors qu'elles n'existent pas. Généralement, je dirai que quelque chose existe si on peut le sentir, le toucher, en avoir l'expérience*. Par conséquent, non seulement l'existence n'est pas pour une chose une propriété comme les autres, car elle n'appartient pas à la définition de cette chose en elle-même ; mais, en outre, elle n'est pas affirmée d'une chose en vertu de la seule activité intellectuelle du sujet* pensant. La reconnaissance de la spécificité du jugement d'existence suppose qu'on définisse les critères par lesquels on reconnaît l'existence de quelque chose : les critères eux-mêmes définissent ce qu'on entend par réalité, et sont donc des thèses ontologiques.

4. L'engagement ontologique du langage*

Demander : *qu'est-ce que l'Être ?* revient à demander : *qu'est-ce que signifie le langage ?* Plus spécifiquement, on peut demander :

---

1. Kant* est le premier à le critiquer et à refuser pour cette raison la preuve ontologique.

Ontologie

qu'est-ce que signifie tel ou tel type de mots, défini par son rôle dans la phrase ? Cela conduit à classer différents types d'être : la tradition reconnaît que les noms désignent soit des substances, soit des qualités, les adjectifs des propriétés, les verbes des actions, etc. L'élaboration de la logique* moderne conduit à reconsidérer la valeur* logique des catégories grammaticales traditionnelles et permet une nouvelle formulation des problèmes ontologiques.

Un langage* logique est composé :
1 — de constantes comprenant : a) les noms des êtres dont on pose qu'ils constituent l'univers dont on parle ; b) les noms des propriétés et des relations susceptibles d'être attribuées à ces êtres ; c) les mots logiques exprimant conjonctions, négations, etc. ;
2 — de variables qui sont de simples lettres qu'on peut mettre à la place des constantes ou d'une suite de constantes, lorsqu'on ne veut pas parler d'un terme ou d'une suite de termes particuliers ; on a ainsi des variables d'individus, de propriétés ou de propositions ;
3 — du quantificateur existentiel (indiquant que la variable sur laquelle il porte peut être remplacée par au moins une des constantes du type considéré) et du quantificateur universel (indiquant que la variable en question peut être remplacée par n'importe laquelle des constantes du type considéré) ;
4 — des règles de formation des expressions correctes (indiquant, par exemple, qu'une constante logique ne peut porter sur une constante d'individu*, ou qu'une constante de propriété doit être complétée par une constante d'individu) ;
5 — des axiomes logiques permettant de dériver une expression d'une autre ;
6 — des axiomes qui constituent les premières expressions d'où dériver les autres.

Le premier problème ontologique concerne la structure* du langage : est-ce que cette structure nous apprend quelque chose sur la structure du monde ? Généralement, on considère que les axiomes logiques sont *a priori* et ne nous apprennent rien du monde, le problème étant alors de savoir comment distinguer les axiomes ou règles logiques des axiomes particuliers à une science*, qui, eux, nous apprennent quelque chose sur le monde. Russell* a renouvelé la métaphysique traditionnelle en cherchant comment on pouvait traduire le langage d'une science (par exemple, la physique*) dans un langage logique adéquat. Trois problèmes apparaissent alors :

Ontologie

1 — déterminer quels sont les termes primitifs du langage*
logique*, c'est-à-dire les constantes d'individus*, ou de propriétés,
dont la signification constitue ce que Russell nomme *l'ameublement
dernier du monde* ;

2 — établir quels sont les axiomes qu'on doit admettre pour
obtenir toutes les propositions de la science* ;

3 — montrer comment on peut construire les termes dont on
n'admet pas qu'ils aient un engagement ontologique, à partir de
définitions nominales ne contenant que des termes primitifs. La
philosophie anglo-saxonne contemporaine élabore diverses solutions
à ces problèmes. Cette diversité met en lumière l'arbitraire de telles
tentatives qui dépendent du choix des termes primitifs et des axiomes :
c'est pourquoi Quine*, après avoir montré que le langage logique peut
se passer de constantes autres que logiques, que, dans le fond, une
théorie n'assume l'engagement ontologique que des variables dont
elle admet qu'elles peuvent être quantifiées, classe les théories selon
ce dernier critère[1], et parle de *relativisme ontologique*, dans la mesure
où des théories construites différemment peuvent être logiquement
équivalentes.

5. Sujet*, existence et ontologie

En établissant la spécificité du jugement d'existence, on a montré
non seulement que l'existence d'une chose n'était pas à compter parmi
les propriétés qui la définissent comme telle, mais aussi qu'elle est
affirmée à partir de l'existence d'un sujet. C'était introduire une dualité
fondamentale, qu'on définira à partir de la philosophie kantienne. Être
n'est pas un concept de quelque chose qui pourrait s'ajouter au
concept d'une chose, c'est seulement la position d'une chose ou de
certaines déterminations en elles-mêmes. À l'inverse, Kant* admet que
l'existence d'une chose ne peut être justifiée par rien, si on fait
abstraction de toute intuition sensible, c'est-à-dire de toute expé-
rience* d'un sujet. L'Être comme position est *situé*, c'est-à-dire
soumis à l'articulation de la subjectivité humaine, comme lieu de son
affirmation essentielle. Parmi ce qui est, on privilégie alors ce qui est
sujet, conscience*, c'est-à-dire un certain type d'existence. Ce privi-

---

1. Par exemple, une théorie est nominaliste si elle ne soutient que la réalité ontologique des
individus, c'est-à-dire refuse de quantifier les propriétés (d'écrire des expressions comme *il
existe une propriété p, telle que, quel que soit x, alors x est p*).

Ontologie

lège exorbitant (base de l'existentialisme*) est-il justifié ? Être, est-ce simplement être pour une existence qui transcende son mode d'être vers l'atteinte d'un monde ? Ne doit-on pas au contraire reconnaître que le sujet*, lui-même simple existant parmi d'autres, ne jouit d'aucun privilège ? Est-ce alors que l'Être parvient à l'intelligibilité au travers du langage* (*demeure de l'Être*, pour Heidegger*) ou est-ce qu'au-delà de tout sujet, de tout langage, il demeure comme une donnée opaque, jamais épuisée dans aucun discours ni aucune pensée, permettant irréductiblement à tout discours et à toute pensée, non seulement d'être, mais d'être vrais ?

F. Dagognet, ***Éloge de l'objet,*** Paris, Vrin, 1989 ; G. Granel, ***L'Équivoque ontologique de la pensée kantienne,*** Paris, Gallimard, 1980 ; M. Heidegger, ***Kant et le problème de la métaphysique,*** t.f., Paris, Gallimard, 1953 ; ***Qu'est-ce qu'une chose ?,*** t.f., Paris, Gallimard, 1971 ; J.-L. Marion, ***Sur l'ontologie grise de Descartes : science cartésienne et savoir aristotélicien dans les** Regulae,* Paris, Vrin, 1975, 2ᵉ éd. 1981 ; W.V.O. Quine, ***Relativité de l'ontologie et autres essais,*** t.f., Paris, Aubier-Montaigne, 1977 ; H. Reichenbach, ***L'Avènement de la philosophie scientifique,*** t.f., Paris, Flammarion, 1956 ; A. Soulez (dir.), ***Manifeste du Cercle de Vienne,*** Paris, PUF, 1985.

P

PASCAL (Blaise)

Né en 1623, il est éduqué par son père, magistrat cultivé, qui lui fait fréquenter les milieux mondain et scientifique parisiens. Dès 1640, son ***Essai sur les coniques*** ressaisit l'essentiel de la nouvelle géométrie projective de Desargues. À Rouen, où il suit son père au service de Richelieu, il fait construire une machine arithmétique (à calculer) commercialisable. Frappé par le récit des expériences sur le vide, il entreprend ses propres travaux (***Nouvelles expériences sur le vide***, 1647). La fréquentation des jansénistes lui fait redécouvrir la religion* chrétienne. Gravement malade, il retourne à Paris d'où il fait exécuter la célèbre expérience barométrique du Puy-de-Dôme : ***Récit de la grande expérience sur l'équilibre des liqueurs*** (1648). Deux traités illustrent ses travaux d'hydrostatique et de pneumatique (***Équilibre des liqueurs*** et ***Pesanteur de la masse de l'air***, 1651-1653). À la même époque, il formule des règles d'intégration arithmétique étendues à la géométrie : ***Sommation des puissances numériques***, et applique le ***Traité du triangle arithmétique*** au calcul des coefficients des puissances entières du binôme, à la combinatoire, ainsi qu'au problème des paris (calcul de probabilité élaboré en correspondance avec le mathématicien Fermat).

Après la nuit mystique de 1654, il projette une apologie du christianisme ébauchée en 1655 dans l'***Entretien avec M. de Sacy sur Épictète et Montaigne***. Il publie sous un pseudonyme dix-huit lettres polémiques (***Les Provinciales***) sur la grâce et la morale* pour défendre le jansénisme de Port-Royal contre la casuistique des Jésuites. Il s'occupe de théologie : ***Écrits sur la grâce***, et de méthodologie : ***De l'esprit géométrique***. Entre 1657 et 1659, il parvient à calculer la surface comprise sous la courbe nommée roulette ou cycloïde (***Lettre de A. Detonville avec Traité des sinus du quart de cercle***). Enfin, de 1658 jusqu'à sa mort en 1662, toujours malade, il accumule notes et fragments destinés à son Apologie : les **Pensées**.

Son œuvre semble s'éparpiller dans des directions divergentes :
1 — Les contributions mathématiques* montrent, outre une extrême précocité, un effort de systématisation et de clarification. Mais une prédilection pour la géométrie et un refus des formules algébriques au profit de l'intuition l'empêchent de généraliser ses découvertes sur le binôme et de développer le calcul infinitésimal.
2 — Sa physique* révèle une grande ingéniosité expérimentale et un sens aigu de l'application technique* (projet de presse hydraulique).
3 — La théologie et la philosophie ne sont jamais étudiées pour elles-mêmes, mais utilisées dans un but polémique et apologétique. Épictète (stoïcien, donc croyant trop en l'homme) et Montaigne* (sceptique, donc doutant trop de l'homme) témoignent de l'échec de toutes les philosophies : seule la religion* chrétienne peut réconcilier leur image antithétique de l'homme à la fois grand et misérable.

On a interprété cette diversité dans le sens d'une opposition à Descartes*. La **Préface** au *Traité du vide* (et la XVIIIe lettre des **Provinciales**) classe les sciences* selon leur objet et leur principe de connaissance* : les choses surnaturelles sont connues par le cœur[1] — écriture et religion — ; les choses naturelles par le raisonnement et l'expérience*. Chaque principe ne peut légiférer que dans son domaine ; si la physique se trouve ainsi libérée de l'autorité religieuse, la théologie demeure soustraite à la raison*. **De l'Esprit de géométrie**, qui montre le privilège de la méthode* géométrique (axiomes, règles et définitions de démonstrations), dans les choses humaines, indique que ces deux ordres ne sont pas sans rapports : l'impossibilité de définir les premiers termes et de montrer les premiers principes et axiomes fournis par la lumière naturelle conduit à ancrer l'ordre géométrique dans l'ordre du cœur. La grâce d'un Dieu* caché est l'ultime juge en toutes choses.

> P. Ernst, **Approches pascaliennes,** Gembloux, Duculot, 1970 ; J.-P. Fanton d'Anton, **L'Horreur du vide,** Paris, Éd. du CNRS, 1978 ; H. Gouhier, **Blaise Pascal, Commentaire,** Paris, Vrin, 1966 ; P. Magnard, **Nature et histoire dans l'apologétique de Pascal,** Paris, Les Belles Lettres, 1975 ; L. Marin, **L'Ordre du discours,** Paris, Minuit, 1976 ; E. Morot-Sir, **La Métaphysique de Pascal,** Paris, PUF, 1973 ; Ph. Sellier, **Pascal et Saint-Augustin,** Paris, Colin, 1970.

---

[1]. C'est-à-dire l'intuition, par opposition à la raison ; Pascal emploie parfois le mot *intelligence* dans le même sens.

Passion

Traditionnellement, la passion conserve son rapport étymologique à la passivité ; pour le sujet* humain, être passionné, c'est subir.

Le dualisme millénaire qui imprègne la philosophie et la morale* a décidé du lieu où surgissait la passivité dans un sujet défini par sa liberté* : elle est action incontrôlée du corps* sur l'esprit*. C'est pourquoi l'éducation* morale*, selon une problématique issue du stoïcisme*, visait à instaurer la maîtrise de soi, la victoire de la volonté* et de la raison* sur le désir* et la concupiscence. En mettant en question le bien-fondé du dualisme, en concevant que l'essentiel d'un homme n'est pas à la disposition de sa pensée consciente, la culture contemporaine change la valeur* morale des passions : elles expriment la réalité profonde de l'être. Concevoir comment s'articulent la passion et la raison suppose notamment que l'on puisse comprendre comment s'articulent l'inconscient et la raison.

> H. Parret, ***Les Passions. Essai sur la mise en discours de la subjectivité,*** Liège, Mardaga, 1986 ; Th. Ribot, ***Essai sur les passions,*** Paris, Alcan, 1912 ; J.-A. Rony, ***Les Passions,*** Paris, PUF, 1961.

Perception

Traditionnellement, on pose le problème philosophique de la perception[1] lorsqu'on met en question cette croyance naïve en l'existence d'objets hors de nous, dont Descartes* dit qu'elle correspond à une *tendance naturelle*. En nous attaquant à l'existence des objets dont nos sens* semblent témoigner, nous sommes conduits à mettre en cause celle de notre propre corps*, conçu comme un élément du monde extérieur et comme l'intermédiaire entre ce monde et nous qui percevons. Nous atteignons ainsi notre connaissance* dont il nous faut dire d'où elle vient, ce qui la fonde et sur quoi elle porte.

---

1. La langue classique entend par *perception* toute connaissance immédiate (on perçoit une idée), il serait donc plus correct de préciser : *Le problème philosophique de la perception sensible,* afin de ne pas confondre *perception* et *sensation*.

Perception

La philosophie part souvent de l'expérience* immédiate de l'individu* qui perçoit ; toute appréhension ne respecte pas nécessairement cette orientation initiale. On peut se placer du point de vue de l'extériorité : le sujet* qui perçoit et le monde extérieur sont considérés comme deux objets observables, la perception est une certaine relation entre les deux, qu'il s'agit de décrire en faisant varier les conditions dans lesquelles on l'observe. Ainsi Wilhelm Weber (1804-1891) et Gustav Fechner (1801-1887) ont pu montrer (1860) que l'intensité de la sensation est proportionnelle au logarithme de l'excitation, fondant, par là même, la psychophysique. Bergson* critique cette loi ; pour lui, la sensation est une donnée immédiate de la conscience, un observateur extérieur ne peut l'atteindre, et, comme elle diffère qualitativement de ce dont elle est sensation, son rapport à l'extériorité ne peut se réduire à l'homogénéité d'une fonction numérique.

1. Les différents problèmes de la perception

On peut résumer ainsi les différents problèmes posés par la perception :

1 — Où se passe la perception ? Est-ce au niveau de l'appareil corporel, ou bien est-ce au niveau réflexif d'une conscience* (âme, pensée...) dont on pose l'existence afin d'expliquer que non seulement on perçoit, mais qu'on perçoit qu'on perçoit, ou bien est-ce au niveau des deux ? Il resterait alors à déterminer le rôle respectif de l'appareil corporel et de la conscience. Dans une étude de la perception, peut-on soit négliger l'étude positive de l'appareil corporel, soit, à l'inverse, dénier à la conscience toute valeur explicative ?

2 — Qui perçoit ? Si on privilégie l'appareil corporel, la question est alors de savoir comment sont unifiées les données sensorielles liées à la diversité des organes des sens. Si on privilégie la conscience, on se donne d'emblée une unité ; reste alors une question : comment cette unité a-t-elle rapport à la diversité du monde sensible ?

3 — Qu'est-ce qui est perçu ? Quand je dis que je perçois quelque chose, quelle est cette chose ? Est-ce une affection corporelle, une image* mentale, ou l'objet lui-même ? Si percevoir un objet, c'est s'en former une image mentale ou corporelle, comment concevoir le rapport de l'un à l'autre, sans former, sinon une image de mon image (on peut admettre que la perception d'une perception est identique à celle-ci), du moins une autre image de l'objet, qui elle-même devra être comparée à une autre image, et ainsi à l'infini ? Dans les mêmes conditions, comment puis-je inférer, à partir d'une perception, qu'il y a

hors de moi quelque chose qui en est la cause* ? Si cette inférence est impossible, comment puis-je savoir seulement qu'il y a un monde ? En outre, comment passer de ma perception à des objets, voire à des images*, qui soient les mêmes pour tous (problème du solipsisme) ? Si cela est impossible, n'est-ce pas la science* qui est impossible ?

4 — Connaît-on quelque chose quand on perçoit ? Une perception est-elle un degré inférieur de la connaissance*, un élément à partir duquel on puisse construire cette dernière[1] ? Donne-t-elle à la connaissance ses objets[2] ? Dans ce cas, quelle est la place des erreurs perceptives ?

2. Les problématiques de la perception

C'est à partir de la notion de sujet* qu'on peut organiser les différentes réponses possibles à ces questions et montrer comment se présentent les problématiques de la perception.

1 — On peut mettre l'accent sur la passivité, la réceptivité d'un être plus ou moins organisé (sujet, âme sensitive, corps*, appareil sensoriel) que sa nature limite à accepter des données élémentaires (sensations) qui s'emparent de lui et commandent son adhésion, et à partir desquelles se construit toute connaissance du monde. Selon le rôle de l'extériorité et la forme de la réceptivité, on peut distinguer trois attitudes :

a — *Passivité absolue du sujet et réalité du monde externe :* la source de la perception réside dans l'activité de la réalité qui informe totalement celui qui perçoit, telle la diffusion continuelle des simulacres d'Épicure*.

b — *Passivité absolue du sujet et immanentisme :* on s'en tient à ce que notre propre conscience* nous présente, sans supposer l'activité d'un sujet, ni aller au-delà de ce qui résulte de cette présentation. Ainsi, Berkeley* adopte une position solipsiste et refuse de distinguer la perception et son objet. Hume* va dans le même sens : nos impressions sensibles sont des données absolues qui ne témoignent, à proprement parler, de rien d'externe.

c — *Activité seconde du sujet et réalité du monde externe :* pour Locke* comme pour Condillac*, notre réceptivité se traduit par un certain témoignage des sens concernant *les objets extérieurs qui*

---

1. Voir *empirisme*.
2. Voir *expérience/expérimentation*.

Perception

agissent sur nous. Ce témoignage n'est qu'un premier moment à partir duquel la genèse d'autres idées se fait par voie de réflexion, grâce à des opérations de l'âme (lesquelles sont, chez Condillac*, des produits de la perception).

Les deux dernières attitudes, ne posant aucune organisation préalable du sujet* percevant, ne font aucune hypothèse physiologique sur le mécanisme perceptif. En posant le parallélisme psychophysique, la psychologie* expérimentale du XIXe siècle n'ajoutait rien de plus, sinon la possibilité d'une observation externe. Le behaviorisme[1], en revanche, rejoint la première attitude et fonde la correspondance entre perception et monde physique* sur le mécanisme physiologique du réflexe ; la perception n'est qu'une modification du comportement sous l'action de causes externes, on n'a pas besoin de poser l'existence d'une conscience* pour en rendre compte. Dans ce cas, l'organisation de l'objet perçu est toujours déjà donnée au niveau des *stimuli*, et on est confronté à des problèmes délicats lorsqu'on découvre une inadéquation entre l'objet perçu et les stimulations objectives (si on présente, par exemple, à différentes personnes des images représentant des visages humains que l'on a systématiquement déformés, les sujets, en majorité, reconnaissent qu'il s'agit de visages).

2 — On peut insister sur l'activité d'un sujet logique* portant son attention sur un objet qui n'est objet que parce qu'il peut être constitué par un sujet (cf. Kant*). Considérée en elle-même, *la sensation n'est qu'un être abstrait* (Lagneau), et la nécessité d'une activité apparaît lorsqu'on interprète le donné sensible comme expression d'une multiplicité chaotique incompatible avec la cohérence du perçu. Dans ce cas, percevoir quelque chose nécessite non seulement le rapport de l'appareil perceptif à des objets (sensation), mais une activité fondatrice de la pensée pure (jugement) ; d'où le nom d'*intellectualisme* que l'on a donné à des doctrines qui, de Platon* à Alain*, vont chercher dans l'unité d'une âme, d'une raison* ou d'un sujet transcendantal la possibilité de la perception. La critique de cette appréhension du percevoir repose sur la reconnaissance d'une organisation propre à celui-ci et irréductible à la pensée abstraite*.

3 — On peut mettre en lumière le rôle d'un sujet sensible qui pose

---

[1]. John Watson (1870-1958) réduit la psychologie à l'étude du comportement (behaviour) observable. Voir son livre : **Le Behaviorisme** (1925).

d'emblée la croyance en la réalité de l'objet hors de nous, en traitant de façon spécifique les informations* externes. La mise en évidence de cette activité interne au sentir lui-même a son origine dans une critique de la psychologie expérimentale du XIXe siècle que Franz Brentano (1838-1917) et Husserl* ont inaugurée en créant la notion d'intentionnalité. Elle s'est développée par l'étude de la structure* interne de la perception effectuée par la psychologie* de la forme (Köhler), puis dans l'interaction des recherches phénoménologiques et psychologiques : les philosophes (Merleau-Ponty*, **Phénoménologie de la perception**) utilisent les résultats et les concepts de la psychologie, les psychologues (Goldstein, Buytendijk) n'hésitent pas à employer des concepts tels que conscience*, vécu, perceptif, etc.

Cela aboutit à remettre en question la relation du sentir aux organes des sens*. On montre que :

a — Les organes de l'appareil sensoriel ne sont pas indépendants bien qu'ils le paraissent anatomiquement (par exemple, Goldstein a montré qu'à la vision d'une certaine couleur correspond une certaine posture : le vert s'accompagne de flexion, le rouge d'extension).

b — L'organisme n'est pas un simple appareil enregistreur conduisant l'information* de la périphérie aux centres nerveux car, dès le départ, il y a mise en forme (le processus est global dès la périphérie). La forme de la perception lui est propre, elle n'est pas réductible aux éléments perçus, c'est-à-dire décomposable en sensations élémentaires (ainsi, dans un dessin complexe, on distingue diverses figures, dont la reconnaissance dépend de la perception de l'ensemble), ni aux propriétés organiques (ainsi, on croirait expliquer la différence entre la perception du haut et du bas par le renversement des objets sur la rétine, mais, en faisant porter à certains sujets des lunettes inversant l'image, Stratton a montré qu'il n'en était rien, puisque ces sujets s'accoutument à ce nouveau renversement). Pour rendre compte de ce caractère global, les psychologues, à la suite de Köhler, parlent de *champ perceptif*.

c — Il faut écarter l'idée d'un parallélisme entre les éléments d'un processus organique et l'organisation ou la constitution du sentir (ainsi, dans la vision binoculaire : *deux* images rétiniennes différentes, mais perception d'*un seul* objet).

C'est d'une véritable transformation de la conception des sens qu'il s'agit. Le sentir doit être défini de façon complexe par : a) une certaine utilisation des organes des sens ; b) un « projet » vital qui relie le sujet* à la réalité ; on comprend ainsi le caractère contraignant des perceptions et leur rapport à l'action ; c) la saisie des significations qui permettent aux qualités sensibles de se coordonner, de se relayer, d'être interprétées, et qui sont vécues à la fois comme inhérentes au sensible et comme déployées par le sujet ; d) une saisie représentative de la réalité à partir d'un critère de référence qui est le corps* propre du sujet.

3. La globalité du processus perceptif

L'activité perceptive concerne la totalité perceptive d'un sujet incarné et engagé dans un monde. Ce qui distingue la perception humaine de la perception animale, c'est ce monde de significations, inhérent au vécu perceptif, et qui n'est pas le même en chacun (cf. Buytendijk, **L'Homme et l'Animal**, 1958, t.f., Paris, Gallimard, 1970). La signification que prend un objet dans la perception dépend du contexte où il se rencontre (un pavé enchâssé dans une chaussée ou utilisé comme arme de jet peut être le même objet, mais n'a pas la même signification) ; elle dépend aussi de la nature physique de l'animal : n'importe quel trait de la réalité externe n'est pas un signal déclenchant une réaction pour n'importe quel animal (la tique ou ixode perçoit seulement la chaleur et une odeur, celle de l'acide butyrique que dégagent les follicules sébacés de tous les mammifères). Comment se constituent les significations ? Quels éléments y sont intégrés pour constituer le monde que déploie l'acte de sentir ? Puisqu'il y a des formes internes au sentir, d'où proviennent ces formes ? La tentation est grande de les interpréter en termes biologiques (et plus seulement physiologiques) ; mais si la perception humaine est dépendante d'un univers de significations, peut-elle être indépendante de l'univers social ? Il y a des peuples qui ne disposent pas de noms pour certaines couleurs que nous désignons : peut-on dire qu'ils les perçoivent ? Quel est le rôle du langage* dans la perception ? Si on fait de l'organisation perceptive un univers de formes fixes données *a priori* (Köhler), comment expliquer le *changement perceptif*, c'est-à-dire la variation des perceptions avec l'âge, les changements sociaux, les situations, etc. ? On remarque que la richesse de la connaissance* dépend de celle de la perception, mais quel est le rapport exact de l'une à l'autre, y a-t-il continuité entre la perception et la science* ? Piaget* propose une genèse des structures* perceptives, selon des processus qui aboutissent à une équilibration terminale ; s'il pose une continuité dans la connaissance, entre les structures perceptives et les structures opératoires abstraites de l'intelligence, il différencie les deux par certaines propriétés formelles (par exemple, réversibilité des secondes). À quoi correspondent exactement cette genèse et cette continuité ? La complexité des problèmes afférents à la perception semble provenir de son caractère de processus global ; à chaque fois, ce qui est en question, c'est tout le rapport de l'homme au monde, voire la problématique définition d'une nature humaine.

L'approche que l'on vient de décrire est parfaitement dominée, quant à ses conséquences philosophiques, dans les travaux de Merleau-Ponty*. Elle suppose que perception humaine et perception animale soient des processus extrêmement différents ; sa conséquence ultime est l'irréductibilité du percevoir humain comme forme de rapport au monde. Chez les psychologues qui en ont fourni les éléments, cette approche n'était pas indépendante d'une connaissance physiologique des appareils perceptifs ; leur thèse essentielle — profondément juste et qui rejetait l'idée empiriste traditionnelle selon laquelle les données des sens* sont élémentaires et premières — était simplement que la perception ne saurait se réduire au fonctionnement des organes (en cela, ils confortaient les premiers aperçus des intellectualistes). Ce refus du réductionnisme élémentaire peut, bien sûr, se traduire dans le postulat d'une intentionnalité ou d'une conscience* irréductibles à l'organisation matérielle de l'être percevant. Ce postulat présente l'inconvénient de bloquer la recherche. Or, depuis une trentaine d'années, l'étude du cerveau et du système nerveux (« neurosciences ») a considérablement progressé, de même que l'analyse des processus physiologiques mis en cause par les activités perceptives. Un autre élément est venu changer l'horizon intellectuel, c'est le développement de l'intelligence artificielle*. On doit se donner pour but technologique la construction d'automates qui voient ou entendent. Il est très vite apparu que ce but (pour la vision, cela implique un automate capable de reconnaître des formes, de se repérer dans un paysage ou parmi des objets donnés en vrac, etc.) supposait que les dits automates fussent capables d'apprentissage. À partir de 1957, F. Rosenblatt élaborait, pour résoudre ce type de problème, la théorie d'un nouveau type d'automate, les perceptrons (***Principles of neurodynamics : Perceptrons and the theory of brain mechanisms***, Washington, Spartan Books, 1962). Un perceptron est une machine* complexe : il est composé d'une couche de

Perception

capteurs, reliés par groupes à une couche de processeurs, eux-mêmes reliés à un analyseur terminal. Par là était inventé un nouveau type de machine informatique qui procédait non plus par séquence comme les machines dont von Neumann avait fait la théorie, mais en parallèle. Ce nouveau concept[1], qui entendait se rapprocher davantage de la structure* du système nerveux (on parle de *neurones* à propos des éléments de ces machines*), allait donner lieu à un nouveau type d'approche en intelligence artificielle* (le connexionnisme). La question essentielle est de savoir comment des réseaux de traitement de l'information* se stabilisent en fonction de l'information qu'ils reçoivent. La recherche dans le domaine de la perception « artificielle » (en particulier, la vision) est actuellement un domaine extrêmement actif. Il est en interaction avec l'étude de la perception humaine, les deux appartenant à ce qu'on nomme aujourd'hui les *sciences cognitives*. De l'approche antérieure, il reste l'idée que la perception dépend d'un traitement approprié de l'information. On est encore loin de la simulation de la vision humaine, ou de la compréhension de tous les mécanismes mis en jeu depuis l'œil jusqu'au système nerveux central. L'approche cognitiviste a eu le mérite de montrer l'extrême complexité des mécanismes perceptifs (la seule vision humaine met en jeu 60 % du cortex cérébral). Il est plus facile de construire un automate qui calcule, que d'en construire un qui voit.

> C. Bonnet (dir.), ***La Perception visuelle,*** Paris, Bibliothèque pour la science, 1984 ; W. Köhler, ***Psychologie de la forme,*** t.f., Paris, Gallimard, 1964 ; I.V. Uexküll, ***Mondes animaux et monde humain,*** t.f., Paris, Denoël, 1965.

Personne

En quelque sens qu'on la prenne, la notion de personne s'oppose à celle de chose : Kant* définissait la personnalité comme la liberté* et

---

1. Dans un ouvrage célèbre, Marvin L. Minsky et Seymour A. Papert (***Perceptrons***, MIT Press, 1969, édition augmentée, 1988) ont démontré que les perceptrons conçus par Rosenblatt souffraient de graves théorèmes de limitation, par suite d'une structure trop simple (une seule couche de processeurs).

l'indépendance à l'égard du mécanisme de la nature entière. C'est pourquoi elle sert essentiellement à qualifier l'homme comme sujet* moral ou sujet de droit* ; quand bien même on parle de *personne physique*, on désigne exclusivement par là le corps* d'un homme en tant qu'il est la manifestation de sa personne morale et juridique (les bêtes ne pourraient être qualifiées de *personnes physiques* que si on les considérait comme des *personnes morales*). Une *personne juridique* est l'être qui possède des droits, et des devoirs déterminés par la loi, elle ne correspond pas nécessairement à une *personne physique* (on dit dans ce cas *personne morale* : l'État*, par exemple, est une *personne morale*, c'est-à-dire non identique à une *personne physique*).

C'est autour du fondement moral de la personnalité que se sont constituées les diverses élaborations du concept. Considérer l'homme en tant que personne, c'est affirmer que les rapports inter-humains sont des rapports entre des individus libres et conscients, dignes de respect. L'étude psychologique prend pour objet les conditions de cette personnalité (notamment la fonction psychologique par laquelle un individu se considère comme un sujet* unique et permanent). Le personnalisme d'Emmanuel Mounier (1905-1950 ; voir le ***Manifeste au service du personnalisme***, 1936) est une philosophie qui prend pour principe de réflexion l'insertion de la personne dans la société* et dans le monde.

> Association des amis d'Emmanuel Mounier, ***Le Personnalisme d'Emmanuel Mounier : hier et demain, pour un cinquantenaire,*** Paris, Seuil, 1985 ; L. Jerphagnon, ***Qu'est-ce que la personne humaine ?,*** Toulouse, Privat, 1961 ; J. Lacroix, ***Le personnalisme : sources, fondements, actualités,*** Lyon, Chronique sociale, 1981 ; E. Mounier, ***Manifeste au service du personnalisme,*** Paris, 1936, rééd. in *Œuvres*, 4 vol., t. I, ***1931-1939,*** Paris, Seuil, 1961 ; ***Le Personnalisme,*** Paris, 1951, 14e éd. PUF, 1985 ; C. Moix, ***Problèmes du personnalisme,*** Paris, 1952 ; M. Nédoncelle, ***La Réciprocité des consciences,*** Paris, 1942 ; ***Intersubjectivité et Ontologie : le défi personnaliste,*** Louvain, Nauwelaerts, 1974 ; L. Sève, ***Marxisme et théorie de la personnalité,*** Paris, Éd. Sociales, 5e éd., 1985.

Philosophie analytique

On désigne par là l'un des courants de la philosophie contemporaine, plus spécialement anglo-saxonne, et dont l'origine est sans conteste l'œuvre de Russell*.

Philosophie analytique

Ce dernier remarquait que la philosophie n'est pas une démarche déductive comme la science* (mathématique*), mais que, compte tenu du fait que certaines des prémisses adoptées dans la démarche scientifique sont moins évidentes que leurs conséquences, elle consiste plutôt à remonter à partir des conséquences vers les prémisses dont il s'agit d'établir la certitude. Par là, l'analyse augmente la connaissance*, elle conserve son sens classique de démarche régressive et sa valeur métaphysique. Les partisans du *positivisme logique** refusent au contraire tout rôle cognitif à la philosophie et font de l'analyse la recherche des structures* logiques* du langage* scientifique. Le second Wittgenstein* et les partisans de la *philosophie du langage ordinaire* s'efforcent à l'inverse de mettre au jour les lois de l'usage du langage quotidien.

> R.R. Ammerman (dir.), **Classics of Philosophical Analysis,** New York, McGrave Hill, 1965 ; L. Beck (dir.), **La Philosophie analytique,** Paris, Minuit, 1962 ; M. Black (dir.), **Philosophical Analysis,** Englewood Cliffs, Prentice Hall, 1950 ; J.O. Urmson, **Philosophical Analysis. Its development between the two world wars,** Oxford, The Clarendon Press, 1956.

Physique

Étymologiquement (voir *Présocratiques*), la physique est *l'étude de la nature*, c'est-à-dire une réflexion sur ce qu'elle est, sur sa place dans la réalité, sa structure* générale et les rapports de ses éléments (notamment, ceux de la matière* inerte et de la matière vivante). Cela suppose que l'objet de la physique se détermine dans une opposition radicale : pour l'Antiquité, Aristote* notamment, la nature est un certain type de cause*, immanente aux êtres mêmes, à la différence des agents humains producteurs d'un monde artificiel. C'est avec l'élaboration des lois du mouvement local que la connaissance* de la nature parvient, au XVIIe siècle, au statut que nous lui connaissons aujourd'hui. Il fallut renverser l'aristotélisme et supposer, notamment, l'analogie des processus naturels et des processus techniques*[1] et la possibilité de rendre compte des deux en termes mathématiques*. Voir *Aristote, Einstein, Galilée, Newton.*

---

1. Pour l'Antiquité, l'art (la technique comme les beaux-arts) imite la nature ; pour la pensée moderne (cf. Descartes*), la nature procède comme procèdent les machines* simples.

Physique

On peut définir la physique moderne comme l'étude de la matière*, des propriétés et des lois qui la régissent, dans son interaction avec la structure de l'espace-temps*. L'autonomie de la physique se remarque en ce que les dernières grandes *philosophies de la nature* ou bien déploient des discours bariolés, ne possédant aucune valeur* cognitive (Fichte, Schelling), ou bien tentent de reprendre dans les catégories rigides d'un discours philosophique original le discours même de la science* (ainsi Hegel* essaie-t-il de reproduire la mécanique newtonienne en termes dialectiques).

Pour la théorie* de la connaissance*, la physique possède un statut particulier ; en étant connaissance de quelque chose d'extérieur au sujet* de la connaissance, en étant la première discipline de ce type à remporter d'éclatants succès, elle a pu apparaître par sa méthode* (voir *expérience/expérimentation, Condillac*) comme le modèle même de la science (voir *positivisme*). De plus, en se présentant comme connaissance rationnelle (en partie axiomatique*) des êtres constituant le monde, elle a pu apparaître comme la connaissance fondamentale de la réalité, à partir de laquelle il serait possible de construire toute connaissance des phénomènes. La thèse du mécanisme exprime cette idée : est mécaniste toute pensée posant que tous les phénomènes observables (notamment la vie*) doivent pouvoir s'expliquer en dernier lieu par les relations de cause* à effet, que la physique théorique décrit entre les corps* constituant l'univers. Ce physicalisme radical a été confirmé sur bien des points (par exemple, la physique atomique permet de comprendre les propriétés chimiques des éléments).

Il doit cependant être corrigé par deux remarques essentielles. Tout d'abord, les sciences humaines* se sont déployées sans reprendre le modèle physique et en construisant des objets spécifiques. Ensuite, l'histoire* récente de la physique interdit qu'on lui puisse encore attribuer une valeur ontologique universelle ; il n'y a pas *une* physique mais *des* physiques qu'il a été, jusqu'à présent, impossible d'unifier dans une conception globale de l'univers. La mécanique newtonienne est la science des phénomènes à grande échelle, dont la vitesse est petite par rapport à celle de la lumière ; la théorie* restreinte de la relativité vaut pour les phénomènes à grande échelle et à grande vitesse, la théorie généralisée vaut pour la gravitation. La physique quantique explicite les phénomènes à très petite échelle, mais se trouve obligée d'accorder à ces phénomènes des propriétés ondulatoires et corpusculaires, ainsi que de nier la conception classique du

Physique

déterminisme (voir *cause/causalité*). Aux problèmes philosophiques traditionnels posés par la connaissance* du réel et le fondement de la physique (voir *Kant, Russell, Carnap*), s'ajoute aujourd'hui celui de l'unité de notre conception de la réalité. Une solution épistémologique est donnée par la relativisation de la notion d'objet à chaque science* particulière (voir *objectivité*) et la régionalisation du savoir (voir *Bachelard*) : mais un relativisme ontologique est-il acceptable, et serait-il autre chose que de l'idéalisme* ?

L'unité de la physique demeure le principe heuristique qui oriente la recherche sur les particules élémentaires (bosons, fermions, quarks, etc.). Une particule élémentaire se manifeste comme un objet sans structure interne (à l'échelle de 10^{-16} centimètres, dimension au-dessous de laquelle nous ne disposons d'aucune information expérimentale fiable), insécable et muni de nombres quantiques. Selon sa nature, une particule est sensible aux quatre différentes forces ou interactions fondamentales connues (électromagnétiques, gravitationnelles, faibles et fortes). Le problème est d'unifier ces quatre interactions. La cosmologie — théorie* de l'univers — conduit souvent à admettre qu'au départ (moment du *Big Bang*), il n'y avait qu'une force unique qui se serait progressivement scindée. Aucune des tentatives d'unification n'a jusqu'ici abouti à des résultats empiriquement testables[1].

---

1. Cette définition indique que, du simple point de vue du domaine d'objets, le recoupement avec l'ancien domaine de la *phusis* aristotélicienne ne se fait pas sans reste. Ce reste fait signe vers deux secteurs : a) celui de la vie* ; jusqu'à la fin du XIXᵉ siècle, on préférait réserver le nom de *mécanique* à ce que nous nommons aujourd'hui *physique* et utiliser la racine grecque pour ce qui concerne la vie (physiologie) : voir *biologie* ; b) celui de la chimie ; la mécanique newtonienne ne permettait pas d'étudier toutes les propriétés de la matière*, en particulier son existence sous forme de diverses substances susceptibles d'interactions et de combinaisons. Il fallut attendre la génération de Lavoisier (1743-1794) pour que la chimie se développe de façon cohérente, adopte une nomenclature rationnelle et parvienne à une conception claire du rôle de l'oxygène. Voir F. Dagognet, ***Tableaux et langages de la chimie,*** Paris, Seuil, 1973 ; G. Bachelard*, ***Le Pluralisme cohérent de la chimie moderne***, Paris, 1932, 2ᵉ éd. Vrin, 1973 ; L. Scheler, ***Antoine-Laurent de Lavoisier et le principe chimique,*** Paris, 1964. On peut retenir la définition que donnait A. Baumé de la discipline en 1774 : *La chimie a pour objet la connaissance, l'analyse et la combinaison des éléments de la Nature. Cette science n'a d'autres bornes que celles de la Nature elle-même, c'est-à-dire qu'elle n'en a point* (***Chimie expérimentale et raisonnée***). La chimie est l'un des domaines scientifiques les plus engagés dans la production industrielle moderne. Voir F. Aftalion, ***Histoire de la chimie,*** Paris, Masson, 1988. Si la biologie* et la chimie ont construit des objets, des concepts et des méthodes* propres, la théorie* fondamentale de la matière est élaborée par la physique.

> H. Andrillat, **Introduction à l'étude des cosmologies,** Paris, Colin, 1970 ; L. Chambadal, **Dictionnaire de mathématiques,** Paris, Hachette, 1981 ; G. Cohen-Tannoudji & M. Spiro, **La Matière espace-temps,** Paris, Fayard, 1986 ; M. Crozon, **La Matière première : la recherche des particules fondamentales et de leurs interactions,** Paris, Seuil, 1987 ; P. Duhem, **L'Évolution de la mécanique,** Paris, A. Joanin et Cie, 1903 ; **Essai sur la théorie physique de Platon à Galilée,** Paris, Hermann, 1908 ; **Le Système du monde. Histoire des doctrines cosmologiques de Platon à Copernic,** 10 vol., Paris, Hermann, 1914-1959 ; A. Einstein et L. Infeld, **L'Évolution des idées en physique,** t.f., Paris, Flammarion, 1938 ; J. Merleau-Ponty, **Cosmologie du XXe siècle,** Paris, Gallimard, 1965 ; J.-P. Sarmant, **Dictionnaire de physique,** Paris, Hachette, 1981 ; L. Salem (dir.), **Le Dictionnaire des sciences,** Paris, Hachette, 1989 ; R. Taton (dir.), **Histoire générale des sciences,** Paris, 4 vol., PUF, 1957 ; S. Weinberg, **Les Trois Premières Minutes de l'univers,** t.f., Seuil, 1978 ; **Le Monde des particules, de l'électron aux quarks,** Paris, Belin, 1985.

PIAGET (Jean)

Né en 1896 à Neuchâtel, docteur en zoologie en 1920, il découvre la philosophie à travers la lecture de Bergson*, Spencer et Le Dantec. Des études de psychologie*, de psychiatrie (avec Lipps, Bleuler, Wreschner, Janet, Binet) et de philosophie (avec Lalande et Brunschvicg) lui permettent de découvrir un domaine spécifique : la psychologie génétique. Il mène ses recherches à l'Institut Jean-Jacques Rousseau de Genève, où il devient (1921) le collaborateur du psychologue Édouard Claparède (1873-1940). Paraissent alors les premiers ouvrages marquants : **Le Langage et la Pensée chez l'enfant** (1923), **Le Jugement et le Raisonnement chez l'enfant** (1924), **La Représentation du monde chez l'enfant** (1926). En 1925, il succède à Reymond dans la chaire de philosophie de Neuchâtel, puis enseigne à la faculté des sciences de Genève (1929). Codirecteur de l'Institut Jean-Jacques Rousseau, il a la charge du Bureau international de l'éducation et publie **La Causalité physique chez l'enfant** (1927), **Le Jugement moral chez l'enfant** (1932). L'étude du comportement de ses propres enfants donne lieu aux ouvrages les plus déterminants : **La Naissance de l'intelligence chez l'enfant** (1936), **La Construction du réel chez l'enfant** (1936-1937). Les publications ultérieures se font avec l'aide de collaborateurs (Alina Szeminska, Bärbel Innelder, Albert Morf), lorsqu'en 1940 Piaget prend la tête de l'Institut J.-J. Rousseau. **Le Développement des quantités physiques chez l'enfant** (1941), **La Genèse du nombre chez l'enfant** (1941), **Classes, relations et nombres** (1942), **La Formation du symbole chez l'enfant** (1945), **Les Notions de mouvement, de vitesse chez l'enfant** (1946), **Le Développement de la notion de temps chez l'enfant** (1946), **La Représentation de l'espace chez l'enfant** (1948), **La Géométrie spontanée** *de l'enfant* (1948) constituent une étude systématique des « catégories » logiques particulièrement mises en œuvre durant la scolarité. **Le Traité de logique** (1949) explicite la genèse des structures* logiques* fondamentales, reprise dans l'***Introduction à l'épistémologie génétique*** (1950). Professeur à la Sorbonne (1952), il fonde (1955) le Centre international d'épistémologie* génétique où collaborent logiciens, biologistes, mathématiciens et psychologues. ***Biologie et Connaissance*** (1967), ***Logique et Connaissance scientifique*** (1967)[1], ***Le Structuralisme*** (1968) s'inscrivent dans ce courant ininterrompu d'explicitation d'une psychologie opératoire ayant pour tâche de mettre en œuvre une théorie du sujet* connaissant. Piaget est mort en 1980, alors qu'il venait de soutenir une polémique contre l'innéisme* de Chomsky*.

1. Depuis Descartes* jusqu'à Husserl* et Merleau-Ponty*, la théorie* de la connaissance* recherche dans l'activité réflexive du sujet le fondement de celle-ci. Piaget refuse cette approche « philosophique »[2] : la théorie de la connaissance doit employer les résultats et les méthodes* des sciences* dont elle fait partie, elle ne peut donc négliger l'expérience*. Il en résulte que la psychologie* constitue la voie royale de l'épistémologie.

2. Psychologie génétique

La définition que Piaget donne de l'intelligence* (forme la plus générale de la coordination des actions ou des opérations) correspond à une conception tout à fait originale de l'activité cognitive. L'intelligence n'est pas une forme fixe appartenant au sujet*, elle n'est pas non plus constituée par les impressions que causerait sur un sujet passif le monde externe ; elle est le produit d'une genèse reflétant l'interaction du sujet et de son milieu, et s'échelonnant en différents

---

1. Ouvrage collectif constituant un tome de l'***Encyclopédie*** de la Pléiade.
2. En 1965, Piaget a publié un petit livre, ***Sagesse et illusions de la philosophie***, réédité avec un postface en 1968, où il expose de façon polémique ses critiques à l'égard de la philosophie. Par *philosophie*, il entend : 1 — Ce qui correspond au *métier universitaire* permettant à certains individus de parler sur tout sans formation scientifique préalable. 2 — Plus particulièrement, le courant phénoménologique qui entend développer une psychologie réflexive et transcendantale (la lecture de Merleau-Ponty* lui *a produit une impression ahurissante*). S'il dénie toute valeur cognitive à la philosophie, faute d'instruments de vérification (c'est pourquoi il rejette les courants précédents), il lui accorde un rôle subordonné qui consiste en : 1 — coordination rationnelle des valeurs* (notamment morales et épistémologiques), c'est-à-dire sagesse ; 2 — position de problèmes qui trouveront une solution scientifique, c'est-à-dire rôle réflexif ; 3 — solutions provisoires de problèmes vitaux quand ils n'ont pas de solutions scientifiques c'est-à-dire rôle anticipateur (l'illusion* est de croire qu'elles ont valeur de connaissance).

stades et périodes[1] dont l'intégration successive est rendue possible par les conditions biologiques du développement.

1 — Période de l'intelligence* : la période sensori-motrice (allant de la naissance à dix-huit/vingt mois) trouve son point de départ dans une totalité d'ordre biologique. Les périodes succédant à la période sensori-motrice — préparatoire (jusqu'à sept/huit ans), d'acquisition des opérations concrètes (jusqu'à onze/douze ans), d'abstraction (jusqu'à l'âge adulte) — permettent une différenciation et une intégration de plus en plus grandes des systèmes structuraux grâce à la fonction symbolique, la mise en place des mécanismes opératoires (notion de conservation, structures* logico-mathématiques*, construction de l'espace, du temps*, de la vitesse) et celle des opérations formelles hypothético-déductives. Dans la constitution progressive de l'objectivité* qui gouverne le passage d'une période à une autre, les opérations logico-mathématiques constituent les instruments mêmes de la structuration. On comprend alors que la logique* puisse être *l'expression des coordinations opératoires nécessaires à l'action*, que l'abstraction réfléchissante, dont la caractéristique est d'être tirée non pas des objets, mais des actions, soit un concept fondamental. En intégrant la coordination des actions et des opérations et leur mise à distance par un sujet*, elle rend cohérentes les relations entre les formes et les normes.

2 — Les conditions biologiques du développement de l'intelligence peuvent être décrites par trois concepts :

a — *L'assimilation :* ouvert sur le milieu, l'organisme requiert de la part du sujet sollicité par des besoins une adaptation purement fonctionnelle. Les réflexes constituent les premiers schèmes d'assimilation, c'est-à-dire les premiers *instruments de généralisation qui permettent de dégager et d'utiliser les éléments communs à des conduites analogues successives.* L'objet qui apparaît dans le champ sensible (exemple : le mamelon) est par l'action (geste de préhension) intégré à l'organisme sans que la structure de départ soit détruite ; l'assimilation de l'objet suscite une nouvelle forme d'organisation structurelle permettant de passer sans discontinuité de l'exercice réflexe à la répétition à vide.

---

1. Une période (ex. sensori-motrice) comprend plusieurs stades : I — exercice des réflexes ; II — premières habitudes ; III — premiers apprentissages ; IV — coordination des schèmes ; V — découverte de moyens nouveaux ; VI — invention de moyens nouveaux par combinaison mentale.

b — *L'accommodation :* définie comme *toute modification des schèmes d'assimilation sous l'influence des situations extérieures auxquelles ils s'appliquent.* L'organisation des différents schèmes d'action régie par la distinction moyen/fin conduit à l'intelligence* pratique, capacité pour un sujet* d'utiliser dans une situation objective nouvelle les schèmes d'action expérimentés et différenciés. L'activité expérimentale se poursuit par la mise en œuvre de nouveaux schèmes aboutissant à la conception d'une réalité extérieure aux actions et à laquelle celles-ci se rapportent.

c — *L'équilibration* constitue précisément ce processus de coordination expérimentale. Elle régit la psychogenèse tout entière, puisque *l'intelligence constitue l'état d'équilibre vers lequel tendent toutes les adaptations successives d'ordre sensori-moteur et cognitif, ainsi que tous les échanges assimilateurs et accommodateurs entre l'organisme et le milieu.*

3. L'épistémologie* génétique

La connaissance* est une relation entre un sujet et un objet, mettant en jeu des structures* qu'étudie la logique*. Piaget nomme *épistémologie* la théorie* de la connaissance. La définition en est difficile car le sujet intéresse la psychologie*, et l'objet chacune des diverses sciences*[1]. On ne peut la définir comme l'étude des conditions les plus générales de la pensée, car on méconnaîtrait la multiplicité des formes de connaissance. En première approximation, l'épistémologie est l'étude de la constitution des connaissances valables, le terme de *constitution* recouvrant à la fois les conditions d'accession et les conditions proprement constitutives. Le terme d'*accession* indique que la connaissance est un processus ; en outre, les *conditions constitutives* devant notamment comporter une étude du rôle du sujet peu visible dans la connaissance achevée, mais s'imposant dans les périodes de formation, la connaissance des conditions d'accession est un préalable indispensable. Ce point conduit Piaget à insister sur l'importance des méthodes* historico-critiques et

---

1. D'où l'idée de remplacer les classifications linéaires des sciences, comme celle de Comte*, où la place respective du sujet et de l'objet fait difficulté, par un système cyclique : *Pour fonder la logique et les mathématiques, il faut bien, sous une forme ou une autre, recourir au sujet et, pour construire une science du sujet, il faut recourir à la biologie, donc également à la physique et aux mathématiques.*

génétiques en épistémologie, et à définir, en seconde approximation, l'épistémologie* (génétique) comme l'*étude du passage des états de moindre connaissance aux états de connaissance plus poussée* (définition équivalente à la précédente, si on admet que la constitution des *connaissances valables* n'est jamais achevée). Comme les périodes de l'intelligence*, les étapes de la connaissance* scientifique sont intégrées dans un processus de restructuration continuelle avec le passage d'une pratique opératoire à une autre. L'épistémologie génétique, volontiers psychologiste, en négligeant les ruptures, les obstacles, les impasses, les erreurs, n'est-elle pas vouée d'emblée à ne jamais pouvoir ressaisir le processus réel par lequel la science* se constitue, puisque l'histoire* est le mode spécifique complet du développement de la chose dont on dit qu'elle a une histoire ? Plutôt qu'une épistémologie *génétique*, ne serait-ce pas une épistémologie *historique* qui donnerait le véritable point de vue sur le développement de la science[1] ?

A.M. Battro, **Dictionnaire d'épistémologie scientifique,** Paris, PUF, 1966 ; R. Droz & M. Rahmy, **Lire Piaget,** Bruxelles, Dessart, 1972 ; M. Piatelli-Palmerino (dir.), **Théories du langage/Théories de l'apprentissage. Le débat Chomsky/Piaget,** Paris, Seuil, 1979.

PLATON

Né à Athènes vers 427 av. J.-C., d'une famille illustre, il est sans doute le plus célèbre des philosophes : il est le premier à avoir fondé une école importante et à laisser une œuvre considérable dont l'essentiel a survécu au cours des siècles. Il fut pendant dix-huit ans l'élève de Socrate* ; après la condamnation de celui-ci, il voyagea en Grèce, en Égypte, en Italie, et se familiarisa avec les mathématiques*. C'est durant cette période (399-387) qu'il composa les dialogues où son maître tient la plus grande place (**Hippias mineur, Alcibiade, Apologie de Socrate, Euthyphron, Criton, Hippias majeur, Charmide, Lachès, Lysis, Protagoras, Gorgias, Ménon**). Sa vie est ensuite occupée par des voyages en Sicile (387, 367, 361) et des séjours à Athènes. Au retour de son premier voyage, il ouvre

---

1. Voir *Bachelard*.

PLATON

l'Académie, achève la rédaction de la ***République*** (380-375), et écrit de nombreux dialogues (***Phédon, Banquet, Phèdre, Ion, Ménéxène, Euthydème, Cratyle***) ; après son deuxième voyage, il compose une autre série (***Théétète, Parménide, Sophiste, Politique, Philèbe***) ; et, après son troisième voyage, il écrit encore le ***Timée***, puis le ***Critias*** et les ***Lois*** que sa mort, en 347, laissent inachevées[1]. À cette œuvre immense, il faut ajouter treize ***Lettres***.

L'influence de Platon fut grande (l'Académie ne sera fermée qu'en 529) ; Aristote*, qui a été son élève, bien qu'il fonde une école rivale, en reste à maints égards le continuateur ; les Pères de l'Église, saint Augustin*, construisent leur doctrine à partir du platonisme et du néoplatonisme de Plotin*. Si le Moyen Âge est essentiellement aristotélicien, la traduction latine des dialogues, au XVe siècle, marque un regain de la doctrine et, au XIXe siècle, Nietzsche* s'attache encore à renverser le platonisme.

1. Les dialogues de la première période reprennent les préoccupations éthiques de Socrate ; ils mettent en scène des personnages qui discutent pour répondre à des questions *(comment former de bons citoyens ? la vertu peut-elle être enseignée ?)*, ou cherchent à définir certaines notions : le courage (***Lachès***), la sagesse (***Charmide***), le beau (***Hippias majeur***), le juste (livre I de la ***République***, le plus ancien), la piété (***Euthyphron***). Le but même de cette recherche détermine l'orientation de la philosophie platonicienne, et il est parfaitement défini dans ces quelques mots que Socrate* adresse à Euthyphron : *Je ne t'ai pas demandé de me montrer un ou deux exemples de la multitude des actions pieuses, mais de me faire voir précisément cette* forme *ou* essence *en vertu de laquelle toutes les conduites pieuses sont pieuses, afin que, tournant mes regards vers elle et la prenant pour paradigme* (modèle), *je puisse déclarer pieuse ou non telle action accomplie par toi ou par un autre*. Ce que les protagonistes essaient d'atteindre, c'est donc l'essence d'une chose, c'est-à-dire à la fois ce qui fait que cette chose est telle ou telle, et qu'on la comprend comme telle ou telle. L'essence de la piété est unique, et on la doit retrouver dans tout ce qui est dit *pieux*. L'essence est donc un être stable et universel. Par conséquent, quand on possède la science* de quelque chose, c'est l'essence de cette chose que l'on possède. L'essence n'a pas le même type d'être que ce qui se

---

1. Cette chronologie des œuvres est purement indicative : sur bien des points, les spécialistes ne sont pas d'accord. Il est probable que la ***République*** ait été rédigée en plusieurs fois ; il est en outre difficile d'évaluer le rôle d'un enseignement oral abondant.

rencontre dans la sensation, puisque le sensible est multiple et soumis perpétuellement au devenir ; c'est pour l'avoir remarqué que Platon est le père de l'idéalisme*.

En identifiant l'essence à l'idée, il en fait :

1 — une réalité distincte du monde sensible, comme de l'esprit* humain ;

2 — une réalité immuable et éternelle ;

3 — une réalité dont seule la connaissance* peut être dite *connaissance* ;

4 — une réalité qui est, en quelque façon, cause de tout ce qui, hors d'elle, peut y être rapporté. C'est pourquoi à la question : *Qu'est-ce que l'Être ?*, le platonisme répond que, ce qui véritablement est, c'est le monde des Idées, par opposition au monde sensible qui possède seulement l'apparence de l'Être.

2. La théorie* platonicienne des Idées

Si elle est un type de réponse à la question du fondement de la connaissance, elle soulève un certain nombre de difficultés auxquelles justement la philosophie platonicienne s'efforce de répondre :

1 — De quoi y a-t-il idée ? C'est dans le **Parménide** que Platon lui-même pose la question. Ne doit-on pas dire qu'il y a idée de tout ce qui est pensable, de tout ce qui se révèle être stable et susceptible, par exemple, d'être le sens* d'un mot ? Mais y a-t-il des idées pour les matières viles, les objets de fabrication humaine, le genre, l'individu*, la relation, le sujet*, les prédicats, les qualités négatives ? Deux choses sont à éviter : penser, avec les partisans du sensible, que tout est et est vérité* ; penser, avec les partisans de l'éléatisme (voir *Présocratiques*), que seul est ce qui est, et que le Non-Être n'est pas. Si la théorie des Idées exclut par définition la première solution, ce n'est que dans le **Sophiste** que Platon rompt avec la seconde : il faut reconnaître au Non-Être un certain être, car quelque chose n'est qu'en n'étant pas autre chose. Les genres suprêmes de l'Être sont donc le Même et l'Autre, l'identité et l'altérité.

2 — Quel rapport y a-t-il entre le monde sensible et le monde des Idées ? Dès les premiers dialogues, ce rapport est pensé comme participation ; sous ce nom, Platon reprend le thème pythagoricien qui fait du sensible une imitation de l'intelligible. Le sensible participe à l'idée, en ce que l'idée lui donne être et détermination. À partir du **Théétète** et du **Sophiste**, la participation du sensible aux formes

doit elle-même être rendue possible par la participation des formes aux formes (composition des genres). L'originalité de Platon est sans doute de penser cette participation à l'aide de la causalité ; dans le **Philèbe**, chaque sensible est un mixte, un composé de limité et d'illimité dont l'unité a pour cause l'âme ; dans le **Timée**, la causalité est encore triple : il y a la matière*, cause errante et indéterminée, identifiée à l'espace[1], les idées, modèles et formes, et le Démiurge, ouvrier divin, qui crée le monde sensible en imprimant à la matière les formes qu'il contemple dans le monde des Idées. Que l'univers soit conçu sur le modèle du vivant dont l'unité est âme, ou à partir d'une intelligence transcendante, une chose est certaine : le platonisme ne peut s'achever que dans une cosmologie.

3 — Comment pouvons-nous passer du monde sensible au monde des Idées ? Pour connaître, il faut donc connaître le monde des Idées ; cela est possible parce que l'âme humaine est, par nature, semblable à l'idée, et qu'avant d'être incarnée, elle a contemplé le monde des formes éternelles. On connaît à l'occasion du sensible, mais c'est parce qu'alors se réveille en nous la réminiscence de la forme (cf. le **Ménon**). Il est donc essentiel d'échapper au sensible : c'est ce qu'au livre VII de la **République** exprime le célèbre *Mythe de la Caverne*. Semblables à des prisonniers enchaînés au fond d'une caverne, qui ne saisissent du monde que les ombres que le soleil en projette sur le mur de la caverne, il nous faut briser nos chaînes, fuir les apparences trompeuses pour retrouver dans la lumière la réalité qui les suscite. Notre monde sensible est au monde des Idées ce que l'image* sur le miroir est à la réalité ; et c'est le même rapport que l'opinion possède avec la science*. Il faut donc envisager une hiérarchie des êtres et une hiérarchie de la connaissance*. Si l'image est au réel ce que le réel est à l'idée, Platon pense aussi qu'entre le réel et l'idée, il y a le monde des essences mathématiques*. La raison* mathématique est bien connaissance du réel, mais, fondée sur des hypothèses, elle ne saurait rendre raison d'elle-même ; en s'élevant de l'image au réel, du réel aux mathématiques, c'est-à-dire de l'imagination à la sensation, et de la sensation à la raison, l'âme n'atteint pas le monde de l'idée. Il lui faut

---

1. C'est la pensée d'un espace indifférent à son contenu qui permet ici de comprendre le rapport du sensible à l'intelligible ; mais le fait même que Platon conçoit pour le sensible un temps* qui n'est pas indifférent à son contenu, car il est devenir du sensible lui-même, ne rend-il pas problématique le rapport du sensible en devenir à l'intelligible éternel ?

encore posséder l'intuition intellectuelle du principe dernier, anhypothétique (qui ne dépend pas d'une hypothèse), qui, étant la raison de tout, est comme le soleil du monde des Idées. La démarche par laquelle on atteint l'idée est ce que Platon nomme *dialectique* ; la dialectique est double : régressive, en remontant d'hypothèse en hypothèse, elle permet d'arriver à l'anhypothétique, qui est le Bien ; progressive, elle permet, en redescendant de l'anhypothétique, de saisir ensemble l'unité de l'idée et la diversité du sensible.

3. La politique

C'est une des données essentielles de la philosophie de Platon ; des raisons historiques en expliquent la place, le contenu de l'évolution[1]. On peut résumer ainsi les problèmes essentiels : *Que pourrait être une cité juste ? Quelle est la meilleure forme de gouvernement ?* La solution de ces problèmes est inséparable de la réponse à d'autres questions : *Comment peut-on être heureux ? Comment acquiert-on la vertu ? Quelle science possède l'homme politique ?* L'idéalisme* oriente les réponses possibles : le bien est une idée, il s'ensuit que la justice dépend de la connaissance* (*nul n'est méchant volontairement :* le mal, c'est l'ignorance), et que tout adviendra pour le mieux dans la cité si celui qui connaît le Bien, le philosophe, est roi. Dans la **République**, Platon, en décrivant la cité parfaite, montre comment l'équilibre de l'individu* est semblable à celui de la cité ; les trois castes (chefs, gardiens, artisans et commerçants) qui se partagent les diverses activités, sont semblables aux trois parties de l'homme (tête, cœur et ventre). La justice, pour l'homme comme pour la cité, consiste en ce que chacun reste à sa place et remplisse uniquement la fonction qui convient à sa nature. Le **Politique** prolonge la critique des diverses formes de constitution (gouvernement d'un seul, de plusieurs et de tous), en tentant plus spécialement de déterminer ce que doit savoir un homme politique. Si le bien est transcendant, l'action a lieu dans le sensible, il s'agit de

---

1. Contemporain de la fin des cités grecques ruinées par la guerre du Péloponnèse (431-404 av. J.-C.), il assiste à la prise d'Athènes par Lysandre et à l'installation de l'oligarchie ; il voit la démocratie, restaurée après la chute des Trente, condamner Socrate* ; en Sicile, lors de son premier voyage, il tente vainement d'amener Denys l'Ancien à ses vues ; lors de son deuxième voyage, il échoue pareillement face à Denys le Jeune, qui, durant son dernier voyage, le tient pratiquement prisonnier ; son ami et disciple Dion parvient enfin à s'emparer de Syracuse (357), mais il est assassiné en 354 par le platonicien Callippe.

faire ce qui convient quand cela convient ; la science du ***Politique*** est celle de la juste mesure, c'est pourquoi le meilleur gouvernement est celui du sage, qui seul sait ce qu'il faut faire en chaque cas. Mais, comme c'est impossible, il faut établir des lois générales et punir toute infraction. L'analyse de Platon se tourne alors, dans son dernier dialogue, vers l'étude des lois positives, et, par une réglementation où se lisent les préjugés aristocratiques, s'efforce de préserver la cité de la déchéance.

> M. Alexandre, ***Lecture de Platon,*** Paris, 1968 ; F. Châtelet, ***Platon,*** Paris, Gallimard, 1965 ; M. Dixsaut, ***Le Naturel Philosophe,*** Paris, Vrin & Les Belles Lettres, 1985 ; V. Goldschmidt, ***Les Dialogues de Platon,*** Paris, 1947 ; A. Koyré, ***Introduction à la lecture de Platon,*** 2ᵉ éd., Paris, Gallimard, 1962 ; J. Moreau, ***La Construction de l'idéalisme platonicien,*** Paris, 1939, rééd. Hildesheim, Olms, 1968 ; L. Robin, ***Platon,*** Paris, 1935.

PLOTIN

Plotin est né en 205 à Lycopolis, ville de la Thébaïde d'Égypte, et mourut à Rome en 270, où il avait commencé à enseigner en 244, après avoir participé à la campagne de l'empereur Gordien contre les Perses. Sa famille est peut-être d'origine romaine ; il s'exprime en grec, langue véhiculaire de tout le Moyen-Orient à l'époque hellénistique. Il ne commença à étudier la philosophie qu'à l'âge de 28 ans, et, après avoir quitté plusieurs maîtres, suivit essentiellement les leçons d'Ammonius Saccas, à Alexandrie. Végétarien et d'un caractère altier, il connut, grâce à son enseignement, un grand succès, et l'empereur Gallien envisagea quelque temps de construire pour lui une cité idéale, Platonopolis. On raconte que, près de mourir, il appela son disciple Eustochius et lui dit : « je tente de placer mon âme dans l'Âme universelle ».

Plotin aurait écrit 54 livres, mais les ***Ennéades*** constituent la seule œuvre qu'on lui attribue. Ni le titre ni le plan ne sont de lui : on les doit à son disciple Porphyre (233-300 ?), commentateur de Platon* aussi bien que d'Aristote*. Porphyre a réparti les textes en six ***Ennéades***, c'est-à-dire six neuvaines ou groupes de neuf livres. Pour Plotin, l'idéal du sage est de se détacher des choses d'ici-bas, de *pénétrer le mystère, de voir le principe, d'unir le semblable au semblable.* Il y a, selon lui, trois principes supérieurs ou hypostases divines : l'Un, l'Intelligence* et l'Âme. L'homme y participe et en porte l'image en lui. L'Un est le point de départ d'un mouvement vers le bas, une procession, dans laquelle il engendre le reste par émanation : *C'est parce qu'il n'y a rien en l'Un que tout peut en venir ; pour que l'Être fût, il fallait que l'Un ne fût pas l'Être, qu'il fût le père de l'Être, que l'Être fût son premier né* (V, 2). L'Un, c'est-à-dire Dieu*, ne se pense pas lui-même, c'est le propre de l'Intelligence que de se tourner (convertir) vers l'Un et vers soi-même. L'intelligence est un-multiple : *la pensée implique toujours identité et différence ; les intelligibles doivent être à la fois identiques à l'intelligence et différents d'elle* (V, 3, 10). L'Âme, troisième hypostase, a *pour essence d'acquérir l'existence* (III, 7, 10). La vie personnelle des hommes, le moi (Plotin dit le *nous autres*), appartient à l'Âme : *nous sommes placés au troisième rang, nous participons de l'essence de l'âme universelle* (I, 1, 8). Mais les âmes ont une double vie, parce qu'elles vivent tour à tour dans le monde intelligible et le monde sensible (qui n'est qu'une forme dégradée de l'Être). Elles peuvent sombrer dans l'attrait du corps ou se purifier, et, au terme de vies successives, s'unir ineffablement à Dieu. Cette conversion, qui est un retour à l'Absolu, n'anéantit pas l'âme, parce que les trois hypostases restent éternellement distinctes. Le néoplatonisme de Plotin eut une grande influence sur le mysticisme occidental aussi bien qu'arabe. Quoiqu'on ait rapproché la doctrine des trois hypostases de celle de la trinité divine, on ignore tout d'un éventuel rapport de Plotin avec le christianisme.

N. Baladi, **La Pensée de Plotin,** Paris, PUF, 1970 ; É. Bréhier, **La Philosophie de Plotin,** Paris, 1928, rééd. Vrin, 1982 ; M. de Gandillac, **La Sagesse de Plotin,** Paris, 1952 (rééd. 1966) ; P. Hadot, **Plotin ou la Simplicité du regard,** Paris, Études augustiniennes, 1963, 3ᵉ éd. 1973 ; J. Moreau, **Plotin ou la Gloire de la philosophie antique,** Paris, Vrin, 1970.

Politique

Les êtres humains vivent en société*, ce qui pose immédiatement le problème de la coordination de leurs actions et de l'existence d'un type d'action mené au nom de la collectivité tout entière (dans le cas de rapports entre différentes communautés, notamment). Ce domaine est

Politique

celui de la politique (mot dérivé du grec *polis*, cité), considéré dans sa plus grande extension. Platon* pensait qu'elle correspond à une *science directive* (***Politique***, 260, a-b) et la comparait à l'art d'une sorte de tisserand royal qui *unit en une vie commune par la concorde et l'amitié* (***id.***, 311 b). Aristote* y voyait l'activité qui commande et englobe toutes les autres, parce qu'elle vise un bien qui est le plus haut (***Politique***, I, 1252a). Cette référence au bien pose une fois pour toutes un point décisif : l'organisation sociale n'est pas une simple question technique, elle relève de la justice.

1. Le domaine de la politique correspond à un ensemble de déterminations assez clairement formulables :

1 — nécessité du maintien de l'ordre (la *police*) au sein des sociétés qui, très tôt, créent des organisations spécifiques à ce but, lesquelles ne sont pas toujours distinguées des organisations assurant la protection externe de la société (armée). Toutefois, il n'y a de société politique que là où existe une organisation juridique. Voir *Droit*.

2 — organisation des pouvoirs au sein de la société. L'une des premières questions a été celle du rapport entre le pouvoir spirituel et le pouvoir temporel. Leur séparation postulée par le christianisme *(rends à César ce qui est à César)* n'est réalisée que dans les États laïques modernes. De manière générale, les réflexions et la pratique conduisent à une répartition de la population entre gouvernants et gouvernés, ces derniers constituant la majorité. Voir *anarchisme, démocratie, libéralisme, socialisme.*

3 — le fondement et la légitimation du pouvoir, qui, à l'époque moderne, dépendent du statut de la liberté* individuelle, mais peuvent être argumentés de tout autre façon (une divinité transcendante, le sens de l'histoire*, etc.). Voir *Arendt, Aristote, Augustin, Hobbes, Locke, Marx, Platon, Rousseau, Tocqueville.*

4 — la question d'un savoir correct concernant la prise de pouvoir (Cf. *Machiavel*) ou l'opportunité des choix collectifs. Ce problème, essentiel pour Platon*, a changé de nature avec les démocraties* modernes, puisque les choix y sont légitimement l'agrégation des choix individuels. Cette situation n'exclut pas, bien entendu, une compétence spécifique, qui relèverait des *sciences politiques* (par exemple, droit* politique, comptabilité publique, etc.). Il faut toutefois remarquer que le sens même de la démocratie impose une contrainte très particulière. Supposons qu'un certain savoir mène inéluctablement à la conclusion que, dans des circonstances données, il faille

Politique

prendre la décision A sur un sujet donné ; si l'opinion collective (déterminée par les procédures juridiquement valides) est non-A, alors, indubitablement, la seule décision légitime (du point de vue démocratique) est non-A.

2. La pensée politique a connu deux grands bouleversements. Le premier est venu des théoriciens du contrat social, qui ont posé la constitution de la société* comme artificielle, produit d'une convention, rompant par là avec la thèse aristotélicienne d'une nature humaine naturellement sociable (l'homme est un *animal politique*). La passion et l'intérêt sont à l'origine de la société, même s'il est rationnel d'exclure la violence* en choisissant l'association. Le second tient à la séparation de l'État* et de la société civile, en germe chez les penseurs libéraux comme Locke*, dans leur position d'une limite au pouvoir de l'État, et clairement réfléchi chez Hegel*. Par là se trouve dégagé quelque chose qui est la sphère propre du politique au sens moderne du terme, la sphère de l'État. Quand on parle de la politique[1] aujourd'hui, comme sphère d'activité, on vise le contrôle de l'appareil de l'État et l'ensemble des procédés institutionnels qui permettent aux individus d'y accéder (votes, assemblées, débats, etc.). La politologie est la discipline qui étudie empiriquement le fonctionnement et l'accès à ces modes de contrôle. Leur fonctionnement moderne, par renouvellement électif court (généralement entre 4 et 7 ans) des personnels en charge de ces fonctions, pose deux problèmes cruciaux. D'un côté, le développement des pays démocratiques semble mener vers une décroissance générale de la propension des citoyens à exercer leur droit au choix lors des consultations électorales (abstention). Cette attitude n'est ni nécessairement irrationnelle, ni peut-être irresponsable. La complexification des sociétés entraîne une homogénéisation des politiques possibles et de la formation des personnels susceptibles de les mettre en œuvre. Dans ces conditions, choisir Pierre ou Paul n'est pas d'un intérêt évident. D'un autre côté, le renouvellement à court terme du personnel ne coïncide pas avec la temporalité plus longue que nécessitent aujourd'hui certains types d'action sociale (une réforme du système

---

1. Contrairement à l'anglais, le français ne dispose que d'un seul mot pour désigner la planification d'une action collective *(policy)* et le domaine du politique *(politics)*. Le jeu sur les genres du mot *politique* n'est pas tout à fait congru à cette distinction lexicale.

Politique

éducatif, la gestion de l'environnement, le retour des investissements, etc.). Il est probable que l'État* démocratique moderne, contrôlé périodiquement par le vote, touche là ses limites, et qu'un autre type de gestion, plus décentralisé et plus disséminé dans la vie sociale, devient nécessaire à la démocratie* elle-même autant qu'au fonctionnement des sociétés postindustrielles.

> P. Birnbaum, **La Fin du politique,** Paris, Seuil, 1975 ; C. Bruaire, **La Raison politique,** Paris, Fayard, 1974 ; J.-J. Chevalier, **Histoire de la pensée politique,** 2 vol., Paris, Payot, 1979 ; P. Clastres, **La Société contre l'État,** Paris, Minuit, 1974 ; G. Duprat (dir.), **Connaissance du politique,** Paris, PUF, 1990 ; J. Freund, **L'Essence du politique,** Paris, Sirey, 1965 ; C. Schmitt, **La Notion de politique,** Paris, Calmann-Lévy, 1972 ; B. de Jouvenel, **Du pouvoir,** Paris, Hachette, 1972 ; N. Tenzer, **La Société dépolitisée. Essai sur les fondements de la politique,** Paris, PUF, 1990 ; M. Weber, **Le Savant et le Politique,** t.f., Paris, Plon, 1959.

POPPER (Karl)

Né à Vienne en 1902. En contact avec le positivisme logique* du cercle de Vienne, il fuit le nazisme en émigrant en Nouvelle-Zélande pour finalement s'installer en Angleterre en 1946, où il sera professeur de logique à la London School of Economics. Son œuvre épistémologique est marquée par : **La Logique de la découverte scientifique** (1934), considérablement augmentée lors de ses rééditions allemandes (1966 et 1969) et de sa traduction anglaise (1959), plusieurs fois rééditée et traduite en français seulement en 1973. L'ouvrage est complété par de nombreux articles et conférences rassemblés en partie dans **Conjectures et Réfutations** (1963), **La Connaissance objective** (1972) et les trois volumes de **Postscript** (1982-1983). **La Société ouverte et ses ennemis** (1945) analyse les grandes philosophies politiques de Platon* à Marx*. Joint aux articles rassemblés sous le titre **Misère de l'historicisme** (1945), cet ouvrage fait de Popper l'un des grands théoriciens du libéralisme moderne. **La Quête inachevée** (1976) est une autobiographie du philosophe, qui a également publié en 1977 un livre consacré aux rapports de la conscience et du cerveau (**Le Soi et son cerveau,** en collaboration avec J. Eccles).

Son épistémologie* se construit contre le positivisme logique* (dont Carnap*) et la philosophie analytique* du langage*. Il refuse leur conception empirique inductive selon laquelle les propositions métaphysiques sont dénuées de sens tandis que le sens des propositions scientifiques viendrait de leur vérification par l'expérience*. Son *déductivisme* peut se résumer dans :

1 — une théorie pragmatique de l'observation qui n'est jamais pure à cause du caractère universalisant du langage qui l'exprime. Si toutes les propositions sont ainsi plus ou moins théoriques, la *base empirique* de la science* ne peut résider dans les *énoncés protocolaires* de Carnap fondés sur l'expérience personnelle et psychologique, mais dans les *énoncés de base* objectifs et intersubjectifs, mais aussi relatifs et provisoires ;

2 — un critère de démarcation entre science et métaphysique : comme on ne peut logiquement inférer des propositions universelles (lois) à partir de propositions singulières, la *vérifiabilité* inductive des énoncés scientifiques par la *base observationnelle* s'avère impossible. Mais on peut parfois infirmer une proposition à partir d'une observation. Un système est scientifique seulement s'il peut être soumis à des tests empiriques (testabilité) qui sont susceptibles de le réfuter, c'est-à-dire de montrer que certaines de ses implications sont fausses. *Réfutabilité* et *falsifiabilité* définissent la scientificité d'une théorie*. Le *degré de falsifiabilité* d'une théorie augmente lorsqu'elle a plus de chance d'être réfutée par les tests ; son *degré de corroboration* augmente avec la sûreté des tests effectués ; mais une théorie n'en est jamais pour autant absolument *confirmée*.

L'épistémologie de Popper est donc faillibiliste (nous n'aurons jamais de certitude absolue quant à nos théories) et non-inductiviste. Non seulement, comme l'a montré Hume*, l'induction est logiquement impossible, mais encore elle n'est pas nécessaire. Tout ce que nous avons à faire, c'est de sélectionner nos théories en les soumettant à une critique sévère, et de préférer la moins mauvaise, celle qui résiste le mieux. L'un des plus grands dangers pour la science (comme pour les autres domaines de l'activité sociale), c'est le monopole, l'absence de concurrence. La science, comme la société*, doit être ouverte.

L'ensemble de la philosophie de Popper peut s'organiser autour de l'idée de trois mondes. Le monde-1 est celui de la réalité physique*. Lorsqu'une théorie est réfutée, nous devons supposer que la réalité *résiste*. On doit reconnaître un contenu à l'idée de vérité*-correspondance (quoiqu'on ne dispose pas de critère du vrai) et admettre l'objectivité* et l'anisotropie du temps* (autrement dit, il existe hors de nous et est orienté). Mais le monde-1 est ouvert lui aussi : non seulement par l'indéterminisme quantique, mais par le fait qu'avec l'activité humaine il contient une représentation de lui-même, nécessairement incomplète et source d'indétermination (le déterminisme métaphysique supposerait que nous puissions prédire nos connaissances* futures). L'antinomie kantienne de la liberté* reçoit une solution réaliste. Le monde-2, celui de la conscience* et de l'intériorité, n'est pas réductible au monde-1. Il est l'effet en retour de l'élaboration du langage* et des théories*, c'est-à-dire du monde-3, celui des valeurs* et de l'histoire*. Les valeurs ne sont pas réductibles aux faits (thèse de Hume*), l'éthique* ne saurait être scientifique. Mais elle est, jusqu'à un certain point, accessible aux discussions du rationalisme critique. Seuls les individus* humains ont des problèmes et des intérêts, il ne convient pas d'hypostasier les collectifs. La seule différence entre les sciences* sociales et les sciences de la nature réside dans ce que les premières utilisent un principe de rationalité* selon lequel les actions des différents agents sont des tentatives (rationnelles) de solution de leurs problèmes, relativement adaptées à la vision qu'ils ont de leur situation. La société* ouverte, que, selon Popper, nous devons aux Grecs, n'a rien d'inéluctable. Nous sommes responsables de son avenir. Le rationalisme critique est la seule alternative viable à la violence* et à la peur.

> R. Bouveresse, **Karl Popper,** Paris, Vrin, 1978 ; A. Boyer, **Karl Popper : une épistémologie laïque,** Paris, Presses de l'ENS, 1978 ; J.-F. Malherbe, **La Philosophie de Karl Popper et le positivisme,** Paris, PUF, 1980 ; D. Lecourt, **L'Ordre et les Jeux,** Paris, Grasset, 1981 ; J.G. Ruelland, **De l'épistémologie à la politique : la philosophie de l'histoire de Karl Popper,** Paris, PUF, 1991.

Positivisme

Apparu au XIXe siècle, utilisé par Comte* et ses disciples pour qualifier leur doctrine, le terme *positivisme* sert à désigner tout courant de pensée pour qui :
1 — la connaissance* n'est ratifiée que par l'expérience* des faits ;
2 — le modèle de la scientificité est la physique* ;
3 — le progrès* de la connaissance et le progrès social dépendent uniquement de celui des sciences*. Par conséquent, le positivisme s'oppose à toute métaphysique, à tout transcendantalisme, à tout idéalisme* qu'il considère comme des modèles de pensée obscurs et régressifs. Voir *Carnap, Lumières (philosophie des), positivisme logique.*

> D.G. Charlton, **Positivist Thought in France during the Second Empire 1852-1870**, Londres, The Clarendon Press, 1959 ; L. Kolakowski, **La Philosophie positiviste**, t.f., Paris, Denoël, 1976 ; É. Littré, **De la philosophie positive**, Paris, 1845 ; **Conservation, révolution, positivisme**, 2ᵉ éd., Paris, 1879, rééd. Goodstone Surrey, Greeg International, 1971.

Positivisme logique

On désigne par là l'ensemble des thèses d'un groupe de penseurs qui ont travaillé à Vienne (d'où le nom de *cercle de Vienne*) vers les années 1920.

En 1922, Moritz Schlick (1882-1936), physicien de formation, est nommé à la chaire de philosophie des sciences inductives de l'université de Vienne et rejoint du même coup un groupe de scientifiques intéressés aux problèmes de fondements des sciences*. Parmi eux, on compte notamment : outre des physiciens et des mathématiciens, Carnap* (depuis 1926), Herbert Feigl (né en 1902), le logicien Gödel et le sociologue Otto Neurath (1882-1945). En 1929 paraît le manifeste du groupe (**La Conception scientifique du monde : le cercle de Vienne**). Au même moment, un autre groupe s'organise autour de Hans Reichenbach (1891-1953), avec, notamment, Carl Hempel (né en 1905) : ce groupe prend en 1928 le nom de *Société de philosophie scientifique*. C'est de ces deux ensembles que vont émaner la revue **Erkenntnis** (dirigée par Carnap et Reichenbach), plus tard **The Journal of unified Science**, et les Congrès internationaux pour l'unité de la science, dont le premier a lieu à Paris en 1935. La montée du nazisme et leurs sympathies socialistes devaient conduire la plupart des membres du mouvement à l'émigration vers l'Angleterre et les États-Unis, où le néo-positivisme connut une nouvelle vigueur. Le projet d'une Encyclopédie de la science unifiée sera abandonné (Neurath avait tenté la construction d'un langage* symbolique universel — isotype — pour lui servir de base), même si Carnap ne renonça jamais véritablement au projet d'une reconstruction unifiée de la science*. Il ne faut pas concevoir les thèses des différents membres du cercle de Vienne (au départ, fortement influencés par le **Tractatus** de Wittgenstein*, mais aussi

Positivisme logique

par le développement des théories* d'Einstein*) comme un corps doctrinal partagé par tous. Si le rejet de la métaphysique est un point commun, ils s'opposèrent entre eux sur bien des points (par exemple, Schlick est quasiment le seul à défendre un statut cognitif pour les énoncés de l'éthique*). On peut dégager néanmoins quelques grands traits du positivisme logique :

1 — Le but de la philosophie n'est pas de produire une connaissance*, mais de clarifier la signification des propositions.

2 — Toutes les propositions douées de sens doivent être traduisibles dans le langage logique* (qui est celui des **Principia**, voir Russell).

3 — Il y a deux sortes de propositions douées de sens*. Celles (analytiques) qui valent par leur structure* logique, vraies ou fausses par définition. Celles (synthétiques) qui requièrent, pour être infirmées, une investigation empirique : ces dernières doivent être sinon vérifiées, du moins vérifiables : elles n'ont pas de sens si on ne peut imaginer une procédure concrète de vérification. C'est cette clause qui conduit à soutenir que les propositions de la métaphysique sont dénuées de sens.

> C. Hempel, **Éléments d'épistémologie,** t.f., Paris, Colin, 1985 ; P. Jacob, **De Vienne à Cambridge,** Paris, Gallimard, 1980 ; J.-F. Malherbe, **La Philosophie de Karl Popper et le positivisme logique,** Namur, Presses univ., 1976, 2ᵉ éd. Paris, PUF, 1979 ; A. Soulez (dir.), **Manifeste du cercle de Vienne et autres écrits,** Paris, PUF, 1985.

Pragmatisme

Le mot *pragmatisme* a été créé par le philosophe américain Charles Sanders Peirce (1839-1914) pour désigner une théorie de la signification qu'il expose particulièrement dans deux articles : **How to make our Ideas clear?** (1878), **What Pragmatism is?** (1905).

Quoiqu'on puisse dire, ou bien cela signifie une prescription en vue d'une expérimentation*, telle que, si elle est jamais traduite en acte, une expérience* d'une description donnée en résultera, ou bien cela ne veut rien dire ; la conception que nous avons de l'effet des objets pratiques de notre conception est le tout de notre conception de ces objets. William James (1842-1910) transforme cette théorie* en théorie de la vérité* : une théorie vraie est une théorie qui nous conduit à attendre les conséquences dont nous constatons la production effective, ou encore c'est une théorie qui produit des conséquences satisfaisantes (**Pragmatisme**, 1907). Ces deux définitions ne sont pas équivalentes, la première place la vérité dans la vérification (voir *Popper*), la seconde dans la commodité. C'est dans ce dernier sens que John Dewey (1859-1952) développe une théorie *fonctionnaliste* ou *instrumentaliste* de la pensée : l'idée est une hypothèse d'action, celle qui nous guide véritablement est vraie[1].

> A.-J. Ayer, **The Origins of Pragmatism,** London, MacMillan, 1968 ; G. Deledalle, **Le Pragmatisme,** Paris, Bordas, 1971 ; J. Dewey, **Comment nous pensons,** t.f., Paris, Flammarion, 1927 ; **Logique : la théorie de l'enquête,** t.f., Paris, PUF, 1967.

PRÉSOCRATIQUES

On estime généralement que les thèmes de réflexion et les méthodes de la philosophie grecque sont définitivement fixés par l'enseignement de Socrate* et l'œuvre de Platon* ; on ne veut pas dire par là qu'avant il n'y avait rien de « philosophique », mais, plutôt, que tout ce qui advient avant le IVe siècle est à considérer comme la lente émergence de la pensée philosophique. C'est pourquoi une présentation historique des « philosophes » et des écoles s'impose en premier lieu.

1 — Les cosmogonies mythiques constituées selon la tradition d'Homère et d'Hésiode (~ 750) et rassemblées au VIe siècle av. J.-C. se caractérisent par leurs liaisons aux pratiques des sectes orphiques (mythes d'Éleusis, religion agraire avec le culte de Déméter) et leur constante tentative d'expliquer l'ordre du monde par une généalogie des dieux. Rattachées aux cosmogonies chaldéennes, elles subsistent, à travers Platon* et les Pères de l'Église, fort avant dans notre ère.

2 — Les cosmologies ioniennes sont développées par les milésiens :

---

[1]. Récemment, Richard Rorty (**The consequences of Pragmatism**, Brighton, The Harvester Press, 1982) a considérablement élargi la notion. Pour lui, est pragmatiste toute conception qui tend à éliminer le contraste établi par les Grecs *entre la contemplation et l'action, entre le fait de se représenter le monde et le fait de venir à bout du problème qu'il nous pose.*

PRÉSOCRATIQUES

Thalès, Anaximandre, Anaximène, connus essentiellement par Aristote* et originaires de Milet en Ionie (entre 640 et 480), lieu de naissance des cités d'Asie Mineure dont la décadence a lieu au Ve siècle. C'est à ce moment précis que vit Héraclite (545-480 av. J.-C.), contemporain d'Anaximène (550-480). L'expansion grecque est étranglée en Occident par Carthage, en Orient par les conquêtes perses. Il se produit alors un repli sur la Grande Grèce (Italie, Sicile).

3 — Les pythagoriciens, du nom de Pythagore (570-480?), né à Samos, en Ionie. Il fondera à Crotone vers 530 une école, association religieuse influente jusqu'à la mort de Platon*. Au milieu du Ve siècle, après la révolte des cités qu'ils avaient implantées, les pythagoriciens émigrèrent en Grèce continentale où l'on trouve Philolaos de Thèbes, Archytas de Tarente. (D'après le **Timée** de Platon, on conjecture souvent l'existence d'un pythagoricien, Timée de Locres, mais rien ne permet de conclure que ce protagoniste du dialogue est pythagoricien ni qu'il fut un personnage réel.) Un second mouvement (néo-pythagorisme) se développe au Ier siècle après J.-C avec Nicomaque Jamblique.

4 — Les éléates (Melissos de Samos, 495-?, mis à part) sont aussi, notamment avec Xénophane de Colophon (570-480), des exilés ioniens qui ont fondé, sur la mer Thyrrénienne, Élée, la ville dont sont originaires Parménide (510-540) et Zénon (485-420). Ce courant, caractérisé par son opposition à la physique* ionienne, doit faire face à un renouveau de la spéculation physique avec :

5 — Les nouveaux physiciens : Anaxagore de Clazomènes (500-430) en Ionie, Empédocle d'Agrigente (490-430) en Sicile et Démocrite d'Abdère (460-370) en Thrace, lequel, élève de Leucippe de Milet, reçut aussi l'enseignement de Zénon d'Élée. Au cours de ce Ve siècle, l'esprit ionien est également représenté par la tendance des :

6 — Médecins : tels Hippon, Diogène d'Appolonie et, surtout, Hippocrate de Cos ($\sim$ 450). Pendant cette période de renouveau physique, se développe :

7 — La sophistique dont les principaux représentants : Protagoras (485-410) et Gorgias (485-380) seront les contemporains de Socrate*.

Les thèmes traités par ces penseurs et leur évolution reflètent la naissance de la philosophie, pensée profane et rationnelle, à partir des récits cosmogoniques, pensée mythique et religieuse.

1. Le thème de la phusis

Il va se déployer chez les milésiens dans une cosmologie sans dieux, régie par un principe, une origine, une certaine nature *(phusis)* dont le concept doit être suffisamment riche pour pouvoir être racine de toutes choses. Il s'agit dès lors, non plus, comme chez Hésiode, d'une histoire*, mais d'une représentation *(théôria)* du cosmos.

1 — On cherche, en proposant un modèle du cosmos, à faire comprendre l'existence d'un *ordre*.

2 — On utilise des modèles explicatifs empruntés au monde humain, mais en s'éloignant peu à peu de l'anthropomorphisme primitif. Hésiode explique le cosmos à partir de l'union sexuelle d'éléments (terre, océan) déifiés, Héraclite fait de la justice un principe d'ordre, les médecins défendent un principe d'équilibre entre les humeurs, dont la rupture est cause de maladie, et peu à peu s'impose un type d'intelligibilité technique* (notions de cause*, de fabrication). Le langage* poétique est abandonné et la nouvelle « physique* » se préoccupe toujours d'expliquer l'ordre cosmique par le jeu de principes et d'éléments abstraits*, qu'il s'agisse de l'intelligence (Anaxagore), de l'amour, de la haine, des quatre éléments (Empédocle), du vide et des atomes (Leucippe, Démocrite).

2. Le thème de l'Être et de la vérité*

Toute étude du cosmos constitue une réponse à la question *Qu'est-ce qui constitue ce qui est?*; par conséquent, elle suppose une réponse à la question *Comment pouvons-nous savoir ce qui constitue ce qui est?*, c'est-à-dire à la question *Qu'est-ce que la vérité?* Les présocratiques ont abordé la phase décisive de la constitution de la philosophie en faisant de ces questions et de leurs réponses un thème explicite de réflexion.

1 — Pour les uns, la vérité désigne la pertinence du système cosmologique (Anaximandre, pythagoriciens); pour les autres (éléates), la vérité, c'est-à-dire l'Être, est indépendante de ces systèmes qui sont plutôt du domaine de l'opinion, c'est-à-dire d'une pensée qui n'est ni stable, ni fondée.

2 — Pour les uns, la vérité est l'objet d'une révélation (aussi bien Parménide que Pythagore). Pour les autres, elle est l'objet d'une enquête mettant en œuvre des discours bien constitués, se référant à une pratique dominée (les ioniens, les médecins).

3 — Pour les uns, la vérité est *une* (Parménide, Pythagore); pour d'autres (sophistes), elle est *multiple et relative*[1].

4 — Pour les uns (pythagoriciens et néo-pythagoriciens), la vérité est transparente à l'intelligibilité mathématique* : il y a correspondance entre les éléments et les nombres. D'un autre côté, on trouve (Empédocle) une physique élaborée sur une combinatoire d'éléments qualitativement déterminés.

---

1. Cf. Protagoras : *L'homme est la mesure de toute chose.*

PRÉSOCRATIQUES

La question du sens* historique et philosophique des théories* présocratiques est fonction de l'interprétation qu'on donne à leurs conceptions de l'Être et de la vérité*. On peut y voir le premier déploiement de ce qui trouvera sa forme dans la logique* et la métaphysique d'Aristote* ou, au contraire, un type de pensée originale, faisant de la vérité le *dévoilement de l'Être* ; la philosophie alors, loin d'effectuer le sens dernier de cette pensée, en constituerait un recouvrement occultant (voir *Heidegger*).

K. Axelos, **Héraclite et la philosophie,** Paris, Minuit, 1962 ; J. Barnes, **The Presocratic Philosophers,** 2 vol., Londres, 1979 ; Y. Battistini, **Trois Contemporains, Héraclite, Parménide, Empédocle,** Paris, Gallimard, 1955 ; L. Brunschvicg, **Le Rôle du pythagorisme dans l'évolution des idées,** Paris, 1937, in **Écrits philosophiques,** 3 vol., Paris, PUF, 1951, 1954, 1958 ; L. Couloubaritsis, **Mythe et Philosophie chez Parménide,** Bruxelles, Ousia, 1986 ; H. Diels et W. Kranz, **Fragments des présocratiques,** t.f., Paris, Gallimard, 1988 ; E. Dupréel, **Les Sophistes,** Neuchâtel, Éditions du Griffon, 1948 ; M.I. Finley, **Les Premiers Temps de la Grèce,** t.f., Paris, Flammarion, 1980 ; L. Gernet, **Anthropologie de la Grèce antique,** Paris, Maspero, 1968 ; C. Ramnoux, **Héraclite, l'homme entre les mots et les choses,** Paris, Belles-Lettres, 1959 ; J.-P. Vernant, **Les Origines de la pensée grecque,** Paris, PUF, 1962.

Progrès

En un certain sens, on a toujours parlé de progrès, parce qu'il est avant tout une image* : celle de la croissance des vivants. Mais la vie* n'est qu'un cycle qui conduit à la mort ; si l'idée de progrès est toujours celle d'une progression, d'une marche vers un but, pour qu'elle soit véritablement thématisée, il faut que cette progression soit inéluctable et que le but ne soit pas un terme répétable ou définitif. Il n'y a de progrès que si l'on sort du cycle, que si l'on passe de la clôture imposée par la mort du vivant, à une ouverture qui dépasse les vivants. On sait que notre concept de progrès a été élaboré aux XVIIIe et XIXe siècles ; il ne pose, dans le fond, que deux problèmes : savoir à quelles conditions l'éclatement de l'image initiale a été possible, et si ces conditions sont compatibles avec toutes les déterminations du réel.

1. L'élaboration du concept de progrès peut se comprendre à partir de trois champs :

1 — Le développement des sciences* : Bacon* est le premier à

penser le développement des sciences* comme un accroissement quantitatif qu'un individu isolé ne pourra achever ; Descartes*, en affirmant laisser à ses descendants le soin d'achever la chaîne de raisons* par lui commencée, affirme pour la science la possibilité d'une marche continue qui transcende l'individu. La physique* de Newton* apporte l'idée d'un changement de la science, d'une discontinuité qui n'est pas un total reniement du passé, et la confirmation d'un accroissement. Les Lumières* (**l'Encyclopédie** ; Condorcet*, **Tableau des progrès de l'esprit humain**) conçoivent à partir de là le développement des sciences comme la progression de l'esprit humain sur une échelle de valeurs* qui va de la superstition à la raison, du primitif au civilisé.

2 — L'histoire* : avec le XVIIIe siècle, l'histoire passe du récit événementiel à une considération des sociétés* et de leur vie* ; elle n'est plus le roman des faits politiques, la succession d'événements sans ordre ; portant sur le développement des sciences et des techniques*, elle est nécessairement la marche en avant d'une rationalité* qui se conquiert au cours du temps*. Le progrès devient une valeur, parce qu'il est pensé comme le processus de déploiement de la culture vers un état de savoir et de liberté*.

3 — La biologie* : l'idée d'une évolution (voir *Darwin*) apparaît comme une façon de réinterpréter le progrès conçu comme valeur ; elle accomplit l'éclatement de l'image initiale : on ne pense plus le progrès à partir de la croissance des vivants, c'est l'évolution embryogénétique qui répète l'évolution zoologique de la série.

2. Élaboré dans divers champs, notre concept de progrès est en fait une constellation de déterminations : celles de l'amélioration des sciences et des techniques, d'un développement de la culture devant apporter plus de bien-être, d'un accroissement d'ordre et de raison ; il est une valeur que l'évolutionnisme soutient en affirmant que l'organisation de la vie l'emporte peu à peu sur la pauvreté originaire de la nature ; par là, l'homme est un devenir infini vers un but absolu : il est de part en part historique. À ces déterminations, la pensée moderne apporte des objections :

1 — L'anthropologie nous amène à considérer que toutes les sociétés ont une histoire, qu'il n'y a que des peuples adultes (c'est pourquoi Lévi-Strauss* critique l'évolutionnisme sociologique) ; l'ordre de notre histoire n'est pas, par conséquent, une nécessité, les

Progrès

étapes n'en ont pas un caractère absolu : pour l'Europe, par exemple, l'agriculture et la domestication des animaux vont de pair, tandis qu'en Amérique un développement exceptionnellement poussé de la première s'accompagne d'une presque complète ignorance de la seconde. Pour Lévi-Strauss*, *le progrès n'est que le mythe des sociétés qui font leur histoire selon cette idée.*

2 — L'une des déterminations fondamentales du progrès, c'est sa liaison au développement des sciences* et des techniques* et à l'idée que le bonheur* (le bien-être) en provient. Cela peut être remis en cause de diverses façons. On peut se demander en quoi le machinisme est une valeur, on peut douter qu'il apporte un surcroît de bien-être, voire que la croissance économique qu'il semble impliquer soit une fin en soi, dans la mesure où l'accroissement des satisfactions (consommations) n'en est peut-être pas une. L'industrialisation, loin d'être un progrès, une valeur*, est pour Marcuse* (**L'Homme unidimensionnel**) une aliénation fondamentale de l'homme, qu'il s'agit de renverser en renversant par là la connexion de la science à l'exploitation industrielle.

En fait, la question est plus complexe. D'un côté, nul ne peut contester l'existence du progrès pourvu qu'on le définisse par rapport à un but clair (par exemple, l'alphabétisation, le déclin de la mortalité infantile, l'éradication de certaines épidémies, la connaissance* de la structure* de l'univers, la démocratisation, etc.). Mais, s'il n'y a de progrès que par rapport à un but et si l'on peut définir des progrès par rapport à quantité de buts, rien ne prouve que tous ces buts (tous ces progrès) soient compatibles entre eux et qu'il y ait un sens à parler du Progrès en général. D'un autre côté, la pensée contemporaine a vu apparaître le thème d'une *limitation* nécessaire du progrès. Il ne s'agit pas d'une critique du progrès à partir d'un point de vue conservateur qui soutiendrait que le passé est toujours meilleur que l'avenir ; ce qui est en question, c'est la structure intrinsèque du mécanisme du progrès, pour autant que cette structure implique la *croissance*. Supposons 2 % de croissance économique pendant un siècle, cela multiplie la puissance économique par 7 et donc la consommation d'énergie. Le même raisonnement vaut en ce qui concerne la croissance de la population. Pour que le progrès soit illimité, il faudrait que nos ressources (et notre terre) le soient. C'est pourquoi l'on parle de limitation volontaire du progrès et de *croissance zéro*. Cela ne signifie évidemment pas qu'il faille tout arrêter (au reste, on voit mal comment cela serait possible). Le progrès humain ne se donne plus comme la marche en avant d'une histoire* inconsciente, il est désormais un problème qu'il s'agit de résoudre et de décider.

> E. Kant, **La Philosophie de l'histoire,** t.f. de différents opuscules dont l'**Idée d'une histoire universelle d'un point de vue cosmopolitique,** Paris, Aubier-Montaigne, 1947, rééd. Denoël, 1964 ; M. Leiris, **Cinq études d'ethnologie,** Paris, Denoël, 1969 ; C. Lévi-Strauss, **Race et Histoire,** Paris, Unesco, 1952, rééd. Denoël, 1961 ; J. Needham, **La Science chinoise et l'Occident,** t.f., Paris, Seuil, 1973.

Psychologie

D'après l'étymologie du mot qui la désigne, la psychologie serait la *science de l'âme*. De fait, une théorie* de l'âme est présente dans la philosophie (et la religion*) depuis l'Antiquité. Mais l'âme, au sens traditionnel (qu'il s'agisse de la forme d'un corps* en puissance de vie*, selon la définition d'Aristote*, ou, plus généralement, d'une entité immatérielle, indivisible et sans étendue, supportant la conscience* et la raison* humaines, selon la tradition héritée de Descartes*), n'est pas l'objet de la psychologie[1]. Il revient à Kant* d'avoir montré qu'une théorie de l'âme (ce qu'il nommait la *psychologie rationnelle*) ne saurait être une science*, pour la bonne raison que ne lui correspond aucun objet dans l'expérience*. La psychologie comme discipline naît quand elle peut être conçue comme une science au sens moderne du mot, c'est-à-dire correspondre à un corps de connaissances* soumises à confirmation et infirmation expérimentale. C'est dans cette pratique qu'elle définit son (ou ses) objet(s).

1. C'est le philosophe allemand Wilhelm Max Wundt (1833-1920) qui, après des études de médecine et de physiologie, crée à Leipzig en 1879 le premier laboratoire de psychologie expérimentale. Son but (comme celui de Weber et Fechner) est d'étudier la psychophysiologie, c'est-à-dire la corrélation entre des phénomènes *psychiques* (attention, émotion, etc.) et des comportements (réaction à une excitation donnée). Pour cela, il doit : a) recourir à l'introspection (seul

---

1. Il faut remarquer que c'est pour éviter cette ambiguïté que Destutt de Tracy et ses amis idéologues avaient préféré le terme d'*idéologie** pour qualifier l'étude des processus de la pensée humaine.

Psychologie

le sujet peut avoir accès à son état) ; b) faire l'hypothèse du parallélisme psychophysiologique (correspondance entre les états psychiques et les états physiques, qui a sa source dans le dualisme cartésien, en particulier dans la forme que lui a donnée Spinoza*). Ces deux éléments ont fait l'objet de vives critiques : l'introspection, en particulier (elle sera cependant largement utilisée par la psychanalyse), paraît contraire à toute bonne méthode* scientifique, puisqu'elle suppose que soient confondus le sujet* et l'objet de l'observation. Il n'en demeure pas moins que le laboratoire de Wundt produisait des résultats expérimentaux, concernant notamment la mesure des temps de réaction à une excitation donnée en fonction de l'état psychologique du sujet. Cela montre simplement que l'objet même de la psychologie (le *psychisme*) pose des problèmes épistémologiques de fond, et qu'il est loin d'être une donnée immédiate.

2. On peut considérer grossièrement qu'il y a trois grandes familles de théories psychologiques :

1 — La première est constituée de celles qui mettent l'accent sur les phénomènes de conscience* et d'intentionnalité (mentalisme) : elles utilisent l'introspection et des concepts très proches du sens commun comme ceux de motivation, d'intuition, de peur, de désir*, etc. La littérature et les philosophes ont fourni, bien avant que n'existe la psychologie expérimentale, de riches descriptions et de nombreux concepts. Il n'est pas évident qu'on puisse se passer de ces concepts (c'est-à-dire éliminer le mentalisme) pour décrire le comportement humain. Pour de nombreux auteurs, le domaine de validité de ces concepts constitue au sens propre le domaine de la psychologie, c'est-à-dire celui du psychisme humain. On peut rattacher au mentalisme la psychologie de la forme qui s'intéresse, dans l'étude de la perception*, à l'existence de champs perceptifs dont la structure* globale détermine la forme des objets reconnus. La psychanalyse (voir *Freud* et *Lacan*) introduit une rupture profonde dans le mentalisme en postulant, à partir d'une grande variété de phénomènes observés, l'existence de processus inconscients.

2 — La deuxième rassemble les théories* qui refusent de prendre en compte les phénomènes qui ne sont pas observables par un tiers. Elles s'interdisent tout recours à la conscience et au langage* intentionnel. Le seul objet de la psychologie devient le comportement (angl. *behavior*). L'école behavioriste de Watson et de ses succes-

seurs[1] en est le principal exemple. Il semble que cette attitude extrêmement réductrice (historiquement et théoriquement liée à la découverte, par Ivan Petrovitch Pavlov [1849-1936], des réflexes conditionnés) ne permette pas de comprendre un phénomène aussi important que le langage* humain. Elle a cependant joué un rôle moteur essentiel dans le développement de la psychologie expérimentale.

3 — La troisième comprend les plus récentes : on peut en voir l'origine chez Piaget*. D'un côté, elles s'appuient sur les conduites et comportements observables, qui doivent obligatoirement valider ou infirmer les hypothèses et les constructions théoriques. De l'autre, elles postulent des entités et des processus non-observables (constructions théoriques), susceptibles d'être décrits (pour Piaget, il s'agissait la plupart du temps de processus logiques), voire d'être simulés par des programmes informatiques. Les phénomènes conscients ne constituent qu'un sous-ensemble privilégié d'événements cognitifs. La psychologie cognitive — quoiqu'elle soit liée aux neurosciences — ne réduit pas son objet au domaine physique correspondant. On peut dire qu'elle est à ces neurosciences ce que l'informatique* (construction des logiciels) est à l'électronique (construction des ordinateurs).

Quelle que soit son orientation théorique, la psychologie repose sur des phénomènes assez bien circonscrits (apprentissage, troubles psychiques et affectifs cliniquement observables, etc.) Elle a développé des techniques* (par exemple, des procédures de classification par des tests de comportement, de personnalité, etc.) qui peuvent être ultérieurement utilisées pour sélectionner les individus* dans tel ou tel emploi, études de motivations, de caractères, etc. Elle possède par conséquent de vastes domaines d'application qui ne vont pas sans contestation de son rôle social (sélection, orientation, normalisation, incitation à la consommation par la publicité, etc.). Si la psychologie est avant tout concernée par le comportement des individus (ce qui n'implique pas qu'elle ne travaille pas sur des populations pour

---

1. En particulier, l'Américain Burrhus Friedrich Skinner (1904-1990) qui conçoit que le comportement opérant est sélectionné grâce à l'environnement. Son ouvrage **Verbal behavior** (1957) a été l'objet d'une violente réfutation de Chomsky* qui soutient que la signification d'un mot ne peut pas être la réponse différée à un stimulus dont le mot aurait pris la place, mais qu'elle dépend de règles. Les applications du behaviorisme skinnerien, qui reposent toutes sur la sélection de conduites pertinentes par la manipulation de programmes de renforcement, ont été violemment critiquées parce qu'elles ne laissaient aucune place à la liberté* individuelle.

valider statistiquement ses hypothèses), la psychologie sociale s'efforce d'étudier des phénomènes comme la constitution des groupes, et les rapports des individus* au groupe, autant qu'entre eux au sein du groupe.

> J.-L. Beauvois, **La Psychologie quotidienne,** Paris, PUF, 1984 ; R. Daval, **Traité de psychologie sociale,** Paris, PUF, 1964 ; P. Fraisse, **Psychologie de demain,** Paris, PUF, 1982 ; W. Köhler, **Psychologie de la forme,** t.f., Paris, Gallimard, 1964 ; J.-F. Le Ny, **Science cognitive et compréhension du langage,** Paris, PUF, 1989 ; P. Naville, **La Psychologie du comportement,** Paris, Gallimard, 1963 ; M. Reuchlin, **Psychologie,** Paris, PUF, 1984 ; M. Siguan (dir.), **Comportement, Cognition, Conscience,** Paris, PUF, 1987.

PUTNAM (Hilary)

Né dans l'Illinois en 1926, H. Putnam soutient son doctorat à l'université de Californie à Los Angeles en 1951. Il enseigna successivement à Princeton, au MIT (1960) et à Harvard (1965). Élève de Carnap* et de Reichenbach, il est souvent considéré comme l'un des meilleurs disciples de Quine*, le plus versé dans les mathématiques*. C'est dans ce domaine que sont publiés ses premiers travaux, souvent extrêmement techniques : **Philosophy of mathematics** (1964), **Philosophy of Logic** (1971).

S'il admet avec Quine que la distinction analytique/synthétique ne doit pas jouer un rôle excessif, il concède :

a) que les lois scientifiques ne sont ni réfutables par un fait isolé (thèse de Duhem-Quine), ni analytiques ;

b) qu'il est rationnel de conserver une classe réduite de vérités* analytiques (du type : *aucun célibataire n'est marié*) ;

c) qu'il existe au moins une vérité *a priori* (le principe de contradiction). Pour lui, la signification est en grande partie une notion cognitive, dépendante des situations auxquelles le locuteur est relié. Cette théorie* causale de la signification le conduit à s'opposer à l'autonomie linguistique que postulent les travaux de Chomsky*. Ce dernier confond trois niveaux qui sont irréductibles : celui de la réalité neurophysique, celui de la calculabilité et celui des intentionnalités.

Dès **Meaning and the moral sciences** (1978), Putnam tente de défendre l'approche compréhensive des sciences humaines* et donc leur autonomie par rapport aux sciences de la nature. Ce qui le conduira, dans **Reason, Truth and History** (1981, t.f., **Raison, vérité et histoire,** Paris, Minuit, 1984), à contester la dichotomie humienne entre fait et valeur*, et à développer une théorie* de la vérité*. Comme le soutenait Quine*, lorsque nous formulons une théorie, nous nous engageons ontologiquement, nous sommes obligés d'assumer qu'il y a autre chose au-delà de notre langage*. Le sens* de nos assertions est fondé sur leur référence. Cela n'empêche pas que la signification ne soit indéterminée. Lorsque nous utilisons le langage, nous n'avons pas le moindre doute sur la réalité de notre référence à l'extériorité, mais nous n'avons rien d'autre que le langage pour dire ce qu'elle est. À l'encontre du réalisme métaphysique, Putnam postule un *réalisme interne*. Notre appareil perceptif reçoit des matériaux bruts, incontestablement réels, mais qui sont élaborés mentalement, diverses élaborations du même matériau étant au reste possibles. Le monde empirique dépend de nos critères d'acceptabilité rationnelle, qui seraient eux-mêmes le produit d'un besoin humain fondamental. Les **Philosophical Papers** (3 vol., 1975-1983) rassemblent les articles publiés au cours de la carrière de Putnam, le volume II (**Language, Meaning and Reality,** 1975) exposant les premiers éléments de la théorie du réalisme interne.

Dans **Representation and Reality** (MIT Press, 1988, t.f. Paris, Gallimard, 1990), Putnam rassemble des arguments contre la thèse — qu'il a lui-même soutenue — selon laquelle les activités rationnelles sont réductibles à un calcul formel. Il fait partie de notre conception de la raison que *la raison puisse aller au-delà de quoi que ce soit que la raison puisse formaliser*.

P. Jacob, *L'Empirisme logique,* Paris, Minuit, 1980 ; **De Vienne à Cambridge,** Paris, Gallimard, 1980.

QUINE (Willard van Orman)

La carrière de Quine, né en 1908, s'est entièrement déroulée à Harvard, où il a été étudiant avant que d'y être enseignant. Son œuvre concerne exclusivement la théorie* de la connaissance*. Ses nombreux ouvrages et recueils d'articles s'appuient sur les résultats techniques* de la logique* moderne : **Mathematical logic** (1940), **Elementary logic** (1941, t.f., Paris, Colin, 1972), **Methods of logic** (1950, t.f., Paris, Colin, 1973) **From a logical point of view** (1953), **Word and Object** (1960, t.f., Paris, Flammarion, 1978), **Set theory and its logic** (1963), **Selected logic papers** (1966), **Ontological relativity and other essays** (1969, t.f., Paris, Aubier-Montaigne, 1977), **Philosophy of Logic** (1970, t.f., Paris, Aubier-Montaigne, 1975), **The roots of reference** (1974), **Theories and things** (1981). Son article sur **Les Deux Dogmes de l'empirisme** (1951), en réfutant la possibilité d'un critère ultime pour la distinction analytique / synthétique, ainsi que la possibilité de définir la synonymie, marquent à la fois une rupture avec le positivisme logique* et un tournant dans l'histoire de la philosophie anglo-saxonne contemporaine. Ce tournant conduira à la formulation de la thèse dite de Duhem-Quine (voir *expérience/expérimentation*), à la critique des théories de la signification et à la construction d'une épistémologie* naturelle (admettant la solution empiriste d'une continuité entre l'univers de la perception* et celui de la science*), qui font de Quine (qui ne se réfère pratiquement jamais explicitement à la tradition philosophique) l'un des plus importants philosophes américains contemporains.

On peut considérer Quine comme un logicien, mais on ne lui doit aucun théorème original ; son apport essentiel réside dans une certaine présentation de la logique* et une mise en lumière des problèmes ontologiques, et concerne la philosophie de la logique. Quine évite de supposer que les symboles désignent des entités (le vrai, le faux, des propositions, etc.) ; les lettres comme *p* et *q* qu'utilise par exemple le calcul des propositions ne sont pas à considérer comme des variables, mais comme tenant simplement lieu de propositions, et leurs compositions à l'aide des connecteurs sont de simples schémas. La vérité* logique se définit, pour un schéma, par le fait que la substitution de propositions aux lettres qui en tiennent lieu ne donne que des instances valides, et, pour une proposition, par le fait d'être instance d'un schéma valide. Seules les lettres sous quantificateurs supposent un engagement ontologique *(être, c'est être la valeur d'une variable liée)*, et on peut se passer de quantifier les prédicats. Le *nominalisme* de Quine ne fait pas de la vérité une question seulement linguistique, parce qu'il n'existe aucun moyen précis de diviser nos connaissances* selon qu'elles dépendraient du langage* ou du monde (*holisme sémantique*).

Il résulte de ces analyses que le véritable terrain de la philosophie, c'est l'ontologie* Mais le philosophe n'a affaire aux connaissances qu'une fois qu'elles ont été verbalisées. L'un de ses procédés consiste à traduire systématiquement les questions de faits en questions de mots (*montée sémantique,* dont Carnap* avait vu l'intérêt). Ce qui permet de se dispenser au maximum des entités abstraites* (principe de parcimonie). Quine soutiendra constamment la théorie vérificationniste de la signification *(la signification d'une phrase dépend simplement de ce qui est susceptible de compter parmi les preuves de sa vérité)*, dont il fait le véritable critère de l'empirisme*. Or la théorie* vérificationniste se heurte au holisme sémantique et au problème de l'indétermination de la traduction. On peut admettre que la phrase est l'unité de la signification, mais ce sont ses éléments qui ont en charge la référence au monde. Si je traduis une phrase d'une langue inconnue par la phrase française *il y a des lapins dans le champ*, ce qui correspond au mot *lapin* dans la langue en question peut très bien désigner l'animal, un morceau de l'animal ou l'ensemble des lapins. Pour en décider, il faut savoir comment fonctionnent l'identité dans la langue en question et les mécanismes de référenciation (les articles, le pluriel, par exemple, etc.). Or, là dessus, on ne peut faire que des hypothèses qui sont invérifiables (puisque ce sont justement ces mécanismes qui ajustent la référence) : la référence est inscrutable. D'un côté, Quine est obligé de recourir à une conception élémentaire de la signification qui assure la connexion avec le réel. Il le fait en adoptant une conception de type behavioriste : il y aurait des stimulus-significations provoquant naturellement assentiment ou dissentiment (elles correspondent donc à des phrases inanalysées). De l'autre, l'ontologie* d'un langage* (ou d'une théorie*) ne peut être que relative. Décrire l'ontologie d'un langage (ou d'une théorie), c'est décrire les entités qu'il (ou elle) admet dans un autre langage (ou une autre théorie), que l'on prend pour référentiel, opération qui est soumise à toutes les limitations et indéterminations de la traduction. Telle est la thèse du relativisme de l'ontologie, qui correspond également à des considérations extrêmement techniques sur la nature de la logique. Quine, qui a été conduit à intégrer la théorie de l'identité à la logique* et qui a découvert que la référenciation dépendait de la présence dans le langage d'éléments généraux d'un type particulier, est fondamentalement conservateur dans le domaine de la logique. D'abord, contrairement à tout le reste de la connaissance*, elle n'est pas, selon lui, révisable. Ensuite, il la réduit à la théorie classique de la prédication et du calcul des propositions. Il a refusé toutes les extensions modernes de la discipline (logique modale, logique épistémique, etc.). À cela, une raison philosophique profonde qui tient à sa conception référentielle de la quantification, par laquelle il définit l'engagement ontologique. Le problème correspond à l'impossibilité de substituer les identiques dans des contextes modaux (phénomène d'*opacité référentielle*). Puisque 9 est le nombre des planètes, j'ai en principe le droit de remplacer le premier nom par l'autre (principe de substitution des identiques). Soit la phrase modale : *il existe un nombre dont il est nécessaire qu'il soit plus grand que 5*. Bien entendu, cette phrase supporte l'instanciation à l'aide du nom 9 *(il est nécessaire que 9 soit plus grand que 5)*. Mais, comme il est tout à fait contingent que le nombre des planètes soit 9, la substitution à 9 du nom *nombre des planètes* (qui a la même référence) est absurde. Dans un contexte modal, Quine soutient que les phrases ne sont plus référentielles. Le développement de la sémantique des mondes possibles (voir *Hintikka*) ne l'a pas fait revenir sur ses positions, qu'il tente de défendre par des arguments sophistiqués.

R.F. Gibson, **The Philosophy of W.V. Quine,** Tampa, University of South California, 1982 ; P. Gochet, **Quine en perspective : essai de philosophie comparée,** Paris, Flammarion, 1978 ; **Ascent to truth. A critical Examination of Quines Philosophy,** Munich, Philosophia Verlag, 1986 ; J. Largeault, **Quine. Questions de mots, questions de faits,** Toulouse, Privat, 1980.

Raison-Rationalité

On peut désigner comme rationnels tel ou tel discours, telle ou telle démarche, les décrire pour montrer en quoi consiste leur rationalité, et de là décider, à l'inverse, ce qu'est l'irrationnel. C'est l'acte même de désignation qui fait problème : il y a là instauration ou reconnaissance d'une valeur*. La raison n'est jamais saisie dans l'extériorité, elle est toujours présence à soi, adhérence à la démarche où elle se déploie ; c'est pourquoi l'autre de la raison est raison aliénée, c'est-à-dire folie*. La question n'est pas seulement de savoir ce qui fait la rationalité (voir *science*), mais ce qui fait la valeur* de la rationalité, comment s'est instaurée cette valeur, et ce que peut représenter sa critique.

1. On décrit souvent l'origine de la philosophie comme le passage du mythe* à la raison[1] : qu'est-ce que ce passage ? La cosmogonie d'Hésiode explique la naissance *(génésis)* du monde *(cosmos)*, sa nature *(phusis,* de *phutein,* enfanter, produire), par l'union sexuelle des divinités (la Terre et l'Océan). La cosmologie ionienne possède la même structure, mais les divinités se transforment en puissances actives, abstraitement conçues, dont la réalité se borne à produire un effet physique déterminé : au lieu de décrire les naissances successives, on définit les principes premiers constitutifs de l'Être. Les

---

1. Voir *présocratiques* ; nous nous inspirons ici des ouvrages de J.-P. Vernant cités dans cet article.

ioniens font appel aux modèles techniques*, réélaborent les notions de *phusis* et de *génésis* : la première désigne un principe interne d'émergence à l'Être et de développement, la seconde une origine. Il s'agit désormais non seulement de rechercher, par-delà le changement, l'identique et le stable, mais de rendre à soi-même transparent le mouvement par lequel cette identité parvient à l'intelligibilité : la philosophie va chercher l'Être authentique (voir *ontologie*) dans la pure abstraction, le *logos*, terme qui signifie à la fois *raison* et *langage**. Au même moment, le langage change de statut ; pour la parole digne d'être énoncée par le sage qui dévoilait aux initiés ce qui devait être dit, la fausseté n'avait pas de sens ; elle en a désormais pour un discours laïcisé, manifeste à tous, et dont la valeur* dépend des techniques (rhétorique*, logique*) par lesquelles on en construit les phrases afin de convaincre. L'émergence de la rationalité *(le miracle grec)* n'est pas née de rien : la laïcisation de la vérité* correspond, dans les cités grecques, à la naissance du citoyen, c'est-à-dire à l'avènement d'une pratique démocratique, qui fait du débat public l'essentiel de la vie politique*. On comprend alors le triple caractère de la rationalité :

1 — Elle est exclusive, c'est-à-dire qu'elle rejette hors d'elle le mythe*, la religion*, en se présentant comme connaissance* authentique de la réalité.

2 — Elle correspond à des normes discursives dans le déploiement du savoir.

3 — Elle répond à une certaine structure sociale, à une certaine insertion du savoir dans la société*.

2. L'histoire de la philosophie peut être considérée comme la tentative constante, pour la rationalité, de s'authentifier elle-même : il s'agit de définir ce type de discours cohérent, compréhensible et admissible par tous, qui seul est susceptible de décrire l'Être, de montrer où se rencontre ce discours, et pourquoi on le doit préférer aux autres (au discours révélé de la foi, comme à l'illusion* de l'imagination*).

Les noms et les types de la rationalité ont varié (voir *science, objectivité, épistémologie*) ; ses justifications aussi : correspondance du logos et de l'Être, faculté interne au sujet* humain, possibilité effective de dominer la nature et de prévoir l'avenir ; mais les contestations de la valeur de la raison ont toujours porté sur son universalité, qu'il s'agisse de montrer une région de l'Être irréductible à être objet d'une pensée rationnelle — Dieu*, les mystères — ou une activité essentielle à l'homme — la passion*, le désir*, l'inconscient —[1] qui se déploierait hors de ou contre toute démarche rationnelle. Depuis que nous définissons la rationalité comme pensée technico-scientifique, cette contestation est contestation de la valeur* de la science* : Bergson* nie qu'elle puisse apporter la connaissance* de la qualité ; les nietzschéens, en considérant son exclusivité, y voient avant tout une attitude de refus contraire à la vie* ; les modernes, qui ont découvert le relativisme sociologique des formes de pensée, en font une production spécifique de la culture occidentale, ni plus ni moins valable que les autres. Si tout n'est pas pensable dans l'universalité d'une raison, rien de ce qui ne l'est pas ne pourra être dit qui vaille pour tous : l'irrationalisme signifie-t-il autre chose que l'affirmation selon laquelle il y aurait de l'indicible ? Comment saurions-nous qu'il y a de l'indicible, sinon à le confondre avec le non-dit ?

> G. Bachelard, **Le Rationalisme appliqué,** Paris, PUF, 1949 ; R. Blanché, **La Science actuelle et le rationalisme,** Paris, PUF, 1973 ; J.-P. Changeux & A. Connes, **Matière à pensée,** Paris, O. Jacob, 1989 ; J. Laporte, **Le Rationalisme de Descartes,** Paris, PUF, 1945.

RAWLS (John)

Rawls, qui a enseigné au Massachusetts Institute of Technology, puis à l'université de Harvard, est connu essentiellement comme l'auteur d'un livre, **A theory of Justice**, paru en 1971 (t.f., Paris, Seuil, 1987), qui a été l'un des ouvrages d'éthique* et de philosophie juridique les plus influents et les plus discutés de ces vingt dernières années dans le monde anglo-saxon. Cet ouvrage correspond à la maturation et à la synthèse d'articles dont les premiers ont commencé à paraître en 1958.

---

1. Cela manifeste une confusion largement répandue entre la pensée et son objet, le langage* et ce qu'il désigne : de ce que le désir ne s'offre pas comme raison à celui qui le vit, il ne s'ensuit pas qu'il ne puisse être l'objet d'une connaissance* rationnelle, pas plus que de ce que la religion* ou le mythe* sont irrationnels, il ne s'ensuit l'impossibilité pour la raison d'en concevoir le fonctionnement.

RAWLS

L'idée de base de la théorie* de la justice, construite contre l'utilitarisme*, est le réformisme : *si efficaces et si bien organisées que soient les institutions et les lois, elles doivent être réformées ou abolies si elles sont injustes.* Chaque personne possède une inviolabilité fondée sur la justice ; le principe de justice a pour fonction de gérer les conflits d'intérêt qui surgissent inéluctablement lors de la répartition des fruits de la coopération. L'idée de l'égalité des droits* et des libertés* pour tous ne saurait être sujet à un marchandage politique ; il faut concevoir la justice comme équité. Rawls recourt à la fiction du contrat social, abondamment reconstruite à partir de la théorie des jeux.

L'hypothèse de départ est une situation dans laquelle les hommes seraient parfaitement égaux, chacun ignorant sa place sociale, ses dons, ses propres conceptions et tendances psychologiques, etc. Cette hypothèse d'un *voile d'ignorance* correspond à celle de l'état de nature des théoriciens du contrat. L'effort de Rawls consiste à montrer que, dans ces conditions, il ne reste aux sujets* que la possibilité d'un choix rationnel des principes d'équité, qu'on peut exprimer de la façon suivante :

— *principe d'égalité :* chaque personne doit avoir un droit égal au système le plus étendu de libertés de base égales pour tous ;

— *principe de différence :* les inégalités sociales doivent être organisées de manière telle que : a) on puisse raisonnablement s'attendre à ce qu'elles soient à l'avantage de chacun ; b) elles soient attachées à des positions et à des fonctions ouvertes à tous.

Le principe d'égalité a fait l'objet d'assez peu d'objections de fond (sous cette formulation ou sous une autre, il correspond au fondement des démocraties* occidentales). Il n'en va pas de même du principe de différence. Le premier type de critique s'apparente au positivisme* juridique et au libéralisme*. Il est parfaitement représenté par Richard Nozick. Selon lui, le principe de différence viole les droits de l'individu* et conduit à étendre le rôle de l'État* au-delà du minimum que constitue la protection de ces droits. Pour Nozick, la justice distributive doit correspondre à deux principes : a) toute personne qui acquiert des biens en fonction des lois régnantes est habilitée à cette propriété ; b) tout transfert de propriété habilitée qui s'effectue selon les lois en vigueur pour ce transfert est une habilitation à la propriété. Selon ces conceptions, le principe de différence serait illégitime et sans fondement philosophique, puisqu'il mène à contester la propriété de biens acquis en conformité avec les lois en vigueur au moment de leur acquisition. La critique de Michael Sandel est, elle, une critique du libéralisme* qui préside à la construction de Rawls. La notion de sujet* ou de personne sur laquelle elle repose est incohérente. D'après le premier principe, les personnes sont des sujets individuels isolés, sans communauté, antérieurs à toute société*. D'après le second principe, elles sont au contraire des sujets plus consistants, soucieux du bien-être communautaire, faisant de la société une perspective de vie*. Pour le libéralisme, valeurs, propriétés et communauté sont toujours considérées comme des attributs extrinsèques et non comme des éléments constitutifs de la personne. Il faut, au contraire, considérer l'individu comme construit par une communauté et par une histoire*. Somme toute, la critique de Sandel est parente de celle que Marx* faisait aux théoriciens du contrat social, lorsqu'il leur reprochait de ne pas voir que leurs *robinsonnades* n'étaient que des abstractions.

> R. Nozick, **Anarchy, State and Utopia,** Oxford, 1974, t.f., Paris, PUF, 1988 ;
> M. Sandel, **Liberalism and the limits of justice,** Cambridge, 1982.

Religion

Par *religion*, on entend généralement un complexe cultuel, qu'on peut définir grossièrement par :
1 — l'existence d'un rite cultuel, c'est-à-dire d'un ensemble codifié de gestes et de pratiques divers, fortement chargés de symbolisme et accomplis dans le but explicite de rendre hommage à un être transcendant ou d'en obtenir les faveurs ;
2 — l'exigence d'adhérer à une croyance définie ; celle-ci pouvant prendre les sens non exclusifs d'une attitude psychologique qui engagerait le sujet* au-delà des raisons qu'il peut en donner ou d'un ensemble de doctrines dont la cohérence est plus ou moins empruntée aux règles de la rationalité* ;
3 — la fonction sociale d'intégrer les individualités spirituelles en une conscience collective (Durkheim*), et, par là, d'assurer la cohésion du groupe.

1. La philosophie est concernée à divers titres par le phénomène religieux ; une philosophie de la religion se donne pour but d'en

Religion

réfléchir le sens* et la valeur*, une philosophie religieuse tente d'assurer la continuité entre la réflexion philosophique et la croyance. Le problème central réside dans l'opposition apparente d'une réflexion rationnelle et d'une pratique qui possède son fondement dans un être transcendant. Ce problème n'apparaît pas dans toute société* ; dans la Grèce antique, le discours sacré du prêtre inspiré était susceptible d'être repris dans le discours profane du philosophe, comme un mythe* dont le sens était pensable rationnellement. Dans l'espace culturel hellénistique et romain, c'est la religion chrétienne qui instaure le problème. D'abord, parce qu'elle est une *religion révélée*, c'est-à-dire donnée aux hommes en une rencontre personnelle avec la divinité et consignée en un livre dont la véracité ne saurait être mise en doute ; ensuite, parce que *l'existence de l'Église* met la religion face à l'État* dans une opposition qui n'est pas seulement celle du sacré au profane, mais du pouvoir spirituel au pouvoir temporel[1].

2. Dès lors, il n'est pas étonnant que la confrontation de la religion à la philosophie caractérise l'histoire de la pensée occidentale.

1 — Pour les scolastiques du Moyen Âge, il s'agit de concilier les deux ; l'activité philosophique est alors tournée vers la nécessité d'avoir à justifier la foi. S'oppose-t-elle à la raison* ? en est-elle indépendante ? ou complémentaire (il n'y aurait pas de vérité* non rationnelle) ? On peut s'efforcer de répondre à ces questions en démontrant l'existence de Dieu* ; mais comment expliquer les mystères (Eucharistie, Trinité, Incarnation de Dieu, etc.), comment une nature humaine entachée par le péché originel pourrait-elle s'élever par sa propre force jusqu'à la foi ?

2 — La révolution scientifique de la Renaissance entraîne le développement d'une métaphysique qui tente d'atteindre la divinité et la définition des devoirs qu'on lui doit, par un discours rationnel. Cela conduit directement à l'idée d'une théologie et d'une religion naturelles, que l'***Encyclopédie*** de Diderot et d'Alembert définit comme la connaissance qu'on a de Dieu et de ses attributs par les lumières de la raison et de la nature, en remontant de l'ordre des choses à un être ayant telle ou telle qualité. Hume* fait porter sa critique sur les prétentions de la religion naturelle, et Kant* détruit la théologie naturelle en établissant l'impossibilité pour la raison théorique de

---

1. Voir l'article *Augustin (saint)*.

démontrer l'existence de Dieu*. Cela conduit à mettre l'accent sur une foi qui peut cependant exister dans les limites de la simple raison*.

3 — L'idée d'une religion naturelle, fût-elle simplement circonscrite par la raison, impose qu'on en distingue la religion positive, c'est-à-dire existant réellement. Comme phénomène, on n'a pas à en rendre raison ; on peut la considérer comme pure superstition ou comme un ensemble de croyances auxquelles le devoir nous astreint. Hegel*, en posant que la réalité n'est que le développement de l'idée dont l'achèvement est l'Esprit Absolu, accorde la rationalité* à la religion positive comme développement du concept (voir *Dieu*, et *aliénation* pour une présentation de l'athéisme néo-hégélien).

4 — La problématique contemporaine est caractérisée par une marginalisation des phénomènes religieux, qui apparaissent totalement étrangers à la pensée scientifique. Tout au plus la religion est-elle devenue un objet pour l'histoire*, la sociologie*, la psychologie*, voire la psychanalyse (cf. Freud*, **Totem et Tabou**, **Moïse et le Monothéisme**), selon une voie ouverte par la critique spinoziste (**Traité théologico-politique**) des textes bibliques. La phénoménologie issue de Husserl peut sans doute, en valorisant le vécu, laisser place à la foi. Une réflexion théologique prenant sa source en Hegel peut ainsi se déployer après *la mort de Dieu*. Faut-il, avec Durkheim*, voir dans la religion *quelque chose d'éternel qui est destiné à survivre à tous les symboles particuliers dans lesquels la pensée religieuse s'est successivement enveloppée* ?

R. Caillois, ***L'Homme et le Sacré***, Paris, Gallimard, 1950 ; H. Duméry, **Philosophie de la religion**, 2 vol., Paris, 1957 ; **Phénoménologie et Religion. Structure de l'institution chrétienne**, Paris, 1960 ; M. Éliade, **Traité d'histoire des religions**, Paris, Payot, 1949 ; **Le Sacré et le Profane**, Paris, Gallimard, 1965 ; **Histoire des croyances et des idées religieuses**, 2 vol., Paris, Payot, 1976-1979 ; S. Freud, ***L'Avenir d'une illusion***, t.f., PUF, 1971 ; M. Gauchet, **Le Désenchantement du monde : une histoire politique de la religion**, Paris, Gallimard, 1985 ; Mgr P. Poupard (dir.), **Dictionnaire des religions**, Paris, PUF, 1984 ; N. Whitehead, **Le Devenir de la religion**, 1926, t.f., Paris, 1939.

Responsabilité

Comme pour le droit*, il faudrait peut-être distinguer une responsabilité objective et une responsabilité subjective. La responsabilité objective

Responsabilité

est celle que fixe la juridiction positive, en déterminant à qui revient la réparation du dommage (droit* civil), ou qui doit être châtié de telle ou telle faute et comment (droit pénal). La responsabilité subjective est un concept essentiellement moral* : elle repose sur l'idée que l'homme, étant un sujet* conscient doué d'une volonté* libre, il est la seule cause* de ses actes, et que, par conséquent, il peut répondre d'eux et de leurs conséquences, promettre, s'engager. Moralement, il n'y a de responsabilité qu'individuelle. On peut tenter de fonder la responsabilité objective sur la responsabilité subjective, et, en ce sens, les idées de culpabilité et de sanction supposent la responsabilité ; à l'inverse, on pourrait essayer de montrer comment la responsabilité subjective, qui suppose la mémoire*, la conscience* et la personne*, est née d'une certaine pratique sociale[1]. La question est fondamentale : en adoptant la première voie, on doit poser que la responsabilité est un concept absolu, métaphysique ; en suivant la seconde, on est près d'admettre qu'il s'agit peut-être d'un concept déterminé historiquement et idéologiquement.

La juridiction française repose sur une conception de l'homme qui en fait un sujet doué d'une volonté libre. L'article 1382 du Code civil pose que chacun est responsable du dommage causé par sa faute, c'est-à-dire que la responsabilité civile est composée de trois éléments : un acte, un dommage et un lien de causalité entre les deux.

La responsabilité pénale est définie par l'infraction aux lois pénales, la consommation de l'infraction, et les conditions psychologiques de l'imputation, c'est-à-dire le lien de l'acte à une volonté libre[2].

Plusieurs faits remettent en question la place occupée par l'acte volontaire et la conception de la responsabilité qu'il entraîne. Dès l'origine du Code civil, on a admis une responsabilité du fait d'autrui (le père est civilement responsable de ses enfants) et du fait des choses (art. 1385 et 1386, le propriétaire est responsable du fait de ses propriétés), et la législation du travail* détermine la responsabilité de l'employeur en cas d'accident. Dans ces trois cas, si les conditions de l'acte libre ne sont pas respectées, un lien subsiste encore entre la responsabilité et la personne ; il n'en est plus de même avec l'apparition de l'assurance de responsabilité. La personne ne répond plus des conséquences de ses *fautes*, elle paie une prime pour qu'une compagnie d'assurances prenne sa place, ce qui a pour conséquence

---

1. C'est cette seconde voie que choisit Nietzsche* dans la seconde dissertation de la **Généalogie de la morale**.
2. Art. 64, du Code pénal : *Il n'y a ni crime ni délit lorsque le prévenu était en état de démence au temps de l'action, lorsqu'il a été contraint par une force à laquelle il n'a pas pu résister.*

nécessaire de diminuer la part de la responsabilité individuelle. Dans le domaine pénal, la découverte de déterminismes statistiques précis entre la criminalité et certains faits sociologiques (origine sociale, urbanisation des grands ensembles) a ébranlé le bien-fondé du postulat de la liberté* morale* ; les notions de fautes et de responsabilités s'en trouvent atteintes : c'est pourquoi la sanction peut apparaître comme un non-sens, et les prisons, par exemple, comme une institution archaïque, ce qu'elles sont probablement. Ces deux jugements ne sauraient toutefois se situer au même niveau. On a pu proposer une morale sans obligation ni sanction (Jean-Marie Guyau, 1854-1888, dans son ouvrage **Esquisse d'une morale sans obligation ni sanction**, 1885) ; pour cela, Guyau supposait un instinct moral infaillible. De fait, les sanctions reposent sur l'idée que les règles morales ou juridiques s'adressent à des sujets* libres de faire ou de ne pas faire, c'est-à-dire responsables. La sanction (corrélativement), la faute et la responsabilité sont une dimension de la liberté humaine.

> P. Fauconnet, **La Responsabilité. Étude de sociologie,** Paris, Alcan, 1920 ; J. Henriot, **Existence et Obligation,** Paris, PUF, 1967 ; **La Condition volontaire,** Louvain, Nauwelarts, 1970 ; L. Husson, **Les Transformations de la responsabilité. Études sur la pensée juridique,** Paris, PUF, 1947 ; V. Jankélévitch, **L'Irréversibilité et la Nostalgie,** Paris, Flammarion, 1974 ; **La Volonté de vouloir,** Paris, Seuil, 1980 ; L. Lévy-Bruhl, **L'Idée de responsabilité,** Paris, Alcan, 1884 ; P. Ricœur, **Le Volontaire et l'Involontaire,** Paris, Aubier-Montaigne, 1949.

Révolution

Dans le vocabulaire de l'astronomie traditionnelle, le mot *révolution* désigne le retour périodique d'un astre sur son orbite. C'est cette idée d'un retour périodique que l'on retrouve chez Machiavel* lorsqu'il applique le mot au domaine politique* (les révolutions concernent la succession des différentes formes de gouvernement). Mais l'idée moderne de révolution suppose la rupture avec le cours ancien des choses, une véritable discontinuité dans l'histoire*. C'est pourquoi, chez Marx*, la révolution politique (le changement de gouvernement) est un leurre, la véritable révolution doit s'appliquer à la société* dans son ensemble. Si la révolution désigne un changement qualitatif, elle

Révolution

n'implique pas toujours l'immédiateté de ce changement. Les marxistes désignent sous le nom de *révolution permanente* (concept-clé chez Léon Trotski, 1879-1940 : voir **La Révolution permanente**, 1930) le passage continu de la révolution démocratique à la révolution socialiste.

Le concept de révolution a d'abord été discuté en relation avec des événements de type politico-social, en particulier la Révolution française. La réflexion porte évidemment sur la question de la discontinuité : que signifie le changement ? quelles sont ses causes ? est-il aussi radical qu'on le croit (voir *Tocqueville*) ? Accessoirement se pose la question de savoir s'il faut changer radicalement l'ordre ancien (voir *Marx*). Avec la question des formes et du sens* de la « révolution industrielle », les historiens ont abordé une problématique qui engage nécessairement le changement dans le long terme. Les travaux de Kuhn[1] ont déplacé la question sur le terrain des révolutions scientifiques (**La Structure des révolutions scientifiques**, 1962, t.f., Paris, Flammarion, 1983). Selon lui, la croissance scientifique fonctionne d'après deux modèles. Le premier est celui de la *science* normale*, qui correspond à des dogmes ou des paradigmes au sein desquels les chercheurs s'efforcent de résoudre des problèmes bien délimités, dans une activité qui ressemble à celle du jeu de puzzle. La science normale progresserait d'une manière cumulative. Le changement suppose qu'on abandonne un paradigme, qui correspond à une remise en cause des concepts de base et des méthodes* acceptées. Ces révolutions scientifiques (on comparera avec le concept de *rupture épistémologique* construit par Bachelard*) ne correspondent pas à un choix rationnel ; elles supposent un bouleversement des visions du monde, la mise au jour de nouveaux types de problèmes et de méthodes, probablement aussi un changement de génération chez les chercheurs. Dans une **Postface** à son livre, rédigée en 1970, Kuhn s'est efforcé d'éclaircir sa notion de paradigme qui correspondrait à deux choses : a) des *matrices disciplinaires* (qui

---

[1]. Thomas Kuhn est né en 1922. Il est avant tout un historien professionnel des sciences, formé en physique* et en philosophie. Ces ouvrages dans ce domaine sont importants : **The Copernician Revolution** (1957, t.f., Paris, Fayard, 1973), **Black Body Radiation and the Quantum Discontinuity, 1894-1912** (1978). Il a participé à l'inventaire des sources destinées à l'histoire de la physique quantique (**Sources for the History of Quantum Physics. An Inventory and Report**, Philadelphie, 1967). Ses principaux articles ont été rassemblés dans **The Essential Tension : Selected Studies in Scientific Tradition and Change**, 1977 (t.f., **La Tension essentielle**, Paris, Flammarion, 1977).

définissent la tradition en vigueur dans une certaine communauté scientifique) ; b) des *exemplaires*, c'est-à-dire un corps de problèmes, de solutions, d'applications considérés comme fondamentaux par cette communauté et constituant le composant théorique des matrices disciplinaires. Le problème posé par Kuhn, et qui s'est révélé dans les nombreuses critiques qu'on lui a faites (Lakatos notamment), touche au cœur même du concept de révolution. En supposant des discontinuités radicales (il soutient même que les paradigmes sont incommensurables, c'est-à-dire que l'on ne peut les comparer totalement et donc les évaluer rationnellement), Kuhn interdit que l'on pense le changement scientifique comme une activité rationnelle et normale (d'où l'accusation d'irrationalisme), et que l'on puisse considérer des phénomènes de cumulation des connaissances sur le long terme, d'où — si l'on joint cela à la thèse de l'incommensurabilité des paradigmes — l'accusation de relativisme. Somme toute, dès que l'on utilise le concept de révolution, on pose une thèse très forte sur la nature de l'histoire* humaine. Il se pourrait que la validité du concept dépende non seulement des phénomènes auxquels on choisit de l'appliquer, mais aussi de l'échelle temporelle utilisée.

A. Brossat, ***Aux origines de la révolution permanente,*** Paris, Maspero, 1974 ; F. Furet, ***Marx et la Révolution française,*** Paris, Flammarion, 1986 ; B. Goethuyssen, ***Philosophie de la Révolution française, Montesquieu,*** Paris, 1956, rééd. Gallimard, 1982 ; T.S. Kuhn, ***La Structure des révolutions scientifiques,*** t.f., Paris, Flammarion, 1983 ; P. Scheurer, ***Révolution de la science et permanence du réel,*** Paris, PUF, 1979 ; P. Verley, ***La Révolution industrielle 1760-1870,*** Paris, M.A., 1985.

Rhétorique

Dans la Grèce antique, la pratique de la discussion politique* et juridique, la construction littéraire et l'argumentation philosophique (sophistes) ont lentement mis en place un art du langage* qui recouvrait l'ensemble des techniques* de persuasion du discours en situation, ainsi que celles de l'ornementation de ce même discours. Les rhéteurs qui enseignaient ces techniques sont à l'origine d'une longue tradition qui a conduit à la rédaction de nombreux traités. Les plus célèbres d'entre eux sont la **Rhétorique** d'Aristote* (à laquelle il faut joindre les **Réfutations**

Rhétorique

sophistiques), l'ouvrage de Cicéron (106-43) **Sur l'orateur**, et les **Institutions oratoires** de Quintilien (I^e siècle), qui est incontestablement l'ouvrage le plus fourni et qui a eu la plus grande influence historique.

1. La rhétorique ancienne détermine trois genres de discours : le *judiciaire* (qui correspondra par la suite aux plaidoiries), le *délibératif* (qui a pour objet d'agir dans le conseil d'une assemblée ; il s'agit donc du discours politique*) et l'*épidictique* (l'éloge qui, avec le christianisme, se retrouvera dans l'*éloquence de la chaire* ou *éloquence oratoire*).

La construction de ces types de discours obéit à des règles, codifiées dans les quatre parties de la rhétorique. La première partie est l'*invention* (phase de conception, art d'inventorier tout ce qui peut servir à la cause que l'on défend). On recourt à des *lieux*, c'est-à-dire à des arguments-types, des éléments de preuve répertoriés, des questions générales qu'on peut poser dans différents cas. L'invention comporte aussi l'étude des sentiments *(pathos)* et des caractères *(ethos)*. La deuxième est la *disposition*, organisation du discours à partir de plans-types (pour les discours judiciaires : exorde, narration ou exposé des faits, confirmation ou argumentation, digression et péroraison). La troisième est l'*élocution* (mise en style du discours, choix des termes et agencements des phrases). C'est dans cette partie que l'on rencontre la théorie des figures (conçues le plus souvent comme des écarts par rapport à la façon de parler normale ou propre). On a ainsi les *figures de pensée* (l'allégorie ou l'ironie, par exemple), les *figures de construction* (l'inversion, par exemple), et, enfin, les *figures de mots*. Ces dernières concernent soit la forme (allitération, rime, par exemple), soit le sens (le mot possède un sens autre que celui qu'il revêt habituellement, par des métaphores et des métonymies, en particulier). L'étude des figures de mot — ou tropes — a été l'une des sources de la sémantique moderne, notamment dans le célèbre **Traité des tropes** (1730) de César Chesneau Dumarsais (1676-1756). La quatrième partie est l'*action* (prononciation du discours), qui comprend non seulement la diction, mais tout un code gestuel.

De manière générale, on peut dire que la rhétorique est une technique* et une codification de la parole publique. Elle a été largement enseignée dans les écoles, adaptée aux différents domaines (éloquence de la chaire : sermon des prêtres ; éloquence du barreau : plaidoiries des avocats ; diction des comédiens). Son enseignement a

Rhétorique

été supprimé, en France, à la fin du XIXe siècle, lorsque l'enseignement de la littérature* et la technique du commentaire littéraire l'ont emporté sur l'apprentissage de la productivité discursive. La notion moderne de *technique d'expression* recouvre partiellement l'ancien domaine de la rhétorique et en remplit les fonctions.

2. Platon* condamne la rhétorique parce que le rhéteur séduit par le langage* en le manipulant pour lui faire dire ce qu'il est souhaitable de dire dans les circonstances présentes. En d'autres termes, la technique* de la rhétorique ne dépend pas de ce rapport au réel qui est considéré comme le fondement de la vérité*. C'est pour la même raison que les philosophes classiques, d'obédience cartésienne, croiront pouvoir se passer d'un art de persuader au profit d'une théorie* de la démonstration et de la méthode* scientifique. Or c'est présupposer que l'adéquation du discours au réel est indépendant des circonstances, qu'il y a un ordre intangible des choses que le seul rôle de la pensée est de mettre au jour. C'est cette conception que remettent en cause Perelman[1] et la nouvelle rhétorique. La rationalité* humaine ne se limite pas à la déduction dont le modèle a été fourni par les mathématiques*. On trouvera une méthodologie différente, mais complémentaire, dans le droit*. Cette discipline a développé des procédures facilitant la discussion et la solution des conflits, organisant les débats, codifiant le recours à la présomption et la charge de la preuve. Nous ne vivons ni dans un monde intangible ni dans un univers de pensée insensible à l'histoire*, mais dans une mobilité culturelle où il nous faut prendre les décisions les moins arbitraires possibles. Dans une logique* déductive, la conclusion est contraignante *(si a, alors b ; or a, donc b)* ; la logique argumentative opère dans un univers ouvert, où la raison* absolue doit faire place au raisonnable *(parce que a et b plutôt que f, quoique g, alors h plutôt que k, à moins que i ou j)*. L'argumentation, dans la diversité de ses

---

1. Chaïm Perelman (1912-1984), né à Varsovie, émigré en Belgique en 1925, fera toute sa carrière à l'Université Libre de Bruxelles. On peut résumer son projet philosophique dans la réhabilitation de la rhétorique et de l'argumentation ; cette réhabilitation a été médiée par une réflexion sur le droit et la justice. Outre les ouvrages cités dans la bibliographie, on consultera : **Traité de l'argumentation** (avec L. Olbrechts), Paris, PUF, 1958 ; **Justice et Raison**, Bruxelles, PUB, 1963 ; **Le Champ de l'argumentation**, Bruxelles, PUB ; **Logique juridique**, Paris, Dalloz, 1976. Perelman défend un pluralisme philosophique qui soit seulement lié par l'obligation d'avoir à justifier ses positions.

Rhétorique

formes et dans son engagement au sein d'une pratique sociale complexe, est le nouvel empire de la rhétorique.

> C. Dumarsais, **Traité des tropes** (1730), éd. critique par F. Douay-Soublin, Paris, Flammarion, 1988 ; A. Kibedi-Varga, **Rhétorique et Littérature,** Paris, Didier, 1970 ; A. Lempereur (dir.), **L'Homme et la Rhétorique,** Paris, Méridiens-Klincksieck, 1990 ; M. Meyer, **Logique, Langage et Argumentation,** Paris, Hachette, 1982 ; M. Meyer (dir.), **De la métaphysique à la rhétorique. Essais en hommage à Chaïm Perelman,** Bruxelles, Éditions de l'université de Bruxelles, 1986 ; C. Perelman, **L'Empire rhétorique,** Paris, Vrin, 1977 ; C. Perelman & L. Olbrechts-Tyteca, **Rhétorique et Philosophie,** Paris, PUF, 1952 ; O. Reboul, **La Rhétorique,** Paris, PUF, 1984 ; P. Ricœur, **La Métaphore vive,** Paris, Seuil, 1975 ; T. Todorov, **Théorie du symbole,** Paris, Seuil, 1977.

RICŒUR (Paul)

Né en 1913, Ricœur, après des études à Rennes, a connu une brillante carrière de professeur de philosophie : université de Strasbourg (1950-1955), université de Paris-Sorbonne (1956-1965), puis de Paris-Nanterre (1966-1978), dont il fut le doyen (1969-1970). Il a été également professeur dans le département de théologie de l'université de Chicago. On peut considérer Ricœur comme l'un des principaux représentants de l'école française de phénoménologie aux côtés de Merleau-Ponty*, Lévinas* et Dufrenne[1]. Il a été le traducteur et l'interprète des **Ideen** de Husserl* (1950). Mais Ricœur est aussi un penseur engagé, solidaire d'un certain type d'approche des problèmes sociaux, éthiques et religieux, qu'il ne sépare pas de sa culture protestante. Il écrit pour la revue **Esprit** (créée en 1933 par E. Mounier) et, dès 1955, rassemble les articles publiés sur ces questions sous le titre **Histoire et Vérité**. Sa thèse, publiée en 1950 sous le titre **Le Volontaire et l'Involontaire**, constitue le premier tome d'une **Philosophie de la volonté** dont le second comportera deux volumes : **Finitude et Culpabilité** et **L'Homme faillible** (1960).

La liberté* est conçue comme une structure* seulement humaine,

---

1. Mikel Dufrenne (né en 1913) a participé comme Ricœur (avec qui il publia **Karl Jaspers et la philosophie de l'existence**, Paris, Seuil, 1947) à la fondation de l'université de Nanterre. Ses travaux personnels ont concerné l'esthétique* : **Phénoménologie de l'expérience esthétique**, t.1, **L'Objet esthétique**, t.2, **La Perception esthétique**, Paris, PUF, 1953 ; **Le Poétique**, Paris, PUF, 1963. Ses articles sur la question ont été rassemblés dans les trois tomes d'**Esthétique et Philosophie**, Paris, Klincksieck, 1967-1981.

dans la triple dimension de la décision, de l'agir et du consentement. Le mal est *a priori* dans l'homme, parce qu'il est faillible : *Dire que l'homme est faillible, c'est dire que la limitation propre à un être qui ne coïncide pas avec lui-même est la faiblesse originaire d'où le mal procède. L'homme, c'est la joie du oui, dans la tristesse du fini.* Phénoménologue, Ricœur ne reste pourtant pas enfermé dans une philosophie de la conscience* : *Une philosophie réflexive doit inclure tous les résultats des méthodes et des présuppositions de toutes les sciences qui tentent de déchiffrer et d'interpréter les signes de l'homme.* Cette orientation le conduit à faire le détour par les sciences humaines* et plus spécialement les disciplines herméneutiques, celles qui explorent la nature symbolique de l'homme *(le symbole donne à penser)*. À commencer par la psychanalyse (**De l'interprétation : essai sur Freud**, 1965). Mais on s'aperçoit vite que les différentes herméneutiques (celles des *maîtres du soupçon*, Marx*, Nietzsche*, Freud*) sont conflictuelles dans leur souci même de découvrir les motivations cachées aux actes du sujet* ; l'interprétation du sacré engage le pari inverse d'une vérité* de la manifestation (**Le Conflit des interprétations. Essais d'herméneutique**, 1969). Ricœur, en passant à l'herméneutique (dont la tâche est de penser la complémentarité des interprétations antithétiques), renonce à l'idée que la réflexion soit un point de départ absolu. Le cercle herméneutique (la nécessité, pour comprendre, d'une compréhension antérieure) est interprété comme celui de la croyance : *croire pour comprendre, comprendre pour croire*. La métaphore (**La Métaphore vive**, 1975) permet de reprendre la question de l'herméneutique d'un autre point de vue, si l'on abandonne la conception qu'en présente la tradition rhétorique*, comme transfert du sens* propre au sens figuré. Elle est une véritable opération créatrice qui crée un sens nouveau. Ricœur en fait la condition de possibilité du discours spéculatif, quand bien même celui-ci obéit à sa nécessité propre, d'ordre conceptuel. À l'innovation sémantique de la métaphore répond, comme forme commune de toutes les formes de récit, l'intrigue historique. La métaphore vive fait de l'homme un poète et un créateur, l'intrigue lui permet de vivre le temps*. Tel est l'objet des derniers travaux où le cercle herméneutique reçoit la nouvelle figure de la circularité entre le récit et l'expérience temporelle (**Temps et Récit**, 3 vol., Paris, Seuil, 1983-1985).

M. Philibert, **Paul Ricœur,** Paris, Seghers, 1971.

ROUSSEAU (Jean-Jacques)

Né à Genève en 1712, mort à Ermenonville en 1778. Fils d'un horloger, il s'enfuit en 1728 de chez le patron où on l'avait mis en apprentissage et commence une existence errante et mouvementée. Recueilli par Mme de Warens, il complète son instruction et se fixe à Paris (1741), où il ne peut faire admettre un système de notation musicale de son invention, voyage en Italie, revient à Paris où il fréquente Diderot (1745) ; il connaît alors la célébrité grâce à son **Discours sur les sciences et les arts** (1750) et à son opéra **Le Devin du village** ; durant cette période, il collabore à l'**Encyclopédie** (par ex. l'article *Économie politique*), écrit le **Discours sur l'origine et les fondements de l'inégalité parmi les hommes** (1754), mais se brouille avec d'Alembert et les Lumières* ; de plus en plus isolé, il écrit un roman (**Julie ou la Nouvelle Héloïse**, 1761) et doit s'installer en Suisse après la publication de **Du contrat social** et de l'**Émile ou De l'éducation** (1762) ; de retour à Paris, il mène une existence isolée, oppressé par la crainte d'une persécution imaginaire, dont témoignent les **Rêveries du promeneur solitaire** (1776-1778), et, auparavant, les célèbres **Confessions** (1762-1770).

1. Toute l'œuvre de Rousseau vise à élucider les conditions morales* et politiques* de la vie* humaine. L'homme n'est pas un animal raisonnable qui atteint le bonheur* dans l'épanouissement de la civilisation ; l'homme qui médite est un animal dépravé, la civilisation dégrade peu à peu le bonheur qu'il trouvait dans son état originaire. Il vivait alors en harmonie avec la nature : point de besoins non satisfaits, point de lutte pour la vie, d'association pour subsister, et, par conséquent, point d'aliénation de la liberté*.

La nature humaine (définie de façon toute négative) est perfectibilité ; mais, dans l'état de pure nature, cette perfectibilité est pour ainsi dire à l'état zéro, au point que les vertus naturelles comme la pitié n'ont pas le loisir de se déployer. L'état de pure nature est un état moralement neutre, où l'homme, n'ayant aucun contact avec ses semblables, n'est ni bon ni méchant. En l'absence de causes* internes (comme, par exemple, un instinct* de sociabilité), il n'y a aucune nécessité à ce que l'homme éprouve soudain le besoin de vivre en société* : ce besoin ne peut naître que de causes externes et accidentelles (catastrophes naturelles, création des saisons). Dès lors, forcés, pour survivre, de s'associer, les hommes voient leurs capacités se développer, leurs connaissances*, leurs langages*, leurs arts naître. Mais ils perdent l'immédiateté de leur rapport à la nature, la transparence originaire d'une conscience* heureuse et fruste s'obscurcit : *être et paraître devinrent deux choses tout à fait différentes*. Ils doivent sans cesse travailler pour satisfaire des besoins* croissants, inventer l'agriculture et la métallurgie, lutter les uns contre les autres ; la nature elle-même devient un obstacle. Les plus forts l'emportent et, en s'emparant des biens, créent la propriété et l'inégalité. Si, par là, l'humanité passe d'un état de nature, déjà fort éloigné de l'état de pure nature, à celui de société* civile, c'est pour son malheur. Les rapports sociaux sont des rapports de dépendance, et, si la société peut être organisée par un contrat social, c'est un faux contrat fondé sur la force et qui soumet les plus faibles aux plus forts. Pour Hobbes*, l'état de nature est un état de guerre auquel la société met fin ; pour Rousseau, l'état de pure nature est un état de paix auquel la société fait succéder un état de guerre qui ne prend fin que par la domination : *L'homme est né libre et partout il est dans les fers*.

2. *Du contrat social* s'efforce de trouver une solution quasi géométrique à ce problème, compte tenu de l'irréversibilité de l'histoire*, c'est-à-dire de l'impossibilité de retourner à la pure nature : il s'agit *de trouver une forme d'association qui défende et protège de toute la force commune la personne et les biens de chaque associé, et par laquelle chacun, s'unissant à tous, n'obéisse pourtant qu'à lui-même, et reste aussi libre qu'auparavant*. Pour cela, Rousseau refuse de faire du contrat social un pacte de soumission entre les hommes ; il s'agira d'un pacte d'association. La souveraineté individuelle est inaliénable, et, si le souverain, dans l'état civil, est la volonté* générale, il ne s'ensuit pas que celle-ci se soumette à celle-là ; la volonté générale étant composée des volontés individuelles, en obéissant à la volonté générale, en tant que sujets*, les citoyens n'obéissent qu'à eux-mêmes en tant que membres du souverain. La souveraineté de la volonté générale peut être absolue sans nuire à la volonté individuelle, et l'homme, en obéissant aux lois, n'est pas soumis à ses semblables. Faisant du gouvernement (le prince) un simple fonctionnaire, et n'admettant aucune limite à la souveraineté, Rousseau crée l'image d'une démocratie*, qui ne pourra convenir aux penseurs libéraux (voir *Locke*).

Le thème fondamental de Rousseau est la liberté* humaine ; par conséquent, son analyse de la société repose sur la spontanéité individuelle. C'est celle-ci qu'il défend dans le système d'éducation* décrit dans l'***Émile*** ; il est, par là, conduit à prendre parti pour la sensibilité personnelle contre la raison* universelle, pour la nature contre la culture, faisant de la morale* non l'acquis conventionnel d'une histoire* contingente ou le précepte d'un intellect calculateur, mais le jaillissement d'une conscience*, qu'il qualifiera, dans un célèbre passage de l'***Émile*** (la ***Profession de foi du vicaire savoyard***), d'*instinct divin*. En mettant l'accent sur la liberté* et l'irréductibilité du sujet* moral, il ouvre la voie à la philosophie pratique de Kant*.

> P. Burgelin, ***La Philosophie de l'existence de Jean-Jacques Rousseau***, Paris, PUF, 1952 ; R. Derathé, ***Le Rationalisme de Jean-Jacques Rousseau***, Paris, PUF, 1948 ; ***Jean-Jacques Rousseau et la science politique de son temps***, Paris, Vrin, 1950 ; J. Derrida, ***De la grammatologie***, Paris, Minuit, 1967 ; V. Goldschmidt, ***Anthropologie et Politique, Les Principes du système de Rousseau***, Paris, Vrin, 1974 ; H. Gouhier, ***Les Méditations métaphysiques de Jean-Jacques Rousseau***, Paris, Vrin, 1970 ; J.-M. Masson, ***La Religion de Jean-Jacques Rousseau***, 3 vol., Paris, 1916, rééd. Genève, Slatkine, 1979 ; J. Starobinski, ***Jean-Jacques Rousseau : la transparence et l'obstacle***, 2ᵉ éd., Paris, 1971.

RUSSELL (Bertrand)

Né en 1872, mort en 1970, il fut l'initiateur d'une grande partie des découvertes qui ont donné son impulsion à la philosophie anglo-saxonne contemporaine. Son œuvre touche tous les domaines. Un certain nombre de préoccupations éthiques l'amenèrent à prendre position devant les événements contemporains : ses opinions pacifistes conduisent l'ancien élève du Trinity College en prison (1918), à intervenir à la Chambre des Lords (où il siège à partir de 1931), et à utiliser le prestige que lui donne le prix Nobel (1950) à la constitution de la Fondation Russell pour la paix et à la mise en place du *Tribunal Russell* pour évaluer les responsabilités de la guerre du Viêt-nam. De là une foule d'ouvrages sur la politique*, la morale* et l'éducation*, dont ***Principes de reconstruction sociale*** (1916), ***Chemins vers la liberté*** (1918), ***Théorie et pratique du bolchevisme*** (1920) : il s'y montre partisan d'un libéralisme* socialisant et d'une libération des mœurs.

L'apport le plus fondamental de Russell à la philosophie provient de sa contribution à la logique* mathématique : il s'attache dès 1903 (***Principes des mathématiques***) au problème des fondements, dès 1905 (célèbre article ***Sur la dénotation***), il formule des principes essentiels concernant la référence des expressions logiques et produit, de 1910 à 1913, en collaboration avec Whitehead[1], les **Principia Mathematica**, une reconstruction logique des mathématiques*, ouvrage canonique de la logique* moderne, puisqu'elle y trouve son premier exposé complet, rassemblant les apports de Boole, de Morgan, Schröder, Peano et Frege*. L'orientation de sa philosophie de la connaissance*, dont les solutions ont varié : **Principes de la philosophie** (1912), **La Méthode scientifique en philosophie** (1916), **Introduction à la philosophie mathématique** (1919), **Signification et Vérité** (1940), **La Connaissance humaine : son étendue et ses limites** (1948), est donnée par la tentative de connecter le logicisme à un empirisme* dans la tradition de Locke* et Hume*.

1. Les **Principia** reposent sur la construction d'une nouvelle syntaxe logique : soit un vocabulaire de base constitué de fonctions propositionnelles, de variables, de connecteurs logiques *(et, non)*, de quantificateurs ; le logicisme pose qu'il est possible de constituer toutes les mathématiques à partir de l'ensemble des expressions bien formées de ce système, dérivées d'un certain nombre d'axiomes et de la règle de déduction (on peut l'exprimer ainsi : si P est asserté et si P *implique* Q est asserté, alors on peut asserter Q).

Indépendamment des symboles acceptés au départ, tous les symboles introduits doivent être définis ; on peut le faire de deux manières, soit directement en posant qu'un symbole inconnu sera toujours considéré comme signifiant une suite déterminée de symboles connus, soit indirectement par définition directe d'une expression où entre le symbole à définir. Ainsi, pour définir *et*, à partir de *ou* et *non*, on posera la définition contextuelle suivante : *(p et q)* = *non (non p ou non q) Df.*

---

[1]. Alfred North Whitehead (1861-1947), qui sera naturalisé américain et occupera la chaire de philosophie de l'université de Harvard (1924-1937), outre sa participation aux **Principia Mathematica**, est l'auteur d'une œuvre philosophique considérable. Ses réflexions sur les systèmes de raisonnement symboliques (**Universal Algebra**, 1898) ont progressivement fait la place à des travaux sur la philosophie de la nature et la métaphysique, amorcés lorsqu'il travaille pour le 4e volume des **Principia** à une théorie* logique de l'espace. Sa conviction est que la géométrie est une partie de la physique*. **The concept of Nature** (1920), **Process and Reality. An Essay on Cosmology** (1929), s'efforcent de réconcilier le monde de la perception* et celui de la science*, avec l'introduction d'objets éternels dont les entités réelles constituent l'*ingression*. **The function of Reason** (1929, t.f., Paris, Payot, 1969), **Science and the Modern World** (1925, t.f., Paris, 1930), **Adventures of Ideas** (1933), **Modes of Thought** (1938) défendent la thèse de l'unité de la nature, dans laquelle l'organisme a une place prépondérante. Whitehead s'est également efforcé de défendre une théologie naturelle dont le principal problème est de concilier la notion de Dieu* et celle de devenir (cf. **Religion in the Making**, 1926, t.f., **Le Devenir de la religion**, Paris, 1939). Voir F. Cesselin, **La Philosophie organique de Whitehead**, Paris, 1950.

RUSSELL

Tous les symboles définis contextuellement sont des symboles incomplets qui n'ont pas de sens* en eux-mêmes ; parmi ceux-ci, on doit compter les *descriptions* (la théorie russellienne des descriptions est une pièce fondamentale de la philosophie contemporaine, et sa critique par Strawson en 1950 a été considérée comme une révolution). Une description est une expression comme *l'auteur de Waverley* ; elle ne signifie rien en elle-même, car, ou elle ne signifie pas la même chose que *Scott*, et alors la proposition *Scott est l'auteur de Waverley* est fausse, ou elle signifie la même chose, et cette proposition est une tautologie, ce qui n'est pas. Pour définir une description, on doit paraphraser une expression où elle rentre : ainsi *l'auteur de Waverley était Écossais* signifie *il y a un terme c tel que* :
 1 — *x écrivit Waverley* est toujours équivalent à *x est c* ;
 2 — *c est Écossais*.

Cette théorie* a un intérêt logique (elle permet de remplacer une suite de propositions par une description, voire de se passer de noms propres), épistémologique (elle permet de montrer qu'on peut parler d'entités qu'on ne connaît pas directement), et ontologique (dans l'hypothèse où toutes les expressions qui sont des noms désignent des êtres réels elle permet d'assurer, malgré tout, que les phrases où nous parlons de *la chimère*, par exemple, sont fausses, car *x est une chimère* n'est jamais vraie).

2. Outre cette théorie des termes et des propositions, les **Principia** reposent sur le calcul des classes et des relations. Une classe rassemble, selon Russell, tous les objets satisfaisant une certaine fonction propositionnelle : il en résulte que toute fonction d'une variable peut être remplacée par une fonction équivalente de la forme « $x \subset \alpha$ » où α est une classe. Pareillement, une relation est une classe dont les éléments sont des couples (x, y).

Par ces définitions, Russell montre clairement le rapport du calcul des propositions à la théorie des classes, et se donne la possibilité de reconstruire les mathématiques* (puisque, selon la définition de Frege*, le nombre pourra être considéré comme la classe d'équivalence des classes qui peuvent être mises en correspondance biunivoque). Restait à éviter une confusion, source de paradoxe : si je parle de la classe des classes qui ne sont pas membres d'elles-mêmes, alors, si cette classe fait partie d'elle-même, elle n'en fait pas partie, et si elle n'en fait pas partie, elle en fait partie. Pour résoudre ce paradoxe, Russell propose la célèbre *Théorie des types logiques* : il suffit de hiérarchiser les classes (et, par conséquent, les fonctions propositionnelles) pour éviter le paradoxe. Ainsi, si on pose qu'une classe est non seulement différente de la classe à laquelle elle appartient, mais ne peut servir à se définir elle-même, il est exclu qu'on parle de la classe des classes qui ne font pas partie d'elles-mêmes. Au niveau des fonctions, une fonction F_1 de niveau 1 ne pourra servir d'argument ni à elle-même ni à une autre fonction de niveau 1, mais seulement à une fonction F_2 de niveau 2, etc. Il s'ensuit que, pour des raisons logiques, on doit admettre l'existence d'un système hiérarchisé d'entités allant des individus* jusqu'aux classes infiniment composées.

3. Le rapport d'un tel système à l'expérience* est le problème central de la théorie* de la connaissance*. Par le principe d'atomicité, Russell pose l'existence de faits et de vérités*, indépendants et relativement simples, dont l'expression ne contient aucune variable, et renvoie nommément à des constituants objectifs (ex. : *ceci est rouge*) ; par le principe d'extensionalité, il garantit que la vérité des énoncés complexes dépend uniquement de celle de leurs constituants simples et des connecteurs qui les lient.

Le problème dès lors est triple : montrer comment les énoncés élémentaires sont connus, comment on passe de là aux principes permettant la constitution des énoncés complexes, montrer enfin que toute science* est bien composée ainsi. Russell assure le premier point par une théorie psychologique (proche du behaviorisme) posant l'origine de la connaissance dans la perception* sensible ; le deuxième et le troisième constituent le constructivisme logique : tous les énoncés d'une science sont constitués à partir des données sensibles, selon les lois logiques de l'inférence. Par là, l'ontologie* russellienne est un monisme neutre : elle pose que le monde est fait d'événements qui constituent la matière* lorsqu'ils sont composés selon certaines lois causales, et l'esprit* lorsqu'ils sont composés selon d'autres (cf. ***L'Analyse de l'esprit***, 1921, et ***L'Analyse de la matière***, 1927).

C'est sur le rôle de l'inférence logique que revient le dernier travail épistémologique. Russell remarque qu'une proposition générale, telle que *pour tout x, f(x)*, ne peut se déduire logiquement de propositions telles que *fa1, fa2*, etc. (où *a1, a2* sont des données sensibles), sans supposer un principe d'induction qui est lui-même une proposition générale. Dès lors, on doit poser des limites à l'empirisme* : l'inférence logique n'explique pas toute notre connaissance, il y a des propositions générales qui ne sont pas fondées dans (c'est-à-dire déduites de) l'expérience, mais dont l'expérience est seulement la cause*, selon une sorte d'inférence *animale*, proche de ce que Hume* décrivait comme mécanisme de la croyance.

> A. Ayer, **Russell and Moore, The Analytical Heritage,** Londres, Macmillan, 1971 ; P. Devaux, **Bertrand Russell ou la Paix dans la vérité,** Paris, Seghers, 1967 ; P.A. Schilpp (dir.), **The Philosophy of Bertrand Russell,** The Library of Living Philosophers, La Salle, 1948 ; J. Vuillemin, **Leçons sur la première philosophie de Russell,** Paris, Colin, 1968 ; **La Géométrie et le Monde sensible,** Paris, Flammarion, 1971.

SARTRE (Jean-Paul)

Né en 1905, il a commencé une carrière de philosophe universitaire en entrant à l'École normale supérieure et en passant l'agrégation. Il s'est d'abord intéressé à la psychologie* phénoménologique : **L'Imagination** (1936), **La Transcendance de l'Ego** (1938), **Esquisse d'une théorie des émotions** (1939), **L'Imaginaire** (1940), et est à ce titre l'un des principaux introducteurs de Husserl* en France. La phénoménologie devait le conduire à une certaine conception de l'homme, dont il donne d'abord une formulation littéraire : **La Nausée** (1938), **Le Mur** (1939), puis philosophique : **L'Être et le Néant, essai d'ontologie phénoménologique** (1943). Cette conception d'une humanité embarquée dans un monde qu'elle n'a pas choisi, mais toujours responsable parce que de part en part libre[1], devait être popularisée sous le nom d'*existentialisme** par des pièces de théâtre, des romans et des textes de vulgarisation : **L'existentialisme est un humanisme** (1946), **Réflexion sur la question juive** (1947). L'existentialisme appelle un engagement politique*, et, finalement, l'élaboration au moins programmatique de nouvelles sciences humaines*. En 1944, Sartre quitte l'enseignement pour diriger la revue des **Temps Modernes**, où il entreprend de lutter contre toutes les formes d'aliénation*. De nombreux essais critiques et politiques témoignent de cet effort, et sont repris dans les divers volumes de **Situations**; mais, surtout, Sartre entreprend de définir une approche de l'homme en tant qu'individu* et liberté*, qu'il met en œuvre dans des essais de critique littéraire existentielle : **Baudelaire** (1947), **Saint-Genet, comédien et martyr** (1952), et dans l'exposé

---

1. L'homme pour Sartre n'est ni défini ni déterminé par une essence abstraite*, il est désigné comme l'originalité d'une existence, d'une liberté.

méthodologique que constitue la **Critique de la raison dialectique** (1960). Suit alors un long silence occupé par des activités politiques, la participation au tribunal Russell*, et ponctué par le refus du prix Nobel. Les événements de Mai 68, où le style des interventions correspond à ses conceptions de la spontanéité humaine, l'engagent dans des actions politiques d'éclat. La parution de son Flaubert (**L'Idiot de la famille**, 1971, 1972, 1973) déploie un modèle complet d'interprétation existentielle. Sartre est mort en 1980, en laissant de nombreux inédits que l'on publie peu à peu (notamment les notes sur la morale*, rédigées en vue du second tome, jamais publié, de **L'Être et le Néant**, le second tome de la **Critique de la raison dialectique**, etc.).

De la psychologie* phénoménologique et de l'existentialisme* littéraire à l'ontologie* phénoménologique et à la critique de la raison* dialectique, l'œuvre philosophique de Sartre, qui se renie et se corrige sans cesse, conserve une unité certaine : produire une approche de l'homme comme sujet*, c'est-à-dire comme conscience* et comme liberté*[1]. La phénoménologie donne une définition de la conscience trop étroite, qui n'arrive pas à intégrer les phénomènes que thématisent la sociologie* ou la psychanalyse. Dans **L'Être et le Néant**, Sartre en produit une autre : *la conscience est l'Être connaissant en tant qu'il* est, *non en tant qu'il* est connu, elle est autre chose qu'une connaissance retournée sur soi. Face à la psychanalyse qui postule un inconscient inaccessible au sujet, la *psychanalyse existentielle* soutient que le fait psychique coextensif à la conscience correspond toujours au choix du sujet, même s'il ne lui est pas connu.

La subjectivité se définit par trois points :

1 — La conscience est ce qu'il est nécessaire de supposer pour rendre compte de l'homme et de ses œuvres. Cette fonction ne peut être ressaisie dans le domaine objectif ; le subjectif est un moment nécessaire dans la constitution de tout processus objectif où l'homme agit et qui devient de ce fait une *praxis*.

2 — Elle est négativité, dépassement : on ne peut expliquer le passage entre deux états subjectifs que par la conservation de l'un dans sa négation. La subjectivité est l'arrachement de soi à tout l'Être.

3 — Elle est *pour soi* : spontanéité créatrice de ses propres normes, elle est position totalisante du donné, mais cette position est

---

[1]. L'élaboration de cette conception a fortement influencé l'antipsychiatrie anglaise : R. D. Laing (né en 1927) et D. G. Cooper (né en 1931) explicitent l'origine sartrienne de leurs thèses dans **Raison et Violence** (t.f., Paris, Payot, 1964).

de plus autoposition. Échappant à l'objectivité*, non donné mais posé par soi *(causa sui)*, le *pour soi* est aussi pour autrui*. Le corps* met en cause cette intériorité absolue. Autrui m'objective par mon corps. Il est cependant le médiateur indispensable entre moi (objet) et moi-même (sujet*).

La place de la conscience* dans la nature est un mystère : dans la ***Critique de la raison dialectique***, Sartre abandonne l'ontologie*. Le sous-titre du livre (qui, comme ***L'Être et le Néant***, devait comporter un second volume, jamais publié du vivant de l'auteur, mais désormais disponible) a pour intitulé *théorie des ensembles pratiques* ; il est précédé de ***Questions de méthode***, texte dans lequel Sartre explique sa méthode* progressive-régressive, et le rapport de l'existentialisme* au marxisme. Comme théorie* de la subjectivité, l'existentialisme sartrien se heurte au problème de l'existence du groupe, alors qu'à l'inverse le marxisme *(horizon indépassable de notre temps)* part du fait même de la société*, construit dans une dialectique dogmatique. La tâche de Sartre est d'établir une théorie qui reconnaisse la compacité et l'ordre contraignant de la société, tout en construisant cet ordre à partir de la subjectivité. Ce qui revient à faire naître la nécessité (l'ordre collectif) à partir de la finalité des actions individuelles (c'est pourquoi cet ordre peut être qualifié de *nécessité de la liberté*, ce qui signifie aussi qu'il peut toujours se dissoudre). Cela est rendu possible par le fait même que mon action, dès qu'elle existe, est altérée par autrui ; elle n'est pas la même pour l'autre et pour moi ; elle se concrétise dans un milieu d'actions altérées qui réagissent les unes sur les autres. J'existe par un tiers. La ***Critique*** est d'abord une théorie des groupes *(le groupe n'est pas une réalité métaphysique, mais un certain rapport pratique des hommes à un objectif et entre eux)* et de leurs différentes formes. La concrétion de l'action dans le milieu de la relation de groupe constitue ce que Sartre nomme le *pratico-inerte*. L'existence sérielle (par exemple, une file d'attente) est la manifestation, dans les relations des hommes entre eux, de leur engluement dans le pratico-inerte. Mais la totalisation sérielle n'est pas notre destin, le groupe en fusion (la foule qui prend la Bastille) opère une totalité médiée qui est manifestation de la liberté*. Le groupe en fusion n'est qu'un moyen au service d'une fin ; s'il veut durer, il doit devenir à son tour sa propre fin, ce qui advient dans le groupe assermenté. Le serment produit un statut de violence* légitime (la terreur), ce qui suppose ultérieurement l'introduction de la juridiction. Les analyses de Sartre sont extrêmement concrètes (le serment, réalité historique de la Révolution, s'oppose à l'abstraction du contrat social) et partent des travaux produits par les sciences humaines* contemporaines (en particulier, ceux des historiens de l'école des **Annales**). Elle est, en ce sens, la première approche philosophique et épistémologique de ces travaux, approche qui réfutait la disparition du sujet* produite par l'interprétation que les auteurs de ces travaux en donnaient eux-mêmes sous la forme du structuralisme (**La Pensée sauvage** de Lévi-Strauss* est une réponse à l'ouvrage).

> F. Georges, **Deux études sur Sartre,** Paris, Bourgois, 1976 ; J. Colombel, **Sartre ou le Parti de vivre,** Paris, Grasset, 1981 ; P. Hodart, **Sartre entre Marx et Freud,** Paris, J.-P. Delarge, 1980 ; F. Jeanson, **Le Problème moral et la pensée de Sartre,** Paris, Seuil, 1965 ; J. Pacaly, **Sartre au miroir : une étude psychanalytique de ses écrits biographiques,** Paris, Klincksieck, 1980 ; P. Schilpp (dir.), **The Philosophy of Jean-Paul Sartre,** La Salle, Open Court, 1981 ; Th. Schwarz, **Jean-Paul Sartre et le marxisme,** t.f., Lausanne, L'Âge d'Homme, 1976 ; R. Troisfontaines, **Le Choix de Jean-Paul Sartre : exposé et critique de l'Être et le Néant,** Paris, Aubier-Montaigne, 1946 ; G. Varet, **L'Ontologie de Sartre,** Paris, PUF, 1948 ; P. Verstraeten, **Violence et Éthique : esquisse d'une critique de la morale dialectique à partir du théâtre politique de Sartre,** Paris, Gallimard, 1972 ; P. Verstraeten (dir.), **Autour de Jean-Paul Sartre : Littérature et Philosophie,** Paris, Gallimard, 1981.

SAUSSURE (Ferdinand de)

Né en 1857, mort en 1913, ce linguiste genevois passe aux yeux de certains pour le créateur de la linguistique moderne. Son œuvre posthume, qui tâchait de synthétiser les connaissances de son temps, a incontestablement joué un rôle de référence pour la linguistique européenne des années 30 de ce siècle. Des deux œuvres importantes que l'on possède de lui : **Mémoire sur le système primitif des voyelles dans les langues indo-européennes** (1879) et **Cours de linguistique générale** (1916), la seconde, qui devait assurer sa gloire, a été composée par ses élèves d'après leurs notes de cours[1]. La première, qui lui donna la célébrité,

---

[1]. Une édition critique du **Cours**, avec les variantes des propres notes manuscrites de Saussure et des différents cahiers de ses auditeurs, a été réalisée par R. Engler, 4 vol., Wiesbaden, O. Harrassowitz, 1967-1974.

fonde des résultats importants sur le vocalisme primitif des langues indo-européennes.

Il est certain que Saussure apporte une nouvelle conception du langage* ; pour lui, le signe est l'unité indissoluble d'un *signifiant* (aspect phonique) et d'un *signifié* (aspect sémantique), son arbitraire se spécifie dans la valeur* linguistique ; par là, Saussure entend qu'un signe déterminé n'est définissable comme tel qu'en tant qu'il appartient à un système de signes (ainsi, le signifié de *mouton* se spécifie dans son opposition à *vache, brebis*, etc.). Il s'ensuit que l'élément (le signe) ne préexiste pas au système (la langue) où on le rencontre. Cela a deux conséquences : on doit définir la langue comme une forme, c'est-à-dire un ensemble de relations, et non comme une substance, c'est-à-dire un ensemble d'éléments ; une approche scientifique du langage est possible en tant seulement qu'il est un système. Ce dernier point conduit à distinguer :

1 — la langue, phénomène social, de la parole, phénomène individuel, qui est une réalisation possible du système ;

2 — l'approche de la langue comme système *(synchronie)*, de toute étude historique *(diachronie)*, puisque, contrairement à ce que pensaient les partisans de la grammaire historique, les deux sont indépendants[1].

La critique moderne du saussurianisme repose sur l'abstraction que suppose le rapport de la langue à une société* idéalisée. On objectera que, comme la société, la langue peut être traversée de conflits et d'hétérogénéités. À l'inverse, on fera remarquer que la conception de la langue, comme système existant en son ordre propre, assure l'autonomie de la linguistique comme discipline et qu'il s'agit peut-être là d'un axiome dont elle ne peut se passer.

R. Amacker, **Linguistique saussurienne,** Genève, Droz, 1975 ; L.-J. Calvet, **Pour et contre Saussure,** Paris, Payot, 1975 ; R. Engler, **Lexique de la terminologie saussurienne,** Anvers, Spectrum, 1968 ; F. Gadet, **Saussure. Une science de la langue,** Paris, PUF, 1987 ; C. Normand (dir.), **Avant Saussure,** Bruxelles, Complexe, 1978 ; J. Starobinski, **Les Mots sous les mots. Les Anagrammes de Ferdinand de Saussure,** Paris, Gallimard, 1971.

---

1. La théorie de la valeur définit l'arbitraire linguistique. Elle exclut toute motivation. On sait aujourd'hui que Saussure a beaucoup travaillé (en secret) dans une direction opposée, en cherchant la signification cachée dans les phrases de certains poèmes (anagrammes). Aucune explication satisfaisante ne permet de relier les deux Saussure.

SCHOPENHAUER (Arthur)

Né à Dantzig en 1788, d'une famille aisée, il se consacre à la philosophie (doctorat en 1813 avec **La Quadruple Racine du principe de raison suffisante**) ; ni son ouvrage principal, **Le Monde comme volonté et comme représentation** (1818), ni son enseignement à Berlin n'eurent de succès ; à partir de 1833, il se retire à Francfort où il rédige **La Volonté dans la nature** (1836), **Les Deux Problèmes fondamentaux de l'éthique** (1841), **Parerga et Paralipomena** (1851). En vieillissant, il connut le succès jusqu'à sa mort en 1860 ; son œuvre, qui inspira les opéras de Wagner et les travaux de Nietzsche*, eut une grande influence.

Contre les systèmes philosophiques, Schopenhauer se veut l'homme d'une *unique pensée* ; tous les thèmes qu'il aborde (la connaissance*, l'art, la femme, le style, etc.) permettent de retrouver cette pensée, selon laquelle l'essence du monde, l'x qui le soutient, est un *vouloir-vivre, une volonté universelle et aveugle*. Du kantisme, il garde l'idée selon laquelle le monde tel qu'il nous apparaît n'est qu'une représentation, mais il radicalise ce phénoménisme en supprimant l'idée d'une matière*, d'un donné de la représentation. Contre le kantisme, il pose, face à la représentation, une réalité en soi et connaissable du monde : la volonté*. La volonté est la connaissance *a priori* du monde, et le monde, la connaissance *a posteriori* de la volonté. L'idée que l'en-soi est une volonté libre, aveugle et irrationnelle devait le conduire au pessimisme. En réduisant l'activité morale de l'homme à l'action de deux principes contradictoires (l'égoïsme et la pitié), Schopenhauer fait de l'homme non le sujet* conscient de ses actions, mais le théâtre obscur de pulsions inconscientes, thème que la pensée contemporaine reprendra volontiers. Pour la première fois est ébauchée cette rupture qu'effectuera Nietzsche* avec l'humanisme philosophique traditionnel.

R.P. Colin, **Schopenhauer en France. Un mythe naturaliste**, Presses Universitaires de Lyon, 1979 ; M. Guéroult, **Schopenhauer et Fichte,** Strasbourg, Publications de la faculté des lettres, 1945 ; P. Méditch, **La Théorie de l'intelligence chez Schopenhauer,** Paris, Alcan, 1923 ; M. Méry, **Essai sur la causalité phénoménale selon Schopenhauer,** Paris, Vrin, 1948 ; A. Philonenko, **Schopenhauer,** Paris, Vrin, 1980 ; C. Rosset, **Schopenhauer, philosophe de l'absurde**, Paris, PUF, 1967 ; **Schopenhauer,** Paris, PUF, 1968 ; **L'Esthétique de Schopenhauer,** Paris, PUF, 1969 ; E. Sans, **Richard Wagner et la pensée de Schopenhauer,** Paris, Klincksieck, 1969.

Science

Chacun de nous possède de la science *un concept normatif abstrait* : est science la connaissance* vraie, dont la vérité* est établie selon certains critères (dont il a une conception plus ou moins vague). Il en possède aussi *un concept descriptif* qui lui sert, dans une conjoncture culturelle donnée, à faire signe vers tel ou tel ensemble déterminé de connaissances que l'on peut désigner, apprendre ou rejeter, voire, dans la société* contemporaine, à désigner une activité sociale complexe et coûteuse (ce qu'on nomme parfois la *suprascience*, de l'anglais *big science*). C'est toujours à partir d'un concept normatif que nous parlons de la science en général, visant par là non seulement *l'ensemble de toutes les connaissances* que nous pouvons décrire comme étant des sciences, mais surtout *une forme commune* à chacune d'entre elles, déterminant *les critères généraux de scientificité* à partir de quoi on les reconnaît comme science.

Une simple question suffit alors à faire comprendre l'ambiguïté de tout jugement concernant la scientificité d'une connaissance : quand nous disons, par exemple, que la physique* est une science, reconnaissons-nous un fait qui vaut par lui-même (d'où naît un concept descriptif), ou établissons-nous une évaluation à partir d'un concept normatif ?

Cette ambiguïté rejaillit sur la philosophie qui, en tant au moins qu'elle est théorie* de la connaissance, s'efforce de répondre à quatre questions :

1 — Dans l'ensemble des connaissances, qu'est-ce qui est science ?
2 — Pourquoi cela est-il science ?
3 — Pourquoi devons-nous croire qu'une science est vraie ?
4 — Comment pouvons-nous produire de la science (voir *méthode*) ?

La réponse à ces questions est-elle susceptible de fournir une norme universelle, ou est-elle la simple élucidation d'un fait ?

1. De façon générale, la réflexion philosophique est caractérisée par la bipolarité du descriptif et du normatif. D'un côté, on reconnaît que certaines connaissances sont des sciences (par exemple, les mathématiques*), on essaie de décrire ce qui les particularise ; de l'autre, on s'efforce, dans l'élaboration des critères de scientificité, d'établir une norme universelle qui non seulement justifierait cette reconnaissance, mais fonderait la valeur* de la science. Par là apparaît que la tentation de la philosophie est d'ériger le pôle normatif en un absolu, ce qu'elle fait en affirmant que la science est une connaissance rationnelle de l'homme et du monde, et en déterminant les normes de la connaissance rationnelle.

Les philosophes grecs (Platon*, Aristote*) pensaient que cette connaissance devait être universelle, c'est-à-dire valoir pour tout (il

437

n'y a de science que du général) et pour tous (il n'y a pas de science privée), qu'elle devait respecter certaines procédures de production, notamment être la connaissance* des essences (voir *ontologie*), se déployer à partir de principes assurés en respectant l'ordre logique*, et être à soi-même sa propre fin (la science est désintéressée, elle se contente de contempler le monde). À partir de là, il est possible de classer toutes les sciences par rapport à leurs objets respectifs, et de les subordonner les unes aux autres d'après l'ordre logique où on les déduit des premiers principes.

La physique* qui s'élabore avec Galilée* et Newton* correspond à l'établissement d'un domaine scientifique dont la description ne saurait correspondre à ce concept normatif. Elle utilise les mathématiques* qui deviennent non plus la connaissance d'essences abstraites*, mais l'instrument de la connaissance du réel ; elle se réfère constamment à une manipulation du réel, qui prendra le nom d'expérimentation* ; au fur et à mesure que se développe sa liaison avec la technique*, puis l'industrie, elle n'apparaît plus seulement comme un projet de connaissance, mais aussi comme un projet de domination du réel.

La philosophie classique œuvre à mettre au jour un nouveau concept normatif, entendons par là une nouvelle définition de la scientificité et de son fondement. L'expérience* fait partie intégrante de la rationalité* scientifique, et, face à une raison* qui appartient au sujet* de la connaissance, on se doit de poser un objet (voir *objectivité*), le *scientifiquement-connaissable-en-général*, qui détermine les limites de la science (voir *Kant* ; ainsi, par exemple, Dieu* cesse d'être objet de science, on ne cherche plus les fins de l'univers mais comment les phénomènes se produisent). Les normes de la scientificité se définissent non seulement dans une raison logico-mathématique donnée *a priori*, mais dans des principes généraux qui, comme le principe de causalité, sont autant de thèses sur la nature de l'objet scientifique.

2. La tentative d'élaborer les normes absolues de la scientificité correspond parfaitement au projet philosophique de fonder la connaissance dans l'activité d'un sujet rationnel ; elle se heurte pourtant à de fortes objections. Tout concept normatif de science, loin d'être *a priori*, semble dépendre étroitement de l'état du savoir à l'époque où la philosophie le construit. La tentation philosophique de la normativité

Science

semble n'être que la tentative d'ériger en norme un concept descriptif. Outre que cette procédure paraît bien n'être qu'une pétition de principe, elle conduit à d'étranges inconséquences. C'est ainsi que, le XIXᵉ siècle érigeant en modèle les sciences expérimentales de la nature, on a pu refuser la scientificité aux sciences humaines*, et que, devant la soudaine mutation apportée à la forme du savoir par la relativité (voir *Einstein*), la mécanique quantique ou la théorie des ensembles et ses paradoxes, on a pu voir, au tournant de ce siècle, une crise de la raison*[1] et de la science, là où s'effectuait un changement historique. Ne serait-il pas préférable de s'en tenir à un concept de science purement descriptif, et, par là, relatif ?

3. L'épistémologie* contemporaine semble parfois se cantonner à ce projet, et, partant, renoncer aux questions traditionnelles exposées plus haut. On n'en rompt pas pour autant avec toute normativité ; il suffit pour s'en apercevoir de poser la question : *la chimie prélavoisienne est-elle une science ?*[2]. Personne (parmi ceux qui connaissent la chimie) ne soutiendra que la « chimie » de Marquez est vraie ; les philosophes classiques en concluraient qu'elle n'est pas une science, et, par conséquent, ne doit pas correspondre aux critères de scientificité. Meyerson (1832-1915) qui, dans son ouvrage ***Identité et Réalité*** (1908), se livre à une étude descriptive de la science, répondrait qu'il paraît bizarre qu'une activité culturelle aussi importante n'ait pas été une science, et il montrerait que, puisque y sont à l'œuvre des procédés rationnels généraux (principes d'identité et de causalité), il ne se trouve aucune raison de ne pas lui accorder le nom de science au même titre qu'à notre chimie. Bachelard* répondrait que véritablement rien ne peut être identique entre une vision anthropomorphique de l'univers et une connaissance* mathématisée ouverte sur le progrès* technique. Dans les trois cas, il y a utilisation d'une norme : la première est celle de la vérité* ; la deuxième, d'une rationalité* éternelle (qui n'est plus même garantie de vérité) ; la troisième, que dégage une épistémologie historique (voir *Bachelard, Canguilhem*), est plus complexe.

---

1. Les concepts principaux de la science (espace, temps*, vitesse, infini) avaient été érigés en normes intangibles et étaient devenus des attributs de la raison : leur remise en cause par l'évolution des disciplines scientifiques devient alors remise en cause de la rationalité.
2. Nous choisissons cette question parce qu'elle a été prétexte pour Bachelard à critiquer les théories de Meyerson (voir ***Le Rationalisme appliqué***, Paris, PUF, 1948, p. 9).

Science

La scientificité est posée du point de vue d'une connaissance* actuelle, et, par récurrence seulement, permet de déterminer la rupture qui sépare la science de ce qui n'est pas science. Cela suppose :

1 — que soit conçu comme science ce qui se présente actuellement comme tel ;

2 — que toute science soit autonome en ce qu'elle se donne à chaque instant sa norme ;

3 — que les formes de la rationalité* soient conçues dans leur mutabilité historique, et, par conséquent, en rapport avec les objets dont elles expriment la connaissance. De tout cela, on pourrait tirer les critères généraux de scientificité : une science sans histoire* n'est pas une science ; ne l'est pas non plus une connaissance isolée ; est scientifique ce dont on peut à tout moment discuter la valeur* de vérité*. Ces critères ne permettent pas de sortir de la science, pour dire ce qui est scientifique, et indiquent simplement que, pour produire de la science, il faut se mettre à l'école d'une science. Par là, on signifie qu'aucun critère absolu de scientificité ne peut permettre de faire l'économie du processus réel par lequel la connaissance scientifique est produite ; la scientificité n'existant pas hors des sciences concrètes, elle n'est qu'une construction abstraite* de l'esprit*, parfois utile, parfois embarrassante, toujours relative.

La reconnaissance de l'autonomie de la science par rapport à toute normativité externe, et, corollairement, de l'autonomie de chaque science par rapport à une forme générale de scientificité, peut s'apparenter au scientisme (seule la connaissance scientifique est vraie) ou au positivisme* (seul le développement des sciences et des techniques* peut apporter le bonheur*). C'est pourquoi on ne peut éluder la question des fins de la science ; l'autonomie de la science[1] est-elle indépendante, indifférente par rapport à toute fin, ou s'accompagne-t-elle de la position d'une fin déterminée ? L'existence des sciences dans les pays techniquement avancés est étroitement

---

1. Il ne faut pas confondre l'autonomie de la pensée scientifique avec la réalité sociologique qui, dans notre société*, fait de la science la possession d'un petit nombre et non l'affaire de tous. Il y a là une véritable aliénation* qui a sa source (et son remède) dans un système d'éducation*. De cette aliénation naît le mythe* d'une science absolue au nom de laquelle certains pourraient parler et offrir à d'autres un savoir incontrôlable, susceptible d'être su sans être effectué, c'est-à-dire simplement reçu ; de là aussi la possibilité de faire fonctionner ce mythe pour justifier ce qui n'a aucun rapport à la science (les extraterrestres, la parapsychologie, etc.).

connectée à l'organisation du travail*, voire à l'industrie de guerre ; dans la mesure où la recherche scientifique est organisée, planifiée, subventionnée, elle dépend de buts politiques. Une critique de ces fins peut-elle épargner la science ? Si elle le fait, il faut conclure à la neutralité morale* de cette dernière ; sinon, il faut en rendre la valeur* épistémologique relative au type de société* dans laquelle on la rencontre (voir *idéologie*) : peut-on le faire sans nier la scientificité de notre science, ce qui, paradoxalement, n'est possible qu'en posant une autre scientificité qui, à défaut de se produire comme science, ne sera jamais qu'une norme vide[1] ?

G. Bachelard, *La Formation de l'esprit scientifique,* 8ᵉ éd., Paris, Vrin, 1972 ; M. Blanc (dir.), *L'État des sciences et des techniques,* Paris, La Découverte, 1983 ; W. Broad & N. Wade, *La Souris truquée. Enquête sur la fraude scientifique,* t.f., Paris, Seuil, 1987 ; G. Canguilhem (dir.), *Introduction à l'histoire des sciences* (textes et documents), 2 vol., Paris, Hachette, 1971 ; L. Chambadal, *Dictionnaire de mathématiques,* Paris, Hachette, 1981 ; M. Daumas (dir.), *Histoire de la science,* Paris, Gallimard, 1957 ; C. Hempel, *Éléments d'épistémologie,* t.f., Paris, Colin, 1972 ; B. Latour, *La Science en action,* Paris, La Découverte, 1989 ; J. M. Lévy-Leblond/A. Jaubert (dir.), *(Auto)critique de la science,* Paris, Seuil, 1975 ; J. Piaget (dir.), *Logique et Connaissance scientifique,* Paris, Gallimard, 1967 ; W. M. O'Neil, *Faits et Théories,* t.f., Paris, Colin, 1972 ; H. Poincaré, *La Science et l'Hypothèse,* rééd., Paris, Flammarion, 1968 ; N. Rescher, *Scientific Progress. A philosophical essay on the economics of research in natural science,* Londres, Basic Lackwell, 1978 ; L. Salem (dir.), *Le Dictionnaire des sciences,* Paris, Hachette, 1989 ; J.-J. Salomon, *Science et Politique,* Paris, Seuil, 1970 ; J.-P. Sarmant, *Dictionnaire de physique,* Paris, Hachette, 1981 ; M. Serres (dir.) ; *Éléments d'histoire des sciences,* Paris, Bordas, 1989 ; D. J. de Solla Price, *Science et Suprascience,* t.f., Paris, Fayard, 1973 ; R. Taton (dir.), *Histoire générale des sciences,* Paris, 4 vol., PUF, 1957 ; S. Toulmin, *L'Explication scientifique,* t.f., Paris, Colin, 1973.

Sémiologie-Sémiotique

Formé à partir du grec *sémêion* (signe), le mot *sémiotique* désigne la science des signes. L'expression fit son apparition chez Locke* pour

---

1. Le problème est alors de savoir quel sens accorder à des affirmations comme celle-ci : *S'il y avait un changement dans le sens du progrès qui briserait le lien entre la rationalité de la technique et celle de l'exploitation, il y aurait un changement dans la structure même de la science — dans le projet scientifique —, les hypothèses de la science, sans perdre leur caractère rationnel, se développeraient dans un contexte expérimental essentiellement différent (celui d'un monde pacifié), et, par conséquent, la science aboutirait à des concepts de la nature essentiellement différents, elle établirait des faits essentiellement différents, une société vraiment*

Sémiologie-Sémiotique

recouvrir l'étude de l'ensemble du comportement intellectuel humain (les idées, le langage* et leur rapport au monde), tel qu'on le concevra encore au XVIIIe siècle, chez les encyclopédistes français notamment. La théorie* des signes est également un élément important du **Neues Organon** (1764) du philosophe allemand Johann Heinrich Lambert (1728-1777). Il est bien évident que l'on trouve une théorie des signes avant ces dates (en particulier, dans le **De magistro** de saint Augustin*). C'est de la tradition que viennent la conception classique selon laquelle est signe ce qui vaut pour quelque chose d'autre, voire les distinctions de différents types de signes (par exemple, dans un symbole — la balance pour la justice —, il doit y avoir une analogie entre le signe et ce qu'il représente). Une réflexion sur la nature des différents signes (les variables de l'algèbre, les constantes, etc.) est à l'origine de la construction leibnizienne du symbolisme du calcul différentiel encore utilisé aujourd'hui. La nouveauté — outre le fait de remarquer que le rapport de l'homme à son intériorité ne suffirait pas à faire comprendre en quoi il est un être pensant et vivant dans une société* d'hommes — provient de l'idée que la conception des signes puisse constituer une discipline générale, méthodologiquement englobante (un peu à la façon de l'idéologie* chez Destutt de Tracy), et qui (à la différence de la caractéristique de Leibniz*, qui suppose une encyclopédie) ne concerne pas, en tant que tel, ce que le signe représente. Dans la culture moderne, cette idée a deux sources différentes : l'une est l'Américain Charles S. Peirce, l'un des fondateurs du pragmatisme*, l'autre est le linguiste genevois F. de Saussure*, qui utilise le terme *sémiologie*, souvent préféré par l'école française.

La théorie des signes est liée chez Peirce à la logique formelle. Elle se fonde sur une sémiose qui est l'action triadique d'un signe impliquant *la coopération de trois sujets : un signe, son objet et son interprétation* ; cette action *tri-relative* n'est en aucun cas réductible à des relations entre paires (**Collected Papers**, 5.484). La nouveauté provient, d'une part, de l'introduction de l'interprétant, qui rompt avec la conception dichotomique traditionnelle (un signe, un objet) : être signe, c'est être le signe de quelque chose, pour autre chose. Elle provient, d'autre part, de l'idée que ces trois éléments peuvent varier dans leur qualité, chaque variation entraînant une différence dans la nature du signe. Les différents types de signes reposent sur les conceptions catégorielles de Peirce (en particulier, la nécessité de trichotomies). De la façon la plus élémentaire, la sémiotique repose sur la classification suivante :

---

rationnelle subvertirait l'idée de raison (Marcuse*, **L'Homme unidimensionnel : étude sur l'idéologie de la société industrielle**, t.f., Paris, Minuit, 1968, p. 290).

Sémiologie-Sémiotique

	Priméité	Secondarité	Tercicité
Representamen	Qualisigne	Sinsigne	Légisigne
Objet	Icône	Indice	Symbole
Interprétant	Rhême	Dicisigne	Argument

La première série correspond à une innovation qui consiste à considérer la nature du signe *(representamen)* lui-même. Le *qualisigne* est une qualité indépendante du fait qu'elle s'incarne ou non dans un objet (le rouge, même s'il n'y a pas d'objets rouges). Le *sinsigne* est incarné dans un objet (le rouge de ce chapeau). Le *légisigne* ou loi (généralement conventionnelle) qui est signe, est, par exemple, l'ensemble des mots de cette page, non en tant que marques graphiques (car, alors, ce sont des *sinsignes*), mais en tant que règle de signification. La deuxième série est déjà plus conventionnelle. Une *icône* posséderait le caractère qui la rend signe, même si son objet n'existait pas. Un *indice* est un signe qui perdrait son caractère de signe si son objet était supprimé, mais le garderait sans *interprétant* (un trou dans une cible, que quelqu'un pense qu'il s'agit d'un impact de balle ou non). Un *symbole* perdrait son caractère de signe sans *interprétant* (par exemple, un discours, qui n'est rien si personne n'est là pour le comprendre), ce qui revient à dire qu'il est en lui-même une règle qui déterminera son *interprétant*. La troisième série correspond respectivement aux éléments de la logique* classique : terme, proposition et raisonnement. La sémiotique peircéenne est extrêmement compliquée et dépend largement des conceptions et innovations terminologiques de son auteur. Elle permet cependant des distinctions importantes que l'on retrouve ailleurs. C'est ainsi que l'opposition entre *indice* et *icône*, d'une part, et *symbole*, d'autre part, correspond assez bien à l'opposition que fait Husserl* dans les **Recherches logiques** entre l'indice et les signes (seuls ces derniers correspondent à une intentionalité). L'importance de Peirce tient à ce qu'il rend possible une interprétation de la totalité des phénomènes et de la culture en termes de signes. C'est une voie dans laquelle il ne sera guère suivi. Les philosophes retiendront essentiellement l'idée d'une science* générale des signes, mais restreinte aux phénomènes qui touchent à la communication* et, plus spécifiquement, au langage*. C'est ainsi que Charles Morris[1] pourra diviser la sémiotique en trois sous-disciplines :

---

1. Philosophe américain (né en 1901) qui tenta de concilier le pragmatisme* de Peirce avec le positivisme logique*. Ses travaux principaux sur la théorie générale des signes sont **Sign, Language and Behavior** (1946) et **Signification and Significance** (1964).

Sémiologie-Sémiotique

— *syntaxe*, analyse des relations que les signes ont entre eux en vertu de leurs caractéristiques purement formelles et structurales ;
— *sémantique*, analyse des relations entre les signes et ce qu'ils désignent ;
— *pragmatique*, étude des réactions que les usagers ont devant les signes dont ils se servent (le nom sera repris pour intégrer également une théorie* des actes de langage*).

Chez Saussure*, la sémiologie correspond à une discipline englobante, dont la linguistique serait une partie. Elle est la *science qui étudie la vie des signes au sein de la vie sociale*. Outre la langue, elle doit avoir pour objet les systèmes d'écritures, les signaux visuels (langues des sourds-muets, signaux militaires et maritimes), tactiles (écritures des aveugles), les formules de politesse (rites, coutumes, etc.), les systèmes de valeurs* arbitrairement fixables, etc. Si la langue n'est qu'une partie de l'objet de la sémiologie, elle en fournit le modèle : la sémiologie saussurienne est dyadique (signifiant/signifié). Le linguiste danois Louis Hjelmslev tentera de construire sa conception du langage* humain (à laquelle il donne le nom de *glossématique*) à partir d'une étude différentielle des systèmes de signes.

Il n'est pas sûr que la sémiotique ou la sémiologie puisse jamais être considérée comme une science au sens où l'on applique ce terme à la chimie, par exemple. Ses principaux résultats tiennent à la définition d'un territoire global, c'est-à-dire à la possibilité de faire circuler dans l'appréhension d'un champ de phénomènes un même lot de concepts concernant le signe et la communication. On doit à la sémiologie la possibilité d'envisager l'approche du cinéma, des mythes* (Lévi-Strauss*), aussi bien que du système de la mode (Barthes) ou des textes littéraires[1] en termes de signes, de systèmes d'oppositions, de complexes signifiants, de fonctions symboliques. On lui doit également, mais plutôt dans son héritage américain[2], une

---

1. On doit à A. J. Greimas (né en 1917), lithuanien naturalisé français, longtemps directeur d'études à l'École pratique (aujourd'hui École des Hautes Études en Sciences Sociales), la formulation d'un corps de techniques d'analyse, qui, augmenté des travaux de ses disciples, constitue le noyau théorique de ce que l'on appelle communément *l'école française*. Voir, dans la bibliographie, Greimas et Courtès (1979), pour un exposé sous forme de dictionnaire. Les premières idées de Greimas ont été développées dans **Sémantique structurale**, Paris, Larousse, 1966.
2. Cf. l'ouvrage de Thomas A. Sebeok, un ancien élève de Cassirer*, **Perspectives in zoosemiotics**, Paris/La Haye, Mouton, 1972. Voir J. Corraze, **Les Communications non verbales,** Paris, PUF, 1980.

approche généralisée des systèmes de communication* et de signification chez les animaux (ce qui, d'une certaine façon, est une étude de la genèse des signes). Comme la cybernétique, plus qu'une véritable discipline, la sémiotique est une certaine façon d'envisager les choses.

> S. Auroux, **La Sémiotique des encyclopédistes,** Paris, Payot, 1979 ; R. Barthes, **Éléments de sémiologie,** Paris, Seuil, 1964 ; M. Dascal, **La Sémiologie de Leibniz,** Paris, Aubier, 1978 ; G. Deledalle, **Charles Sanders Peirce. Écrits sur le signe,** Paris, Seuil, 1978 ; **Charles S. Peirce, phénoménologue et sémanticien,** Amsterdam, John Benjamins, 1987 ; A.-J. Greimas & J. Courtès, **Sémiotique. Dictionnaire raisonné de la théorie du langage,** Paris, Hachette, 1979 ; J. Kristeva, **Semêiotikê. Recherches pour une sémanalyse,** Paris, Seuil, 1969 ; J. Kristeva, J. Rey-Debove & D.-J. Umiker (dir.), **Essais de sémiotique,** Paris, Mouton, 1971 ; N. Mouloud, **Langage et Structure. Essai de logique et de sémiologie,** Paris, Payot, 1969 ; G. Mounin, **Introduction à la sémiologie,** Paris, Minuit, 1970 ; J. Piaget, **La Formation du symbole chez l'enfant,** Neuchâtel, Delachaux et Niestlé, 1945 ; L. J. Prieto, **Messages et Signaux,** Paris, PUF, 1972.

Sens

Rien ne semble permettre d'unifier la multiplicité des acceptions du terme (les cinq *sens*, le bon *sens*, le *sens* d'un vecteur, le *sens* d'un événement, le *sens* d'un mot). La thématisation de la notion s'effectue relativement au langage*[1].

Le sens est ce que manifeste le langage. Savoir ce qu'il est est devenu un problème essentiel de la philosophie de la logique* (voir *Frege* pour la distinction sens/référence, *Russell* pour la théorie des descriptions). On pourrait identifier le sens avec la désignation ou indication (rapport de la proposition à un état de chose extérieur), avec la manifestation (rapport de la proposition avec le sujet* qui parle et qui s'exprime), ou avec la signification (rapport des mots avec des concepts universels ou généraux). Deleuze* **(Logique du sens)** refuse cette identification : le sens serait la quatrième dimension de la

---

1. Cela est surtout manifeste dans la culture moderne : les classiques, identifiant le sens des mots à une idée, pouvaient parler du sens sans s'occuper des phénomènes spécifiquement linguistiques.

Sens

proposition, c'est *l'exprimé de la proposition*, incorporel au sens des stoïciens, entité complexe, irréductible, événement pur qui insiste ou subsiste dans la proposition et dont l'irréductibilité se lit dans les multiples paradoxes qu'on découvre à le réduire à chacune des autres dimensions de la proposition.

La sémantique (mot formé à la fin du XIXe siècle) se présente comme l'étude objective du sens des mots et de leur composition en unités plus grandes. Elle se construit par l'observation en développant des techniques* propres, dont certaines sont fort anciennes (définitions, synonymie, paraphrases, oppositions, effets de champ, déplacements opérés par le discours, c'est-à-dire figures, etc.) et peuvent désormais correspondre à une représentation mathématique* et à un traitement informatique*. Mais la sémantique ne sort pas du langage*, elle est mise en relation d'éléments linguistiques, et, lorsqu'elle suppose d'autres entités (concepts, notions), elle ne dispose que du langage pour les représenter. Les sciences* cognitives parviennent à construire des modèles pour expliquer le stockage et le fonctionnement du lexique mental. Ces opérations ont évidemment un support physiologique. Mais un support physiologique ou une représentation informatique du lexique mental ne sont en aucun cas une explication suffisante. Il y a à cela une raison fondamentale : la façon dont l'individu* parvient à construire et à « conscientiser » des événements biocomportementaux comme représentant d'autres événements biocomportementaux est entièrement dépendante de celle qui a lieu chez ses partenaires[1]. L'émergence du langage (et donc du sens) n'est pas prédictible à partir de la physiologie ou du simple niveau biocomportemental individuel. C'est ce qui incite les philosophes comme Husserl* à les rattacher à l'intentionalité d'une conscience*, position qui a cependant l'inconvénient de clore le problème du sens par l'existence d'une subjectivité, qui est une sphère de l'Être que l'on pose comme irréductible (et donc inexplicable) dans son essence même.

---

1. À la question : *pourquoi les bêtes ne parlent-elles pas ?*, on peut toujours répondre en donnant des raisons physiologiques. Mais le point où s'articule le chaînon manquant entre les systèmes de communication* animale et le langage humain semble être la capacité d'un individu à se représenter les opérations représentatives d'un autre individu (l'enfant n'est pas capable d'attribuer à d'autres croyances qu'il ne partage pas avant l'âge de 4 ans et, jusqu'à présent, on n'a vu aucun singe supérieur franchir cette étape). Voir David Premack, ***Gavagai ! or the Future History of the Animal Language Controversy,*** Cambridge (Mass.), The MIT Press, 1986.

> K. Baldinger, **Vers une sémantique moderne,** Paris, Klincksieck, 1984 ;
> G. Deleuze, **Logique du sens,** Paris, Minuit, 1969 ; A.J. Greimas, **Du sens,** Paris, Seuil, 1970 ; F. Jodelet, **Naître au langage. Genèse du sémiotique et psychologie,** Paris, Klinscksieck, 1979 ; J.-F. Le Ny, **Science cognitive et compréhension du langage,** Paris, PUF, 1989 ; N. Mouloud, **L'Analyse et le Sens. Essais sur les bases sémantiques de la logique et de l'épistémologie,** Paris, Payot, 1977 ; J. Rey-Debove, **Le Métalangage,** Paris, Le Robert, 1978.

SERRES (Michel)

Né en 1930, Michel Serres a d'abord fait les études scientifiques qui conduisent à l'École navale, avant de préparer l'agrégation de philosophie et de soutenir son doctorat (**Le Système de Leibniz et ses modèles mathématiques**, 2 vol., 1968). Professeur à l'université de Clermont-Ferrand, puis de Paris VIII-Vincennes, il finit par enseigner l'histoire* des sciences* au département d'histoire de l'université Paris I. Ce parcours, qui s'achève en 1990 par une élection à l'Académie française, démontre à la fois une importante reconnaissance du penseur et une certaine marginalité vis-à-vis de l'institution philosophique. Cette marginalité/reconnaissance, il la partage avec un Michel Foucault* ou un Edgard Morin[1] qui ont, comme lui, contribué à donner de nouveaux objets et de nouvelles perspectives à la philosophie.

C'est sans doute dans l'étude de Leibniz* (dont il systématise la conception de perspectives différentes, exprimant chacune la totalité) que Serres a puisé sa conception d'une épistémologie* pluraliste. Il rompt avec toutes les philosophies traditionnelles des sciences, en particulier avec l'idée d'une orientation fondatrice de la philosophie. Il faut aller plus loin que Bachelard* et promouvoir un *nouveau nouvel esprit scientifique*. Un problème scientifique est la confrontation *d'une communauté intersubjective à une complication globale*. C'est chez

---

1. Ce dernier, né en 1921, s'est intéressé au monde moderne, à la sociologie* du présent, au cinéma et aux médias de masse. Dans les tomes de **La Méthode**, son grand ouvrage en cours (Paris, Seuil, t.1, **La Nature de la Nature**, 1977 ; t.2, **La Vie de la Vie**, 1980), il s'efforce de rechercher l'unité de l'homme en parcourant l'éventail des sciences et le développement de la complexité. Il a fondé, avec G. Friedman et R. Barthes, la revue **Communication** et a été directeur du Centre d'études transdisciplinaires de l'École des Hautes Études en Sciences Sociales, dont le titre est à lui seul un programme. Voir J.-B. Pagès, **Comprendre Edgar Morin,** Toulouse, Privat, 1980.

SERRES

Leibniz* aussi que Serres a découvert l'importance de l'encyclopédie ; mais il ne la conçoit pas comme une association de cellules fermées : c'est *un continuum qui est le siège de mouvements et d'échanges : méthodes, modèles et résultats circulent partout en son sein, exportés ou importés de tous lieux et en tous lieux.* D'où l'importance de la communication*. C'est pourquoi ses essais (dont de nombreuses études d'histoire de la philosophie) sont rassemblés sous le titre général de **Hermès** (dont le premier volume, paru en 1969, porte justement pour sous-titre **Communication**). Cela suppose également le refus de la séparation des cultures esthético-littéraires et scientifiques. Serres, qui a travaillé sur des écrivains (**Jouvences. Sur Jules Verne**, 1974 ; **Feux et Signaux de brume. Zola**, 1975 ; **Le Parasite**, consacré à La Fontaine, 1980) ou des peintres (**Esthétiques. Sur Carpaccio**, 1975) suppose que les deux cultures appartiennent à la même contemporanéité culturelle (par exemple, Zola et la thermodynamique). La recherche du chemin qui mène de l'une à l'autre est comme ce **Passage du Nord-Ouest** (sous-titre de **Hermès**, t.5, 1980) que recherchaient les explorateurs entre l'Amérique et l'Europe. L'œuvre de Serres est abondante, très diversifiée (**La Naissance de la physique dans le texte de Lucrèce. Fleuves et Turbulences**, 1977 ; **Genèse**, 1982 ; **Les Cinq Sens**, 1985) ; elle comprend également la direction d'un gros ouvrage collectif sur les principales bifurcations de l'histoire des sciences* (**Éléments d'histoire des sciences**, Paris, Bordas, 1989). Elle est parfois déconcertante par ses recherches stylistiques d'un pathos quelque peu romantique, ses aperçus poétiques qui remplacent la démonstration, une utilisation un peu floue des références érudites, voire certaines naïvetés (celle, par exemple, qui consiste à proposer la résolution des problèmes écologiques au moyen d'un pacte[?] naturel : cf. **Le Contrat naturel,** Paris, Bourin, 1990). Il s'agit d'un choix qui lui a permis de diffuser ses idées hors des cercles philosophiques. Débarrassée des systèmes impossibles, la philosophie est innovation et invention, et cette dernière prend naissance aussi bien dans le hasard que dans le rêve : *Il n'est d'inventeur, même local, qu'un ironiste dans l'ombre d'un visionnaire.*

> Le n° 380 de la revue **Critique** (janvier 1979) est consacré à Michel Serres.

Sexualité

On doit à Freud* l'extension du domaine de la sexualité (traditionnellement réduit à la génitalité, c'est-à-dire à l'utilisation moralement normée des organes de la reproduction) : sexualisation du corps* entier, reconnaissance des manifestations sexuelles de l'enfance et tentative d'expliquer la vie* psychique par le rôle fondamental de la pulsion sexuelle (en supposant, il est vrai, une pulsion de mort* symétrique). On peut dire que cette extension a eu trois conséquences :
1 — La discussion du rôle de la sexualité dans la vie humaine.
2 — La nécessité d'accorder que celle-ci est au minimum un des aspects fondamentaux de cette vie.
3 — L'élaboration de la notion de *misère sexuelle*, c'est-à-dire, corollairement, la position de la sexualité comme *valeur* morale* (elle est intégrée à l'image du bonheur*).

Tout cela ne va pas sans une grande confusion quant à la définition de la notion. Le héraut de la *révolution sexuelle*, W. Reich (1897-1937), soutient que *la santé psychique dépend de la puissance orgastique, c'est-à-dire de la capacité de se donner lors de l'acmé de l'excitation sexuelle* (***La Fonction de l'orgasme***, 1942) ; il lie la misère sexuelle à l'aliénation* économique et sociale (analysée en des termes marxistes), décrit une nouvelle « morale* » sexuelle (***L'Irruption de la morale sexuelle***, 1935), dénonce la famille* comme *fabrique d'idéologies autoritaires et de structures mentales conservatrices* (***La Révolution sexuelle***, 1936). Il avait, dès 1930, fondé l'*Association allemande pour une politique sexuelle prolétarienne* (Sexpol). L'élaboration de la valeur sexualité semble inséparable d'une visée politique : c'est elle que Marcuse* (***Éros et civilisation***) met en lumière. Son originalité par rapport à Reich est de ne pas attendre une libération de la sexualité d'une libération politique, mais de faire de la première un des besoins fondamentaux qui permettront la seconde.

Les derniers travaux de Foucault* ont développé une analyse historique et conceptuelle qui critique la notion même de libération sexuelle, en tant que celle-ci suppose une libération par la sexualité. L'argumentation peut se résumer schématiquement ainsi. L'Occident, loin de voiler la sexualité comme on le prétend ordinairement, en a fait l'objet d'une volonté* de savoir (démographie, reproduction, hygiène, psychanalyse, etc.) qui la lie à un dispositif de pouvoir (assujettissement des individus par rapport à un ordre social). C'est ce dispositif

Sexualité

qui fait naître le concept de sexualité. D'où il s'ensuit qu'on ne peut *pas croire qu'en disant oui au sexe on dit non au pouvoir ; on suit au contraire le fil du dispositif général de la sexualité.* L'argumentation toutefois ne touche pas le lieu concret que Reich, sans doute au-delà même d'une théorisation hasardeuse, avait réussi à déceler dans sa pratique de clinicien et de médecin social. La vérité* du concept de misère sexuelle, et, par là, d'une valeur* morale* de la sexualité, tout autant que d'un sens* à discuter du rôle des contraintes, réside inéluctablement dans la désignation de ce point de leur corps* et de leurs activités où les hommes souffrent et vivent, sont heureux ou malheureux en fonction même de la nature et du contenu des interdits sociaux.

Ph. Ariès & A. Bejin (dir.), ***Sexualités occidentales,*** Paris, Seuil, 1984 ; M. Foucault, ***Histoire de la sexualité,*** 2 vol., t.1 ***La Volonté de savoir,*** t.2 ***L'Usage des plaisirs,*** Paris, Gallimard, 1976 et 1984 ; B. Malinowski, ***La Sexualité et sa répression dans les sociétés primitives,*** t.f., Paris, Payot, 1969, 5ᵉ éd. 1980 ; H. Marcuse, ***Éros et Civilisation,*** t.f., Paris, Minuit, 1963 ; W. Reich, ***La Révolution sexuelle,*** t.f., Paris, UGE, 1971.

Socialisme

Certains sont riches, d'autres sont pauvres, tous sont inégaux ; cette inégalité peut convenir avec la conception traditionnelle de la justice (issue d'Aristote*), puisque celle-ci consiste à répartir les biens selon les mérites de chacun. Deux critiques d'une société* donnée sont en fait possibles :
1 — les biens y sont répartis indépendamment des ou contrairement aux mérites ;
2 — tous les hommes étant égaux par nature, il n'y a aucune raison valable pour que les biens et les services soient répartis de façon inégale.

Dès le XVIᵉ siècle, des systèmes politiques sont élaborés (Thomas More, 1478-1535, dans ***L'Utopie***, publiée en 1516) qui refusent l'inégalité et proposent de la supprimer en éliminant notamment la propriété privée ; le courant « communiste » a ses prolongements au XVIIIᵉ siècle (Morelly, Mably, Meslier) et pendant la Révolution :

Socialisme

Puisque tous ont les mêmes besoins et les mêmes facultés, qu'il n'y ait donc pour eux qu'une seule éducation, qu'une seule nourriture (Gracchus Babeuf, 1760-1797).

Le mot *social* n'apparaît qu'au XVIIIe siècle, et le « socialisme », qui prolonge le courant « communiste », est un mouvement de pensée qui se fait jour au XIXe siècle face au libéralisme* et en refuse l'individualisme économique, facteur d'inégalité et d'injustice. Des penseurs aussi différents que Henri de Saint-Simon (1760-1825), Charles Fourier (1772-1837), Proudhon (voir *anarchisme*), l'Anglais Robert Owen (1711-1858), etc., proposent des systèmes qui, pour être différents, ont en commun :

1 — l'idée qu'une organisation collective de la production et de la consommation est nécessaire à la justice sociale ;

2 — que le travail* libre peut être source de joie ;

3 — que la société* doit garantir à chacun un minimum d'existence ;

4 — qu'il est nécessaire de faire disparaître les antagonismes sociaux, y compris celui du travail manuel et du travail intellectuel.

Les moyens proposés varient de l'action syndicale aux phalanstères, en passant par la fédération, la suppression de l'héritage et de la propriété privée. Engels critiquera ces conceptions dans leur ensemble sous le nom de *socialisme utopique* et leur opposera le *socialisme scientifique* de Marx*, dont les propositions reposent sur une analyse « scientifique » de la société ; le socialisme est alors un collectivisme par opposition à la propriété privée des moyens de production (mode de production capitaliste) ; en ce sens, on peut dire que c'est un « communisme ». Marx remarque cependant que la maxime *à chacun selon son travail*, dont l'État* socialiste fait un droit*, bien que corrigeant ce qu'a d'injuste l'exploitation capitaliste, est fondée sur l'inégalité (tous n'ont pas la même capacité de travail, ni les mêmes besoins) ; la véritable justice, c'est-à-dire l'égalité sociale, ne sera réalisée que lorsque les biens pourront être répartis *à chacun selon ses besoins*. C'est la société sans classe* et sans État, permettant la réalisation de cette maxime, qu'il désigne (le plus souvent) comme *société communiste*.

E. Bernstein, **Les Présupposés du socialisme,** t.f., Paris, Seuil, 1974 ; É. Durkheim, **Le Socialisme. Sa définition, ses débuts, la doctrine saint-simonienne,** rééd., Paris, PUF, 1971 ; E. Halévy, **Histoire du socialisme européen,** rééd., Paris, Gallimard, 1974 ; J. A. Schumpeter, **Capitalisme, socialisme et démocratie,** t.f., Paris, Payot, 1972.

Société

Au sens large du terme, *société* désigne tout groupement d'individus entre lesquels il existe des rapports organisés et des échanges réciproques de services. La société forme ainsi nécessairement une réalité distincte de celle des individus* qui la composent ; on peut définir cette réalité par des rapports spécifiques, notamment les institutions. Se pose par conséquent le problème du rapport de l'individu à la société.

Les classiques supposent que la société n'est rien en dehors de l'association des individus, d'où trois types de question :

1 — Celle de l'origine des sociétés, définie souvent par l'évolution à partir d'une société naturelle (voir *famille*) vers une société fondée sur des rapports juridiques ; dans la formation de sociétés de plus en plus complexes apparaît la nécessité d'un langage*, d'une organisation de la production des biens, de la satisfaction des besoins, etc.

2 — Celle du fondement en droit* de l'association des individus et des formes de contraintes que supposent la conservation et le fonctionnement de cette association (voir *État* et *Rousseau*).

3 — La place de l'individu relativement aux rapports sociaux, aux institutions, aux formes d'organisation sociale ; en plaçant l'individu à l'origine de la société, on en fait la réalité et la valeur* fondamentale (voir *anarchisme, individualisme, libéralisme*). Cet individualisme a été critiqué par Marx* pour qui l'essence de la société réside dans la nécessité où se trouvent les hommes de produire leurs moyens de subsistance afin de satisfaire leurs besoins ; l'individu n'est qu'une abstraction : l'homme concret est déterminé par ses rapports sociaux. Se trouve ainsi exclu le problème de l'origine des sociétés au profit de leur histoire*, et, corrélativement, posée la nécessité d'avoir à définir le bonheur* et la liberté* individuelle par l'organisation sociale (voir *socialisme, Comte, Durkheim*).

R. Aron, ***Dix-huit leçons sur la société industrielle,*** Paris, Gallimard, 1962 ; Y. Barel, ***La Société du vide,*** Paris, Seuil, 1984 ; D. Bell, ***Vers la société post-industrielle,*** t.f., Paris, Laffont, 1976 ; G. Lipovetsky, ***L'Ère du vide. Essai sur l'individualisme contemporain,*** Paris, Gallimard, 1983.

Sociologie

Le terme *sociologie*, créé par Comte* en 1830 et qui a finalement supplanté celui de *physique* sociale* qu'il proposait en 1825[1], signifie, conformément à son étymologie, *science* de la société*. Dès 1822, dans le **Plan des travaux nécessaires pour réorganiser la société européenne**, le philosophe déclarait que *l'étude positive de la société suppose la connaissance des lois de son évolution*. D'emblée, la discipline qui allait peu à peu se développer et acquérir au XXe siècle son autonomie universitaire, posait trois problèmes : a) celui de son domaine ; b) celui de sa méthode* ; c) celui de son rapport à l'histoire*.

1. Étudier la société — c'est-à-dire les relations qu'ont les hommes vivant ensemble — n'est pas en soi une nouveauté. C'était le but de la **Politique** d'Aristote*, et l'idée de trouver les mécanismes qui régissent les institutions est déjà la principale visée théorique de Montesquieu*. Le problème est de définir un objet, par rapport, notamment, à la politique* qui établit la rationalité* des conduites collectives en fonction des critères comme la justice et la liberté*, au droit* qui régule les conduites individuelles en fonction de principes généraux de justice, à l'économie politique* qui s'occupe de la production et de l'échange des biens, ou à la démographie[2], c'est-à-dire l'étude numérique des populations humaines. Chez Marx*, toute l'étude de la société repose sur la seconde, dont la première n'est qu'une conséquence. Si on peut considérer le marxisme comme une sociologie (au sens de théorie* de la société), et s'il a pu arriver que l'on rencontrât des sociologues marxistes, il n'y a pas, à proprement parler, de sociologie marxiste, quoique l'un des concepts fondamentaux du marxisme (celui de classe sociale*) soit un objet important de la sociologie. Lorsqu'elle naît, au XIXe siècle, dans l'univers culturel européen, la sociologie peut avoir pour objet la société en elle-même, parce que, dans cet univers culturel, se sont

---

1. C'est ce dernier terme qu'utilisait de préférence le Belge Adolphe Quételet (1796-1874) dont les nombreux ouvrages s'inscrivent dans le prolongement des travaux de Condorcet* : **Essai de physique sociale** (1835), **Lettre sur la théorie des probabilités appliquées aux sciences morales et politiques** (1846), **Du système social et des lois qui le régissent** (1848). Voir J. Lottin, **Quételet, statisticien et sociologue,** Paris, Alcan, 1912.
2. Le terme est à peu près contemporain de celui de *sociologie*, on le fait remonter à l'ouvrage du Français Achille Guillard, **Éléments de statistique humaine ou démographie comparée** (1855).

opérées les distinctions du public et du privé, de l'État* et de la société* civile (pour parler dans les termes de Hegel*), et qu'on peut supposer que le dynamisme qui caractérise cette dernière (par exemple, lors de l'industrialisation) est relativement endogène[1]. Ni politique*, ni droit*, ni économie*, ni démographie, la sociologie a eu aussi à se distinguer de l'anthropologie[2] culturelle ou ethnographie. C'est par leur champ de recherche que ces deux disciplines se différencient : pour la première, les sociétés complexes, hétérogènes, industrialisées et modernes (ce qui suppose une enquête par échantillon) ; pour la seconde, les sociétés relativement homogènes et de petite taille, sans écriture, très différentes des sociétés occidentales (ce qui suppose l'acquisition/connaissance* d'une culture différente et donne la possibilité d'un inventaire plus complet). De fait, les anthropologues se sont également tournés vers l'étude des sociétés complexes, et les sociologues vers celle des micro-systèmes et les aspects symboliques du comportement (rites, par exemple). Si la sociologie définit son objet comme le groupe en lui-même et suppose par là l'autonomie des structures* collectives (c'est pour marquer cette autonomie que Durkheim* utilise le concept de *conscience collective*), on peut, à l'inverse, s'efforcer de reconstruire les phénomènes globaux à partir des conduites individuelles, suivant en cela la psychologie* sociale que Tarde[3] opposait à Durkheim. La sociobiologie[4] conteste, elle, l'autonomie de l'ordre social par rapport à l'ordre biologique.

---

1. Il faut noter qu'entre le XIVᵉ siècle et les premières décennies du XIXᵉ siècle s'est développée dans les pays de langue allemande une discipline, le caméralisme (du latin *camera*, chambre du trésor), qui avait pour objet l'enseignement de tout ce qui concerne l'État et englobait, entre autres choses, toutes les disciplines que l'on vient de citer.
2. Étymologiquement *science de l'homme*, l'anthropologie étudie aussi les caractéristiques physiques de cette espèce d'animal. L'anthropologie physique a été, au XIXᵉ siècle, l'une des sources des théories raciales.
3. Gabriel de Tarde (1843-1904) voit dans l'imitation la possibilité de passer de l'individu au groupe. Il est l'auteur de nombreux ouvrages que la notoriété de Durkheim a quelque peu éclipsés : ***Les Lois de l'imitation. Étude sociologique*** (1890), ***La Logique sociale*** (1895), ***Études de psychologie sociale*** (1898), ***L'Opinion et la Foule*** (1898).
4. Terme introduit, sous sa forme anglaise, en 1948, pour recevoir, en 1975, une définition officielle dans le livre de Edward O. Wilson, spécialiste des insectes sociaux, ***The Sociobiology, the New Synthesis***. La sociobiologie est *l'étude systématique de la base biologique de tous les comportements sociaux*. Voir également, du même auteur, ***L'Humaine Nature*** (1978, t.f., Paris, Stock, 1979). L'objectif de la sociobiologie est d'expliquer l'apparition et la persistance des comportements sociaux. Elle repose sur l'hypothèse d'un mécanisme évolutionnaire qui maximise, dans des circonstances données, la valeur sélective que procurent certains comportements. Appliquée à l'homme, la démarche (qui a de lourdes implications politiques) a suscité plus de querelles idéologiques qu'elle n'a apporté de véritables résultats.

Sociologie

2. Méthodologiquement, la sociologie peut connaître des orientations très diverses. L'école allemande a toujours cherché une conception générale de la société*. C'est ainsi que Ferdinand Tönnies (1855-1936) distingue entre la communauté *(Gemeinschaft)*, liée organiquement par des fondements naturels (le sang, le lieu, l'esprit*), et la société *(Geselschaft)*, fondée sur le rapport de contrat et sur le système de la propriété. De Dilthey, les sociologues allemands retiennent toujours l'idée d'une distinction entre la méthode* des sciences* naturelles (explication) et celle des sciences humaines* (compréhension). Cela se retrouve chez Weber* ou Georg Simmel (1858-1918), et plus encore dans l'école de Francfort*. L'Anglais Herbert Spencer (1820-1903) tente d'appliquer à l'ensemble social les principes de l'évolutionnisme darwinien. Mais un tournant important s'effectue avec la publication des **Règles de la méthode sociologique** (1895) de Durkheim*. Il ne s'agit pas simplement de *considérer les faits sociaux comme des choses*, mais, par là, de fonder la sociologie sur l'observation et la recherche empirique. Ce qui était le *requisit* même du positivisme* comtien, et surtout renouait avec l'origine de la discipline dans la statistique sociale. Avec la constitution progressive de techniques* d'enquêtes, d'exploitation mathématique des données et l'accumulation, au sein de l'institution universitaire, de résultats susceptibles de discussion et de vérification, la sociologie a réussi peu à peu à délimiter un territoire dont les objets possèdent un air de famille[1] : définition, répartition et reproduction des inégalités sociales, corrélations entre variables (niveau d'étude et revenus, comportements sexuels et pratiques religieuses, etc.), mobilité sociale, stratification de la société, etc. Évidemment, les principes d'explication peuvent varier (voir *fonctionnalisme*). On distingue actuellement, en France, quatre courants principaux[2] : le structura-

---

1. Ce qui suppose des ouvrages canoniques, comme celui de Durkheim sur le suicide, ou, plus récemment, des études comme celle de Ch. Wright-Mills, **Les Cols blancs. Essai sur les classes moyennes américaines** (1951, t.f., Paris, Seuil, 1970).

2. Il faut mettre à part des travaux comme ceux de Jean Baudrillard (né en 1929) : **Le Système des objets** (Paris, Denoël, 1968), **La Société de consommation : ses mythes, ses structures** (Paris, 1970, rééd. Gallimard, 1986), **Pour une critique de l'économie politique du signe** (Paris, Gallimard, 1972), **L'Échange symbolique et la Mort** (Paris, Gallimard, 1976). Ils ne se constituent pas, en effet, sur des bases observationnelles vérifiables, mais présentent essentiellement des interprétations, des constructions spéculatives destinées à faire comprendre. Toute étude qui vise à théoriser les phénomènes sociaux en fonction de leur sens* (voire à critiquer la société) n'est pas *ipso facto* de la sociologie. Cela est encore plus manifeste dans des travaux comme ceux de Jean-François Lyotard (né en 1924) : **Des dispositifs pulsionnels** (Paris, 1973, rééd. Bourgois, 1980), **Économie libidinale** (Paris,

lisme génétique (Bourdieu*), la sociologie dynamique, l'approche stratégique qui étudie les rapports entre l'acteur et le système, et l'individualisme* méthodologique (Boudon).

La sociologie est sans doute la plus générale des sciences humaines* (on peut aborder sociologiquement tous les autres domaines, ce qui suppose que l'on fasse abstraction de leur contenu propre), ou, plutôt, elle partage cette caractéristique avec l'histoire*. Dans la mesure où cette dernière ne se confond pas avec le simple récit et construit des explications pour des phénomènes collectifs, il est clair qu'elle rejoint la sociologie[1]. À l'inverse, celle-ci peut aussi bien s'appliquer à des éléments passés (sociologie historique) ou étudier des phénomènes dynamiques. Certains en concluent que le maintien de la distinction entre les deux disciplines (qui ont des origines différentes) tient essentiellement à leur statut et qu'il en va de la relation de la sociologie à l'histoire comme de celle qu'elle soutient à l'ethnologie. Elle serait surtout une question de spécialisation conventionnelle sur un certain type de terrain : la collecte de données serait appelée *histoire* quand elle concerne le passé et *sociologie* quand elle concerne le présent. Il s'agit d'un point de vue relativement superficiel. L'histoire est concernée par le déploiement temporel des activités et ce déploiement n'en concerne pas le seul aspect social. C'est ainsi que l'histoire des sciences* doit expliquer l'enchaînement des connaissances*, en tant que telles, dans la trame temporelle, alors qu'une sociologie des sciences (même quand elle est historique) ne concerne que les rapports entre chercheurs, voire entre les groupes de chercheurs et leurs différents résultats et méthodologies, mais jamais ces résultats et ces méthodologies en tant que tels.

Minuit, 1974), ***La Condition post-moderne : rapport sur le savoir*** (Paris, Minuit, 1979). Lyotard développe une théorie du désir* dont les intensités peuvent se lier dans des *dispositifs libidinaux*. N'importe quel dispositif (l'économie*, la société*) peut être examiné du point de vue libidinal.

1. Il ne s'agit pas de rejoindre le point de vue de Comte*, dans la définition donnée au début de cet article. Comte pensait que la véritable explication des phénomènes sociaux consistait en une reconstitution de leur genèse. Quelle que soit l'importance de l'aspect génétique, la sociologie moderne montre (ce dont l'histoire doit également tenir compte) que l'explication, dans certains cas, ne peut être que synchronique (corrélations fonctionnelles, effets de structure*, etc.).

> H.R. Alker, **Introduction à la sociologie mathématique,** t.f., Paris, Larousse, 1973 ; G.G. Ankerl, **Sociologues allemands,** Boudry, La Baconnière, 1972 ; P. Ansart, **Sociologies contemporaines,** Paris, Seuil, 1990 ; R. Aron, **Les Étapes de la pensée sociologique,** Paris, Gallimard, 1967 ; P. Birnbaum & F. Chazel (dir.), **Théorie sociologique,** Paris, PUF, 1975 ; R. Boudon, **L'Analyse mathématique des faits sociaux,** Paris, Plon, 1968 ; **Effets pervers et ordre social,** Paris, PUF, 1977 ; **La Logique du social,** Paris, Hachette, 1979 ; R. Boudon et F. Bourricaud (dir.), **Dictionnaire critique de la sociologie,** Paris, PUF, 1982 ; J. Cazeneuve, **Dix grandes notions de sociologie,** Paris, Seuil, 1976 ; M. Crozier & E. Friedberg, **L'Acteur et le Système,** Paris, Seuil, 1977 ; P. Lazarsfeld, **Qu'est-ce que la sociologie ?,** t.f., Paris, Gallimard, 1971 ; A. Moles, **Sociodynamique de la culture,** Paris, Mouton, 1967 ; B. Mottez, **La Sociologie industrielle,** Paris, PUF, 1982 ; M. Olson, **Logique de l'action collective,** t.f., Paris, PUF, 1978 ; M. Sahlins, **Critique de la sociobiologie,** t.f., Paris, Gallimard, 1980 ; A. Touraine, **Production de la société,** Paris, Seuil, 1978 ; M. Veuille, **La Sociobiologie,** Paris, PUF, 1986.

SOCRATE

Né en 470 av. J.-C., une des figures les plus célèbres de la philosophie, il n'a jamais rien écrit. Les principaux renseignements dont on dispose à son sujet proviennent de son disciple Platon*, qui en fait un personnage de ses dialogues. Accusé de pervertir la jeunesse, il fut condamné en 399 à boire la ciguë.

Essentiellement moraliste, il s'attachait à combattre l'enseignement des sophistes qui prétendaient tout savoir ; lui proclamait ne rien savoir et interrogeait sans cesse les autres (c'est cette attitude que l'on a qualifiée d'*ironie*, du grec *eirôneia* : action d'interroger en feignant l'ignorance), afin d'*accoucher* les âmes. On a fait de cette méthode — la maïeutique — le modèle de l'interrogation philosophique.

> E. Dupréel, **La Légende socratique et les sources de Platon,** Bruxelles, Sand, 1922 ; V. de Magalhaes-Ilhena, **Socrate et la légende socratique,** Paris, PUF, 1952 ; **Le Socrate historique et le Socrate de Platon,** Paris, PUF, 1952.

Socratiques

On désigne par ce nom tous les philosophes qui ont développé l'enseignement de Socrate* ; les plus célèbres sont Platon*, Aristote* et

Xénophon (430-354 av. J.-C., surtout connu comme mémorialiste). Mais il faut aussi citer les écoles mégarique (Euclide[1], Diodore Chronos), cynique (Antisthène, Diogène) et cyrénaïque (Aristippe) qu'on appelle encore hédoniste.

Les mégariques, qui ont développé l'étude de la dialectique, ont eu une influence importante sur l'école stoïcienne (Zénon de Citium a été l'élève de Diodore Chronos, auteur d'un célèbre argument — argument dominateur — sur la nécessité du futur, à propos duquel réfléchiront aussi bien Aristote* que les stoïciens : cf. n. 2 p. 275). L'école semble s'être éteinte vers la fin du IIIe siècle av. J.-C. Les cyniques, qui revendiqueront leur nom de *chiens* (leur école est située sur la place du *cynosargues* [*chien agile*]), parce qu'ils aboient contre les préjugés, ont cultivé jusqu'à l'outrance l'ironie socratique. Nominalistes (*Je vois bien un cheval, mais non la caballéité,* affirme Antisthène), ils refusent les conventions sociales et la spéculation. Comme les chiens, ils veulent vivre selon la nature en oubliant toute pudeur. À l'éducation* par une formation intellectuelle, ils préfèrent l'exemple : Diogène de Sinope (413-327), dont l'histoire* fera le modèle du cynique, devant ceux qui discourent sur la possibilité ou l'impossibilité du mouvement, se met à marcher. Les cyrénaïques (Aristippe fonda son école à Cyrène) ont hérité de Socrate* son mépris pour la physique* et concentrent leur réflexion sur les problèmes moraux. La fin de toute vie* humaine est l'accueil bienveillant des plaisirs du moment. Épicure* leur reprochera leur insistance sur le plaisir physique.

> J. Humbert, **Socrate et les petits socratiques,** Paris, PUF, 1967 ; R. Müller, **Les Mégariques. Fragments et témoignages,** Paris, Vrin, 1985 ; L. Paquet, **Les Cyniques grecs. Fragments et témoignages,** Presses de l'université d'Ottawa, 1975 ; P.-M. Schuhl, **Le Dominateur et les possibles,** Paris, PUF, 1960 ; J. Vuillemin, **Nécessité ou Contingence,** Paris, Minuit, 1984.

SPINOZA (Baruch)

Né en 1632, fils d'un marchand juif d'Amsterdam, il reçoit l'éducation hébraïque d'un futur rabbin ; il dirige la maison paternelle de 1654 à

---

[1]. Il ne s'agit pas du mathématicien, mais d'un philosophe antérieur, dont Platon* a suivi les cours.

SPINOZA

1656 ; exclu de la communauté juive, il se retire à la Haye où il vit en polissant les lunettes ; fuyant les honneurs, il refuse une pension et une chaire de philosophie. Une vie sobre lui permet, malgré une santé fragile, d'élaborer son œuvre, inspirée tant du cartésianisme que de certaines sectes chrétiennes tolérantes (mennonites, collégiants). Il publia peu de son vivant : un exposé des **Principes de la philosophie de Descartes** (1663) avec, en appendice, des **Pensées métaphysiques**, et un **Traité théologico-politique** (1670), commencés en 1656 et 1665. Outre les exposés de sa doctrine, le **Court Traité** (1660) et son œuvre principale : l'**Éthique** (écrite de 1661 à 1675), il avait rédigé un traité (inachevé) : **De la réforme de l'entendement** (1665-1670) et un **Traité politique** (1675-1677), également inachevé. Les **Opera posthuma** parurent en 1677, l'année de sa mort.

1. Spinoza conteste le caractère sacré des Écritures, leur authenticité, la valeur des miracles et des prophéties, ainsi que la Providence d'un Dieu* transcendant (le recours à un Dieu inintelligible est l'asile des ignorants). Sa théorie politique* est fondée sur la passion* (le rapport des forces est un droit* naturel) et affirme qu'un État* qui supposerait la bonne foi de ses membres aurait une base précaire. Cela explique qu'on y ait vu un athéisme et une conception perverse de la nature humaine. Le spinozisme est pourtant une doctrine du Salut, pour laquelle la connaissance* n'est que le moyen de la béatitude, amour divin dont l'esprit* éprouve la plus grande joie.

Des trois genres de connaissance*, l'anonymat de l'expérience* vague et du ouï-dire, la raison* de l'enchaînement logique et l'intuition, le premier (imagination*) est l'unique cause de la fausseté, le deuxième et le troisième sont nécessairement vrais. L'entendement part d'idées simples qui ne sauraient être que vraies, la méthode*, idée de l'idée, n'est qu'une réflexion sur l'idée vraie, en tant que cette idée est un instrument ou une règle pour acquérir d'autres connaissances.

La force du spinozisme est d'affirmer dans l'**Éthique**, démontrée selon l'ordre des géomètres, l'intelligibilité totale de l'Être. Dieu est une substance, c'est-à-dire un être cause de soi et conçu par soi, disposant d'une infinité d'attributs infinis. La pensée et l'étendue sont deux attributs de Dieu, qui n'ont aucune action l'un sur l'autre et dont les idées et les corps constituent des modes finis. Tout ce qui est est en Dieu, et rien sans Dieu ne peut ni être ni être conçu. Dieu, c'est-à-dire la nature, n'étant qu'une cause* immanente, le fini nécessite, pour exister ou produire un effet, la médiation d'un autre fini ; il n'existe qu'inséré dans un ordre de causes que Spinoza est le premier à formuler en termes mécanistes.

2. L'homme est un mode fini de Dieu, c'est un corps* dont l'idée correspondante dans la pensée constitue l'âme ; l'ordre et la connexion des idées sont les mêmes que l'ordre et la connexion des choses ; les parties de l'âme humaine (ses idées) sont donc les idées de ses affections corporelles, ses sentiments sont les affections du corps* et leurs idées en tant qu'elles changent la puissance d'agir de ce corps. On n'a d'idée adéquate, c'est-à-dire nécessairement vraie, qu'autant qu'on en connaît toutes les causes*, c'est-à-dire les idées partielles qui la composent et correspondent aux causes de l'affection du corps, conjointe à cette idée. Nous sommes passifs en tant que nous ne sommes pas la cause complète de nos actions, nous ne sommes donc actifs qu'en tant que nous avons des idées adéquates, puisqu'alors nous en possédons toutes les déterminations. Comprendre la possibilité pour notre connaissance* d'être adéquate, c'est donc expliquer comment nous échappons à la passion*, c'est-à-dire à la servitude. Nous ne pouvons avoir qu'une idée adéquate des idées communes qui sont également dans la partie et dans le tout, c'est-à-dire qui sont identiques dans nos affections et leurs causes ; toutes nos idées qui naissent d'idées adéquates sont également adéquates. En Dieu*, toutes les idées sont adéquates. Nos idées adéquates sont donc celles-là mêmes que nous possédons telles qu'elles sont en Dieu ; l'homme, n'étant libre que dans la mesure où il a des idées adéquates, n'est libre que dans la connaissance et l'amour de Dieu. Le sage seul assure l'éternité à la tendance de tout être à persévérer dans son être, *l'ignorant, outre qu'il est poussé de mille façons par les causes extérieures, et ne possède jamais la vraie satisfaction de l'âme, vit presque inconscient de lui-même, de Dieu et des choses, et sitôt qu'il cesse de pâtir, il cesse aussi d'être.*

G. Deleuze, **Spinoza et le problème de l'expression,** Paris, Minuit, 1969 ; **Spinoza : philosophie pratique,** éd. rev., Paris, Minuit, 1981 ; M. Guéroult, **Spinoza,** 2 vol. : 1 — **Dieu (Éthique I)**, 2 — **L'Âme (Éthique II)**, Paris, Aubier-Montaigne, 1968 & 1974 ; A. Matheron, **Individu et communauté chez Spinoza,** Paris, Minuit, 1969 ; R. Misrahi, **Le Désir et la Réflexion dans la philosophie de Spinoza,** Londres, Gordon and Breach, 1972 ; L. Mugnier-Pollet, **La Philosophie politique de Spinoza,** Paris, Vrin, 1976 ; B. Rousset, **La Perspective finale de l'Éthique et le problème de la cohérence du spinozisme,** Paris, 1968 ; S. Zac, **La Morale de Spinoza,** Paris, PUF, 1959 ; **L'Idée de vie dans la philosophie de Spinoza,** Paris, 1965, réed. in **Essais spinozistes,** Paris, Vrin, 1987.

Stoïcisme

On distingue plusieurs périodes dans ce qui constitue l'une des plus célèbres écoles philosophiques de l'Antiquité :

1 — *l'ancien stoïcisme,* comprenant la phase de fondation vers 315 av. J.-C., avec Zénon de Citium puis Cléante d'Assos, et la phase de couronnement (Chrysippe) ;

2 — *le moyen stoïcisme,* période de décadence éclectique ;

3 — *le stoïcisme impérial* romain, avec Sénèque, Musonius Rufus, Épictète et Marc-Aurèle (Ier et IIe siècles av. J.-C.).

Pour les deux premières périodes, on ne possède que des fragments décousus, et les témoignages se rapportent en général au stoïcisme en bloc. On sait cependant que le rôle de Chrysippe en lutte contre le néo-académicien Arcésilas fut considérable. De la dernière période, on a gardé divers traités de Sénèque (***De la constance du sage, De la tranquillité de l'âme, De la brièveté de la vie, De la vie heureuse, De la providence, Lettres à Lucilius***), les ***Entretiens*** et le ***Manuel*** d'Épictète, et les ***Pensées*** de Marc-Aurèle.

1. La philosophie stoïcienne est une pratique de la vie*. Pour être capable de donner à notre conduite la beauté de l'ordre qui règne dans le monde, il faut connaître cet ordre : à la base de la morale* et en vue d'elle, il y a donc place pour une étude réfléchie du savoir et de ses conditions. La théorie* de la connaissance* est une théorie de la certitude, et son objet est de déterminer d'une façon assurée la base sur laquelle pourra s'édifier la morale.

2. Selon Zénon, tout le contenu de la pensée viendrait de la sensation, impression produite sur l'organe sensoriel par un objet extérieur. La représentation est la production dans l'âme d'une sorte d'empreinte sans que celle-ci soit matérialisée (sinon, en tant que résultat de l'action directe de l'objet sur l'âme, elle serait nécessairement vraie). Selon Cicéron (***Du destin***) — parlant de Zénon —, la sensation (à la fois fait organique et jugement perceptif ou représentation) est l'union de deux facteurs : une certaine impulsion qui nous vient du dehors *(phantasia, visum),* cause* immédiate (prochaine) de la sensation, et l'assentiment de l'esprit*, cause principale qui nous vient de nous-mêmes. La représentation compréhensive *(phantasia cataleptiké)* ainsi formée a pour caractéristique d'être évidente et frappante. C'est la force même de l'évidence qui crée l'assentiment, les représentations vraies proviennent d'une réalité existante et lui sont conformes. Les visions du sommeil, de la folie* et de l'ivresse sont privées de cette évidence.

Stoïcisme

Les représentations compréhensives ou sensations sont le premier degré du savoir. À partir d'elles se constituent la mémoire* qui les accumule, l'art qui les organise en vue d'agir avec suite et méthode*, la science*, enfin, caractérisée par une compréhension inébranlable. C'est un discours méthodiquement réglé, *une systématisation compréhensive de sensations* (Cicéron). La démonstration est faite d'énoncés incorporels (les *lekta* ou signifiés) ; la proposition énonce une certaine relation entre des termes, elle est une représentation logique. Il s'ensuit que la sensation n'est pas le tout de la connaissance* : à côté d'elle, il y a place pour une logique*, qui est moins une étude de la pensée raisonnante qu'une théorie* de la connaissance destinée à rechercher à quelles conditions il est possible de connaître quelque chose avec certitude. Les propositions *(axiomata)* étant définies comme ce qui est susceptible d'être vrai ou faux, les stoïciens sont les premiers à élaborer un calcul des propositions à partir des valeurs* de vérité*.

3. On parle du dynamisme vitaliste des stoïciens, puisque tout ce qui est réel, chose ou qualité, est vivant et possède en lui-même le ressort de sa vie* ; on pourrait parler, en fait, d'un *corporalisme*, réduisant le corps* à l'action : tout ce qui agit est corps (Chrysippe). Les corps sont à la fois forme active, matière* passive et conjonction des deux dans l'individualisation. Le monde est le modèle de cette existence individuelle. Le principe duquel procède ce système organisé est divin, souffle pénétrant toutes les parties de ce corps, et corps lui-même (sans forme). C'est une raison* immanente au monde. Dans ce panthéisme, Dieu*, qui est au centre du monde, n'est point créateur, mais artisan d'une finalité*. Tous les êtres sont hiérarchisés et tiennent leur place dans le monde de la proximité de cette raison divine. Si bien qu'un destin implacable gouverne les événements.

La morale stoïcienne n'est pourtant pas une morale fataliste. L'ordre du monde ne dépend pas de nous, seuls en dépendent nos passions* et nos désirs*. La passion consiste à se faire des opinions particulières et à oublier la loi de l'ordre universel. Notre âme, semblable au principe dirigeant du monde *(hegemonicon)* doit être attentive à toutes les impressions et provoquer la réaction appropriée. Seul le sage est exempt de toute passion. Sa liberté* consiste à vouloir l'ordre infaillible du cosmos ; par là, il gagne la paix de l'âme *(ataraxie)* en quoi consiste le bonheur*. Sous la conduite du sage, l'insensé doit partir des choses qui sont appropriées à notre nature (convenables) et, grâce à la prudence, s'élever par une véritable transfiguration jusqu'à la sagesse, accord conscient et raisonné avec la raison* universelle. Cette morale* austère qui, selon Kant*, place le bonheur dans l'exercice de la vertu, dont les aspects principaux sont repris par les pères de l'Église, constitue l'une des bases des conceptions morales de l'Occident chrétien.

> J. von Arnim, **Stoicorum veterum fragmenta,** Leipzig, 1905 ; É. Bréhier, **Chrysippe et l'ancien stoïcisme,** Paris, 1910, rééd. Londres, Gordon and Breach, 1971 ; **La Théorie des incorporels dans l'ancien stoïcisme,** 4e éd., Paris, Vrin, 1970 ; A. Bridoux, **Le Stoïcisme et son influence,** Paris, 1966 ; J. Brun, **Le Stoïcisme,** Paris, PUF, 1969 ; A. Cresson, **Marc-Aurèle,** Paris, 1962 ; V. Goldschmidt, **Le Système stoïcien et l'idée du temps,** Paris, Vrin, 1970, 5e éd. 1985 ; G. Germain, **Épictète ou la Spiritualité stoïcienne,** Paris, 1964 ; P. Grimal, **Sénèque ou la Conscience de l'Empire,** Paris, 1978 ; J. Moreau, **Épictète ou le Secret de la liberté,** Paris, 1964 ; P.-M. Schuhl & É. Bréhier, **Les Stoïciens** (textes trad.), Paris, Gallimard, 1962.

Structure

La notion de structure est fort ancienne : la tradition l'identifie à des concepts comme ceux d'organisation articulée d'un tout (ex. : la structure d'un organisme), de forme (ex. : la structure de la proposition). L'utilisation moderne de la notion fait place à deux nouveautés. D'une part, l'idée que la connaissance* du réel puisse, dans certains cas, se réduire à celle d'une « structure » qui n'en est pas une forme manifeste. D'autre part, l'émergence, dans les années 60, d'un ensemble de thèmes philosophiques (qu'on peut regrouper sous le nom de *structuralisme*), qui ont prétendu récuser les thèses de la philosophie traditionnelle, laquelle s'est le plus souvent construite à partir de la relation sujet*/objet. Il convient donc de déterminer à quelles conditions cette nouvelle problématique s'est instaurée.

1. Pour commune qu'elle soit, la notion de structure est ambiguë, elle ne s'est pas élaborée dans un champ de savoir uniforme et correspond à des déterminations différentes.

Structure

1 — Définition mathématique

a — *Définition générale*. Soit un ensemble d'éléments x_i et de relations R_i valables sur cet ensemble, on définit une structure par des propriétés formelles des relations ; si, par exemple, on a pour unique relation R, et si, pour tout x_i et pour tout x_j, soit $x_i R x_j$, soit $x_j R x_i$, on dispose alors d'une structure d'ordre total[1]. Si, au lieu de considérer des relations, on considère des lois de compositions internes ou opérations qui, à deux éléments d'un ensemble, en associent un troisième (ex. : $xTy = z$), on peut parallèlement décrire une structure par les propriétés formelles de ces opérations (associativité, commutativité, etc.). L'algèbre moderne est en grande partie l'étude et la définition des structures ; elle ne travaille jamais sur des éléments particuliers (les nombres ou les figures), des relations ou des opérations connues (l'égalité, l'adjectivité), mais sur des entités abstraites*. Quand on peut remplacer chacune de ces entités, en toutes les circonstances qui servent à définir une structure, par des entités ayant un sens concret, on dit que ces dernières possèdent la structure considérée : ainsi, parce que, dans l'exemple utilisé, on peut remplacer l'ensemble indéterminé x_i par l'ensemble des entiers, et R par la relation *plus petit que*, on dira que l'ensemble des entiers possède une structure d'ordre total.

b — *Homomorphisme*. Une application d'un ensemble E sur un ensemble F est un homomorphisme, si l'image du résultat d'une opération de deux éléments de E est le résultat obtenu en effectuant sur les images de ces éléments l'opération qui, dans F, est l'image de l'opération considérée dans E. L'homomorphisme entraîne l'identité de structure au sens précédent, et, réciproquement, tous les ensembles ayant même structure sont susceptibles d'être reliés par un homomorphisme. Comme une structure est strictement déterminée par les axiomes définissant les propriétés formelles de ses relations ou opérations, on voit facilement comment on passe de là à l'idée qu'une structure mathématique est une axiomatique*, permettant d'opérer des homomorphismes : par rapport à la structure, tous les ensembles homomorphes (on les appelle *interprétation* ou *modèle de la structure*) sont équivalents.

2 — La structure-système

a — On nomme *système* tout ensemble d'objets tel qu'on ne puisse définir la fonction ou les variations de l'un d'entre eux

---

[1]. Le lecteur aura reconnu en R la relation notée < et lue *précède*.

Structure

indépendamment de celles des autres (ex. : le vivant forme avec son milieu un système).

b — Il est clair que, dans un système, la totalité prime sur les éléments, que les propriétés par lesquelles on définit chacun d'entre eux, en tant seulement qu'ils appartiennent au système, sont tributaires de leurs relations, et que le système ne saurait être la somme de ses éléments. Si on ne tient pas compte des caractères concrets de ses éléments, il est parfois possible de définir un système par un ensemble de relations, elles-mêmes définies en termes abstraits : la description d'un système est alors une structure au sens précédent.

3 — **La structure-modèle**[1]

On nomme *modèle* :

a — des constructions mathématiques* destinées à rendre compte des variations d'un système ; ces constructions supposent l'établissement de corrélations entre des variables, et, par conséquent, des hypothèses sur la nature du système (ex. : l'économie* politique construit des modèles de marché à concurrence parfaite, c'est-à-dire, après avoir établi les variables caractéristiques d'un marché, leurs corrélations générales, définit les corrélations particulières qui caractérisent la concurrence parfaite ; de là, si on dispose de la valeur* numérique de certaines variables, on peut calculer celle des autres) ;

b — la définition d'un système, dans les termes exposés dans 2b ;

c — des constructions techniques destinées à représenter le fonctionnement d'un système (ex. : construction de maquettes aéronautiques qu'on étudie en soufflerie) ;

d — des constructions symboliques destinées à représenter trait pour trait un système réel et son fonctionnement (ex. : tableau de contrôle d'un aiguillage ferroviaire) ;

e — un automate destiné à simuler le fonctionnement d'un système, ou une conduite (ex. : celle du joueur d'échecs).

En tous ces sens, un modèle peut être qualifié de *structure* ; aux sens a), b), e), par analogie avec la définition mathématique ; aux sens c) et d), par analogie avec le sens traditionnel de *forme*, quoique ce puisse être aussi par le biais de la structure-système. On remarquera cependant que, lorsque Chomsky* critique le structuralisme linguistique, ou Dan Sperber[2] le structuralisme anthropologique, c'est pour

---

1. L'usage logique de ce concept (cf. *supra* l'emploi du mot), qu'on trouvera défini dans le **Vocabulaire**, n'est pas ici en question. Cf. A. Badiou, **Le Concept de modèle**, 1969.
2. Cf. O. Ducrot, T. Todorov, D. Sperber, M. Safouan, F. Wahl, **Qu'est-ce que le structuralisme ?**, Paris, Seuil, 1968, rééd. 5 vol., 1973.

Structure

proposer des modèles au sens e) qui, en outre, peuvent être définis en termes de modèle au sens a) (voir *machine*). Il faut distinguer en fait un usage plus ou moins généralisé du mot *structure*, et une tentative d'élaboration propre à la méthode* structurale.

2. Depuis la fin du XIXe siècle, les sciences* et particulièrement les sciences humaines* utilisent la notion de structure, surtout par référence à l'image* biologique d'organisation articulée d'un tout ; ainsi, lorsqu'on parle de structure de la perception*, on veut dire simplement qu'il y a dans le fait de percevoir une forme irréductible aux éléments perçus. On peut dire cependant que la méthode structurale est née en linguistique, lorsque Saussure* reconnaît que la langue est une structure-système (sens 2a) dont la description ne saurait coïncider avec celle de ses éléments concrets. Dès lors, la méthode structurale d'analyse du langage* se donne pour but non le recensement des éléments empiriques, mais la construction d'éléments abstraits obtenus à partir d'un ensemble de relations distribuant par classes d'équivalences les éléments concrets correspondant aux propriétés qu'elle assigne : ainsi, l'opposition du son *b* de *bas* et du son *p* de *pas* permet à la phonologie de montrer l'existence de deux entités abstraites*, les phonèmes *b* et *p* qui sont opposés en ce que le premier est sonore et le second sourd. En remarquant la possibilité de décrire les relations des structures-systèmes au sens 2a) sous forme de structure-système au sens 2b), on passe facilement, de là, à l'idée d'une structure analogue à la structure mathématique : c'est pourquoi le linguiste Hjelmslev définit la linguistique comme une *algèbre* du langage.

La description d'une structure peut être conçue comme la construction d'un modèle abstrait, non manifeste dans l'objet empirique étudié (c'est-à-dire inconscient), indépendant de la réalité concrète de cet objet, et, par conséquent, susceptible de permettre des homomorphismes entre divers ensembles concrets. C'est ainsi que Lévi-Strauss* conçoit la tâche de l'anthropologie structurale comme construction de modèles généraux valables pour plusieurs objets, et qu'il entend par là *mathématiser* les sciences humaines. Bien souvent, on parle de *structure* là où il est simplement possible de faire correspondre un modèle au sens d) à un ensemble d'éléments concrets[1]. Il est toujours difficile de voir de quel concept de modèle ou

---

1. Cf. R. Barthes, ***Éléments de sémiologie***, Paris, 1964 : *Le projet même de toute activité structuraliste est de construire un simulacre des objets observés.*

Structure

de structure parlent les auteurs. Lévi-Strauss* se réfère explicitement au modèle au sens a) qui est utilisé en économie* politique, en sociologie*[1] et parfois en physique*. Mais, en fait, lorsqu'il décrit le système des mariages chez les Arandas comme un ensemble de règles de permutations définissables sur quatre groupes, qu'une alternance de générations répartit en huit classes, il utilise un modèle au sens b). La différence entre les deux types de modèles est que le second, pour mathématique qu'il soit, ne met en jeu aucune relation quantitative, aucune fonction numérique.

En général, les auteurs se réclamant du *structuralisme* :

1 — n'utilisent pas de modèles au sens a) ;

2 — affirment que les éléments du modèle n'existent pas hors du modèle ;

3 — concluent, de là, que ces éléments n'ont d'autres propriétés que celles qui leur assignent leurs relations, et que, par conséquent, la *structure* n'est qu'un ensemble de relations différenciant ses éléments (voir *Derrida*).

Les éléments, en tant qu'on les considère comme appartenant à une structure-système, n'ont de propriétés que dans la mesure où ils ont entre eux des relations ; cela pourtant ne signifie pas que l'on puisse définir des propriétés à partir de relations, mais qu'à partir de certaines relations et certaines propriétés, on peut construire certaines classes de propriétés, par lesquelles on entend définir certains êtres abstraits*[2].

3. On peut dire grossièrement que le structuralisme est la supposition de la réalité de la *structure* au sens ambigu que l'on vient de définir ; cette réalité, elle la tient non d'être conçue comme une chose qui apparaît à la perception*, mais de ce qu'étant organisation abstraite, elle est cependant toujours logiquement antérieure à ses manifestations. L'origine du structuralisme n'est pas distincte de celle de la méthode structurale. Lorsque Saussure* définit la langue comme un système, il veut dire à la fois que les éléments linguistiques ne

---

1. Cf. R. Boudon, ***À quoi sert la notion de structure ?***, Paris, 1968.
2. Le succès de la phonologie provient de l'application de la méthode structurale à un domaine dont on connaît les propriétés, les sons définis physiquement ; si, de nos jours, il ne semble pas qu'existe vraiment une sémantique structurale, c'est sans doute parce qu'on ne dispose pas d'un ensemble de propriétés analogues concernant le sens*.

préexistent pas à la langue où on les rencontre, que, ce qui les détermine, ce sont leurs différences, que la linguistique doit avoir pour objet non la description empirique des mots et des sons, mais l'établissement de cet abstrait* qu'est le système, et que, par conséquent, c'est de ce dernier que non seulement la science* tire sa valeur* explicative, mais encore le réel sa nature. C'est pourquoi le structuralisme est amené à mettre l'accent sur trois points :

1 — Puisque la structure est un abstrait[1], les éléments concrets n'ont aucune importance ; par conséquent, la signification qu'ils peuvent revêtir non plus : c'est pourquoi, par exemple, Lévi-Strauss* étudie les mythes* sans se préoccuper de leur sens* ou de la civilisation dans laquelle on les rencontre.

2 — Il y a une causalité de la structure ou causalité structurale ; la structure est présente dans ses effets, tout en n'y étant pas (puisque aucun ne la comprend) ; la causalité structurale est l'efficace d'une absence (Althusser*).

3 — Le sujet* humain n'est pas une instance explicative pour la science structurale, puisqu'il n'y saurait être une cause* ; tout au plus peut-il être représenté, dans l'ordre signifiant de la structure, comme une absence ou un manque (Lacan*).

> R. Bastide, **Sens et usage du terme structure *dans les sciences humaines et sociales***, Paris/La Haye, Mouton, 1962 ; O. Ducrot et *alii*, ***Qu'est-ce que le structuralisme ?***, Paris, Seuil, 1968, rééd. 5 vol., 1973 ; J. Piaget, **Le Structuralisme**, Paris, PUF, 1968.

SUAREZ (Francisco)

Ce jésuite espagnol, né à Grenade en 1548, mort à Lisbonne en 1617, après avoir enseigné dans de nombreuses universités espagnoles, à Rome et à Coïmbre, est l'une des principales figures philosophiques de la Renaissance.

---

1. Par là, on ne veut pas dire qu'elle est une forme ; cf. Lévi-Strauss : *la forme se définit par opposition à un contenu qui lui est extérieur ; mais la structure n'a pas de contenu : elle est le contenu même appréhendé dans une construction logique conçue comme propriété du réel.*

Son œuvre, qui a connu une grande influence, s'appuie sur une vaste connaissance tant des théories antiques et médiévales que des conceptions humanistes. Dans les ***Disputationes metaphysicæ*** (1597), il utilise cette érudition pour construire une métaphysique qui soit distincte de la Révélation. Le concept d'Être est un concept analogue, appliqué à tous les êtres en fonction d'analogies d'attribution. La distinction entre l'Être et l'Existence (saint Thomas*) n'est pas réelle, c'est une simple distinction de raison*. C'est la création qui individualise chaque être humain. En matière de philosophie juridique et politique* (cf. ***De legibus***, 1612), Suarez, qui refuse autant l'absolutisme que le naturalisme, soutient que le pouvoir est donné par Dieu* à toute la communauté et pas une seule personne.

J.-F. Courtine, ***Suarez et le système de la métaphysique,*** Paris, PUF, 1990 ; R. Labrousse, ***La Philosophie politique de l'ancienne Espagne,*** Paris, 1937 ; R. de Scorraille, ***Francisco Suarez,*** Paris, Beauchesne, 1911.

Sujet

La philosophie antique oppose le sujet au prédicat comme la substance à ses attributs. La philosophie de la connaissance* classique, dont l'instauration coïncide avec l'invention cartésienne de la *subjectivité*, oppose le sujet à l'objet (voir *objectivité*). Par là, le sujet devient la pièce essentielle de la théorie* de la connaissance. Ce rôle étant aujourd'hui contesté (voir *structure, langage*), il importe de voir les conditions de son établissement.

Construire une théorie de la connaissance à partir du sujet individuel implique :
1 — que la connaissance soit l'acte d'un sujet en contact avec le monde ;
2 — que le sujet de la connaissance soit toujours un individu*, c'est-à-dire un homme en chair et en os ;
3 — que ce sujet individuel soit en fait un sujet universel.

Il y a là un apparent paradoxe : la connaissance rationnelle est toujours posée comme universelle, ce qui signifie, bien sûr, qu'elle est connaissance non de tel x ou tel y, mais de tout ce qui est x ou y ; mais

Sujet

cela veut dire aussi qu'elle est valable pour tous : l'universalité de la connaissance* est, en ce sens, son identité en chacun. Dès lors, il faut que le sujet de la connaissance, s'il est toujours un homme avec toutes ses propriétés, ne soit pas tel ou tel homme, mais ce qui, dans l'homme, est identique en chacun : la subjectivité est raison* universelle. L'universalité du sujet individuel correspond parfaitement au dualisme esprit* (âme)/corps* : seul le spirituel est universel. L'homme est radicalement hétérogène dans son unité : le sujet, comme sujet de la connaissance ou comme sujet de l'action, est toujours en retrait de son corps, ce qui dirige et meut ce corps, en ayant avant tout conscience* de soi. Autrement dit, le sujet est absolument, parce qu'il demeure au-delà de ce qui se présente comme objet pour tout un chacun ; c'est une intériorité, une position indépassable dans le monde.

Cette entité, dont l'expression dernière se trouve chez Husserl* et Sartre*, n'est pas née de rien : elle reflète le statut de l'homme tel que l'a façonné la société* occidentale, c'est-à-dire un support autonome de déterminations contingentes définies par certaines facultés : volonté*, entendement, raison. Remettre en question le concept de sujet, c'est non seulement refuser la place que la philosophie classique lui accorde dans la connaissance ou l'action, mais aussi, en déconstruisant cette conception de l'homme, remettre en question le fondement théorique des sociétés démocratiques modernes.

L. Althusser, **Réponse à John Lewis,** Paris, Maspero, 1973 ; É. Benveniste, **Problèmes de linguistique générale** (5e partie), Paris, Gallimard, 1966 ; J. Derrida, **L'Écriture et la Différence,** Paris, Seuil, 1967 ; J. Dor, **Introduction à la lecture de Lacan,** Paris, 1985 ; J. Hintikka, « *Cogito ergo sum* : inférence ou performance ? », t.f., *in* **Philosophies**, n° 6, pp. 21-51, Paris, 1985 ; C. Lévi-Strauss (dir.), **L'Identité,** Paris, Grasset, 1977.

Technique

Nous vivons dans un monde technique ; cela signifie pour nous que certains éléments de ce monde ne sont pas perçus comme donnés avant l'homme, et qu'ils participent à cette modalité d'appropriation de la nature que l'on nomme *culture* ; la technique est ce savoir-faire codifié dans nos gestes et signifié dans les objets qui nous entourent, comme autant de propriétés qui les distinguent. D'où un double problème : quel est le rapport de la technique à la nature ? quelle est sa relation au savoir scientifique ?

1. Chez les Anciens, la technique *(tekhnê)* inclut aussi bien l'architecture* que la médecine et la rhétorique*. Le terme désigne le système organisé et codifié des gestes et des règles opératoires qu'ils ont intériorisés, et qui permettent de reproduire indéfiniment l'*analogon* de l'objet ou de l'effet concerné. Elle est savoir poétique (de *poiein* = faire), par opposition au savoir théorique qui laisse intact son objet, et au savoir pratique qui vise la perfection (morale et politique) de l'agent ; elle est cause extérieure à son objet, par opposition à l'immanence de la nature. Le développement de la physique* renverse ces déterminations : la technique ne s'oppose plus, pour Descartes*, à une science* qui a pour but de nous rendre comme *maîtres et possesseurs de la nature*, ni, dans le fond, à une nature dont l'action qui s'accomplit par figure et mouvement ne diffère pas qualitativement de celle de ces machines* simples que sont les leviers, les plans

Technique

inclinés, etc. Dès lors apparaît la définition classique de la technique comme *application de la science*.

2. Une telle définition fait oublier la rationalité* propre et irréductible du monde technique. La science* n'est pas *avant* la technique : non seulement, dans certains univers culturels, elle se développe sans elle, mais on s'aperçoit que, même dans notre univers culturel, sa relation à la science est complexe. Huygens (1629-1695) construit une horloge à balancier parce qu'il pose que les oscillations d'un pendule simple sont isochrones, ce qu'il ne peut vérifier que par la mesure précise que permet son horloge. La science dépend de la technique autant que la technique dépend d'elle : le télescope, le microscope provoquent des révolutions scientifiques et la physique* atomique est impossible sans la construction d'instruments complexes. La technique possède une histoire* qui lui est propre : la locomotive à vapeur n'est pas le pur produit de la thermodynamique, elle a pour ancêtre le rouet, dont la roue, entraînée par un bras de levier fixé sur le rayon, donne un modèle de transmission du mouvement. Les objets techniques existent de façon autonome, un peu comme les œuvres d'art (cf. Georges Simondon). Mais la technicité, qu'on peut concevoir comme l'intégration des diverses fonctions d'un même objet (ex. : les ailettes d'une turbine de centrale hydro-électrique construites de façon à renforcer la résistance de la turbine), n'est jamais un but en soi : elle est toujours normée par ses possibilités d'insertion dans une société* donnée (ainsi, une découverte technique peut n'être pas exploitée si elle revient trop cher : on peut techniquement construire des voitures plus rapides, mais se pose le problème de la sécurité, de la consommation en carburant, etc.).

N'étant jamais une fin en soi, l'objet technique n'est jamais isolé, et ne prend son sens que dans la totalité culturelle, constituée en ensemble de techniques. C'est pourquoi Marcuse* (***L'Homme unidimensionnel***), prenant acte de ce que notre pensée est une pensée technique et de ce que notre technique témoigne du capitalisme industriel, affirme que la forme même de notre rationalité est liée à l'exploitation de l'homme par l'homme.

En fait, les deux attitudes courantes des rares philosophes qui ont réfléchi sur la technique (d'un côté, l'optimisme des Lumières*, qui a sa source dans Descartes*, de l'autre, le rejet — plus général dans la pensée moderne — qui voit dans la technique un *arraisonnement du*

Technique

monde extérieur à l'esprit*) tiennent chacune à une même conception de départ. Cette conception suppose que soient radicalement séparés, d'une part, les activités proprement humaines et morales (qui correspondent à une activité finalisée), et, d'autre part, l'univers réifié des outils et des techniques qui ne porte pas en soi-même sa finalité*. C'est à cette condition qu'on peut penser soit que le progrès* (qui demeure défini par le bonheur* de l'humanité) passe par l'instrument technique, soit que ce dernier porte en lui une contre-finalité catastrophique (thème du danger de l'asservissement de l'homme à la technique et à la machine*). Or c'est sans doute sur cette dichotomie, acceptée sans réflexion critique par les philosophes, qu'il nous faut revenir aujourd'hui. Ce que montre l'œuvre entière de Leroi-Gourhan[1], c'est qu'il y a une évolution continue entre les organes que nous avons sous la peau et les autres que nous avons hors de la peau, appelés *outils*. Les outils sont notre corps* même. L. Murmford a fait l'hypothèse que la première réussite technique à grande échelle, ce ne sont pas les moulins, les réseaux ferrés ou les centrales nucléaires, mais la bureaucratie des vieux empires par où débute notre histoire*. Les hommes ont ainsi, en faisant agir les hommes sur les hommes, créé un supra-organisme. De même que les outils ne sont pour Leroi-Gourhan que le prolongement des organes, les structures* techniques faites de câbles, d'acier, de routes, etc. ne font que remplacer ou prolonger certains éléments de cette machinerie primitive. Elles ne sont que certains éléments d'un collectif dont d'autres éléments sont faits de chair et de sang (les hommes vivants) ou de structures symboliques (lois, coutumes, etc.). Il n'y a pas d'un côté les humains et de l'autre leurs moyens d'action. Il y a des collectifs auxquels les deux appartiennent de façon indissoluble. Par-delà le partage entre l'humain nu (celui qui est le sujet* politique des théories

---

1. André Leroi-Gourhan (1911-1987), fondateur de l'ethnologie préhistorique, a été titulaire de la chaire de préhistoire du Collège de France. Il est le premier à s'attaquer empiriquement à la question d'une paléontologie de l'outil et du geste. Sa thèse de doctorat, ***L'Archéologie du Pacifique du Nord*** (1947), s'efforce de circonscrire les moyens élémentaires qu'ont eus les hommes pour résoudre leurs problèmes primordiaux (action sur la matière*, déplacement, etc.). Ces moyens (feu, eau, percussion ; portage animal, traîneau, roue, navigation, etc.) déterminent les différentes techniques de fabrication, dont il dresse le catalogue raisonné. Une telle approche, neuve et rigoureuse, devait lui permettre d'aborder le passage des origines technologiques de l'homme à la pensée conceptuelle (langage*, mémoire*, symboles). Voir les ouvrages cités dans la bibliographie. Parmi une œuvre abondante, il convient de signaler également ***Préhistoire de l'art occidental***, Paris, Mazenod, 1965, 6ᵉ éd. 1968.

Technique

du contrat social) et ses moyens d'action, c'est la forme même de l'homme qui est en question dans le statut de la technique[1]. La philosophie contemporaine, en développant majoritairement, de Heidegger* à Marcuse* en passant par Habermas*, une sorte de technophobie, ne s'est guère, jusqu'ici, donné les moyens conceptuels nécessaires pour aborder cette question.

> G. Bertrand (dir.), **Histoire des techniques,** Paris, Gallimard, 1978 ; J. Ellul, **Le Système technicien,** Paris, Calmann-Lévy, 1977 ; J. Habermas, **La Technique et la science comme idéologies,** t.f., Paris, Gallimard, 1978 ; M. Heidegger, « La question de la technique » (1954), in **Essais et Conférences,** t.f., Paris, Gallimard, 1958 ; A. Leroi-Gourhan, **Évolution et Technique,** 2 vol., 1 — **L'Homme et la Matière,** 2 — **Milieu et Technique,** Paris, 1943 & 1945, rééd. Albin Michel, 1978 ; **Le Geste et la Parole,** 2 vol., 1 — **Technique et Langage,** 2 — **La Mémoire et les Rythmes,** Paris, Albin Michel, 1964 & 1965 ; L. Murmford, **Le Mythe de la machine,** t.f., Paris, Fayard, 1973 ; G. Simondon, **Du mode d'existence des objets techniques,** Paris, Aubier-Montaigne, 1969.

Temps

Le problème du temps et de l'espace naît d'une triple conjonction :
1 — ce sont les concepts de ce qui constitue le mode d'être privilégié de la réalité externe ; pourtant, si tout ce qui est, ce sont des choses qui ont rapport à l'espace et au temps, il semble difficile de faire de l'espace et du temps soit de simples choses, soit des propriétés appartenant aux choses, puisqu'ils n'ont pas le même mode de subsistance et ne définissent aucune chose particulière ;
2 — ce sont des concepts nécessaires à la conception du mouvement, donc à la physique* (voir Aristote, Einstein) ;
3 — ce sont des modes d'être qui appartiennent aussi au sujet* de la connaissance*.

---

1. Il est clair que sont également en question le concept et la place de la nature. La pensée qui sépare l'homme de la technique les sépare également tous deux de la nature, extériorité à laquelle ils s'opposent, qu'ils exploitent ou au sein de laquelle on peut rêver qu'apparaisse la paix des hommes retrouvant l'abondance primitive. Or ce que montre la réflexion écologique moderne — quelle que soit la faiblesse de certains de ses mythes* —, c'est justement que cette séparation pose problème. On peut se reporter aux ouvrages de Serge Moscovici (né en 1925) : **Essai sur l'histoire humaine de la nature,** Paris, Flammarion, 1968 ; **La Société contre nature,** Paris, UGE, 1972 ; **Hommes domestiques et hommes sauvages,** Paris, UGE, 1974.

La pensée classique a tenté d'unifier cette diversité de déterminations ; la participation ambiguë de l'espace et du temps à la fois au sujet* et à l'objet de la connaissance* en ont fait un des points nodaux de la question du fondement de la connaissance. Pour les idéalistes (Leibniz*), temps et espace ne sont que des rapports idéaux entre les choses : l'un exprime l'ordre des successions ; l'autre, celui des simultanéités ; pour l'idéalisme critique (Kant*), ce sont les formes pures de l'intuition sensible.

Le problème du temps joue un rôle privilégié : l'activité du sujet de la connaissance se déploie dans le temps, et la temporalité peut sembler à certains égards le mode d'être du sujet (voir *Bergson, Heidegger*). Les sciences physiques* et mathématiques* ont élaboré des conceptions de la temporalité et de la spatialité qui rompent totalement avec nos conceptions de l'espace perçu et du temps vécu (lesquels dépendent pour une large part de notre langage* et de nos habitudes sociales). La subjectivité est difficilement conçue comme fondatrice de la scientificité : *a fortiori*, la temporalité qu'elle est censée déployer est sans rapport avec le temps objectif de la physique. Si on admet ce fait, ne doit-on pas reconnaître, du même coup, que les problèmes de l'espace et du temps relèvent essentiellement de l'épistémologie*, c'est-à-dire de l'étude de la formation des concepts scientifiques ? Voir également *mémoire, histoire*.

> G. Bachelard, **Dialectique de la durée,** Paris, PUF, 1936 ; O. Costa de Beauregard, **La Notion de temps, équivalence avec l'espace,** Paris, Vrin, 2ᵉ éd. 1983 ; J.-L. Gardies, **La Logique du temps,** Paris, PUF, 1975 ; M. Heidegger, **L'Être et le Temps,** t.f., Paris, Gallimard, 1964 ; E. Husserl, **Leçons pour une phénoménologie de la conscience intime du temps,** t.f., Paris, PUF, 1964 ; I. Prigogine & I. Stengers, **La Nouvelle Alliance,** Paris, Gallimard, 1979 ; D. Tiffeneau (dir.), **Mythes et Représentations du temps,** Paris, Éd. du CNRS, 1985.

Théorie/Pratique

L'opposition de ces deux catégories est donnée par la philosophie antique (voir *Aristote*). La théorie est pure contemplation du monde, c'est-à-dire production d'une représentation du monde sans que cette production nécessite une action concrète, une manipulation des choses

Théorie/Pratique

représentées, et sans que la représentation produite débouche elle-même sur une activité mettant en jeu les choses représentées ; la pratique, elle, est une activité visant la perfection morale de l'agent, sans qu'il y ait production d'une représentation ; à ces deux termes, les Grecs en ajoutent un troisième, la poétique, activité productrice des objets artificiels, par l'intermédiaire d'une technique*[1].

Cette définition particulière de la théorie est sans doute due au statut particulier de la science* grecque qui n'est connectée directement à aucune technique. L'apparition des sciences expérimentales montre que la production d'une représentation du monde :

1 — nécessite une manipulation concrète (voir *expérience/expérimentation*) ;

2 — débouche sur des activités concrètes (voir *technique*).

Le matérialisme de Marx* va intégrer ce nouveau statut historique de la théorie en une nouvelle définition de la « pratique ». Pour Marx, la réalité essentielle, c'est l'homme concret qui, en produisant ses conditions d'existence, se produit lui-même, en même temps que les conditions de ses représentations, reflets des rapports sociaux (voir *idéologie*). Cela a trois conséquences :

1 — Les valeurs* morales* étant simplement les reflets des rapports sociaux, la spécificité morale de la notion de pratique n'a plus de raison d'être.

2 — La correspondance de la théorie à la réalité ne réside pas simplement dans la production d'une théorie adéquate, mais aussi dans la production de la réalité sociale *(la question de savoir s'il y a lieu de reconnaître à la pensée humaine une vérité objective n'est pas une question théorique mais une question pratique).*

3 — La théorie n'est pas une fin en soi *(les philosophes n'ont fait qu'interpréter le monde de différentes manières ; ce qui importe, c'est de le transformer).* La pratique, conçue comme l'action concrète des hommes sur le monde et sur eux-mêmes, devient aussi une catégorie fondamentale du marxisme (la pratique est au-dessus de la connaissance* théorique *car elle a la dignité non seulement de l'universel, mais aussi du réel immédiat,* selon Lénine) ; pour désigner la spécificité de l'activité scientifique, Althusser* créera le concept de *pratique théorique.*

---

[1]. On retrouve chez Kant* cette triple opposition entre théorie (représentation), pratique (morale) et action (production d'effets dans le monde).

P. Aubenque, **La Prudence chez Aristote,** Paris, PUF, 1963 ; P. Bourdieu, **Esquisse d'une théorie de la pratique,** Genève, Droz, 1972 ; M. de Certeau, **L'Invention du quotidien. Art de faire,** Paris, UGE, 1980 ; G. Labica, **Karl Marx. Les thèses sur Feuerbach,** Paris, 1987 ; F. Suppe (dir.), **The Structure of Scientific Theories,** 2ᵉ éd. Urbana, University of Illinois Press, 1977.

THOMAS D'AQUIN (Saint)

Né en 1227, mort en 1274. Dominicain dès 1243, il est l'auteur d'une œuvre importante comprenant tant des commentaires d'Aristote*, des **Sommes (Contre les gentils, théologique)**, vastes compilations par questions et réponses sous la forme d'une encyclopédie propre au Moyen Âge, que des traités polémiques. Son rôle tient surtout à ce qu'il adapte la doctrine aristotélicienne à la pensée chrétienne.

Tout oppose pourtant la doctrine du Stagirite à l'enseignement de l'Église : l'affirmation de l'éternité du monde, la conception de Dieu* comme moteur, celle de l'âme comme forme du corps* et la réalité des essences. Le Docteur angélique, conformément au christianisme, conçoit bien Dieu comme transcendance, l'âme comme une substance éternelle indépendante de la matière* et le monde comme pure création divine. D'où un détournement subreptice de l'aristotélisme, rendu possible par la distinction entre les vérités* de philosophie accessibles à la raison* et les vérités de foi qui excèdent son pouvoir, sans que d'ailleurs les deux puissent être contradictoires ; il y a alors possibilité d'une connaissance* philosophique de la nature de l'homme et de Dieu, autonome et vraie tant qu'elle ne s'oppose pas à la foi, de même que, dans la cité, le pouvoir civil est autonome et légitime tant qu'il ne s'oppose pas au pouvoir spirituel.

S. Breton, **Saint Thomas d'Aquin,** Paris, 1965 ; M.-D. Chenu, **Introduction à l'étude de saint Thomas d'Aquin,** Paris, Vrin, 1954 ; **La Théologie comme science au XIIIᵉ siècle,** Paris, Vrin, 1957, 3ᵉ éd. 1969 ; **Saint Thomas d'Aquin et la théologie,** Paris, 1959, rééd. Seuil, 1977 ; C. Fabro, **Participation et Causalité selon saint Thomas d'Aquin,** Louvain-Paris, 1961 ; E. Gilson, **La Philosophie au Moyen Âge : des origines patristiques à la fin du XIVᵉ siècle,** Paris, 1922, rééd. Payot, 1986 ; **L'Esprit de la philosophie médiévale,** Paris, Vrin, 1944, 4ᵉ éd. 1978 ; **Le Thomisme. Introduction à la philosophie de saint Thomas d'Aquin,** 6ᵉ éd. revue, Paris, Vrin, 1965 ; A.D. Sertillanges, **Saint Thomas d'Aquin,** 2 vol., Paris, Cerf, 1910.

TOCQUEVILLE (Alexis de)

Né à Paris, en 1805, d'une famille ultraroyaliste d'ancienne noblesse normande, Tocqueville est nommé, en 1827, juge auditeur au tribunal de Versailles. En 1831, il part étudier le système pénitencier américain. Il en ramènera les matériaux pour rédiger **De la démocratie en Amérique** dont le premier volume paraît en 1835, après sa démission de la magistrature, et le second en 1840. Il publie en 1836 son essai sur **L'État social de la France avant et depuis 1789**, qui contient les premiers éléments de son travail sur **L'Ancien Régime et la Révolution**, dont le premier tome paraîtra en 1856. Outre ces deux célèbres ouvrages, Tocqueville a beaucoup écrit : la première édition de ses **Œuvres complètes** (très lacunaires), éditées par Mme de Tocqueville et G. de Beaumont (1864-1866), occupe 9 volumes. Député en 1839, académicien en 1841, membre de l'Assemblée constituante en 1848, ce libéral conservateur, ami de J.S. Mill, sera ministre des Affaires étrangères en 1849. Le coup d'État du 2 décembre l'éloigne définitivement de la vie politique et il meurt à Cannes en 1859.

La pensée de Tocqueville repose sur une certaine vision du développement historique qui correspondrait au progrès* de l'égalité des conditions, qui n'est pas celle de la possession des biens, mais de l'égalité de tous devant la loi. L'Amérique présente un stade avancé de cette évolution. Dans une analyse précise, Tocqueville montre sur cet exemple que l'âge démocratique n'a pas pour principe la vertu, comme le croyait Montesquieu*, mais *l'avidité des jouissances matérielles*. L'intérêt tend toutefois à mettre les égoïsmes au service de la prospérité générale. L'état social démocratique peut s'accommoder de multiples formes politiques (il n'est pas nécessaire que tous prennent part à sa gestion). Toutefois, la démocratie* risque de sombrer dans un despotisme d'un genre nouveau : d'un côté, un État* *immense et tutélaire* au pouvoir *absolu, détaillé, régulier, prévoyant et doux* face auquel l'individu* admet sa dépendance politique ; de l'autre, une opinion publique qui contraint chacun au réformisme et impose la *tyrannie de la majorité*. **L'Ancien Régime et la Révolution** établit empiriquement la conception générale de l'histoire*. Tocqueville s'intéresse au long terme et jamais aux acteurs individuels *(je parle de classes, elles seules doivent occuper l'histoire)*. Il démontre, par une quantité impressionnante d'analyses empiriques de l'évolution des institutions et des coutumes, que le véritable mouvement est l'égalisation en marche depuis le XIe siècle par le biais de la centralisation monarchique. Le gouvernement local, aristocratique, a été progressivement remplacé par le pouvoir central égalitaire, utilisant un corps de fonctionnaires. On assiste à la lente désintégration d'un corps social différencié en une société* compacte et homogène, dont les membres sont à la fois semblables et isolés. La Révolution de 1789 (qui se prolonge en 1830 et en 1848) n'a fait qu'ajuster violemment, mais superficiellement, les institutions à un état social et moral déjà égalitaire et centralisateur.

P. Birnbaum, **Sociologie de Tocqueville,** Paris, 1970 ; J.-C. Lamberti, **La Notion d'individualisme chez Tocqueville,** Paris, 1970 ; J.-P. Mayer, **Alexis de Tocqueville,** Paris, 1948.

Travail

Le paradoxe du travail est d'être conçu à la fois comme nécessité de la nature humaine et comme violence* faite à cette nature (l'étymologie rattache le mot au supplice latin du *tripalium*). Le problème philosophique qu'il pose est celui de son sens* : qui travaille ? comment ? pourquoi ? et dans quels rapports cette activité spécifiée engage-t-elle les individus* au sein d'une société* ?

1. Une réflexion sur le sens et la valeur* du travail est présente dans les mythes* fondateurs de toute société. Pour Homère, le travail revêt la valeur négative d'être l'activité forcée à laquelle doit se livrer une humanité parvenue au terme de l'âge d'or (époque mythique où la nature fournit tout en abondance). Si Hésiode admet que la richesse provient de l'activité concrète qui transforme la matière*, il oppose le travail à la fécondité. Les philosophes grecs (Platon*, Aristote*) en font la fonction des gens de métier, voire des esclaves ; par là, ils le dévalorisent au profit de l'activité intellectuelle ou morale dans laquelle la perfection de l'agent est le but même de l'action. Pour l'homme grec, le travail est une nécessité générale dans la mesure où il a pour but d'approprier la nature à son usage ; il n'est pas une nécessité interne à chacun puisque la société esclavagiste en dispense certains. Ce n'est que bien plus tard, à la Renaissance, avec la généralisation du salariat, que, devenu lui-même une marchandise, le travail rompt sa liaison avec la production des valeurs d'usage de ces marchandises, pour revêtir l'universalité d'une valeur d'échange. C'est à ce moment seulement qu'il devient l'objet d'une réflexion positive.

Travail

2. Avec le développement de la société industrielle, le travail est pensé comme source de valeur*. Au XVIIIe siècle encore, les physiocrates voient dans la nature (c'est-à-dire l'agriculture) la seule source de richesse, mais l'industrie implique qu'on lui ajoute le travail humain. Les économistes du XIXe siècle en font la mesure des richesses (Malthus : l'étalon invariable de la valeur des marchandises est la quantité de travail qu'elles peuvent acheter) et leur source (Ricardo : la valeur d'une marchandise est le nombre d'heures de travail qui s'y est réalisé). C'est pourquoi Hegel*, dans la **Phénoménologie de l'esprit**, en fait un stade essentiel de la formation de la conscience* : l'homme se réalise dans le travail. Mais c'est Marx* qui pose le plus clairement les problèmes essentiels, en montrant que la fonction libératrice et abstraite accordée à un travail qui permet de dominer la nature cache bien autre chose :

1 — Dans les **Manuscrits de 1844**, où il est fait directement référence à une nature humaine qui se réalise dans l'appropriation du monde, l'accent est mis sur l'aliénation* du travail sous sa forme salariée. L'ouvrier est étranger à sa force de travail (échangée contre sa subsistance), au produit de son travail (sa production ne lui appartient pas) et finalement à lui-même (puisqu'il est sous la domination d'un produit de son travail : le capital) ; par là, l'essence générique de l'homme, qui consiste en une activité vitale libre et consciente qui le reproduit dans son genre, est aliénée car, en devenant le simple moyen de son existence, elle devient étrangère à son essence individuelle. L'aliénation du travail a pour corollaire la domination de celui qui ne produit pas, du capitaliste, sur la production, le producteur et le produit, c'est-à-dire l'exploitation de l'homme par l'homme.

2 — Dans les travaux ultérieurs où Marx renonce à une interprétation humaniste (**Contribution à la critique de l'économie politique, Le Capital**), les marchandises s'échangeant selon la quantité de travail social moyen nécessaire à leur production, il élabore la notion de plus-value comme surtravail, afin d'expliquer l'origine du profit : celui-ci n'existe que dans la mesure où une partie du travail effectué par l'ouvrier n'est pas payée (cf. l'article *Marx*).

3. Tout invite à concevoir le travail comme essence de l'homme. C'est pourquoi on utilise aujourd'hui largement le terme pour désigner toute activité spécifiquement humaine. On peut cependant refuser cette

Travail

essentialité : d'une part, l'économie moderne ne fait plus du travail la cause principale de la valeur des marchandises ; d'autre part, il est clair que, dans la satisfaction des besoins*, le travail n'est qu'un moyen. Ce n'est peut-être pas dans le travail que l'homme se réalise, mais dans le plaisir. En posant que *la civilisation est fondée sur l'assujettissement permanent des instincts humains*, Freud* ouvre la voie à une nouvelle analyse que Marcuse* (**Éros et civilisation**) développera. Dans la société*, progrès* et répression sont associés, le principe de plaisir est soumis au principe de réalité ; l'aliénation*, qui correspond au travail, provient non seulement de ce que nous sommes spoliés du produit de notre travail, ou que, pour satisfaire nos besoins, il nous faut toujours travailler plus (et, par conséquent, renoncer à notre plaisir), mais de ce que la société crée des besoins (gadgets, automobiles, etc.) qui nous enchaînent. Même si le travail n'est pas conçu comme essence spécifique de l'homme, il est toujours saisi en rapport à un processus d'aliénation ou de domination. On peut alors définir grossièrement trois attitudes :

1 — Dans une perspective humaniste (Georges Friedmann, 1902-1927, **Le Travail en miettes,** Paris, Gallimard, 1956), il s'agit de concevoir une forme de travail qui ne soit pas aliénante ; cette perspective est la plus large, puisque ses débouchés dépendent essentiellement de ce qu'on entend par *nature humaine* (concrètement, elle peut aboutir au réformisme, qui réclame une amélioration des conditions de l'emploi, comme au refus d'une certaine société).

2 — Si le travail n'est pas l'essence de l'homme, mais un moyen de parvenir à satisfaire ses désirs*, refuser le travail peut être un moyen de libération, puisque cela suppose qu'on considère comme fondamentaux des besoins qui ne dépendent pas de la société.

3 — Dans une perspective plus conforme à celle du second Marx, il s'agit de saisir les contradictions du mode de production capitaliste, et, par une pratique révolutionnaire, de créer les conditions d'une société où, par l'abolition de la division du travail, serait supprimée la lutte de classes* et l'État*.

Dans la critique concrète que les contemporains font du travail, c'est toujours un travail socialement déterminé qui est visé, et, par conséquent, une certaine forme de société. L'apparition d'un nouveau sens* du travail (qu'il s'agisse d'un travail dont le produit n'échappe pas à son auteur, ou d'un travail qui ne soit pas vécu comme répression d'un désir*) ne peut s'accomplir sans que se réalise l'adéquation des besoins* et des produits. Elle suppose donc soit l'abondance illimitée des biens, soit la limitation de la consommation. La première hypothèse se rattache au mythe* de l'âge d'or ; la seconde paraît plus plausible : mais comment pourrait-elle se réaliser sans réintroduire la répression qu'on s'efforce d'éviter, en dehors d'une société* qui ne crée pas de besoins autres que ceux naturels à l'homme (à supposer qu'ils existent) ? Cette société nécessite la triple harmonie de l'individu* à autrui, à la société et à la nature. À quelles conditions pouvons-nous en penser la possibilité sans tomber dans le mythe ?

> M.-D. Chenu, **Pour une théologie du travail,** Paris, Seuil, 1965 ; G. Friedmann, **Où va le travail humain ?,** Paris, Gallimard, 1950 ; M.-F. Lanfant, **Les Théories du loisir,** Paris, 1972 ; J.-M. Vincent, **Critique du travail,** Paris, PUF, 1987.

U

Utilitarisme

Doctrine morale et politique, dont les principaux représentants ont été les philosophes anglais Jeremy Bentham (1748-1842) et John Stuart Mill (1806-1873), auteur de **L'Utilitarisme** (1863, t.f., Paris, Flammarion, 1968). L'utilitarisme est d'abord une théorie* des fins de l'action humaine. Comme le précise Mill, la seule chose désirable comme fin est le bonheur* (par là, l'utilitarisme est un hédonisme), c'est-à-dire le plaisir et l'absence de douleur* ; l'idéal de l'utilitarisme, toutefois, c'est le bonheur général et non le bonheur individuel.

On peut considérer l'utilitarisme comme une variante du conséquentialisme qui consiste à évaluer une action par son résultat et non, à la manière de Kant*, par l'intention qui préside à sa réalisation. La fin qu'il faut poursuivre est *le plus grand bonheur du plus grand nombre* (Bentham), entendu comme la somme des plaisirs et des peines des individus*. Il n'est pas évident qu'on puisse prouver le principe de l'utilité générale, dans la mesure où la comptabilité entre les intérêts individuels et le résultat collectif n'est pas évidente. L'économiste italien Vilfrido Pareto (1848-1923), qui, comme tous les économistes néo-classiques, a fait de la satisfaction de l'individu (dont ce dernier est l'unique juge), c'est-à-dire de l'utilité économique, le fondement de sa théorie, n'a pas hésité à considérer que *les utilités des individus sont des quantités hétérogènes, et* (que) *parler d'une somme de ces quantités n'a aucun sens*. Il a défini, cependant, l'optimum écono-

Utilitarisme

mique comme la situation dans laquelle il devient impossible d'augmenter la satisfaction d'un individu* sans diminuer celle d'un autre. C'est à partir de cette idée que les utilitaristes modernes définissent l'accroissement du bonheur* au sein d'une société* : elle a lieu quand augmente le bonheur d'au moins un individu sans que diminue celui d'aucun autre. L'utilitarisme de Bentham et Mill connaît une certaine convergence avec le socialisme* et l'égalitarisme. Les deux philosophes admettent, en effet, que la grandeur de l'utilité d'un bien décroît avec sa quantité. Il découle de là qu'une distribution égale des biens est, toutes choses égales, optimale. Les utilitaristes n'acceptent pas sans restriction le principe selon lequel la fin justifie les moyens. Pour Bentham, il faut :

a) que la fin soit bonne ;

b) que les moyens soient bons ou que leur inconvénient soit moindre que le bien attendu de la fin ;

c) qu'en tout état de cause, les moyens concernés comportent plus de bien (ou moins de mal) que tous les autres qui auraient permis d'obtenir la même fin.

> P. Devaux, **L'Utilitarisme,** Bruxelles, 1955 ; E. Griffin-Collart, **Égalité et justice dans l'utilitarisme,** Bruxelles, 1974 ; É. Halévy, **La Formation du radicalisme philosophique,** Paris, 1901 ; H.B. Miller & W.H. Williams (eds), **The limits of Utilitarianism,** Minneapolis, University of Minnesota Press, 1982.

Valeur

La notion de valeur correspond à ce que les médiévaux nommaient les *transcendantaux* (le Beau, le Bien, le Vrai), c'est-à-dire les attributs qui, dépassant les catégories d'Aristote*, lesquelles définissent les *genres* de l'Être, s'appliquent à *tous* les êtres. On peut aborder la question en distinguant trois types d'énoncés : les énoncés prescriptifs *(tu dois aimer ton prochain)*, descriptif *(Bertrand est chauve)* et évaluatifs *(Jeanne est belle)*. C'est Kant* qui, le premier, a mis au jour leur différence en distinguant les jugements déterminants (qui pensent le particulier dans l'universel et peuvent être théoriques — ils disent ce qui est — ou pratiques — ils disent ce qui doit être —), et les jugements réfléchissants (qui pensent l'universel dans le particulier). Cela conduit toutefois, le philosophe de Kœnigsberg à rompre avec la conception médiévale. La vérité* n'est pas une valeur mais une propriété des jugements théoriques ; le Bien est en partie seulement défini par les jugements pratiques (en tant qu'il correspond au devoir, mais pas en tant qu'il correspond au bonheur*) ; le Beau, enfin, n'est qu'une partie des jugements réfléchissants qui concernent la finalité* en général. Durkheim*, en opposant les jugements de fait et les jugements de réalité, revient en quelque sorte à une dichotomie entre l'être et la valeur.

On distingue facilement les énoncés prescriptifs (voir *morale*) et descriptifs, puisqu'ils n'ont pas la même forme syntaxique (même si on peut légitimement poser la question de savoir s'ils sont réductibles les uns aux autres, ce que l'on refuse généralement depuis Hume*), mais il n'est pas nécessaire syntaxiquement de distinguer les énoncés

Valeur

descriptifs et évaluatifs. Leur différence réside seulement dans celle qu'on reconnaît entre les prédicats du type ...*être chauve* et ceux du type ...*être beau*. On pourrait admettre que tous deux désignent des propriétés appartenant réellement aux choses dont on dit qu'elles les possèdent (objectivisme) : mais on n'est pas chauve comme on est beau, car on peut bien s'entendre sur une définition du chauve, tandis que la même personne peut sembler belle à quelqu'un, laide à quelqu'un d'autre. Pour rendre compte de ces prédicats étranges qu'on nomme *valeurs*, on pourrait alors peut-être admettre que leur attribution (et leur définition) dépend(ent) des relations particulières qu'ont les objets auxquels ils sont attribués avec la personne qui les attribue[1] : *Jeanne est belle* parce qu'elle me plaît, que je l'aime, que je la préfère à Marie, etc. Mais pourquoi me plaît-elle, n'est-ce pas parce qu'elle est belle ? Être belle consiste-t-il à avoir les propriétés objectives nécessaires à me plaire ou à avoir les propriétés conformes à ce que je vois arbitrairement comme constituant la beauté ? Ce qui me plaît n'est pas entièrement définissable par l'action physique des choses sur moi, puisque ce qui plaît varie avec le milieu culturel. Cela ne dépend pas non plus d'un acte arbitraire de la volonté* individuelle. Il n'est, en effet, pas absurde que je soutienne, *à la fois,* que Jeanne est belle et qu'elle ne me plaît pas. C'est pourquoi, loin d'être des éléments subjectifs[2] et arbitraires (au sens de constituées par le libre arbitre de l'individu*), les valeurs ont le même type d'être collectif que toutes les réalités culturelles. Sartre*, qui ne renoncera jamais au fondement subjectif de toute la sphère culturelle, traduit ce fait en notant que la valeur appartient au domaine préfabriqué de ce qu'il nomme le *pratico-inerte* : *De la pure* praxis, *la valeur conserve cette*

---

1. Cette conception est déjà en germe dès l'Antiquité. Saint Thomas d'Aquin* (**Somme théologique, Dieu,** I.5), après avoir noté que le Philosophe (Aristote*) définit le Bien comme étant *ce que toutes choses désirent*, conclut : *Il est clair que le bien et l'être, quant à leur réalité, sont une même chose ; mais le bien ajoute à la notion d'être celle de désirable, qui lui est étrangère.* Toutefois, dans la conception antique et médiévale, le désir* n'est pas dans un rapport univoque avec la subjectivité humaine (chez Aristote, c'est le désir qui meut toute chose vers son lieu propre).

2. On notera que le subjectif n'est pas nécessairement l'arbitraire. Chez Kant*, c'est la subjectivité transcendantale (par essence universelle) qui définit l'objectivité. La beauté est ce qui plaît universellement sans concept. René Le Senne (1882-1954) suppose que les valeurs humaines proviennent du devoir (ce qu'on peut traduire en disant qu'il ramène les énoncés évaluatifs à des énoncés prescriptifs) ; Louis Lavelle (1883-1951) propose d'identifier l'être et l'acte.

translucidité de la liberté se posant elle-même ; mais en tant que la fin projetée est en fait *une signification inerte et indépassable de l'avenir pré-fabriqué, la valeur prend un être passif indépendant* (**Critique de la raison dialectique**, p. 302, note). Cela permet de comprendre deux choses. D'abord, que l'on puisse soutenir, comme Scheler, que les valeurs sont données dans une expérience* phénoménologique, au même titre que les qualités objectives. Ensuite, que l'on puisse affirmer que toutes les valeurs sont déterminée par les conduites individuelles et y échappent pourtant, en déterminant ces conduites, tout comme les prix[1] sont, pour l'économie* néo-classique, fonction des préférences individuelles, alors que, pourtant, ma volonté* individuelle ne peut rien sur eux. Outre la définition des valeurs et de leur origine, les domaines des valeurs esthétiques et morales posent le problème de leur hiérarchisation et de leur fondement ; on se reportera aux articles *Nietzsche* et *Weber*.

> É. Durkheim, « Jugements de valeur et jugements de réalité », chap. IV de **Sociologie et Philosophie**, Paris, PUF, 1974 ; G. Kalinowski, **La Logique des normes,** Paris, PUF, 1972 ; J.-L. Gardies, **L'Erreur de Hume,** Paris, PUF, 1987 ; P. Lantz, **Valeur et Richesse,** Paris, Anthropos, 1978 ; L. Lavelle, **Traité des valeurs,** Paris, Aubier-Montaigne, 1951 ; R. Le Senne, « Le devoir comme principe de toute valeur, » *in* **Bulletin de la Société française de philosophie**, Paris, janvier-mars 1932 ; R. Le Senne, « Qu'est-ce que la valeur ? », *in* **Bulletin de la Société française de philosophie**, Paris, juillet-décembre 1946 ; J. Pirlot, **Destinée et Valeur : la philosophie de René Le Senne,** Namur, Presses univ., 1953 ; M. Scheler, **Le Formalisme en éthique et l'éthique matérielle des valeurs,** t.f., Paris, Gallimard, 1951

Vérité

Le concept de vérité fait traditionnellement signe vers trois sens : *la réalité* (est vrai ce qui existe réellement), *l'action* (est vrai-authentique ce

---

1. Le prix ou valeur d'échange correspond (avec la valeur d'usage : voir *Marx*) à la valeur économique. Cette dernière est non seulement, comme toutes les valeurs, susceptible de plus et de moins, mais encore d'une expression numérique exacte. Sa nature consiste en effet dans la commensurabilité des biens. Saussure* justifiait l'emploi du terme *valeur* en linguistique (la valeur d'un mot, d'une expression) par une comparaison avec l'économie : *dans les deux sciences, il s'agit d'un système d'équivalence entre des choses d'ordres différents : dans l'une, un travail et un salaire ; dans l'autre, un signifié et un signifiant.*

Vérité

qui est bien attribué à son auteur, est vrai-sincère ce qui témoigne de la pensée intime ou de la nature de son auteur), *la pensée* (est vrai la pensée qui est connaissance* du monde). Au sens propre, la vérité concerne plus particulièrement la pensée ou la proposition, d'où le problème fondamental : qu'est-ce que c'est, pour la pensée ou la proposition, qu'être vraie ? à quoi reconnaît-on la vérité ?

En considérant la pensée ou la proposition comme représentation des choses, on tiendra pour vraie la pensée ou la proposition dans laquelle les choses sont représentées relativement à elles-mêmes et aux autres telles qu'elles sont dans la réalité. D'où la définition classique de la vérité comme adéquation[1] de l'esprit et des choses. La théorie* de la vérité-adéquation ou vérité-correspondance présente une définition du vrai, mais ne donne aucun critère (*veritas criterium sui et falsi* [*la vérité est son propre critère et celui du faux*], disait Spinoza*). Tarski a montré (1935) qu'elle entraînait des paradoxes lorsqu'elle est appliquée dans les langues naturelles. Ainsi, *la phrase en italique écrite sur cette ligne est fausse* est simultanément vraie et fausse. C'est pour éviter ce paradoxe qu'il faut distinguer entre métalangage et langage-objet, c'est-à-dire le langage* dont parle le métalangage. Une phrase est vraie si elle est construite dans un métalangage de telle sorte qu'elle affirme ce qui est le cas dans un langage-objet. Autrement dit, la phrase *la neige est blanche* est vraie si la neige est blanche. Ce qui donne la convention suivante : « p » est vrai si p. D'un côté, on a fait remarquer (Putnam*) que la convention de Tarski pouvait être conçue comme une règle de correspondance entre langages et, par conséquent, ne réglait pas la question de l'adéquation au réel. De l'autre, on a construit des systèmes logiques (logiques dites paraconsistantes) qui rendent les paradoxes inoffensifs et certains logiciens proposent de conserver la définition de la vérité dans les langues naturelles.

Toutes les propositions vraies ne le sont pas en vertu d'une

---

1. Traditionnellement, on fait remonter aux présocratiques* les sources de cette conception, lorsque Parménide, par exemple, soutient que *même chose se donne à penser et à être*. La pensée scientifique naît de cette nécessaire identification du penser et de l'Être, qui refuse que la vérité tienne à la source du discours (par exemple, le discours inspiré du prêtre, qui tient sa vérité de la révélation). Heidegger* a contesté cette interprétation, en soutenant qu'originairement, pour les Grecs, la vérité n'est pas une propriété du penser, mais de l'étant lui-même. C'est seulement avec Platon* que naîtrait notre conception de la vérité, qui est fondamentalement un humanisme (au sens où l'entend Heidegger : le fait pour l'homme de se placer au centre de l'étant) et dont l'histoire* se confond avec celle de la métaphysique.

adéquation avec les choses. Soit une proposition composée comme *p ou non-p*, quelle que soit la valeur* de vérité que je donne à *p*, cette proposition est toujours vraie[1]. Elle est logiquement vraie, sa vérité est indépendante des interprétations (et donc du rapport au réel) de ses éléments. Ce sont sans doute les vérités logiques qui sont à l'origine de la conception moderne de la vérité comme cohérence[2]. Cette dernière, qui soutient que la vérité de nos représentations ne vient pas de leur rapport aux choses et aux faits, mais de leur constitution interne, a l'avantage de fournir des critères (par exemple, pour être vraie, une représentation doit être non contradictoire). Elle peut s'appuyer sur une faiblesse intrinsèque de la vérité-adéquation. On peut dire, tant qu'on veut, que la vérité d'une représentation est le rapport de cette représentation avec une chose ou un fait, mais on ne pourra jamais sortir de la représentation. Soit *R* la représentation et F le fait que *R* représente : si je souhaite les comparer, il me faut, outre une représentation de ma représentation, une autre représentation *R'* de *F* et ainsi de suite. On peut faire appel également à l'incrustabilité de la référence, telle que la développe Quine*. On peut même aller plus loin et soutenir que la vérité n'est qu'une question de convention, du choix des axiomes et des concepts essentiels au sein d'une communauté. Le conventionnalisme, toutefois, s'il est poussé à l'extrême, est tout à fait insatisfaisant, puisqu'il revient à dire que la vérité pourrait être n'importe quoi. Or il est clair que, lorsque j'agis en fonction de mes représentations, je réussis plus ou moins bien en fonction de celles-ci. C'est pourquoi on peut proposer l'utilité comme critère de la vérité (ce qui est une façon de modérer le conventionnalisme, lorsqu'on y voit, comme Poincaré, le choix des axiomes les plus commodes), ou l'entreprise entière par laquelle on vérifie une connaissance, comme le proposent le pragmatisme* ou Marx*. Toutefois, il est certain que des représentations fausses peuvent conduire à des actions réussies, du faux s'ensuit n'importe quoi. Quels que soient les

---

[1]. Il ne faut pas confondre la vérité logique avec la doctrine traditionnelle des vérités éternelles. Par ce dernier terme, les philosophes désignaient des propositions exprimant des contenus (par exemple, *le tout est plus grand que la partie*). Lorsqu'ils soutenaient que la science* concerne les vérités éternelles, ils voulaient dire qu'elle ne saurait être remise en cause.

[2]. On peut très bien faire de la cohérence ou de n'importe quel élément provenant de la subjectivité (l'évidence, par exemple) un *critère* de vérité, sans renoncer à la définir comme adéquation. C'est ce que fait Descartes*, lorsqu'il prend pour critères de la vérité d'une idée sa clarté (sa présence à la conscience*) et sa distinction (le fait qu'elle soit complètement analysée).

défauts de la vérité-adéquation, on ne peut donc exclure de la conception de la vérité le fait qu'il s'agit pour nos représentations de se référer à une réalité. C'est ce que signifie le réalisme interne de Putnam*.

> É. Boutroux, **Des vérités éternelles chez Descartes** (t.f. d'une thèse latine de 1874), Paris, 1927, rééd. Vrin, 1975 ; J. Bouveresse, **Rationalité et Cynisme,** Paris, Minuit, 1984 ; M. Foucault, **L'Ordre du discours,** Paris, Gallimard, 1971 ; M. Heidegger, « La doctrine de Platon sur la vérité », t.f., in **Questions II**, Paris, Gallimard, 1968 ; F. Kaplan, **La Vérité et ses figures,** Paris, Aubier-Montaigne, 1977, H. Poincaré, **La Science et l'Hypothèse,** rééd., Paris, Flammarion, 1968 ; N. Rescher, **The coherence theory of truth,** Oxford University Press, 1973 ; B. Russell, **Signification et Vérité,** t.f., Paris, Flammarion, 1969 ; A. Tarski, **Logique, sémantique, métamathématique** (t.f., d'une série d'articles publiés entre 1923 et 1944, dont « Le concept de vérité dans les langages formalisés », publié en 1936), Paris, Colin, 1972.

Vie

Si je m'efforce de classer un être et les phénomènes qui m'entourent, je distinguerai la pierre qui roule à mes pieds et la plante qui pousse à côté. Cette dernière *croît*, je veux dire qu'elle naît d'une graine et se développe selon un ordre relativement fixe ; elle se *reproduit* (et meurt ; elle se fane) ; elle offre des *relations avec le milieu* (nutrition, photosynthèse, échanges, adaptation, etc.). Manifestement, la pierre n'a pas ces qualités. D'une certaine façon, l'animal les possède ; il est en outre capable de *sensations, de motricité propre, d'apprentissage*. Le langage* courant nomme *vivants* les êtres qui ont les propriétés élémentaires manifestes dans les plantes, et que ne possède pas la *matière* inerte*. Le concept de *vie* est relativement plus complexe. Il connote toujours les vivants et leurs propriétés distinctives. Mais il peut dénoter (on ne s'intéressera pas ici aux sens* figurés) *une entité qui serait la cause ou le principe d'où les vivants tiendraient leur distinction d'avec la matière inerte*. Étymologiquement, la *biologie** est la *science* de la vie* ; cette détermination abstraite* est ambiguë. Une science de la vie peut avoir pour objet la description et l'explication des caractéristiques propres au vivant (par ex., construire une théorie* de la reproduction ou de l'hérédité), ou la conception de cette entité mystérieuse qu'est la vie. L'histoire* de la biologie concerne la philosophie. D'abord, pour des raisons épistémologiques. Cette discipline empirique, qui servit d'objet à Cl. Bernard pour produire le concept classique d'expérimentation*, n'est pas une science expérimentale comme la physique*

Vie

(limitations éthiques de l'expérimentation, voire limitations d'essence : on ne peut tuer l'objet). Surtout, pour des raisons ontologiques : la biologie* est-elle ainsi constituée qu'elle conduise à admettre la réalité d'une entité distincte de la pure matière*, dont la physique* apporte la connaissance* ?

1. Vitalisme et mécanisme

L'explication des phénomènes vivants par le recours à la vie ou à un principe vital paraît la plus naturelle. C'est celle qu'on trouve, par exemple, chez Aristote* : l'âme est le principe du vivant, la vie est animation de la matière. Les stoïciens étendaient le vitalisme au cosmos : un souffle *(pneuma)* anime le monde. Dans ce rôle explicatif, la *vie* est souvent remplacée par des concepts analogues, mais construits au sein de théories plus déterminées : *âme, forme organisatrice, principe vital, élan vital*. Postuler une entité pour expliquer un type de phénomène a quelque chose de tautologique. Cela se voit parfaitement dans la définition que Barthez (XVIIIe siècle) donne de son *principe vital* : *Cause qui produit tous les phénomènes de la vie dans le corps humain.* À première vue, le gain explicatif est nul. Le vitalisme toutefois n'est pas quelque chose de totalement trivial. Il pose de façon absolue la spécificité du vivant (Canguilhem* : il *traduit une exigence permanente de la vie dans le vivant*). C'est grâce à cette position qu'on parvint d'abord à décrire de façon fine cette solidarité des parties qui font du vivant un *organisme* ; bien entendu, cela a pour contrepartie l'admission de la finalité* dans l'explication (par ex., pour rendre compte de la croissance ou d'une régulation globale). Comme l'a montré Canguilhem, le vitalisme a valeur de méthode* (c'est le courant vitaliste qui a construit le concept de *réflexe*). Toutefois, le mécanisme aussi est une méthode ; quand Épicure* et Lucrèce s'efforcent de décrire les vivants à partir de la conjonction des atomes, quand Descartes* tente d'assimiler la bête à une machine* (La Mettrie au XVIIIe siècle fera de même pour l'homme), au-delà des insuffisances de leurs théories*, ce qu'il faut comprendre, c'est l'exigence rationnelle de construire la biologie sur les bases de la physique[1]. La contrepartie métaphysique du mécanisme est le matérialisme. À l'inverse, *le vitalisme a besoin pour survivre que subsiste en biologie, sinon de véritables paradoxes, du moins du mystère* (J. Monod).

---

[1]. Cf. Carl G. Hempel, ***Éléments d'épistémologie*** : *le mécanisme est une maxime heuristique* (t.f., Paris, Colin, 1985, p. 165).

2. Le réductionnisme et ses problèmes

L'histoire* de la biologie* montre que cette discipline progresse, d'une part, en recourant à des phénomènes de moins en moins immédiats (on passe de la figure externe des vivants à la cellule, par ex.), d'autre part, en construisant des théories* localisées (circulation du sang, hormones, hérédité, par ex.). Toutes ces théories reposent en dernier lieu sur des bases *physico-chimiques*, et, de façon plus générale, tout ce que nous nommons *vivant* dépend, dans sa constitution, du carbone et de l'oxygène[1]. Pouvons-nous pour autant *réduire* la biologie à la physico-chimie ? Le problème se pose d'abord au niveau des concepts. Il y a des concepts spécifiquement biologiques (par ex. : nerf, virus, hormone sexuelle mâle). On peut souvent les réduire à leurs composants chimiques (par ex., pour la testostérone dernière citée). C'est d'ailleurs à cela que travaille la biologie. Mais il y a aussi des lois ou des mécanismes spécifiquement biologiques (ex. : lois de Mendel sur l'hérédité). Peut-on les *déduire* les lois physico-chimiques ? La question est plus confuse. De manière générale, la loi de production d'un phénomène vivant (ex. : un code génétique) s'exprime en termes physico-chimiques, mais n'est pas une loi physico-chimique (les réactions correspondant au code génétique ne constituent pas une séquence physico-chimique nécessaire). Ce n'est pas par la déduction qu'on s'efforce de relier des phénomènes physiques et vivants, mais par une évolution (voir *Darwin*). Là encore se posent des questions de finalité* (qu'on s'efforce de résoudre par des modèles cybernétiques). Le réductionnisme en est probablement conduit à la situation paradoxale d'affirmer que la biologie n'ajoute ontologiquement rien aux entités postulées par la physique*, sans que pourtant celle-ci se déduise de celle-là.

G. Canguilhem, *La Connaissance de la vie*, 2ᵉ éd., Paris, Vrin, 1967 ; F. Dagognet, *Sciences de la vie et de la culture*, Paris, Hachette, 1953 ; F. Jacob, *La Logique du vivant*, Paris, Gallimard, 1970 ; J. Monod, *Le Hasard et la Nécessité*, Paris, Seuil, 1970 ; E. Schrödinger, *Qu'est-ce que la vie ?*, t.f., Paris, Bourgois, 1986.

---

1. Bien entendu, cela conditionne les possibilités de vie sur d'autres planètes ; supposez que quelqu'un dise : *Il peut y avoir ailleurs une forme de vie qui ne repose pas sur ces bases*, alors on ne sait pas ce qu'il entend par *vie*. On peut toutefois donner une définition formelle du vivant, comme entité capable de se reproduire elle-même. En ce sens, nos objets techniques ne seraient pas des vivants, mais nos sociétés* et leurs artefacts le seraient.

Violence

En opposant le mouvement violent ou forcé au mouvement naturel, Aristote* définit parfaitement le sens du concept : est violence tout ce qui, survenant de l'extérieur, s'oppose au mouvement intérieur d'une nature. Lorsqu'on a défini l'homme comme sujet*, c'est-à-dire comme intériorité absolue et comme volonté* libre, la violence est devenue toute contrainte physique à laquelle on soumet par son corps* une volonté à accomplir une action qu'elle ne veut pas.

Pour communiquer le mouvement qui vient d'elle à une autre volonté, une volonté n'a le choix qu'entre la violence (contrainte physique) et le discours qui convainc et scelle l'accord des volontés dans la promesse et le contrat : les théories du contrat (voir État) tentent d'évacuer la violence de l'histoire*. Mais, si on remarque que la conviction même provient de l'irruption en moi d'un discours étranger, que mes actions et ma volonté naissent d'une structure* sociale, ne doit-on pas admettre l'existence, aux côtés d'une violence physique, d'une violence symbolique et structurelle plus subreptice ? Il faudrait alors accorder ce que, d'une autre façon, Hegel* avait établi : la violence est le commencement même des rapports entre les hommes et de leur histoire. C'est dans le célèbre passage de la **Phénoménologie de l'Esprit**, consacré à la dialectique du maître et de l'esclave, que le philosophe illustre cette conception. Une conscience* est un sujet, dont la négation constitue le statut d'objet. Si deux consciences sont en présence, chacune prend l'autre pour objet, ce qui consiste à la nier (d'où l'image* de la lutte à mort). Il faut que l'une cède son statut de conscience : elle est objet *(esclave)* pour l'autre *(son maître)*. Mais l'objet est une autre conscience et une conscience ne se peut connaître elle-même que comme objet. Il faut donc qu'elle se reconnaisse dans l'autre pour être conscience de soi : c'est-à-dire qu'elle soit un objet pour ce qui est son objet (le maître devient l'esclave de son esclave) et qu'en même temps, cet objet devienne un sujet pour le sujet qu'elle est elle-même (l'esclave devient le maître de son maître). La dialectique est riche de conséquences. Nous en avons présenté intentionnellement un schéma abstrait* qui montre clairement que Hegel conçoit la subjectivité comme seconde par rapport à l'intersubjectivité. On pourrait tout aussi bien dire que la société* est première par rapport à l'individu*. C'est l'un des points

Violence

que Marx* retiendra de l'hégélianisme. Si, pour Hegel*, *la lutte pour la reconnaissance et la soumission à un maître est le phénomène d'où est sortie la vie sociale des hommes, en tant que commencement des États,* la violence n'est pas le principe substantiel de l'État*, puisque ce principe est l'élément rationnel de la volonté*. Chez Marx*, elle le deviendra pour autant que la lutte des classes* est le moteur de l'histoire*.

Dans l'hégélianisme comme dans le marxisme, la violence n'est pas inhérente à l'homme, elle est un type de rapport dépassable. La situation change considérablement lorsque l'on conçoit que la violence appartient à l'être même de l'homme, soit sous la forme générale d'une constitution de toute forme d'être (la volonté de puissance chez Nietzsche*), soit sous la forme particulière d'un instinct*. La reconnaissance d'une telle réalité instinctuelle (par exemple, chez un éthologue comme Lorenz) ouvre un abîme sous nos pas, lorsqu'il s'agit de comprendre comment se constituent la rationalité* et la civilisation. Freud* qui, avec l'instinct de mort* *(Thanatos),* a engagé la psychanalyse dans une telle problématique, bâtit sa théorie* de la culture sur la sublimation et le détournement de cet instinct (cf. **Malaise dans la civilisation**, 1929, t.f., Paris, 10ᵉ éd., PUF, 1986). Un courant important, parmi ceux qui considèrent que la violence est un élément fondateur de l'humanité, rejoint l'irrationalisme. Georges Sorel (1847-1922), dans ses **Réflexions sur la violence** (1908, rééd. Genève, Slatkine, 1981), prône le recours au mythe*, comme expression conceptuelle de l'élan vital. Pour René Girard (né en 1923, diplômé de l'École des chartes, il enseigne aux États-Unis depuis 1947), le rationalisme ignore le rôle fondateur de l'illusion* religieuse dans toute société*. Il ne peut y avoir de groupe sans la cohésion de ses membres par certains faits inavouables, enfouis dans les temps de l'oubli (**La Violence et le Sacré**, Paris, Grasset, 1972 ; **Des choses cachées depuis la fondation du monde,** Paris, Grasset, 1978 ; **Le Bouc émissaire,** Paris, Grasset, 1982). Freud soutenait la même thèse dans **Totem et Tabou** (1913, t.f., Paris, 19ᵉ éd., Payot, 1988), notamment, sans remettre en cause le rationalisme. Mais, pour Girard, qui balaie un peu légèrement le freudisme en oubliant son aspect clinique, le désir* mimétique explique tout : les rapports humains sont déterminés par l'envie et la jalousie (cf. Abel et Cain). Seul le sacré résout le problème, en scellant le groupe autour du phénomène de fabrication des victimes : les sacrifices ne sont que des imitations de la violence primitive. Le Christ révélerait la persécution au cœur de la violence et rendrait par là possible la non-violence[1].

> R. Aron, ***Histoire et Dialectique de la violence,*** Paris, Gallimard, 1973 ; J. Bergeret, ***La Violence fondamentale,*** Paris, Dunod, 1984 ; J. Lefebvre & P. Macherey, ***Hegel et la société,*** Paris, PUF, 1984 ; K. Lorenz, ***L'Agression : une histoire naturelle du mal,*** t.f., Paris, Flammarion, 1969 ; M. Maffesoli, ***La Violence totalitaire,*** Paris, PUF, 1979 ; Y. Michaud, ***La Violence,*** Paris, PUF, 1986 ; P. Verstraeten, ***Violence et Éthique,*** Paris, Gallimard, 1972 ; G. Simmel, ***Sociologie et Épistémologie,*** t.f., Paris, PUF, 1981 ; M. Weber, ***Économie et Société,*** t.f., Paris, Plon, 1971.

Volonté

Il y a plusieurs façons d'atteindre la notion de volonté : soit analyser le langage* ordinaire et remarquer les différenciations sémantiques et fonctionnelles entre de multiples expressions *(vouloir, désirer, souhaiter, pouvoir)*, soit chercher à décrire les conditions objectives de l'acte volontaire, soit, enfin, chercher à concevoir comment la volonté est pensable, comme cause* de certains actes. Historiquement, c'est la deuxième voie qu'a d'abord explorée la réflexion philosophique : dans le chapitre III de l'***Éthique à Nicomaque***, Aristote* tente de distinguer les actes qu'on accomplit de son *plein gré* de ceux qu'on accomplit *contre son gré*, mettant en lumière par là les liens de toute conception de la volonté, avec la possibilité d'imputer les actions (voir *responsabilité*). La première voie ne dégage que le réseau des déterminations communes, par où nous nous saisissons comme volonté[2]. La troisième soulève directement la problématique spécifique de la volonté.

---

1. Le mot *non-violence* n'apparaît en français qu'au moment de la lutte de Mohandas Karamchand Gandhi (1869-1948) pour la libération de l'Inde. C'est un décalque du mot sanskrit *a-himsa* qui désigne l'abstention d'attenter à la vie*, laquelle constitue la première *observance* du bouddhisme. Marqué par cette origine, le mot désigne également les formes de lutte contre la violence qui ne recourent pas à la violence. La stratégie de l'action non violente repose sur l'idée d'une situation d'oppression ou d'injustice ne peut se prolonger sans la coopération des victimes (analyse que proposait déjà Étienne de La Boétie dans son ***Discours de la servitude volontaire***, 1533). Son ressort est donc le refus de coopérer (grèves, boycottage, désobéissance civile, etc.).
2. Cette voie n'est pas négligeable sur le plan ontologique. Elle a été suivie par Maine de Biran (1766-1824), formé dans l'atmosphère du triomphe des thèses de Condillac* et des idéologues, dont il se détachera par la suite. Le rôle de la volonté se révèle d'abord dans la façon dont on peut réfuter l'idéalisme* de Berkeley*. L'existence du monde externe est prouvée par la résistance qu'il m'oppose. Cela signifie que, face à lui, je suis d'abord une volonté. Maine de Biran comprendra peu à peu le *cogito* cartésien comme un *volo*, une volonté ; de là, évidemment, la nécessité d'intégrer le corps* dans la structure de l'*ego*, sous forme de corps subjectif. Maine de Biran a très peu publié de son vivant (***Mémoire sur l'habitude***, 1802), mais il a laissé des milliers de pages, dont une édition critique complète est en cours de réalisation (F. Azouvi, dir.,

Volonté

1. Le volontaire et l'involontaire

Quand on cherche à savoir si un acte est volontaire ou non, on ne se borne pas à rechercher une cause*, on essaie de montrer que cette cause est une personne*. Cela implique que l'origine de l'acte volontaire soit circonscrite, localisée dans une portion déterminée du monde, et qu'entre cette partie et le reste du monde, ne doive exister aucun lien causal permettant de pousser l'explication de l'acte en question au-delà d'elle. Aristote*, par exemple, montrait qu'une action est volontaire quand on n'est pas forcé par violence* à l'accomplir. Mais ce n'est pas suffisant. Si la personne considérée est constituée de telle façon qu'elle ne pouvait pas ne pas accomplir l'acte en question, on ne dira pas que celui-ci était volontaire ; seul ce qui est contingent est volontaire. En outre, tous les actes contingents ne sont pas volontaires : ce que je fais sans m'en apercevoir, je ne l'ai pas voulu, la volonté suppose la conscience*, le choix. L'acte volontaire doit donc correspondre aussi à un certain processus psychologique ; la volonté est une impulsion à l'action, liée à la représentation d'un certain but à atteindre. Condillac* en faisait un désir* absolu, inconditionnel. L'acte volontaire se distingue cependant du simple désir parce qu'il est contrôlé. L'impulsion est corrigée par une inhibition, elle apparaît dominée, maîtrisée, différée, voire refusée et abolie.

Toutes ces déterminations se trouvent réunies dans la définition classique des quatre moments de l'acte volontaire :

1 — la conception qui est la représentation abstraite* d'une fin souvent éloignée dans le futur ;

2 — la délibération, moment où sont mis en balance les motifs ou les mobiles d'agir ou de ne pas agir ;

3 — la décision ou prise de position ou choix ;

4 — l'exécution qui distingue la volition de la velléité.

2. Les problèmes ontologiques

L'analyse précédente de l'acte volontaire suppose que la volonté en soit l'origine absolue ; il en résulte que la volonté est ordinairement

---

Paris, Vrin). Voir B. Baertschi, ***L'Ontologie de Maine de Biran,*** Fribourg, 1982 ; M. Henry, ***Philosophie et phénoménologie du corps. Essai sur l'ontologie biranienne,*** Paris, PUF, 1965 ; G. Le Roy, ***L'Expérience de l'effort et de la grâce chez Maine de Biran,*** Paris, Boivin, 1937 ; B. Halda, ***Maine de Biran***, Paris, Bordas, 1970.

Volonté

conçue comme une cause* libre : c'est pourquoi Descartes* considérait qu'elle est en l'homme une faculté infinie ; c'est pourquoi aussi Kant* pouvait dire que la volonté est la raison d'être de la liberté* et la liberté la raison par laquelle la volonté est connue. Mais comment concevoir une cause libre au sein d'une nature déterminée par le principe de causalité ? Trois solutions sont possibles.

1 — Admettre que la volonté est la faculté d'un sujet* qui, en tant que tel, n'appartient pas à l'ordre naturel ; Descartes fait de la volonté la propriété de la chose pensante, Kant y voit un noumène, les existentialistes (surtout Sartre*) joignent tellement la volonté à la liberté du sujet qu'ils refusent le schéma classique : délibérer est encore une détermination, mais quand on délibère, ce n'est qu'une justification, les jeux sont déjà faits.

2 — Admettre que l'ordre naturel n'est qu'une apparence et que l'Être* véritable est volonté ; cette solution, qui a son origine chez Kant, est celle de Schopenhauer* et Nietzsche*.

3 — Admettre que la volonté est une cause naturelle ; cela conduit à poser qu'elle n'est pas une cause libre (Spinoza*). Pour que cette dernière solution ne détruise pas la distinction du volontaire et de l'involontaire, il faudrait pouvoir expliquer comment je puis être la seule origine de certaines de mes actions, tout en étant soumis à toutes les déterminations causales de la nature.

3. La question de la volonté générale

Une fois admise l'idée qu'existe une volonté individuelle, l'existence de la société*, pour peu qu'on admette qu'elle est constituée par une association d'individus, fait surgir immédiatement le problème de relier les volontés individuelles aux décisions du groupe, que l'on a tendance à interpréter comme l'expression d'une volonté générale. Diderot concevait cette dernière comme étant, *dans chaque individu, un acte pur de l'entendement qui raisonne dans le silence des passions sur ce que l'homme peut exiger de son semblable et sur ce que son semblable est en droit d'exiger de lui* (art. *Droit naturel*, de l'**Encyclopédie**). C'est Rousseau* qui, dans **Du contrat social**, a clairement rattaché la volonté générale à l'expression des volontés individuelles et donc à l'existence de procédures de vote démocratique. Sous certaines conditions, tenant notamment à l'existence du pacte social, la volonté générale est toujours ma volonté, même si ma volonté subjective n'est pas au départ en accord avec elle. Le sens du

Volonté

pacte social est, en effet, que je fasse mienne la volonté générale. En termes modernes, on peut dire qu'en votant et en acceptant la procédure de vote, j'accepte par avance ce qui en résultera. Hegel* a violemment critiqué le fait de voir dans la volonté générale *la volonté commune qui résulte des volontés individuelles comme conscientes* ; si l'État*, dans ce cas, devient un contrat, il a pour base la volonté arbitraire (ce qui, selon lui, engendre la terreur). Il faut refuser la théorie* du contrat et remplacer le concept de volonté générale par celui de *volonté objective*, réalisée dans les institutions. Les institutions sont des réalités extérieures aux volontés individuelles (comme l'est la *volonté collective* de Durkheim* qui critique également la théorie du contrat social). Par la théorie de la volonté générale, Rousseau* tentait d'enraciner l'État* dans une subjectivité qui, du fait d'être plusieurs, ne subirait pourtant ni altération, ni réification, c'est-à-dire aucune hétéronomie. Si l'autonomie est impossible en ce sens, c'est le contrat social lui-même qui devient une impossibilité logique.

P. Aubenque, **La Prudence chez Aristote,** Paris, PUF, 1963 ; G. Deleuze, **Nietzsche et la philosophie,** Paris, PUF, 1967 ; R. Derathé, **Rousseau et la science politique de son temps,** Paris, PUF, 1950 ; P. Ricœur, **Philosophie de la volonté,** 3 vols., Paris, Aubier, 1950-1960.

WEBER (Max)

Né en 1864 à Erfurt, dans une famille d'industriels protestants, Weber, après des études aux universités de Heidelberg et de Berlin et une thèse d'habilitation sur l'histoire* agraire romaine, enseigne le droit* à Berlin, puis l'économie* à Fribourg et à Heidelberg. Il abandonne l'enseignement pour raison de santé et se consacre à ses recherches, dominées tant par la sociologie* que par l'épistémologie*, produisant des ouvrages dont l'influence fut considérable. Il a fondé en 1904 la célèbre revue ***Archiv für Sozialwissenschaft und Sozialpolitik***. Adversaire de l'empereur Guillaume II, conseiller de la délégation allemande lors du traité de Versailles, il accepte en 1919 la chaire de sociologie de l'université de Munich et meurt en 1920.

L'œuvre de Weber repose sur une opposition entre les sciences* de la nature (qui étudient la matière* inerte et progressent en approfondissant la connaissance* du réel) et les sciences humaines*, dont l'inachèvement provient du caractère historique et changeant de leur objet : *Le flux du devenir incommensurable coule sans arrêt vers l'éternité*. Outre les principes généraux communs à toute science, les sciences humaines ont trois particularités (cf. ***Gesammelte Aufsätze zur Wissenschaftslehre***, 1922 ; t.f. partielle, ***Essai sur la théorie de la science,*** Paris, Plon, 1965). D'abord, elles n'utilisent pas des concepts génériques, applicables à des relations générales et uniformes, mais des types, plus précisément des types idéaux qui sont des constructions abstraites rassemblant des traits caractéristiques d'un phénomène et correspondant rarement à l'un quelconque d'entre eux. Ensuite, l'imputation causale y a rarement le caractère d'une loi, parce qu'elle est pluraliste. Pour mesurer l'importance des diverses causes*, Weber propose d'utiliser la notion de possibilité objective qu'on obtient par abstraction en éliminant, idéalement, tour à tour les différentes causes. Enfin, la sélection des phénomènes suppose toujours un recours aux valeurs*. S'il faut rechercher la neutralité axiologique des sciences humaines*, cela ne consiste pas à en éliminer les valeurs, mais à se refuser de donner une portée universelle à des analyses qui dépendent toujours d'un système de valeurs initiales.

La méthode weberienne fait donc nécessairement appel à la compréhension, mais elle ne l'oppose pas de façon absolue, comme Dilthey, à l'explication. L'explication par les causes doit être reliée à l'étude des motivations, pour la raison essentielle que les activités humaines sont guidées par des fins. Il faut pratiquer l'explication compréhensive. Le livre le plus célèbre de Weber, **L'Éthique protestante et l'esprit du capitalisme** (1905, t.f., Paris, Plon, 1964), parvient ainsi à montrer que l'origine du capitalisme n'est pas seulement le résultat de l'accumulation primitive du capital et de l'exploitation des hommes, comme le soutiennent les marxistes. Elle dépend aussi de l'éthique* puritaine des premiers entrepreneurs qui voyaient dans leur réussite matérielle un signe d'élection divine, refusaient en même temps le luxe et la consommation, et, par conséquent, étaient conduits à travailler pour accumuler. Il y a une homologie structurelle entre le capitalisme et l'*ethos* du protestant puritain, forme d'être au monde absente de toutes les civilisations non occidentales, ainsi que le montreront les **Études de sociologie des religions mondiales** (1920). Cette méthode sera appliquée dans le grand ouvrage posthume et inachevé de Weber (**Économie et Société,** 1922), qui s'efforce d'intégrer la sociologie* religieuse à une sociologie générale, et dans de nombreuses études sur la bureaucratie et les types de pouvoir. On peut voir dans toute l'œuvre de Weber une recherche sur la spécificité du capitalisme, mais on y trouve aussi une philosophie de l'histoire* et de l'action, qui part de la constatation de la désagrégation lente et inéxorable du christianisme. Dans un monde désanchanté, le conflit des valeurs est inéluctable et, en même temps, toutes sont précaires et relatives. Pour l'action, deux attitudes s'opposent : l'éthique de conviction (fondée sur la visée inconditionnelle d'une fin) et l'éthique de responsabilité (qui évalue les conséquences, aussi bien que les chances de réussite de l'action). Si elles sont opposées, il n'est pas sûr qu'elles soient inconciliables.

> C. Colliot-Thélène, **Max Weber et l'histoire,** Paris, PUF, 1990 ; J. Freund, **Sociologie de Max Weber,** Paris, PUF, 1966, 3ᵉ éd. 1983 ; **Max Weber,** Paris, 1969 ; M. Weyemberbergh, **Le Volontarisme rationnel de Max Weber,** Bruxelles, 1972.

WITTGENSTEIN (Ludwig)

Né en 1889 à Vienne, dans une famille de la grande bourgeoisie, il commence des études d'ingénieur, puis, sur les conseils de Frege*, va suivre les cours de Russell* à Cambridge. Engagé dans l'armée autrichienne, il rédige pendant la guerre le **Tractatus logico-philosophicus** (publié en 1921, puis en anglais en 1922, avec une préface de Russell*). Après avoir abandonné la fortune héritée de son père, il entreprend une carrière d'instituteur, puis démissionne et passe quelques mois comme aide-jardinier chez les moines de Hütteldorf, qu'il quitte en 1926 pour se consacrer à la construction de la maison d'une de ses sœurs. Il avait gardé des relations avec Cambridge et, en 1928, la rencontre de certains membres du cercle de Vienne (voir *positivisme logique*) le persuade qu'il peut encore avoir une activité créatrice. En 1929, il retourne à Cambridge où il enseigne (avec quelques interruptions) jusqu'en 1947, date à laquelle il démissionne pour passer son temps entre Oxford, l'Irlande et Cambridge, où il meurt des suites d'un cancer en 1951. Le seul ouvrage achevé qu'il laissât, les **Investigations philosophiques**, paraît en 1953, mais ses manuscrits ont permis la publication d'œuvres posthumes qui n'ont cessé d'accroître son influence : **Remarques sur les fondements des mathématiques** (1937-1944) ; **Carnets** (1914-1916 ; éd. 1961) ; **Remarques philosophiques** (1930 ; éd. 1964) ; **Le Cahier bleu** et **Le Cahier brun** (1933-1935, éd. 1965) ; **Conférences et conversations sur l'esthétique, la psychologie et la croyance religieuse** (1938-1946 ; éd. 1966) ; **Fiches** (1945-1948 ; éd. 1967) ; **Grammaire philosophique** (éd. 1969) ; etc.

1. Le premier ouvrage de Wittgenstein se situe dans la ligne de l'atomisme logique de Russell*, en tentant de mettre au jour la structure* logique du langage*, et plus particulièrement en répondant à la question : *que peut-on exprimer ?* Le seul langage pourvu de sens* est celui qui produit une image* du monde, c'est-à-dire celui

WITTGENSTEIN

dont les propositions complexes, obtenues par combinaison des propositions atomiques, représentent des états de fait. La valeur* de vérité* d'une proposition composée ne dépend que de celle de ses composants. Les propositions qui sont toujours vraies (tautologies) ou toujours fausses (les contradictions, qui sont les négations des premières) ne disent rien des faits (elles n'ont pas de sens*), mais, en montrant la forme logique du monde, posent une contrainte logique à laquelle ne peut se soustraire aucun état de fait. Cette théorie* du langage*-image* a plusieurs conséquences :

1 — Puisque tout langage pourvu de sens exprime des faits, on ne peut parler du langage lui-même (des lois logiques).

2 — Pour la même raison, le sens global du monde et la position du sujet* dans le monde ne peuvent être exprimés. Il s'ensuit que le rôle du **Tractatus** est de poser les limites de l'exprimable qui sont *ipso facto* celles du monde : *Les limites de mon langage signifient les limites de mon propre monde*. Le reste ne se dit pas mais se montre : *Ce qu'on ne peut dire, il faut le taire* (dernière phrase du **Tractatus**). Le logicisme de Wittgenstein accorde place au mysticisme. La philosophie ne peut avoir pour but une connaissance* : elle a pour fin l'éclaircissement logique de la pensée (cf. 4.112) et n'est qu'une activité critique (cf. 6.53).

2. Les écrits postérieurs constituent ce qu'on appelle la *seconde philosophie* de Wittgenstein. Il y revient en effet sur sa thèse du langage-image : si je dis que le signe A est l'image de B, alors B est un signe et, quel que soit le schéma que je choisis, il a toujours un niveau inférieur, susceptible lui aussi de recevoir une interprétation. D'où l'idée qu'il faut réfléchir non sur la signification des expressions, mais sur leur usage. Cela conduit Wittgenstein à développer le concept de *jeu de langage*. C'est dans **Le Cahier brun** que la notion apparaît pour la première fois. Le jeu de langage décrit a pour fonction la communication* entre un maçon A et son apprenti B. Le langage consiste en mots (*cube, dalle,* etc.). A prononce un mot, sur quoi B lui apporte une pierre d'une certaine forme. Wittgenstein considère ce jeu de langage comme un ensemble complet, dans lequel sont intriqués les signes, leur usage et les situations. C'est la généralisation du concept de *jeu de langage* (il en existe de plus subtils que celui que l'on vient de décrire) qui détruit le projet du **Tractatus**, lorsque Wittgenstein soutient qu'ils se constituent en multiplicités irréductibles, chacun valant pour soi et constituant l'élément en deçà duquel nulle explication ne peut revenir. Il n'y a pas de forme logique générale de la pensée. Le philosophe va plus loin encore dans le rôle accordé au langage*, en montrant que l'intériorité est impossible sans lui. Ce qu'on peut traduire en disant qu'il n'y a pas de langage privé. Dans mon expérience* intérieure, tout ce que je crois être correct n'est pas discernable de ce qui est correct. Il n'est pas possible d'obéir à une règle de façon privée : sinon, penser que l'on obéit à une règle et lui obéir seraient la même chose. Un processus interne a besoin de critères externes, il est une forme de vie partagée par une communauté linguistique : *C'est la grammaire qui dit quel objet est quelque chose.* L'acquisition des premières règles ne peut faire appel à aucun savoir préalable, elle est une pratique*. L'intériorité est un mythe*. Kripke a interprété l'argument du langage privé comme une critique radicale de la notion *suivre une règle*. Il se fonde notamment sur le § 201 des **Investigations philosophiques**. On pourrait dire : aucune séquence d'actions ne peut être déterminée par une règle, parce qu'on peut s'arranger pour trouver une règle qui s'accorde avec n'importe quelle séquence d'actions. Pour Kripke, la critique opérée par Wittgenstein est du même type que celle de la causalité offerte par Hume*. Le philosophe ne détruit pas la notion de règle, pas plus que Hume ne détruit celle de causalité, mais il offre une solution sceptique au problème. La règle n'explique rien de l'activité linguistique. Au contraire, c'est parce qu'une personne* appartient à une communauté linguistique qu'elle est réputée *suivre des règles*.

Le **Tractatus** supposait la possibilité d'une langue logique universelle exprimant à elle seule la structure* du monde (ce qui permettait de soutenir que la logique* n'est pas une doctrine mais l'image*-miroir du monde [6.13] et que la nécessité ne peut qu'être une nécessité logique). La conception de jeux de langage irréductibles réduit à néant cette possibilité. Les règles logiques elles-mêmes n'expriment aucune vérité* ontologique, elles sont des conventions linguistiques antécédentes à la pensée même d'une correspondance avec le monde, qui n'ont en elles-mêmes aucune justification. C'est cette conception qui permet de réfuter le logicisme soutenu dans le **Tractatus** (*Les mathématiques sont une méthode de logique*). Dans les **Principia**, Russell* et Whitehead reconstruisaient les mathématiques* à partir de la logique, donnant, par exemple, un exposé différent du calcul décimal. Pour la seconde philosophie, il s'agit de jeux de langage différents : *...si vous aviez un système comme celui de Russell et si vous en produisiez des systèmes tels que le calcul différentiel au moyen de définitions convenables, vous auriez produit une nouvelle pièce de mathématique.*

Ces conceptions ont conduit Wittgenstein à étudier le langage* ordinaire, et à être par là l'inspirateur de cette philosophie du langage ordinaire qui fleurit en Angleterre vers les années 50 (Strawson, Ryle, Austin) et pense trouver dans son analyse la solution des problèmes philosophiques traditionnels[1]. La constante de la pensée de Wittgenstein est peut-être sa conception de la philosophie non comme connaissance*, mais comme activité, voire comme thérapeutique : *la philosophie, au sens que nous donnons à ce mot, est une lutte contre la fascination qu'exercent sur nous les formes d'expression.*

> O. Arabi, **Wittgenstein, logique et ontologie,** Paris, Vrin, 1982 ; J. Bouveresse, **Le Mythe de l'intériorité. Expérience, signification et langage privé chez Wittgenstein,** Paris, Minuit, 1976 ; C. Chauviré, **Ludwig Wittgenstein,** Paris, Seuil, 1989 ; J.-Cl. Dumoncel, **Le Jeu de Wittgenstein,** Paris, PUF, 1991 ; A. Janik & S. Toulmin, **Wittgenstein, Vienne et la modernité,** t.f., PUF, 1978 ; G.-G. Granger, **Invitation à la lecture de Wittgenstein,** Paris, Éd. Alinéa, 1990 ; S.A. Kripke, **Wittgenstein on Rules and Private Language,** Cambridge, Harvard University Press, 1982.

---

[1]. En France, Jacques Bouveresse (né en 1940), après la première génération d'introducteurs et de commentateurs des travaux de Wittgenstein, en est le principal interprète. Outre l'ouvrage cité dans la bibliographie, on se reportera à : **La Parole malheureuse de l'alchimie linguistique à la grammaire philosophie : pour rendre justice à la seconde philosophie de Wittgenstein**, Paris, Minuit, 1971, **Wittgenstein, la rime et la raison : science, éthique et esthétique**, Paris, Minuit, 1973.

INDEX DES NOTIONS

Les noms en caractères gras font l'objet d'un article du Dictionnaire, à leur place alphabétique, signalée également en gras : les numéros de page inscrits en maigre renvoient à d'autres mentions.

Abondance 482
Absolu 171, 252
Absolutisme 295
Abstraction 221, 346
Abstrait 8
Accidents 356
Accommodation 378
Acte 22
Action 35, 46, 420, 462, 487
Action collective 387
Action syndicale 451
Alèthéia 180
Algèbre 464, 466
Aliénation 11, 175, 302, 424, 440
Altérité 26, 381
Âme 20, 25, 72, 249, 299, 382, 385, 399
Amitié 23
Amour 256
Anagrammes 435
Analyse 324, 372
Analytique 182, 244, 402, 405
Analytique/synthétique 49
Anarchisme 15, 132
Anglo-Saxons 167
Anhypothétique 42, 247, 383
Animal 66, 94, 368
Antéprédicatif 323
Anthropocentrisme 258
Anthropologie 397, 454
Anthropomorphisme 395
Antinomie de la raison pratique 43
Antinomies 247
Antipsychiatrie 84, 143, 432
Antiscience 207
Aphorismes 344
A posteriori 244
Apparence 204, 218, 222, 247, 497
Application 472
A priori 205, 244, 249
Arbitraire 259
Arbitraire linguistique 435
Architecture 16
Argent 310
Argumentation 419
Argument dominateur 458
Argument ontologique 93, 98
Aristotélicien 380

Armée 296, 326, 386
Art 16, 51, 130, 154, 161, 173
Art de persuader 421
Art d'inventer 325
Arts plastiques 279
Asile 149
Assimilation 377
Association 16, 425, 452
Ataraxie 120, 462
Athéisme 98, 213
Atome 223, 395
Atomisme 120
Atomisme logique 501
Attention 67
Attitudes propositionnelles 183
Attributs 459
Aufhebung 172
Autogestion 16
Autonomie 251, 276, 440
Auto-organisation 148, 228
Autorité 85
Autre 256, 265, 269, 381
Autrui 25, 61, 96, 256, 269, 274, 337, 433, 482
Axiomatique 26, 314, 464
Axiome de choix 317
Axiomes 26, 288, 358, 489

Beau 485
Beauté 461, 486
Behaviorisme 366, 401, 407, 429
Belles-lettres 279
Bergsonisme 84
Besoin 38, 96, 234, 256, 303
Bestimmung 172
Bêtes 446
Bien 22, 42, 120, 345, 383, 485
Bienfaisance 291
Biologie 39, 147, 350, 397, 491
Biotechnologie 350
Boîte noire 230
Bonheur 22, 41, 121, 291, 333, 398, 424, 463, 483, 485
Bruit 226, 228
Bureaucratie 473

Ça 160

Calcul algébrique 286
Capital 307, 311, 480
Capitalisme 312, 500
Capitaliste 480
Capital symbolique 46
Cartésianisme 68, 94
Cartésien 351, 400, 421
Catégories 246
Catégorique 247
Causalité 14, 94, 121, 201, 275, 333, 352, 382
Causalité efficiente 53
Causalité structurale 468
Cause 21, 52
Cause naturelle 497
Ceinture de protection 326
Cercle de Vienne 388, 391, 501
Cercle herméneutique 423
Certitude 20, 71, 92
Champ perceptif 367
Champ social 45
Changement 21
Changements technologiques 348
Charité 43, 292
Chimie 374, 439
Choix 496
Choix collectifs 386
Chose 370
Chose en soi 210
Cinéma 280
Cité 23, 132, 383, 386
Cité de Dieu 25
Cité savante 31
Cité terrestre 25
Citoyen 410
Civil 327
Civilisation 291, 424, 494
Clarté 489
Classe 216, 286, 428, 478
Classes sociales 60, 453
Classification des sciences 64
Classifications 378
Code génétique 40
Cogito 75, 267, 323, 495
Cogito d'appareil 31
Comme si 249, 251
Commodité 393
Communauté 455
Communication 61, 221, 226, 270, 278, 349, 448

505

INDEX RERUM

Communisme 133, 304, 450, 451
Compilateurs 230
Complétude 27
Complexité 182, 227, 228
Comportement 234, 366, 400
Compréhension 9, 286, 500
Comprendre 155
Concept 156, 221, 246
Conception 496
Conceptualisme 346
Conclusion 285
Concret 8, 14
Conduite 234
Connaissance 20, 50, **70**, 75, 117, 120, 122, 171, 226, 244, 351, 365, 376, 378, 381, 429
Connaissance rationnelle 469
Connecteurs 156
Connexionnisme 230, 239, 370
Conscience 10, 36, 61, 66, **75**, 203, 209, 210, 222, 258, 274, 308, 320, 321, 359, 364, 369, 400, 423, 426, 432, 493, 496
Conscience collective 105, 413, 454
Conscience de soi 26
Conscience fausse 215
Conséquentialisme 483
Conservation 234
Consistance 292
Constitution 251
Construction 316
Constructivisme 316
Constructivisme logique 429
Contemplation 475
Contingent 496
Contradiction 154, 402, 481, 502
Contrainte 333
Contrat 11, 283, 412, 493
Contrat social 102, 224, 331, 387, 413, 425, 474, 498
Convention 259, 387
Convention de Tarski 488
Conventionnalisme 489
Conversationnelles 240
Copule 284
Corporalisme 462
Corps 21, 53, **76**, 93, 100, 145, 258, 301, 433, 495
Corps politique 132
Corps propre 78
Corps social 113
Corpuscule 77
Corrélations fonctionnelles 104
Corroboration 389
Cosmogonie 393, 409

Cosmologie 114, 374, 382, 409
Cosmopolitisme 291
Cosmos 164, 394
Cœur 362
Cour constitutionnelle 250
Course aux armements 329
Créationnisme 82
Crime contre l'humanité 194
Crises 109
Critique 244
Critique de la raison 68
Critique de la raison dialectique 487
Critiques 170
Croissance zéro 398
Croyance 413
Culpabilité 416
Culture 45, 51, 143, 235, 397, 426, 443, 471, 494
Cybernétique 147, 300, 321, 445, 492
Cynique 458
Cyrénaïque 458

Dasein 178
Décision 496
Déconstruction 88, 155
Déduction 427
Déduction transcendantale 246
Délibératif 420
Délibération 496
Demande 256
Démocratie 19, **85**, 251, 332, 350, 386, 425, 478
Démocratisation 61
Démographie 350, 453
Démonstration 462
Dépassement 172
Désarmement 329
Descriptif 437, 485
Descriptions 428
Désignation 445
Désir 25, 38, 41, 43, **95**, 146, 256, 363, 411, 486, 496
Désir mimétique 494
Despotisme éclairé 291
Dessein 146
Déterminations 223
Déterminisme psychologique 159
Déterminisme universel 55
Devenir 172
Devoir 334, 335, 371, 486
Diachronie 435
Dialectique 7, 172, 383
Dialectique du maître et de l'esclave 493
Dialectique hégélienne 173
Dialectique transcendantale 247

Dialogue 265
Dieu 7, 12, 20, 21, 22, 23, 24, 33, 44, 53, 77, 93, **96**, 105, 147, 173, 175, 205, 216, 247, 268, 275, 301, 345, 385, 414, 438, 459, 462, 477
Différence 145, 172
Différence des sexes 145
Différences et identités culturelles 193
Discontinuisme 47
Discontinuité 417
Discriminations 145
Disjonctif 247
Disposition 420
Dissémination 88
Dissuasion 329
Distinction 489
Division du travail 216, 481
Doctrine 324
Doctrine kantienne 335
Dolorisme 100
Dominateur 275
Domination 144, 310, 438
Donnée 246
Double articulation 263
Douleur 99, 121
Doute 204, 330
Douter 92
Droit 85, **101**, 250, 277, 415, 421, 453
Droit civil 416
Droit international 194
Droit naturel 293, 327, 331
Droit pénal 416
Droit positif 191
Droits 191, 371
Droits-créances 193
Droits des minorités 145
Droits-libertés 193
Dualisme 93, 301, 400
Ducrot 465
Durée 35

Échange symbolique 349
Éclaircissement 502
Éclectisme 66
École 70, 112
École de Baden 249
École de Chicago 240
École de Marbourg 249
École des Annales 186
Écologie 348
Économie 107, 166
Économie politique 38, 453
Économisme 14
Écriture 41, 87, 280
Écrivain 279
Éducation 111
Effets pervers 225
Égalitarisme 484
Égalité 86, 145, 194, 412, 478

INDEX RERUM

Église 24, 414
Égoïsme 436
Éléates 394, 395
Éléatisme 381
Élections 86
Élocution 420
Élucidation 124
Émanation 385
Empirisme 48, 60, **117**, 190, 203, 209, 232, 243, 244, 245, 267, 282, 292, 347, 406, 427, 430
Empiriste 202, 212, 320, 357, 406
Empreinte 461
Encyclopédie 32, 442, 448
Énergie 51, 349
Énoncé prescriptif 334, 483
Énoncés évaluatifs 336
Énoncés protocolaires 48
Enseignement 111
Enseignement technologique 299
Ensemble 314
En-soi 436
Entendement 245, 470
Entropie 148, 227
Envie 494
Épicuriens 101, 275
Épicurisme 42, 333
Épidictique 420
Épistémè 152
Épistémologie 30, 89, **121**, 167, 317, 439, 499
Épistémologie génétique 376
Épistémologie génétique 378
Épistémologie naturelle 405
Équilibration 378
Éros 161, 303
Erreur 120, 215, 218
Esclavage 327
Espace 22, 85, 245, 314, 343, 439
Espace-temps 36
Espèce 8, 39, 81, 82
Espérance 43
Esprit 37, 51, 92, **128**, 155, 171, 172, 195, 201, 209, 231, 276, 279, 281, 292, 309
Esprit Absolu 415
Essence 39, 203, 268, 356, 357, 380, 438
Esthétique 130, 153, 205
Étant 23
État 18, 110, **131**, 132, 175, 192, 224, 250, 251, 271, 295, 306, 326, 371, 387, 412, 414, 451, 454, 459, 478, 481, 494, 498
État de nature 66, 283, 293, 412, 425
État de pure nature 424

État laïc 296
État-Providence 193, 273
État Providence 110
Étendue 301, 351
Éternité 460, 477
Éthique appliquée 42, **133**
Éthique biologique 40
Éthique de conviction 500
Éthique de responsabilité 501
Ethnographie 454
Ethnologie préhistorique 473
Ethnométhodologie 240
Être 21, 36, 72, 77, 120, 171, 179, 180, 209, 249, 344, 351, 354, 381, 385, 395, 396, 409, 410, 432, 485, 488, 497
Eudémonisme 42
Eugénisme 235
Évaluatifs 485
Évidence 204, 489
Évolution 397
Évolutionnisme 83, 397
Excitation 235
Exécution 496
Existence 135, 184, 252, 356, 357
Existence sérielle 433
Existentialisme 98, **135**, 175, 193, 350, 360, 431
Existentialistes 199, 338, 497
Expérience-Expérimentation 33, 68, 104, 117, **136**, 243, 292, 357, 376, 429, 438
Expérience littéraire 41
Expérience vague 459
Explication 456, 500
Expliquer 155
Exploitation 144, 310
Exploitation de l'homme par l'homme 480
Expression 279
Extension 9, 156, 286
Extériorité 25, 77

Facultés 66
Faits 429
Falsifiabilité 138, 389
Falsificationnisme 138, 325
Famille 111, **141**, 449
Fatalisme 276
Fédération 16
Feed-back 298
Féminisme 144
Féodalité 291
Fétichisme 311
Fiction 249, 278, 353
Figures 420
Finalité 100, 111, 120, 130, **146**, 248, 433, 473

Fin justifie les moyens (la) 484
Fins 41
Foi 24, 410, 414, 477
Folie 149
Fonction 150, 348
Fonction du langage 263
Fonctionnalisme 148, **150**
Fonction propositionnelle 287
Fonctions de vérités 156
Fondement 73, 92, 452
Fondement du droit 102
Force centrale 342
Forces 374
Formalisme 314, 315, 317
Formalistes russes 279
Forme 20, 51, 246, 286, 380
Formes pures de l'intuition 475
Forme symbolique 50
Fortune 296
Freudo-marxisme 153

Généalogie 345
Genèse 456
Génie génétique 350
Génitalité 449
Géographie 166, 328, 348
Géométrie 314
Gnoséologie 71
Gouvernement 331, 383
Grâce 24, 91, 361
Grammaire 205, 258
Grammaire comparée 260
Grammaire générative 58
Grammaire transformationnelle 58
Groupe 433, 497
Guérilla 329
Guérison 255
Guerre 326
Guerre juste 327

Habitude 36
Habitus 45
Harmonie 268
Hasard 79, 228
Hédonisme 121, 483
Hédoniste 458
Hégélianisme 174
Héliocentrisme 163
Hérédité 321
Herméneutique 423
Hétéro-nomie 251
Histoire 13, 33, 65, 154, 166, 180, **184**, 206, 215, 304, 306, 317, 350, 379, 397, 417, 452, 456, 478, 493, 494, 500
Historicisme 197, 216
Historicité 188

INDEX RERUM

Historique 98
Holisme sémantique 406
Homme 10, 33, 41, 42, 61, 85, 112, 152, 161, 175, 188, 195, 196, 205, 232, 257, 291, 297, 302, 348, 362, 385, 387, 423, 431, 436, 459, 470, 493
Homme (Droits de l') 191
Homo faber 236
Homomorphisme 464
Homo sapiens 236
Humaines (Sciences) 195
Humanisme 10, 436, 488
Humanité 291
Humienne 403
Hypostases 384
Hypothèse 137
Hypothèse dite de Sapir-Whorf 264
Hypothétique 247

Icône 220, 443
Idéalisme 67, 116, 117, 155, **209**, 244, 249, 374, 381, 383
Idéalisme allemand 51, 66, 155, **210**
Idéalisme critique 475
Idéaliste 232, 321, 475
Idéalités 89
Idée 37, 72, 98, 171, 209, 247, 282, 306, 321, 353, 356, 381, 382, 393, 460
Idée adéquate 460
Idées innées 92
Identification 160
Identique 171
Identité 154, 381, 406
Idéologie 18, 73, 170, **214**, 303, 339, 399, 442
Idéologues 214
Ignorance 383
Illimité 96
Illusion 218, 376
Image 32, **219**, 280, 352
Images de synthèse 221
Imaginaire 256
Imagination 31, **221**, 382, 459
Imagination transcendantale 221
Immatérialisme 37
Immortalité 44, 175
Impératif catégorique 335
Inceste 143
Incommensurabilité 419
Inconditionné 247
Inconscient 76, 158, 198, 255
Indétermination de la traduction 406

Indéterminisme 352
Indication 445
Indice 443
Indicible 411
Individu 8, 18, 21, 41, 67, 101, 105, 132, 143, 198, **223**, 271, 284, 347, 452, 482, 493
Individualisme 224
Individualisme économique 451
Individualisme méthodologique 225
Individuation 223
Indo-européens 340
Induction 21, 33, 389
Industrie 438
Inégalité 61, 451
Inférence 429
Infini 262, 268, 288, 316
Infinitésimal 341
Information 86, 182, **226**, 298, 321, 370
Informatique 60, 228, **229**, 370, 401
Inné-Innéisme 59, 117, **231**, 249, 282, 292, 301
Instinct 159, 225, 231, **234**, 302, 494
Instinct de mort 494
Institutions 498
Instruction 111
Intellect 21, 31
Intellectualisme 366
Intelligence 236, 362, 376, 379, 385
Intelligence artificielle 238, 369
Intelligibilité 20
Intelligible 382
Intensité 35
Intention 323
Intentionnalité 203, 367, 369, 400, 443, 446
Interaction 240, 374
Interactionnisme symbolique 240
Intérêt 224, 478
Intériorité 61, 75, 77, 334, 470, 503
Interprétation 423, 442
Intersubjectivité 25, 493
Intrigue 423
Introspection 399
Intuition 26, 34, 245, 383, 459
Intuition géométrique 314
Intuitionnisme 313, 317
Invention 429
Involontaire 496
Ionien 394, 395, 410
Ironie 252, 457, 458
Irrationalisme 411, 494

Irrationnel 409

Jalousie 494
Jansénisme 361
Je-ne-sais-quoi 130
Je pense (cogito) 25, 93, 246
Jésuites 361
Jeu 205
Jeu de langage 502
Judiciaire 420
Jugement 245, 247, 366
Jugement de goût 130
Jugement d'existence 357
Jugements de fait 485
Jugements de réalité 485
Jugements déterminants 485
Jugements réfléchissants 485
Justice 23, 86, 101, 272, 386, 412, 421, 450
Justice distributive 412

Kantienne 351
Kantisme 210, 294, 436

Laïcisation 410
Langage 66, 198, 255, **257**, 270, 347, 360, 368, 410, 445, 452, 501
Langage formel 49, 60
Langage-image 502
Langage machine 230
Langage-objet 488
Langage ordinaire 265, 372
Langage ordinaire 504
Langage privé 503
Langue 240, 261, 279, 435
Langue formelle 262
Langue logique universelle 503
Langue naturelle 263
Langue universelle 267
Légisigne 443
Légitimité 328
Leibnizienne 351
Lexique mental 446
Libéralisme 108, 132, 226, **271**, 284, 302, 388, 413, 451
Libération 303, 481
Liberté 11, 18, 53, 67, 98, 193, 268, 272, **273**, 284, 299, 302, 336, 349, 350, 370, 386, 390, 397, 401, 417, 422, 424, 425, 432, 433, 462, 497
Liberté individuelle 228
Libido 159
Libre arbitre 93, 277
Lieux 22, 420
Limites de l'exprimable 502
Linguistique 45, 444, 487

508

INDEX RERUM

Lisse 85
Littérature 278, 421
Logicisme 315, 317, 427, 502, 503
Logique 57, 91, 120, 156, 172, 259, 267, **284**, 358, 377, 378, 410, 426, 438, 503
Logique déontique 251
Logique des normes 251
Logique modale 182, 407
Logocentrisme 280
Logos 257, 410
Loi 55, 101, 165, 272, 277, 331, 334, 364, 371, 373, 384
Loi descriptive 55
Loi positive 101
Lois de la nature 248
Lois historiques 186
Lumières 33
Lumières (Philosophies des) 289 (voir index des noms propres)
Lutte à mort 493
Lutte de classes 132, 216, 309, 481, 494

Machine 94, 229, 238, **297**
Machinisme 299, 398
Magie 73
Maïeutique 457
Main invisible 225
Maîtres du soupçon 423
Mal 345, 383
Maladie 101
Manifestation 445
Manipulations génétiques 40
Marché 108, 225
Marchés 46
Mariage 142
Marxisme 433
Matérialisme 98, 210, 318, 476, 491
Matérialisme dialectique 305, 319
Matérialisme historique 142, 214, 305, 319
Matérialisme onirique 31
Matérialisme rationnel 30
Matérialiste 320
Mathématiques 69, 85, 89, 92, 97, 164, 198, 285, 298, **312**, 343, 382, 428, 437
Mathématique universelle 92
Mathesis universalis 206
Matière 20, 37, 77, 220, **318**, 351, 374
Matière inerte 490
Matrices disciplinaires 418
Maxime 333
Mécanique 374
Mécanisation 349

Mécanisme 147, 297, 373, 491
Méchant 44
Médecine 40
Médecins 394, 395
Mégarique 458
Même 269, 381
Mémoire 33, 67, 230, **319**
Mémoire-habitude 35
Mémoire-souvenir 35
Mentalisme 400
Message 227
Métalangage 258, 288, 315, 488
Métamathématique 315
Métaphore 423
Métaphysique 23, 32, 36, 54, 64, 97, 180, 291, 372, 392, 488
Métapsychologie 158
Méthode 33, 91, 137, 174, **324**, 342, 344, 373, 421, 433
Méthode historico-critique 169
Milésiens 393
Militaire 166, **326**
Miracles 459
Misère sexuelle 449
Modalité 183
Mode de production 308
Modèle 288, 465
Modernes 199
Modularité de l'esprit 59
Moi 160, 210, 385
Monde 147, 247
Monde intelligible 20, 44
Monde sensible 20
Mondes possibles 183, 407
Monde sublunaire/ supralunaire 20, 94
Monde-1-2-3 389, 390
Monisme neutre 429
Monnaie 110, 310
Monopole 389
Morale 10, 36, 41, 94, 270, 283, **332**, 361, 462
Moralité 43
Mort 41, **337**
Mort de Dieu 415
Mot 260, 347, 353
Motivation 435
Mœurs 335
Mouvement 22, 35, 94, 97, 115, 118, 165, 341, 372, 410, 474
Moyen 333
Multiplicité 35
Musique 279
Mutilations sexuelles 144, 193
Mystères 414

Mysticisme 385
Mythe 338, 409, 482
Mythe de la Caverne 382
Mythe de l'âge d'or 482

Nature 33, 40, 143, 172, 188, 192, 197, 210, 273, 293, 301, 304, 346, 348, 371, 372, 409, 426, 482, 493
Nature humaine 38, 193, 231, 303, 330, 369, 424, 479
Nature humaine universelle 193
Nazi 176
Nazisme 180, 235
Nécessité 433
Néguentropie 227
Néo-kantisme 249
Néoplatonisme 380, 385
Néo-positivisme 391
Néo-pythagoriciens 394, 395
Neurophysiologie 321
Neurosciences 369, 401
Neutralité axiologique 500
Neutralité morale 441
Newtonienne 351, 373, 374
Nietzschéens 411
Nihilisme 43, 345
Nominalisme 406
Nombre 314, 428
Nominalisme 67, 189, 317, **346**
Nominalistes 458
Noms 428
Non-Être 381
Non-violence 495
Normatif 437
Norme 250
Nouménes 31, 248
Nouveaux physiciens 394
Nouvel esprit littéraire 32
Nouvel esprit scientifique 32, 447
Nouvelle critique 280
Nouvelles technologies 348
Nucléaire 329

Objectif 432
Objection de conscience 327
Objectivité 245, **351**, 486
Objet 156, 493
Obligation 334, 417
Observation 136, 389
Obstacles épistémologiques 30
Occasionnalisme 301
On 179
Onde 77
Ontologie 56, **354**, 406
Opérations 314

509

INDEX RERUM

Opinion 303, 382
Opposition 261, 466
Oralité 280
Ordinateurs 229, 238
Ordre 148, 394
Organisation 146
Origine 345
Ouï-dire 459
Œuvre 154

Pacifisme 328
Paix 326
Panthéisme 462
Paradigmes 418
Paradoxe 428
Paradoxe de Russell 315
Parallélisme psychophysiologique 400
Paralogismes 247
Parenté 141
Parole 261, 280, 435
Participation 381
Particule élémentaire 374
Particulier 8
Passion 301, **363**, 387, 459, 462
Patrimoine génétique 350
Peinture 220
Pensée 9, 488
Pensée chrétienne 477
Penser 246
Perception 37, 75, 165, 203, 264, 281, 301, 323, **363**, 429
Perceptrons 369
Perfectibilité 424
Performatifs 263
Périodiques scientifiques 91
Persécution 495
Personnalisme 371
Personne 370, 413, 416
Personne juridique 132
Perspective 51
Perversions sexuelles 160
Pessimisme 436
Peuple 86
Phalanstères 451
Phénomènes 210, 246, 248
Phénoménisme 436
Phénoménologie 203, 323, 422, 431
Phénoménologique 219
Philosophie 49, 88, 89, 124, 153, 167, 173, 205, 376, 392, 394, 395, 396, 409
Philosophie analytique 371
Philosophie anglo-saxonne 204
Philosophie chrétienne 301
Philosophie continentale 204
Philosophie de la nature 94
Philosophie du sujet 84
Philosophie scientifique 391

Philosophie transcendantale 249, 323
Phonologie 466
Phrase 406
Phusis 394
Physiocrates 108, 480
Physiologie 374
Physique 39, 54, 64, 69, 77, 94, 116, 147, **372**
Physique galiléenne 351
Physique sociale 65, 453
Pitié, sympathie 62, 436
Plaisir 120, 458, 481, 483
Platonisme 346, 380
Pluralisme 291
Plus-value 311, 480
Poétique 471, 476
Poïèsis 22
Point d'Archimède 200
Polémologie 328
Police 386
Poliorcétique 327
Politique 18, 65, 101, 283, 327, 383, **385**, 453
Politique monétaire 110
Politologie 387
Pollution 349
Positivisme 48, 64, 104, 155, 169, **390**, 440
Positivisme juridique 412
Positivisme logique 372, 388, **391**, 405, 443
Positiviste 211
Possibilité objective 500
Postulats 26
Pouvoir 152, 296, 386
Pragmatique 265, 444
Pragmatisme 240, **392**, 489
Pratico-inerte 433, 486
Pratique 13, 136, 167, 197, 476
Pratique discursive 152
Praxis 22, 154, 307, 432
Prédicat 156, 172, 284, 287, 469
Préférences individuelles 487
Premier moteur 22
Prémisses 285
Prescriptions 332
Présence 87
Présocratiques 392, 488
Presse 228
Preuve cosmologique 97
Preuve ontologique 97, 357
Preuve physico-théologique 97
Prince 296
Principe 412
Principe d'atomicité 429
Principe de différence 412
Principe de parcimonie 406
Principe de plaisir 160

Principe de réalité 160, 302
Principe d'extensionalité 183, 286, 429
Principe régulateur 248
Principe vital 491
Prix 311, 487
Problèmes 309
Processeur 230
Procession 385
Procréation 350
Profane 414
Profit 108, 480
Programme 230
Programme de Hilbert 315
Programmes de recherche scientifique 326
Programme génétique 321
Programme logiciste 156
Programme machine 230
Progrès 33, 79, 291, 303, 338, **397**, 473
Prolétariat 312
Proposition 156, 172, 229, 284, 285, 443, 462, 488
Propriété 308, 356
Propriété privée 307
Prudence 463
Psychanalyse 152, 170, 400, 423, 432
Psychanalyse existentielle 432
Psychisme 400
Psychologie 236, 292, 322, 376, 378, **399**
Psychologie cognitive 401
Psychologie de la forme 467
Psychologie de la forme 400
Psychologie génétique 375, 376
Psychologie rationnelle 399
Psychologie sociale 454
Psychologues 199
Psychophysiologie 399
Psycho-physique 364
Puissance 22, 132
Pulsions 159
Pythagoriciens 394, 395

Quadruple remède 120
Qualisigne 443
Qualité 35
Qualités occultes 343
Quantificateur 182, 184, 358
Quantification 156, 287
Quantité 35, 313
Question 184, 344
Quotient intellectuel 237

Raison-Rationalité 24, 42, 62, 67, 71, 247, 382, **409**, 440, 459, 470, 477, 494
Raisonnement 247

INDEX RERUM

Rapports sociaux 452
Rationalisme 68, 117, 201, 292, 494
Rationalisme appliqué 30
Rationalisme critique 138
Rationalisme dogmatique 243
Rationalisme ouvert 31
Réalisme 209, 353
Réalisme interne 403
Réalité 39, 136, 218, 322, 352, 355, 381, 487
Recherche scientifique 33
Récurrence 440
Rédemption 165
Réductionnisme 492
Réel 256
Référence 156, 265, 403, 406, 489
Réflexe 234
Réforme 24, 294
Réformisme 412
Refoulé 160
Refoulement 302
Réfutabilité 389
Règles 325
Régulation 147
Relation 287, 428
Relativisme 74, 217, 411
Relativisme de l'ontologie 359, 407
Relativité 114
Relativité restreinte 115
Religion 24, 44, 51, 61, 65, 71, 96, 107, 173, 175, 213, 296, 344, 362, 410, **413**
Religion naturelle 293, 414
Religion positive 415
Religion révélée 414
Réminiscence 320, 382
Remords 44
Renforcement 401
Repères galiléens 114
Representamen 443
Représentation 75, 216, 436
Représentation compréhensive 461
Répression 482
Reproduction 320
République 132
Responsabilité 415
Ressentiment 345
Retour éternel 345
Rétroaction 300
Rêve 158
Révélation 180, 488
Revenus 311
Révolution 296, 303, **417**
Révolution copernicienne 244
Révolution française 291
Révolution permanente 418
Révolution scientifique 39, 418

Révolution sexuelle 152, 449
Rhétorique 259, 410, **419**
Richesse 41, 108
Rigueur 27
Risque nucléaire 349
Risques technologiques 348
Rite 413
Robot 299
Romantisme 211
Rupture 30, 123
Rupture épistémologique 116, 418

Sacré 414, 494
Sage 42, 384, 462
Salaire 108, 272, 311
Salariat 479
Salut 24, 44, 459
Sanction 417
Sartrienne 11
Savoir 410
Savoir-faire 471
Scepticisme 202
Sceptique 330, 362
Schématisme 51
Science 10, 14, 21, 51, 54, 64, 89, 92, 122, 154, 169, 171, 186, 195, 206, 212, 217, 218, 257, 290, 292, 303, 324, 343, 344, 358, 362, 365, 373, 379, 380, 382, 389, 398, 411, **437**, 444, 476
Science de la vie 490
Science des mœurs 332, 333
Science normale 418
Sciences cognitives 71
Sciences humaines 27, 76, 104, 129, 166, 167, 187, **195**, 303, 320, 339, 402, 439, 455, 499
Sciences sociales 390
Scientia sexualis 152
Scientificité 437
Scientisme 440
Scolarité 376
Scolastique 243, 414
Sélection 112
Sémantique 49, 60, 288, 444, 446
Sémantique logique 156
Sémiologie-Sémiotique 263, 283, **441**
Sens 67, 403, **445**
Sensation 66, 221, 245, 364, 366, 381, 382, 461
Sensibilité 245
Sensible 221, 381, 382
Sensualisme 67
Séparation des pouvoirs 332
Séparé 8
Serment 433

Sexualité 152, 350, **449**
Signe 66, 205, 258, 259, 260, 320, 435, 441, 502
Signifiant 255, 261, 435
Signification 49, 51, 67, 205, 260, 265, 392, 402, 405, 445, 468
Signifié 261, 435
Simultanéité 114
Sinsigne 443
Situations 502
Social 451
Socialisme 16, 108, 133, 213, 303, **450**, 484
Socialisme scientifique 305, 451
Socialisme utopique 451
Société 18, 65, 73, 104, 112, 113, 149, 302, 385, 433, 435, **452**, 455, 479, 482, 493
Société civile 18, 132, 306, 307, 387, 425, 454
Société communiste 451
Société industrielle 480
Société ouverte 390
Sociétés démocratiques 470
Sociobiologie 454
Sociologie 45, 65, 104, 150, 154, 240, 331, **453**, 499
Sociologie des sciences 456
Sociologues 199
Socratiques 457
Solidarité 104
Solipsisme 62, 365
Sophistes 395
Sophistique 394
Souffle 491
Souffrance 99
Souvenir 321
Souverain 85, 132
Souveraineté 425
Spinozisme 459
Spinoziste 415
Spirituel 414
Stade du miroir 256
Stade esthétique 252
Stade éthique 253
Stade religieux 253
Statue 67, 293
Stoïcien 101, 102, 147, 275, 337, 362, 446, 458, 491
Stoïcisme 42, 121, 333, 363, **461**
Strié 85
Structuralisme 142, 193, 199, 205, 270, 434, 463, 467, 468
Structure 14, 199, **463**
Structuro-fonctionnalisme 151
Style 279
Subjectif 432

511

INDEX RERUM

Subjectivité 253, 330, 432, 469, 493, 498
Substance 53, 171, 268, 282, 351, 459
Substitution des identiques 407
Suicide 104
Sujet 25, 136, 171, 184, 192, 203, 210, 222, 247, 265, 284, 323, 351, 373, 376, 410, 432, 438, **469**, 474, 493
Sujet transcendantal 352
Superstructure 308
Surhomme 345
Sur-moi 160
Sur-travail 311, 480
Syllogisme 285
Symbole 442, 443
Symbolique 256
Symbolisme 51
Synchronie 435
Synonymie 405
Syntaxe 49, 288, 427, 444
Synthèse 247, 324
Synthétique 182, 245, 402, 405
Système 464
Système formel 315
Système RSI 256
Systèmes 68, 300
Systèmes philosophiques 436

Talmud 269
Tautologies 502
Taylorisme 299
Technique 130, 438, **471**, 476
Technique d'expression 421
Technologie 348
Technophobie 474
Téléologie 148
Téléonomie 147
Télévision 221, 280
Temporalité 35, 475
Temporel 414
Temps 22, 115, 245, 320, 343, 382, 389, 423, 439, **474**

Terministes 347
Terre 166
Terreur 498
Territoires 349
Terrorisme 329
Testabilité 389
Test de Turing 239
Tests 237
Thanatos 161
Théologie 23, 97, 427
Théologie naturelle 414
Théorèmes de limitation 288
Théôria 394
Théorie 139, 393, 475
Théorie des jeux 328
Théorie/Pratique 475
Théorie vérificationniste de la signification 406
Thérapeutique 504
Thermodynamique 227
Thèse 405
Thèse de Duhem-Quine 119, 139, 402
Thèse vérificationniste 118
Tiers exclu 317
Topique 160
Totalitarisme 18
Totalité 253, 433
Toucher 68
Tournant linguistique 264
Trace 87
Transcendantal 245, 485
Transformisme 82
Transgression 334
Transport 348
Transvaluation 345
Travail 104, 307, 349, **479**
Travail libre 451
Tribunal Russell 432
Trinité 24, 385
Trois genres de connaissance 459
Tropes 420
Tropisme 234
Types idéaux 499
Types logiques 429

Un 384
Universalité 20
Universaux 7

Universaux linguistiques 59
Universel 346
Usage 502
Usage transcendant 247
Utilitarisme 412, **483**
Utilité 111, 291, 483, 489
Utilité marginale 109

Valeur 249, 333, 336, 344, 345, 403, 409, 435, 480, **485**, 500
Valeur d'échange 310, 479
Valeur de vérité 502
Valeur d'usage 310
Valeur-travail 108, 109
Validité 285
Vécu 337
Vérificabilité 389
Vérification 393
Vérité 74, 149, 180, 218, 265, 268, 282, 286, 288, 306, 393, 395, 396, 402, 406, 421, **487**
Vérité-adéquation 488
Vérité comme cohérence 489
Vérité-correspondance 389, 488
Vérités éternelles 489
Vérités logiques 489
Vertu 22, 42, 296, 380, 463
Vie 39, 77, 82, 207, 337, 345, 350, 374, 461, **490**
Violence 269, 327, 387, 479, **493**
Virtu 296
Vision 37, 219
Vision en Dieu 301
Vitalisme 36, 47, 147, 491
Volontaire 496
Volonté 274, 301, 363, 416, 436, 470, **495**
Volonté collective 498
Volonté de puissance 345, 494
Volonté de savoir 449
Volonté générale 425, 497
Volonté objective 498
Vouloir-vivre 436
Vrai 171, 485

INDEX DES NOMS PROPRES

ABÉLARD 7
ACADÉMIE 380
ADORNO 153, 169, 302
ALAIN 10, 366

ALEMBERT (d') 69, 95, 185, 290, 291, 414
ALTHUSSER 12, 113, 125, 217, 332, 468, 476
ANAXAGORE 394, 395

ANAXIMANDRE 394, 395
ANAXIMÈNE 394
ANDRONICOS DE RHODES 19
ANSELME (SAINT) 93, 97

INDEX NOMINUM

ANTISTHÈNE 458
APEL 265
ARCÉSILAS 461
ARCHIMÈDE 200
ARCHYTAS 394
ARENDT 17
ARISTIPPE 458
ARISTOTE 8, **19**, 45, 52, 72, 81, 82, 90, 92, 97, 107, 117, 118, 137, 147, 182, 197, 224, 258, 275, 278, 284, 327, 346, 354, 355, 372, 380, 384, 386, 394, 396, 399, 419, 437, 453, 457, 458, 477, 486, 491, 493, 495, 496
ARNAULD 91, 266, 285, 301
ARON 18, 217, 329
AUGUSTIN (SAINT) 24, 100, 301, 380, 442
AUSTIN 263, 265, 266, 504

BABEUF 451
BACHELARD 29, 47, 122, 222, 318, 339, 353, 374, 439, 447
BACON 32, 185, 292, 396
BADIOU 257, 465
BAKHTINE 265
BAKOUNINE 15
BARBEYRAC 102, 191
BARTH 98
BARTHES 339, 444, 447, 466
BARTHEZ 491
BASTIAT 108, 271
BAUDRILLARD 455
BAUER 175, 304
BAUMÉ 374
BAUMGARTEN 130
BAYLE 290
BEAUFRET 176
BENJAMIN 153
BENTHAM 38, 483
BENVENISTE 263
BERGSON 34, 84, 123, 147, 236, 274, 364, 375, 411
BERKELEY 36, 67, 117, 209, 365, 495
BERNARD 137, 490
BERNHEIM 157
BERTALANFFY 300
BINET 237
BLANC 109
BLANCHOT 40, 180, 280
BLOCH 186
BOLZANO 57
BOOLE 286, 427
BOSSUET 186, 301
BOUDON 225, 456, 467
BOURBAKI 316

BOURDIEU 45, 113, 456
BOUTHOUL 328
BOUVERESSE 504
BRENTANO 202, 203, 367
BREUER 157
BROGLIE 352
BROUWER 316
BRUNO 164
BRUNSCHWICG 57, 122, 249
BUBER 265
BUFFON 67, 82, 290, 293
BÜHLER 264
BULTMANN 98
BURLAMAQUI 102, 191
BUYTENDIJK 100, 367, 368

CABANIS 66, 214
CALVIN 24
CANGUILHEM 47, 122, 139, 300, 491
CANTOR 126
CARNAP 48, 118, 124, 178, 262, 263, 317, 318, 388, 391, 402, 406
CASSIRER 49, 123, 249
CATERUS 91
CAVAILLÈS 57, 126, 166, 317
CHARCOT 157
CHOMSKY 58, 150, 199, 233, 262, 299, 376, 401, 402, 465
CHRYSIPPE 461
CICÉRON 327, 420, 461
CLARK 109
CLARKE 267, 341
CLAUSEWITZ 328
CLÉANTE D'ASSOS 461
COHEN 50, 249
COMTE 30, 55, **63**, 69, 104, 121, 187, 196, 378, 390, 453
CONDILLAC 66, 73, 95, 136, 210, 214, 232, 263, 281, 290, 293, 321, 343, 347, 365, 495, 496
CONDORCET 63, **69**, 291, 397
COOPER 432
COPERNIC 163
COURNOT 78, 123
COUSIN 66, 95

DAGOGNET 122, 220
DARWIN 81
DELEUZE 84, 149, 445
DÉMOCRITE 119, 147, 394, 395
DERRIDA 87, 180, 205, 280
DESANTI 57, **88**, 126
DESARGUES 361

DESCARTES 19, 25, 53, 62, 72, 77, **90**, 97, 100, 129, 137, 164, 189, 200, 209, 222, 232, 236, 267, 276, 286, 292, 299, 301, 313, 330, 342, 362, 363, 397, 399, 471, 472, 489, 491, 497
DESTUTT DE TRACY 66, 214, 399, 442
DEWEY 240, 393
DIDEROT 67, 69, 95, 290, 292, 414, 424, 497
DILTHEY 50, 104, 155, 196, 455, 500
DIODORE CHRONOS 275, 458
DIOGÈNE DE SINOPE 458
DIONYSOS 343
DREYFUS 239
DUCROT 264
DUFRENNE 205, 422
DUHEM 30, 122, 139
DUMARSAIS 420
DUMÉZIL 339
DUNS SCOT 103, 176, 353
DURKHEIM 45, 73, **103**, 151, 225, 331, 413, 415, 454, 455, 498

ECKHART 353
EINSTEIN 36, 55, **114**, 342, 392
EMPÉDOCLE 394, 395
ÉNÉE LE TACTICIEN 327
ENGELS 132, 142, 175, 304, 319, 451
ÉPICTÈTE 362, 461
ÉPICURE 119, 147, 318, 337, 365, 458, 491
ÉRATOSTHÈNE 166
EUCLIDE 26, 190, 285, 458
EY 100

FARIAS 176
FEBVRE 186
FECHNER 35, 364, 399
FEIGL 391
FÉNELON 301
FERMAT 361
FEUERBACH 11, 175, 304
FEYERABEND 124
FICHTE 210, 252, 373
FINK 204
FODOR 59
FONTENELLE 290
FOUCAULT 125, 149, **151**, 187, 199, 228, 447, 449
FOURIER 63, 109, 451
FRANCFORT (ÉCOLE DE) 153, 302, 455
FREGE 155, 183, 202, 284, 286, 315, 317, 427, 428, 501

513

INDEX NOMINUM

FREINET 113
FREUD 38, 76, 143, **157**, 198, 255, 321, 339, 415, 423, 449, 481, 494
FRIEDMANN 447, 481

GABLER 174
GADAMER 169
GALIEN 285
GALILÉE 19, 94, 97, 118, 136, **163**, 292, 313, 342, 438
GANDHI 495
GARAT 214
GARDIES 205
GARFINKEL 240
GASSENDI 91
GAUNILON 97
GIBIEUF 92
GIRARD 494
GÖDEL 57, 73, 288, 317, 391
GOETHE 213
GOFFMAN 240
GOLDSTEIN 323, 367
GOODMAN 347
GORGIAS 394
GRAMSCI 295
GRANGER 57, 122, **166**
GREIMAS 444
GROTIUS 102, 191
GUATTARI 149
GUILLARD 453
GUYAU 417

HABERMAS 155, **169**, 265, 474
HALLEY 341
HAMANN 294
HANSON 138
HARE 333
HAYEK 109, 225, 272
HEGEL 9, 11, 16, 25, 98, 132, 141, **170**, 187, 197, 209, 210, 212, 225, 252, 258, 272, 277, 290, 295, 304, 306, 309, 337, 373, 387, 415, 454, 480, 493, 498
HEIDEGGER 17, 23, 49, 135, 153, **176**, 185, 188, 204, 211, 214, 269, 322, 354, 360, 474, 488
HEISENBERG 56, 352
HELVÉTIUS 38, 69, 129, 290, 319
HEMPEL 124, 391, 491
HENRY 206
HÉRACLITE 205, 394, 395
HERDER 294
HÉRODOTE 185
HÉSIODE 338, 393, 394, 479

HESS 175
HEYTING 316
HILBERT 50, 315, 317
HINTIKKA 181
HIPPOCRATE 394
HJELMSLEV 263, 444, 466
HOBBES 32, 91, 132, **189**, 191, 192, 225, 271, 320, 331, 347, 425
HOLBACH 290, 319
HÖLDERLIN 170, 211
HOLTON 138
HOMÈRE 338, 393, 479
HOOKE 341
HORKHEIMER 153, 302
HUMBOLDT 51, 63, 212
HUME 53, 117, **200**, 203, 244, 290, 333, 365, 389, 414, 427, 430, 485, 503
HUSSERL 34, 57, 72, 78, 123, 176, 188, **202**, 249, 269, 323, 367, 415, 422, 431, 443, 446, 470
HUYGENS 91, 94, 472

ITARD 68

JACQUES 265
JAKOBSON 264, 270
JAMES 393
JANSÉNIUS 24, 91
JASPERS 17, 135
JEVONS 109

KANT 37, 43, 49, 54, 57, 68, 72, 93, 95, 98, 116, 122, 137, 142, 184, 195, 202, **209**, 211, 213, 221, 243, 276, 286, 290, 314, 328, 335, 336, 343, 359, 370, 399, 414, 426, 463, 475, 476, 483, 485, 486, 497
KATZ 60
KELSEN 250
KEPLER 342
KEYNES 109
KIERKEGAARD 98, 135, **252**
KLEENE 284
KÖHLER 236, 367, 368
KOYRÉ 125, 138, 164
KRIPKE 184, 503
KUHN 165, 418

LA BOÉTIE 495
LACAN 39, 161, 198, **255**, 321, 468
LACHELIER 249
LAGNEAU 366
LAING 76, 432
LAKATOS 138, 325, 419
LAMARCK 39, 82

LAMBERT 442
LA METTRIE 290, 319, 491
LANCELOT 285
LAPLACE 55, 63
LAROMIGUIÈRE 214
LAVELLE 486
LAVOISIER 374
LAZARSFELD 154
LECOURT 125
LEIBNIZ 53, 72, 91, 94, 97, 183, 209, 223, 238, 243, **266**, 281, 286, 314, 341, 342, 442, 447, 475
LÉNINE 14, 121, 133, 319, 476
LEROI-GOURHAN 236, 473
LE SENNE 486
LESSING 290
LEUCIPPE 394, 395
LÉVINAS 205, **269**, 422
LÉVI-STRAUSS 142, 187, 198, 261, **270**, 339, 397, 434, 444, 466, 468
LÉVY-BRUHL 73, 332
LEWIS 183
LOCKE 66, 73, 86, 117, 192, 210, 232, 243, 259, 267, 271, **281**, 290, 292, 320, 331, 365, 387, 427, 441
LORENTZ 115
LORENZ 235, 494
LÖWENHEIM 288
LÖWITH 177
LUCRÈCE 119, 491
LUHMANN 301
LUMIÈRES 94, 95, 154, 211, 266, 281, 338, 340, 343, 397, 424, 472
LUTHER 24
LYOTARD 455

MABLY 450
MACH 121
MACHIAVEL 295, 328, 417
MAINE DE BIRAN 66, 495
MALEBRANCHE 37, 43, 72, 94, **300**
MALINOWSKI 151, 339
MALTHUS 83, 108, 271, 480
MANDEVILLE 291
MANÈS 24
MANNHEIM 217, 272
MAO TSÉ-TUNG 319
MARC-AURÈLE 461
MARCEL 135, 214
MARCUSE 153, 161, 169, 199, **302**, 398, 449, 472, 474, 481
MARSHALL 109
MARTINET 150, 263
MARX 12, 13, 14, 60, 65,

INDEX NOMINUM

76, 98, 108, 132, 138, 197, 210, 214, 216, 258, 272, **304**, 318, 413, 417, 423, 451, 452, 453, 476, 480, 481, 489, 494
MAYR 82
MCLUHAN 62, 74
MEAD 74, 240
MENDEL 83
MENDELSSOHN 294
MERLEAU-PONTY 25, 78, 100, 135, 177, 205, 219, **322**, 367, 369, 376, 422
MERSENNE 91
MERTON 74, 151
MESLIER 289, 450
MEYERSON 30, 121, 439
MICHELSON 115
MILL 108, 144, 271, 304, 478, 483
MILLS 455
MILNER 257
MINSKY 370
MIRABEAU 291
MONGE 63
MONTAGUE 60
MONTAIGNE 10, 330, 362
MONTCHRESTIEN 107
MONTESQUIEU 13, 63, 86, 197, 290, **331**, 453, 478
MONTUCLA 125
MOORE 333
MORE 450
MORELEY 115
MORELLY 450
MORGAN 141
MORIN 447
MORRIS 443
MOSCOVICI 474
MOUNIER 371, 422
MURMFORD 473
MUSONIUS RUFUS 461

NATORP 249
NAUSIPHANE 119
NEUMANN 230, 328, 370
NEURATH 118, 391
NEWTON 77, 94, 95, 116, 136, 165, 200, 267, 290, 292, **341**, 397, 438
NICOLE 91
NICOMAQUE JAMBLIQUE 394
NIETZSCHE 43, 99, 144, 204, 328, **343**, 380, 416, 423, 436, 494, 497
NOVALIS 212
NOZICK 412

OCKHAM 347, 353
OWEN 109, 451

PAMPHILE 119

PANOFSKY 51
PAPERT 370
PAPPUS 324
PARETO 104, 109, 483
PARMÉNIDE 177, 355, 394, 395, 488
PARSONS 151
PASCAL 43, 91, 136, 222, 238, 266, **361**
PAVLOV 401
PEIRCE 391, 442
PERELMAN 421
PERROUX 109
PHILOLAOS 394
PIAGET 60, 122, 368, **375**, 401
PLATON 19, 72, 81, 107, 119, 122, 174, 203, 209, 259, 313, 337, 344, 355, 366, **379**, 384, 386, 393, 421, 437, 457, 488
PLOTIN 380, **384**
POINCARÉ 122
POPPER 122, 138, 170, 225, 272, 273, 325, **388**
PORPHYRE 384
PORT-ROYAL 24, 284, 285, 361
POSSIDIUS 24
POULLAIN DE LA BARRE 144
PREMACK 446
PRÉSOCRATIQUES 393
PROTAGORAS 394, 395
PROUDHON 15, 16, 108, 304, 451
PTOLÉMÉE 166
PUFENDORF 102, 132, 191
PUTNAM 402, 488, 490
PYTHAGORE 394, 395

QUESNAY 108
QUÉTELET 453
QUINE 118, 139, 183, 347, 359, 402, **405**, 489
QUINTILIEN 420

RADCLIFFE-BROWN 151
RAWLS 411
REICH 449
REICHENBACH 124, 391, 402
RENAISSANCE 330
RENOUVIER 249
RÉVOLUTION FRANÇAISE 211
RICARDO 108, 271, 304, 309, 480
RICKERT 249
RICŒUR 178, 205, **422**
RORTY 264, 393
ROSCELIN 7

ROSENBLATT 369, 370
ROUSSEAU 85, 102, 132, 192, 271, 276, 331, **424**, 497
RUGE 175
RUSSELL 48, 121, 122, 127, 156, 183, 194, 266, 286, 315, 317, 347, 358, 371, **426**, 501
RYLE 129, 504

SAFOUAN 465
SAINT-PIERRE 291, 328
SAINT-SIMON 63, 451
SANDEL 413
SAPIR 240
SAPIR-WHORF 264
SARTRE 76, 135, 177, 193, 205, 222, 271, 277, 304, **431**, 470, 486, 497
SAUSSURE 261, **434**, 442, 466, 467, 487
SAY 108, 271, 304
SCHANNON 226
SCHELER 204, 487
SCHELLING 169, 170, 210, 373
SCHILLER 211
SCHLEGEL 211
SCHLICK 391
SCHOPENHAUER 343, **436**, 497
SCHUMPETER 225
SEBEOK 444
SÉNÈQUE 461
SERRES 89, 267, **447**
SHANNON 227
SIMMEL 49, 240, 455
SIMON 290
SIMONDON 472
SISMONDI 108
SKINNER 401
SKOLEM 288
SMITH 108, 225, 271, 304, 309
SOCRATE 379, 383, 393, 394, **457**
SOREL 494
SPENCER 455
SPERBER 465
SPINOZA 54, 72, 94, 191, 220, 222, 267, 276, 400, **458**, 488, 497
STAËL 211
STALINE 319
STIRNER 15, 175, 304, 345
STRATTON 367
STRAUSS 193
STRAWSON 265, 428, 504
SUAREZ 470
SUPPE 123

TARDE 454

INDEX NOMINUM

TARSKI 288, 488
THALÈS 394
THOMAS D'AQUIN (SAINT) 19, 45, 97, 224, 327, **477**, 486
THUCYDIDE 185
TINBERGEN 235
TOCQUEVILLE 478
TOLAND 290
TÖNNIES 455
TORRICELLI 136
TROTSKI 418
TROUBETZKOY 261
TUGENDHAT 180
TURGOT 69, 291
TURING 229, 239, 298, 299
TYCHO BRAHÉ 342

VAIHINGER 249, 251
VERNANT 339, 409
VEYNE 152
VITTORIA 327
VOLNEY 214
VOLTAIRE 69, 243, 290

WAGNER 343
WAHL 465
WALRAS 109
WATSON 76, 366, 400
WEBER 35, 45, 104, 186, 250, 364, 399, 455, **499**
WEIERSTRASS 202
WHITEHEAD 48, 427
WICKSELL 109
WIENER 300

WILLIS 47
WILSON 454
WINDELBRAND 249
WITTGENSTEIN 265, 372, 391, **501**
WOLFF 192, 243, 290
WRIGHT 182
WUNDT 399

XÉNOCRATE 119
XÉNOPHON 458

ZÉNON 394
ZÉNON DE CITIUM 458, 461
ZERMELO 126, 127
ZWINGLI 24

INDEX DES TITRES D'ŒUVRES

Abrégé de psychanalyse 158, 161
Acheminements vers la parole 177
Acta Eruditorum 267
Actes de la recherche en sciences sociales 45
Activité rationaliste de la physique contemporaine (L') 29
Adresse au Comité central de la Ligue des communistes 305
Adventures of Ideas 427
Âge de la Science (L') 167
Âges de l'intelligence (Les) 122
Ainsi parlait Zarathoustra 344
Air et les songes: essai sur l'imagination du mouvement (L') 29
Alcibiade 379
Alciphron 36
Âme du monde (L') 212
Amérique et les nouveaux Mandarins (L') 59
Ami des hommes ou Traité de la population (L') 291
Amusement philosophique sur le langage des bêtes 258
Analecta Husserliana, The Year Book of Phenomenological Research 205
Analyse de la matière (L') 429
Analyse de l'esprit (L') 429

Analyse mathématique des faits sociaux (L') 225
Analyste (L') 36
Ancienne Société (L') 142
Ancien Régime et la Révolution (L') 478
Animal Species and Evolution 82
Annales (Les) 434
Annales d'histoire économique et sociale 186
Année Sociologique (L') 104
Antéchrist 344
Anthropologie structurale 270
Anti-Dühring 304
Anti-Œdipe, capitalisme et schizophrénie (L') 84, 149
Apologie de Socrate 379
Approches de Hölderlin 211
À propos de la question juive 304
À quoi sert la notion de structure 467
Archéologie du frivole (L') 88
Archéologie du Pacifique du Nord (L') 473
Archéologie du savoir (L') 152
Archiv für Sozialwissenschaft und Sozialpolitik 499
Art de la guerre (L') 295
Art de penser 66
Asiles. Études sur la condition sociale des malades mentaux 240
Asservissement des femmes (L') 144

Æsthética 130
Astronomia Nova 342
Athenäeum 211
Au-delà du principe du plaisir 158
Aurores 99, 344
Auto-affirmation de l'Université allemande (L') 176
Autrement qu'être ou Au-delà de l'essence 269
Avenir d'une illusion (L') 161
Aventures de la dialectique (Les) 322

Banquet (Le) 380
Barbarie (La) 206
Barbarie et Philosophie 207
Baudelaire 431
Behaviorisme 366
Behemoth 189
Bergsonisme (Le) 84
Biologie et Connaissance 376
Black Body Radiation and the Quantum Discontinuity, 1894-1912 418
Bouc émissaire (Le) 494
Breviloquium 353

Cahier bleu (Le) 501
Cahier brun (Le) 501, 502
Calcul logique des idées immanent à l'activité nerveuse (Un) 229
Capital (Le) 12, 13, 305, 306, 310, 480

516

INDEX TITULORUM

Capitalisme et schizophrénie 149
Capitalisme, socialisme et démocratie 225
Caractère méthodologique des concepts théoriques (Le) 48
Carnets 501
Carte postale de Socrate à Freud et au-delà (La) 88
Cas Wagner (Le) 344
Catéchisme positiviste 63
Catégories 19, 23
Causalité physique chez l'enfant (La) 375
Centiloquium 353
Ce que parler veut dire 45
Ce qui ne peut plus durer dans le Parti communiste 15
Champ de l'argumentation (Le) 421
Charmide 379, 380
Chemins qui ne mènent nulle part 177
Chemins vers la liberté 426
Chimie expérimentale et raisonnée 374
Cinq leçons de psychanalyse 158
Cinq Sens (Les) 448
Cité de Dieu (La) 24
Citoyen contre les pouvoirs (Le) 10
Classes, relations et nombres 375
Collected Papers 442
Collection mathématique 324
Cols blancs. Essai sur les classes moyennes américaines (Les) 455
Commentaire sur les sentences 353
Comment je vois le monde 55, 114
Comment la littérature est-elle possible ? 41
Commonplace Book 36
Communication 447
Concept d'angoisse (Le) 252
Concept de critique d'art dans le romantisme allemand (Le) 154
Concept de modèle (Le) 465
Concept de substance et le concept de fonction (Le) 50
Concept d'ironie constamment rapporté à Socrate (Le) 252
Concept of Mind (The) 129
Concept of Nature (The) 427
Concept sociologique et le concept juridique d'État (Le) 250

Conception scientifique du monde : le cercle de Vienne (La) 391
Condition de l'homme moderne (La) 19
Condition post-moderne : rapport sur le savoir (La) 456
Conférences et conversations sur l'esthétique, la psychologie et la croyance religieuse 501
Confessions 24
Confessions 424
Conflit des facultés 244
Conflit des interprétations. Essais d'herméneutique (Le) 423
Conjectures et Réfutations 388
Connaissance de la vie (La) 47, 300
Connaissance et Erreur 121
Connaissance et Intérêt 170
Connaissance humaine : son étendue et ses limites (La) 427
Connaissance objective (La) 388
Consequences of Pragmatism (The) 393
Considérations intempestives ou inactuelles 343
Considérations sur la marche des idées et des événements dans les temps modernes 79
Considérations sur les causes de la grandeur des Romains et de leur décadence 331
Constitution 69
Constitution de la liberté (La) 272
Constitution de l'Allemagne 295
Construction du réel chez l'enfant (La) 375
Contre la méthode 124
Contre les gentils 477
Contre-révolution et Révolte 302
Contre-révolution scientifique (La) 272
Contribution à la critique de l'économie politique 305, 308, 480
Contribution à l'optique 213
Copernician Revolution (The) 418
Correspondance avec Clarke 267

Cours de linguistique générale 434
Cours de littérature dramatique 211
Cours de philosophie positive 63
Cours d'études 66, 68
Court Traité 459
Crainte et tremblement 252
Cratyle 259, 380
Crépuscule des idoles (Le) 344
Crise de la culture (La) 19
Crise des sciences européennes et la philosophie transcendantale (La) 203, 206
Critias 380
Critique cartésienne de la connaissance mathématique et physique 50
Critique de la philosophie du droit de Hegel 304, 306
Critique de la raison dialectique 76, 271, 277, 304, 432, 433
Critique de la raison pratique 244
Critique de la raison pure 244
Critique du jugement 244, 248
Critique du Programme de Gotha 305
Critique et Vérité 280
Criton 379
Cru et le Cuit (Le) 270
Culture et Société 302
Cybernetics, or Control and Communication in the Animal and the Machine 300

De Cive 189
Déclarations des droits 69
De Corpore 189
De Dieu qui vient à l'idée 269
De dignitate et augmentis scientiarum libri IX 32
Déduction relativiste (La) 121
Défense de L'Esprit des lois 331
Défense et explication de la théorie de la vision 36
Degré zéro de l'écriture (Le) 280
De Homine 189
De Indis et de jure belli 327
De la brièveté de la vie 461
De la constance du sage 461

517

INDEX TITULORUM

De la démocratie en Amérique 478
De la génération et de la corruption 19
De la grammatologie 87
De la guerre 328
De l'Allemagne 211
De la phénoménologie 204
De la providence 461
De la Recherche de la vérité 301
De la réforme de l'entendement 459
De la théorie des couleurs 213
De la tranquillité de l'âme 461
De la Trinité 24
De la variation des animaux et des plantes sous l'action de la domestication 81
De la vie heureuse 461
De l'égalité des deux sexes 144
De l'esprit 129
De l'esprit des lois 290, 331
De l'esprit géométrique 361
De l'existence à l'existant 269
De l'explication dans les sciences 121
De l'interprétation : essai sur Freud 423
De l'origine des espèces par voie de sélection naturelle 81
De l'origine et des limites de l'algèbre et de la géométrie 79
De magistro 442
Démocratie, sa nature, sa valeur (La) 250
De rerum natura 119
Descartes, Corneille et Christine de Suède 50
Descendance de l'homme et la sélection naturelle (La) 81
Des choses cachées depuis la fondation du monde 494
Des dispositifs pulsionnels 455
Des météores 19
Des parties des animaux 19
Destination de l'homme 212
Déterminisme et indéterminisme dans la physique moderne 50
De Unitate et trinitate divina (De l'unité et de la trinité divines) 7

Deux Dogmes de l'empirisme 118, 405
Deux Problèmes fondamentaux de l'éthique 436
Deux Sources de la morale et de la religion (Les) 34
Développement de la notion de temps chez l'enfant (Le) 375
Développement des quantités physiques chez l'enfant (Le) 375
Devenir de la religion (Le) 427
De Vienne à Francfort. La querelle allemande des sciences sociales 155
Devin du village (Le) 424
Dialectique de la durée (La) 29
Dialectique de la nature 304
Dialectique de la raison 154
Dialectique négative (La) 154
Dialektik der Aufklärung 154
Dialogue between a Philosopher and a Student of Common Law in England 189
Dialogues sur la religion naturelle 200
Dialogue sur les deux principaux systèmes du monde 163
Dialogum inter philosophum, Judaeum et Christianum 8
Dictionnaire 290
Dieux (Les) 10
Différence de la philosophie de la nature chez Démocrite et Épicure 304
Différence et Répétition 84
Difficile liberté, essais sur le judaïsme 269
Dioptrique 91
Dire et ne pas dire : principes de sémantique linguistique 264
Discours 91, 296
Discours à la nation allemande 211
Discours de la Méthode 91, 324
Discours de la servitude volontaire 495
Discours de métaphysique 267
Discours des comètes 163
Discours et démonstrations mathématiques concernant deux nouvelles sciences touchant la mécanique et les mouvements locaux 164

Discours politiques 200
Discours préliminaire 290, 292
Discours sur la première Décade de Tite-Live 295
Discours sur le libre échange 305
Discours sur l'ensemble du positivisme 63
Discours sur les sciences et les arts 424
Discours sur l'origine et les fondements de l'inégalité parmi les hommes 290, 424
Dissémination (La) 88
Dissertation sur les premiers principes de la connaissance métaphysique 243
Distinction (La) 45
Division du travail social 104
18 Brumaire de Louis Bonaparte (Le) 305
Doctrine du droit 142
Du cheminement de la pensée 121
Du ciel 19
Du contrat social 85, 102, 132, 424, 425, 497
Du destin 461
Du mensonge à la violence 19
Du miel aux cendres 270
D'un ton apocalyptique adopté naguère en philosophie 88
Du principe fédératif 15
Durée et simultanéité 34
Du système social et des lois qui le régissent 453

Eau et les rêves : essai sur l'imagination de la matière (L') 29
Échange symbolique et la Mort (L') 455
Éclaircissements à Hölderlin 177
École du christianisme (L') 252
École primaire divise... (L') 113
Économie et Société 500
Économie libidinale 455
Économie politique 424
Écrits 255
Écrits sur la grâce 361
Écrits sur l'histoire 187
Écrits théologiques de jeunesse 170
Écriture du désastre (L') 41

INDEX TITULORUM

Écriture et la Différence (L') 87
Effet Ricardo (L') 272
Effets pervers et ordre social 225
Elementa Philosophiae 189
Elementary logic 405
Elementorum jurisprudentiae universalis libri II 191
Éléments d'auto-critique 15
Éléments de mathématiques 285, 316
Éléments d'épistémologie 491
Éléments de sémiologie 466
Éléments de statistique humaine ou démographie comparée 453
Éléments d'histoire des sciences 448
Éléments d'idéologie 214
Éléments d'une doctrine radicale 10
Elements of Law 189
Élimination de la métaphysique par l'analyse logique du langage (L') 48
Éloge de la philosophie 322
Émile ou De l'éducation 424, 426
Empirisme et Subjectivité 84
Encyclopédie 33, 66, 69, 95, 108, 174, 185, 191, 258, 290, 291, 292, 397, 414, 424, 497
En découvrant l'existence avec Husserl et Heidegger 269
Énergie spirituelle (L') 34
Enfants sauvages (Les) 68
Ennéades 384
Enquête (L') 185
Entretien avec M. de Sacy sur Épictète et Montaigne 361
Entretien infini (L') 41
Entretiens 461
Entretiens au bord de la mer 10
Entretiens sur la métaphysique et la religion 301
Éperons, les styles de Nietzsche 88
Epitome astronomiæ copernicæ 342
Époques de la nature 82
Équilibre des liqueurs 361
Erkenntnis 391
Éros et Civilisation 302, 449, 481
Espace littéraire (L') 41

Espace logique de l'interlocution (L') 265
Espace public. Archéologie de la publicité comme dimension constitutive de la société bourgeoise (L') 169
Esprit 135, 422
Esprit de géométrie (L') 362
Esquisse de la critique de l'économie politique 304
Esquisse d'une grammaire pure 205
Esquisse d'une morale sans obligation ni sanction 417
Esquisse d'une théorie de la pratique 45
Esquisse d'une théorie des émotions 431
Esquisse d'un tableau historique des progrès de l'esprit humain 69, 291, 397
Esquisse pour une psychologie scientifique 157
Essai de physique sociale 453
Essai d'ontologie phénoménologique 431
Essai d'une philosophie du style 167
Essai philosophique sur le calcul des probabilités 55
Essai pour introduire la méthode expérimentale dans les sujets moraux 200
Essais 330
Essais d'éléments de philosophie 290
Essais de linguistique générale 264
Essais de Psychanalyse 158
Essais de théodicée 267
Essais et Conférences 177
Essais moraux et politiques 200
Essais philosophiques sur l'entendement humain 200
Essais sur la forme et le sens 59
Essai sur la connaissance approchée 29
Essai sur l'application de l'analyse à la probabilité des décisions rendues à la pluralité des voix 69
Essai sur la révolution 19
Essai sur la théorie de la science 499
Essai sur l'entendement humain 281
Essai sur les coniques 361

Essai sur les données immédiates de la conscience 34
Essai sur les fondements de la géométrie 121
Essai sur l'histoire humaine de la nature 474
Essai sur l'homme 50
Essai sur l'origine des connaissances humaines 66, 67, 83
Essai sur une nouvelle théorie de la vision 36
Essayeur (L') 163
Essence de la manifestation (L') 206
Essence de la religion (L') 175
Essence du christianisme (L') 11, 175
Essential Tension : Selected Studies in Scientific Tradition and Change 418
Esthétique 171
Esthétique et Philosophie 422
Esthétiques. Sur Carpaccio 448
Étapes de la philosophie mathématique (Les) 57, 122
État commercial fermé (L') 213
État et la Révolution (L') 133
Étatisme et Anarchisme 15
États généraux de la philosophie (Les) 88
État social de la France avant et depuis 1789 (L') 478
Éthique 54, 459
Éthique à Nicomaque 20, 42, 495
Éthique protestante et l'esprit du capitalisme (L') 500
Être et le Néant (L') 431, 432, 433
Être et le Temps (L') 177, 178, 188
Étude expérimentale de l'intelligence (L') 237
Études de logique et de linguistique 265
Études de psychologie sociale 454
Études de sociologie des religions mondiales 500
Études d'histoire et de philosophie des sciences 47
Études sur l'hystérie 157
Étude sur l'évolution d'un problème de physique: la

519

INDEX TITULORUM

propagation thermique dans les solides 29
Euthydème 380
Euthyphron 379, 380
Évangile de saint Jean 257
Évolution créatrice (L') 34
Évolution des idées en physique (L') 114
Existentialisme est un humanisme (L') 431
Expérience de la pensée (L') 177
Expérience de l'espace dans la physique contemporaine (L') 29
Expérience humaine et la Causalité physique (L') 122
Expositio aurea 353
Exposition de la théorie des chances et des probabilités 79
Exposition de la théorie des richesses 78

Fable sur les abeilles 291
Feux et Signaux de brume. Zola 448
Fiches 501
Finitude et Culpabilité 422
Foi de l'utopie (La) 302
Foi et Savoir 171
Fonction de l'orgasme (La) 449
Fonction et concept 156
Fondations logiques de la probabilité (Les) 48
Fondements de la critique de l'économie politique 305
Fondements de la géométrie 315
Fondements de la métaphysique des mœurs 244
Fondements de l'arithmétique 155
Fondements philosophiques de la physique (Les) 48
Formalisme en éthique et l'éthique matérielle des valeurs (Le) 204
Formation de l'esprit scientifique : contribution à une psychanalyse de la connaissance objective (La) 29, 30
Formation du concept de réflexe aux XVIIe et XVIIIe siècles (La) 47
Formation du symbole chez l'enfant (La) 375
Forme et les principes du monde sensible et du monde intelligible (La) 243
Formes élémentaires de la vie religieuse (Les) 104
From a logical point of view 405
Functionnal Grammar 150
Function of Reason (The) 427

Gai Savoir (Le) 344
Galaxie Gutenberg (La) 62
Généalogie de la morale (La) 344, 416
Généalogie de la psychanalyse 206
Genèse 448
Genèse du nombre chez l'enfant (La) 375
Géométrie 91
Gesammelte Aufsätze zur Wissenschaftslehre 499
Gesamtausgabe 177
Geste et la Parole (Le) 236
Glas 88
Gorgias 379
Grammaire 66
Grammaire générale et raisonnée 91, 197, 259
Grammaire philosophique 501
Guerre civile en France (La) 305
Guerre du Péloponnèse (La) 185
Guerres, éléments de polémologie (Les) 328

Heidegger, Denker in dürftiger Zeit 177
Heidegger et le nazisme 177
Héritiers (Les) 45, 113
Herméneutique 258, 275
Hermès ou la Communication 89, 448
Hippias majeur 379, 380
Hippias mineur 379
Histoire critique du Vieux Testament 290
Histoire d'Angleterre 200
Histoire de la folie à l'âge classique 149, 152
Histoire des animaux 82
Histoire des mathématiques 125
Histoire et Vérité 422
Histoire naturelle 82, 290
Histoire naturelle de la religion 200
Historia calamitatum, Histoire de mes tribulations 7
Hölderlin et l'essence de la poésie 177

Homme et l'Animal (L') 368
Homme et la Société dans l'ère de la reconstruction (L') 272
Homme faillible (L') 422
Homme nu (L') 270
Hommes domestiques et hommes sauvages 474
Homme unidimensionnel : étude sur l'idéologie de la société industrielle 199, 302, 398, 442, 472
How to make our Ideas clear ? 392
Humaine Nature (L') 454
Humain trop humain 344
Humanisme de l'autre homme 270
Hypérion ou l'Ermite de la Grèce 211

Idéalités mathématiques (Les) 89
Idée de phénoménologie 202
Ideen 422
Idées directrices pour une phénoménologie pure et une philosophie phénoménologique 203
Idées et les Ages (Les) 10
Idées pour la philosophie de l'histoire de l'humanité 294
Idées pour une philosophie de la nature 212
Identité et Réalité 121, 439
Idéographie 155
Idéologie allemande (L') 13, 175, 214, 258, 304, 308
Idéologie et rationalité dans l'histoire des sciences de la vie 47
Idéologie et Utopie 217
Idiot de la famille (L') 432
Imaginaire (L') 431
Imagination (L') 431
Imagination scientifique (L') 139
Individu et le Cosmos dans la philosophie de la Renaissance (L') 50
Individus (Les) 265
Inégalité des chances (L') 113, 225
Inhibition, symptôme, angoisse 158
Initiation à la vie bienheureuse 212
Instauratio Magna 32
Institutions oratoires 420
Intelligence des singes supérieurs (L') 236
Intentions of Intentionality

INDEX TITULORUM

and Other new models for modalities (The) 182
Interprétation 19
Interprétation des rêves (L') 157
Introduction à la métaphysique 177
Introduction à la philosophie mathématique 427
Introduction à la psychanalyse 158
Introduction à la sémantique 48
Introduction à la Théologie 8
Introduction à l'épistémologie génétique 376
Introduction à l'étude de la médecine expérimentale 137
Introduction à l'histoire de la philosophie 88
Introduction de 1857 14
Introduction générale 305, 306
Inventaire des a priori (L') 205
Invention scientifique (L') 139
Investigations philosophiques 501, 503
Invitation à la lecture de Wittgenstein 167
Ion 380
Irruption de la morale sexuelle (L') 449

Jahrbuch für Philosophie und phänomenologische Forschung 205
Je et Tu 265
Jeu comme symbole du monde (Le) 204
Journal of unified Science (The) 391
Jouvences. Sur Jules Verne 448
Jugement et le Raisonnement chez l'enfant (Le) 375
Jugement moral chez l'enfant (Le) 375
Julie ou la Nouvelle Héloïse 424
Jus naturae et gentium octo libri 191
Justice et Raison 421

Kant et le problème de la métaphysique 177
Karl Jaspers et la philosophie de l'existence 422
Knowledge and Belief 182
Knowledge and the Known,

Historical Perspectives in Epistemology 182
Lachès 379, 380
Langage de la perception (Le) 265
Langage et la Pensée chez l'enfant (Le) 375
Langage et la Pensée (Le) 59
Langage et les autres objets abstraits (Le) 60
Langage et Mythe 50
Langages et Épistémologie 167
Language, Meaning and Reality 403
Language of morals (The) 333
Langue des calculs 66
Lautréamont 29
Lautréamont et Sade 41
Leçons sur la conscience intime du temps 203
Lectures talmudiques 269
Lénine et la philosophie 14
Lettre à Weydemeyer 309
Lettre de A. Detonville avec Traité des sinus du quart de cercle 361
Lettre sur la théorie des probabilités appliquées aux sciences morales et politiques 453
Lettre sur les aveugles à l'usage de ceux qui voient 290
Lettre sur les sourds et muets 290
Lettre sur l'humanisme 176, 179
Lettres 380
Lettres à Lucilius 461
Lettres persanes 331
Lettres pour le progrès de l'humanité 294
Lettres sur l'éducation esthétique de l'homme 211
Léviathan 189, 191
Liberté et Forme 50
Linguistic Turn (The) 264
Linguistique cartésienne (La) 59
Linguistique synchronique (La) 263
Lire le Capital 13, 15
Littérature et l'Art (La) 211
Livre à venir (Le) 41
Logique 66
Logique contemporaine et formalisation (La) 124
Logique de la découverte scientifique 122, 388

Logique de Port-Royal 91, 284
Logique du nom propre (La) 184
Logique du sens 84, 445
Logique du social. Introduction à l'analyse sociologique (La) 225
Logique et Connaissance scientifique 376
Logique formelle et transcendantale 203
Logique juridique 421
Logique ou Art de penser 91
Logique sociale (La) 454
Lois 380
Lois de l'imitation. Étude sociologique (Les) 454
Lois fondamentales de l'arithmétique 155
Ludwig Feuerbach et la fin de la philosophie classique allemande 304
Lutte des classes en France (La) 305
Lysis 379

Malaise dans la civilisation 161, 494
Mandragore (La) 295
Manifeste au service du personnalisme 371
Manifeste du parti communiste 305, 306, 309
Manuel 461
Manuscrits de 1844 304, 307, 480
Marcel Proust et les signes 84
Marges de la philosophie 88
Marx 206
Marxisme soviétique (Le) 302
Matérialisme et Empiriocriticisme 121
Matérialisme rationnel (Le) 29, 318
Matérialisme, vitalisme, rationalisme 79
Mathematical logic 405
Mathematics, Science and Epistemology 326
Mathématique sociale du marquis de Condorcet (La) 526
Matière et mémoire 34
Meaning and the moral sciences 402
Mécanique présentée dans son évolution historico-critique (La) 121
Méditations 92

INDEX TITULORUM

Méditations cartésiennes 203
Méditations sur la philosophie première 91
Méditerranée et le monde méditerranéen à l'époque de Philippe II (La) 187
Mémoires sur l'Instruction publique 69
Mémoire sur le système primitif des voyelles dans les langues indo-européennes 434
Mémoire sur l'habitude 495
Ménéxène 380
Ménon 379, 382
Mental tests and Measurements 237
Message céleste (Le) 163
Métacritique de la critique de la raison pure 294
Métamorphose (La) 62
Métamorphose des animaux (La) 213
Métamorphose des plantes (La) 213
Métaphore vive (La) 423
Métaphysique 23
Métapsychologie 158
Météores (Les) 91
Méthode (La) 447
Méthode scientifique en philosophie 427
Méthodologie économique 166
Methodology of Scientific Research Programmes (The) 326
Methods of logic 405
Métier de sociologue (Le) 45
Michel Henry, un philosophe de la vie et de la praxis 206
Miettes philosophiques 252
Mille Plateaux 84
Mise en scène de la vie quotidienne (La) 240
Misère de la philosophie 304, 308
Misère de l'historicisme 272, 388
Mobilité sociale dans les sociétés industrielles (La) 225
Models for Modalities 182
Modes of Thought 427
Modularité de l'esprit (La) 59
Moi et le Ça (Le) 158
Moïse et le Monothéisme 415
Monadologie 267
Monde comme volonté et comme représentation (Le) 436

Montesquieu, la politique et l'histoire 12
Morale et la Science des mœurs (La) 333
Mots et les Choses (Les) 152, 199
Mouvement de protestation et réforme de l'université 169
Mur (Le) 431
Mythe de l'État (Le) 50
Mythologiques 270

Naissance de la clinique 152
Naissance de la physique dans le texte de Lucrèce. Fleuves et Turbulences (La) 448
Naissance de la tragédie (La) 343
Naissance de l'intelligence chez l'enfant (La) 375
Nature de la Nature (La) 447
Nature et forme de la sympathie 204
Nausée (La) 431
Négation (La) 158
Neues Organon 442
New Atlantis 33
Nietzche et la philosophie 84
Nietzsche 177
Normal et le Pathologique (Le) 47
Notion d'a priori (La) 205
Notions de mouvement, de vitesse chez l'enfant (Les) 375
Nouveaux Essais sur l'entendement humain 267
Nouvel Esprit scientifique (Le) 29
Nouvelles expériences sur le vide 361
Novum Organum sive Indicia vera de interpretatione naturæ 32

Objet esthétique (L') 205, 422
Odyssée 338
Of Proficience and Advancement of Learning 32
On referring 265
Ontological relativity and other essays 405
Ontologie de Hegel et la théorie de l'historicité (L') 302
Opera posthuma 459
Opinion et la Foule (L') 454
Optique 77
Organon 19

Origine de la famille, de la propriété privée et de l'État (L') 142
Origine des manières de table (L') 270
Origine du drame baroque allemand (L') 154
Origins of Totalitarism (The) 18
Ou bien... ou bien 252
Œuvre d'art à l'époque de sa reproductibilité technique (L') 154
Œuvres (de Condorcet) 69
Œuvres complètes (de Kant) 50, (de Heidegger) 177, (de Tocqueville) 478

Paix (La) 328
Parasite (Le) 448
Par-delà le bien et le mal 344
Parerga et Paralipomena 436
Parménide 380, 381
Passage du Nord-Ouest 448
Patterns of Discovery 138
Pensée (La) 217
Pensée économique de Joseph Schumpeter, les dynamiques du capitalisme (La) 225
Pensée et le Mouvant (La) 34
Pensée formelle et sciences de l'homme 167
Pensées (de Pascal) 362, (de Marc-Aurèle) 461
Pensée sauvage (La) 270, 271, 434
Pensées métaphysiques 459
Pensées sur la mort et sur l'immortalité 175
Pensées sur l'interprétation de la nature 290
Penser la guerre : Clausewitz 328
Perception esthétique (La) 205, 422
Perceptrons 370
Perspective comme forme symbolique (La) 51
Perspectives in zoosemiotics 444
Pesanteur de la masse de l'air 361
Phédon 380
Phèdre 380
Phénoménologie et Praxis 88
Phénoménologie de la perception 219, 322, 367
Phénoménologie de la religion. Structure de l'institution chrétienne 205

INDEX TITULORUM

Phénoménologie de l'esprit 11, 171, 290, 480, 493
Phénoménologie de l'expérience esthétique 205, 422
Philèbe 16, 380, 382
Philosophe et les Pouvoirs (Le) 89
Philosophical Papers 326, 403
Philosophie comme science rigoureuse (La) 202
Philosophie critique de Kant (La) 84
Philosophie de l'arithmétique 202
Philosophie de l'économie (Une) 206
Philosophie de l'histoire 171
Philosophie de la mythologie 213
Philosophie de la nouvelle musique 153
Philosophie de la réalité (Une) 206
Philosophie de la religion 171, 205
Philosophie de la religion chez Max Scheler (La) 204
Philosophie de la Révélation 213
Philosophie de la volonté 422
Philosophie de Max Scheler, son évolution et son unité (La) 204
Philosophie de Nietzsche (La) 204
Philosophie des formes symboliques (La) 50
Philosophie des Grecs des origines à Platon (La) 50
Philosophie des Lumières (La) 50
Philosophie des sciences sociales 155
Philosophie du comme si (La) 249
Philosophie du droit 134, 141, 174, 272, 277, 306
Philosophie du non : essai d'une philosophie du nouvel esprit scientifique (La) 29, 30
Philosophie et phénoménologie du corps 206
Philosophie et philosophie spontanée des savants 15
Philosophie et Révolution 302
Philosophie formelle. Choix d'articles de R. Montague 60
Philosophie silencieuse ou Critique des philosophies de la science (La) 89, 126
Philosophie zoologique 82
Philosophy of Logic 402, 405
Philosophy of mathematics 402
Physique (d'Aristote) 19, (d'Ockham) 353
Place du désordre (La) 225
Plaisir du texte (Le) 280
Plan des travaux nécessaires pour réorganiser la société européenne 453
Plans de travaux scientifiques nécessaires à la réorganisation de la société 63
Pli, Leibniz et le baroque (Le) 84
Pluralisme cohérent de la chimie moderne (Le) 29, 374
Poème de Parménide (Le) 177
Poétique (La) 20, 278
Poétique (Le) 422
Poétique de la rêverie (La) 29
Poétique de l'espace (La) 29
Politique (d'Aristote) 20, 107, 386, 453, (de Platon) 380, 383, 384, 386
Positions 15, 88
Postscript 388
Post-Scriptum non scientifique et définitif aux Miettes philosophiques 252
Pour et contre 8
Pour la connaissance philosophique 167
Pour l'homme 205
Pour Marx 13, 15, 217
Pour une critique de l'économie politique du signe 455
Pragmatique linguistique et la philosophie (La) 265
Pragmatisme 393
Précis encyclopédique des sciences philosophiques 171, 212
Préhistoire de l'art occidental 473
Premiers Analytiques 19
Premiers principes métaphysiques de la doctrine du droit 244
Premiers principes métaphysiques de la science de la nature 244
Présentation de Sacher Masoch 84
Preuves et Réfutations 326
Prince (Le) 295, 296
Principe de raison (Le) 177
Principe dialogique (Le) 265
Principes de la philosophie (de Descartes) 94, 342, (de Russell) 427
Principes de la philosophie de Descartes 459
Principes de la philosophie du droit 171
Principes de Phonologie (Les) 261
Principes de reconstruction sociale 426
Principes des mathématiques 426
Principes du droit naturel (Les) 192
Principes fondamentaux de la théorie de la science 212
Principia 77
Principia Ethica 333
Principia Mathematica 392, 427, 428, 503
Principia philosophiae 92
Principles of neurodynamics : Perceptrons and the theory of brain mechanisms 369
Prix et Production 272
Problème de la connaissance dans la philosophie et la science du temps présent (Le) 50
Problème économique du masochisme (Le) 158
Problèmes de linguistique générale 263
Problèmes fondamentaux de la doctrine du droit politique 250
Process and Reality. An Essay on Cosmology 427
Profession de foi du vicaire savoyard 426
Projet de paix perpétuelle 291
Prolégomènes à toute métaphysique future qui pourra se présenter comme science 244
Prolégomènes à une théorie du langage 263
Propédeutique philosophique 171
Propos 10
Protagoras 379

523

INDEX TITULORUM

Provinciales 361
Psychanalyse du feu (La) 29
Psychologie collective et analyse du moi 158
Psychopathologie de la vie quotidienne 157

Quadruple Racine du principe de raison suffisante 436
Quand dire c'est faire 263
Qu'appelle-t-on penser ? 177
Quatre Concepts fondamentaux de la psychanalyse (Les) 255
Quatre Leçons talmudiques 269
Qu'est-ce que la métaphysique ? 177
Qu'est-ce que le structuralisme ? 465
Qu'est-ce qu'une chose ? 177
Qu'est-ce qu'un problème épistémologique ? 126
Questions de méthode 433
Questions I, II 177
Quête inachevée 388
Quodlibeta septem 353

Race et Histoire 270
Raison et Légitimité. Problèmes de légitimation dans le capitalisme avancé 170
Raison et Révolution 302
Raison et Violence 432
Rationalisme appliqué (Le) 29, 31, 439
Reason, Truth and History 403
Recherches logiques 156, 202, 205, 443
Recherches sur la formation de la théorie abstraite des ensembles 57
Recherches sur la nature et les causes de la richesse des nations 108
Recherches sur les principes mathématiques de la théorie des richesses 78
Recherche sur les principes de la morale 200
Récit de la grande expérience sur l'équilibre des liqueurs 361
Recueils de sentences 119
Réflexions sur la jurisprudence criminelle 69
Réflexions sur la violence 494

Réflexions sur le langage 59
Réflexions sur l'esclavage des Nègres 69
Réflexions sur les pouvoirs 69
Réflexion sur la question juive 431
Réfutations sophistiques 19
Règles de la méthode sociologique 104, 455
Règles philosophiques 342
Règles pour la direction de l'esprit 91
Religion dans les limites de la simple raison (La) 244
Religion in the Making 427
Remarques philosophiques 501
Remarques sur la formation de la théorie abstraite des ensembles 126
Remarques sur les fondements des mathématiques 501
Répétition (La) 252
Réponse à John Lewis 15
Représentation de l'espace chez l'enfant (La) 375
Représentation du monde chez l'enfant 375
Reproduction (La) 45, 113
République 107, 380, 382, 383
Rêve de d'Alembert (Le) 290
Rêve et son interprétation (Le) 157
Rêveries du promeneur solitaire 424
Révolution des orbes célestes 163
Révolution permanente (La) 418
Révolution sexuelle (La) 449
Revue sommaire des doctrines économiques 78
Rhétorique 20, 419
Rhizome 84
Rire (Le) 34
Roots of reference (The) 405
Route de la servitude (La) 272
Ruines (Les) 214

Sagesse et illusions de la philosophie 376
Sainte Famille (La) 175, 304
Saint-Genet, comédien et martyr 431
Salaire, prix et profit 305
Science and the Modern World 427
Science de la logique (La) 171

Science et la Métaphysique devant l'analyse logique du langage (La) 178
Science et l'Hypothèse (La) 122
Scientific imagination : case studies (The) 138
Scito te ipsum 8
Seconds Analytiques 19
Selected logic papers 405
Semantics of Questions and the Questions of Semantics (The) 182
Sémantique structurale 444
Séminaire (Le) 256
Sémiologie et Grammatologie 87
Sémiotique des Encyclopédistes (La) 258
Sémiotique transcendantale comme philosophie première (La) 265
Sens de la souffrance (Le) 204
Sens et dénotation 156
Sens et Non-sens 322
Sens pratique (Le) 45
Set theory and its logic 405
Sic et non 8
Siècle de Louis XIV (Le) 290
Signes 322
Signification and Significance 443
Signification et Nécessité 48
Signification et Vérité 347, 427
Sign, Language and Behavior 443
Siris 37
Situation de la classe laborieuse en Angleterre 304
Situations 431
Société contre nature (La) 474
Société de consommation : ses mythes, ses structures (La) 455
Société ouverte et ses ennemis (La) 273, 388
Sociobiology, the New Synthesis 454
Sociologie et Épistémologie 240
Soi et les autres 76
Soi et son cerveau 388
Sommation des puissances numériques 361
Somme de logique 353
Somme théologique 97, 327, 477, 486
Sophiste (Le) 355, 380, 381

INDEX TITULORUM

Sources for the History of Quantum Physics. An Inventory and Report 418
Spinoza et le problème de l'expression 84
Spinoza, philosophe pratique 84
Stades sur le chemin de la vie (Les) 252
Structuralisme (Le) 376
Structure des révolutions scientifiques (La) 418
Structure du comportement 322
Structure logique du monde (La) 48
Structures élémentaires de la parenté (Les) 270
Structures syntaxiques 58
Studies in ethnomethodology 240
Subjections of Women (The) 144
Suicide (Le) 104
Supplément au voyage de Bougainville 290
Sur la dénotation 426
Sur l'admission des femmes au droit de cité 69
Sur la forme des élections 69
Sur la langue et la sagesse des Indiens 211
Sur la logique et la théorie de la science 57
Sur le concept de nombre 315
Sur le droit de la guerre et de la paix (De jure belli ac pacis) 191
Sur le droit naturel 192
Sur l'orateur 420
Surveiller et Punir 152, 228
Syndicats, inflation et profit 272
Syntaxe logique du langage 48
Synthèse subjective ou système universel des conceptions propres à l'état normal de la société 63
Système de Leibniz et ses modèles mathématiques (Le) 447
Système de philosophie positive ou traité de sociologie instituant la religion de l'humanité 63
Système des Beaux-Arts 10
Système des contradictions ou Philosophie de la misère 304

Système des objets (Le) 455
Système du monde, histoire des doctrines cosmologiques de Platon à Copernic 122
Systèmes de consanguinité 141

Tableau économique 108
Technique et la science comme idéologie (La) 170
Technique psychanalytique (La) 158
Télévision 255
Tel Quel 280
Temps et Récit 423
Temps Modernes (Les) 135, 431
Tension essentielle (La) 418
Terre et les rêveries de la volonté : essai sur l'imagination des forces (La) 29
Terre et les rêveries du repos : essai sur l'imagination de l'intimité (La) 29
Testament 289
Théétète 380, 381
Thematic Origins of Scientific Thought : Kepler to Einstein 138
Theologia Christiana 8
Théorie aristotélicienne de la science (La) 167
Théorie de l'agir communicationnel 170
Théorie de la relativité d'Einstein (La) 50
Théorie de l'intuition dans la phénoménologie de Husserl 269
Théorie d'ensemble 280
Théorie élémentaire des fonctions et du calcul infinitésimal 78
Théorie esthétique (La) 153
Théorie et pratique du bolchevisme 426
Théorie générale de la loi et de l'État 250
Théorie générale de l'emploi, de l'intérêt et de la monnaie 110
Théorie générale des normes 250
Théorie générale des systèmes (La) 300
Théorie kantienne de l'expérience (La) 249

Théorie pure du droit (La) 250
Theories and things 405
Théorie traditionnelle et théorie critique 153
Theory of Justice (A) 411
Thèses sur Feuerbach 304, 307
Thomas l'obscur 40
Time and necessity : Studies in Aristotle's Theory of modalities 182
Timée 380, 382, 394
Topiques 19
Totalité et Infini. Essai sur l'extériorité 269
Totem et Tabou 158, 161, 415, 494
Tractatus 391, 502, 503
Traité de défense des places 327
Traité de l'âme 20
Traité de l'amour de Dieu 301
Traité de la nature et de la grâce 301
Traité de la nature humaine 200
Traité de l'argumentation 421
Traité de l'enchaînement des idées fondamentales dans les sciences et dans l'histoire 79
Traité de l'homme 301
Traité de logique 376
Traité de polémologie 328
Traité des catégories et de la signification chez Duns Scot 176
Traité des passions 92
Traité des sensations 66, 67
Traité des systèmes 66
Traité des tropes 420
Traité d'optique 342
Traité du commerce et du gouvernement considérés relativement l'un à l'autre 66
Traité du désespoir 252
Traité du monde 91
Traité du triangle arithmétique 361
Traité du vide 362
Traité politique 459
Traités sur le gouvernement civil 281
Traité sur la nature 119
Traité sur le Principe de la connaissance humaine 36
Traité théologico-politique 415, 459
Transcendance de l'Ego (La) 431

525

INDEX TITULORUM

Travail en miettes (Le) 481
Travail salarié et capital 305
Travaux et les Jours (Les) 338
Tristes Tropiques 270
Trois Dialogues entre Hylas et Philonous 36
Trois essais sur la théorie de la sexualité 157

Unique et sa propriété (L') 15, 175, 345
Universal Algebra 427
Utilitarisme (L') 483
Utopie (L') 450

Valeur de la science (La) 122

Valeur inductive de la relativité (La) 29
Verbal behavior 401
Vérité en peinture (La) 88
Vérité et Méthode. Principes d'une herméneutique philosophique 169
Vie de la Vie (La) 447
Vie de l'esprit (La) 19
Vie dialogique (La) 265
Vie et la Doctrine de Kant (La) 50
XXIIe Congrès 15
Violence et le Sacré (La) 494
Visible et l'Invisible (Le) 322
Voie des masques (La) 270

Voix et le Phénomène (La) 87, 205
Volontaire et l'Involontaire (Le) 422
Volonté dans la nature (La) 436
Volonté de puissance (La) 344
Volonté de savoir (La) 152
Voyage en Égypte et en Syrie 214

Wahrheitsbegriff bei Husserl und Heidegger 180
What Pragmatism is? 392
Wittgenstein 167
Word and Object 405

Zur Kritik der instrumentellen Vernunft 154

Imprimé en France par I.M.E. - 25110 Baume-les-Dames
Dépôt légal n° 8440-05/1992
Collection n° 16 - Edition n° 03
16/5977/0